Studien zum ausländischen und internationalen Privatrecht

519

Herausgegeben vom

Max-Planck-Institut für ausländisches
und internationales Privatrecht

Direktoren:

Holger Fleischer und Ralf Michaels

D1731964

Alix Schulz

Geschlechtliche Selbstbestimmung im Internationalen Privatrecht

Mohr Siebeck

Alix Schulz, geboren 1992; Studium der Rechtswissenschaften an den Universitäten Freiburg, Helsinki und Oxford; 2018 Erstes Staatsexamen (Freiburg); 2019 Magister Juris (Oxford); Wissenschaftliche Mitarbeiterin am Institut für ausländisches und internationales Privat- und Wirtschaftsrecht der Universität Heidelberg, 2023 Promotion (Heidelberg); Referendariat am Landgericht München I.
orcid.org/0000-0002-8294-1116

Zugleich Dissertation Heidelberg 2023.

ISBN 978-3-16-163208-2 / eISBN 978-3-16-163209-9
DOI 10.1628/978-3-16-163209-9

ISSN 0720-1141 / eISSN 2568-7441
(Studien zum ausländischen und internationalen Privatrecht)

Die Deutsche Nationalbibliothek verzeichnet diese Publikation in der Deutschen Nationalbibliographie; detaillierte bibliographische Daten sind über *http://dnb.dnb.de* abrufbar.

© 2024 Mohr Siebeck Tübingen. www.mohrsiebeck.com

Das Buch wurde von Gulde Druck in Tübingen auf alterungsbeständiges Werkdruckpapier gedruckt und gebunden.

Printed in Germany.

Vorwort

Die vorliegende Arbeit wurde im Sommersemester 2023 von der Juristischen Fakultät der Universität Heidelberg als Dissertation angenommen. Rechtsprechung, Gesetzgebung und Literatur befinden sich im Wesentlichen auf dem Stand ihrer Einreichung im März 2023. Der im Mai 2023 veröffentlichte Referentenentwurf für ein „Gesetz über die Selbstbestimmung in Bezug auf den Geschlechtseintrag und zur Änderung weiterer Vorschriften" und der im August 2023 beschlossene gleichnamige Regierungsentwurf wurden für die Drucklegung noch berücksichtigt.

Mein herzlicher Dank gilt meinem geschätzten Doktorvater Professor Dr. Marc-Philippe Weller, Licencié en droit (Montpellier), der mit seiner ansteckenden Begeisterung für Forschung und Lehre bereits während meines Studiums in Freiburg meine Freude für die Rechtswissenschaft geweckt hat. Seither hat er während meiner langjährigen Tätigkeit am Lehrstuhl nicht nur all meine wissenschaftlichen Projekte und Auslandsaufenthalte stets voller Anteilnahme unterstützt, sondern vor allem die Entstehung dieser Arbeit in jeder Phase mit großem Engagement gefördert. Diese herausragende Betreuung kann ich gar nicht hoch genug schätzen.

Besonderer Dank gebührt zudem Professor Dr. Dr. h.c. mult. Erik Jayme, LL.M. (Berkeley), der das Zweitgutachten in kürzester Zeit erstellt hat und die Arbeit durch zahlreiche wertvolle Anmerkungen bereichert hat. Den Vorsitz der Disputation hat freundlicherweise Professor Dr. Ekkehart Reimer übernommen.

Den Direktoren des Max-Planck-Instituts für ausländisches und internationales Privatrecht in Hamburg danke ich für die Aufnahme der Arbeit in die Schriftenreihe des Instituts. Großen Dank schulde ich zudem der Studienstiftung des deutschen Volkes, die mich nicht nur während meines Studiums gefördert hat, sondern mit ihrem Promotionsstipendium auch maßgeblich zum Gelingen dieser Arbeit beigetragen hat. Daneben möchte ich mich auch bei der Studienstiftung ius vivum herzlich für die großzügige Unterstützung der Drucklegung bedanken.

Neben meinem Doktorvater haben mir insbesondere Professor Dr. Jens Scherpe, M.Jur. (Oxford) und Professor Dr. Ralf Michaels, LL.M. (Cambridge) während meiner Forschungsaufenthalte in Cambridge und Hamburg interessante rechtsvergleichende Einblicke ermöglicht und wertvolle Anregungen gegeben. Mein besonderer Dank gilt außerdem Professor Dr. Konrad Duden,

LL.M. (Cambridge), der mich von Beginn an zu dieser Arbeit ermutigt hat und mir während der gesamten Promotionszeit mit freundschaftlichem Rat zur Seite stand. Auch Professorin Dr. Katharina Dahm und Professor Dr. Anatol Dutta, M.Jur. (Oxford) danke ich herzlich für anregende Gespräche und wichtige Hinweise während meiner Promotionszeit.

Wesentlichen Anteil am Gelingen dieser Arbeit hatten darüber hinaus meine geschätzten Kolleg*innen am Heidelberger IPR-Institut sowie in Augsburg, München und Hamburg. Dr. Laura Nasse hat nicht nur das gesamte Manuskript Korrektur gelesen und durch zahlreiche hilfreiche Anmerkungen bereichert. Sie war mir in den letzten Jahren auch immer eine besonders gute Freundin. Darüber hinaus haben mich insbesondere Professor Dr. Leonhard Hübner, M.Jur. (Oxford), Dr. Christiane von Bary und Dr. Lucienne Schlürmann mit wertvollen Denkanstößen unterstützt. Ihnen allen danke ich sehr herzlich.

Daneben möchte ich mich natürlich auch bei meinen großartigen Freund*innen aus Münchener und Freiburger Zeiten bedanken. Ihr bereichert mein Leben jeden Tag.

Mein größter Dank aber gilt meiner wunderbaren Familie. Zunächst danke ich meinem Mann, Arne Conen, ohne dessen aufrichtige Unterstützung, kluge Anmerkungen und Begeisterung für mein Thema diese Arbeit nicht möglich gewesen wäre. Unersetzlich für das Gelingen dieser Arbeit waren außerdem die vielen Gespräche mit meiner Schwester, Auguste Schulz, deren Zuspruch und parallele Promotionserfahrung mich durch diese Zeit getragen haben. Vor allem aber danke ich meinen Eltern, Dipl.-Ing. Bettina Schulz und Dr. Andreas Schulz. Ihre liebevolle Unterstützung, ihr Optimismus und ihr echtes Interesse an meinen Gedanken haben mir das nötige Zutrauen für diese Arbeit gegeben. Ihnen widme ich die Arbeit.

München, im September 2023 *Alix Schulz*

Inhaltsübersicht

Inhaltsverzeichnis

Abkürzungsverzeichnis

a.A.	andere Ansicht
a.F.	alte Fassung
a.M.	am Main
Abs.	Absatz
AcP	Archiv für die civilistische Praxis
AEUV	Vertrag über die Arbeitsweise der Europäischen Union
AG	Amtsgericht
AGG	Allgemeines Gleichbehandlungsgesetz
Am. J. Comp. L.	American Journal of Comparative Law
AöR	Archiv des öffentlichen Rechts
APuZ	Aus Politik und Zeitgeschichte
Art.	Artikel
AsylG	Asylgesetz
Aufl.	Auflage
BeckOK	Beck'scher Online-Kommentar
Belg. VerfGH	Belgischer Verfassungsgerichtshof
Beschl.	Beschluss
BGB	Bürgerliches Gesetzbuch
BGBl.	Bundesgesetzblatt
BGH	Bundesgerichtshof
BMFSFJ	Bundesministerium für Familie, Senioren, Frauen und Jugend
BMI	Bundesministerium des Innern und für Heimat
BMJ	Bundesministerium der Justiz
Bundesgesundheitsbl.	Bundesgesundheitsblatt – Gesundheitsforschung – Gesundheitsschutz
BVerfG	Bundesverfassungsgericht
bzw.	beziehungsweise
Cass. Civ. 1ère	Cour de cassation – Première chambre civile
CDT	Cuadernos de Derecho Transnacional
CDU	Christlich Demokratische Union Deutschlands
CLJ	Cambridge Law Journal
CSU	Christlich-Soziale Union in Bayern
d.h.	das heißt
DG Justice and Consumers	Directorate-General Justice and Consumers (JUST)
DNotZ	Deutsche Notar-Zeitschrift
DÖV	Die Öffentliche Verwaltung
DSD	Differences of Sex Development
E.E.L. Rev.	European Equality Law Review

E.L. Rev.	European Law Review
EGBGB	Einführungsgesetz zum Bürgerlichen Gesetzbuche
EGMR	Europäischer Gerichtshof für Menschenrechte
Einl.	Einleitung
EJIL	European Journal of International Law
EJLR	European Journal of Law Reform
EJWS	European Journal of Women's Studies
EMRK	Europäische Menschenrechtskonvention
Entsch.	Entscheidung
EU	Europäische Union
EuGH	Europäischer Gerichtshof
EUV	Vertrag über die Europäische Union
f. /ff.	folgende
FamFG	Gesetz über das Verfahren in Familiensachen und in den Angelegenheiten der freiwilligen Gerichtsbarkeit
FamRB	Der Familien-Rechtsberater
FamRZ	Zeitschrift für das gesamte Familienrecht
FDP	Freie Demokratische Partei
FF	Forum Familienrecht
Fn.	Fußnote
FZG	Freiburger Zeitschrift für Geschlechterstudien
Ger. Law J.	German Law Journal
GFK	Genfer Flüchtlingskonvention
GG	Grundgesetz
GID	Gen-ethischer Informationsdienst
GPR	Zeitschrift für das Privatrecht der Europäischen Union
GRCh	Charta der Grundrechte der Europäischen Union
GRÜNE	Bündnis 90/Die Grünen
Harv. J. Law Gend.	Harvard Journal of Law and Gender
Harv. J. Law Public Policy	Harvard Journal of Law and Public Policy
Hervorh.	Hervorhebung
HK	Handkommentar
Hrsg.	Herausgeber*in
Hs.	Halbsatz
Hum. Rights Law Rev.	Human Rights Law Review
i.S.d.	im Sinne des
i.S.v.	im Sinne von
i.V.m.	in Verbindung mit
IJLPF	International Journal of Law, Policy and the Family
IJVO	Jahresheft der Internationalen Juristenvereinigung Osnabrück
IPR	Internationales Privatrecht
IPRax	Praxis des Internationalen Privat- und Verfahrensrechts
ius.full	Forum für juristische Bildung
JA	Juristische Arbeitsblätter
JICL	Journal of International and Comparative Law
jM	juris – Die Monatszeitschrift

JöR	Jahrbuch des öffentlichen Rechts der Gegenwart
JPIL	Journal of Private International Law
JuS	Juristische Schulung
JZ	JuristenZeitung
KG	Kammergericht
KJ	Kritische Justiz
LG	Landgericht
lit.	littera
LMK	Beck-Fachnachrichtendienst Zivilrecht
m.w.N.	mit weiteren Nachweisen
Med. Law Rev.	Medical Law Review
MedR	Medizinrecht
n.F.	neue Fassung
NJW	Neue Juristische Wochenschrift
Nr.	Nummer
NVwZ	Neue Zeitschrift für Verwaltungsrecht
NZA	Neue Zeitschrift für Arbeitsrecht
NZFam	Neue Zeitschrift für Familienrecht
OLG	Oberlandesgericht
Österr. VerfGH	Österreichischer Verfassungsgerichtshof
PPmP	Psychotherapie, Psychosomatik, Medizinische Psychologie
PStG	Personenstandsgesetz
PStG-VwV	Allgemeine Verwaltungsvorschrift zum Personenstandsgesetz
RabelsZ	Rabels Zeitschrift für ausländisches und internationales Privatrecht
RefE	Referentenentwurf
RegE	Regierungsentwurf
Rev. Droit Fam.	Revue Trimestrielle de Droit Familial
Rn.	Randnummer
S.	Seite/ Satz
SAJHR	South African Journal on Human Rights
SBGG	Selbstbestimmungsgesetz
Schw. BG	Schweizerisches Bundesgericht
Sex Med	Sexual medicine
sog.	sogenannte (r/s/n)
SPD	Sozialdemokratische Partei Deutschlands
StAZ	Das Standesamt
TSG	Transsexuellengesetz
u.a.	unter anderem
Urt.	Urteil
v.	von/vom
Verf.	Verfasser*in
vgl.	vergleiche
Yogyakarta-Prinzipien	The Yogyakarta Principles – Principles on the application of international human rights law in relation to sexual orientation and gender identity
z.B.	zum Beispiel
ZaöRV	Zeitschrift für ausländisches öffentliches Recht und Völkerrecht
ZEuP	Zeitschrift für Europäisches Privatrecht

ZfMER	Zeitschrift für Medizin-Ethik-Recht
ZfRSoz	Zeitschrift für Rechtssoziologie
ZfSf	Zeitschrift für Sexualforschung
zit.	zitiert als
ZJS	Zeitschrift für das Juristische Studium
ZRP	Zeitschrift für Rechtspolitik
ZVglRWiss	Zeitschrift für Vergleichende Rechtswissenschaft

Einführung

A. Hintergrund

„Der Zuordnung zu einem Geschlecht kommt für die individuelle Identität unter den gegebenen Bedingungen herausragende Bedeutung zu; sie nimmt typischerweise eine Schlüsselposition sowohl im Selbstverständnis einer Person als auch dabei ein, wie die betroffene Person von anderen wahrgenommen wird."[1]

Aber damit nicht genug. Auch im Recht spielt das Geschlecht eines Menschen eine wichtige Rolle.[2] Dabei ging die deutsche Rechtsordnung ursprünglich davon aus, dass sich jede Person[3] dauerhaft einem von zwei Geschlechtern zuordnen lasse und diese Zuordnung stets an körperliche Merkmale anknüpfe.[4] Diese Überzeugung einer unwandelbaren und ausschließlich binär verstandenen Geschlechterordnung ist in den vergangenen Jahrzehnten jedoch ins Wanken geraten.[5] Bereits im Jahr 1978 hatte das BVerfG das bis dahin geltende Postulat

---

[1] BVerfG, Beschl. v. 10.10.2017 – 1 BvR 2019/16, NJW 2017, 3643, 3644, Rn. 39.

[2] Siehe dazu etwa BVerfG, Beschl. v. 10.10.2017 – 1 BvR 2019/16, NJW 2017, 3643, 3644, Rn. 39; *Coester-Waltjen*, JZ 2010, 852, 853; *Dutta*, in: Scherpe (Hrsg.), The Legal Status of Transsexual and Transgender Persons, 2015, 207, 208; *Froese*, Der Mensch in der Wirklichkeit des Rechts, 2022, S. 78; *Gössl*, NJW 2017, 3643, 3648; *Gössl/Dannecker/Schulz*, NZFam 2020, 145, 148; *Helms*, in: Götz/Schwenzer/Seelmann et al. (Hrsg.), Familie – Recht – Ethik, 2014, 301 ff.; *Plett*, in: Plett/Hulverscheidt (Hrsg.), Geschlechterecht, 2021, 125 ff.; *Radde*, ZJS 2018, 122; *Scherpe*, in: Dutta/Heinze (Hrsg.), „Mehr Freiheit wagen", 2019, 73, 74; *Spickhoff*, in: Spickhoff Medizinrecht, 2022, § 1 TSG, Rn. 1; *Valentiner*, JuS 2022, 1094 ff.; *Völzmann*, JZ 2019, 381.

[3] Der Begriff der „Person" beschränkt sich in dieser Arbeit auf natürliche Personen.

[4] Siehe etwa BGH, Beschl. v. 21.9.1971 – IV ZB 61/70, NJW 1972, 330 ff., (juris-) Rn. 23: „[...] das Geschlecht eines Menschen [ist] auf Grund körperlicher Geschlechtsmerkmale bestimmbar und auch zu bestimmen und ihm angeboren, unwandelbar [...]. [...] das Prinzip der eindeutigen und unwandelbaren Einordnung des Menschen in die alternative Kategorie ‚männlich' - ‚weiblich' [durchzieht] als selbstverständliche Voraussetzung nicht nur das gesamte soziale Leben, sondern auch die gesamte Rechtsordnung."

[5] Siehe dazu *Adamietz*, Geschlecht als Erwartung, 2011, S. 62 ff.; *Gössl*, MedR 2021, 100; *Grünberger*, Personale Gleichheit, 2013, S. 571 f.; *Lembke*, ZfRSoz 2018, 208, 211; *Reuß*, StAZ 2019, 42 ff.; *Scherpe*, in: Dutta/Heinze (Hrsg.), „Mehr Freiheit wagen", 2019, 73, 75; *Valentiner*, JuS 2022, 1094, 1095 f.; *Völzmann*, JZ 2019, 381 ff.

„geschlechtlicher Unwandelbarkeit"[6] infrage gestellt und dem deutschen Gesetzgeber aufgegeben, zugunsten einer selbstbestimmten Persönlichkeitsentfaltung Möglichkeiten zur Änderung des rechtlichen Geschlechts vorzusehen.[7] Das Ergebnis war die Einführung des sogenannten „Transsexuellengesetzes" (TSG),[8] das im Jahr 1981 erstmals eine Änderung der rechtlichen Geschlechtszugehörigkeit ermöglichte.

In der jüngeren Vergangenheit wurde dann auch vermehrt die Binarität des rechtlichen Geschlechts *per se* hinterfragt.[9] Diese Entwicklung führte im Jahr 2018 zur Einführung einer nicht-binären Geschlechtsoption im Personenstandsrecht.[10] Den Impuls dazu gab abermals das BVerfG, das mit seiner wegweisenden Entscheidung zur „Dritten Option"[11] erstmals anerkannte, dass geschlechtliche Vielfalt auch jenseits der Zweigeschlechtlichkeit existiert.[12] Jüngst hat nun auch die Bundesregierung die Einführung eines „Selbstbestimmungsgesetzes" beschlossen, das Änderungen des rechtlichen Geschlechts künftig im Wege einer einfachen Selbstauskunft vor dem Standesamt ermöglichen soll.[13]

Mit dieser Rechtsentwicklung ist Deutschland allerdings keineswegs allein, sondern Vergleichbares ist auch in anderen europäischen Rechtsordnungen zu beobachten.[14] So haben innerhalb der EU vor allem die Rechtsprechung des EGMR, aber auch die Entscheidungen einzelner nationaler Verfassungsgerichte für eine zunehmende Öffnung der rechtlichen Geschlechtersysteme gesorgt.[15]

Dieser Entwicklung stehen jedoch gleichzeitig Beharrungstendenzen einzelner Staaten gegenüber, die sich der Rechtsprechung des EGMR widersetzen und

---

[6] BGH, Beschl. v. 21.9.1971 – IV ZB 61/70, NJW 1972, 330 ff., (juris-) Rn. 26: „Die Rechtsordnung ist […] in ihrer Gesamtheit von dem Grundsatz der geschlechtlichen Unwandelbarkeit des Menschen bestimmt."

[7] BVerfG, Beschl. v. 11.10.1978 – 1 BvR 16/72, NJW 1979, 595 ff.

[8] Gesetz über die Änderung der Vornamen und die Feststellung der Geschlechtszugehörigkeit in besonderen Fällen (Transsexuellengesetz – TSG); BGBl. I 1980, S. 1654.

[9] Siehe dazu etwa *Scherpe*, in: Dutta/Heinze (Hrsg.), „Mehr Freiheit wagen", 2019, 73, 77 ff.

[10] BGBl. 2018 I, S. 2635.

[11] BVerfG, Beschl. v. 10.10.2017 – 1 BvR 2019/16, NJW 2017, 3643 ff.

[12] Siehe zu dieser Formulierung *Markard*, in: Greif (Hrsg.), No Lessons from the Intersexed, 2019, 41; ähnlich auch *Valentiner*, in: Januszkiewicz/Post/Riegel et al. (Hrsg.), Geschlechterfragen im Recht, 2021, 129, 143.

[13] RegE: Entwurf eines Gesetzes über die Selbstbestimmung in Bezug auf den Geschlechtseintrag und zur Änderung weiterer Vorschriften v. 23.8.2023, abrufbar unter: <https://www.bmfsfj.de/resource/blob/229616/b4f835d1a1da28f1ef51552846f1e20a/gesetzentwurf-kabinett-data.pdf> (abgerufen am 1.9.2023).

[14] Für hilfreiche Übersichten siehe *DG Justice and Consumers*, Legal gender recognition in the EU, 2020; *Council of Europe*, Legal Gender Recognition in Europe, 2022.

[15] Vgl. *Dunne*, in: Ashford/Maine (Hrsg.), Research Handbook on Gender, Sexuality and the Law, 2020, 134, 136 ff.; *van den Brink*, in: Fuchs/Boele-Woelki (Hrsg.), Same-Sex Relationships and Beyond, 2017, 231, 136 ff.; beachte nun aber EGMR, Urt. v. 31.1.2023 – Nr. 76888/17, *Y./. Frankreich*.

gefestigte menschenrechtliche Standards zum Schutz der geschlechtlichen Identität außer Kraft setzen.[16] Und selbst solche Staaten, die eine Änderung des rechtlichen Geschlechts grundsätzlich gestatten, errichten dafür regelmäßig noch hohe Hürden.[17] Schließlich gewähren die meisten europäischen Staaten bislang lediglich eine Änderung des rechtlichen Geschlechts innerhalb eines binären Geschlechtersystems.[18] Eine nicht-binäre Eintragungsoption jenseits von „weiblich" oder „männlich" bleibt dagegen die Ausnahme.[19]

Angesichts dieser Diversität nationaler Lösungswege ist es in Sachverhalten mit grenzüberschreitendem Bezug entscheidend, nach welchem Recht sich das Geschlecht einer Person beurteilt und ob eine einmal vorgenommene Geschlechtszuordnung auch bei einem Grenzübertritt Bestand hat.

B. Zielsetzung

Das Ziel der nachfolgenden Untersuchung ist es daher, zu klären, wie das rechtliche Geschlecht eines Menschen aus Sicht des deutschen Rechts in grenzüberschreitenden Sachverhalten *de lege lata* bestimmt wird bzw. *de lege ferenda* bestimmt werden sollte.

Dazu werden im Hauptteil der Arbeit insbesondere zwei Fallgruppen unterschieden: Erstens werden Sachverhalte untersucht, in denen die geschlechtliche Zuordnung einer Person außerhalb Deutschlands stattgefunden hat. Hier kommt sowohl eine verfahrensrechtliche Anerkennung als auch eine kollisionsrechtliche Beurteilung der im Ausland vorgenommenen Geschlechtszuordnung in Betracht. Zweitens ist der Frage nachzugehen, unter welchen Voraussetzungen ausländische Staatsangehörige eine Eintragung oder spätere Änderung ihres rechtlichen Geschlechts in Deutschland erreichen können. Es versteht sich von selbst, dass beide Fallkonstellationen zahlreiche Folgefragen aufwerfen (etwa nach der Anerkennungsfähigkeit einer ausländischen Entscheidung, der maßgeblichen Kollisionsnorm zur Beurteilung des Geschlechts oder den Ergebnisvorgaben des Unionsrechts). Auch diesen Fragen ist im Rahmen dieser Arbeit nachzugehen.

Als notwendige Grundlage der Analyse der genannten Fallgruppen dienen dabei jeweils Erkenntnisse der interdisziplinären Geschlechterforschung sowie

---

[16] Siehe etwa zur Rechtslage in Ungarn *Council of Europe*, Legal Gender Recognition in Europe, 2022, S. 20; *Roßbach*, in: Duden (Hrsg.), IPR für eine bessere Welt, 2022, 125, 129.

[17] Siehe dazu etwa *Moron-Puech*, in: Brems/Cannoot/Moonen (Hrsg.), Protecting Trans Rights in the Age of Gender Self-Determination, 2020, 55, 56.

[18] Vgl. dazu etwa EGMR, Urt. v. 31.1.2023 – Nr. 76888/17, *Y./. Frankreich*, Rn. 34 ff.

[19] *Cannoot/Decoster*, International Journal of Gender, Sexuality and Law 2020, 26, 36 ff.; *Gössl/Völzmann*, IJLPF 2019, 403, 404 ff.; *Moron-Puech*, in: Brems/Cannoot/Moonen (Hrsg.), Protecting Trans Rights in the Age of Gender Self-Determination, 2020, 55, 56; vgl. ferner bereits *Schulz*, ZEuP 2021, 64, 66 ff.; *Schulz*, FamRZ 2022, 366, 367.

die Untersuchung des übergeordneten grund- und menschenrechtlichen Rahmens zum Schutz der geschlechtlichen Identität. Eine der internationalprivatrechtlichen Untersuchung ebenfalls vorgelagerte Frage lautet zudem, welche Möglichkeiten bereits heute im deutschen Sachrecht existieren, das rechtliche Geschlecht selbstbestimmt festzulegen und welche Parallelen sich insofern zu den Rechtsordnungen anderer Mitgliedstaaten der EU ziehen lassen.

C. Methodik

Die vorliegende Untersuchung geht in erster Linie rechtsdogmatisch vor.[20] Die Arbeit möchte also das positive Recht durchdringen und Lösungsvorschläge für die in der Rechtspraxis aufgeworfenen Problemfälle unterbreiten.[21] Zu diesem Zweck greift die Arbeit auch auf anerkannte Argumentationsfiguren und Auslegungsmethoden zurück, die in der Juristischen Methodenlehre entwickelt wurden.[22] Als notwendig und gesichert gelten dabei etwa die „klassischen" vier Auslegungsmethoden der grammatischen, historischen, systematischen und teleologischen Auslegung einer Norm.[23] Um zu klären, welchen Einfluss die Vorgaben höherrangigen Rechts auf das Internationale Privatrecht haben, spielt in dieser Arbeit außerdem die Bewältigung von Normkonflikten und das Rangverhältnis von Gesetzen („Normenhierarchie") eine wichtige Rolle.[24]

Allerdings lassen sich juristische Fragen zum Thema „Geschlecht" mit rein rechtsdogmatischen Erwägungen nicht abschließend beantworten.[25] Vielmehr ist die Rechtswissenschaft auf diesem Gebiet in besonderer Weise auf die Wissensbestände anderer Forschungsdisziplinen angewiesen.[26] So greift denn auch das

---

[20] Näher zum Begriff der Rechtsdogmatik *Bumke*, JZ 2014, 641 ff.; *Jestaedt*, in: Kirste (Hrsg.), Interdisziplinarität in den Rechtswissenschaften, 2016, 103, 111 ff.; *Möllers*, Juristische Methodenlehre, 2021, § 9, Rn. 2 ff.; zur Schwierigkeit einer einheitlichen Begriffsdefinition siehe ferner *Stark*, Interdisziplinarität der Rechtsdogmatik, 2020, S. 21 ff.

[21] Vgl. *Bumke*, JZ 2014, 641: „Die Rechtsdogmatik lässt sich als eine Disziplin beschreiben, die das positive Recht durchdringen und ordnen will und die zugleich das Ziel verfolgt, die rechtliche Arbeit anzuleiten und zur Lösung jener Fragen beizutragen, die die Rechtspraxis aufwirft."

[22] Näher zur Verbindung von Rechtsdogmatik und Methodenlehre *Möllers*, Juristische Methodenlehre, 2021, § 9, Rn. 7 ff.; allgemein zur Juristischen Methodenlehre ferner *Reimer*, Juristische Methodenlehre, 2020; *Rüthers/Fischer/Birk*, Rechtstheorie und juristische Methodenlehre, 2022; *Wank*, Juristische Methodenlehre, 2020; *Zippelius*, Juristische Methodenlehre, 2021.

[23] So die Formulierung bei *Reimer*, Juristische Methodenlehre, 2020, Rn. 269; vgl. zu den Auslegungsmethoden ferner *Möllers*, Juristische Methodenlehre, 2021, 2. Teil; *Wank*, Juristische Methodenlehre, 2020, §§ 6 ff.; *Zippelius*, Juristische Methodenlehre, 2021, § 8.

[24] Ausführlich dazu *Wank*, Juristische Methodenlehre, 2020, § 5, Rn. 40 ff.; *Möllers*, Juristische Methodenlehre, 2021, § 2, Rn. 36 ff.

[25] Ähnlich auch die Formulierung bei *Markard*, Kriegsflüchtlinge, 2012, S. 9; vgl. dazu ferner *Kolbe*, Intersexualität, Zweigeschlechtlichkeit und Verfassungsrecht, 2010, S. 30.

[26] Siehe dazu etwa *Adamietz*, Geschlecht als Erwartung, 2011, S. 62; *Baer/Markard*, in:

BVerfG zur Bestimmung des rechtlichen Geschlechtsbegriffs bereits seit mehreren Jahrzehnten auf nachbarwissenschaftliche Erkenntnisse zurück und bestimmt die Reichweite des grundrechtlichen Schutzes der geschlechtlichen Identität interdisziplinär informiert.[27]

Es ist daher auch für die vorliegende Arbeit unerlässlich, sich mit Erkenntnissen der Grundlagenforschung zum Thema „Geschlecht" auseinanderzusetzen.[28] Die Geschlechterforschung hat es sich unter anderem zur Aufgabe gemacht, gesellschaftliche Zusammenhänge und Vorgänge anhand der Kategorie „Geschlecht" zu analysieren und kritisch zu hinterfragen.[29] Während die Geschlechterforschung anfangs vor allem der Aufdeckung und Kritik von Ungleichbehandlungen zwischen Männern und Frauen diente, lenkt die moderne Geschlechterforschung den Blick vermehrt auf das Geschlechtersystem an sich.[30] Heute werden insbesondere die binäre Ausgestaltung des Geschlechtersystems und die vermeintliche Unveränderlichkeit des Geschlechts infrage gestellt.[31] Zudem übt die moderne Geschlechterforschung Kritik an der „Autorität der Biologie"[32], die regelmäßig zur Legitimation einer bestimmten sozialen und rechtlichen Ordnung herangezogen wird.[33]

---

v. Mangoldt/Klein/Starck, 2018, Art. 3 GG, Abs. 3, Rn. 451 ff.; *Gerhard*, Für eine andere Gerechtigkeit, 2018, S. 61; *Gerhard*, in: Baer/Sacksofsky (Hrsg.), Autonomie im Recht, 2018, 403 ff.; *Kolbe*, Intersexualität, Zweigeschlechtlichkeit und Verfassungsrecht, 2010, S. 30; *Mast*, in: Müller/Dittrich (Hrsg.), Linien der Rechtsprechung des Bundesverfassungsgerichts, 2022, 329, 335 ff.

[27] Siehe etwa BVerfG, Beschl. v. 11.10.1978 – 1 BvR 16/72, NJW 1979, 595 ff.; (juris-) Rn. 35 ff.; vgl. ferner BVerfG, Beschl. v. 10.10.2017 – 1 BvR 2019/16, NJW 2017, 3643 ff., (juris-) Rn. 9; weiterführend zur „nachbarwissenschaftlich informierten Schutzbereichsbestimmung" auch *Mast*, in: Müller/Dittrich (Hrsg.), Linien der Rechtsprechung des Bundesverfassungsgerichts, 2022, 329, 335 ff.

[28] Siehe zur Zulässigkeit interdisziplinär informierter Rechtsdogmatik *Stark*, Interdisziplinarität der Rechtsdogmatik, 2020, S. 202 ff.; vgl. ferner *Grimm*, in: Kirste (Hrsg.), Interdisziplinarität in den Rechtswissenschaften, 2016, 21 ff.; *Kirste*, in: Kirste (Hrsg.), Interdisziplinarität in den Rechtswissenschaften, 2016, 35 ff.; *Reimer*, Juristische Methodenlehre, 2020, Rn. 39.

[29] *Sacksofsky*, in: Baer/Lepsius/Schönberger et al. (Hrsg.), JöR 2019, 377, 380.

[30] *Adamietz*, Geschlecht als Erwartung, 2011, S. 63 ff.; *Sacksofsky*, in: Baer/Lepsius/ Schönberger et al. (Hrsg.), JöR 2019, 377, 380 ff.

[31] *Sacksofsky*, in: Baer/Lepsius/Schönberger et al. (Hrsg.), JöR 2019, 377, 380.

[32] *Lettow*, in: Koreuber/Aßmann (Hrsg.), Das Geschlecht in der Biologie, 2018, 23.

[33] Vgl. *Lettow*, in: Koreuber/Aßmann (Hrsg.), Das Geschlecht in der Biologie, 2018, 23 ff.; *Sacksofsky*, in: Baer/Lepsius/Schönberger et al. (Hrsg.), JöR 2019, 377, 380; *Satzinger*, in: Koreuber/Aßmann (Hrsg.), Das Geschlecht in der Biologie, 2018, 43, 44.

Die methodologische Vorgehensweise der Geschlechterforschung ist dabei notwendig interdisziplinär[34] bzw. im Falle der Rechtswissenschaft[35] auch intradisziplinär.[36] Diese Arbeit rezipiert daher gerade in ihrem ersten Teil Erkenntnisse von Nachbardisziplinen; namentlich der Medizin, Biologie, Psychologie und Soziologie, und möchte diese auch für die rechtsdogmatische Auseinandersetzung mit dem Thema der „Geschlechtlichen Selbstbestimmung im Internationalen Privatrecht" fruchtbar machen. Dabei erhebt die Untersuchung freilich nicht den Anspruch, kontrovers geführte Debatten zum Thema „Geschlecht" abschließend darzustellen, sondern soll lediglich Jurist*innen einen Einstieg in die Thematik ermöglichen und als Fundament der anschließenden rechtlichen Auseinandersetzung dienen.

Die rechtsdogmatische Vorgehensweise der Arbeit wird außerdem an verschiedenen Stellen um rechtsvergleichende Elemente ergänzt.[37] So werden die Möglichkeiten und Grenzen geschlechtlicher Selbstbestimmung gerade im dritten Teil der Arbeit aus rechtsvergleichender Perspektive beleuchtet, um eine Grundlage für die anschließende internationalprivat- und verfahrensrechtliche Untersuchung zu legen.[38] Im letzten Teil der Arbeit stehen schließlich rechtspolitische Erwägungen im Vordergrund.[39] Hier sollen gesetzgeberische Gestaltungsmöglichkeiten im IPR aufgezeigt- und Vorschläge für eine künftige Kollisionsnorm über die Geschlechtszugehörigkeit unterbreitet werden.

---

[34] Exemplarisch *Koreuber/Aßmann* (Hrsg.), Das Geschlecht in der Biologie, 2018; *Kortendiek/Riegraf/Sabisch* (Hrsg.), Handbuch Interdisziplinäre Geschlechterforschung, 2019; *Rendtorff* (Hrsg.), Geschlechterforschung, 2011; *Richter-Appelt/Hill* (Hrsg.), Geschlecht zwischen Spiel und Zwang, 2004; siehe ferner zur Interdisziplinarität der Geschlechterforschung *Griffin*, in: Evans/Williams (Hrsg.), Gender, 2013, 124 ff.

[35] Zur rechtswissenschaftlichen Geschlechterforschung bzw. der *legal gender studies* siehe u.a. *Baer*, in: Rudolf (Hrsg.), Geschlecht im Recht, 2009, 15 ff.; *Fineman*, Harv. J. Law Public Policy 1995, 349 ff.; *Fineman*, Journal of Gender, Social Policy & the Law 2005, 13 ff.; *Gerhard*, in: Baer/Sacksofsky (Hrsg.), Autonomie im Recht, 2018, 403 ff.; *Holzleithner*, Recht, Macht und Geschlecht, 2002; *Sacksofsky*, ZRP 2001, 412; *Sacksofsky*, in: Kortendiek/Riegraf/Sabisch (Hrsg.), Handbuch Interdisziplinäre Geschlechterforschung, 2019, 631; *Valentiner*, JuS 2022, 1094 ff.

[36] *Baer/Sacksofsky*, in: Baer/Sacksofsky (Hrsg.), Autonomie im Recht, 2018, 11, 15 f.

[37] Näher zur funktionalen Methode der Rechtsvergleichung *Zweigert/Kötz*, Einführung in die Rechtsvergleichung, 1996, § 3 II, S. 33 ff.; *Kischel*, Rechtsvergleichung, 2015, § 3; *Michaels*, in: Reimann/Zimmermann (Hrsg.), The Oxford Handbook of Comparative Law, 2019, 345 ff.

[38] Siehe zur Bedeutung der Rechtsvergleichung im IPR etwa *von Bar/Mankowski*, IPR, Band I, 2003, § 2, Rn. 95 ff.; *Weller*, in: Zimmermann (Hrsg.), Zukunftsperspektiven der Rechtsvergleichung, 2016, 191, 216 ff.

[39] Zur Differenzierung zwischen Rechtsdogmatik und Rechtspolitik *Volk*, Paritätisches Wahlrecht, 2022, S. 6 ff.; vgl. ferner *Stark*, Interdisziplinarität der Rechtsdogmatik, 2020, S. 329.

D. Themenbegrenzung

Da die geschlechtliche Zuordnung eines Menschen zahlreiche rechtliche Fragen aufwirft, ist eine Begrenzung des Untersuchungsgegenstandes unerlässlich. Ausgeklammert wurde etwa die Frage, unter welchen Voraussetzungen eine Person geschlechtsangleichende medizinische Maßnahmen vornehmen lassen kann und in welchen Konstellationen eine Kostenübernahme durch die Krankenkassen in Betracht kommt.[40] Auch die rechtliche Bewertung geschlechtszuweisender Operationen an intergeschlechtlichen Minderjährigen ist nicht Gegenstand dieser Arbeit.[41] Ebenfalls von der Analyse ausgenommen bleiben arbeitsrechtliche,[42] asylrechtliche[43] und sportrechtliche Fragestellungen[44] im Zusammenhang mit dem Geschlecht einer Person. Auch Geschlechterquoten im Gesellschaftsrecht[45] oder Ansprüche nach dem AGG[46] werden in dieser Arbeit nicht behandelt.

Namensrechtliche Fragen – insbesondere die Möglichkeit einer Änderung des Vornamens im Einklang mit der geschlechtlichen Identität – werden punktuell aufgegriffen; sie bilden jedoch keinen Schwerpunkt der Arbeit. Auch abstammungsrechtliche Regelungen werden lediglich vereinzelt zur Veranschaulichung herangezogen.

Sofern die vorliegende Arbeit schließlich Bezug auf das Sachrecht ausländischer Rechtsordnungen nimmt, beschränkt sich die Untersuchung auf die Regelungen anderer Mitgliedstaaten der EU. Auf eine nähere Analyse der sach-

---

[40] Siehe dazu etwa *Wissenschaftlicher Dienst des deutschen Bundestages*, Einzelfragen zu geschlechtsangleichenden Operationen, WD 9-3000-065/22, 2022, abrufbar unter: <https://www.bundestag.de/resource/blob/921790/5bae174f4e7252b78d93e2b80cc6688c/WD-9-065-22-pdf-data.pdf> (abgerufen am 1.3.2023); „S3-Leitlinie Geschlechtsinkongruenz, Geschlechtsdysphorie und Trans-Gesundheit: Diagnostik, Beratung, Behandlung", abrufbar unter: <https://register.awmf.org/de/leitlinien/detail/138-001> (abgerufen am 1.3.2023); „S2k-Leitlinie Geschlechtsangleichende chirurgische Maßnahmen bei Geschlechtsinkongruenz und Geschlechtsdysphorie", abrufbar unter: <https://register.awmf.org/de/leitlinien/detail/043-052> (abgerufen am 1.3.2023).

[41] Siehe dazu etwa *Kolbe*, Intersexualität, Zweigeschlechtlichkeit und Verfassungsrecht, 2010; *Lindenberg*, Rechtsfragen medizinischer Intervention bei intersexuell geborenen Minderjährigen, 2020; *Schrott*, Intersex-Operationen, 2020.

[42] Siehe dazu etwa *Dutta/Fornasier*, Jenseits von männlich und weiblich, 2020; *L. Fuchs/Zöllner*, NZA 2022, 315 ff.; *Körlings*, NZA 2018, 282 ff.; *Dutta/Fornasier*, NZA 2021, 605 ff.

[43] Siehe etwa zur Verfolgung wegen des Geschlechts *Markard*, Kriegsflüchtlinge, 2012, S. 89 ff.; beachte ferner *Couldrey/Herson*, Forced Migration Review 2013, 4 ff.

[44] Siehe dazu etwa *Block*, Geschlechtergleichheit im Sport, 2014.

[45] Siehe etwa *Schwarz*, Geschlechterquote und Zielgrößenfestlegung in Kapitalgesellschaften, 2019; *Steiner*, Die Sanktionierung der flexiblen Frauenquote in Großunternehmen, 2018; *Werthmüller*, Staatliche Eingriffe in die Aufsichtsratsbesetzung und die Geschlechterquote, 2017.

[46] Siehe etwa zu dem im AGG enthaltenen Benachteiligungsverbot aufgrund des Geschlechts OLG Frankfurt, Urt. v. 21.6.2022 – 9 U 92/20, NJW-RR 2022, 1254 ff.; vgl. dazu auch *Röhner*, JZ 2022, 1007 ff.

rechtlichen Möglichkeiten geschlechtlicher Selbstbestimmung in Drittstaaten außerhalb der EU wurde hingegen verzichtet.[47]

E. Forschungsstand

Die Möglichkeiten und Grenzen geschlechtlicher Selbstbestimmung rücken zunehmend in den Fokus juristischer Betrachtungen.[48] Gerade die wegweisende
Entscheidung des BVerfG zur Dritten Option[49] hat zu einer Fülle an rechtswissenschaftlichen Beiträgen geführt, die sich gerade mit der verfassungsrechtlichen
Dimension des Themas befassen.[50] Zudem regt auch die gesetzgeberische Ankündigung eines „Selbstbestimmungsgesetzes"[51] zu einer vertieften rechtswissenschaftlichen Auseinandersetzung mit diesem Thema an.[52]

Dagegen spielt die Selbstbestimmung über das eigene Geschlecht in der deutschen internationalprivatrechtlichen Forschung bislang nur eine untergeordnete
Rolle.[53]

---

[47] Siehe dazu etwa *Council of Europe*, Legal Gender Recognition in Europe, 2022; *Gössl/
Völzmann*, IJLPF 2019, 403, 404.

[48] Beachte jedoch bereits *Scherpe* (Hrsg.), The Legal Status of Transsexual and Transgender Persons, 2015; *Siedenbiedel*, Selbstbestimmung über das eigene Geschlecht, 2016; *Wielpütz*, Über das Recht, ein anderer zu werden und zu sein, 2012.

[49] BVerfG, Beschl. v. 10.10.2017 – 1 BvR 2019/16, NJW 2017, 3643 ff.

[50] Siehe etwa *Frie*, NZFam 2017, 1141 ff.; *Froese*, DÖV 2018, 315 ff.; *Gössl*, NJW 2017,
3643 ff.; *Helms*, FamRZ 2017, 2046 ff.; *Holzleithner*, in: Baer/Lepsius/Schönberger et al.
(Hrsg.), JöR 2019, 457, 469 ff.; *Rädler*, Das dritte Geschlecht, 2019; *Muckel*, JA 2018, 154 ff.;
Rixen, JZ 2018, 317 ff.; *Röhner*, in: Müller-Heidelberg/Pelzer/Heiming et al. (Hrsg.), Grundrechte-Report, 2018, 71 ff.; *Sachs*, JuS 2018, 399 ff.; *Sanders*, NZFam 2018, 241 ff.; *Sieberichs*, FamRZ 2019, 329 ff.; *Wapler*, jM 2018, 115 ff.; *Valentiner*, in: Januszkiewicz/Post/Rie-
gel et al. (Hrsg.), Geschlechterfragen im Recht, 2021, 129 ff.; beachte ferner die zahlreichen
Beiträge in *Greif* (Hrsg.), No Lessons from the Intersexed, 2019.

[51] RegE: Entwurf eines Gesetzes über die Selbstbestimmung in Bezug auf den Geschlechtseintrag und zur Änderung weiterer Vorschriften v. 23.8.2023, abrufbar unter: <https://www.
bmfsfj.de/resource/blob/229616/b4f835d1a1da28f1ef51552846f1e20a/gesetzentwurf-kabine
t-data.pdf> (abgerufen am 1.9.2023).

[52] Siehe etwa *Mangold*, ZRP 2022, 180 ff.; *Schinkels*, ZRP 2022, 222 ff.

[53] Vgl. auch allgemein zum Bedarf internationaler Forschung auf diesem Gebiet *Kogovšek
Šalamon*, Difficulties for LGBTI people in cross-border situations, 2019, S. 3 f.: „There is a
lack of studies concerning transgender people in cross-border situations [...]. The situation of
intersex persons is also under-researched, [...] let alone the experience when intersex persons
are in cross-border situations. The potential for further research is increased by the fact that
some EU Member States already provide for non-binary, third gender or gender-neutral
options [...]."

Eine Ausnahme stellen insbesondere die Beiträge von *Anatol Dutta*,[54] *Susanne Gössl*,[55] *Tobias Helms*[56] und *Jens Scherpe*[57] dar, die sich bereits eingehend mit der Thematik befasst haben.[58] Ferner hat auch das in Hamburg ansässige *Max-Planck-Institut für ausländisches und internationales Privatrecht* im Jahr 2019 ein Forschungsprojekt mit dem Titel „Genderforschung und Internationales Privatrecht"[59] ins Leben gerufen, das Erkenntnisse der Geschlechterforschung für das IPR fruchtbar machen möchte.

Trotz dieser existierenden Vorarbeiten hat eine umfassende monographische Untersuchung des Themas der geschlechtlichen Selbstbestimmung im Internationalen Privat- und Verfahrensrecht bislang noch nicht stattgefunden. Diese Lücke möchte die vorliegende Arbeit in der Hoffnung schließen, einen eigenen Beitrag auf diesem Gebiet zu leisten und als relevanter Ausgangspunkt des künftigen rechtswissenschaftlichen Diskurses zu dienen.

F. Gang der Untersuchung

Die Untersuchung gliedert sich in fünf Teile. Der *erste Teil* widmet sich den interdisziplinären Grundlagen der Arbeit. Dazu werden zunächst zentrale Grundbegriffe definiert und Erkenntnisse der interdisziplinären Geschlechterforschung rezipiert. Dies ist bereits deshalb erforderlich, weil sich das Geschlecht eines Menschen keineswegs so eindeutig und eindimensional bestimmen lässt, wie häufig angenommen. Vielmehr lassen sich verschiedene, sich gegenseitig beeinflussende, Dimensionen von Geschlecht ausmachen; konkret werden im ersten Kapitel der Arbeit biologisch-medizinische, soziale und psychologische Aspekte vorgestellt (§ 1). Wie anschließend erörtert wird, kann es zwischen diesen verschiedenen Dimensionen auch zu Spannungen kommen (§ 2).

---

[54] Siehe etwa *Dutta*, in: Scherpe (Hrsg.), The Legal Status of Transsexual and Transgender Persons, 2015, 207 ff.; *Dutta*, IPRax 2017, 139 ff.; *Dutta/Pintens*, in: Scherpe/Dutta/Helms (Hrsg.), The Legal Status of Intersex Persons, 2018, 415 ff.; *Hepting/Dutta*, Familie und Personenstand, 2022.

[55] Siehe etwa *Gössl*, StAZ 2013, 301 ff.; *Gössl*, JPIL 2016, 261 ff.; *Gössl*, IPRax 2017, 339 ff.; *Gössl*, FamRZ 2018, 383 ff.

[56] Siehe etwa *Scherpe/Dutta/Helms* (Hrsg.), The Legal Status of Intersex Persons, 2018; *Helms*, StAZ 2021, 329 ff.

[57] Siehe etwa *Basedow/Scherpe*, in: Basedow/Scherpe (Hrsg.), Transsexualität, Staatsangehörigkeit und internationales Privatrecht, 2004, 161 ff.; *Scherpe*, FamRZ 2007, 270 ff.; *Scherpe* (Hrsg.), The Legal Status of Transsexual and Transgender Persons, 2015; *Scherpe/Dutta/Helms* (Hrsg.), The Legal Status of Intersex Persons, 2018.

[58] Beachte ferner die wichtigen Beiträge von *von Bar/Mankowski*, IPR, Band II, 2019, § 6, Rn. 148 ff.; *Grünberger*, StAZ 2007, 357 ff.; *Grünberger*, in: Groß/Neuschaefer-Rube/Steinmetzer (Hrsg.), Transsexualität und Intersexualität, 2008, 81 ff.; *Roßbach*, in: Duden (Hrsg.), IPR für eine bessere Welt, 2022, 125 ff.; *Röthel*, IPRax 2007, 204 ff.; *Wall*, StAZ 2020, 201 ff.; *Wall*, StAZ 2020, 120 ff.

[59] Eine ausführliche Beschreibung des Projekts ist abrufbar unter: <https://www.mpipriv.de/gender> (abgerufen am 1.3.2023).

Der *zweite Teil* der Arbeit steckt anschließend den übergeordneten grund- und menschenrechtlichen Rahmen ab, wobei sowohl das Recht auf Achtung der selbstbestimmten geschlechtlichen Identität (§ 3) als auch das Verbot geschlechtsspezifischer Diskriminierung (§ 4) im Mehrebenensystem des nationalen Verfassungsrechts, Europarechts und des Völkerrechts untersucht werden.

Auf diese Grundlagen aufbauend geht der *dritte Teil* der Frage nach, welche Möglichkeiten geschlechtlicher Selbstbestimmung in den nationalen Rechtsordnungen der EU gegenwärtig bestehen. Im Mittelpunkt steht dabei das deutsche Sachrecht, das aktuell zwei verschiedene Wege vorsieht, das rechtliche Geschlecht einer Person im Einklang mit ihrer geschlechtlichen Identität zu ändern (§ 5). Anschließend wird in einem rechtsvergleichenden Überblick erörtert, welche Möglichkeiten in anderen Mitgliedstaaten der EU existieren, selbstbestimmt über das rechtliche Geschlecht zu entscheiden und welche Mitgliedstaaten bereits die Option eines nicht-binären Geschlechtseintrages vorsehen (§ 6).

Der *vierte Teil* widmet sich sodann der Bestimmung des rechtlichen Geschlechts in grenzüberschreitenden Sachverhalten und bildet den Schwerpunkt der Arbeit. Zunächst wird analysiert, wie eine im Ausland vorgenommene Geschlechtszuordnung in Deutschland Wirksamkeit erlangen kann (§ 7). Hier kommen sowohl eine verfahrensrechtliche Anerkennung als auch eine kollisionsrechtliche Beurteilung der Geschlechtszugehörigkeit in Betracht. Im Anschluss wendet sich die Untersuchung der Frage zu, unter welchen Voraussetzungen ausländische Staatsangehörige eine Änderung ihres rechtlichen Geschlechts in Deutschland erreichen können (§ 8). In Unionssachverhalten stellt sich ferner die Frage, ob eine in einem Mitgliedstaat der EU vorgenommene Geschlechtszuordnung aufgrund der Vorgaben der europäischen Grundfreiheiten und Menschenrechte auch in allen anderen Mitgliedstaaten als wirksam zu erachten ist (§ 9).

Im *fünften Teil* wird die Perspektive schließlich um rechtspolitische Erwägungen erweitert. Konkret wird diskutiert, wie sich die kollisionsrechtliche Beurteilung der Geschlechtszugehörigkeit künftig reformieren ließe. Dafür werden Reformbestrebungen auf europäischer Ebene (§ 10) und auf nationaler Ebene (§ 11) erörtert. Neben der Vorstellung bereits existierender Reformvorschläge, wird auch ein eigener Vorschlag für die Einführung einer Kollisionsnorm über die rechtliche Geschlechtszugehörigkeit einer Person unterbreitet. Die Untersuchung schließt mit einer Schlussbetrachtung und einer Zusammenfassung der wesentlichen Ergebnisse dieser Arbeit.

Erster Teil

Geschlecht aus interdisziplinärer Perspektive

Das Geschlecht eines Menschen erscheint meist als etwas Naturgegebenes.[1] Wie die beiden Psychologinnen *Suzanne Kessler* und *Wendy McKenna* in einer Studie aus dem Jahr 1978 identifiziert haben, gehen die meisten Menschen davon aus, dass es (nur) zwei Geschlechter gibt und sich jede Person dauerhaft einem dieser beiden Geschlechter zuordnet.[2] Ähnliches hat auch die Soziologin *Carol Hagemann-White* beobachtet und darauf hingewiesen, dass es meist unzweifelhaft feststehe, dass jeder Mensch erkennbar entweder weiblich oder männlich sei („Eindeutigkeit"), die Geschlechtszugehörigkeit körperlich begründet sei („Naturhaftigkeit"), und das Geschlecht angeboren und unveränderlich sei („Unveränderbarkeit").[3]

Diese von *Hagemann-White* als „Alltagstheorie der Zweigeschlechtlichkeit"[4] bezeichneten Grundannahmen wurden jedoch in den vergangenen Jahrzehnten von der interdisziplinären Geschlechterforschung infrage gestellt.[5] So hat die Grundlagenforschung zum Thema „Geschlecht" ergeben, dass es sich bei den genannten Alltagsannahmen um eine starke Vereinfachung handelt und die gängigen Vorstellungen einer Eindeutigkeit, Naturhaftigkeit und Unveränderbarkeit

---

[1] *Greif/Ulrich*, Legal Gender Studies und Antidiskriminierungsrecht, 2019, S. 118; vgl. dazu ferner *Ankermann*, ZfMER 2011, 6; *Foucault*, in: Defert/Ewald (Hrsg.), Ästhetik der Existenz, 2007, 58 ff.; *Hirschauer*, Die soziale Konstruktion der Transsexualität, 1993, S. 9; *Küppers*, APuZ 2012, 3; *Sacksofsky*, in: Hohmann-Dennhardt/Masuch/Villiger (Hrsg.), Grundrechte und Solidarität, 2011, 675, 676.

[2] *Kessler/MacKenna*, Gender: An Ethnomethodological Approach, 1978; für eine Zusammenfassung der Ergebnisse siehe *Adamietz*, Geschlecht als Erwartung, 2011, S. 62; *Sacksofsky*, in: Hohmann-Dennhardt/Masuch/Villiger (Hrsg.), Grundrechte und Solidarität, 2011, 675, 676; *Villa Braslavsky*, in: Hark (Hrsg.), Dis/Kontinuitäten: Feministische Theorie, 2001, 17, 18.

[3] *Hagemann-White*, in: Hagemann-White/Rerrich (Hrsg.), FrauenMännerBilder, 1988, 224, 228; vgl. auch *Greif/Ulrich*, Legal Gender Studies und Antidiskriminierungsrecht, 2019, S. 118.

[4] *Hagemann-White*, in: Hagemann-White/Rerrich (Hrsg.), FrauenMännerBilder, 1988, 224, 228; vgl. ferner *Hagemann-White*, Sozialisation: weiblich – männlich?, 1984, S. 81; *Adamietz*, Geschlecht als Erwartung, 2011, S. 63; *Kolbe*, Intersexualität, Zweigeschlechtlichkeit und Verfassungsrecht, 2010, S. 30 ff.; *Krall/S. Schmitz*, Gender: Zeitschrift für Geschlecht, Kultur und Gesellschaft 2016, 99, 100; *Wetterer*, in: Becker/Kortendiek (Hrsg.), Handbuch Frauen- und Geschlechterforschung, 2010, 126.

[5] Ähnlich auch *Sacksofsky*, in: Hohmann-Dennhardt/Masuch/Villiger (Hrsg.), Grundrechte und Solidarität, 2011, 675, 676.

des Geschlechts längst nicht auf alle Menschen zutreffen.[6] Vor diesem Hintergrund erkennt heute auch die biologisch-medizinische Forschung überwiegend an, dass das Geschlecht eines Menschen nicht nur anhand körperlicher Aspekte beschrieben werden kann, sondern maßgeblich durch soziokulturelle und psychologische Faktoren mitbestimmt wird.[7]

Diese Erkenntnisentwicklung lässt auch das deutsche Recht nicht unberührt. Insbesondere das BVerfG hat seit dem Ende der 1970er Jahre wiederholt darauf hingewiesen, dass das rechtliche Geschlecht eines Menschen nicht allein anhand körperlicher Merkmale bestimmt werden kann, sondern wesentlich von der geschlechtlichen Identität der betreffenden Person abhängt.[8] In seiner Entscheidung zur Dritten Option hat das BVerfG nun noch einmal hervorgehoben, dass in den medizinischen und psychosozialen Wissenschaften weitgehend Einigkeit darüber bestehe, „dass sich das Geschlecht nicht allein nach genetisch-anatomisch-chromosomalen Merkmalen bestimmen oder gar herstellen lässt, sondern von sozialen und psychischen Faktoren mitbestimmt wird"[9].

Das BVerfG legt folglich ein mehrdimensionales Begriffsverständnis zugrunde und erkennt an, dass das Geschlecht eines Menschen auf verschiedenen Ebenen beschrieben werden kann.[10] Dieses mehrdimensionale Verständnis soll auch der vorliegenden Arbeit als normative Leitlinie zugrunde gelegt werden. Gleichwohl erscheint es angezeigt, den genannten Dimensionen von Geschlecht aus der Perspektive verschiedener Wissenschaftsdisziplinen noch etwas genauer nachzugehen. Anknüpfend an das Begriffsverständnis des BVerfG werden daher im Folgenden medizinisch-biologische, soziale sowie psychologische Dimensionen des Geschlechts erörtert (§ 1). Im Anschluss ist auf mögliche Spannungsfelder zwischen den genannten Dimensionen und die damit verbundene Infragestellung natürlicher Zweigeschlechtlichkeit einzugehen (§ 2).

---

[6] Vgl. dazu *Greif/Ulrich*, Legal Gender Studies und Antidiskriminierungsrecht, 2019, S. 118; *Sacksofsky*, in: Hohmann-Dennhardt/Masuch/Villiger (Hrsg.), Grundrechte und Solidarität, 2011, 675, 676.

[7] Siehe dazu *Schweizer*, in: Schweizer/Binswanger/Sigusch (Hrsg.), Intersexualität kontrovers, 2012, 19, 21; vgl. ferner *Ah-King*, in: Koreuber/Aßmann (Hrsg.), Das Geschlecht in der Biologie, 2018, 115; *Ainsworth*, Nature News 2015, 288, 291; *Pschyrembel,* Pschyrembel Klinisches Wörterbuch, 2017, 658 – Stichwort: Geschlecht; *Voß*, Making sex revisited, 2010.

[8] Näher dazu unten S. 54 ff.

[9] BVerfG, Beschl. v. 10.10.2017 – 1 BvR 2019/16, NJW 2017, 3643 ff., (juris-) Rn. 9; siehe außerdem *Lembke*, Stellungnahme geschlechtliche Selbstbestimmung, S. 3: „Geschlecht ist ein höchst komplexes Phänomen: biologisch multifaktoriell und kontingent, soziokulturell geformt und veränderbar, höchstpersönlich und von eminenter sozialer Bedeutung."

[10] Siehe ferner bereits *Wapler*, FamRZ 2017, 1861; allgemein zu den verschiedenen Dimensionen von Geschlecht *Ankermann*, ZfMER 2011, 6 ff.; *Plett*, in: Plett/Hulverscheidt (Hrsg.), Geschlechterrecht, 2021, 159, 162; *Villa Braslavsky*, ZfSf 2019, 157, 161; *Villa Braslavsky*, in: Fitsch/Greusing/Kerner et al. (Hrsg.), Der Welt eine neue Wirklichkeit geben, 2022, 251, 254; kritisch *Ponseti/Stirn*, ZfSf 2019, 131 ff.

1

Mehrdimensionalität von Geschlecht

Das Geschlecht eines Menschen lässt sich zunächst auf medizinisch-biologischer Ebene beschreiben (A.). Wie sich zeigen wird, ist daneben vor allem auch die soziale Geschlechterrolle eines Menschen (B.) sowie dessen subjektives Zugehörigkeitsempfinden (C.) von Bedeutung. Im Einzelnen:

A. Medizinisch-biologische Dimension des Geschlechts

Unter dem Begriff des *biologischen Geschlechts* werden typischerweise solche Merkmale zusammengefasst, die das Geschlecht eines Menschen aus medizinisch-biologischer Perspektive definieren.[1]

I. Vielschichtigkeit des biologischen Geschlechtsbegriffs

Allerdings ist der Begriff des biologischen Geschlechts seinerseits vielschichtig.[2] Regelmäßig wird daher eine Unterteilung in das sog. *chromosomale, gonadale* und *phänotypische Geschlecht* vorgenommen, um das biologische Geschlecht eines Menschen näher zu beschreiben.[3] Darüber hinaus wird zur Konkretisierung des biologischen Geschlechtsbegriffs bisweilen auch die Kategorie des sog. *hormonalen Geschlechts* herangezogen.[4]

1. Chromosomales Geschlecht

Das *chromosomale Geschlecht* eines Menschen lässt sich anhand des Erbguts bestimmen und spiegelt den Chromosomensatz (Karyotyp) eines Menschen wi-

---

[1] Vgl. *Pschyrembel*, Pschyrembel Klinisches Wörterbuch, 2017, 658 – Stichwort: Geschlecht.

[2] *Kolbe*, Intersexualität, Zweigeschlechtlichkeit und Verfassungsrecht, 2010, S. 23; *Preuss,* Transidentität im Kindes- und Jugendalter, 2021, 54 ff.; beachte ferner *Voß*, ZfSf 2019, 153, 155: „Unübersichtlicher Gesamtkomplex".

[3] *Holterhus*, in: Richter-Appelt/Hill (Hrsg.), Geschlecht zwischen Spiel und Zwang, 2004, 77; *Schrott*, Intersex-Operationen, 2020, S. 59.

[4] *Ankermann*, ZfMER 2011, 6, 7; *Christiansen*, in: Pasero/Braun (Hrsg.), Konstruktion von Geschlecht, 2001, 13, 20; *Kolbe*, Intersexualität, Zweigeschlechtlichkeit und Verfassungsrecht, 2010, S. 23; *Rädler*, Das dritte Geschlecht, 2019, S. 28.

der.[5] Dabei wird der Chromosomensatz 46,XY üblicherweise mit einer männli-
chen- und der Chromosomensatz 46,XX typischerweise mit einer weiblichen Geschlechtsentwicklung assoziiert.[6] In der Regel haben Menschen einen dieser beiden Chromosomensätze.[7] Es kommt jedoch auch vor, dass ein Mensch ein zu-
sätzliches X- oder Y-Chromosom aufweist („Chromosomenmosaike").[8]

2. Gonadales Geschlecht

Das *gonadale Geschlecht* eines Menschen wird wiederum durch die Existenz der
Gonaden, d.h. der Eierstöcke bzw. Hoden und der durch sie produzierten Hor-
mone festgelegt.[9] Ein Mensch mit Eierstöcken gilt aus biologisch-medizinischer
Perspektive als weiblich, ein Mensch mit Hoden dagegen als männlich.[10]

3. Phänotypisches Geschlecht

Der Begriff des *phänotypischen Geschlechts* oder auch *somatischen Geschlechts*
beschreibt schließlich das anatomische Erscheinungsbild der äußeren Geschlechtsorgane eines Menschen.[11] Teilweise werden unter der Überschrift des
phänotypischen Geschlechts auch noch weitere geschlechtsspezifische Merkmale
zusammengefasst, wie etwa der Körperbau, die Brüste, der Bartwuchs oder die
Fettverteilung eines Menschen.[12]

4. Hormonales Geschlecht

Bisweilen wird in Hinblick auf das biologische Geschlecht eines Menschen auch
eine noch detailliertere Untergliederung vorgenommen: So dient der Begriff des
hormonalen Geschlechts dazu, die Konzentration an Geschlechtshormonen im

---

[5] *Holterhus*, in: Richter-Appelt/Hill (Hrsg.), Geschlecht zwischen Spiel und Zwang, 2004,
77; *Oppelt*, in: Oppelt/Dörr (Hrsg.), Kinder- und Jugendgynäkologie, 2015, 31; *Pschyrembel,*
Pschyrembel Klinisches Wörterbuch, 2017, 658 – Stichwort: Geschlecht.

[6] *Holterhus*, in: Richter-Appelt/Hill (Hrsg.), Geschlecht zwischen Spiel und Zwang, 2004,
77; näher dazu unten S. 16 f.

[7] *Kolbe*, Intersexualität, Zweigeschlechtlichkeit und Verfassungsrecht, 2010, S. 23.

[8] *Christiansen*, in: Pasero/Braun (Hrsg.), Konstruktion von Geschlecht, 2001, 13, 17 f.;
vgl. ferner *Kolbe*, Intersexualität, Zweigeschlechtlichkeit und Verfassungsrecht, 2010, S. 23.

[9] *Deutscher Ethikrat*, Stellungnahme Intersexualität, 2012, S. 30; *Holterhus*, in: Richter-
Appelt/Hill (Hrsg.), Geschlecht zwischen Spiel und Zwang, 2004, 77; *Holterhus*, Monatsschrift Kinderheilkunde 2008, 217, 218; *Oppelt*, in: Oppelt/Dörr (Hrsg.), Kinder- und Jugendgynäkologie, 2015, 31; *Pschyrembel*, Pschyrembel Klinisches Wörterbuch, 2017, 658 – Stichwort: Geschlecht; *Schweizer*, in: Schweizer/Binswanger/Sigusch (Hrsg.), Intersexualität kontrovers, 2012, 19, 22.

[10] Siehe dazu *Kolbe*, Intersexualität, Zweigeschlechtlichkeit und Verfassungsrecht, 2010,
S. 23.

[11] Näher dazu *Holterhus/Hiort*, in: Lehnert (Hrsg.), Rationelle Diagnostik und Therapie
in Endokrinologie, Diabetologie und Stoffwechsel, 2015, 398, 401.

[12] *Kolbe,* Intersexualität, Zweigeschlechtlichkeit und Verfassungsrecht, 2010, S. 24.

menschlichen Körper zu beschreiben.[13] Die Geschlechtshormone (Östrogene, Gestagene und Androgene) werden unter anderem in den Gonaden produziert.[14] Wenngleich Östrogene und Gestagene typischerweise als „weibliche" Geschlechtshormone und Androgene als „männliche" Geschlechtshormone bezeichnet werden,[15] kommen bei einem Menschen alle drei Hormonarten vor.[16]

Es bestehen jedoch regelmäßig geschlechtsspezifische Unterschiede hinsichtlich der Hormonkonzentration.[17] So wird eine höhere Konzentration an Östrogenen und Gestagenen typischerweise mit einem weiblichen hormonalen Geschlecht und eine höhere Konzentration an Androgenen (insbesondere Testosteron) typischerweise mit einem männlichen hormonalen Geschlecht assoziiert.[18] Allerdings existiert diesbezüglich eine so große Variationsbreite, dass die Hormonkonzentration eher nicht geeignet ist, einen Menschen eindeutig einem biologischen Geschlecht zuzuordnen.[19]

II. Grundlagen der menschlichen Geschlechtsentwicklung

Die menschliche Geschlechtsentwicklung ist überaus facettenreich,[20] und wird in der medizinisch-biologischen Forschung bis heute kontrovers diskutiert.[21] Dabei

---

[13] Siehe dazu *Christiansen*, in: Pasero/Braun (Hrsg.), Konstruktion von Geschlecht, 2001, 13, 20; *Kolbe*, Intersexualität, Zweigeschlechtlichkeit und Verfassungsrecht, 2010, S. 23.

[14] *Christiansen*, in: Pasero/Braun (Hrsg.), Konstruktion von Geschlecht, 2001, 13, 20; *Pschyrembel,* Pschyrembel Klinisches Wörterbuch, 2017, 1660 – Stichwort: Sexualhormone.

[15] *Pschyrembel*, Pschyrembel Klinisches Wörterbuch, 2017, 1660 – Stichwort: Sexualhormone.

[16] *Christiansen*, in: Pasero/Braun (Hrsg.), Konstruktion von Geschlecht, 2001, 13, 21.

[17] Näher dazu *Christiansen*, in: Pasero/Braun (Hrsg.), Konstruktion von Geschlecht, 2001, 13, 21; *Pschyrembel*, Pschyrembel Klinisches Wörterbuch, 2017, 1660 – Stichwort: Sexualhormone.

[18] *Christiansen*, in: Pasero/Braun (Hrsg.), Konstruktion von Geschlecht, 2001, 13, 21; *Pschyrembel*, Pschyrembel Klinisches Wörterbuch, 2017, 1660 – Stichwort: Sexualhormone.

[19] Vgl. etwa *Deutscher Ethikrat*, Stellungnahme Intersexualität, 2012, S. 32: „Das hormonale Geschlecht ist […] nicht typologisch binär (das heißt strikt männlich oder weiblich), sondern prägt sich auf einer gleitenden Skala aus, bei der der individuelle Status auch zwischen den beiden Polen liegen kann." Siehe ferner *Christiansen*, in: Pasero/Braun (Hrsg.), Konstruktion von Geschlecht, 2001, 13, 21: „Die Kriterien für ein weibliches oder männliches hormonelles Geschlecht sind jetzt nicht mehr so eindeutig […]. Es gibt keine Alles-oder-Nichts-Regel mehr, sondern es gibt einen bestimmten Bereich, in dem sich der Wert einer Variablen befinden sollte." Ähnlich *Kessler/MacKenna*, Gender: An Ethnomethodological Approach, 1978, 73 f.

[20] Siehe dazu auch *Hiort*, Gibt es mehr als zwei Geschlechter?, Spektrum, 22.2.21, abrufbar unter: <https://www.spektrum.de/frage/geschlechtsidentitaet-gibt-es-mehr-als-zwei-gesc hlechter/1835662> (abgerufen am 1.3.2023).

[21] Siehe etwa *Ainsworth*, Nature News 2015, 288 ff.; *McLaren*, Nature 1990, 216 ff.; *Ono/Harley*, Nature Reviews Endocrinology 2013, 79 ff.; *Oppelt*, in: Oppelt/Dörr (Hrsg.), Kinder- und Jugendgynäkologie, 2015, 31; *Richter-Appelt*, in: Wimmer-Puchinger/Gutiérrez-Lobos/Riecher-Rössler (Hrsg.), Psychische Krisen im Frauenleben, 2016, 107 ff.; *Stévant/Papaio-*

ist das Wissen darüber, welche Faktoren und Prozesse für die Festlegung des Geschlechts letztlich ausschlaggebend sind, noch immer unvollständig.[22] Trotzdem soll im Folgenden der Versuch unternommen werden, einen kurzen Überblick über diejenigen Schritte der menschlichen Geschlechtsentwicklung zu geben, über die in der medizinisch-biologischen Forschung zumindest weitgehende Einigkeit zu bestehen scheint.

1. Geschlechtliche Determinierung

Die menschliche Geschlechtsentwicklung beginnt mit dem Prozess der sogenannten *geschlechtlichen Determinierung*, in deren Rahmen das chromosomale und gonadale Geschlecht eines Menschen festgelegt werden.[23] Am Anfang steht dabei die Festlegung des chromosomalen Geschlechts, die zum Zeitpunkt der Befruchtung einer menschlichen Eizelle stattfindet.[24] Insofern ist zu beachten, dass sich in männlichen Keimzellen (Spermien) neben 22 normalen Chromosomen (Autosomen) auch jeweils ein X- oder ein Y-Chromosom finden.[25] Die weibliche Eizelle enthält hingegen neben den 22 Autosomen typischerweise ein X-Chromosom.[26] Entsteht nach Vereinigung von Ei- und Samenzelle ein Individuum, dessen Chromosomenbild neben 44 Autosomen ein X- und ein Y-Chromosom aufweist (Karyotyp 46,XY), gilt das chromosomale Geschlecht als männlich.[27] Demgegenüber werden Zellen ohne ein Y-Chromosom und dem physiologischen Karyotyp 46,XX typischerweise mit einer weiblichen Geschlechtsentwicklung assoziiert.[28]

---

annou/Nef, Molecular and Cellular Endocrinology 2018, 3 ff.; *Timmermans et al.*, Sociology of Health & Illness 2019, 1520 ff.; *Voß*, Making sex revisited, 2010; *Voß*, GID 2009, 13 ff.

[22] Vgl. *Stévant/Papaioannou/Nef*, Molecular and Cellular Endocrinology 2018, 3, 8: „Sex differences have puzzled humanity since ancient times – not only within a scientific context, but also within a social context. Given its allure, it does not come as a surprise that a great deal of research has been devoted to this particular biological question. What does seem surprising is the fact that, despite the tremendous progress achieved, our understanding of the regulatory networks controlling sex determination is still incomplete."

[23] *Holterhus*, Monatsschrift Kinderheilkunde 2008, 217 f.; *Schrott,* Intersex-Operationen, 2020, S. 59; *Schweizer*, in: Schweizer/Binswanger/Sigusch (Hrsg.), Intersexualität kontrovers, 2012, 43 ff.; den Prozess der Geschlechtsdetermination kritisch beleuchtend *Voß*, in: Koreuber/Aßmann (Hrsg.), Das Geschlecht in der Biologie, 2018, 151 ff.

[24] *Schrott*, Intersex-Operationen, 2020, S. 60.

[25] *Deutscher Ethikrat*, Stellungnahme Intersexualität, 2012, S. 29; *McLaren*, Nature 1990, 216 f.; *Stévant/Papaioannou/Nef*, Molecular and Cellular Endocrinology 2018, 3, 5 ff.

[26] *Deutscher Ethikrat*, Stellungnahme Intersexualität, 2012, S. 29; ausführlich zum menschlichen X-Chromosom *Ross et al.*, Nature 2005, 325 ff.

[27] *Deutscher Ethikrat*, Stellungnahme Intersexualität, 2012, S. 29; *Holterhus*, in: Richter-Appelt/Hill (Hrsg.), Geschlecht zwischen Spiel und Zwang, 2004, 77; *Pschyrembel,* Pschyrembel Klinisches Wörterbuch, 2017, 658 – Stichwort: Geschlecht; *Schrott,* Intersex-Operationen, 2020, S. 60; *Stévant/Papaioannou/Nef*, Molecular and Cellular Endocrinology 2018, 3, 5 ff.

[28] *Holterhus*, in: Richter-Appelt/Hill (Hrsg.), Geschlecht zwischen Spiel und Zwang, 2004, 77; *Holterhus*, Monatsschrift Kinderheilkunde 2008, 217; *Oppelt/Dörr* (Hrsg.), Kinder- und

Wie erwähnt, kommen jedoch auch andere Chromosomensätze vor.[29] Das chromosomale Geschlecht ist nach überwiegender Ansicht ausschlagegebend für das die Entwicklung des gonadalen Geschlechts eines Menschen: Ist ein Y-Chromosom vorhanden, so entwickeln sich die Gonadenanlagen typischerweise zu Hoden; existiert kein Y-Chromosom entstehen üblicherweise Eierstöcke.[30] Dabei ist hervorzuheben, dass die Gonaden bei einem Embryo zunächst gleich angelegt- und anfangs nicht zu unterscheiden sind.[31] Etwa bis zur sechsten Schwangerschaftswoche weisen die Gonadenanlagen somit keine geschlechtsspezifische Entwicklung auf; sie sind „indifferent" und „bipotent".[32] Auch die Strukturen (sogenannte *Müller-Gänge* bzw. *Wolff-Gänge*), aus denen sich später die inneren und äußeren Geschlechtsorgane entwickeln, sind zunächst gleich angelegt.[33] Erst ab der 7. oder 8. Schwangerschaftswoche kommt es zu einer geschlechtlichen Differenzierung.[34]

2. Geschlechtliche Differenzierung

Im Rahmen der sogenannten *geschlechtlichen Differenzierung* entwickeln sich die embryonalen Geschlechtsanlagen sodann unter der Wirkung gonadaler Hor-

---

Jugendgynäkologie, S. 31; *Pschyrembel,* Pschyrembel Klinisches Wörterbuch, 2017, 658 – Stichwort: Geschlecht; differenzierend *Voß,* in: Koreuber/Aßmann (Hrsg.), Das Geschlecht in der Biologie, 2018, 151, 166.

[29] Siehe dazu oben S. 14.

[30] Ausführlich zur Bedeutung des sogenannten „SRY-Gens" *Barseghyan/Délot/Vilain,* Molecular and Cellular Endocrinology 2018, 60; *Deutscher Ethikrat,* Stellungnahme Intersexualität, 2012, S. 30 f.; *Drews,* Der Urologe 1997, 2 ff.; *Hughes,* in: Scherpe/Dutta/Helms (Hrsg.), The Legal Status of Intersex Persons, 2018, 25, 28; *Holterhus,* Monatsschrift Kinderheilkunde 2008, 217 ff.; *Holterhus,* in: Richter-Appelt/Hill (Hrsg.), Geschlecht zwischen Spiel und Zwang, 2004, 77, 79 ff.; *McLaren,* Nature 1990, 216; *Oppelt,* in: Oppelt/Dörr (Hrsg.), Kinder- und Jugendgynäkologie, 2015, 31; *Preuss,* Transidentität im Kindes- und Jugendalter, 2021, S. 57; *Stévant/Papaioannou/Nef,* Molecular and Cellular Endocrinology 2018, 3, 6 f.; kritisch *Voß,* in: Koreuber/Aßmann (Hrsg.), Das Geschlecht in der Biologie, 2018, 151 ff.

[31] Dazu *Ainsworth,* Nature News 2015, 288 f.; *Deutscher Ethikrat,* Stellungnahme Intersexualität, 2012, S. 30; *Hughes,* in: Scherpe/Dutta/Helms (Hrsg.), The Legal Status of Intersex Persons, 2018, 25, 26.

[32] *Drews,* Der Urologe 1997, 2; *Kolbe,* Intersexualität, Zweigeschlechtlichkeit und Verfassungsrecht, 2010, S. 25; *Kuhnle-Krahl,* in: Schochow/Gehrmann/Steger (Hrsg.), Inter*– und Trans*identitäten, 2016, 71, 74; *Nieder/Jordan/Richter-Appelt,* ZfSf 2011, 199, 201; *Oppelt,* in: Oppelt/Dörr (Hrsg.), Kinder- und Jugendgynäkologie, 2015, 31; *Schrott,* Intersex-Operationen, 2020, S. 60; *Voß,* Making sex revisited, 2010, S. 242.

[33] *Holterhus/Hiort,* in: Lehnert (Hrsg.), Rationelle Diagnostik und Therapie in Endokrinologie, Diabetologie und Stoffwechsel, 2015, 398, 400; *Kolbe,* Intersexualität, Zweigeschlechtlichkeit und Verfassungsrecht, 2010, S. 25; *Oppelt,* in: Oppelt/Dörr (Hrsg.), Kinder- und Jugendgynäkologie, 2015, 31, 32; *Schrott,* Intersex-Operationen, 2020, S. 60.

[34] *Holterhus,* Monatsschrift Kinderheilkunde 2008, 217; *Schrott,* Intersex-Operationen, 2020, S. 60.

mone zu den inneren und äußeren Geschlechtsorganen (*Genitale*).[35] Die geschlechtliche Differenzierung hängt dabei maßgeblich von der An- oder Abwesenheit des Hormons Testosteron und des sogenannten Anti-Müller-Hormons (AMH) in den Zellen des embryonalen Hodens ab.[36] So entwickeln sich die *Wolff-Anlagen* unter der Wirkung von Testosteron und AMH typischerweise zu Samenleitern, Nebenhoden, Samenbläschen und Prostata.[37] Im Gegensatz dazu spielen „ovarielle Hormone" nach aktuellem Stand der Forschung wohl keine aktive Rolle bei einer typischen weiblichen Geschlechtsdifferenzierung.[38] Vielmehr erfolgt bei Abwesenheit von Testosteron und AMH eine Differenzierung der *Müller-Gänge* zu Eileitern, Gebärmutter und oberem Drittel der Vagina.[39] In der späteren Embryonalphase findet schließlich die Entwicklung der äußeren Geschlechtsorgane statt, welche typischerweise weiblich (Schamlippen, Klitoris, Scheidenvorhof, Scheidenöffnung) oder männlich (Penis, Hodensack) ausgeprägt sind.[40]

III. Intergeschlechtlichkeit

Bei den meisten Menschen stimmen chromosomales, gonadales und phänotypisches Geschlecht überein.[41] Gleichwohl kann die Geschlechtsentwicklung eines Menschen auch Varianten aufweisen.[42] Sowohl in der Phase der Geschlechtsdeterminierung als auch während der Phase der Geschlechtsdifferenzierung kann es zu Abweichungen von der geschilderten Entwicklung kommen.[43] Besonderheiten

---

[35] Ausführlich dazu *Drews*, Der Urologe 1997, 2 ff.; *Holterhus*, Monatsschrift Kinderheilkunde 2008, 217, 218; *Holterhus*, in: Richter-Appelt/Hill (Hrsg.), Geschlecht zwischen Spiel und Zwang, 2004, 77, 80; *Hughes*, in: Scherpe/Dutta/Helms (Hrsg.), The Legal Status of Intersex Persons, 2018, 25, 27 ff.; *Oppelt*, in: Oppelt/Dörr (Hrsg.), Kinder- und Jugendgynäkologie, 2015, 31, 32 f.; *Pschyrembel,* Pschyrembel Klinisches Wörterbuch, 2017, 652 – Stichwort: Genitale; *Schrott,* Intersex-Operationen, 2020, S. 61.

[36] *Holterhus*, Monatsschrift Kinderheilkunde 2008, 217, 218.

[37] *Holterhus*, Monatsschrift Kinderheilkunde 2008, 217, 218.

[38] *Holterhus*, Monatsschrift Kinderheilkunde 2008, 217, 218; *Kuhnle-Krahl*, in: Schochow/Gehrmann/Steger (Hrsg.), Inter*- und Trans*identitäten, 2016, 71, 75; *Oppelt*, in: Oppelt/Dörr (Hrsg.), Kinder- und Jugendgynäkologie, 2015, 31, 32.

[39] *Holterhus*, Monatsschrift Kinderheilkunde 2008, 217, 218; *Holterhus/Hiort*, in: Lehnert (Hrsg.), Rationelle Diagnostik und Therapie in Endokrinologie, Diabetologie und Stoffwechsel, 2015, 398, 401.

[40] *Deutscher Ethikrat*, Stellungnahme Intersexualität, 2012, S. 31; *Pschyrembel,* Pschyrembel Klinisches Wörterbuch, 2017, 652 – Stichwort: Genitale.

[41] *Holterhus*, in: Richter-Appelt/Hill (Hrsg.), Geschlecht zwischen Spiel und Zwang, 2004, 77.

[42] Ausführlich zu medizinischer Nomenklatur und Klassifikation *Holterhus/Hiort*, in: Lehnert (Hrsg.), Rationelle Diagnostik und Therapie in Endokrinologie, Diabetologie und Stoffwechsel, 2015, 398, 399; *Holterhus*, Bundesgesundheitsbl. 2013, 1686, 1687; *Hughes et al.*, Archives of Disease in Childhood 2006, 554, 555; *Schrott*, Intersex-Operationen, 2020, S. 63 ff.

[43] Siehe dazu *Holterhus/Hiort*, in: Lehnert (Hrsg.), Rationelle Diagnostik und Therapie in

der geschlechtlichen Entwicklung können sich dabei bereits unmittelbar nach der Geburt eines Kindes (beispielsweise anhand uneindeutiger Genitale) oder erst im späteren Verlauf des Lebens (vor allem während der Pubertät) zeigen.[44] Eine eindeutige medizinisch-biologische Zuordnung jedes Menschen entweder zum männlichen oder zum weiblichen Geschlecht ist daher nicht immer möglich.[45] Das Paradigma der Zweigeschlechtlichkeit stößt daher bereits aus medizinischer Sicht an Grenzen.[46]

1. Begriffsklärung

Für den Fall der Inkongruenz des chromosomalen, gonadalen und phänotypischen Geschlechts wurde in der medizinischen Forschung bis in die jüngere Vergangenheit der englische Begriff *disorders of sex development* (DSD)[47] verwendet.[48] Da der Ausdruck *disorder* jedoch eine negative Konnotation im Sinne von Krankheit und Störung enthält,[49] wird heute bevorzugt auf den Begriff *differences of sex development*[50] oder *diverse sex development*[51] zurückgegriffen. Die Begriffe lassen sich im Deutschen mit „Besonderheiten der Geschlechtsent-

---

Endokrinologie, Diabetologie und Stoffwechsel, 2015, 398 ff.; *Kolbe*, Intersexualität, Zweigeschlechtlichkeit und Verfassungsrecht, 2010, S. 26; *Schrott*, Intersex-Operationen, 2020, S. 62.

[44] Ausführlich *Holterhus/Hiort*, in: Lehnert (Hrsg.), Rationelle Diagnostik und Therapie in Endokrinologie, Diabetologie und Stoffwechsel, 2015, 398; *Schrott*, Intersex-Operationen, 2020, S. 62; *Schweizer*, in: Schweizer/Binswanger/Sigusch (Hrsg.), Intersexualität kontrovers, 2012, 43, 49 f.; *Timmermans et al.*, Sociology of Health & Illness 2019, 1520.

[45] Siehe dazu etwa *Deutscher Ethikrat*, Stellungnahme Intersexualität, 2012, S. 53.

[46] So die Formulierung bei *Markard*, in: Mangold/Payandeh (Hrsg.), Handbuch Antidiskriminierungsrecht, 2022, 262, 263, Rn. 4.

[47] *Hughes et al.*, Archives of Disease in Childhood 2006, 554 ff.; *Holterhus/Hiort*, in: Lehnert (Hrsg.), Rationelle Diagnostik und Therapie in Endokrinologie, Diabetologie und Stoffwechsel, 2015, 398 ff.; *Barseghyan/Délot/Vilain*, Molecular and Cellular Endocrinology 2018, 60; *Ono/Harley*, Nature Reviews Endocrinology 2013, 79 ff.

[48] Vgl. *Hughes et al.*, Archives of Disease in Childhood 2006, 554: „The term 'disorders of sex development' (DSD) is proposed, as defined by congenital conditions in which development of chromosomal, gonadal, or anatomical sex is atypical." Dazu *Lampalzer/Briken/Schweizer*, Sex Med 2020, 472, 473.

[49] Vgl. dazu *Deutscher Ethikrat*, Stellungnahme Intersexualität, 2012, S. 12; *Lampalzer/Briken/Schweizer*, Sex Med 2020, 472, 473; *Schweizer*, in: Schweizer/Binswanger/Sigusch (Hrsg.), Intersexualität kontrovers, 2012, 19, 26.

[50] *Deutscher Ethikrat*, Stellungnahme Intersexualität, 2012, S. 12; *Holterhus/Hiort*, in: Lehnert (Hrsg.), Rationelle Diagnostik und Therapie in Endokrinologie, Diabetologie und Stoffwechsel, 2015, 398; *Holterhus*, Bundesgesundheitsbl. 2013, 1686, 1688; *Hughes*, in: Scherpe/Dutta/Helms (Hrsg.), The Legal Status of Intersex Persons, 2018, 25, 31 f.; *Wunder*, APuZ 2012, 34, 35.

[51] *Lampalzer/Briken/Schweizer*, Sex Med 2020, 472; *Schweizer et al.*, Journal of pediatric psychology 2017, 504; *Schweizer/Köster/Richter-Appelt*, Psychotherapeut 2019, 106.

wicklung"[52] oder „Varianten der Geschlechtsentwicklung"[53] übersetzen. Daneben ist auch in der deutschen Sprache das Akronym „DSD" geläufig.[54]

a) Intergeschlechtlichkeit und andere (Selbst-)Bezeichnungen

Außerdem werden regelmäßig auch die Begriffe *Intersexualität*[55] oder *Interge-schlechtlichkeit*[56] verwendet, um zu beschreiben, dass ein Mensch eine angeborene, körperliche Variation gegenüber männlichen oder weiblichen Normkörpern aufweist.[57] Üblich ist auch der Begriff *inter**, der als emanzipatorischer Überbegriff und Selbstbezeichnung von Menschen verwendet wird, deren genetische, anatomische und/oder hormonelle Geschlechtsmerkmale von Geburt an nicht den Geschlechtsnormen von Frauen und Männern entsprechen.[58]

b) Begriffsverständnis der Arbeit

Vor diesem Hintergrund wird im Rahmen dieser Arbeit der Begriff *Interge-schlechtlichkeit* verwendet, um zu beschreiben, dass ein Mensch auf medizinisch-

---

[52] *Holterhus/Hiort*, in: Lehnert (Hrsg.), Rationelle Diagnostik und Therapie in Endokrinologie, Diabetologie und Stoffwechsel, 2015, 398 ff.; *Schrott*, Intersex-Operationen, 2020, S. 62.

[53] BVerfG, Beschl. v. 10.10.2017 – 1 BvR 2019/16, NJW 2017, 3643 ff., (juris-) Rn. 9 f.; „S2k-Leitlinie 174/001: Varianten der Geschlechtsentwicklung", Stand: Juli 2016, abrufbar unter: <https://www.aem-online.de/fileadmin/user_upload/Publikationen/S2k_Geschlechtse ntwicklung-Varianten_2016-08_01_1_.pdf> (abgerufen am 1.3.2023); Stellungnahme der Bundesärztekammer „Versorgung von Kindern, Jugendlichen und Erwachsenen mit Varianten/Störungen der Geschlechtsentwicklung (Disorders of Sex Development, DSD)", Stand: Januar 2015, abrufbar unter: <https://www.bundesaerztekammer.de/fileadmin/user_ upload/_old-files/downloads/pdf-Ordner/Stellungnahmen/BAeK-Stn_DSD.pdf> (abgerufen am 1.3.2023).

[54] *Holterhus/Hiort*, in: Lehnert (Hrsg.), Rationelle Diagnostik und Therapie in Endokrinologie, Diabetologie und Stoffwechsel, 2015, 398.

[55] *Holterhus*, Bundesgesundheitsbl. 2013, 1686 ff.; *Richter-Appelt*, Bundesgesundheitsbl. 2013, 240 ff.; *Richter-Appelt*, Bundesgesundheitsbl. 2007, 52 ff.; *Wunder*, APuZ 2012, 34, 35; *Brunner/Handford/Schweizer*, in: Schweizer/Brunner/Cerwenka et al. (Hrsg.), Sexualität und Geschlecht, 2014, 155, 156.

[56] *Lampalzer/Briken/Schweizer*, Sex Med 2020, 472, 484: „Finally, the participants were also asked which term they preferred for intersex/dsd conditions. [...] Persons concerned mostly preferred the term ‚Intergeschlechtlichkeit'." Vgl. ferner eine Handreichung der „Internationalen Vereinigung Intergeschlechtlicher Menschen", abrufbar unter: <https://oiigerm any.org/inter-eine-kurze-einfuehrung/> (abgerufen am 1.3.2023).

[57] So die Begriffsverwendung bei *Ghattas*, in: BMFSFJ (Hrsg.), Gutachten Trans- und Intergeschlechtlichkeit, 2015, 76, 77; vgl. ferner *Brunner/Handford/Schweizer*, in: Schweizer/ Brunner/Cerwenka et al. (Hrsg.), Sexualität und Geschlecht, 2014, 155, 158; *Hauck/Richter-Appelt/Schweizer*, ZfSf 2019, 80 ff.; *Ghattas*, in: Scherpe/Dutta/Helms (Hrsg.), The Legal Status of Intersex Persons, 2018, 429, 430.

[58] Siehe etwa die Definition bei *Fütty/Höhne/Llaveria Caselles,* Geschlechterdiversität in Beschäftigung und Beruf, 2020, S. 16.

biologischer Ebene nicht eindeutig dem weiblichen oder männlichen Geschlecht zugeordnet werden kann.

2. Paradigmenwechsel im Umgang mit Intergeschlechtlichkeit

Bis in die jüngste Vergangenheit wurde Intergeschlechtlichkeit medizinisch pathologisiert.[59] So entsprach es früher der gängigen Praxis, ein intergeschlechtliches Kind bei Geburt entweder dem männlichen oder weiblichen Geschlecht zuzuordnen und an ihm gegebenenfalls eine geschlechtszuweisende Operation vorzunehmen.[60] Das ging bisweilen so weit, dass geraten wurde, weder die Betroffenen selbst noch ihre Angehörigen über die Intergeschlechtlichkeit des Kindes aufzuklären.[61] Mit diesen Maßnahmen war die Hoffnung verbunden, die Entwicklung einer ungestörten, dem zugewiesenen Geschlecht entsprechenden, Geschlechtsidentität zu ermöglichen.[62] Indes führte diese Behandlungspraxis in vielen Fällen zu enormer Unsicherheit, Ängsten oder gar Traumata der Betroffenen, weshalb in der jüngeren Vergangenheit ein Umdenken im medizinisch-psychologischen Umgang mit Intergeschlechtlichkeit stattgefunden hat.[63] Heute werden insbesondere geschlechtszuweisende operative Eingriffe bei minderjährigen Kindern überaus kritisch bewertet.[64] Aus diesem Grund sieht nun auch der im Jahr 2021 neu eingeführte § 1631e BGB ein grundsätzliches Verbot geschlechtszuweisender operativer Eingriffe an nicht einwilligungsfähigen intergeschlechtlichen Kindern vor.[65]

---

[59] *Fütty/Höhne/Llaveria Caselles*, Geschlechterdiversität in Beschäftigung und Beruf, 2020, S. 16; *Schrott*, Intersex-Operationen, 2020, S. 93 ff.

[60] Siehe dazu *Fütty/Höhne/Llaveria Caselles*, Geschlechterdiversität in Beschäftigung und Beruf, 2020, S. 16; *Dunne*, in: Scherpe/Dutta/Helms (Hrsg.), The Legal Status of Intersex Persons, 2018, 217, 219; *Richter-Appelt*, Bundesgesundheitsbl. 2013, 240, 241; für eine ausführliche Darstellung siehe ferner *Schrott*, Intersex-Operationen, 2020, S. 93 ff.

[61] *Plett*, in: Plett/Hulverscheidt (Hrsg.), Geschlechterrecht, 2021, 159, 167; *Richter-Appelt*, Bundesgesundheitsbl. 2013, 240, 243; *Schweizer/Köster/Richter-Appelt*, Psychotherapeut 2019, 106, 107; *Wiesemann/Ude-Koeller*, in: Groß/Neuschaefer-Rube/Steinmetzer (Hrsg.), Transsexualität und Intersexualität, 2008, 13.

[62] *Coester-Waltjen/Henn*, FamRZ 2021, 1589, 1590; *Richter-Appelt*, Bundesgesundheitsbl. 2013, 240, 241; *Schweizer/Köster/Richter-Appelt*, Psychotherapeut 2019, 106, 107; *Sudai*, Harv. J. Law Gend. 2018, 1, 8; näher zum Begriff der Geschlechtsidentität siehe unten S. 32 f.

[63] Siehe zu diesem „Paradigmenwechsel" *Schweizer/Köster/Richter-Appelt*, Psychotherapeut 2019, 106, 109 ff.; vgl. ferner *Richter-Appelt*, Bundesgesundheitsbl. 2013, 240, 243; *Coester-Waltjen/Henn*, FamRZ 2021, 1589, 1590; *Schrott*, Intersex-Operationen, 2020, S. 117.

[64] Dazu bereits *Fausto-Sterling*, Sexing the Body, 2000, S. 79 ff.; *Lindenberg*, Rechtsfragen medizinischer Intervention bei intersexuell geborenen Minderjährigen, 2020; *Schrott,* Intersex-Operationen, 2020; *Schweizer/Köster/Richter-Appelt*, Psychotherapeut 2019, 106, 109; *Lampalzer/Briken/Schweizer*, Sex Med 2020, 472 ff.

[65] BGBl. 2021 I, S. 1082; näher dazu *Coester-Waltjen/Henn*, FamRZ 2021, 1589 ff.

IV. Geschlecht als Spektrum

Neben den genannten Kategorien zur Beschreibung des biologischen Geschlechts eines Menschen (chromosomal, gonadal, phänotypisch, hormonal), ermöglichen moderne Forschungsmethoden eine zunehmend differenzierte Bestimmung des biologischen Geschlechts eines Menschen auf zellulärer Ebene.[66]
Dieser medizinische Fortschritt geht auch mit einer Abkehr von dem herkömmlichen binären Verständnis des biologischen Geschlechts einher.[67] Denn je mehr
Faktoren bei der Geschlechtsbestimmung berücksichtigt werden, desto seltener
weisen alle Faktoren eindeutig auf ein Geschlecht.[68] Aus diesem Grund wird das
Geschlecht eines Menschen auch in der medizinisch-biologischen Forschung vermehrt als Spektrum[69] oder Kontinuum[70] beschrieben.[71] Danach bilden die Kategorien „Mann" und „Frau" zwar eine Art Rahmen; innerhalb dieses Rahmens
sind jedoch vielfältige Ausprägungen von Geschlechtlichkeit möglich.[72]

---

[66] *Ainsworth*, Nature News 2015, 288: „[…] new technologies in DNA sequencing and cell
biology are revealing that almost everyone is, to varying degrees, a patchwork of genetically
distinct cells, some with a sex that might not match that of the rest of their body." Siehe ferner
Christiansen, in: Pasero/Braun (Hrsg.), Konstruktion von Geschlecht, 2001, 13; *Mangold/
Markwald/Röhner*, Varianten der Geschlechtsentwicklung, 2019, S. 4; *Voß*, Making sex revisited, 2010.

[67] *Ainsworth*, Nature News 2015, 288, 290: „Studies of DSDs have shown that sex is no
simple dichotomy. But things become even more complex when scientists zoom in to look at
individual cells. The common assumption that every cell contains the same set of genes is
untrue." Vgl. auch *Lembke*, Stellungnahme geschlechtliche Selbstbestimmung, S. 4; *Voß*, Geschlecht, 2018, S. 171.

[68] *Lembke*, Stellungnahme geschlechtliche Selbstbestimmung, S. 4, Fn. 14: „Die multifakt-
orielle Bestimmung von Geschlecht lässt die statistische Wahrscheinlichkeit sinken, dass alle
diese Faktoren – äußere Geschlechtsorgane, innere Geschlechtsorgane, hormonelle Prozesse,
Chromosomen, Gene und epigenetische Prozesse, sowie evtl. kühne Hypothesen über Hirn-
strukturen – kongruent sind. Und da sind Wechselwirkungen mit Umwelteinflüssen noch gar
nicht bedacht." Vgl. ferner *Kappler*, Verbrechen gegen die Menschlichkeit, 2019, S. 32.

[69] *Ainsworth*, Nature News 2015, 288, 291: „Biologists may have been building a more
nuanced view of sex, but society has yet to catch up. […] if biologists continue to show that sex
is a spectrum, then society and state will have to grapple with the consequences, and work out
where and how to draw the line."

[70] *Herbert*, in: Scherpe/Dutta/Helms (Hrsg.), The Legal Status of Intersex Persons, 2018,
45, 47: „[…] we should recognise that both gender identity (a neural event) and the formation
of the genitalia (a developmental event), although commonly classed into two categories
(male, female), in fact lie on a continuum. This continuum has several dimensions […]." Vgl.
ferner *Fausto-Sterling*, Sexing the Body, 2000, 30 ff.; *Lembke*, E.E.L. Rev. 2016, 46, 47.

[71] Siehe auch *Ah-King*, in: Koreuber/Aßmann (Hrsg.), Das Geschlecht in der Biologie,
2018, 115, 120: „[…] biology and sex differences are not as stable and fixed as is often pre-
sumed." Vgl. ferner *Mangold/Markwald/Röhner*, Varianten der Geschlechtsentwicklung,
2019, S. 4 f.; *Christiansen*, in: Pasero/Braun (Hrsg.), Konstruktion von Geschlecht, 2001,
13 ff.

[72] *Hiort*, Gibt es mehr als zwei Geschlechter?, Spektrum, 22.2.2021, abrufbar unter: <http
s://www.spektrum.de/frage/geschlechtsidentiaet-gibt-es-mehr-als-zwei-geschlechter/183566

V. Ergebnis zur biologisch-medizinischen Dimension

Der Rückgriff auf biologisch-medizinische Forschungserkenntnisse hat ergeben, dass das biologische Geschlecht eines Menschen durch komplexe Prozesse gesteuert wird und sich anhand verschiedener Kategorien beschreiben lässt. Regelmäßig wird dabei zwischen dem chromosomalen, gonadalen und phänotypischen Geschlecht unterschieden. Während chromosomales, gonadales und phänotypisches Geschlecht meist übereinstimmen, können im Rahmen der menschlichen Geschlechtsentwicklung auch Varianten auftreten. Eine eindeutige und zweifelsfreie Zuordnung zum männlichen oder weiblichen Geschlecht anhand medizinisch-biologischer Merkmale ist daher nicht immer möglich. Darüber hinaus ermöglichen moderne Diagnosemethoden eine differenzierte Bestimmung des biologischen Geschlechts eines Menschen. Vor diesem Hintergrund verabschiedet sich die moderne biologisch-medizinische Forschung zunehmend von einem binären Verständnis von Geschlecht und geht stattdessen von einer Vielfalt geschlechtlicher Ausprägungen aus.

B. Soziale Dimension des Geschlechts

Neben den genannten medizinisch-biologischen Aspekten hat das Geschlecht eines Menschen auch eine psychosoziale Dimension.[73] Dem Begriff des biologischen Geschlechts wird daher regelmäßig der Begriff des *sozialen Geschlechts* gegenübergestellt.[74]

I. Begriff des sozialen Geschlechts

Der Begriff des *sozialen Geschlechts* dient der Beschreibung geschlechtsspezifischer Rollen und Zuschreibungen und ihrer Beeinflussung durch soziokulturelle Faktoren.[75] Er bringt zum Ausdruck, dass an das Geschlecht eines Menschen regelmäßig bestimmte gesellschaftliche oder kulturelle Erwartungen geknüpft

---

2> (abgerufen am 1.3.2023): „Die Kategorien Mann und Frau bilden eine Art Rahmen, innerhalb dessen vielfältige Ausprägungen von Geschlechtlichkeit möglich sind […]. Diese Varianten sind jedoch nicht krankhaft, sondern sollten als natürliches Spektrum der Geschlechtsentwicklung verstanden werden."

[73] Siehe zu verschiedenen Dimensionen von Geschlecht etwa *Deutscher Ethikrat*, Stellungnahme Intersexualität, 2012, S. 27; *Petričević*, Rechtsfragen zur Intergeschlechtlichkeit, 2017, S. 14 ff.; *Rentsch*, in: Dux/Groß/Kraft et al. (Hrsg.), Frau.Macht.Recht, 2023, 221, 233; *Richter-Appelt*, in: Wimmer-Puchinger/Gutiérrez-Lobos/Riecher-Rössler (Hrsg.), Psychische Krisen im Frauenleben, 2016, 107 ff.; *Schweizer/Richter-Appelt*, Frühe Kindheit 2010, 13; *Villa Braslavsky*, in: Fitsch/Greusing/Kerner et al. (Hrsg.), Der Welt eine neue Wirklichkeit geben, 2022, 251, 254.

[74] Siehe nur *Deutscher Ethikrat*, Stellungnahme Intersexualität, 2012, S. 33 f.

[75] Vgl. *Deutscher Ethikrat*, Stellungnahme Intersexualität, 2012, S. 34; *Dietzen*, Soziales Geschlecht, 1993, S. 171; *Küppers*, APuZ 2012, 3, 4; *Plett*, in: Plett/Hulverscheidt (Hrsg.),

werden, die sowohl das subjektive Zugehörigkeitsempfinden als auch die geschlechtliche Einordnung durch Andere beeinflussen.[76] So bestimmt die Zuordnung zu einem Geschlecht etwa, wie Personen in unserer Gesellschaft angesprochen werden und welche Erwartungen an ihr äußeres Erscheinungsbild, ihre Kleidung, ihr Verhalten oder ihre Erziehung gestellt werden.[77]

II. Hintergrund: Das umstrittene Begriffspaar sex und gender

Neben dem Begriff des sozialen Geschlechts wird oft auch der englische Begriff *gender* verwendet, um die soziale Geschlechtsrolle einer Person und mitunter auch ihre individuelle geschlechtliche Identität zu beschreiben.[78] Der Begriff wird regelmäßig in Abgrenzung zum biologischen Geschlecht (*sex*) eines Menschen gebraucht.[79]

1. Herkunft des Begriffs gender

Der Begriff *gender* wurde in der englischen Sprache ursprünglich zur Bezeichnung des grammatischen Geschlechts (*Genus*) von Substantiven verwendet.[80] In den späten 1950er Jahren führten die Sexualforscher *John Money*[81] und *Robert Stoller*[82] den Begriff sodann auch in die medizinisch-psychologische Forschung

---

Geschlechterrecht, 2021, 125, 127; *Richter-Appelt*, Bundesgesundheitsbl. 2013, 240, 242; *Schweizer/Richter-Appelt*, Frühe Kindheit 2010, 13.

[76] Ähnlich auch *Adamietz*, Geschlecht als Erwartung, 2011, S. 23; *Deutscher Ethikrat*, Stellungnahme Intersexualität, 2012, S. 34; *Dietzen*, Soziales Geschlecht, 1993, S. 171; *Richter-Appelt*, in: Richter-Appelt/Hill (Hrsg.), Geschlecht zwischen Spiel und Zwang, 2004, 93, 95.

[77] Vgl. BVerfG, Beschl. v. 10.10.2017 – 1 BvR 2019/16, NJW 2017, 3643, 3644, Rn. 39.

[78] Siehe dazu *Bloch*, UN-Women, 2019, S. 46; *Deutscher Ethikrat*, Stellungnahme Intersexualität, 2012, S. 34; *Gerhard*, Für eine andere Gerechtigkeit, 2018, S. 49; *Gonzalez-Salzberg*, Sexuality and Transsexuality, 2019, S. 14; *Küppers*, APuZ 2012, 3, 4; *Plett*, in: Koreuber/Mager (Hrsg.), Recht und Geschlecht, 2004, 109, 110; *Richter-Appelt*, Bundesgesundheitsbl. 2013, 240, 241; *Villa Braslavsky*, in: Kortendiek/Riegraf/Sabisch (Hrsg.), Handbuch Interdisziplinäre Geschlechterforschung, 2019, 23; *Plett*, in: Plett/Hulverscheidt (Hrsg.), Geschlechterrecht, 2021, 179, 183.

[79] Siehe dazu u.a. *Adamietz*, Geschlecht als Erwartung, 2011, S. 23; *Gerhard*, Für eine andere Gerechtigkeit, 2018, S. 49; *Maihofer*, Geschlecht als Existenzweise, 1995, S. 19; *Plett*, in: Koreuber/Mager (Hrsg.), Recht und Geschlecht, 2004, 109, 110; *Villa Braslavsky*, in: Kortendiek/Riegraf/Sabisch (Hrsg.), Handbuch Interdisziplinäre Geschlechterforschung, 2019, 23; *M. Weber*, in: Richter-Appelt/Hill (Hrsg.), Geschlecht zwischen Spiel und Zwang, 2004, 41.

[80] *Adamietz*, Geschlecht als Erwartung, 2011, S. 23; *Plett*, in: Plett/Hulverscheidt (Hrsg.), Geschlechterrecht, 2021, 125, 127; vgl. ferner zum Begriff des „grammatical gender" *Audring*, Language Sciences 2014, 5 ff.

[81] *Money/J. G. Hampson/J. Hampson*, Bulletin of the Johns Hopkins Hospital 1955, 301 ff.; *Money*, Journal of Sex & Marital Therapy 1994, 163 ff.

[82] *Stoller*, Sex and Gender, 1968; dazu *W. Berner*, in: Sigusch/Grau (Hrsg.), Personenlexikon der Sexualforschung, 2009, 680 ff.

ein.[83] *Money*, der sich in seiner Forschungsarbeit schwerpunktmäßig mit trans- und intergeschlechtlichen Kindern und Jugendlichen befasste,[84] war der Ansicht, dass das Geschlecht eines Menschen durch komplexe Sozialisationsprozesse beeinflusst- und erlernt werde.[85] Bekanntheit erlangte er zudem aufgrund der von ihm geprägten Begriffe der „Geschlechtsidentität" (*gender identity*) und „Geschlechtsrolle" (*gender role*).[86] Wenngleich einige seiner Forschungsansätze heute kritisch hinterfragt werden,[87] gilt *Money* doch als Wegbereiter eines mehrdimensionalen Verständnisses von Geschlecht.[88] *Stoller*[89] wiederum prägte den Begriff einer „Kerngeschlechtsidentität" (*core gender identity*) und trug mit seiner Forschung ebenfalls maßgeblich zur Unterscheidung der englischen Begriffe *sex* und *gender* bei.[90]

2. Etablierung im feministischen Diskurs

In den 1970er Jahren erreichte die Unterscheidung der Begriffe *sex* und *gender* auch den (westlichen) feministischen Diskurs.[91] Insbesondere[92] die US-amerikanische Anthropologin und Feministin *Gayle Rubin*[93] griff die Unterscheidung der beiden Begriffe „in Ermangelung eines geeigneteren Ausdrucks"[94] für den brei-

---

[83] Dazu *Knapp*, in: Becker-Schmidt/Knapp (Hrsg.), Feministische Theorien zur Einführung, 2007, 65, 71; *Mangelsdorf/Palm/S. Schmitz*, FZG 2013, 5, 7; *G. Schmidt*, in: Sigusch/ Grau (Hrsg.), Personenlexikon der Sexualforschung, 2009, 521; *Villa Braslavsky*, in: Kortendiek/Riegraf/Sabisch (Hrsg.), Handbuch Interdisziplinäre Geschlechterforschung, 2019, 23, 26.

[84] Näher zum Begriff der Transgeschlechtlichkeit unten S. 38 ff.

[85] *Money/J. G. Hampson/J. Hampson*, Bulletin of the Johns Hopkins Hospital 1955, 301 ff.; *Money/Ehrhardt*, „Männlich – weiblich", 1975, S. 169; *Money*, Journal of Sex & Marital Therapy 1994, 163 ff.; vgl. dazu *Villa Braslavsky*, in: Kortendiek/Riegraf/Sabisch (Hrsg.), Handbuch Interdisziplinäre Geschlechterforschung, 2019, 23, 26 f.

[86] *G. Schmidt*, in: Sigusch/Grau (Hrsg.), Personenlexikon der Sexualforschung, 2009, 521, 523; siehe ferner *Ehrhardt*, The Journal of Sex Research 2007, 223; *Richter-Appelt*, in: Richter-Appelt/Hill (Hrsg.), Geschlecht zwischen Spiel und Zwang, 2004, 93, 95; *Villa Braslavsky*, in: Kortendiek/Riegraf/Sabisch (Hrsg.), Handbuch Interdisziplinäre Geschlechterforschung, 2019, 23, 26.

[87] Vgl. insbesondere zur sog. „John/Joan-Kontroverse" *Diamond/Richter-Appelt*, ZfSf 2008, 369 ff.; *Schrott*, Intersex-Operationen, 2020, S. 107 f.; *Villa Braslavsky*, in: Kortendiek/ Riegraf/Sabisch (Hrsg.), Handbuch Interdisziplinäre Geschlechterforschung, 2019, 23.

[88] *Villa Braslavsky*, in: Kortendiek/Riegraf/Sabisch (Hrsg.), Handbuch Interdisziplinäre Geschlechterforschung, 2019, 23, 26.

[89] *Stoller*, Sex and Gender, 1968.

[90] Dazu *W. Berner*, in: Sigusch/Grau (Hrsg.), Personenlexikon der Sexualforschung, 2009, 680, 682; *Money/Ehrhardt*, „Männlich – weiblich", 1975, S. 169; *Villa Braslavsky*, in: Kortendiek/Riegraf/Sabisch (Hrsg.), Handbuch Interdisziplinäre Geschlechterforschung, 2019, 23, 27.

[91] Für eine weiterführende und kritische Betrachtung der begrifflichen Unterscheidung zwischen *sex* und *gender* siehe etwa *Paulitz*, Feministische Studien 2021, S. 352 ff.

[92] Siehe ferner *Oakley,* Sex, Gender and Society, 1972.

[93] *Rubin*, in: Reiter (Hrsg.), Toward an Anthropology of Women, 1975, 157 ff.

[94] *Rubin*, in: Reiter (Hrsg.), Toward an Anthropology of Women, 1975, 157, 159: „I call

teren feministischen Diskurs auf.[95] Die Differenzierung zwischen *sex* und *gender* diente vor allem dazu, einer patriarchalen Unterdrückung von Frauen aufgrund behaupteter „natürlicher Wesensunterschiede"[96] entgegenzutreten.[97] Zudem sollte die begriffliche Gegenüberstellung offenlegen, dass die Verteilung gesellschaftspolitischer Macht sowie rollenspezifisches Verhalten sozial beeinflusst und nicht etwa biologisch determiniert seien.[98]

Wichtige Vordenkerin einer solchen „Geschlechtsrollenkritik"[99] ist die Philosophin *Simone de Beauvoir*,[100] die mit ihrem berühmten Satz „Man kommt nicht als Frau zur Welt, man wird es."[101] schon früh auf das soziale „Gewordensein"[102] von Geschlecht aufmerksam gemacht hatte.[103]

3. Kritik an der Gegenüberstellung von sex und gender

Die Differenzierung zwischen den Begriffen *sex* und *gender* erwies sich zunächst als politisch und wissenschaftlich produktiv.[104] Gerade in der deutschsprachigen feministischen Debatte war die englische Terminologie nützlich, da der deutsche

---

that part of social life the ‚sex/gender system', for lack of a more elegant term. As a preliminary definition, a ‚sex/gender system' is the set of arrangements by which a society transforms biological sexuality into products of human activity, and in which these transformed sexual needs are satisfied."

[95] Näher dazu *Adamietz*, Geschlecht als Erwartung, 2011, S. 24; *Villa Braslavsky*, in: Kortendiek/Riegraf/Sabisch (Hrsg.), Handbuch Interdisziplinäre Geschlechterforschung, 2019, 23, 29.

[96] Näher dazu *Mangelsdorf/Palm/S. Schmitz*, FZG 2013, 5, 7; *M. Weber*, in: Richter-Appelt/Hill (Hrsg.), Geschlecht zwischen Spiel und Zwang, 2004, 41.

[97] Vgl. dazu *M. Weber*, in: Richter-Appelt/Hill (Hrsg.), Geschlecht zwischen Spiel und Zwang, 2004, 41; *Sacksofsky*, in: Hohmann-Dennhardt/Masuch/Villiger (Hrsg.), Grundrechte und Solidarität, 2011, 675, 677.

[98] *Adamietz*, Geschlecht als Erwartung, 2011, S. 23 f.; *Gerhard*, Für eine andere Gerechtigkeit, 2018, S. 50; *Küppers*, APuZ 2012, 3, 4; *Villa Braslavsky*, Sexy Bodies, 2011, S. 76.

[99] So die Formulierung bei *Adamietz*, Geschlecht als Erwartung, 2011, S. 64.

[100] *Beauvoir*, Das andere Geschlecht, 2000; siehe dazu *Gather*, in: Hahn/Koppetsch (Hrsg.), Soziologie des Privaten, 2011, 53, 62; *Villa Braslavsky*, in: Hark (Hrsg.), Dis/Kontinuitäten: Feministische Theorie, 2001, 17; *Voß*, Geschlecht, 2018, S. 18 ff.

[101] *Beauvoir*, Das andere Geschlecht, 2000, S. 334: „Man kommt nicht als Frau zur Welt, man wird es. Keine biologische, psychische oder ökonomische Bestimmung legt die Gestalt fest, die der weibliche Mensch in der Gesellschaft annimmt. […] Nur die Vermittlung anderer kann ein Individuum aus *Anderen* machen."

[102] *Konnertz*, in: Löw/Mathes (Hrsg.), Schlüsselwerke der Geschlechterforschung, 2005, 26, 33; *Villa Braslavsky*, in: Hark (Hrsg.), Dis/Kontinuitäten: Feministische Theorie, 2001, 17; *Villa Braslavsky*, in: Fitsch/Greusing/Kerner et al. (Hrsg.), Der Welt eine neue Wirklichkeit geben, 2022, 251, 259 f.

[103] *Gather*, in: Hahn/Koppetsch (Hrsg.), Soziologie des Privaten, 2011, 53, 54; *Villa Braslavsky*, in: Hark (Hrsg.), Dis/Kontinuitäten: Feministische Theorie, 2001, 17.

[104] Dazu *M. Weber*, in: Richter-Appelt/Hill (Hrsg.), Geschlecht zwischen Spiel und Zwang, 2004, 41 f.; *Villa Braslavsky*, in: Kortendiek/Riegraf/Sabisch (Hrsg.), Handbuch Interdisziplinäre Geschlechterforschung, 2019, 23, 31.

Begriff „Geschlecht" nicht in gleicher Weise geeignet ist, verschiedene Dimensionen von Geschlecht abzubilden.[105] Gleichwohl sah sich die strikte Gegenüberstellung der Begriffe *sex* und *gender* ab den 1980er Jahren zunehmender Kritik ausgesetzt.[106] So mehrten sich in dieser Zeit Stimmen, die darauf hinwiesen, dass eine Gegenüberstellung der Begriffe letztlich nur wieder dazu führe, dass Differenzen zwischen den Geschlechtern auf biologische Unterschiede reduziert würden.[107] Auch stelle die begriffliche Unterscheidung nicht hinreichend infrage, ob *sex* immer Grundlage für *gender* sei, und ob beide binär verfasst seien.[108] Anders gewendet, sei in der Vergangenheit nicht ausreichend hinterfragt worden, ob nicht auch die Bedeutung, die dem häufig binär gedachten biologischen Geschlecht beigemessen werde, letztlich sozial konstruiert sei.[109] Tatsächlich hatten sich Vertreter*innen der ersten und zweiten Welle der Frauenbewegung[110] vorwiegend auf die Infragestellung einer gesellschaftlichen Hierarchisierung von Männern und Frauen konzentriert; die Existenz zweier unterschiedlicher und anhand biologischer Merkmale abgrenzbarer Geschlechter hingegen nicht weiter hinterfragt.[111]

---

[105] *Adamietz*, Geschlecht als Erwartung, 2011, S. 24; *Maihofer*, Geschlecht als Existenzweise, 1995, S. 19.

[106] Siehe dazu *Lindemann*, in: Pasero/Braun (Hrsg.), Konstruktion von Geschlecht, 2001, 115: „Seit den 80er Jahren werden dagegen Stimmen laut, die darüber hinaus die biologische Zweigeschlechtlichkeit und damit schon die Tatsache, dass zwischen den Geschlechtern unterschieden wird, als eine genuin soziale Angelegenheit verstehen. [...] Forschungen, die in diese Richtung gehen, werden unter dem Label ‚Konstruktion des Geschlechts' zusammengefasst." Vgl. ferner *Büchler/Cottier*, ius.full 2004, 144, 145; *Mangelsdorf/Palm/S. Schmitz*, FZG 2013, 5, 8; *Sacksofsky*, in: Hohmann-Dennhardt/Masuch/Villiger (Hrsg.), Grundrechte und Solidarität, 2011, 675, 678.

[107] Vgl. dazu *Gildemeister/Wetterer*, in: Knapp/Wetterer (Hrsg.), Traditionen Brüche, 1992, 201, 205 ff.; *Gildemeister*, in: Hark (Hrsg.), Dis/Kontinuitäten: Feministische Theorie, 2001, 51; *Maihofer*, Geschlecht als Existenzweise, 1995, S. 20; *Villa Braslavsky*, Sexy Bodies, 2011, S. 77.

[108] Dazu *Adamietz*, Geschlecht als Erwartung, 2011, S. 67; siehe ferner *Kessler/MacKenna*, Gender: An Ethnomethodological Approach, 1978; *Hagemann-White*, in: Hagemann-White/Rerrich (Hrsg.), FrauenMännerBilder, 1988, 224 ff.; *Gildemeister*, in: Hark (Hrsg.), Dis/Kontinuitäten: Feministische Theorie, 2001, 51 ff.

[109] Ähnliche Formulierung bei *Rauchfleisch*, Transidentität, 2019, S. 68; vgl. ferner *Gildemeister*, in: Hark (Hrsg.), Dis/Kontinuitäten: Feministische Theorie, 2001, 51, 57 f.

[110] *Gerhard*, Für eine andere Gerechtigkeit, 2018, S. 77: „Man spricht heute von der historischen Frauenbewegung, deren Höhepunkte national wie international um die Wende zum 20. Jahrhundert erreicht wurden, als einer ‚ersten Welle'; von der ‚zweiten' oder ‚Neuen Frauenbewegung' nach 1968 und schließlich seit den 1990er Jahren von einer ‚dritten Frauenbewegung', die global oder transnational verortet ist. Die Wellen-Metapher ist weniger analytisch als deskriptiv zu verstehen, sie kennzeichnet die Tatsache, dass sich die unterschiedlichen Protestbewegungen in der Neuzeit aus einer gleichen Problematik, aus unterschiedlichen politischen Konzepten und einem Meer von Widersprüchen speisen."

[111] *Adamietz*, Geschlecht als Erwartung, 2011, S. 63.

a) Perspektivwechsel in der Geschlechterforschung

Dies änderte sich in den 1980er Jahren mit einem „Perspektivenwechsel"[112] in der Geschlechterforschung.[113] Zunehmend wurden nun auch körperliche Unterschiede zwischen den Geschlechtern als soziokulturelles Phänomen begriffen.[114] Bereits im Jahr 1978 hatten *Suzanne Kessla* und *Wendy McKenna*[115] unter der Überschrift einer „Konstruktion von Geschlecht" die üblichen Grundannahmen einer natürlichen Zweigeschlechtlichkeit infrage gestellt.[116] Ende der 1980er Jahre entwickelten *Candace West* und *Don H. Zimmerman*[117] sodann in Anknüpfung an die Vorarbeiten von *Harold Garfinkel*[118] das Konzept eines *doing gender*[119]. *West/ Zimmermann* begriffen Geschlecht danach nicht als natürliche Grundlage für unterschiedliche Erfahrungen und Verhaltensweisen, sondern als fortlaufenden Herstellungsprozess und Ergebnis sozialer Interaktion.[120] Entscheidend sei danach, wie sich ein Mensch selbst durch aktives Handeln einem Geschlecht zuordne.[121] Das Geschlecht sei also weniger Eigenschaft als Errungenschaft.[122]

b) Poststrukturalistische Ansätze

Prominenteste Kritikerin der *sex-gender*-Unterscheidung und wichtige Vertreterin „poststrukturalistischer Perspektiven"[123] in der Geschlechterforschung ist jedoch die Philosophin *Judith Butler*.[124] Befürworter*innen poststrukturalisti-

---

[112] *Knapp*, in: Becker-Schmidt/Knapp (Hrsg.), Feministische Theorien zur Einführung, 2007, 65.

[113] Dazu *Adamietz*, Geschlecht als Erwartung, 2011, S. 66.

[114] Dazu *Lindemann*, in: Pasero/Braun (Hrsg.), Konstruktion von Geschlecht, 2001, 115.

[115] *Kessler/MacKenna*, Gender: An Ethnomethodological Approach, 1978.

[116] *Kessler/MacKenna*, Gender: An Ethnomethodological Approach, 1978, S. 112 f.

[117] *West/Zimmerman*, Gender and Society 1987, 125 ff.

[118] *Garfinkel*, Studies in Ethnomethodology, 1967, S. 116 ff.; siehe dazu *Hirschauer*, in: Bergmann/Meyer (Hrsg.), Ethnomethodologie Reloaded, 2021, 133 ff.

[119] Für eine kritische Untersuchung des Konzepts des „doing gender" siehe *Hirschauer*, Gender: Zeitschrift für Geschlecht, Kultur und Gesellschaft 2016, 114 ff.; vgl. ferner *Adamietz*, Geschlecht als Erwartung, 2011, S. 86; *Gildemeister*, in: Becker/Kortendiek (Hrsg.), Handbuch Frauen- und Geschlechterforschung, 2010, 137 ff.; *Hirschauer*, in: Pasero/Braun (Hrsg.), Konstruktion von Geschlecht, 2001, 67 ff.; *Schuster*, in: Rendtorff (Hrsg.), Geschlechterforschung, 2011, 76, 77.

[120] Siehe dazu *Gildemeister*, in: Becker/Kortendiek (Hrsg.), Handbuch Frauen- und Geschlechterforschung, 2010, 137.

[121] *West/Zimmerman*, Gender and Society 1987, 125, 126.

[122] *West/Zimmerman*, Gender and Society 1987, 125, 126.

[123] Zum Begriff des „Poststrukturalismus" siehe u.a. *Hagemann/Leinius/Vey*, in: Vey/Leinius/Hagemann (Hrsg.), Handbuch Poststrukturalistische Perspektiven, 2019, 17, 21 ff.; *Köppe/Winko*, Neuere Literaturtheorien, 2013, S. 97; *Villa Braslavsky*, in: Becker/Kortendiek (Hrsg.), Handbuch Frauen- und Geschlechterforschung, 2010, 269, 271; *Villa Braslavsky, Judith Butler*, 2012, S. 20.

[124] *Butler*, Gender Trouble, 1990; *Butler*, Bodies That Matter, 1993; siehe ausführlich zum Werk Butlers *Villa Braslavsky, Judith Butler*, 2012.

scher Ansätze begreifen Sprache bzw. Diskurs[125] als Modus der Konstruktion sozialer Wirklichkeit.[126] Übertragen auf die Geschlechterforschung bedeutete dies, dass auch „Geschlecht" als soziokulturelles Konstrukt verstanden wird, das durch diskursive und soziale Praktiken performativ[127] hergestellt wird.[128]

So vertrat etwa *Butler* in ihrem 1990 erschienenen Buch „Gender Trouble"[129] die These, dass nicht nur *gender*, sondern auch *sex* sozial konstruiert sei.[130] Der Unterscheidung zwischen den beiden Begriffen liege das Verständnis eines „Geschlechtskörpers" (*body*) zugrunde,[131] der durch kulturelle Einschreibung (*inscription*) geprägt werde.[132] Tatsächlich sei aber auch dieser Geschlechtskörper selbst durch politische Kräfte geformt.[133] *Sex* könne daher nicht als „vordiskursive anatomische Gegebenheit"[134] verstanden werden, sondern stelle ebenfalls

---

[125] Der Begriff des „Diskurses" wird insbesondere mit dem französischen Philosophen und Historiker *Michel Foucault* in Verbindung gebracht. Siehe dazu etwa *Villa Braslavsky*, Judith Butler, 2012, S. 20; *Villa Braslavsky*, in: Becker/Kortendiek (Hrsg.), Handbuch Frauen- und Geschlechterforschung, 2010, 269, 271; *Villa Braslavsky*, Sexy Bodies, 2011, S. 147 ff.

[126] Ausführlich dazu *Villa Braslavsky*, in: Becker/Kortendiek (Hrsg.), Handbuch Frauen- und Geschlechterforschung, 2010, 269, 271 f.; *Villa Braslavsky*, Judith Butler, 2012, 19 ff.; 156.

[127] Ausführlich zum Begriff der „Performativität" in diesem Kontext *Blencowe*, in: Evans/Williams (Hrsg.), Gender, 2013, 162 ff.; *Sacksofsky*, in: Hohmann-Dennhardt/Masuch/Villiger (Hrsg.), Grundrechte und Solidarität, 2011, 675, 678; vgl. ferner *Köppel/Winko*, Neuere Literaturtheorien, 2013, S. 204; *Müller-Mall*, Performative Rechtserzeugung, 2012, S. 153 ff.

[128] Siehe dazu *Sacksofsky*, in: Hohmann-Dennhardt/Masuch/Villiger (Hrsg.), Grundrechte und Solidarität, 2011, 675, 678, die dies auf die Formel „Geschlecht als Diskurs" bringt. Vgl. ferner *Krüger-Kirn*, in: Krüger-Kirn/Tichy (Hrsg.), Elternschaft und Gender Trouble, 2021, 97, 102; *Posocco*, in: Evans/Williams (Hrsg.), Gender, 2013, 107, 109 f.; *Rentsch*, in: Dux/Groß/Kraft et al. (Hrsg.), Frau.Macht.Recht, 2023, 221, 233; *Voß*, Making sex revisited, 2010, S. 23.

[129] *Butler*, Gender Trouble, 1990.

[130] *Butler*, Gender Trouble, 1990, S. 9 f.: „Can we refer to a ‚given' sex or a ‚given' gender without first inquiring into how sex and/or gender is given, through what means? And what is ‚sex' anyway? [...] If the immutable character of sex is contested, perhaps this construct called ‚sex' is as culturally constructed as gender; indeed, perhaps it was always already gender, with the consequence that the distinction between sex and gender turns out to be no distinction at all." Ähnlich auch *Moron-Puech*, in: Brems/Cannoot/Moonen (Hrsg.), Protecting Trans Rights in the Age of Gender Self-Determination, 2020, 55, 57.

[131] Ausführlich zu dem Begriff „body" und seiner Bedeutung für die Geschlechterforschung *Reed*, in: Evans/Williams (Hrsg.), Gender, 2013, 13 ff.

[132] *Butler*, Gender Trouble, 1990, S. 175: „The sex/gender distinction and the category of sex itself appear to presuppose a generalization of ‚the body' that pre-exists the acquisition of its sexed significance. This ‚body' often appears to be a passive medium that is signified by an inscription from a cultural source figured as ‚external' to that body." Vgl. zum Begriff des „Geschlechtskörpers" auch *Maihofer*, Geschlecht als Existenzweise, 1995, S. 86; *Villa Braslavsky*, Judith Butler, 2012, S. 79 ff.; *Villa Braslavsky*, in: Kortendiek/Riegraf/Sabisch (Hrsg.), Handbuch Interdisziplinäre Geschlechterforschung, 2019, 23, 30.

[133] *Butler*, Gender Trouble, 1990, S. 175; vgl. dazu *Adamietz*, Geschlecht als Erwartung, 2011, S. 68.

[134] *Butler*, Gender Trouble, 1990, S. 11: „[...] sex could not qualify as a prediscursive anatomical facticity. Indeed, sex, by definition, will be shown to have been gender all along."

eine kulturell hergestellte Kategorie (*gendered-category*) dar.[135] Es sei daher nicht sinnvoll, weiterhin an der strikten Gegenüberstellung zwischen *sex* und *gender* festzuhalten.[136] *Butlers* Thesen führten zu einer kontroversen Debatte in der Geschlechterforschung.[137] Für Kritik sorgte etwa, dass *Butler* zentrale Kategorien feministischer Theorie grundsätzlich infragestellte.[138] Auch weckte *Butlers* Dekonstruktion der Kategorie „Geschlecht" Zweifel an den Möglichkeiten und der Ausrichtung zukünftiger feministischer Politik.[139] Gleichzeitig stellte ihr Hinterfragen der natürlichen und unveränderlichen Grundlagen des Geschlechts sowie ihre Kritik an einer binären Geschlechterordnung[140] die Weichen für die Geschlechterforschung der folgenden Jahrzehnte.[141]

4. Aktuelle Tendenzen: Ko-Konstitution statt Gegensatz

Diskussionen über unterschiedliche Dimensionen von Geschlecht und deren Verhältnis zueinander wirken bis heute fort.[142] Eine starre Gegenüberstellung der englischen Begriffe *sex* und *gender* wird jedoch regelmäßig nicht mehr vorgenommen. So weist unter anderem die Soziologin *Paula-Irene Villa Braslavsky* darauf hin, dass sich die verschiedenen Dimensionen von Geschlecht durchaus wechselseitig beeinflussen können.[143] Die Begriffe *sex* und *gender* seien daher eher als

---

[135] *Butler*, Gender Trouble, 1990, S. 10.

[136] *Butler*, Gender Trouble, 1990, S. 10.

[137] Ausführlich zu Rezeption und Wirkung von *Butlers* Werk siehe *Villa Braslavsky*, Judith Butler, 2012, S. 143 ff.; vgl. ferner *Gerhard*, Frauenbewegung und Feminismus, 2018, S. 123; *Jensen*, in: Löw/Mathes (Hrsg.), Schlüsselwerke der Geschlechterforschung, 2005, 254, 257 ff.; *Villa Braslavsky*, in: Kortendiek/Riegraf/Sabisch (Hrsg.), Handbuch Interdisziplinäre Geschlechterforschung, 2019, 23, 30; *Villa Braslavsky*, in: Becker/Kortendiek (Hrsg.), Handbuch Frauen- und Geschlechterforschung, 2010, 146, 147.

[138] Dazu *Gerhard*, Für eine andere Gerechtigkeit, 2018, S. 54; *Villa Braslavsky*, in: Becker/Kortendiek (Hrsg.), Handbuch Frauen- und Geschlechterforschung, 2010, 146, 147.

[139] *Gerhard*, Frauenbewegung und Feminismus, 2018, S. 123; *Gerhard*, Für eine andere Gerechtigkeit, 2018, S. 57; *Villa Braslavsky*, in: Becker/Kortendiek (Hrsg.), Handbuch Frauen- und Geschlechterforschung, 2010, 146, 147.

[140] Vgl. *Butler*, Gender Trouble, 1990, S. 202; vgl. dazu ferner *Villa Braslavsky*, in: Becker/Kortendiek (Hrsg.), Handbuch Frauen- und Geschlechterforschung, 2010, 146, 147; *Voß*, Geschlecht, 2018, S. 21.

[141] So gilt *Butler* aufgrund ihrer Betonung der Vielfalt geschlechtlicher Identitäten heute auch als Wegbereiterin der sog. *Queer Theory*. Näher dazu *Gerhard*, Für eine andere Gerechtigkeit, 2018, S. 55 ff.; *Jensen*, in: Löw/Mathes (Hrsg.), Schlüsselwerke der Geschlechterforschung, 2005, 254 ff.; *Kolbe*, Intersexualität, Zweigeschlechtlichkeit und Verfassungsrecht, 2010, S. 68 ff.; *Villa Braslavsky*, Judith Butler, 2012, S. 99.

[142] *Villa Braslavsky*, in: Kortendiek/Riegraf/Sabisch (Hrsg.), Handbuch Interdisziplinäre Geschlechterforschung, 2019, S. 23 ff.

[143] *Villa Braslavsky*, in: Kortendiek/Riegraf/Sabisch (Hrsg.), Handbuch Interdisziplinäre Geschlechterforschung, 2019, 23, 31: „Inzwischen gilt in den Gender Studies bzw. der Geschlechterforschung statt einer einfachen Gegenüberstellung von ‚Sex' (als Natur) und Gender (als Kultur), die Anerkennung der wechselseitigen Verklammerung und Konstitutionsformen somatischer, erfahrungsbezogener, historischer, praxeologischer usw. Dimensionen von Geschlecht als plausibel."

wechselseitige Verklammerung („Ko-Konstitution"), denn als „Entgegenset-zung" zu verstehen.[144]

Und auch die Juristin und Bundesverfassungsrichterin a.D. *Susanne Baer* legt Wert darauf, zu betonen, dass *gender* in der heutigen Geschlechterforschung „nicht die andere Seite des biologischen Geschlechts [sei], sondern der analytische Begriff, um die biomedizinischen und technischen, sozialen, kulturellen und po-litischen Bedeutungen und Manifestationen von Geschlecht in den verschiedens-ten Zusammenhängen zu analysieren"[145]. Angesichts dessen entspricht es also durchaus aktuellen Strömungen in der internationalen Geschlechterforschung, wenn das deutsche BVerfG in seiner Rechtsprechung ein vielschichtiges und mehrdimensionales Verständnis von Geschlecht zugrunde legt.[146]

III. Ergebnis zur sozialen Dimension

Fragen rund um eine soziale Konstruktion von Geschlecht sind im Einzelnen höchst umstritten. Gleichwohl scheint heute weitgehend Einigkeit zu bestehen, dass sich das Geschlecht eines Menschen jedenfalls nicht allein anhand medizi-nisch-biologischer Faktoren bestimmen lässt, sondern von soziokulturellen Fak-toren mitbestimmt wird. Vor diesem Hintergrund beschreibt der Begriff des *so-zialen Geschlechts*, dass mit der Geschlechtszugehörigkeit einer Person regelmä-ßig gesellschaftliche oder kulturelle Erwartungen einhergehen, die sowohl das subjektive Zugehörigkeitsempfinden als auch die geschlechtliche Einordnung durch Andere beeinflussen. Anstelle des Begriffs des sozialen Geschlechts wird auch der englische Begriff *gender* verwendet. Während *gender* ursprünglich in klarer Abgrenzung zum biologischen Geschlecht (*sex*) eines Menschen verstan-den wurde, wird immer häufiger auf eine starre Gegenüberstellung der beiden Begriffe verzichtet.

---

[144] *Villa Braslavsky*, in: Kortendiek/Riegraf/Sabisch (Hrsg.), Handbuch Interdisziplinäre Geschlechterforschung, 2019, 23; ähnlich auch *Moron-Puech*, in: Brems/Cannoot/Moonen (Hrsg.), Protecting Trans Rights in the Age of Gender Self-Determination, 2020, 55, 57: „[…] this distinction [between sex and gender] must not be exaggerated since the concepts of sex and gender have many things in common."

[145] *Baer*, in: Kokott/Mager (Hrsg.), Religionsfreiheit und Gleichberechtigung der Ge-schlechter, 2014, 35, 42; ähnlich auch *Baer*, in: Mangold/Payandeh (Hrsg.), Handbuch An-tidiskriminierungsrecht, 2022, 223, 243, Rn. 53.

[146] Siehe dazu bereits oben S. 12; ausführlich zur Rechtsprechung des BVerfG unten S. 54 ff.

C. Psychologische Dimension des Geschlechts

Im Rahmen der Auseinandersetzung mit dem englischen Begriff *gender* hat sich bereits gezeigt, dass ein enger Bezug zwischen der sozialen Geschlechterrolle einer Person und ihrer individuell erlebten Geschlechtszugehörigkeit besteht.[147] Auf diese psychologische Dimension von Geschlecht ist im Folgenden noch etwas genauer einzugehen.

I. Begriff der geschlechtlichen Identität

Die psychologische Dimension von Geschlecht wird typischerweise als *Geschlechtsidentität* bzw. als *geschlechtliche Identität* bezeichnet.[148] Mitunter ist auch vom *psychischen Geschlecht* eines Menschen die Rede.[149] Der Begriff der geschlechtlichen Identität beschreibt die individuell empfundene Geschlechtszugehörigkeit einer Person.[150] Die Rede ist insofern auch von einem „tief empfundenen inneren und persönlichen Gefühl der Zugehörigkeit zu einem Geschlecht".[151] Es geht also darum, welchem Geschlecht sich ein Mensch selbst zuordnet.[152]

---

[147] Eine trennscharfe Abgrenzung der verschiedenen Dimensionen ist jedoch regelmäßig nicht möglich. Siehe dazu etwa *Rauchfleisch*, Transidentität, 2019, S. 18, der den Begriff der „Geschlechtsidentität" als bestehend aus drei Bausteinen definiert: „der Kerngeschlechtsidentität, den Geschlechterrollen und der Geschlechtspartner_innen-Orientierung."

[148] *Richter-Appelt*, in: Wimmer-Puchinger/Gutiérrez-Lobos/Riecher-Rössler (Hrsg.), Psychische Krisen im Frauenleben, 2016, 107, 111; *Schweizer/Richter-Appelt*, Frühe Kindheit 2010, 13.

[149] *Deutscher Ethikrat*, Stellungnahme Intersexualität, 2012, S. 33 f.; *Pschyrembel*, Pschyrembel Klinisches Wörterbuch, 2017, 658 – Stichwort: Geschlecht; *Schweizer*, in: Schweizer/Binswanger/Sigusch (Hrsg.), Intersexualität kontrovers, 2012, 19, 24 ff.

[150] *Chebout*, in: Lembke (Hrsg.), Menschenrechte und Geschlecht, 2014, 132, 133; *Adamietz*, Geschlecht als Erwartung, 2011, S. 29; *Pasterski*, in: Scherpe/Dutta/Helms (Hrsg.), The Legal Status of Intersex Persons, 2018, 65; *Richter-Appelt*, in: Richter-Appelt/Hill (Hrsg.), Geschlecht zwischen Spiel und Zwang, 2004, 93, 95; *Schweizer/Köster/Richter-Appelt*, Psychotherapeut 2019, 106, 107; *Schweizer/Richter-Appelt*, Frühe Kindheit 2010, 13.

[151] Für eine ausführliche Definition siehe *Hirschfeld-Eddy-Stiftung*, Die Yogyakarta-Prinzipien, 2008, S. 11, Fn. 2: „Unter ,geschlechtlicher Identität' versteht man das tief empfundene innere und persönliche Gefühl der Zugehörigkeit zu einem Geschlecht, das mit dem Geschlecht, das der betroffene Mensch bei seiner Geburt hatte, übereinstimmt oder nicht übereinstimmt; dies schließt die Wahrnehmung des eigenen Körpers (darunter auch die freiwillige Veränderung des äußeren körperlichen Erscheinungsbildes oder der Funktionen des Körpers durch medizinische, chirurgische oder andere Eingriffe) sowie andere Ausdrucksformen des Geschlechts, z.B. durch Kleidung, Sprache und Verhaltensweisen, ein." Vgl. dazu auch *Chebout*, in: Lembke (Hrsg.), Menschenrechte und Geschlecht, 2014, 132, 133.

[152] *Adamietz*, Geschlecht als Erwartung, 2011, S. 29; *Deutscher Ethikrat*, Stellungnahme Intersexualität, 2012, S. 33; *Pasterski*, in: Scherpe/Dutta/Helms (Hrsg.), The Legal Status of Intersex Persons, 2018, 65; *Petričević*, Rechtsfragen zur Intergeschlechtlichkeit, 2017, S. 17; *Schweizer/Richter-Appelt*, Frühe Kindheit 2010, 13.

Der Begriff ist damit auch eng mit demjenigen der *Geschlechtsrollenidentität* verbunden.[153] Diese bezeichnet die nach außen manifestierte Geschlechtsidentität eines Menschen, d.h. alles, was eine Person sagt oder tut, um anderen und sich selbst zu demonstrieren, in welchem Ausmaß sie sich einem Geschlecht zugehörig erlebt.[154] Mitunter wird insofern auch der Begriff des *Geschlechtsausdrucks* verwendet, um zu beschreiben, wie sich eine Person kleidet, spricht oder bewegt und so ihre geschlechtliche Identität zum Ausdruck bringt.[155]

Dagegen ist der Begriff der geschlechtlichen Identität vom Begriff der *sexuellen Identität* abzugrenzen.[156] Letzterer dient der Beschreibung der individuell erlebten Sexualität einer Person.[157] Die sexuelle Identität umfasst dabei auch die sexuelle Orientierung eines Menschen, d.h. die persönliche Präferenz hinsichtlich der Geschlechtszugehörigkeit und Geschlechtsidentität von (Intim-)Partner*innen.[158]

II. Entwicklung der geschlechtlichen Identität

Die Entwicklung der Geschlechtsidentität eines Menschen vollzieht sich in einem jahrelangen, multifaktoriellen Prozess.[159] Medizinisch-biologische Faktoren scheinen dabei ebenso Einfluss auf die Geschlechtsidentität zu nehmen, wie soziale Bedingungen.[160] So sind insbesondere die rechtliche Geschlechtszuweisung

---

[153] *Richter-Appelt*, APuZ 2012, 22, 24; *Richter-Appelt*, in: Richter-Appelt/Hill (Hrsg.), Geschlecht zwischen Spiel und Zwang, 2004, 93, 95.

[154] *Richter-Appelt*, in: Wimmer-Puchinger/Gutiérrez-Lobos/Riecher-Rössler (Hrsg.), Psychische Krisen im Frauenleben, 2016, 107, 110; *Richter-Appelt*, Bundesgesundheitsbl. 2013, 240, 242.

[155] Vgl. etwa die Begriffsdefinition des „Regenbogenportals" des BMFSFJ, abrufbar unter: <https://www.regenbogenportal.de/informationen/geschlechtsidentitaet-und-ausdruck> (abgerufen am 1.3.2023).

[156] Der Begriff der „sexuellen Identität" wird im juristischen Kontext nicht immer einheitlich genutzt, sondern teilweise auch als Synonym für die „geschlechtliche Identität" eines Menschen verwendet. Näher dazu *Adamietz*, Geschlecht als Erwartung, 2011, S. 30 ff.; *Valentiner*, in: Januszkiewicz/Post/Riegel et al. (Hrsg.), Geschlechterfragen im Recht, 2021, 129, 133 f.

[157] Siehe auch *Nieder/Briken/Richter-Appelt*, PPmP 2014, 232, 233: „Die sexuelle Identität beschreibt das subjektive Erleben einer Person als hetero-, homo-, bi-, pan- oder asexuell. (Als pansexuell definieren sich u. a. Menschen, für die das Geschlecht ihrer Sexualpartner kaum eine Rolle spielt. Als asexuell definieren sich u. a. Menschen, die kein Interesse an sexuellen Kontakten verspüren.)"

[158] *Adamietz*, Geschlecht als Erwartung, 2011, S. 26; *Richter-Appelt*, in: Wimmer-Puchinger/Gutiérrez-Lobos/Riecher-Rössler (Hrsg.), Psychische Krisen im Frauenleben, 2016, 107, 110; *Woweries*, in: Schochow/Gehrmann/Steger (Hrsg.), Inter*- und Trans*identitäten, 2016, 189, 196 f.

[159] *Löwenberg*, ZfSf 2020, 95, 96; *Richter-Appelt*, in: Wimmer-Puchinger/Gutiérrez-Lobos/Riecher-Rössler (Hrsg.), Psychische Krisen im Frauenleben, 2016, 107, 111, 116; *Schweizer/Köster/Richter-Appelt*, Psychotherapeut 2019, 106, 108.

[160] Siehe dazu *Herbert*, in: Scherpe/Dutta/Helms (Hrsg.), The Legal Status of Intersex

nach der Geburt,[161] aber auch elterliche und gesellschaftliche Geschlechtsrollen-
erwartungen für die Entwicklung der Geschlechtsidentität von Bedeutung.[162]
Diese wird zwar regelmäßig dem bei Geburt zugewiesenen Geschlecht entspre-
chen.[163] Zwingend ist dies jedoch keineswegs.[164] Vielmehr kann die geschlechtliche
Identität auch in einem Spannungsverhältnis zu dem bei Geburt zugewiesenen
Geschlecht stehen.[165]

III. Vielfalt des Identitätserlebens

Die Mehrzahl der Menschen ordnet sich in ihrer geschlechtlichen Identität als
„männlich" oder „weiblich" ein.[166] Das Identitätserleben eines Menschen kann
jedoch auch deutlich vielfältiger ausfallen.[167] So gibt es auch zahlreiche Menschen, die sich beiden oder keiner dieser beiden Geschlechtskategorien zuordnen
und deren Geschlechtsidentität sich in Anlehnung an den englischen Begriff *non-
binary*[168] als „nicht-binär" oder „nonbinär" beschreiben lässt.[169] Zudem berichten

---

Persons, 2018, 45, 49; vgl. ferner *Holterhus/Hiort*, in: Lehnert (Hrsg.), Rationelle Diagnostik
und Therapie in Endokrinologie, Diabetologie und Stoffwechsel, 2015, 398, 401; *Richter-
Appelt*, in: Wimmer-Puchinger/Gutiérrez-Lobos/Riecher-Rössler (Hrsg.), Psychische Krisen
im Frauenleben, 2016, 107, 111; *Richter-Appelt*, APuZ 2012, 22, 24.

[161] Näher dazu unten S. 94 ff.

[162] *Holterhus/Hiort*, in: Lehnert (Hrsg.), Rationelle Diagnostik und Therapie in Endokrinologie, Diabetologie und Stoffwechsel, 2015, 398, 401; *Herbert*, in: Scherpe/Dutta/Helms
(Hrsg.), The Legal Status of Intersex Persons, 2018, 45, 49; *Richter-Appelt*, in: Wimmer-
Puchinger/Gutiérrez-Lobos/Riecher-Rössler (Hrsg.), Psychische Krisen im Frauenleben,
2016, 107, 111; *Richter-Appelt*, APuZ 2012, 22, 24; *Richter-Appelt*, in: Richter-Appelt/Hill
(Hrsg.), Geschlecht zwischen Spiel und Zwang, 2004, 93, 95; *Schrott*, Intersex-Operationen,
2020, S. 89.

[163] Vgl. *Richter-Appelt*, in: Wimmer-Puchinger/Gutiérrez-Lobos/Riecher-Rössler (Hrsg.),
Irrsinnig weiblich – Psychische Krisen im Frauenleben, 2016, 107, 116.

[164] *Hirschfeld-Eddy-Stiftung*, Die Yogyakarta-Prinzipien, 2008, S. 11, Fn. 2; *Richter-Appelt*, in: Wimmer-Puchinger/Gutiérrez-Lobos/Riecher-Rössler (Hrsg.), Psychische Krisen im
Frauenleben, 2016, 107 f.; *Schweizer/Köster/Richter-Appelt*, Psychotherapeut 2019, 106,
108 f.; *Stübler/Becker-Hebly*, ZfSf 2019, 5 ff.

[165] Näher dazu unten S. 37 ff.

[166] *Adamietz*, Geschlecht als Erwartung, 2011, S. 29; *Richards et al.*, International Review
of Psychiatry 2016, 95.

[167] *Löwenberg*, ZfSf 2020, 95 ff.; *Richter-Appelt*, in: Wimmer-Puchinger/Gutiérrez-Lobos/
Riecher-Rössler (Hrsg.), Psychische Krisen im Frauenleben, 2016, 107, 116; *Schweizer/Kös-
ter/Richter-Appelt*, Psychotherapeut 2019, 106, 108.

[168] *Richards et al.*, International Review of Psychiatry 2016, 95 ff.

[169] Zu alledem *Herbert*, in: Scherpe/Dutta/Helms (Hrsg.), The Legal Status of Intersex
Persons, 2018, 45, 48; *Löwenberg*, ZfSf 2020, 95 ff.; *Rauchfleisch*, Transidentität, 2019, S. 17;
Richards et al., International Review of Psychiatry 2016, 95 ff.; *Richter-Appelt*, in: Wimmer-
Puchinger/Gutiérrez-Lobos/Riecher-Rössler (Hrsg.), Psychische Krisen im Frauenleben,
2016, 107, 111.

auch zahlreiche Personen, eine fließende (*gender-fluid*)[170] oder gar keine Geschlechtsidentität zu erleben (*non-gender* bzw. *gender-free*).[171]

IV. Ergebnis zur psychologischen Dimension

Neben medizinisch-biologischen und sozialen Faktoren ist für die geschlechtliche Zuordnung eines Menschen vor allem auch das individuelle Zugehörigkeitsempfinden der betreffenden Person selbst relevant. Das subjektive Zugehörigkeitsempfinden zu einem Geschlecht wird als Geschlechtsidentität bzw. als geschlechtliche Identität bezeichnet. Die beiden in dieser Arbeit synonym verwendeten Begriffe beschreiben das tief empfundene persönliche Gefühl der Zugehörigkeit zu einem Geschlecht. Während sich die meisten Menschen in ihrer geschlechtlichen Identität als „männlich" oder „weiblich" einordnen, gibt es auch zahlreiche Menschen, die sich jenseits dieser binären Geschlechtskategorien verorten oder sich keinem Geschlecht zugehörig fühlen.

D. Gesamtergebnisse

1. Das Geschlecht eines Menschen lässt sich auf verschiedenen Ebenen beschreiben (Mehrdimensionalität). Neben medizinisch-biologischen Faktoren sind insbesondere soziokulturelle und psychologische Aspekte für die geschlechtliche Zuordnung entscheidend. Eine strikte Trennung zwischen den verschiedenen Dimensionen ist weder immer möglich noch erforderlich. Vielmehr stehen die Dimensionen in einem komplexen Wechselwirkungsverhältnis.

2. Unter dem Begriff des biologischen Geschlechts werden typischerweise solche Merkmale zusammengefasst, die das Geschlecht eines Menschen aus medizinisch-biologischer Perspektive definieren. Regelmäßig wird dabei zwischen dem sog. chromosomalen, gonadalen und phänotypischen Geschlecht eines Menschen unterschieden. Mitunter wird auch der Begriff des sog. hormonalen Geschlechts verwendet. Moderne Forschungsmethoden ermöglichen zudem eine zunehmend differenzierte Bestimmung des biologischen Geschlechts auf zellulärer Ebene. Dieser medizinische Fortschritt geht auch mit einer zunehmenden Abkehr von einem binären Verständnis des biologischen Geschlechts einher.

3. Bei den meisten Menschen stimmen chromosomales, gonadales und phänotypisches Geschlecht überein. Die Geschlechtsentwicklung eines Menschen kann jedoch auch Varianten aufweisen. Eine eindeutige medizinisch-biologische

---

[170] Siehe dazu etwa die Definition im LSBTIQ-Lexikon der Bundeszentrale für politische Bildung (bpb), abrufbar unter: <https://www.bpb.de/themen/gender-diversitaet/geschlechtlic he-vielfalt-trans/245426/lsbtiq-lexikon/> (abgerufen am 1.3.2023); vgl. ferner *Rauchfleisch*, Transidentität, 2019, S. 17; *Oldemeier*, Geschlechtlicher Neuanfang, 2021, S. 42.

[171] *Rauchfleisch*, Transidentität, 2019, S. 17; *Richter-Appelt*, in: Wimmer-Puchinger/Gutiérrez-Lobos/Riecher-Rössler (Hrsg.), Psychische Krisen im Frauenleben, 2016, 107, 111.

Zuordnung zum männlichen oder weiblichen Geschlecht ist daher nicht immer möglich.

4. Der Begriff des sozialen Geschlechts dient der Bezeichnung geschlechtsspezifischer Rollen und Zuschreibungen und ihrer Beeinflussung durch soziokulturelle Faktoren. Er beschreibt, dass mit dem Geschlecht eines Menschen regelmäßig bestimmte gesellschaftliche oder kulturelle Erwartungen einhergehen, die auch Einfluss auf das eigene geschlechtliche Zugehörigkeitsempfinden haben.

5. Anstelle des Begriffs des sozialen Geschlechts wird auch der englische Begriff *gender* verwendet. Während der Begriff ursprünglich in klarer Abgrenzung zum biologischen Geschlecht (*sex*) eines Menschen verwendet wurde, wird immer häufiger auf eine starre Gegenüberstellung der beiden Begriffe verzichtet.

6. Das subjektive Zugehörigkeitsempfinden zu einem Geschlecht wird als Geschlechtsidentität bzw. als geschlechtliche Identität bezeichnet. Der Begriff beschreibt das tief empfundene persönliche Gefühl der Zugehörigkeit zu einem Geschlecht. Es geht also darum, welchem Geschlecht sich eine Person selbst zuordnet bzw. ob sie sich überhaupt geschlechtlich verortet.

7. Während sich die meisten Personen in ihrer geschlechtlichen Identität als „männlich" oder „weiblich" einordnen, gibt es auch zahlreiche Menschen, die sich jenseits dieser binären Geschlechtskategorien verorten oder sich keinem Geschlecht zugehörig fühlen.

8. Sowohl auf biologisch-medizinischer Ebene als auch unter Heranziehung psychosozialer Faktoren zeigt sich, dass eine binäre Einteilung aller Menschen in die Kategorien „weiblich" und „männlich" der real existierenden Vielfalt geschlechtlicher Ausprägungen und Identitäten nicht immer gerecht wird.

9. Das Geschlecht eines Menschen kann daher nicht lediglich unter Verweis auf medizinisch-biologische Aspekte beschrieben werden, sondern hängt maßgeblich von der individuellen geschlechtlichen Identität einer Person ab.

2

Spannungen zwischen Zuweisungsgeschlecht und geschlechtlicher Identität

Die meisten Personen erleben ihre geschlechtliche Identität und soziale Geschlechterrolle weitgehend konfliktfrei.[1] Gleichwohl kann es im Leben eines Menschen auch zu verschiedenen Zeitpunkten zu einem Hinterfragen der eigenen Geschlechtszugehörigkeit kommen.[2] Spannungen können gerade dann entstehen, wenn das bei Geburt zugewiesene Geschlecht der eigenen geschlechtlichen Identität widerspricht.[3]

Tatsächlich werden die geschlechtliche Identität und soziale Geschlechterrolle eines Menschen regelmäßig erst dann thematisiert, wenn diese nicht mit dem geburtlichen Zuweisungsgeschlecht übereinstimmen.[4] Denn Menschen, die sich in Übereinstimmung mit dem ihnen bei Geburt zugewiesenen Geschlecht als weiblich oder männlich verorten und in Auftreten und äußerem Erscheinungsbild gesellschaftlichen Erwartungen entsprechen,[5] werden ihr individuelles Zugehörigkeitsempfinden zu einem Geschlecht kaum hinterfragen.[6] Etwas anderes gilt freilich für Personen, die den gesellschaftlichen Geschlechtsrollenerwartungen nicht entsprechen, da das ihnen zugewiesene Geschlecht nicht mit ihrem Identitätsgeschlecht übereinstimmt und/oder sie sich in ihrer geschlechtlichen

---

[1] *Richter-Appelt*, in: Wimmer-Puchinger/Gutiérrez-Lobos/Riecher-Rössler (Hrsg.), Psychische Krisen im Frauenleben, 2016, 107, 116.

[2] *Richter-Appelt*, in: Wimmer-Puchinger/Gutiérrez-Lobos/Riecher-Rössler (Hrsg.), Psychische Krisen im Frauenleben, 2016, 107, 116; *Schweizer/Köster/Richter-Appelt*, Psychotherapeut 2019, 106, 108.

[3] Näher zur Geschlechtszuweisung bei Geburt unten S. 94 ff.

[4] *Deutscher Ethikrat*, Stellungnahme Intersexualität, 2012, S. 34; *Nieder/Briken/Richter-Appelt*, PPmP 2014, 232, 233; *Richter-Appelt*, APuZ 2012, 22; *Richter-Appelt*, in: Wimmer-Puchinger/Gutiérrez-Lobos/Riecher-Rössler (Hrsg.), Psychische Krisen im Frauenleben, 2016, 107, 109; siehe zum Begriff des „Spannungsfeldes" in diesem Kontext ferner *Adamietz*, Geschlecht als Erwartung, 2011, S. 33.

[5] Ein Mensch, der sich in seiner geschlechtlichen Identität ganz oder weit überwiegend mit dem Geschlecht identifiziert, das ihm bei Geburt zu gewiesen wurde, wird auch als *cis* oder cis-geschlechtlich bezeichnet. Näher dazu etwa *Fütty/Höhne/Llaveria Caselles*, Geschlechterdiversität in Beschäftigung und Beruf, 2020, S. 16; *Schirmer*, in: BMFSFJ (Hrsg.), Gutachten Trans- und Intergeschlechtlichkeit, 2015, 41, 43, Fn. 5.

[6] Siehe dazu auch *Mast*, in: Müller/Dittrich (Hrsg.), Linien der Rechtsprechung des Bundesverfassungsgerichts, 2022, 329, 331.

Identität jenseits binärer Geschlechtlichkeit verorten.[7] Dies betrifft namentlich trans- und intergeschlechtliche Personen, auf die im Folgenden noch etwas näher einzugehen ist.

A. Intergeschlechtlichkeit

Ein Konflikt zwischen dem bei Geburt zugewiesenen Geschlecht und der geschlechtlichen Identität kann zunächst bei intergeschlechtlichen Menschen auftreten.[8] Wurde etwa bei der Geburt eines intergeschlechtlichen Kindes eine Zuordnung zum männlichen oder weiblichen Geschlecht vorgenommen, kann es im späteren Verlauf des Lebens an einer Identifikation mit dem Zuweisungsgeschlecht fehlen und der Wunsch nach einer Änderung der zugewiesenen Geschlechtszugehörigkeit bestehen.[9] Wie erwähnt, entsprach es früher der gängigen Behandlungspraxis, intergeschlechtliche Kinder einer geschlechtszuweisenden Operation zu unterziehen,[10] was spätere Identitätskonflikte umso gravierender machen konnte. In der jüngeren Vergangenheit hat nun jedoch ein Umdenken im medizinischen Umgang mit Intergeschlechtlichkeit stattgefunden.[11] Ferner ist es nicht mehr erforderlich, das rechtliche Geschlecht eines Menschen nach der Geburt als „weiblich" oder „männlich" zu registrieren, sondern es besteht nun auch die Möglichkeit, auf die Angabe des Geschlechts zu verzichten oder das Geschlecht eines Kindes mit der Angabe „divers" einzutragen.[12] Ob und inwiefern diese Entwicklung mögliche Identitätskonflikte intergeschlechtlicher Menschen künftig lindern wird, bleibt abzuwarten.

B. Transgeschlechtlichkeit

Unsicherheiten in Hinblick auf die eigene Geschlechtszugehörigkeit können darüber hinaus auch bei transgeschlechtlichen Personen auftreten, d.h. bei Personen, die sich nicht oder nicht vollständig mit dem ihnen bei Geburt zugewiesenen Geschlecht identifizieren.[13]

---

[7] Vgl. dazu *Mast*, in: Müller/Dittrich (Hrsg.), Linien der Rechtsprechung des Bundesverfassungsgerichts, 2022, 329, 331.

[8] Zum Begriff der Intergeschlechtlichkeit siehe oben S. 18 ff.

[9] Vgl. *Ghattas*, in: Scherpe/Dutta/Helms (Hrsg.), The Legal Status of Intersex Persons, 2018, 429, 431; *Holterhus/Hiort*, in: Lehnert (Hrsg.), Rationelle Diagnostik und Therapie in Endokrinologie, Diabetologie und Stoffwechsel, 2015, 398, 401.

[10] Siehe oben S. 21.

[11] Siehe oben S. 21.

[12] Siehe unten S. 96.

[13] Siehe dazu etwa *Althoff/Schabram/Follmar-Otto*, Gutachten: Geschlechtervielfalt im Recht, 2017, S. 10, Fn. 4; *Fütty/Höhne/Llaveria Caselles*, Geschlechterdiversität in Beschäftigung und Beruf, 2020, S. 16; *Nieder/Briken/Güldenring*, InFo Neurologie & Psychiatrie

I. Begriffsklärung

Es existieren verschiedene Begriffe, um zu beschreiben, dass die Geschlechtsidentität einer Person nicht (vollständig) mit dem ihr zugewiesenen Geschlecht übereinstimmt.[14] Geläufig sind unter anderem die Begriffe „Transsexualität", „Transgender", „Transidentität", „Transgeschlechtlichkeit", „trans*" oder einfach nur „trans".[15] Die verschiedenen Begriffe spiegeln wider, dass es keine einheitliche „Trans-Erfahrung" gibt.[16] So wünschen manche Personen eine medizinische Angleichung ihres Körpers an ihre geschlechtliche Identität (*medizinische Transition*),[17] während andere Menschen vor allem Wert auf eine soziale und rechtliche Anerkennung ihrer geschlechtlichen Identität legen (*soziale* bzw. *rechtliche Transition*).[18]

1. Der umstrittene Begriff der „Transsexualität"

Im öffentlichen Diskurs und in wissenschaftlichen Texten wird häufig noch der Begriff der *Transsexualität* verwendet, um zu beschreiben, dass sich ein Mensch nicht mit dem ihm zugewiesenen Geschlecht identifiziert.[19] Gerade im medizinischen und rechtlichen Kontext war der Begriff bis in die jüngere Vergangenheit noch üblich.[20] Allerdings sieht sich der Begriff wachsender Kritik ausgesetzt. Erstens wird kritisiert, dass der Begriff der Transsexualität zumindest im deutschen Sprachraum regelmäßig mit der Sexualität eines Menschen assoziiert werde, obwohl geschlechtliche Identität und sexuelle Orientierung zwei voneinander unabhängige Dimensionen darstellen.[21] Zudem werde der Begriff der Transsexualität typischerweise mit dem Wunsch nach körperlichen Veränderun-

---

2016, 38; *Rauchfleisch*, Transidentität, 2019, S. 17; *Richter-Appelt*, in: Wimmer-Puchinger/Gutiérrez-Lobos/Riecher-Rössler (Hrsg.), Psychische Krisen im Frauenleben, 2016, 107, 109.

[14] *Deutsche Gesellschaft für Sexualforschung*, Geschlechtsinkongruenz, Geschlechtsdysphorie und Trans-Gesundheit: S3-Leitlinie zur Diagnostik, Beratung und Behandlung, 2019, S. 4.

[15] *Ewert*, Trans.Frau.Sein., 2020, S. 16; *Adamietz/Remus*, in: BMFSFJ (Hrsg.), Gutachten Trans- und Intergeschlechtlichkeit, 2015, 13, 18; *Nieder/Briken/Richter-Appelt*, PPmP 2014, 232 ff.; *Schneider/Frister/Olzen*, Begutachtung Psychischer Störungen, 2020, S. 300.

[16] *Dunne*, Med. Law Rev. 2017, 554, 558.

[17] Siehe zu den Begriffen u.a. *Stübler/Becker-Hebly*, ZfSf 2019, 5, 7.

[18] *Dunne*, Med. Law Rev. 2017, 554, 558.

[19] Siehe dazu *Rauchfleisch*, Transsexualität – Transidentität, 2014, S. 14.

[20] Vgl. dazu *Adamietz*, Geschlecht als Erwartung, 2011, S. 34; *Adamietz/Remus*, in: BMFSFJ (Hrsg.), Gutachten Trans- und Intergeschlechtlichkeit, 2015, 13 ff.; *Handke/Henkel/Heß*, in: Januszkiewicz/Post/Riegel et al. (Hrsg.), Geschlechterfragen im Recht, 2021, 121, 123 f.; *Schneider/Frister/Olzen,* Begutachtung Psychischer Störungen, 2020, S. 300; *Seikowski*, in: Maier-Höfer/Schreiber (Hrsg.), Praktiken von Transdiskursen, 2022, 29, 30.

[21] *Nieder/Briken/Richter-Appelt*, PPmP 2014, 232; *Rauchfleisch*, Transidentität, 2019, S. 20.

gen in Verbindung gebracht, obgleich zahlreiche Betroffene gerade keine chirurgischen oder hormonellen Behandlungen wünschen.[22]

2. Transgeschlechtlichkeit und andere (Selbst-)Bezeichnungen

Um sich von dem medizinisch besetzten Begriff der Transsexualität zu lösen und auch Personen einzubeziehen, die keine körperlichen Veränderungen wünschen, wird daher auch der Begriff *Transgender* verwendet.[23] Dieser Begriff wird als Oberbegriff für alle Menschen gebraucht, die sich nicht mit dem ihnen zugewiesenen Geschlecht identifizieren; unabhängig davon, ob sie körperliche Veränderungen anstreben oder nicht.[24]

Darüber hinaus wurden in der jüngeren Vergangenheit verschiedene alternative Begriffe und Selbstbezeichnungen entwickelt. So wird vermehrt auch der Begriff der *Transidentität* genutzt, um den engen Identitätsbezug zu betonen und eine begriffliche Abgrenzung zur Sexualität zu gewährleisten.[25] Allerdings ist auch der Begriff der Transidentität nicht unumstritten. So wird kritisiert, dass nicht das Identitätserleben vom Körper abweiche, sondern vielmehr der Körper vom Identitätserleben.[26]

Treffender sei daher der Begriff der *Transgeschlechtlichkeit*.[27] Schließlich setzt sich grade in der jüngeren Vergangenheit der Begriff *trans** oder einfach *trans* durch.[28] Als „trans Frauen" oder auch „Transfrauen" bezeichnen sich danach beispielsweise Personen, die sich als weiblich identifizieren, denen bei der Geburt jedoch nicht das weibliche Geschlecht zugewiesen wurde.

3. Begriffsverständnis der Arbeit

In dieser Arbeit soll grundsätzlich der Begriff der *Transgeschlechtlichkeit* zugrunde gelegt werden, um Personen zu beschreiben, deren Geschlechtsidentität – unabhängig von körperlichen Merkmalen – nicht oder nicht vollständig mit dem ihnen zugewiesenen Geschlecht übereinstimmt. Entsprechend wird in dieser Arbeit auch das Adjektiv *transgeschlechtlich* oder der insofern synonym zu ver-

---

[22] *Adamietz*, Geschlecht als Erwartung, 2011, S. 37; *Nieder/Briken/Richter-Appelt*, PPmP 2014, 232; *Sacksofsky*, in: Hohmann-Dennhardt/Masuch/Villiger (Hrsg.), Grundrechte und Solidarität, 2011, 675, 677.

[23] *Adamietz*, Geschlecht als Erwartung, 2011, S. 37; *Rauchfleisch*, Transidentität, 2019, S. 17; *Pfäfflin*, in: Schweizer/Brunner/Cerwenka et al. (Hrsg.), Sexualität und Geschlecht, 2014, 55, 56; *Schneider/Frister/Olzen*, Begutachtung Psychischer Störungen, 2020, S. 301.

[24] *Nieder/Briken/Richter-Appelt*, PPmP 2014, 232; *Rauchfleisch*, Transidentität, 2019, S. 17; *Richter-Appelt*, in: Wimmer-Puchinger/Gutiérrez-Lobos/Riecher-Rössler (Hrsg.), Psychische Krisen im Frauenleben, 2016, 107, 108.

[25] Vgl. dazu etwa *Nieder/Briken/Richter-Appelt*, PPmP 2014, 232; *Rauchfleisch*, Transidentität, 2019, S. 17.

[26] *Nieder/Briken/Richter-Appelt*, PPmP 2014, 232.

[27] *Nieder/Briken/Richter-Appelt*, PPmP 2014, 232.

[28] *Ewert*, Trans.Frau.Sein, 2020, S. 16; *Nieder/Briken/Richter-Appelt*, PPmP 2014, 232.

stehende Begriff *trans* verwendet. Diese Begriffe werden dabei jeweils unabhängig davon verwendet, ob die betreffende Person geschlechtsangleichende Maßnahmen wünscht oder nicht. Zudem soll der Begriff „transgeschlechtlich" bzw. „trans" für die Zwecke dieser Arbeit sowohl Personen einschließen, die sich in ihrer Geschlechtsidentität als „männlich" oder „weiblich" identifizieren, als auch Personen mit nicht-binärer, geschlechtsneutraler oder genderfluider Geschlechtsidentität.[29] Auch nicht-binäre trans Personen sollen daher in dieser Arbeit vom Oberbegriff der „Transgeschlechtlichkeit" erfasst sein.

II. Abgrenzung zwischen Trans- und Intergeschlechtlichkeit

Der Begriff der *Transgeschlechtlichkeit* wird regelmäßig in Abgrenzung zu dem Begriff der *Intergeschlechtlichkeit* verwendet. Als grundlegender Unterschied zwischen Trans- und Intergeschlechtlichkeit wird genannt, dass transgeschlechtliche Personen körperlich eindeutig dem männlichen oder weiblichen Geschlecht zugeordnet werden könnten, sich in ihrer Geschlechtsidentität jedoch nicht mit dem ihnen zugewiesenen Geschlecht identifizierten.[30] Im Gegensatz dazu sei bei intergeschlechtlichen Menschen aufgrund biologisch-medizinischer Besonderheiten keine zweifelsfreie Zuordnung zum weiblichen oder zum männlichen Geschlecht möglich.[31]

Hervorzuheben ist indes, dass in Hinblick auf Trans- und Intergeschlechtlichkeit eine große Vielfalt an Erscheinungsformen und Erfahrungen existiert.[32] Auch schließen sich die beiden Phänomene nicht zwingend aus. Vielmehr gibt es auch intergeschlechtliche Personen, sich selbst als „trans" verorten,[33] oder transgeschlechtliche Personen, die ihre Geschlechtsidentität – unabhängig von medizinisch-biologischen Merkmalen – als „nicht-binär" oder „inter" beschreiben.[34] Grundsätzlich gilt daher, dass sich allgemeine Aussagen und Kategorisierungen aufgrund der jeweils höchstpersönlichen Erfahrungen nur schwer treffen lassen. Umgekehrt darf jedoch auch nicht übersehen werden, dass die Bedürfnisse und spezifischen menschenrechtlichen Problemlagen trans- und intergeschlechtlicher

---

[29] Siehe oben S. 34 f.

[30] *Deutscher Ethikrat*, Stellungnahme Intersexualität, 2012, S. 26; *Ghattas*, in: Scherpe/Dutta/Helms (Hrsg.), The Legal Status of Intersex Persons, 2018, 429, 431; *Henn/Coester-Waltjen*, FamRZ 2020, 481, 483; *Maurer*, in: Januszkiewicz/Post/Riegel et al. (Hrsg.), Geschlechterfragen im Recht, 2021, 151, 152 f.; *Richter-Appelt*, Bundesgesundheitsbl. 2013, 240, 204 f.; *Siedenbiedel*, Selbstbestimmung über das eigene Geschlecht, 2016, S. 41.

[31] *Handke/Henkel/Heß*, in: Januszkiewicz/Post/Riegel et al. (Hrsg.), Geschlechterfragen im Recht, 2021, 121, 124; *Siedenbiedel*, Selbstbestimmung über das eigene Geschlecht, 2016, S. 41.

[32] *Richter-Appelt*, Bundesgesundheitsbl. 2013, 240.

[33] Vgl. dazu das LSBTIQ-Lexikon der Bundeszentrale für politische Bildung (bpb), abrufbar unter: <https://www.bpb.de/themen/gender-diversitaet/geschlechtliche-vielfalt-trans/500934/inter/> (abgerufen am 1.3.2023).

[34] Siehe oben S. 41.

Menschen nicht immer gleich sind, und daher jeweils eigene angemessene Ant-
worten erfordern.[35] Im Rahmen dieser Arbeit sollen die Begriffe der Inter- und
Transgeschlechtlichkeit daher zumindest immer dann als Differenzierung verwendet werden, wenn dies aus Gründen der Klarstellung erforderlich ist oder das
deutsche Recht selbst unterschiedliche Regelungen für trans- und intergeschlechtliche Personen aufstellt.

III. Paradigmenwechsel im Umgang mit Transgeschlechtlichkeit

Transgeschlechtlichkeit wurde bis in die jüngste Vergangenheit pathologisiert
und nach der 10. Version der sogenannten „Internationalen statistischen Klassifikation der Krankheiten und verwandter Gesundheitsprobleme" (ICD-10)[36]
den Persönlichkeits- und Verhaltensstörungen zugeordnet und als „Störung der
Geschlechtsidentität" beschrieben.[37] Dabei wurde die Diagnose „Transsexualismus" definiert als „Wunsch, als Angehöriger des anderen Geschlechts zu leben
und anerkannt zu werden", wobei regelmäßig auch der Wunsch nach chirurgischer und hormoneller Behandlung bestehe.[38]

Im medizinischen Umgang mit Transgeschlechtlichkeit hat jüngst jedoch ein
Paradigmenwechsel stattgefunden.[39] Seit Beginn des Jahres 2022 enthält die neue
11. Version der Internationalen statistischen Klassifikation der Krankheiten und
verwandter Gesundheitsprobleme (ICD-11) keine auf „Transsexualismus" lautende psychiatrische Diagnose mehr, sondern verwendet stattdessen den Begriff
einer sogenannten „Geschlechtsinkongruenz".[40] Darunter ist die „Nichtüberein-
stimmung der Geschlechtsidentität mit den Geschlechtsmerkmalen im Kindes-
und Jugendalter" zu verstehen.[41]

---

[35] Näher dazu *Ghattas*, in: Scherpe/Dutta/Helms (Hrsg.), The Legal Status of Intersex
Persons, 2018, 429, 430 f.

[36] Internationale statistische Klassifikation der Krankheiten und verwandter Gesundheitsprobleme, 10. Revision, ICD-10, abrufbar unter: <https://www.dimdi.de/static/de/klassi
fikationen/icd/icd-10-gm/kode-suche/htmlgm2023/> (abgerufen am 1.3.2023).

[37] ICD-10, F64. – Störungen der Geschlechtsidentität; kritisch dazu *Rauchfleisch*, in:
Maier-Höfer/Schreiber (Hrsg.), Praktiken von Transdiskursen, 2022, 17, 20.

[38] ICD 10, F64.0 – Transsexualismus: „Der Wunsch, als Angehöriger des anderen Ge-
schlechtes zu leben und anerkannt zu werden. Dieser geht meist mit Unbehagen oder dem
Gefühl der Nichtzugehörigkeit zum eigenen anatomischen Geschlecht einher. Es besteht der
Wunsch nach chirurgischer und hormoneller Behandlung, um den eigenen Körper dem be-
vorzugten Geschlecht soweit wie möglich anzugleichen." Siehe dazu auch *Rauchfleisch*,
Transidentität, 2019, S. 13.

[39] Ausführlich zu dieser Entwicklung *Rauchfleisch*, Transidentität, 2019.

[40] Die deutsche Entwurfsfassung spricht in HA 60 noch von „Genderinkongruenz"; siehe
dazu: <https://www.bfarm.de/DE/Kodiersysteme/Klassifikationen/ICD/ICD-11/uebersetzu
ng/_node.html> (abgerufen am 1.3.2023); vgl. ferner *Rauchfleisch*, Transidentität, 2019,
S. 14; *Rauchfleisch*, in: Maier-Höfer/Schreiber (Hrsg.), Praktiken von Transdiskursen, 2022,
17, 20.

[41] ICD-11, HA 60: „Die Genderinkongruenz […] ist gekennzeichnet durch eine ausge-

Transgeschlechtlichkeit wird somit nicht mehr als Persönlichkeits- und Verhaltensstörung eingeordnet, sondern als „Zustand im Bereich der sexuellen Gesundheit".[42] Nach Ansicht des Psychologen und Psychotherapeuten *Udo Rauchfleisch* bedeutet dies einen wesentlichen und erforderlichen Schritt in Richtung einer Entpathologisierung von Transgeschlechtlichkeit.[43] Positiv zu bewerten sei auch, dass die Diagnose einer Geschlechtsinkongruenz nicht länger auf einem binären Verständnis von Geschlecht basiere.[44] Die Neufassung stelle folglich auch insofern einen Fortschritt gegenüber der auf einem Zweigeschlechtermodell basierenden Diagnose des „Transsexualismus" dar.[45]

Die Entpathologisierung im medizinischen Bereich ist auch für die rechtliche und gesellschaftliche Auseinandersetzung mit der Thematik von Bedeutung. So hat gerade auch die bisherige Einordnung als Persönlichkeits- und Verhaltensstörung wesentlich zur Stigmatisierung und gesellschaftlichen Marginalisierung von trans Personen beigetragen.[46] Schließlich ist die Abkehr von der medizinischen Diagnose „Transsexualismus" auch für die Bewertung des „Transsexuellengesetzes (TSG)"[47] von Bedeutung, welches bislang noch voraussetzt, dass die antragsstellende Person sich „auf Grund ihrer transsexuellen Prägung nicht mehr dem in ihrem Geburtseintrag angegebenen Geschlecht, sondern dem anderen Geschlecht als zugehörig empfindet und seit mindestens drei Jahren unter dem Zwang steht, ihren Vorstellungen entsprechend zu leben."[48]

C. Besondere Vulnerabilität trans- und intergeschlechtlicher Menschen

Trotz einer wachsenden gesellschaftlichen Akzeptanz für geschlechtliche Vielfalt, werden trans- und intergeschlechtliche Menschen noch immer Opfer von Diskriminierung, Stigmatisierung und gar schwerer Gewalt.[49] So verzeichnete etwa das Projekt „Trans Murder Monitoring" der Nichtregierungsorganisation

---

prägte und anhaltende Inkongruenz zwischen dem erlebten Geschlecht einer Person und dem zugewiesenen Geschlecht, die oft zu dem Wunsch nach einer ‚Transition' führt, [...]."

[42] ICD-11, Kapitel 17; näher dazu *Rauchfleisch*, Transidentität, 2019, S. 14.

[43] *Rauchfleisch*, Transidentität, 2019, S. 14.

[44] *Rauchfleisch*, Transidentität, 2019, S. 15.

[45] ICD-10, F64.0 – Transsexualismus: „Der Wunsch, als Angehöriger des anderen Geschlechtes zu leben und anerkannt zu werden." Näher dazu *Rauchfleisch*, Transidentität, 2019, S. 15.

[46] *Rauchfleisch*, Transidentität, 2019, S. 14 f.

[47] Näher dazu unten S. 99 ff.

[48] So die Formulierung in § 8 Abs. 1 i.V.m. § 1 Abs. 1 Nr. 1 TSG. Näher dazu unten S. 102.

[49] Siehe dazu *Celorio*, Women and International Human Rights in Modern Times, 2022, S. 103; *O'Flaherty/Fisher*, Hum. Rights Law Rev. 2008, 207, 209; *Hirschfeld-Eddy-Stiftung*, Die Yogyakarta-Prinzipien, 2008, S. 11; *Rauchfleisch*, Transidentität, 2019, S. 13; *Sauer/E. Meyer*, Lebenssituationen und Bedarfe von jungen Trans*-Menschen, 2020, S. 8 ff.

„Transgender Europe (TGEU)" im Zeitraum von Oktober 2021 bis Oktober 2022 eine Zahl von 327 Personen weltweit, die aufgrund ihrer Transgeschlechtlichkeit getötet wurden.[50] Hierbei handelt es sich freilich nur um die offiziell erfassten Fälle; die Dunkelziffer dürfte weitaus größer sein.[51]

Neben diesen Extremfällen, sehen sich trans- und intergeschlechtliche Menschen vor allem in alltäglichen zwischenmenschlichen Begegnungen regelmäßig Vorurteilen, Belästigungen und Diskriminierung ausgesetzt.[52] Das persönliche Umfeld reagiert oft ablehnend, wenn ein Mensch in Aussehen, Kleidung oder Verhalten traditionellen Geschlechtsrollenerwartungen widerspricht.[53] Menschen, die den herkömmlichen Annahmen einer natürlichen Zweigeschlechtlichkeit nicht entsprechen, werden daher noch immer in zahlreichen Bereichen des alltäglichen und beruflichen Lebens benachteiligt und stoßen gerade im familiären Umfeld häufig auf Unverständnis und Ablehnung.[54]

I. Strukturelle Gefährdungslagen in einem binären Geschlechtersystem

Besonders gefährdet sind dabei Personen mit nicht-binärer Geschlechtsidentität, da gesellschaftlich und rechtlich häufig noch binär geschlechtlich getrennt wird.[55] Dies gilt beispielsweise für Umkleiden, Waschräume und Toiletten, für die Unterbringung in Gefängnissen, für polizeiliche Durchsuchungen oder Personenkontrollen an Flughäfen.[56] Während Personen mit binärer Geschlechtsidentität häufig um eine Angleichung an das empfundene „andere" Geschlecht bemüht sind (*passing*),[57] stellen gerade Menschen mit nicht-binärer Geschlechtsidentität die herkömmlichen Vorstellungen natürlicher Zweigeschlechtlichkeit infrage.[58] Insgesamt befinden sich Menschen, die sich jenseits der binären Geschlechtska-

---

[50] Die Zahlen sind abrufbar unter: <https://transrespect.org/en/tmm-update-tdor-2022/> (abgerufen am 1.3.2023).

[51] Vgl. <https://transrespect.org/en/tmm-update-tdor-2022/> (abgerufen am 1.3.2023).

[52] Siehe dazu auch *Celorio*, Women and International Human Rights in Modern Times, 2022, S. 103; *Rauchfleisch*, Transidentität, 2019, S. 57 ff.; *Oldemeier*, Geschlechtlicher Neuanfang, 2021, S. 35 ff.

[53] *Rauchfleisch*, Transidentität, 2019, S. 58; *Tolmein*, in: Groß/Neuschaefer-Rube/Steinmetzer (Hrsg.), Transsexualität und Intersexualität, 2008, 111.

[54] Siehe dazu *Cerwenka*, in: Schweizer/Brunner/Cerwenka et al. (Hrsg.), Sexualität und Geschlecht, 2014, 115, 120; *O'Flaherty/Fisher*, Hum. Rights Law Rev. 2008, 207, 209; *Rauchfleisch*, Transidentität, 2019, S. 61 ff.; vgl. ferner *Markwald*, Trans*personen in Deutschland, 2020.

[55] *Löwenberg*, ZfSf 2020, 95, 97; *Rauchfleisch*, Transidentität, 2019, S. 67; *Sauer/E. Meyer*, Lebenssituationen und Bedarfe von jungen Trans*-Menschen, 2020, S. 22; vgl. ferner *Markwald*, Trans*personen in Deutschland, 2020.

[56] *Löwenberg*, ZfSf 2020, 95, 97; *Markwald*, Trans*personen in Deutschland, 2020.

[57] Zum Begriff des „passing" siehe etwa *Oldemeier*, Geschlechtlicher Neuanfang, 2021, S. 43; *Rauchfleisch*, in: Maier-Höfer/Schreiber (Hrsg.), Praktiken von Transdiskursen, 2022, 17, 20; *Vanja*, in: Groß/Niedenthal (Hrsg.), Geschlecht: divers, 2021, 17, 19, Fn. 2.

[58] So jedenfalls die Einschätzung von *Rauchfleisch*, Transidentität, 2019, S. 67.

tegorien verorten, daher in einer besonderen strukturellen Gefährdungslage.[59] Dies hat auch das BVerfG erkannt und hervorgehoben, dass die Vulnerabilität von Menschen, deren geschlechtliche Identität weder weiblich noch männlich sei, in einer „überwiegend nach binärem Geschlechtsmuster agierenden Gesellschaft" besonders hoch sei.[60]

II. Zwischenergebnis

Die geschlechtliche Identität und soziale Geschlechterrolle eines Menschen werden dem bei Geburt zugewiesenen Geschlecht nicht immer entsprechen, sondern können dazu auch in einem Spannungsverhältnis stehen. Dies betrifft insbesondere trans- und intergeschlechtliche Menschen. Während Trans- und Intergeschlechtlichkeit bis in die jüngste Vergangenheit pathologisiert wurden, findet gegenwärtig ein Umdenken statt. Gleichwohl befinden sich Personen, die sich nicht mit ihrem Zuweisungsgeschlecht identifizieren, weiterhin in einer besonderen strukturellen Gefährdungslage und werden noch immer Opfer von gesellschaftlicher Ausgrenzung und teils schwerer Gewalt. Personen, die sich in ihrer geschlechtlichen Identität jenseits der binären Geschlechtskategorien verorten, sind dabei besonders gefährdet.

D. Gesamtergebnisse

1. Die bei Geburt vorgenommene geschlechtliche Zuweisung wird der geschlechtlichen Identität eines Menschen nicht immer entsprechen, sondern kann dazu in einem Spannungsverhältnis stehen. Zudem kann sich die geschlechtliche Identität einer Person im Laufe ihres Lebens verändern. Das Geschlecht ist mithin kein Merkmal, das jedem Menschen dauerhaft und unveränderlich anhaftet.

2. Der Begriff der Transgeschlechtlichkeit beschreibt in dieser Arbeit, dass sich eine Person nicht oder nicht vollständig mit dem ihr bei Geburt zugewiesenen Geschlecht identifiziert. Dabei erfasst der Begriff „transgeschlechtlich" bzw. „trans" in dieser Arbeit auch Personen nicht-binärer, geschlechtsneutraler oder genderfluider Geschlechtsidentität.

3. Der Begriff der Intergeschlechtlichkeit beschreibt in dieser Arbeit, dass ein Mensch aufgrund medizinisch-biologischer Merkmale nicht eindeutig dem weiblichen oder männlichen Geschlecht zugeordnet werden kann.

---

[59] Siehe dazu *Löwenberg*, ZfSf 2020, 95, 97: „Die typischen Probleme im Zusammenhang mit Non-Binarität sind Unsichtbarkeit, Vulnerabilität und Diskriminierung." Vgl. ferner BVerfG, Beschl. 10.10.2017 – 1 BvR 2019/16, NJW 2017, 3643, 3644, Rn. 59; *Baer/Markard*, in: v. Mangoldt/Klein/Starck, 2018, Art. 3 Abs. 3 GG, Rn. 451; *Lembke*, E.E.L. Rev. 2016, 46, 48.

[60] BVerfG, Beschl. v. 10.10.2017 – 1 BvR 2019/16, NJW 2017, 3643, 3644, Rn. 59.

4. Sowohl Trans- als auch Intergeschlechtlichkeit wurden in der Vergangenheit pathologisiert. Im medizinischen Umgang mit Trans- und Intergeschlechtlichkeit findet gegenwärtig jedoch ein Paradigmenwechsel statt.

5. Trotz einer wachsenden gesellschaftlichen Akzeptanz für geschlechtliche Vielfalt werden Menschen, die den herkömmlichen Annahmen einer natürlichen Zweigeschlechtlichkeit nicht entsprechen, noch immer Opfer von Diskriminierung, Stigmatisierung oder gar schwerer Gewalt. Gerade Menschen, die sich in ihrer geschlechtlichen Identität jenseits der binären Geschlechtskategorien verorten, befinden sich in einer besonderen strukturellen Gefährdungslage.

Zweiter Teil

Grund- und menschenrechtlicher Rahmen

Das Geschlecht eines Menschen hat auch eine rechtliche Dimension.[1] Zahlreiche Rechtsordnungen – unter anderem die deutsche[2] – verlangen, dass das Geschlecht eines Kindes bei der Geburt als Teil des Personenstandes rechtlich verankert wird.[3] Beim Geschlecht handelt es sich somit auch um ein „rechtliches Ordnungsmerkmal"[4] bzw. ein rechtliches „Statuselement"[5], das einen Menschen gegenüber dem Staat definiert und für die Öffentlichkeit sichtbar wird.[6] Es ist daher auch vom *rechtlichen Geschlecht* einer Person die Rede.[7]

In Hinblick auf das rechtliche Geschlecht knüpften die meisten Rechtsordnungen bis in die jüngere Vergangenheit an die im ersten Teil dargestellte Grundannahme einer natürlichen Zweigeschlechtlichkeit an.[8] So wies etwa der BGH im

---

[1] Siehe etwa *Gössl*, NJW 2017, 3643, 3648: „Die formale Frage nach dem Geschlecht durchzieht unser gesamtes Rechtssystem." Vgl. ferner BVerfG, Beschl. v. 10.10.2017 – 1 BvR 2019/16, NJW 2017, 3643, 3644, Rn. 39; *Althoff*, in: Scherpe/Dutta/Helms (Hrsg.), The Legal Status of Intersex Persons, 2018, 393, 396; *Coester-Waltjen*, JZ 2010, 852 ff.; *Froese*, Der Mensch in der Wirklichkeit des Rechts, 2022, S. 79; *Plett*, in: Plett/Hulverscheidt (Hrsg.), Geschlechterrecht, 2021, 213, 213 ff.; *Reuß*, StAZ 2019, 42; *Völzmann*, JZ 2019, 381 ff.

[2] Vgl. § 21 Abs. 1 Nr. 3 PStG; näher dazu unten S. 94.

[3] Vgl. *Cannoot/Decoster*, International Journal of Gender, Sexuality and Law 2020, 26, 29 ff.; *Greif/Ulrich*, Legal Gender Studies und Antidiskriminierungsrecht, 2019, S. 118.

[4] BVerfG, Beschl. v. 10.10.2017 – 1 BvR 2019/16, NJW 2017, 3643, 3645, Rn. 47: „Geschlecht[s] als personenstandsrechtliche[s] Ordnungsmerkmal"; ähnlich ferner *Holzleithner*, in: Rudolf (Hrsg.), Geschlecht im Recht, 2009, 37, 58.

[5] *Scherpe*, in: Dutta/Heinze (Hrsg.), „Mehr Freiheit wagen", 2019, 73, 87; vgl. ferner *Lipp*, in: Laufs/Katzenmeier/Lipp, Arztrecht, 2021, VII. Rn. 30; *Rädler*, Das dritte Geschlecht, 2019, S. 29; *Helms*, in: Götz/Schwenzer/Seelmann et al. (Hrsg.), Familie – Recht – Ethik, 2014, 301, 308.

[6] Vgl. EGMR, Urt. v. 31.1.2023 – Nr. 76888/17, *Y ./. Frankreich*, Sondervotum Šimáčková, Rn. 8; siehe ferner *Scherpe*, in: Dutta/Heinze (Hrsg.), „Mehr Freiheit wagen", 2019, 73, 87.

[7] Siehe etwa *Dutta*, in: Scherpe (Hrsg.), The Legal Status of Transsexual and Transgender Persons, 2015, 207; *Lipp*, in: Laufs/Katzenmeier/Lipp, Arztrecht, 2021, VII. Rn. 30; *Sanders*, NZFam 2018, 241; *Scherpe*, in: Dutta/Heinze (Hrsg.), „Mehr Freiheit wagen", 2019, 73, 75.

[8] Siehe etwa *Theilen*, in: Brems/Cannoot/Moonen (Hrsg.), Protecting Trans Rights in the Age of Gender Self-Determination, 2020, 95, 96: „Most legal systems […] are thoroughly gendered in binary terms." Ähnlich auch *Visser/Picarra*, SAJHR 2012, 506, 516: „All legal systems in the world have developed from the basic premise that the legal subject is immutably either biologically male or female from birth." Vgl. dazu ferner *Cannoot/Decoster*, International Journal of Gender, Sexuality and Law 2020, 26, 29; *Gössl/Völzmann*, IJLPF 2019, 403;

Jahr 1971 darauf hin, dass das Prinzip einer „eindeutigen und unwandelbaren Einordnung des Menschen in die alternative Kategorie ‚männlich' oder ‚weiblich' als selbstverständliche Voraussetzung nicht nur das gesamte soziale Leben, sondern auch die gesamte Rechtsordnung" durchziehe.[9] Und noch im Jahr 2016 stellte der BGH apodiktisch fest: „Die deutsche Rechtsordnung geht von einem binären Geschlechtersystem aus"[10].

Dass ein solches Verständnis all jene Personen vor Herausforderungen stellt, die der gängigen Vorstellung einer natürlichen Zweigeschlechtlichkeit nicht entsprechen, liegt auf der Hand. Denn ihre Persönlichkeitsentfaltung wird durch eine starre und binäre Geschlechterordnung ungleich stärker beeinträchtigt als die von Menschen, die sich mit dem ihnen bei Geburt zugewiesenen Geschlecht identifizieren.[11] Dies zu erkennen und Reformen der rechtlichen Geschlechterordnung anzumahnen, ist in erster Linie das Verdienst des BVerfG[12] sowie mehrerer Kläger*innen, welche die rechtliche Anerkennung ihrer geschlechtlichen Identität in den vergangenen Jahrzehnten erfolgreich vor dem Gericht eingefordert haben.[13] Was im Jahr 1971 noch undenkbar schien, ist daher heute im deutschen Verfassungsrecht anerkannt: Die selbstbestimmte geschlechtliche Identität steht unter dem Schutz des Grundgesetzes.[14]

Das BVerfG überwacht den Schutz der geschlechtlichen Identität dabei längst nicht mehr allein, sondern im Verbund mit dem EGMR und dem EuGH.[15] Der Schutz der geschlechtlichen Identität wird somit auf vielfältige Weise im Meh-

---

Greif/Ulrich, Legal Gender Studies und Antidiskriminierungsrecht, 2019, S. 118 ff.; *Quinan et al.*, International Journal of Gender, Sexuality and Law 2020, 1, 5; *Valentiner*, in: Januszkiewicz/Post/Riegel et al. (Hrsg.), Geschlechterfragen im Recht, 2021, 129, 130.

[9] BGH, Beschl. v. 21.9.1971 – IV ZB 61/70, NJW 1972, 330 ff., (juris-) Rn. 23.

[10] BGH, Beschl. v. 22.6.2016 – XII ZB 52/15, NJW 2016, 2885, 2886, Rn. 15.

[11] Vgl. dazu *Mast*, in: Müller/Dittrich (Hrsg.), Linien der Rechtsprechung des Bundesverfassungsgerichts, 2022, 329, 331.

[12] Siehe nur BVerfG, Beschl. v. 11.10.1978 – 1 BvR 16/72, NJW 1979, 595 ff.; BVerfG, Beschl. v. 16.3.1982 – 1 BvR 938/81, NJW 1982, 2061 ff.; BVerfG, Beschl. v. 26.1.1993 – 1 BvL 38/92, NJW 1993, 1517 ff.; BVerfG, Beschl. v. 26.1.1993 – 1 BvL 38/92, NJW 1993, 1517 ff.; BVerfG, Beschl. v. 15.8.1996 – 2 BvR 1833/95, NJW 1997, 1632 ff.; BVerfG, Beschl. v. 6.12.2005 – 1 BvL 3/03, FamRZ 2006, 182 ff.; BVerfG, Beschl. v. 27.5.2008 – 1 BvL 10/05, NJW 2008, 3117 ff.; BVerfG, Beschl. v. 11.1.2011 – 1 BvR 3295/07, NJW 2011, 909 ff.; BVerfG, Beschl. v. 10.10.2017 – 1 BvR 2019/16, NJW 2017, 3643 ff.

[13] Siehe auch zu parallelen internationalen Entwicklungen *Quinan et al.*, International Journal of Gender, Sexuality and Law 2020, 1, 6: „Many of the developments related to sex and gender recognition have been achieved by individual litigation, [...]."

[14] Siehe insbesondere Art. 2 Abs. 1 i.V.m. Art. 1 Abs. 1 GG sowie Art. 3 Abs. 3 S. 1 GG. Näher dazu S. 54 ff.; 80 ff.

[15] Siehe etwa die Bezugnahme des BVerfG auf die Rechtsprechung des EuGH in BVerfG, Beschl. v. 10.10.2017 – 1 BvR 2019/16, NJW 2017, 3643, 3547, Rn. 63. Näher dazu auch *Mast*, in: Müller/Dittrich (Hrsg.), Linien der Rechtsprechung des Bundesverfassungsgerichts, 2022, 329, 332; *Sacksofsky*, in: Hohmann-Dennhardt/Masuch/Villiger (Hrsg.), Grundrechte und Solidarität, 2011, 675, 679.

rebenensystem aus nationalem Verfassungsrecht, Europarecht und Völkerrecht sichergestellt.[16]

Innerhalb des grund- und menschenrechtlichen Schutzsystems lässt sich dabei zwischen dem Persönlichkeitsschutz einerseits und dem Schutz vor Diskriminierung andererseits differenzieren.[17] Entsprechend wird im Folgenden zunächst das Recht auf Achtung der geschlechtlichen Identität untersucht (§ 3), bevor das Verbot geschlechtsspezifischer Diskriminierung erörtert wird (§ 4).

---

[16] *Windel*, in: Groß/Neuschaefer-Rube/Steinmetzer (Hrsg.), Transsexualität und Intersexualität, 2008, 67 ff.; vgl. ferner *Celorio*, Women and International Human Rights in Modern Times, 2022, S. 87; allgemein zum Grundrechtsschutz im „Mehrebenensystem" siehe *Baer*, KJ 2020, 543, 549; *Epping*, Grundrechte, 2021, Rn. 1019 ff.; *Kingreen/Poscher*, Grundrechte, 2022, § 3; *Michael/Morlok*, Grundrechte, 2023, § 5; *Petersen*, Verfassungsrecht II, 2022, § 10.

[17] Vgl. auch die Differenzierung bei *Lembke*, Stellungnahme geschlechtliche Selbstbestimmung, S. 2.

3

Das Recht auf Achtung der geschlechtlichen Identität

Die geschlechtliche Identität eines Menschen wird sowohl im nationalen Verfassungsrecht als auch auf Ebene der europäischen Grund- und Menschenrechte geschützt. Darüber hinaus existieren weitere internationale Regelwerke, die ebenfalls dem Schutz der selbstbestimmten geschlechtlichen Identität dienen.[1]

Erwähnt seien an dieser Stelle vor allem die sogenannten „Yogyakarta-Prinzipien zur Anwendung der Menschenrechte in Bezug auf die sexuelle Orientierung und geschlechtliche Identität",[2] die von internationalen Menschenrechtsexpert*innen entworfen wurden,[3] und unter anderem ein Recht auf Anerkennung der geschlechtlichen Identität enthalten.[4] Wenngleich die Yogyakarta-Prinzipien rechtlich nicht bindend sind,[5] können sie doch zur Auslegung grund- und menschenrechtlicher Garantien herangezogen werden.[6]

Die nachfolgende Untersuchung konzentriert sich jedoch auf die verbindlichen Regelungen des GG (A.), der EMRK (B.) sowie der GRCh (C.), welche jeweils dem Schutz der geschlechtlichen Identität dienen.

---

[1] Statt vieler dazu *Adamietz/Bager*, Gutachten: Reformbedarf transgeschlechtliche Menschen, 2016, S. 77 ff.; *Roßbach*, in: Duden (Hrsg.), IPR für eine bessere Welt, 2022, 125, 127.

[2] Eine englischsprachige Fassung der Yogyakarta-Prinzipien ist abrufbar unter <http://yo gyakartaprinciples.org/> (abgerufen am 1.3.2023); für eine deutsche Übersetzung siehe *Hirschfeld-Eddy-Stiftung*, Die Yogyakarta-Prinzipien, 2008; *O'Flaherty/Fisher*, Hum. Rights Law Rev. 2008, 207 ff.

[3] Vgl. *Markard*, in: Mangold/Payandeh (Hrsg.), Handbuch Antidiskriminierungsrecht, 2022, 262, 272, Rn. 25; *Valentiner*, Das Grundrecht auf sexuelle Selbstbestimmung, 2021, S. 350 ff.

[4] Siehe u.a. Prinzip 3 und Prinzip 31 Yogyakarta-Prinzipien; vgl. dazu ferner *Hirschfeld-Eddy-Stiftung*, Die Yogyakarta-Prinzipien, 2008, S. 16 ff.

[5] *Adamietz/Bager*, Gutachten: Reformbedarf transgeschlechtliche Menschen, 2016, S. 78; *Rauchfleisch*, Transidentität, 2019, S. 16; *Brems/Cannoot/Moonen*, in: Brems/Cannoot/Moonen (Hrsg.), Protecting Trans Rights in the Age of Gender Self-Determination, 2020, 1, 4.

[6] *Brems/Cannoot/Moonen*, in: Brems/Cannoot/Moonen (Hrsg.), Protecting Trans Rights in the Age of Gender Self-Determination, 2020, 1, 3 f.: „From a human rights law perspective, a catalyst effect stemmed from the adoption of the Yogyakarta Principles [...]. Although they are not legally binding, the Principles enjoy great authority and are often cited by courts, lawmakers, institutional human rights actors and international scholarship." Vgl. ferner *Adamietz/Bager*, Gutachten: Reformbedarf transgeschlechtliche Menschen, 2016, S. 78; *Celorio*, Women and International Human Rights in Modern Times, 2022, S. 87; *Cannoot/Decoster*, International Journal of Gender, Sexuality and Law 2020, 26, 32; *Chebout*, in: Lembke (Hrsg.), Menschenrechte und Geschlecht, 2014, 132, 136; *Scherpe*, in: Scherpe/Dutta/Helms (Hrsg.), The Legal Status of Intersex Persons, 2018, 203, 211 ff.

A. Das Allgemeine Persönlichkeitsrecht, Art. 2 Abs. 1 i.V.m. Art. 1 Abs. 1 GG

Die Freiheit, in der eigenen geschlechtlichen Identität auch rechtlich anerkannt zu werden, wird unter dem GG als Teil des allgemeinen Persönlichkeitsrechts gem. Art. 2 Abs. 1 GG i.V.m. Art. 1 Abs. 1 GG geschützt.[7]

I. Grundlegendes zu Art. 2 Abs. 1 i.V.m. Art. 1 Abs. 1 GG

Nach Art. 2 Abs. 1 GG hat jeder Mensch das Recht auf eine freie Entfaltung seiner Persönlichkeit. Die Regelung erfasst neben der allgemeinen Handlungsfreiheit auch das allgemeine Persönlichkeitsrecht.[8] Aufgrund der besonderen Nähe der individuellen Persönlichkeitsentfaltung zur Menschenwürde (Art. 1 Abs. 1 GG),[9] gilt heute als dogmatisch gesicherte Grundlage des allgemeinen Persönlichkeitsrechts Art. 2 Abs. 1 GG i.V.m. Art. 1 Abs. 1 GG.[10] Als „unbenanntes" Freiheitsrecht ergänzt das allgemeine Persönlichkeitsrecht die speziellen („benannten") Freiheitsrechte,[11] welche ebenfalls konstituierende Elemente der Persönlichkeit schützen.[12]

1. Schutzbereich

Das allgemeine Persönlichkeitsrecht sichert nach ständiger Rechtsprechung des BVerfG die Grundbedingungen dafür, dass ein Mensch seine Individualität selbstbestimmt entwickeln und wahren kann.[13]

---

[7] Zum Verbot der Diskriminierung wegen der geschlechtlichen Identität siehe ferner unten S. 81 f.

[8] BVerfG, Beschl. v. 10.10.2017 – 1 BvR 2019/16, NJW 2017, 3643, 3644, Rn. 38.

[9] Siehe dazu auch *Enders*, Die Menschenwürde in der Verfassungsordnung, 2020, S. 444.

[10] Siehe dazu etwa BVerfG, Beschl. v. 10.10.2017 – 1 BvR 2019/16, NJW 2017, 3643, 3644, Rn. 38; vgl. ferner *Di Fabio*, in: Dürig/Herzog/Scholz GG, 2023, Art. 2 Abs. 1 GG, Rn. 128; *Kieck*, Der Schutz individueller Identität als verfassungsrechtliche Aufgabe, 2019, S. 82; *Kingreen/Poscher*, Grundrechte, 2022, § 8, Rn. 531; *Kube*, in: Handbuch des Staatsrechts, Band VII, 2009, § 148, Rn. 31; *Michael/Morlok*, Grundrechte, 2023, § 10, Rn. 425; *Valentiner*, Das Grundrecht auf sexuelle Selbstbestimmung, 2021, S. 201 ff.

[11] Z.B. die Gewissensfreiheit (Art. 4 Abs. 1 GG), Meinungsfreiheit (Art. 5 Abs. 1 GG), Berufsfreiheit (Art. 12 Abs. 1 GG), Eigentumsfreiheit (Art. 14 Abs. 1 GG) oder das Brief-, Post und Fernmeldegeheimnis (Art. 10 Abs. 1 GG); vgl. zu alledem *Kube*, in: Handbuch des Staatsrechts, Band VII, 2009, § 148, Rn. 34.

[12] BVerfG, Beschl. v. 3.6.1980 – 1 BvR 185/77, NJW 1980, 2070 ff., (juris-), Rn. 13; vgl. dazu auch *Di Fabio*, in: Dürig/Herzog/Scholz GG, 2023, Art. 2 Abs. 1 GG, Rn. 128.

[13] Siehe nur BVerfG, Urt. v. 5.6.1973 – 1 BvR 536/72, NJW 1973, 1226 ff., (juris-), Rn. 44: „Das Recht auf freie Entfaltung der Persönlichkeit und die Menschenwürde sichern jedem Einzelnen einen autonomen Bereich privater Lebensgestaltung, in dem er seine Individualität entwickeln und wahren kann." Ausführlich zum allgemeinen Persönlichkeitsrecht ferner *Britz,* Freie Entfaltung durch Selbstdarstellung, 2007.

a) Persönlicher Schutzbereich

Die freie Entfaltung der Persönlichkeit wird nach dem Wortlaut von Art. 2 Abs. 1 i.V.m. Art. 1 Abs. 1 GG „jeder" Person garantiert.[14] Es handelt sich folglich in der verfassungsrechtlichen Terminologie um ein Menschenrecht bzw. um ein „Jedermann-Grundrecht",[15] das allen natürlichen Personen kraft ihres Menschseins zusteht.[16]

b) Sachlicher Schutzbereich

Der sachliche Schutzbereich des allgemeinen Persönlichkeitsrechts zielt darauf ab, konstituierende Elemente der Persönlichkeitsentwicklung zu sichern und spezifische Gefährdungen einer selbstbestimmten Persönlichkeitsentfaltung abzuwehren.[17] Art. 2 Abs. 1 GG i.V.m. Art. 1 Abs. 1 GG sichert damit die Grundbedingungen für die eigene Identitätsfindung.[18] Zentral ist der „Gedanke autonomer Selbstbestimmung"[19].

2. Rechtfertigung von Eingriffen

In das allgemeine Persönlichkeitsrecht (Art. 2 Abs. 1 i.V.m. Art. 1 Abs. 1 GG) kann durch jedes staatlich zurechenbare Verhalten eingegriffen werden, das zu einer Verkürzung des grundrechtlichen Gewährleistungsgehaltes führt.[20] Für eine verfassungsrechtliche Rechtfertigung von Eingriffen gilt dabei die Schranken-

---

[14] Vgl. dazu auch *Ipsen,* Staatsrecht II, 2021, § 18, Rn. 764; *Lang*, in: BeckOK GG, 2023, Art. 2 GG, Rn. 135.

[15] Siehe zu diesem Begriff etwa *Lang*, in: BeckOK GG, 2023, Art. 2 GG, Rn. 135.

[16] Ausführlich dazu *Bumke/Voßkuhle*, Casebook Verfassungsrecht, 2020, S. 3, Rn. 6 ff.; *Di Fabio*, in: Dürig/Herzog/Scholz GG, 2023, Art. 2 Abs. 1 GG, Rn. 10; *Ipsen,* Staatsrecht II, 2021, § 2, Rn. 61; *Lang*, in: BeckOK GG, 2023, Art. 2 GG, Rn. 135; differenzierend *Starck*, in: v. Mangoldt/Klein/Starck, 2018, Art. 2 Abs. 1 GG, Rn. 42.

[17] BVerfG, Beschl. v. 10.10.2017 – 1 BvR 2019/16, NJW 2017, 3643, 3644, Rn. 38: „Das allgemeine Persönlichkeitsrecht schützt indessen nur solche Elemente der Persönlichkeitsentfaltung, die – ohne bereits Gegenstand der besonderen Freiheitsgarantien des Grundgesetzes zu sein – diesen in ihrer konstituierenden Bedeutung für die Persönlichkeit nicht nachstehen [...]. Der [...] Schutz des allgemeinen Persönlichkeitsrechts greift [...] dann, wenn die selbstbestimmte Entwicklung und Wahrung der Persönlichkeit spezifisch gefährdet ist." Vgl. ferner *Di Fabio*, in: Dürig/Herzog/Scholz GG, 2023, Art. 2 Abs. 1 GG, Rn. 147: „Der sachliche Schutzbereich zielt auf die Abwehr von Beeinträchtigungen der engeren persönlichen Lebenssphäre, der Selbstbestimmung und der Grundbedingungen der Persönlichkeitsentfaltung."

[18] *Michael/Morlok*, Grundrechte, 2023, § 10, Rn. 425.

[19] *Bumke/Voßkuhle*, Casebook Verfassungsrecht, 2020, S. 88, Rn. 338; vgl. ferner *Britz*, NVwZ 2019, 672, 673; *Britz*, Freie Entfaltung durch Selbstdarstellung, 2007, S. 8; *Lang*, in: BeckOK GG, 2023, Art. 2 GG, Rn. 75; *Petersen*, Verfassungsrecht II, 2022, § 3, Rn. 162; *Sacksofsky*, KJ 2021, 47, 51; *Valentiner*, Das Grundrecht auf sexuelle Selbstbestimmung, 2021, S. 204 ff.

[20] *Lang*, in: BeckOK GG, 2023, Art. 2 GG, Rn. 147.

trias des Art. 2 Abs. 1 GG,[21] wobei gerade der Verhältnismäßigkeitsgrundsatz den Rechtfertigungsmöglichkeiten Grenzen setzt („Schranken-Schranke").[22] In Hinblick auf das allgemeine Persönlichkeitsrecht ist dabei insbesondere die *Sphärentheorie* des BVerfG zu beachten.[23] Diese sieht – in Abhängigkeit davon, ob ein staatlicher Eingriff die Sozialsphäre, Privatsphäre oder Intimsphäre eines Menschen berührt – unterschiedlich strenge Anforderungen an eine Verhältnismäßigkeitsprüfung vor.[24] Dabei erkennt das BVerfG in ständiger Rechtsprechung auch einen letzten unantastbaren Bereich privater Lebensgestaltung an, welcher der öffentlichen Gewalt schlechthin entzogen ist.[25]

II. Schutz der selbstbestimmten geschlechtlichen Identität

Nach ständiger Rechtsprechung des BVerfG schützt Art. 2 Abs. 1 i.V.m. Art. 1 Abs. 1 GG auch die selbstbestimmte Entfaltung der geschlechtlichen Identität, die regelmäßig einen konstituierenden Aspekt der Persönlichkeit eines Menschen darstellt.[26] Geschützt werden sowohl das „Finden und Erkennen"[27] der eigenen

---

[21] Vgl. Art. 2 Abs. 1 GG: „Jeder hat das Recht auf die freie Entfaltung seiner Persönlichkeit, soweit er nicht die Rechte anderer verletzt und nicht gegen die verfassungsmäßige Ordnung oder das Sittengesetz verstößt." Siehe dazu *Jarass*, in: Jarass/Pieroth GG, 2022, Art. 2 GG, Rn. 65.

[22] *Kingreen/Poscher*, Grundrechte, 2022, § 8, Rn. 551; *Lang*, in: BeckOK GG, 2023, Art. 2 GG, Rn. 54 ff.

[23] Siehe etwa BVerfG, Beschl. v. 31.1.1973 – 2 BvR 454/71, NJW 1973, 891 ff., (juris-) Rn. 30 ff.

[24] Näher dazu auch *Bumke/Voßkuhle*, Casebook Verfassungsrecht, 2020, S. 99, Rn. 379; *Lang*, in: BeckOK GG, 2023, Art. 2 GG, Rn. 75 ff.; *Mast*, in: Müller/Dittrich (Hrsg.), Linien der Rechtsprechung des Bundesverfassungsgerichts, 2022, 329, 343; *Petersen*, Verfassungsrecht II, 2022, § 3, Rn. 169.

[25] Siehe nur BVerfG, Beschl. v. 8.3.1972 – 2 BvR 28/71, NJW 1972, 1123 ff., (juris-) Rn. 22: „Das BVerfG hat in ständiger Rechtsprechung anerkannt, dass das GG dem einzelnen Bürger einen unantastbaren Bereich privater Lebensgestaltung gewährt, der der Einwirkung der öffentlichen Gewalt entzogen ist [...]." Vgl. auch *Bumke/Voßkuhle*, Casebook Verfassungsrecht, 2020, S. 99, Rn. 379; *Mast*, in: Müller/Dittrich (Hrsg.), Linien der Rechtsprechung des Bundesverfassungsgerichts, 2022, 329, 342.

[26] Siehe nur BVerfG, Beschl. v. 10.10.2017 – 1 BvR 2019/16, NJW 2017, 3643, 3644, Rn. 39; vgl. ferner *Adamietz*, Geschlecht als Erwartung, 2011, S. 124; *Buckel/König*, KJ 2009, 337, 342; *Grünberger*, StAZ 2007, 357, 361; *Mast*, in: Müller/Dittrich (Hrsg.), Linien der Rechtsprechung des Bundesverfassungsgerichts, 2022, 329, 335; *A. Schmidt*, in: Schochow/Gehrmann/Steger (Hrsg.), Inter*- und Trans*identitäten, 2016, 231 ff.; *Siedenbiedel*, Selbstbestimmung über das eigene Geschlecht, 2016, S. 90; *Valentiner*, in: Januszkiewicz/Post/Riegel et al. (Hrsg.), Geschlechterfragen im Recht, 2021, S. 129 ff.

[27] BVerfG, Beschl. v. 27.5.2008 – 1 BvL 10/05, NJW 2008, 3117, Rn. 37; vgl. dazu auch; *Bumke/Voßkuhle*, Casebook Verfassungsrecht, 2020, S. 89, Rn. 339; *Kieck*, Der Schutz individueller Identität als verfassungsrechtliche Aufgabe, 2019, S. 85; *Lang*, in: BeckOK GG, 2023, Art. 2 GG, Rn. 86; *Mast*, in: Müller/Dittrich (Hrsg.), Linien der Rechtsprechung des Bundesverfassungsgerichts, 2022, 329, 344; *Siedenbiedel*, Selbstbestimmung über das eigene Geschlecht, 2016, S. 90; *Valentiner*, Das Grundrecht auf sexuelle Selbstbestimmung, 2021, S. 130.

geschlechtlichen Identität (*forum internum*)[28] als auch die Freiheit, im Einklang mit der eigenen Geschlechtsidentität zu leben (*forum externum*).[29]

Widerspricht das bei der Geburt zugewiesene rechtliche Geschlecht eines Menschen seiner geschlechtlichen Identität, gebietet es Art. 2 Abs. 1 GG i.V.m. Art. 1 Abs. 1 GG, dem Selbstbestimmungsrecht der betroffenen Person Rechnung zu tragen und ihr subjektives Geschlechtsempfinden auch rechtlich anzuerkennen.[30] Die deutsche Rechtsordnung muss folglich so ausgestaltet sein, dass die rechtliche Zuordnung zum nachhaltig empfundenen Geschlecht nicht von unzumutbaren Voraussetzungen abhängig gemacht wird.[31]

Es ist daher auch pointiert von einem „Grundrecht auf Selbstbestimmung der geschlechtlichen Identität"[32] bzw. einem „Recht auf geschlechtliche Selbstbestimmung"[33] die Rede, das verlangt, dass Menschen ihre Identität in geschlechtlicher Hinsicht selbstbestimmt entwickeln können.[34]

1. Rechtsprechung des BVerfG zur Transgeschlechtlichkeit

Von zentraler Bedeutung für diese Konkretisierung des Schutzgehalts des allgemeinen Persönlichkeitsrechts ist die seit 1978 zum Themenkomplex der Transgeschlechtlichkeit[35] und dem „Transsexuellengesetz"[36] ergangene Rechtsprechung des BVerfG.[37] Immer wieder musste das Gericht einschreiten, um den

---

[28] Ausführlich zur inneren und äußeren Dimension des Rechts auf freie Entfaltung der Persönlichkeit *Britz*, Freie Entfaltung durch Selbstdarstellung, 2007, S. 6 ff.; vgl. dazu ferner *Mast*, in: Müller/Dittrich (Hrsg.), Linien der Rechtsprechung des Bundesverfassungsgerichts, 2022, 329, 344, Fn. 66.

[29] Vgl. BVerfG, Beschl. v. 18.7.2006 – 1 BvL 1/04, NJW 2007, 900, 902, Rn. 67; BVerfG, Beschl. v. 11.1.2011 – 1 BvR 3295/07, NJW 2011, 909, 910, Rn. 51; siehe dazu ferner *Schabram*, Sichtweisen intergeschlechtlicher Menschen, 2017, S. 12; *Siedenbiedel*, Selbstbestimmung über das eigene Geschlecht, 2016, S. 90; *Valentiner*, in: Januszkiewicz/Post/Riegel et al. (Hrsg.), Geschlechterfragen im Recht, 2021, 129, 130.

[30] BVerfG, Beschl. v. 27.5.2008 – 1 BvL 10/05, NJW 2008, 3117, Rn. 38; siehe dazu auch *Röhner*, in: Müller-Heidelberg/Steven/Pelzer et al. (Hrsg.), Grundrechte-Report, 2017, 27, 29.

[31] BVerfG, Beschl. v. 11.1.2011 – 1 BvR 3295/07, NJW 2011, 909, 910, Rn. 51; vgl. dazu ferner *Hofman*, in: Schmidt-Bleibtreu/Hofman/Hennecke, 2018, Art. 2 GG, Rn. 29; *Röhner*, in: Müller-Heidelberg/Steven/Pelzer et al. (Hrsg.), Grundrechte-Report, 2017, 27, 29.

[32] So *Baer/Markard*, in: v. Mangoldt/Klein/Starck, 2018, Art. 3 Abs. 3 GG, Rn. 452; ähnlich auch *Grünberger*, JZ 2006, 516: „Recht auf Selbstbestimmung der Geschlechtsidentität".

[33] *Lembke*, Stellungnahme geschlechtliche Selbstbestimmung, S. 2.

[34] So die Formulierung bei *Mast*, in: Müller/Dittrich (Hrsg.), Linien der Rechtsprechung des Bundesverfassungsgerichts, 2022, 329, 336.

[35] Obwohl in den Entscheidungen des BVerfG regelmäßig der Begriff der „Transsexualität" verwendet wird, soll mit dem oben zugrunde gelegten Begriffsverständnis im Folgenden von „Transgeschlechtlichkeit" gesprochen werden. Siehe zu den Begrifflichkeiten oben S. 38 ff.

[36] Gesetz über die Änderung der Vornamen und die Feststellung der Geschlechtszugehörigkeit in besonderen Fällen (Transsexuellengesetz – TSG); näher dazu unten S. 99 ff.

[37] BVerfG, Beschl. v. 11.10.1978 – 1 BvR 16/72, NJW 1979, 595 ff.; BVerfG, Beschl. v. 16.3.1982 – 1 BvR 938/81, NJW 1982, 2061 ff.; BVerfG, Beschl. v. 26.1.1993 – 1 BvL 38/92,

verfassungsrechtlichen Schutz der geschlechtlichen Identität sicherzustellen.[38] Auf einzelne Schlaglichter der bundesverfassungsgerichtlichen Rechtsprechung ist im Folgenden noch etwas näher einzugehen.

a) Ende der Unwandelbarkeit des Geschlechts

Den Ausgangspunkt der Rechtsprechungslinie zum Schutz der geschlechtlichen Identität bildet eine Entscheidung des BVerfG aus dem Jahr 1978.[39] Zu diesem Zeitpunkt existierte noch kein Gesetz, das eine Änderung der rechtlichen Geschlechtszugehörigkeit einer Person gestattete.[40]

Hiergegen wandte sich die transgeschlechtliche Beschwerdeführerin,[41] die nach einer geschlechtsangleichenden Operation vergeblich beantragt hatte, ihren auf „männlich" lautenden personenstandsrechtlichen Geschlechtseintrag im Einklang mit ihrer Geschlechtsidentität zu „weiblich" ändern zu lassen.[42] Der letztinstanzlich mit der Sache befasste BGH hatte den Antrag mit der Begründung abgelehnt, dass eine Änderung des rechtlichen Geschlechts nach geltendem Recht nicht möglich sei, da die deutsche Rechtsordnung von dem Grundsatz der „geschlechtlichen Unwandelbarkeit des Menschen"[43] ausginge und daher keine gesetzliche Grundlage zur Änderung des rechtlichen Geschlechts bereithalte.[44]

Das BVerfG hielt die These einer Unwandelbarkeit des Geschlechts indes im Lichte neuerer wissenschaftlicher Erkenntnisse für nicht länger haltbar,[45] und

---

NJW 1993, 1517 ff.; BVerfG, Beschl. v. 26.1.1993 – 1 BvL 38/92, NJW 1993, 1517 ff.; BVerfG, Beschl. v. 15.8.1996 – 2 BvR 1833/95, NJW 1997, 1632 ff.; BVerfG, Beschl. v. 6.12.2005 – 1 BvL 3/03, FamRZ 2006, 182 ff.; BVerfG, Beschl. v. 27.5.2008 – 1 BvL 10/05, NJW 2008, 3117 ff.; BVerfG, Beschl. v. 11.1.2011 – 1 BvR 3295/07, NJW 2011, 909 ff.; BVerfG, Beschl. v. 10.10.2017 – 1 BvR 2019/16, NJW 2017, 3643 ff.

[38] Näher zur Rechtsprechung des BVerfG auf diesem Gebiet *Adamietz*, Geschlecht als Erwartung, 2011, S. 124 ff.; vgl. ferner *Rädler*, Das dritte Geschlecht, 2019, S. 34 ff.; *Sacksofsky*, in: Hohmann-Dennhardt/Masuch/Villiger (Hrsg.), Grundrechte und Solidarität, 2011, 675, 684 ff.; *Siedenbiedel*, Selbstbestimmung über das eigene Geschlecht, 2016, S. 92 ff.; *Valentiner*, in: Januszkiewicz/Post/Riegel et al. (Hrsg.), Geschlechterfragen im Recht, 2021, 129 ff.

[39] BVerfG, Beschl. v. 11.10.1978 – 1 BvR 16/72, NJW 1979, 595 ff.

[40] Das TSG trat erst am 1.1.1981 in Kraft. Siehe dazu BGBl. I 1980, S. 1654.

[41] Beachtlich ist, dass das BVerfG gleichwohl von „dem Beschwerdeführer" spricht. Siehe dazu *Adamietz*, Geschlecht als Erwartung, 2011, S. 132.

[42] BVerfG, Beschl. v. 11.10.1978 – 1 BvR 16/72, NJW 1979, 595 ff., (juris-) Rn. 16 ff.; siehe dazu auch *Adamietz*, Geschlecht als Erwartung, 2011, S. 126; *Rädler*, Das dritte Geschlecht, 2019, S. 34 f.

[43] BGH, Beschl. v. 21.9.1971 – IV ZB 61/70, NJW 1972, 330 ff., (juris-) Rn. 26.

[44] BGH, Beschl. v. 21.9.1971 – IV ZB 61/70, NJW 1972, 330 ff., (juris-) Rn. 29.

[45] BVerfG, Beschl. v. 11.10.1978 – 1 BvR 16/72, NJW 1979, 595 ff., (juris-) Rn. 35: „Dagegen ist es zweifelhaft, ob die These von der Unwandelbarkeit des Geschlechts, das durch die äußeren Geschlechtsmerkmale im Zeitpunkt der Geburt bestimmt werde, in der vom Bundesgerichtshof in der angegriffenen Entscheidung geschilderten Absolutheit noch haltbar ist." Siehe dazu auch *Sacksofsky*, in: Hohmann-Dennhardt/Masuch/Villiger (Hrsg.), Grundrechte und Solidarität, 2011, 675, 685.

erklärte die fehlende Möglichkeit einer Änderung des rechtlichen Geschlechts für unvereinbar mit Art. 2 Abs. 1 GG i.V.m. Art. 1 Abs. 1 GG. Dabei wies das Gericht unter anderem darauf hin, dass die vom BGH zugrunde gelegte „Grunderfahrung"[46], dass das Geschlecht eines Menschen wegen seiner körperlichen Geschlechtsmerkmale bestimmbar, ihm angeboren und unwandelbar sei, durch moderne wissenschaftliche Erkenntnisse ernsthaft infrage gestellt werde.[47] Das allgemeine Persönlichkeitsrecht verlange daher, dass einer transgeschlechtlichen Person die Möglichkeit gewährt werde, ihren Geschlechtseintrag im Einklang mit der eigenen Geschlechtsidentität ändern zu lassen.[48] Konkret heißt es in der Entscheidung:

> „Art. 1 Abs. 1 GG schützt die Würde des Menschen, wie er sich in seiner Individualität selbst begreift und seiner selbst bewusst wird. Hierzu gehört, dass der Mensch über sich selbst verfügen und sein Schicksal eigenverantwortlich gestalten kann. Art. 2 Abs. 1 GG in Verbindung mit Art. 1 Abs. 1 GG gewährleistet die freie Entfaltung der im Menschen angelegten Fähigkeiten und Kräfte. Die Menschenwürde und das Grundrecht auf freie Persönlichkeitsentfaltung gebieten daher, den Personenstand des Menschen dem Geschlecht zuzuordnen, dem er nach seiner psychischen und physischen Konstitution zugehört."[49]

Das BVerfG verabschiedete sich somit von einem rein biologischen Verständnis von Geschlecht („Infragestellung der Biologie"[50]) und rückte die geschlechtliche Identität eines Menschen in den Mittelpunkt der Betrachtung („Versubjektivierung des Geschlechts"[51]). Damit bereitete das Gericht auch den Weg für das „Transsexuellengesetz" (TSG), welches am 1.1.1981 in Kraft trat.[52]

---

[46] BGH, Beschl. v. 21.9.1971 – IV ZB 61/70, NJW 1972, 330 ff., (juris-) Rn. 23: „Bei der Einordnung der Menschen in die Kategorien der Geschlechtlichkeit sind bislang gewisse Grunderfahrungen als selbstverständliche Gegebenheiten angenommen worden: Außer der Erkenntnis, dass es keine Geschlechtslosigkeit gibt, sondern dass jeder Mensch als geschlechtliches Wesen in die alternative Kategorie ‚männlich' – ‚weiblich' einzuordnen ist, ist dies die Erfahrung, dass das Geschlecht eines Menschen auf Grund körperlicher Geschlechtsmerkmale bestimmbar und auch zu bestimmen und ihm angeboren, unwandelbar ist."

[47] BVerfG, Beschl. v. 11.10.1978 – 1 BvR 16/72, NJW 1979, 595 ff., (juris-) Rn. 36.

[48] BVerfG, Beschl. v. 11.10.1978 – 1 BvR 16/72, NJW 1979, 595 ff., (juris-) Rn. 35 ff.

[49] BVerfG, Beschl. v. 11.10.1978 – 1 BvR 16/72, NJW 1979, 595 ff., (juris-) Rn. 35.

[50] Siehe dazu *Sacksofsky*, in: Hohmann-Dennhardt/Masuch/Villiger (Hrsg.), Grundrechte und Solidarität, 2011, 675, 685.

[51] Vgl. zum Begriff einer „Versubjektivierung des Geschlechts" *Kischel*, in: BeckOK GG, 2023, Art. 3 GG, Rn. 219a, der den Begriff indes kritisch verwendet.

[52] BGBl. I 1980, S. 1654; vgl. dazu *Adamietz*, KJ 2006, 368, 372; *Augstein,* Transsexuellengesetz, 2012, Einl. Rn. 4; *Hepting/Dutta*, Familie und Personenstand, 2022, V-933; *Wielpütz*, Über das Recht, ein anderer zu werden und zu sein, 2012, S. 35; näher zu den Voraussetzungen des TSG unten S. 102 ff.

b) Konsequente Fortentwicklung der Rechtsprechungslinie

Das TSG ermöglichte transgeschlechtlichen Personen erstmalig eine Änderung ihrer rechtlichen Geschlechtszugehörigkeit („große Lösung"[53]) oder ihres Vornamens („kleine Lösung"[54]). Allerdings machte das TSG diese Änderungen jeweils von so strengen Voraussetzungen abhängig, dass zahlreiche der im Gesetz enthaltenen Normen in den Folgejahren ihrerseits vom BVerfG für verfassungswidrig erklärt wurden.[55]

So erklärte das Gericht etwa zwei im TSG vorgesehene Altersgrenzen ebenso für verfassungswidrig,[56] wie eine Beschränkung der Antragsbefugnis auf deutsche Staatsangehörige und Personen mit deutschem Personalstatut.[57] Zudem stellte das BVerfG klar, dass Art. 2 Abs. 1 GG i.V.m. Art. 1 Abs. 1 GG auch ein Recht auf geschlechtergerechte Anrede beinhalte.[58] Damit entwickelte das Gericht seine 1978 begründete Rechtsprechungslinie konsequent fort.[59]

c) Infragestellung heteronormativer Gewissheiten

Im Zeitraum zwischen 2005 und 2011 folgten sodann drei Entscheidungen des BVerfG, die den Blick auf Transgeschlechtlichkeit und die rechtliche Geschlechterordnung in Deutschland grundlegend veränderten.[60] Insbesondere die dem TSG zugrunde liegenden heteronormativen Annahmen[61] wurden durch die

---

[53] §§ 8 ff. TSG; siehe dazu *Grünberger*, in: Groß/Neuschaefer-Rube/Steinmetzer (Hrsg.), Transsexualität und Intersexualität, 2008, 81, 83; *Hepting/Dutta*, Familie und Personenstand, 2022, V-934 ff.; *Rädler*, Das dritte Geschlecht, 2019, S. 36; *Radde*, ZJS 2018, 122, 125.

[54] §§ 1 ff. TSG; siehe dazu *Grünberger*, in: Groß/Neuschaefer-Rube/Steinmetzer (Hrsg.), Transsexualität und Intersexualität, 2008, 81, 83; *Hepting/Dutta*, Familie und Personenstand, 2022, V-935 ff.; *Rädler*, Das dritte Geschlecht, 2019, S. 36; näher zu den Begriffen einer „großen" und „kleinen Lösung" unten S. 100 f.

[55] Siehe dazu *Mangold*, ZRP 2022, 180, 181; vgl. ferner bereits *Schulz*, in: von Bary (Hrsg.), Aktuelle Reformen im Familienrecht, 2023, 103, 107.

[56] BVerfG, Beschl. v. 16.3.1982 – 1 BvR 938/81, NJW 1982, 2061 ff.; BVerfG, Beschl. v. 26.1.1993 – 1 BvL 38/92, NJW 1993, 1517 ff.

[57] BVerfG, Beschl. v. 18.7.2006 – 1 BvL 1/04, NJW 2007, 900 ff.; siehe dazu auch *Grünberger*, StAZ 2007, 357 ff.; *Pawlowski*, JZ 2007, 413 ff.; *M. Roth*, StAZ 2007, 17; *Röthel*, IPRax 2007, 204 ff.; *Scherpe*, FamRZ 2007, 270 ff.; ausführlich dazu unten S. 189 ff.

[58] BVerfG, Beschl. v. 15.8.1996 – 2 BvR 1833/95, NJW 1997, 1632 ff., (juris-) Rn. 12; vgl. dazu *Valentiner*, in: Januszkiewicz/Post/Riegel et al. (Hrsg.), Geschlechterfragen im Recht, 2021, 129, 136.

[59] Siehe auch *Sacksofsky*, in: Hohmann-Dennhardt/Masuch/Villiger (Hrsg.), Grundrechte und Solidarität, 2011, 675, 687: „Konsequente Fortschreibung".

[60] Weiterführend dazu *Sacksofsky*, in: Hohmann-Dennhardt/Masuch/Villiger (Hrsg.), Grundrechte und Solidarität, 2011, 675, 688; vgl. ferner *Adamietz*, Geschlecht als Erwartung, 2011, S. 135 ff.; *Valentiner*, in: Januszkiewicz/Post/Riegel et al. (Hrsg.), Geschlechterfragen im Recht, 2021, 129, 138 ff.

[61] Zum Begriff der Heteronormativität siehe etwa das LSBTIQ-Lexikon der Bundeszentrale für politische Bildung (bpb), Stichwort: Heteronormativität, abrufbar unter: <https://www.bpb.de/themen/gender-diversitaet/geschlechtliche-vielfalt-trans/245426/lsbtiq-lexikon/> (abgerufen am 1.3.2023).

Rechtsprechung des BVerfG infrage gestellt und daher später auch vom Gesetzgeber aufgegeben.[62]

aa) Vornamensentzug bei Eheschließung

Eine Entscheidung aus dem Jahr 2005 betraf den damals noch im TSG vorgesehen automatischen Entzug des geänderten Vornamens im Falle einer Eheschließung.[63] Die transgeschlechtliche Beschwerdeführerin hatte ihren männlichen Vornamen „Kai" mithilfe des TSG zu „Karin Nicole" geändert.[64] Eine Änderung ihres rechtlichen Geschlechts hatte hingegen nicht stattgefunden, weshalb sie personenstandsrechtlich weiterhin als Mann galt.[65] Dies führte zu Schwierigkeiten, als die Beschwerdeführerin ihre Lebensgefährtin heiraten wollte, da die Eheschließung nach der damaligen Rechtslage automatisch zum Entzug des geänderten Vornamens führte.[66] Der Regelung lag die heteronormative Annahme zugrunde,[67] dass eine transgeschlechtliche Person durch Eingehung einer Ehe zum Ausdruck bringe, sich nun wieder ihrem „Ausgangsgeschlecht" zugehörig zu fühlen.[68]

---

[62] Ausführlich zu dieser Entwicklung *Adamietz*, Geschlecht als Erwartung, 2011, S. 135 ff.; *Sacksofsky*, in: Hohmann-Dennhardt/Masuch/Villiger (Hrsg.), Grundrechte und Solidarität, 2011, 675, 688 ff.

[63] BVerfG, Beschl. v. 6.12.2005 – 1 BvL 3/03, FamRZ 2006, 182 ff.; siehe dazu *Adamietz*, KJ 2006, 368 ff.; *Grünberger*, JZ 2006, 516 ff.; *Grünberger*, StAZ 2007, 357, 359 f.; *Holzleithner*, in: Rudolf (Hrsg.), Geschlecht im Recht, 2009, 37, 52 ff.; *Wiegelmann*, FamRB 2006, 82 f.

[64] BVerfG, Beschl. v. 6.12.2005 – 1 BvL 3/03, FamRZ 2006, 182 ff., (juris-) Rn. 25.

[65] BVerfG, Beschl. v. 6.12.2005 – 1 BvL 3/03, FamRZ 2006, 182 ff., (juris-) Rn. 69; siehe dazu auch *Sacksofsky*, in: Hohmann-Dennhardt/Masuch/Villiger (Hrsg.), Grundrechte und Solidarität, 2011, 675, 688; *Grünberger*, JZ 2006, 516, 517.

[66] § 7 Abs. 1 Nr. 3 TSG a.F.: „Die Entscheidung, durch welche die Vornamen des Antragstellers geändert worden sind, wird unwirksam, wenn der Antragsteller eine Ehe schließt, mit der Abgabe der Erklärung nach § 1310 Abs. 1 des Bürgerlichen Gesetzbuchs." Siehe dazu *Grünberger*, JZ 2006, 516, 517: „§ 7 Abs. 1 Nr. 3 TSG ist ein Beispiel für eine absurde Norm: Obwohl der transsexuelle Mensch sich völlig rechtskonform verhält, wird er mit einer Sanktion belegt."

[67] So die überzeugende Analyse bei *Adamietz*, Geschlecht als Erwartung, 2011, S. 135 ff.; vgl. ferner *Grünberger*, JZ 2006, 516, 517; *Holzleithner*, in: Rudolf (Hrsg.), Geschlecht im Recht, 2009, 37, 54 f.

[68] Siehe dazu BT-Drucks. 8/2947, S. 14: „In den in [§ 7] Absatz 1 angesprochenen Fällen muss davon ausgegangen werden, dass die Person, deren Vornamen aufgrund von § 1 geändert worden sind, sich wieder dem in ihrem Geburtseintrag angegebenen Geschlecht zugehörig empfindet." Siehe ferner noch BVerfG, Beschl. v. 11.10.1978 – 1 BvR 16/72, NJW 1979, 595 ff., (juris-) Rn. 39: „Hinzu kommt, dass nach dem Stand der wissenschaftlichen Erkenntnisse der männliche Transsexuelle keine homosexuellen Beziehungen wünscht, sondern die Verbindung mit einem heterosexuellen Partner sucht und nach einer erfolgreichen genitalverändernden Operation auch in der Lage ist, mit einem männlichen Partner geschlechtlich normal zu verkehren."

Das BVerfG hielt diese gesetzgeberische Vermutung im Lichte neuer wissenschaftlicher Erkenntnisse hingegen für nicht länger tragbar,[69] und erklärte die Regelung des § 7 Abs. 1 Nr. 3 TSG a.F. für verfassungswidrig.[70] Im Mittelpunkt der Betrachtung stand abermals das allgemeine Persönlichkeitsrecht, welches auch den „Ausdruck der erfahrenen oder gewonnenen geschlechtlichen Identität"[71], beispielsweise durch die Wahl eines passenden Vornamens, beinhalte.[72]

bb) Erfordernis der Ehelosigkeit

Gegenstand einer weiteren Entscheidung aus dem Jahr 2007[73] war sodann die Regelung des § 8 Abs. 1 Nr. 2 TSG a.F., die für eine Änderung der rechtlichen Geschlechtszugehörigkeit voraussetzte, dass die antragstellende Person unverheiratet war.[74] Die zum Zeitpunkt der Entscheidung bereits 79-jährige Antragstellerin war seit 56 Jahren mit ihrer Ehefrau verheiratet und identifizierte sich als weiblich.[75] Nach Änderung ihres Vornamens und der Durchführung einer geschlechtsangleichenden Operation beantragte sie die gerichtliche Feststellung der Zugehörigkeit zum weiblichen Geschlecht.[76] Dabei machte sie geltend, dass die im TSG vorausgesetzte Durchführung eines Scheidungsverfahrens ihr nicht zu-

---

[69] BVerfG, Beschl. v. 6.12.2005 – 1 BvL 3/03, FamRZ 2006, 182 ff., (juris-) Rn. 53: „Dieser Eingriff kann nicht mit der Annahme gerechtfertigt werden, mit dem Eheschluss zeige der Transsexuelle, dass er sich wieder dem in seinem Geburtseintrag angegebenen Geschlecht zugehörig fühle, so dass der mit § 7 Abs. 1 Nr. 3 TSG bewirkte Vornamensentzug lediglich die Übereinstimmung von zurückgefundenem Geschlecht und vorherigem Namen wiederherstelle. Diese Vermutung, mit der der Gesetzgeber den Vornamensentzug begründet hat, hält den heutigen sexualwissenschaftlichen Erkenntnissen nicht mehr stand."

[70] BVerfG, Beschl. v. 6.12.2005 – 1 BvL 3/03, FamRZ 2006, 182, Ls: „§ 7 Abs. 1 Nr. 3 des Transsexuellengesetzes verletzt das von Art. 2 Abs. 1 in Verbindung mit Art. 1 Abs. 1 GG geschützte Namensrecht eines homosexuell orientierten Transsexuellen sowie sein Recht auf Schutz seiner Intimsphäre, solange ihm eine rechtlich gesicherte Partnerschaft nicht ohne Verlust des geänderten, seinem empfundenen Geschlecht entsprechenden Vornamens eröffnet ist."

[71] BVerfG, Beschl. v. 6.12.2005 – 1 BvL 3/03, FamRZ 2006, 182 ff., (juris-) Rn. 47.

[72] BVerfG, Beschl. v. 6.12.2005 – 1 BvL 3/03, FamRZ 2006, 182 ff., (juris-) Rn. 47; siehe dazu auch *Rädler*, Das dritte Geschlecht, 2019, S. 39.

[73] BVerfG, Beschl. v. 27.5.2008 – 1 BvL 10/05, NJW 2008, 3117 ff.; vgl. dazu *Adamietz*, Geschlecht als Erwartung, 2011, S. 141 ff.; *Buckel/König*, KJ 2009, 337, 342 ff.; *Stüber*, JZ 2009, 49 ff.

[74] § 8 Abs. 1 Nr. 2 TSG a.F.: „Auf Antrag einer Person, die sich auf Grund ihrer transsexuellen Prägung nicht mehr dem in ihrem Geburtseintrag angegebenen, sondern dem anderen Geschlecht als zugehörig empfindet und die seit mindestens drei Jahren unter dem Zwang steht, ihren Vorstellungen entsprechend zu leben, ist vom Gericht festzustellen, dass sie als dem anderen Geschlecht zugehörig anzusehen ist, wenn sie nicht verheiratet ist."

[75] BVerfG, Beschl. v. 27.5.2008 – 1 BvL 10/05, NJW 2008, 3117 ff.; (juris-) Rn. 15; siehe dazu auch *Sacksofsky*, in: Hohmann-Dennhardt/Masuch/Villiger (Hrsg.), Grundrechte und Solidarität, 2011, 675, 691, welche insofern von einer „Idealbesetzung einer Beschwerdeführerin" spricht.

[76] BVerfG, Beschl. v. 27.5.2008 – 1 BvL 10/05, NJW 2008, 3117 ff.; (juris-) Rn. 15.

zumuten sei, da weder sie selbst noch ihre Ehepartnerin eine Scheidung wünschten.[77]

Das BVerfG folgte dieser Argumentation und erklärte die Voraussetzung für unvereinbar mit dem GG.[78] Dabei blieb das Gericht auf der Linie seiner vorherigen Entscheidungen,[79] stellte jedoch noch einmal ausdrücklich fest, dass Art. 2 Abs. 1 GG i.V.m. Art. 1 Abs. 1 GG ein „Recht auf Anerkennung der selbstbestimmten geschlechtlichen Identität"[80] beinhalte. Dies verlange, dass bei der geschlechtlichen Zuordnung auch dem Selbstbestimmungsrecht der betreffenden Person Rechnung getragen werde.[81] Zwar sei es grundsätzlich zulässig, das rechtliche Geschlecht eines Menschen zunächst nach den äußeren Geschlechtsmerkmalen im Zeitpunkt der Geburt zu beurteilen.[82] Allein danach dürfe die rechtliche Geschlechtszugehörigkeit eines Menschen jedoch nicht bestimmt werden.[83] Vielmehr könne sich das Geschlecht eines Menschen ändern, weshalb die rechtliche Geschlechtszugehörigkeit wesentlich von der psychischen Konstitution eines Menschen und seiner nachhaltig selbst empfundenen Geschlechtlichkeit abhängig sei.[84]

Als Konsequenz der Entscheidung strich der Gesetzgeber im Jahr 2009 das Ehelosigkeitserfordernis im TSG und nahm damit in Kauf, dass das damals noch vorherrschende „Dogma der Verschiedengeschlechtlichkeit der Ehe"[85] erste Brüche erhielt.

cc) Fortpflanzungsunfähigkeit und Operationszwang

Eine grundlegende Veränderung brachte schließlich eine Entscheidung des BVerfG aus dem Jahr 2011.[86] Bis dahin hatte das TSG eine Änderung des rechtlichen Geschlechts davon abhängig gemacht, dass die antragstellende Person dauerhaft fortpflanzungsunfähig war und sich einer geschlechtsangleichenden

---

[77] BVerfG, Beschl. v. 27.5.2008 – 1 BvL 10/05, NJW 2008, 3117 ff.; (juris-) Rn. 16.

[78] BVerfG, Beschl. v. 27.5.2008 – 1 BvL 10/05, NJW 2008, 3117, Ls.: „§ 8 I Nr. 2 TSG ist mit Art. 2 I i.V. mit Art. 1 I GG und Art. 6 I GG nicht vereinbar, weil er einem verheirateten Transsexuellen, der sich geschlechtsändernden Operationen unterzogen hat, die Möglichkeit, die personenstandsrechtliche Anerkennung seiner neuen Geschlechtszugehörigkeit zu erhalten, nur einräumt, wenn seine Ehe zuvor geschieden wird."

[79] So auch *Stüber*, JZ 2009, 49, 50; dies aufgreifend *Buckel/König*, KJ 2009, 337, 342.

[80] BVerfG, Beschl. v. 27.5.2008 – 1 BvL 10/05, NJW 2008, 3117, Rn. 40; siehe dazu auch *Buckel/König*, KJ 2009, 337, 342; *Sacksofsky*, in: Hohmann-Dennhardt/Masuch/Villiger (Hrsg.), Grundrechte und Solidarität, 2011, 675, 691.

[81] BVerfG, Beschl. v. 27.5.2008 – 1 BvL 10/05, NJW 2008, 3117, Rn. 38.

[82] BVerfG, Beschl. v. 27.5.2008 – 1 BvL 10/05, NJW 2008, 3117, Rn. 38.

[83] BVerfG, Beschl. v. 27.5.2008 – 1 BvL 10/05, NJW 2008, 3117, Rn. 38.

[84] BVerfG, Beschl. v. 27.5.2008 – 1 BvL 10/05, NJW 2008, 3117, Rn. 38.

[85] So die Formulierung bei *Valentiner*, in: Januszkiewicz/Post/Riegel et al. (Hrsg.), Geschlechterfragen im Recht, 2021, 129, 139; ähnlich bereits *Adamietz*, Geschlecht als Erwartung, 2011, S. 144.

[86] BVerfG, Beschl. v. 11.1.2011 – 1 BvR 3295/07, NJW 2011, 909 ff.; vgl. dazu *Grünberger*, JZ 2011, 368 ff.; *Kemper*, FamRB 2011, 179 ff.; *Steinke*, KJ 2011, 313 ff.

Operation unterzogen hatte (§ 8 Abs. 1 Nr. 3, 4 TSG a.f.). Auch diese Voraussetzungen erklärte das BVerfG für verfassungswidrig.[87] Dabei unterstrich das Gericht abermals die herausragende Bedeutung der geschlechtlichen Identität für die Persönlichkeitsentfaltung eines Menschen.[88] Widerspreche das anhand der äußeren Geschlechtsmerkmalen zugeordnete rechtliche Geschlecht der geschlechtlichen Identität, verlange Art. 2 Abs. 1 GG i.V.m. Art. 1 Abs. 1 GG, die selbstempfundene geschlechtliche Identität auch rechtlich anzuerkennen.[89] Dabei obliege es dem Gesetzgeber, die Rechtsordnung so auszugestalten, dass die rechtliche Zuordnung zum nachhaltig empfundenen Geschlecht nicht von unzumutbaren Voraussetzungen abhängig gemacht werde.[90]

d) Zwischenergebnis

Das BVerfG hat in den vergangenen vier Jahrzehnten in zahlreichen Entscheidungen ein Grundrecht auf Achtung der selbstbestimmten geschlechtlichen Identität entwickelt und dieses im allgemeinen Persönlichkeitsrecht (Art. 2 Abs. 1 GG i.V.m. Art. 1 Abs. 1 GG) verortet. Dabei hat das Gericht wiederholt darauf hingewiesen, dass das rechtliche Geschlecht eines Menschen nicht allein nach den äußerlichen Geschlechtsmerkmalen im Zeitpunkt der Geburt beurteilt werden kann, sondern wesentlich von der selbstempfundenen Geschlechtlichkeit einer Person abhängt. Infolge der Rechtsprechung des BVerfG wurden zahlreiche der im TSG enthalten Voraussetzungen als verfassungswidrig verworfen und die Hürden für eine Änderung des rechtlichen Geschlechts im deutschen Recht Schritt für Schritt gesenkt.

2. Rechtsprechung des BVerfG zur Dritten Option

Die Binarität des rechtlichen Geschlechtersystems als solche wurde durch die dargestellte Rechtsprechung des BVerfG zur Transgeschlechtlichkeit indes nicht grundlegend infrage gestellt.[91] Vielmehr ging es in den untersuchten Entschei-

---

[87] BVerfG, Beschl. v. 11.1.2011 – 1 BvR 3295/07, NJW 2011, 909 ff.

[88] BVerfG, Beschl. v. 11.1.2011 – 1 BvR 3295/07, NJW 2011, 909, 910, Rn. 51: „Art. 2 I i.V. mit Art. 1 I GG schützt [...] das Finden und Erkennen der eigenen geschlechtlichen Identität [...]. Es ist wissenschaftlich gesicherte Erkenntnis, dass die Zugehörigkeit eines Menschen zu einem Geschlecht nicht allein nach den äußerlichen Geschlechtsmerkmalen im Zeitpunkt seiner Geburt bestimmt werden kann, sondern wesentlich auch von seiner psychischen Konstitution und selbstempfundenen Geschlechtlichkeit abhängt [...].“

[89] BVerfG, Beschl. v. 11.1.2011 – 1 BvR 3295/07, NJW 2011, 909, 910, Rn. 51: „Steht bei einem Transsexuellen das eigene Geschlechtsempfinden nachhaltig in Widerspruch zu dem ihm rechtlich nach den äußeren Geschlechtsmerkmalen zugeordneten Geschlecht, gebieten es die Menschenwürde in Verbindung mit dem Grundrecht auf Schutz der Persönlichkeit, dem Selbstbestimmungsrecht des Betroffenen Rechnung zu tragen und seine selbstempfundene geschlechtliche Identität rechtlich anzuerkennen, [...].“

[90] BVerfG, Beschl. v. 11.1.2011 – 1 BvR 3295/07, NJW 2011, 909, 910, Rn. 51.

[91] Siehe dazu *Valentiner*, in: Januszkiewicz/Post/Riegel et al. (Hrsg.), Geschlechterfragen im Recht, 2021, 129, 141; *Valentiner*, JuS 2022, 1094, 1096.

dungen stets um die rechtliche Anerkennung der geschlechtlichen Identität innerhalb eines binären Geschlechtersystems.[92] Transgeschlechtliche Personen sollten danach zwar grundsätzlich die Möglichkeit haben, ihr rechtliches Geschlecht im Einklang mit ihrer geschlechtlichen Identität ändern zu lassen. Dies galt allerdings nur, sofern sich ihre geschlechtliche Identität auf das „andere" von zwei denkbaren Geschlechtern („männlich" oder „weiblich") bezog.[93]

Dies änderte sich im Jahr 2017 mit der Entscheidung des BVerfG zur „Dritten Option",[94] die bisweilen als „bahnbrechend"[95] oder gar „epochal"[96] bezeichnet wird. In dieser Entscheidung erkannte das BVerfG erstmals an, dass „geschlechtliche Vielfalt auch jenseits der Zweigeschlechtlichkeit"[97] existiert.

a) Hintergrund

Hintergrund der Entscheidung war die Verfassungsbeschwerde einer Person, deren Geschlecht nach der Geburt zunächst als „weiblich" im Geburtenregister eingetragen worden war.[98] Da die beschwerdeführende Person jedoch über einen atypischen Chromosomensatz (*Turner-Syndrom*) verfügt und sich selbst dauerhaft weder dem weiblichen noch dem männlichen Geschlecht zuordnet, beantragte sie beim Standesamt die positive Eintragung der Geschlechtsangabe „inter/divers", hilfsweise „divers".[99] Das zuständige Standesamt und die später befassten Gerichte lehnten den Antrag jedoch mit der Begründung ab, dass das deutsche Recht eine solche nicht-binäre Eintragung nicht zulasse.[100] Tatsächlich

---

[92] Vgl. auch *Valentiner*, JuS 2022, 1094, 1096: „Der grundrechtliche Schutz wurde in den Entscheidungen […] strikt im System der Zweigeschlechtlichkeit begründet."

[93] *Valentiner*, JuS 2022, 1094, 1096.

[94] BVerfG, Beschl. v. 10.10.2017 – 1 BvR 2019/16, NJW 2017, 3643 ff.; siehe dazu *Frie*, NZFam 2017, 1141 ff.; *Froese*, DÖV 2018, 315 ff.; *Gössl*, NJW 2017, 3643 ff.; *Helms*, FamRZ 2017, 2046 ff.; *Holzleithner*, in: Baer/Lepsius/Schönberger et al. (Hrsg.), JöR 2019, 457, 469 ff.; *Muckel*, JA 2018, 154 ff.; *Rädler*, Das dritte Geschlecht, 2019, S. 46 ff.; *Rixen*, JZ 2018, 317 ff.; *Röhner*, in: Müller-Heidelberg/Pelzer/Heiming et al. (Hrsg.), Grundrechte-Report, 2018, 71 ff.; *Sachs*, JuS 2018, 399 ff.; *Sanders*, NZFam 2018, 241 ff.; *Sieberichs*, FamRZ 2019, 329 ff.; *Wapler*, jM 2018, 115 ff.; *Plett*, in: Plett/Hulverscheidt (Hrsg.), Geschlechterrecht, 2021, 353 ff.

[95] Vgl. *Klöppel*, in: Greif (Hrsg.), No Lessons from the Intersexed, 2019, 149; *Mangold*, in: Greif (Hrsg.), No Lessons from the Intersexed, 2019, 34; *Valentiner*, in: Januszkiewicz/Post/ Riegel et al. (Hrsg.), Geschlechterfragen im Recht, 2021, 129, 143.

[96] *Ambrosi*, in: Greif (Hrsg.), No Lessons from the Intersexed, 2019, 55.

[97] *Markard*, in: Greif (Hrsg.), No Lessons from the Intersexed, 2019, 41; ähnlich auch *Valentiner*, in: Januszkiewicz/Post/Riegel et al. (Hrsg.), Geschlechterfragen im Recht, 2021, 129, 143: „Der bahnbrechende Beschluss befreite das Grundrecht auf Finden und Anerkennung der geschlechtlichen Identität aus dem System der Zweigeschlechtlichkeit."

[98] BVerfG, Beschl. v. 10.10.2017 – 1 BvR 2019/16, NJW 2017, 3643 ff., (juris-) Rn. 1; vgl. dazu ferner *Rädler*, Das dritte Geschlecht, 2019, S. 46.

[99] BVerfG, Beschl. v. 10.10.2017 – 1 BvR 2019/16, NJW 2017, 3643 ff., (juris-) Rn. 1.

[100] Siehe etwa BGH, Beschl. v. 22.6.2016 – XII ZB 52/15, NJW 2016, 2885 ff.; zu alledem BVerfG, Beschl. v. 10.10.2017 – 1 BvR 2019/16, NJW 2017, 3643 ff., (juris-) Rn. 1; vgl. ferner *Wapler*, jM 2018, 115, 116.

sah § 22 Abs. 3 PStG a.F. zum damaligen Zeitpunkt lediglich die Möglichkeit vor, den Geschlechtseintrag eines Kindes bei Geburt offen zu lassen, wenn eine Zuordnung zum weiblichen oder männlichen Geschlecht nicht möglich war.[101] Die Möglichkeit einer positiven nicht-binären Geschlechtsbezeichnung jenseits von „weiblich" und „„männlich" existierte hingegen nicht.[102]

b) Entscheidung

Das Fehlen einer nicht-binären Eintragungsoption erklärte das BVerfG für unvereinbar mit dem GG.[103] Ganz auf der Linie seiner Rechtsprechung zur Transgeschlechtlichkeit,[104] verortete das Gericht den Schutz der geschlechtlichen Identität zunächst[105] im allgemeinen Persönlichkeitsrecht und unterstrich die Bedeutung der geschlechtlichen Identität als „konstituierenden Aspekt der eigenen Persönlichkeit"[106].

Bemerkenswert an der Entscheidung ist jedoch vor allem, dass sich das BVerfG erstmals von einem binären Verständnis von Geschlecht löste und feststellte, dass „auch die geschlechtliche Identität jener Personen, die weder dem männlichen noch dem weiblichen Geschlecht zuzuordnen sind" vom Schutzbereich des Art. 2 Abs. 1 GG i.V.m. Art. 1 Abs. 1 GG erfasst sei.[107] Setze das Personenstandsrecht einerseits die Eintragung des Geschlechts voraus, aber verwehre es Personen, die sich selbst dauerhaft weder dem männlichen noch dem weiblichen Geschlecht zuordneten, andererseits die Möglichkeit einer positiven Eintragungsoption, führe dies dazu, dass diese Personen in ihrer individuellen Identität nicht in dem gleichem Maße und mit der gleichen Selbstverständlichkeit wahrgenommen und anerkannt würden, wie weibliche oder männliche Personen.[108] Dadurch werde in das allgemeine Persönlichkeitsrecht in seiner Ausprä-

---

[101] § 22 Abs. 3 PStG a.F.: „Kann das Kind weder dem weiblichen noch dem männlichen Geschlecht zugeordnet werden, so ist der Personenstandsfall ohne eine solche Angabe in das Geburtenregister einzutragen." Siehe dazu bereits *Schulz*, ZEuP 2021, 64, 67; vgl. ferner *Helms*, in: Scherpe/Dutta/Helms (Hrsg.), The Legal Status of Intersex Persons, 2018, 369, 371 ff.; *Hepting/Dutta*, Familie und Personenstand, 2022, IV-230.

[102] Siehe dazu bereits *Schulz*, ZEuP 2021, 64, 67 m.w.N.

[103] BVerfG, Beschl. v. 10.10.2017 – 1 BvR 2019/16, NJW 2017, 3643, 3644 ff., Rn. 36, 56; vgl. dazu auch *Schulz*, ZEuP 2021, 64, 67 f.

[104] So auch *Froese*, DÖV 2018, 315; *Helms*, FamRZ 2017, 2046, 2054.

[105] Zur Bedeutung der Entscheidung für Art. 3 Abs. 3 S. 1 GG siehe unten S. 81 ff.

[106] BVerfG, Beschl. v. 10.10.2017 – 1 BvR 2019/16, NJW 2017, 3643, 3644, Rn. 39.

[107] BVerfG, Beschl. v. 10.10.2017 – 1 BvR 2019/16, NJW 2017, 3643, 3644, Rn. 40; siehe dazu statt vieler *Rabe*, in: Dux/Groß/Kraft et al. (Hrsg.), Frau.Macht.Recht, 2023, 201, 213; *Völzmann*, in: Greif (Hrsg.), No Lessons from the Intersexed, 2019, 50.

[108] BVerfG, Beschl. v. 10.10.2017 – 1 BvR 2019/16, NJW 2017, 3643, 3644, Rn. 48; siehe dazu auch *Holzleithner*, in: Baer/Lepsius/Schönberger et al. (Hrsg.), JöR 2019, 457, 470.

gung als Schutz der geschlechtlichen Identität eingegriffen[109] und die Persönlichkeitsentfaltung der betreffenden Person spezifisch gefährdet.[110]

Das BVerfG stellte ferner fest, dass dieser Eingriff nicht gerechtfertigt sei.[111] Eine Rechtfertigung sei weder unter Berufung auf die „Belange Dritter"[112], noch unter Verweis auf einen möglichen „bürokratischen und finanziellen Aufwand"[113] oder anderweitige „staatliche Ordnungsinteressen"[114] möglich. Schließlich sei die binäre Ausgestaltung des Personenstandsrechts auch nicht verfassungsrechtlich determiniert:

> „Das Grundgesetz gebietet nicht, den Personenstand hinsichtlich des Geschlechts ausschließlich binär zu regeln. Es zwingt weder dazu, das Geschlecht als Teil des Personenstandes zu normieren, noch steht es der personenstandsrechtlichen Anerkennung einer weiteren geschlechtlichen Identität jenseits des weiblichen und männlichen Geschlechts entgegen. […] Soweit das Bundesverfassungsgericht früher formuliert hat, unsere Rechtsordnung und unser soziales Leben gingen von dem Prinzip aus, dass jeder Mensch entweder „männlichen" oder „weiblichen" Geschlechts sei […], handelte es sich schon damals nicht um die Feststellung, eine Geschlechterbinarität sei von Verfassungs wegen vorgegeben, sondern um eine bloße Beschreibung des zum damaligen Zeitpunkt vorherrschenden gesellschaftlichen und rechtlichen Verständnisses der Geschlechtszugehörigkeit."[115]

Mit dieser Maßgabe war der Gesetzgeber verpflichtet, bis Ende 2018 eine Neuregelung zu treffen.[116] Die Konsequenz war die Einführung von § 22 Abs. 3 PStG und § 45b PStG, auf die in dieser Arbeit noch genauer einzugehen ist.[117]

c) Zwischenergebnis

Mit seiner Entscheidung zur Dritten Option hat sich das BVerfG von einem binären Verständnis von Geschlecht gelöst und festgestellt, dass auch die geschlechtliche Identität jener Personen, die weder dem männlichen noch dem weiblichen Geschlecht zuzuordnen sind, den Schutz des Art. 2 Abs. 1 GG i.V.m. Art. 1 Abs. 1 GG genießt.

---

[109] BVerfG, Beschl. v. 10.10.2017 – 1 BvR 2019/16, NJW 2017, 3643, 3644 f., Rn. 41 ff.; siehe außerdem *Wapler*, jM 2018, 115, 116: „Eine falsche Zuordnung im Personenstandsregister begründet demnach einen Grundrechtseingriff."

[110] BVerfG, Beschl. v. 10.10.2017 – 1 BvR 2019/16, NJW 2017, 3643, 3645, Rn. 44.

[111] BVerfG, Beschl. v. 10.10.2017 – 1 BvR 2019/16, NJW 2017, 3643, 3645, Rn. 49.

[112] BVerfG, Beschl. v. 10.10.2017 – 1 BvR 2019/16, NJW 2017, 3643, 3646, Rn. 51.

[113] BVerfG, Beschl. v. 10.10.2017 – 1 BvR 2019/16, NJW 2017, 3643, 3646, Rn. 52.

[114] BVerfG, Beschl. v. 10.10.2017 – 1 BvR 2019/16, NJW 2017, 3643, 3646, Rn. 53; ähnlich bereits *Brachthäuser/Remus*, NJW 2016, 2885, 2887.

[115] BVerfG, Beschl. v. 10.10.2017 – 1 BvR 2019/16, NJW 2017, 3643, 3646, Rn. 50.

[116] BVerfG, Beschl. v. 10.10.2017 – 1 BvR 2019/16, NJW 2017, 3643, 3647, Rn. 66.

[117] Siehe unten S. 95 f.; 108 ff.

III. Ergebnis zu Art. 2 Abs. 1 GG i.V.m. Art. 1 Abs. 1 GG

Art. 2 Abs. 1 GG i.V.m. Art. 1 Abs. 1 GG umfasst als Ausprägung des allgemeinen Persönlichkeitsrechts auch ein Recht auf Achtung der selbstbestimmten geschlechtlichen Identität. Letzteres schützt sowohl das Finden und Erkennen der eigenen geschlechtlichen Identität als auch die Freiheit, diese auszudrücken und rechtlich in der eigenen Geschlechtsidentität anerkannt zu werden. Spätestens seit der Entscheidung des BVerfG zur Dritten Option steht ferner fest, dass der verfassungsrechtliche Schutz der geschlechtlichen Identität auch für Menschen gilt, die sich jenseits der binären Geschlechterkategorien verorten.

B. Das Recht auf Achtung des Privatlebens, Art. 8 Abs. 1 EMRK

Die geschlechtliche Identität eines Menschen wird außerdem auch auf Ebene der europäischen Grund- und Menschenrechte geschützt. Von besonderer Bedeutung ist hier das in Art. 8 Abs. 1 EMRK verankerte Recht auf Achtung des Privatlebens. Bei der EMRK handelt es sich um einen völkerrechtlichen Vertrag, der zwischen den Staaten des Europarates gilt.[118] In der Bundesrepublik gilt die EMRK zwar gem. Art. 59 Abs. 2 GG lediglich im Rang eines Bundesgesetzes.[119] Den Gewährleistungen der EMRK kommt jedoch aufgrund der Völkerrechtsfreundlichkeit des GG eine besondere Rolle bei der Auslegung der Grundrechte und der rechtsstaatlichen Grundsätze des Grundgesetzes zu.[120] Die Gewährleistungen des GG sind daher stets auch im Lichte der EMRK und der zur EMRK ergangenen Rechtsprechung des EGMR auszulegen.[121]

I. Grundlegendes zu Art. 8 Abs. 1 EMRK

Gemäß Art. 8 Abs. 1 EMRK hat jede Person ein Recht auf Achtung ihres Privat- und Familienlebens, ihrer Wohnung und ihrer Korrespondenz.

---

[118] *Epping*, Grundrechte, 2021, Rn. 1021; *Herdegen*, Europarecht, 2022, § 3, Rn. 56; *Meyer-Ladewig/Nettesheim*, in: Meyer-Ladewig/Nettesheim/von Raumer, EMRK, 2017, Einl., Rn. 14; *Petersen*, Verfassungsrecht II, 2022, § 1, Rn. 28.

[119] *Bumke/Voßkuhle*, Casebook Verfassungsrecht, 2020, S. 369, Rn. 1504; *Epping*, Grundrechte, 2021, Rn. 1021; *Petersen*, Verfassungsrecht II, 2022, § 10, Rn. 23.

[120] BVerfG, Beschl. v. 14.10.2004 – 2 BvR 1481/04, NJW 2004, 3407 ff., (juris-) Rn. 32; siehe dazu auch *Bumke/Voßkuhle*, Casebook Verfassungsrecht, 2020, S. 369, Rn. 1506; *Petersen*, Verfassungsrecht II, 2022, § 10, Rn. 25 ff.

[121] Vgl. dazu *Petersen*, Verfassungsrecht II, 2022, § 10, Rn. 25 ff.; *Michael/Morlok*, Grundrechte, 2023, § 6, Rn. 80.

1. Schutzbereich

Der Schutz des Art. 8 Abs. 1 EMRK erstreckt sich folglich auf verschiedene Lebensbereiche.[122] Im Mittelpunkt der nachfolgenden Betrachtung steht jedoch das Recht auf Achtung des Privatlebens, Art. 8 Abs. 1 Var. 1 EMRK.

a) Persönlicher Schutzbereich

Die Rechte aus der EMRK stehen gem. Art. 1 EMRK jeder Person zu, die der Hoheitsgewalt eines Konventionsstaates unterworfen ist.[123]

b) Sachlicher Schutzbereich

Der Begriff des „Privatlebens" in Art. 8 Abs. 1 Var. 1 EMRK ist umfassend zu verstehen und einer abschließenden Definition nicht zugänglich.[124] Dessen ungeachtet hat der EGMR das Recht auf Achtung des Privatlebens in den vergangen Jahrzehnten zu einem allgemeinen Recht auf freie Entfaltung der Persönlichkeit entwickelt.[125] Danach dient Art. 8 Abs. 1 EMRK dem Schutz einer persönlichen Sphäre, in der ein Mensch nach seiner Wahl leben und seine Persönlichkeit selbstbestimmt entfalten kann.[126] Das Recht auf Privatleben umfasst mithin die Identitätsbildung einer Person.[127] Im Zentrum des Rechts auf Achtung des Privatlebens steht somit, wie bereits bei Art. 2 Abs. 1 GG i.V.m. Art. 1 Abs. 1 GG,[128] der auf der Menschenwürde basierende Gedanke autonomer Selbstbestimmung.[129]

---

[122] *Petersen*, Verfassungsrecht II, 2022, § 3, Rn. 173.

[123] Näher dazu *Meyer-Ladewig/Nettesheim*, in: Meyer-Ladewig/Nettesheim/von Raumer, EMRK, 2017, Art. 1 EMRK, Rn. 21 ff.

[124] EGMR, Urt. v. 29.4.2002 – Nr. 2346/02, *Pretty ./. Vereinigtes Königreich*, Rn. 61; vgl dazu *Bührer*, Das Menschenwürdekonzept der EMRK, 2020, S. 265; *Gössl/Völzmann*, IJLPF 2019, 403, 410; *Meyer-Ladewig/Nettesheim*, in: Meyer-Ladewig/Nettesheim/von Raumer, EMRK, 2017, Art. 8 EMRK, Rn. 7.

[125] Siehe etwa EGMR, Urt. v. 13.2.2003 – Nr. 42326/98, *Odièvre ./. Frankreich*, Rn. 29; vgl. ferner *Meyer-Ladewig/Nettesheim*, in: Meyer-Ladewig/Nettesheim/von Raumer, EMRK, 2017, Art. 8 EMRK, Rn. 7; *Petersen*, Verfassungsrecht II, 2022, § 3, Rn. 174.

[126] EGMR, Urt. v. 29.4.2002 – Nr. 2346/02, *Pretty ./. Vereinigtes Königreich*, Rn. 61; siehe ferner *Meyer-Ladewig/Nettesheim*, in: Meyer-Ladewig/Nettesheim/von Raumer, EMRK, 2017, Art. 8 EMRK, Rn. 7.

[127] Vgl. EGMR, Urt. v. 11.7.2002 – Nr. 28957/95, *Goodwin ./. Vereinigtes Königreich*, Rn. 90; siehe ferner *Meyer-Ladewig/Nettesheim*, in: Meyer-Ladewig/Nettesheim/von Raumer, EMRK, 2017, Art. 8 EMRK, Rn. 21.

[128] Siehe oben S. 53.

[129] EGMR, Urt. v. 11.7.2002 – Nr. 28957/95, *Goodwin ./. Vereinigtes Königreich*, Rn. 90: „[…] the very essence of the Convention is respect for human dignity and human freedom. Under Article 8 of the Convention in particular, where the notion of personal autonomy is an important principle underlying the interpretation of its guarantees, protection is given to the personal sphere of each individual, including the right to establish details of their identity as individual human beings." So auch EGMR, Urt. v. 29.4.2002 – Nr. 2346/02, *Pretty ./. Vereinigtes Königreich*, Rn. 61; EGMR, Urt. v. 6.4.2017 – Nr. 79885/12, 52471/13 u. 52596/13,

2. Rechtfertigung von Eingriffen

Nach Art. 8 Abs. 2 EMRK darf in das Recht auf Achtung des Privatlebens nur eingegriffen werden, soweit der Eingriff gesetzlich vorgesehen und in einer demokratischen Gesellschaft notwendig ist.[130] Bei der Beurteilung, ob eine Maßnahme in einer demokratischen Gesellschaft notwendig ist, besitzen die Vertragsstaaten nach ständiger Rechtsprechung des EGMR einen gewissen Ermessensspielraum (*margin of appreciation*).[131] Dieser ist je nach Sachlage unterschiedlich weit.[132]

So ist der staatliche Ermessensspielraum nach der Rechtsprechung des EGMR grundsätzlich beschränkt, wenn ein besonders wichtiger Aspekt der Existenz oder Identität eines Individuums auf dem Spiel steht.[133] Besteht hingegen zwischen den Vertragsstaaten des Europarats noch kein Konsens über die Bedeutung des auf dem Spiel stehenden Interesses oder über die besten Mittel zu dessen Schutz, gesteht der EGMR den Vertragsstaaten in der Regel einen weiteren Ermessensspielraum zu.[134] Dies gilt in besonderem Maße für Fälle, die heikle moralische oder ethische Fragen aufwerfen.[135]

3. Positiver Gewährleistungsgehalt

Während Art. 8 Abs. 1 EMRK vornehmlich das Ziel verfolgt, ungerechtfertigte staatliche Eingriffe in das Privatleben eines Menschen abzuwehren,[136] hat die

---

A. P., Garçon u. Nicot ./. Frankreich, Rn. 93; siehe dazu *Bührer*, Das Menschenwürdekonzept der EMRK, 2020, S. 264; *Meyer-Ladewig/Nettesheim*, in: Meyer-Ladewig/Nettesheim/von Raumer, EMRK, 2017, Art. 8 EMRK, Rn. 7.

[130] Ausführlich dazu *Meyer-Ladewig/Nettesheim*, in: Meyer-Ladewig/Nettesheim/von Raumer, EMRK, 2017, Art. 8 EMRK, Rn. 101 ff.

[131] Siehe etwa EGMR, Urt. v. 6.4.2017 – Nr. 79885/12, 52471/13 u. 52596/13, *A. P., Garçon u. Nicot ./. Frankreich*, Rn. 121; etwa EGMR, Urt. v. 31.1.2023 – Nr. 76888/17, *Y ./. Frankreich*, Rn. 73; näher zur Doktrin des „margin of appreciation" *Fenton-Glynn*, Children and the European Court of Human Rights, 2021, S. 7 f.; *Schulte*, Margin-of-appreciation-Doktrin des EGMR, 2018.

[132] *Meyer-Ladewig/Nettesheim*, in: Meyer-Ladewig/Nettesheim/von Raumer, EMRK, 2017, Art. 8 EMRK, Rn. 112.

[133] EGMR, Urt. v. 6.4.2017 – Nr. 79885/12, 52471/13 u. 52596/13, *A. P., Garçon u. Nicot ./. Frankreich*, Rn. 121: „Nevertheless, where a particularly important facet of an individual's existence or identity is at stake, the margin allowed to the State will be restricted." Vgl. dazu ferner *Bührer*, Das Menschenwürdekonzept der EMRK, 2020, S. 264; *Fenton-Glynn*, Children and the European Court of Human Rights, 2021, S. 8; *Schulz*, FamRZ 2022, 366, 367.

[134] Siehe etwa EGMR, Urt. v. 31.1.2023 – Nr. 76888/17, *Y ./. Frankreich*, Rn. 73; näher zum Konzept des europäischen Konsenses *Theilen*, European Consensus between Strategy and Principle, 2021.

[135] Siehe dazu etwa EGMR, Urt. v. 16.7.2014 – Nr. 37359/09, *Hämäläinen ./. Finnland*, Rn. 75; EGMR, Urt. v. 6.4.2017 – Nr. 79885/12, 52471/13 u. 52596/13, *A. P., Garçon u. Nicot ./. Frankreich*, Rn. 121; EGMR, Urt. v. 31.1.2023 – Nr. 76888/17, *Y ./. Frankreich*, Rn. 73.

[136] EGMR, Urt. v. 12.6.2003 – Nr. 35968/97, *van Kück ./. Deutschland*, Rn. 70.

Regelung auch einen positiven Gewährleistungsgehalt.[137] Die Konventionsstaaten können daher unter Umständen auch verpflichtet sein, positive Maßnahmen zur Ermöglichung des Privatlebens zu ergreifen.[138] Mit anderen Worten können sich aus Art. 8 Abs. 1 EMRK auch positive Schutz- und Gewährleistungspflichten eines Staates ergeben.[139]

II. Schutz der selbstbestimmten geschlechtlichen Identität

Zu den anerkannten Schutzgütern des Rechts auf Achtung des Privatlebens i.S.d. Art. 8 Abs. 1 EMRK zählt auch die geschlechtliche Identität einer Person.[140] Diese stellt nach der Rechtsprechung des EGMR einen „der intimsten Bereiche des Privatlebens eines Menschen"[141] dar und ist daher vom Gewährleistungsgehalt des Art. 8 Abs. 1 EMRK erfasst.[142] Der Gerichtshof spricht anschaulich auch von einem „Recht auf geschlechtliche Identität" (*right to gender identity*)[143] bzw. einem „Recht auf Selbstbestimmung" (*right to self-determination*),[144] das die

---

[137] EGMR, Urt. v. 12.6.2003 – Nr. 35968/97, *van Kück ./. Deutschland*, Rn. 70; siehe ferner bereits *Schulz*, ZEuP 2021, 64, 74.

[138] Vgl. EGMR, Urt. v. 12.6.2003 – Nr. 35968/97, *van Kück ./. Deutschland*, Rn. 70; siehe dazu bereits *Schulz*, ZEuP 2021, 64, 74.

[139] *Meyer-Ladewig/Nettesheim*, in: Meyer-Ladewig/Nettesheim/von Raumer, EMRK, 2017, Art. 8 EMRK, Rn. 2.

[140] Statt vieler EGMR, Urt. v. 12.6.2003 – Nr. 35968/97, *van Kück ./. Deutschland*, Rn. 69: „[…] the concept of ‚private life' […] can sometimes embrace aspects of an individual's physical and social identity […]. Elements such as, for example, gender identification, name and sexual orientation and sexual life fall within the personal sphere protected by Article 8." Siehe dazu ferner *Adamietz*, Geschlecht als Erwartung, 2011, S. 50 f.; *Bührer*, Das Menschenwürdekonzept der EMRK, 2020, S. 264; *Cannoot*, in: Brems/Cannoot/Moonen (Hrsg.), Protecting Trans Rights in the Age of Gender Self-Determination, 2020, 11, 26 f.; *Council of Europe*, Legal Gender Recognition in Europe, 2022, S. 14 ff.; *Gössl/Völzmann*, IJLPF 2019, 403, 410; *Kappler*, Verbrechen gegen die Menschlichkeit, 2019, S. 216 f.; *Meyer-Ladewig/Nettesheim*, in: Meyer-Ladewig/Nettesheim/von Raumer, EMRK, 2017, Art. 8 EMRK, Rn. 7; *Schulz*, ZEuP 2021, 64, 74; *Valentiner*, in: Kappler/Vogt (Hrsg.), Gender im Völkerrecht, 2019, 15, 24.

[141] EGMR, Urt. v. 12.6.2003 – Nr. 35968/97, *van Kück ./. Deutschland*, Rn. 56: „[…] gender identity is one of the most intimate areas of a person's private life." Beachte jedoch *Meyer-Ladewig/Nettesheim*, in: Meyer-Ladewig/Nettesheim/von Raumer, EMRK, 2017, Art. 8 EMRK, Rn. 21: „Der Personenstand gehört zur persönlichen und sozialen Identität."

[142] Siehe etwa EGMR, Urt. v. 29.4.2002 – Nr. 2346/02, *Pretty ./. Vereinigtes Königreich*, Rn. 61; EGMR, Urt. v. 12.6.2003 – Nr. 35968/97, *van Kück ./. Deutschland*, Rn. 69; vgl. ferner *Gössl/Völzmann*, IJLPF 2019, 403, 410; *Meyer-Ladewig/Nettesheim*, in: Meyer-Ladewig/Nettesheim/von Raumer, EMRK, 2017, Art. 8 EMRK, Rn. 26.

[143] Vgl. etwa EGMR, Urt. v. 12.6.2003 – Nr. 35968/97, *van Kück ./. Deutschland*, Rn. 75: „In the present case, the facts complained of […] had repercussions on a fundamental aspect of her right to respect for private life, namely her right to gender identity […]." Dazu *Grünberger*, StAZ 2007, 357, 359; *Valentiner*, in: Kappler/Vogt (Hrsg.), Gender im Völkerrecht, 2019, 15, 24.

[144] Vgl. etwa EGMR, Urt. v. 6.4.2017 – Nr. 79885/12, 52471/13 u. 52596/13, *A.P., Garçon u. Nicot ./. Frankreich*, Rn. 93: „[…] Article 8 of the Convention […] includes a right to self-determination […]."

Konventionsstaaten grundsätzlich verpflichte, die geschlechtliche Identität eines Menschen auch rechtlich anzuerkennen.[145]

1. Rechtsprechung des EGMR zur Transgeschlechtlichkeit

Das Recht auf Achtung der geschlechtlichen Identität wurde vom EGMR maßgeblich in seinen Entscheidungen zum Themenkomplex der Transgeschlechtlichkeit entwickelt.[146] Nachdem sich der Gerichtshof in Hinblick auf eine rechtliche Anerkennung transgeschlechtlicher Menschen anfangs noch zurückhaltend gezeigt hatte,[147] markierte vor allem die Entscheidung *Goodwin ./. Vereinigtes Königreich*[148] im Jahr 2002 einen Wendepunkt.[149]

a) Goodwin ./. Vereinigtes Königreich

Hintergrund der Entscheidung war die Beschwerde der transgeschlechtlichen britischen Staatsangehörigen *Christine Goodwin*, die sich einer geschlechtsangleichenden Operation unterzogen und ihren Vornamen im Einklang mit ihrer weiblichen Geschlechtsidentität geändert hatte.[150] Eine Änderung ihrer rechtli-

---

[145] Vgl. u.a. EGMR, Urt. v. 11.7.2002 – Nr. 28957/95, *Goodwin ./. Vereinigtes Königreich*; EGMR, Urt. v. 6.4.2017 – Nr. 79885/12, 52471/13 u. 52596/13, *A.P., Garçon u. Nicot ./. Frankreich*; EGMR, Urt. v. 12.6.2003 – Nr. 35968/97, *van Kück ./. Deutschland*; siehe ferner *Kappler*, Verbrechen gegen die Menschlichkeit, 2019, S. 216.

[146] Siehe nur EGMR, Urt. v. 11.7.2002 – Nr. 28957/95, *Goodwin ./. Vereinigtes Königreich*; EGMR, Urt. v. 6.4.2017 – Nr. 79885/12, 52471/13 u. 52596/13, *A.P., Garçon u. Nicot ./. Frankreich*; EGMR, Urt. v. 12.6.2003 – Nr. 35968/97, *van Kück ./. Deutschland*; vgl. dazu *Bell*, Am. J. Comp. L. 2012, 127, 142; *Celorio*, Women and International Human Rights in Modern Times, 2022, S. 104 ff.; *Gonzalez-Salzberg*, Sexuality and Transsexuality, 2019, S. 28 ff.; *O'Flaherty/Fisher*, Hum. Rights Law Rev. 2008, 207, 220 f.; *Valentiner*, in: Kappler/Vogt (Hrsg.), Gender im Völkerrecht, 2019, 15, 24 ff.; *Wielpütz*, Über das Recht, ein anderer zu werden und zu sein, 2012, S. 104 ff.

[147] Vgl. u.a. EGMR, Urt. v. 17.10.1986 – Nr. 9532/81, *Rees ./. Vereinigtes Königreich*; EGMR, Urt. v. 27.9.1990 – Nr. 10843/84, *Cossey ./. Vereinigtes Königreich*; zu alledem *Adamietz*, Geschlecht als Erwartung, 2011, S. 50; *Althoff/Schabram/Follmar-Otto*, Gutachten: Geschlechtervielfalt im Recht, 2017, S. 14; *Gonzalez-Salzberg*, Sexuality and Transsexuality, 2019, S. 11 f.; *Kappler*, Verbrechen gegen die Menschlichkeit, 2019, S. 50; *Pintens*, FamRZ 2016, 341, 347; *Sacksofsky*, in: Hohmann-Dennhardt/Masuch/Villiger (Hrsg.), Grundrechte und Solidarität, 2011, 675, 680 f.; *Wielpütz*, Über das Recht, ein anderer zu werden und zu sein, 2012, S. 104 f.

[148] EGMR, Urt. v. 11.7.2002 – Nr. 28957/95, *Goodwin ./. Vereinigtes Königreich*; siehe außerdem die zeitgleich ergangene Entscheidung EGMR, Urt. v. 11.7.2002 – Nr. 25680/94, *I ./. Vereinigtes Königreich*.

[149] *Dunne*, in: Ashford/Maine (Hrsg.), Research Handbook on Gender, Sexuality and the Law, 2020, 134, 137; *Pintens*, FamRZ 2016, 341, 347; *Schulte*, Margin-of-appreciation-Doktrin des EGMR, 2018, S. 123; *Wielpütz*, Über das Recht, ein anderer zu werden und zu sein, 2012, S. 107.

[150] EGMR, Urt. v. 11.7.2002 – Nr. 28957/95, *Goodwin ./. Vereinigtes Königreich*, Rn. 13, 76.

chen Geschlechtszugehörigkeit hatte indes nicht stattgefunden, da dies zum damaligen Zeitpunkt nach englischem Recht nicht möglich war.[151] Unter anderem
ihre Geburtsurkunde und Sozialversicherungsnummer wiesen sie daher weiterhin als „männlich" aus und ließen insofern Rückschlüsse auf ihre Transgeschlechtlichkeit zu.[152] Aufgrund des Auseinanderfallens von sozialer Geschlechtsrolle und rechtlicher Geschlechtszugehörigkeit sah sich *Goodwin* im privaten und beruflichen Alltag erheblichen Nachteilen ausgesetzt.[153]

In seiner Entscheidung erklärte der EGMR die fehlende Möglichkeit einer
rechtlichen Anerkennung der geschlechtlichen Identität erstmals für unvereinbar
mit dem in Art. 8 Abs. 1 EMRK verbürgten Recht auf Achtung des Privatlebens.[154] Wie zuvor bereits das deutsche BVerfG,[155] erkannte der EGMR an, dass
eine Rechtsordnung Möglichkeiten zur Änderung des rechtlichen Geschlechts
bereithalten müsse.[156] Dabei betonte der Gerichtshof, dass die Diskrepanz zwischen sozialem und rechtlichem Geschlecht einer Person keineswegs eine gering-
fügige Unannehmlichkeit darstelle.[157] Vielmehr führe die Diskrepanz zu einem
tiefgreifenden Konflikt, der geeignet sei, die betroffene Person in einen Zustand
der Verletzlichkeit, Erniedrigung und Angst zu versetzen.[158]

Zwar gab der Gerichtshof zu bedenken, dass eine rechtliche Anerkennung der
Geschlechtsidentität transgeschlechtlicher Menschen durchaus erhebliche Auswirkungen auf die gesamte Rechtsordnung eines Staates haben könne.[159] Jedoch
seien diese Schwierigkeiten keineswegs unüberwindbar, sondern es dürfe von
einer Gesellschaft vernünftigerweise erwartet werden, dass sie gewisse Unan-
nehmlichkeiten toleriere, um jedem Menschen ein würdevolles Leben im Einklang mit der von ihm unter großen persönlichen Kosten gewählten Geschlechtsidentität zu ermöglichen.[160]

---

[151] EGMR, Urt. v. 11.7.2002 – Nr. 28957/95, *Goodwin ./. Vereinigtes Königreich*, Rn. 20 ff.
[152] EGMR, Urt. v. 11.7.2002 – Nr. 28957/95, *Goodwin ./. Vereinigtes Königreich*, Rn. 15 ff.;
siehe dazu bereits *Schulz*, ZEuP 2021, 64, 75 vgl. ferner *Gonzalez-Salzberg*, Sexuality and
Transsexuality, 2019, S. 42 ff.; *Visser/Picarra*, SAJHR 2012, 506, 518.
[153] EGMR, Urt. v. 11.7.2002 – Nr. 28957/95, *Goodwin ./. Vereinigtes Königreich*, Rn. 15 ff.;
vgl. dazu auch *Schulte*, Margin-of-appreciation-Doktrin des EGMR, 2018, S. 117.
[154] EGMR, Urt. v. 11.7.2002 – Nr. 28957/95, *Goodwin ./. Vereinigtes Königreich*, Rn. 93;
vgl. ferner die parallelen Ausführungen in EGMR, Urt. v. 11.7.2002 – Nr. 25680/94, *I ./.
Vereinigtes Königreich*; siehe zu beiden Entscheidungen auch *O'Flaherty/Fisher*, Hum. Rights
Law Rev. 2008, 207, 220.
[155] Siehe oben S. 54 ff.
[156] EGMR, Urt. v. 11.7.2002 – Nr. 28957/95, *Goodwin ./. Vereinigtes Königreich*, Rn. 91 ff.;
vgl. dazu auch *Gonzalez-Salzberg*, Sexuality and Transsexuality, 2019, S. 46.
[157] EGMR, Urt. v. 11.7.2002 – Nr. 28957/95, *Goodwin ./. Vereinigtes Königreich*, Rn. 77.
[158] EGMR, Urt. v. 11.7.2002 – Nr. 28957/95, *Goodwin ./. Vereinigtes Königreich*, Rn. 77.
[159] EGMR, Urt. v. 11.7.2002 – Nr. 28957/95, *Goodwin ./. Vereinigtes Königreich*, Rn. 91.
[160] EGMR, Urt. v. 11.7.2002 – Nr. 28957/95, *Goodwin ./. Vereinigtes Königreich*, Rn. 91.

b) Konsequente Fortentwicklung der Rechtsprechung seit Goodwin

An diese Grundsätze knüpfte der EGMR in den Folgejahren an und stärkte gerade in der jüngeren Vergangenheit die Rechte von transgeschlechtlichen Personen in den Vertragsstaaten des Europarates.[161] Der Gerichtshof stellte unter anderem fest, dass die Konventionsstaaten verpflichtet seien, in ihren jeweiligen Rechtsordnungen schnelle, transparente und leicht zugängliche Verfahren für eine Änderung des rechtlichen Geschlechts zur Verfügung zu stellen.[162] Dabei orientierte sich der EGMR auch an der Formulierung einer Resolution der Parlamentarischen Versammlung des Europarates, die im Jahr 2015 eben dies gefordert hatte.[163]

Zudem hat der EGMR in der jüngeren Vergangenheit mehrfach betont, dass es mit dem Recht auf Achtung des Privatlebens gem. Art. 8 Abs. 1 EMRK unvereinbar sei, wenn ein Vertragsstaat die Änderung des rechtlichen Geschlechts von der Durchführung einer geschlechtsangleichenden und womöglich zur Zeugungsunfähigkeit führenden Operation abhängig mache.[164] Diese Entwicklung ist insofern bemerkenswert, als der EGMR seine Grundsätze in der *Goodwin*-Entscheidung ursprünglich noch auf „post-operative" trans Personen beschränkt hatte.[165] Heute erkennt der Gerichtshof dagegen an, dass Art. 8 Abs. 1 EMRK die rechtliche Anerkennung der geschlechtlichen Identität „aller Menschen"[166] unabhängig davon gewährleistet, ob sie körperliche Veränderungen wünschen oder nicht. Insofern lassen sich auch Parallelen zur Rechtsprechung des BVerfG ziehen, das den Schutzbereich des allgemeinen Persönlichkeitsrechts ebenfalls im Laufe der Zeit auf einen größeren Personenkreis ausgeweitet hat.[167]

---

[161] Näher dazu *Gonzalez-Salzberg*, Sexuality and Transsexuality, 2019, S. 53 ff.

[162] Siehe etwa EGMR, Urt. v. 1.12.2022 – Nr. 57864/17, 79087/17, 55353/19, *A.D. ./. Georgien*, Rn. 73: „Furthermore, the Court has stated in its case-law on legal gender recognition, that what member States are expected to do under Article 8 of the Convention is to provide quick, transparent and accessible procedures for changing the registered sex marker of transgender people." Vgl. ferner bereits EGMR, Urt. v. 16.7.2014 – Nr. 37359/09, *Hämäläinen ./. Finnland*, Rn. 63 f.; EGMR, Urt. v. 19.1.2021 – Nr. 2145/16 u. 20607/16, *X. u. Y. ./. Rumänien*, Rn. 168; EGMR, Urt. v. 17.2.2022 – Nr. 74131/14, *Y. ./. Polen*, Rn. 73.

[163] Parlamentarische Versammlung des Europarates, Resolution Nr. 2048 (2015), Rn. 6.2.1; siehe dazu auch *Cannoot/Decoster*, International Journal of Gender, Sexuality and Law 2020, 26, 34; *Council of Europe*, Legal Gender Recognition in Europe, 2022, S. 16 f.

[164] EGMR, Urt. v. 6.4.2017 – Nr. 79885/12, 52471/13 u. 52596/13, *A.P., Garçon u. Nicot ./. Frankreich*, Rn. 135; ähnlich auch EGMR, Urt. v. 11.10.2018 – Nr. 55216/08, *S.V. ./. Italien*, Rn. 75; EGMR, Urteil v. 19.1.2021 – Nr. 2145/16 u. 20607/16, *X. u. Y. ./. Rumänien*, Rn. 167.

[165] EGMR, Urt. v. 11.7.2002 – Nr. 28957/95, *Goodwin ./. Vereinigtes Königreich*, Rn. 91.

[166] EGMR, Urt. v. 6.4.2017 – Nr. 79885/12, 52471/13 u. 52596/13, *A.P., Garçon u. Nicot ./. Frankreich*, Rn. 95: „The right to respect for private life under Article 8 of the Convention applies fully to gender identity, as a component of personal identity. This holds true for all individuals."

[167] Siehe oben S. 54 ff.

c) Zwischenergebnis

Der EGMR hat in seiner Rechtsprechung zur Transgeschlechtlichkeit mehrfach entschieden, dass das in Art. 8 Abs. 1 EMRK verankerte Recht auf Achtung des Privatlebens auch ein Recht auf Achtung der selbstbestimmten geschlechtlichen Identität umfasst. Dieses verpflichtet die Konventionsstaaten grundsätzlich dazu, einer transgeschlechtlichen Person die Änderung ihres rechtlichen Geschlechts im Einklang mit ihrer geschlechtlichen Identität zu ermöglichen. Dies gilt unabhängig davon, ob eine Person geschlechtsangleichende körperliche Maßnahmen wünscht oder nicht. Die Vertragsstaaten sind zudem gem. Art. 8 Abs. 1 EMRK dazu verpflichtet, in ihren nationalen Rechtsordnungen schnelle, transparente und leicht zugängliche Verfahren für eine Änderung des rechtlichen Geschlechts zur Verfügung zu stellen.

2. Y./. Frankreich

Bis in die jüngste Vergangenheit beschränkte sich die Rechtsprechung des EGMR noch auf transgeschlechtliche Personen, die eine Änderung ihres rechtlichen Geschlechts innerhalb eines binären Geschlechtersystems anstrebten.[168] In der Entscheidung *Y./. Frankreich*[169] aus dem Jahr 2023 hatte der EGMR nun jedoch erstmals Gelegenheit, sich zur Anerkennung geschlechtlicher Identitäten jenseits der Zweigeschlechtlichkeit zu äußern.[170]

a) Sachverhalt

Gegenstand des Verfahrens war die Beschwerde einer intergeschlechtlichen Person, die in Frankreich vergeblich die Änderung ihres auf „männlich" lautenden Geschlechtseintrages zu „geschlechtsneutral" oder „intersexuell" beantragt hatte.[171] Der letztinstanzlich mit der Sache befasste französische Kassationshof hatte den Antrag mit der Begründung abgelehnt, dass das französische Recht keine andere Angabe des Geschlechts als „männlich" oder „weiblich" dulde.[172] Der Kassationshof begründete dies unter anderem damit, dass die binäre Ausgestaltung des Personenstandsrechts für die soziale und rechtliche Ordnung in Frankreich notwendig sei und die Verweigerung einer nicht-binären Eintra-

---

[168] So bereits *Schulz*, ZEuP 2021, 64, 75; *Schulz*, FamRZ 2022, 366, 367; siehe außerdem *Gössl/Völzmann*, IJLPF 2019, 403, 412; *Valentiner*, in: Kappler/Vogt (Hrsg.), Gender im Völkerrecht, 2019, 15, 24.

[169] EGMR, Urt. v. 31.1.2023 – Nr. 76888/17, *Y./. Frankreich*.

[170] EGMR, Urt. v. 31.1.2023 – Nr. 76888/17, *Y./. Frankreich*; siehe dazu bereits *Schulz*, FamRZ 2023, 450 ff.

[171] Cass. Civ. 1ère, Urt. v. 4.5.2017 – Nr. 16–17.189, ECLI:FR:CCASS:2017:C100531; vgl. dazu *Moron-Puech*, Recueil Dalloz 2017, 1404 ff.

[172] Cass. Civ. 1ère, Urt. v. 4.5.2017 – Nr. 16–17.189, ECLI:FR:CCASS:2017:C100531: „[…] la loi française ne permet pas de faire figurer, dans les actes de l'état civil, l'indication d'un sexe autre que masculin ou féminin."

gungsoption daher ein legitimes Ziel verfolge.[173] Zudem habe die Anerkennung einer nicht-binären Eintragungsoption im Personenstandsrecht weitreichende Folgen für die gesamte französische Rechtsordnung, die weiterhin auf einem binären Geschlechtersystem basiere.[174] Hiergegen wandte sich die beschwerdeführende Person und machte vor dem EGMR geltend, dass die Weigerung der französischen Behörden, ihr Geschlecht mit der Angabe „geschlechtsneutral" oder „intersexuell" einzutragen, einen Verstoß gegen das in Art. 8 Abs. 1 EMRK geschützte Recht auf Achtung des Privatlebens darstelle.[175]

b) Entscheidung

Mit sechs von sieben Stimmen[176] entschied die zuständige Kammer des EGMR jedoch, dass die Weigerung der nationalen Behörden, den im Geburtenregister mit „männlich" vermerkten Geschlechtseintrag zu „neutral" oder „intersexuell" zu ändern, nicht gegen Art. 8 Abs. 1 EMRK verstoße.[177] Zwar erkannte der EGMR – wenn auch nur zwischen den Zeilen – an, dass auch Menschen mit nicht-binärer Geschlechtsidentität den Schutz des Art. 8 Abs. 1 EMRK genießen.[178] Zudem stellte der Gerichtshof fest, dass die Vorenthaltung einer nicht-binären Geschlechtsoption geeignet sei, das Recht einer Person auf Achtung ihres Privatlebens zu beeinträchtigen.[179]

Im Ergebnis lehnte der EGMR eine Verletzung von Art. 8 Abs. 1 EMRK indes ab und stützte sich in seiner Begründung maßgeblich auf den Ermessensspielraum der Konventionsstaaten, der in Ermangelung eines europäischen Konsenses auf diesem Gebiet noch als erweitert einzustufen sei.[180] Die Einführung einer nicht-binären Geschlechtsoption berühre ein gesellschaftliches Thema, das für

---

[173] Cass. Civ. 1ère, Urt. v. 4.5.2017 – Nr. 16–17.189, ECLI:FR:CCASS:2017:C100531: „Et attendu que, si l'identité sexuelle relève de la sphère protégée par l'article 8 de la Convention de sauvegarde des droits de l'homme et des libertés fondamentales, la dualité des énonciations relatives au sexe dans les actes de l'état civil poursuit un but légitime en ce qu'elle est nécessaire à l'organisation sociale et juridique, dont elle constitue un élément fondateur."

[174] Cass. Civ. 1ère, Urt. v. 4.5.2017 – Nr. 16–17.189, ECLI:FR:CCASS:2017:C100531: „[…] que la reconnaissance par le juge d'un ‚sexe neutre' aurait des répercussions profondes sur les règles du droit français construites à partir de la binarité des sexes et impliquerait de nombreuses modifications législatives de coordination."

[175] EGMR, Urt. v. 31.1.2023 – Nr. 76888/17, *Y ./. Frankreich*; näher dazu bereits *Schulz*, FamRZ 2023, 450.

[176] Beachte das Sondervotum der Richterin *Šimáčková* in EGMR, Urt. v. 31.1.2023 – Nr. 76888/17, *Y ./. Frankreich*.

[177] EGMR, Urt. v. 31.1.2023 – Nr. 76888/17, *Y ./. Frankreich*; vgl. dazu bereits *Schulz*, FamRZ 2023, 450.

[178] EGMR, Urt. v. 31.1.2023 – Nr. 76888/17, *Y ./. Frankreich*, Rn. 75; näher dazu bereits *Schulz*, FamRZ 2023, 450, 452.

[179] EGMR, Urt. v. 31.1.2023 – Nr. 76888/17, *Y ./. Frankreich*, Rn. 82 f.

[180] EGMR, Urt. v. 31.1.2023 – Nr. 76888/17, *Y ./. Frankreich*, Rn. 77 ff.; für eine Zusammenfassung und Besprechung der Entscheidung siehe bereits *Schulz*, FamRZ 2023, 450 ff.

Debatten und sogar Kontroversen sorgen könne und in einem demokratischen Staat tiefe Meinungsverschiedenheiten hervorrufen könne.[181] Zudem habe eine rechtsvergleichende Studie des EGMR ergeben, dass die große Mehrheit der Konventionsstaaten bislang keine Möglichkeit vorsehe, das Geschlecht in Personenstandsurkunden oder Identifikationsdokumenten mit einer anderen Angabe als „männlich" oder „weiblich" zu vermerken.[182] Zum gegenwärtigen Zeitpunkt sei daher noch kein europäischer Konsens in dieser Frage zu erkennen.[183]

Schließlich seien im vorliegenden Fall auch die konkurrierenden Allgemein- und Individualinteressen ordnungsgemäß gegeneinander abgewogen worden.[184] Auf Seiten der betroffenen Person sei zwar zu berücksichtigen, dass die Diskrepanz zwischen der „biologischen Identität" und der „rechtlichen Identität" geeignet, erhebliche Leiden und Angst hervorzurufen.[185] Auf der anderen Seite seien jedoch auch die von den nationalen Behörden vorgebrachten Gründe relevant.[186] Insofern erkenne der Gerichtshof an, dass die vorgebrachten Argumente, z.B. die Achtung des Grundsatzes der Unveräußerlichkeit des Personenstands und die Notwendigkeit der Wahrung der Kohärenz und Zuverlässigkeit der Personenstandsregister, stichhaltig seien.[187] Zudem akzeptiere der EGMR die Begründung des französischen Kassationsgerichts, wonach die Anerkennung eines „neutralen Geschlechts" weitreichende Auswirkungen auf die gesamte französische Rechtsordnung habe, welche weiterhin auf der Binarität der Geschlechter basiere.[188] Insgesamt habe Frankreich daher seine positive Verpflichtung, der beschwerdeführenden Person die wirksame Achtung ihres Privatlebens gem. Art. 8 EMRK zu garantieren, durch Vorenthaltung einer nicht-binären Geschlechtsoption nicht verletzt.[189]

III. Ergebnis zu Art. 8 Abs. 1 EMRK

Art. 8 Abs. 1 EMRK beinhaltet ein Recht auf Achtung der selbstbestimmten geschlechtlichen Identität. Dieses verpflichtet die Konventionsstaaten grundsätzlich dazu, einer Person die Änderung ihres rechtlichen Geschlechts zu ermöglichen und dafür transparente und zugängliche Verfahren in ihren nationalen Rechtsordnungen vorzusehen. Demgegenüber lehnt der EGMR eine auf Art. 8 Abs. 1 EMRK gestützte staatliche Verpflichtung zur Bereitstellung einer nicht-

---

[181] EGMR, Urt. v. 31.1.2023 – Nr. 76888/17, *Y./. Frankreich*, Rn. 77.
[182] EGMR, Urt. v. 31.1.2023 – Nr. 76888/17, *Y./. Frankreich*, Rn. 34 ff., 77.
[183] EGMR, Urt. v. 31.1.2023 – Nr. 76888/17, *Y./. Frankreich*, Rn. 77.
[184] EGMR, Urt. v. 31.1.2023 – Nr. 76888/17, *Y./. Frankreich*, Rn. 81 ff.
[185] EGMR, Urt. v. 31.1.2023 – Nr. 76888/17, *Y./. Frankreich*, Rn. 82 f.
[186] EGMR, Urt. v. 31.1.2023 – Nr. 76888/17, *Y./. Frankreich*, Rn. 89.
[187] EGMR, Urt. v. 31.1.2023 – Nr. 76888/17, *Y./. Frankreich*, Rn. 89.
[188] EGMR, Urt. v. 31.1.2023 – Nr. 76888/17, *Y./. Frankreich*, Rn. 89.
[189] EGMR, Urt. v. 31.1.2023 – Nr. 76888/17, *Y./. Frankreich*, Rn. 92; siehe dazu *Schulz*, FamRZ 2023, 450, 451.

binären Eintragungsoption für das Geschlecht bislang ab. In Ermangelung eines europäischen Konsenses auf diesem Gebiet, bleibt es daher derzeit noch den Konventionsstaaten überlassen, ob und in welchem Umfang sie auch Menschen mit nicht-binärer Geschlechtsidentität personenstandsrechtlich anerkennen möchten. Mit Blick auf den grund- und menschenrechtlichen Schutz der geschlechtlichen Identität lässt sich daher konstatieren, dass das Schutzniveau der EMRK derzeit hinter dem des GG zurückbleibt.

C. Das Recht auf Achtung des Privatlebens, Art. 7 GRCh

Das Recht auf Achtung der geschlechtlichen Identität wird schließlich auch durch Art. 7 GRCh geschützt,[190] welcher seit Inkrafttreten des Vertrages von Lissabon im Jahr 2009 Teil des europäischen Primärrechts ist.[191] Nach Art. 7 GRCh hat jede Person das Recht auf Achtung ihres Privat- und Familienlebens, ihrer Wohnung sowie ihrer Kommunikation. Die in Art. 7 GRCh verbürgten Rechte entsprechen somit den in Art. 8 Abs. 1 EMRK verankerten Rechten.[192] Für einen solchen Fall der inhaltlichen Übereinstimmung sieht Art. 52 Abs. 3 GRCh vor, dass die Charta-Grundrechte die gleiche Bedeutung und Tragweite haben, wie die entsprechenden Rechte der EMRK. Darüber hinaus ist der Präambel der GRCh zu entnehmen, dass auch der Rechtsprechung des EGMR bei der Auslegung der Unionsgrundrechte besonderes Gewicht zukommt.[193] Es besteht mithin ein weitgehender Gleichlauf zwischen Art. 8 Abs. 1 EMRK und Art. 7 GRCh.[194] Dies hat zur Folge, dass sowohl in Hinblick auf den Schutzbereich des Art. 7 GRCh als auch in Bezug auf etwaige Einschränkungsmöglichkeiten auf Art. 8 EMRK verwiesen werden kann.[195] Unter Zugrundelegung der obigen Ausführungen lässt sich mithin konstatieren, dass Art. 7 GRCh ebenfalls ein Recht auf Achtung der selbstbestimmten geschlechtlichen Identität verbürgt.[196] Eine Einschränkung erfährt Art. 7 GRCh allerdings dadurch, dass die

---

[190] Siehe dazu ferner *Jarass*, in: Jarass, Charta der Grundrechte der EU, 2021, Art. 7, Rn. 14; *Jarass/Kment*, EU-Grundrechte, 2019, § 12, Rn. 7.

[191] Vgl. Art. 6 Abs. 1 EUV; siehe dazu ferner *Epping*, Grundrechte, 2021, Rn. 1033; *Jarass/Kment*, EU-Grundrechte, 2019, § 2, Rn. 2; *Jarass*, in: Jarass, Charta der Grundrechte der EU, 2021, Einl., Rn. 6, 10; *Kingreen*, in: Calliess/Ruffert, EUV/AEUV, 2022, Art. 6 EUV, Rn. 12; *Michael/Morlok*, Grundrechte, 2023, § 7, Rn. 83.

[192] ABl. EU 2007/C 303/02, Erläuterungen zur Charta der Grundrechte, Erläuterung zu Artikel 7; siehe ferner *Jarass/Kment*, EU-Grundrechte, 2019, § 12, Rn. 2; *Bernsdorff*, in: Meyer/Hölscheidt, 2019, Art. 7 GRCh, Rn. 1.

[193] Präambel Abs. 5 S. 1 GRCh; vgl. dazu ferner *Jarass*, in: Jarass, Charta der Grundrechte der EU, 2021, Art. 52, Rn. 65; *Jarass/Kment*, EU-Grundrechte, 2019, § 12, Rn. 2; *Schwerdtfeger*, in: Meyer/Hölscheidt, 2019, Art. 52 GRCh, Rn. 52.

[194] ABl. EU 2007/C 303/02, Erläuterungen zur Charta der Grundrechte, Erläuterung zu Artikel 7; vgl. dazu ferner *Haltern*, Europarecht, 2017, Rn. 1485.

[195] *Jarass*, in: Jarass, Charta der Grundrechte der EU, 2021, Art. 52, Rn. 56.

[196] Siehe oben S. 69 ff.

Mitgliedstaaten der EU lediglich bei der „Durchführung des Rechts der Union" (Art. 51 Abs. 1 GRCh) an die Grundrechte der Charta gebunden sind.[197]

D. Gesamtergebnisse

1. Die geschlechtliche Identität eines Menschen wird auf vielfältige Weise im Mehrebenensystem aus nationalem Verfassungsrecht, Europarecht und Völkerrecht geschützt. Innerhalb des grund- und menschenrechtlichen Schutzsystems lässt sich zwischen dem Persönlichkeitsschutz einerseits und dem Schutz vor Diskriminierung andererseits differenzieren.

2. Die Freiheit, in der eigenen geschlechtlichen Identität auch rechtlich anerkannt zu werden, wird unter dem GG unter anderem gem. Art. 2 Abs. 1 GG i.V.m. Art. 1 Abs. 1 GG als Ausprägung des allgemeinen Persönlichkeitsrechts geschützt. Der Schutzbereich des Rechts auf Achtung der geschlechtlichen Identität erfasst sowohl das Finden und Erkennen der eigenen geschlechtlichen Identität (*forum internum*) als auch die Freiheit, im Einklang mit der geschlechtlichen Identität zu leben (*forum externum*). Dies gilt unabhängig davon, ob sich eine Person in ihrer geschlechtlichen Identität als „weiblich" oder „männlich" oder jenseits dieser binären Geschlechtskategorien verortet.

3. Widerspricht das bei der Geburt zugewiesene rechtliche Geschlecht eines Menschen seiner geschlechtlichen Identität, gebietet es Art. 2 Abs. 1 GG i.V.m. Art. 1 Abs. 1 GG, dem Selbstbestimmungsrecht der betreffenden Person Rechnung zu tragen und ihre geschlechtliche Identität auch rechtlich anzuerkennen. Dabei obliegt es dem Gesetzgeber, die Rechtsordnung so auszugestalten, dass die rechtliche Zuordnung zum nachhaltig empfundenen Geschlecht nicht von unzumutbaren Voraussetzungen abhängig gemacht wird.

4. Die geschlechtliche Identität eines Menschen wird auch auf Ebene der europäischen Grund- und Menschenrechte geschützt. Von besonderer Bedeutung ist das in Art. 8 Abs. 1 EMRK verankerte Recht auf Achtung des Privatlebens, das auch ein Recht auf Achtung der geschlechtlichen Identität beinhaltet. Daneben wird die geschlechtliche Identität auch durch Art. 7 GRCh geschützt, dessen Gewährleistungsgehalt demjenigen des Art. 8 Abs. 1 EMRK entspricht.

5. Art. 8 Abs. 1 EMRK verpflichtet die Vertragsstaaten grundsätzlich dazu, die Änderung des rechtlichen Geschlechts einer Person zu ermöglichen und dafür schnelle, transparente und zugängliche Verfahren in ihren jeweiligen Rechtsordnungen zur Verfügung zu stellen.

---

[197] Näher zu dieser Voraussetzung EuGH, Urt. v. 26.2.2013 – Rs. C-617/10, *Åkerberg Fransson*, ECLI:EU:C:2013:105; EuGH, Urt. v. 10.7.2014 – Rs. C-198/13, *Hernández*, ECLI: EU:C:2014:2055; BVerfG, Urt. v. 24.4.2013 – 1 BvR 1215/07, NJW 2013, 1499 ff.; *Epping*, Grundrechte, 2021, Rn. 1034; *Jarass/Kment*, EU-Grundrechte, 2019, §4, Rn. 9 ff.; *Jarass*, in: Jarass, Charta der Grundrechte der EU, 2021, Art. 51, Rn. 22 ff.; *Mager*, in: Stumpf/Kainer/Baldus (Hrsg.), Festschrift Müller-Graff, 2015, 1358; *Michael/Morlok*, Grundrechte, 2023, §7, Rn. 85 ff.

6. Dagegen lehnt der EGMR eine auf Art. 8 Abs. 1 EMRK gestützte staatliche Verpflichtung zur Bereitstellung einer nicht-binären Geschlechtsoption bislang ab. In Ermangelung eines europäischen Konsenses bleibt es daher derzeit noch den Vertragsstaaten überlassen, ob und in welchem Umfang sie auch Menschen mit nicht-binärer Geschlechtsidentität personenstandsrechtlich anerkennen.

4

Das Verbot geschlechtsspezifischer Diskriminierung

Die vorangegangene Untersuchung hat gezeigt, dass die geschlechtliche Identität eines Menschen im Mehrebenensystem aus nationalem Verfassungsrecht, Europarecht und Völkerrecht als Teil der Persönlichkeit geschützt wird. Der Persönlichkeitsschutz allein reicht jedoch nicht immer aus, um die Selbstbestimmung eines Menschen über seine rechtliche Geschlechtszugehörigkeit sicherzustellen.[1]

Die zweite Säule im grund- und menschenrechtlichen Schutzsystem bildet daher der Schutz vor geschlechtsspezifischer Diskriminierung, der dem Persönlichkeitsschutz als „flankierender Freiheitsschutz"[2] zur Seite gestellt ist.[3] Innerhalb des deutschen und europäischen Antidiskriminierungsrechts kann dabei wiederum zwischen verschiedenen Rechtsebenen unterschieden werden, welche jeweils Gleichheitssätze und Diskriminierungsverbote vorsehen.[4]

Darüber hinaus existieren weitere Menschenrechtsinstrumente, die ebenfalls dem Schutz vor geschlechtsspezifischer Diskriminierung dienen.[5] Erwähnt seien auch an dieser Stelle noch einmal die „Yogyakarta-Prinzipien", welche sogar ein ausdrückliches Diskriminierungsverbot aus Gründen der geschlechtlichen Identität enthalten.[6] Da die Yogyakarta-Prinzipien jedoch lediglich zur Konkretisierung der menschenrechtlichen Vorgaben herangezogen werden können,[7] konzentriert sich die nachfolgende Untersuchung wieder auf die Gewährleistungen des GG (A.), der EMRK (B.) und des Unionsrechts (C.).

---

[1] Siehe dazu auch *Lembke*, Stellungnahme geschlechtliche Selbstbestimmung, S. 2: „Ohne wirksamen Diskriminierungsschutz bleibt das Recht auf Selbstbestimmung für Personen, die strukturell ausgegrenzten, stigmatisierten und benachteiligten Gruppen angehören oder zugeschrieben werden, jedoch ein Versprechen ohne rechtliche Wirksamkeit."

[2] *Nußberger*, in: Sachs, GG-Kommentar, 2018, Art. 3 GG, Rn. 236.

[3] Siehe dazu auch *Holzleithner*, in: Lembke (Hrsg.), Regulierungen des Intimen, 2017, 33, 45.

[4] Siehe dazu *Röhner*, Ungleichheit und Verfassung, 2019, S. 166.

[5] Siehe etwa das „Übereinkommen der Vereinten Nationen zur Beseitigung jeder Form von Diskriminierung der Frau (CEDAW)"; vgl. dazu *Thies*, in: Giegerich (Hrsg.), The European Union as Protector and Promoter of Equality, 2020, 429, 437 ff.; *Ulrich*, in: Baer/Sacksofsky (Hrsg.), Autonomie im Recht, 2018, 71, 76 f.

[6] Vgl. Prinzip 2 der Yogyakarta-Prinzipien; siehe dazu *Hirschfeld-Eddy-Stiftung,* Die Yogyakarta-Prinzipien, 2008, S. 15 f.; vgl. dazu ferner *Valentiner*, Das Grundrecht auf sexuelle Selbstbestimmung, 2021, S. 351.

[7] Siehe oben S. 51.

A. Das Diskriminierungsverbot des Art. 3 Abs. 3 S. 1 GG

Unter dem GG stellt das in Art. 3 Abs. 3 S. 1 GG verankerte Diskriminierungs-verbot sicher, dass Menschen nicht aufgrund ihrer geschlechtlichen Identität be-nachteiligt werden.

I. Grundlegendes zu Art. 3 GG

Gemäß Art. 3 Abs. 1 GG sind alle Menschen vor dem Gesetz gleich (*allgemeiner Gleichheitssatz*).[8] Die im Verhältnis zu Art. 3 Abs. 1 GG speziellen Absätze 2 und 3 konkretisieren dies dahingehend,[9] dass Männer und Frauen gleichberechtigt sind (Art. 3 Abs. 2 GG) und niemand wegen seines Geschlechts benachteiligt oder bevorzugt werden darf (Art. 3 Abs. 3 S. 1 GG). Während auch das BVerfG anfänglich noch davon ausging, dass Art. 3 Abs. 3 S. 1 GG lediglich negativ wie-derhole, was Art. 3 Abs. 2 GG positiv statuiere,[10] unterscheidet das BVerfG heute zwischen einem in Art. 3 Abs. 2 GG verankerten Gleichberechtigungsgebot und einem Art. 3 Abs. 3 S. 1 GG zuzuordnenden Diskriminierungsverbot.[11] Letzteres soll im Folgenden noch etwas genauer untersucht werden.

II. Verbot geschlechtsspezifischer Diskriminierung, Art. 3 Abs. 3 S. 1 GG

Nach Art. 3 Abs. 3 S. 1 GG darf das Geschlecht eines Menschen grundsätzlich nicht als Anknüpfungspunkt für eine rechtliche Ungleichbehandlung herange-zogen werden.[12]

---

[8] Näher dazu *Bumke/Voßkuhle*, Casebook Verfassungsrecht, 2020, S. 114, Rn. 452 ff.; *Röhner*, Ungleichheit und Verfassung, 2019, S. 167; *Wollenschläger*, in: v. Mangoldt/Klein/Starck, 2018, Art. 3 Abs. 1 GG, Rn. 40 ff.; *Kischel*, in: BeckOK GG, 2023, Art. 3 GG, Rn. 1 ff.

[9] Siehe dazu *Mangold*, Demokratische Inklusion durch Recht, 2021, S. 196; *Röhner*, Un-gleichheit und Verfassung, 2019, S. 167; zum Spezialitätsverhältnis des Art. 3 Abs. 2, 3 GG zu Art. 3 Abs. 1 GG vgl. ferner *Langenfeld*, in: Dürig/Herzog/Scholz GG, 2023, Art. 3 GG, Abs. 3, Rn. 14.

[10] Siehe dazu BVerfG, Urt. v. 10.5.1957 – 1 BvR 550/52, NJW 1957, 865 ff., (juris-) Rn. 130 ff.; grundlegend zum Verhältnis zwischen Art. 3 Abs. 2 und Abs. 3 GG *Sacksofsky*, Das Grundrecht auf Gleichberechtigung, 1991; vgl. ferner *Baer/Markard*, in: v. Mangoldt/Klein/Starck, 2018, Art. 3 Abs. 2 GG, Rn. 356; *Röhner*, Ungleichheit und Verfassung, 2019, S. 183.

[11] BVerfG, Urt. v. 28.1.1992 – 1 BvR 1025/82, 1 BvL 16/83, 1 BvL 10/91, NJW 1992, 964 ff., (juris-) Rn. 53: „Der über das Diskriminierungsverbot des Art. 3 III GG hinausreichende Regelungsgehalt von Art. 3 II GG besteht darin, dass er ein Gleichberechtigungsgebot auf-stellt und dieses auch auf die gesellschaftliche Wirklichkeit erstreckt." Siehe dazu *Badura*, Staatsrecht, 2018, S. 197; *Baer/Markard*, in: v. Mangoldt/Klein/Starck, 2018, Art. 3 Abs. 2 GG, Rn. 354 ff.

[12] So die Formulierung bei BVerfG, Beschl. v. 10.10.2017 – 1 BvR 2019/16, NJW 2017, 3643, 3647, Rn. 57; vgl. dazu ferner *Mast*, in: Müller/Dittrich (Hrsg.), Linien der Recht-sprechung des Bundesverfassungsgerichts, 2022, 329, 348.

1. „Geschlecht" ist mehr als „Männer und Frauen"

Allerdings definiert Art. 3 Abs. 3 S. 1 GG nicht näher, was unter dem Begriff des „Geschlechts" zu verstehen ist. Bis zur Entscheidung des BVerfG zur Dritten Option[13] entsprach es daher der überwiegenden Ansicht in Rechtsprechung und Literatur, dass das GG auf einem binären Geschlechtersystem basiere und dem Begriff des „Geschlechts" in Art. 3 Abs. 3 S. 1 GG daher kein über die Gleichheit von „Männern und Frauen" (Art. 3 Abs. 2 GG) hinausgehender Gehalt zukomme.[14] Demgegenüber wurde bereits vor der Entscheidung zur Dritten Option vereinzelt darauf hingewiesen, dass die Vorstellung einer eindeutigen, unwandelbaren und anhand äußerer Geschlechtsmerkmale bestimmbaren rechtlichen Geschlechtszugehörigkeit eine „unzulässige Vereinfachung"[15] sei bzw. eine unzumutbare „Erwartung"[16] von Rollenkonformität darstelle.[17] Aus diesem Grund wurde gefordert, den Begriff des „Geschlechts" nicht auf Männer und Frauen zu beschränken, sondern den Schutz des Art. 3 Abs. 3 S. 1 GG auch auf Menschen zu erstrecken, die sich in ihrer geschlechtlichen Identität jenseits der binären Geschlechterkategorien verorten.[18]

Diesem Begriffsverständnis hat sich im Jahr 2017 auch das BVerfG angeschlossen und entschieden, dass der Begriff des „Geschlechts" in Art. 3 Abs. 3 S. 1 GG nicht notwendig an die in Art. 3 Abs. 2 GG niedergelegte binäre Unterscheidung zwischen zwei Geschlechtern anknüpfe, sondern umgekehrt gerade vor solchen Benachteiligungen schütze, die aus einer binären Geschlechterordnung erwachsen könnten.[19] Konkret heißt es in der Entscheidung zur Dritten Option:

---

[13] BVerfG, Beschl. v. 10.10.2017 – 1 BvR 2019/16, NJW 2017, 3643 ff.; siehe oben S. 62 ff.

[14] So weiterhin *Kischel*, in: BeckOK GG, 2023, Art. 3 GG, Rn. 219; *Rixen*, JZ 2018, 317, 224 ff.; jeweils m.w.N.; vgl. ferner *Hufen*, Staatsrecht II, 2020, § 40 Rn. 3.

[15] *Sachs*, in: Handbuch des Staatsrechts, Band VIII. 2010, § 182, Rn. 42; *Baer/Markard*, in: v. Mangoldt/Klein/Starck, 2018, Art. 3 Abs. 3 GG, Rn. 451: „Ein fixes, dichotomisch-zweigeschlechtliches Geschlechterbild ist insofern Teil des Problems, keine Lösung."

[16] *Adamietz*, Geschlecht als Erwartung, 2011, S. 258 ff.; vgl. ferner *Mulder*, EU Non-Discrimination Law in the Courts, 2017, S. 118: „gender expectations".

[17] Ausführlich zu alledem *Baer/Markard*, in: v. Mangoldt/Klein/Starck, 2018, Art. 3 Abs. 3 GG, Rn. 451 ff.

[18] Siehe etwa *Adamietz*, Geschlecht als Erwartung, 2011, S. 248 ff.; *Froese*, AöR 140 (2015), 598, 611; *Jarass*, in: Jarras/Pieroth, GG Kommentar, 14. Aufl. 2016, Art. 3 GG, Rn. 120; *Kolbe*, Intersexualität, Zweigeschlechtlichkeit und Verfassungsrecht, 2010, S. 120 ff.; *Krieger*, in: Schmidt-Bleibtreu/Hofman/Hennecke, 2014, Art. 3 GG, Rn. 77; *Lettrari*, Aktuelle Aspekte der Rechtslage zur Intersexualität, 2015, S. 13; *Sachs*, in: Handbuch des Staatsrechts, Band VIII, 2010, § 182, Rn. 42; *A. Schmidt*, in: Schochow/Gehrmann/Steger (Hrsg.), Inter*– und Trans*identitäten, 2016, 231, 245 f., 251 f.

[19] BVerfG, Beschl. v. 10.10.2017 – 1 BvR 2019/16, NJW 2017, 3643, 3547, Rn. 58 f.; siehe dazu die pointierte Zusammenfassung bei *Michael/Morlok*, Grundrechte, 2023, § 26, Rn. 822.

„Art. 3 Abs. 3 Satz 1 GG schützt nicht nur Männer vor Diskriminierungen wegen ihres männlichen Geschlechts und Frauen vor Diskriminierungen wegen ihres weiblichen Geschlechts, sondern schützt auch Menschen, die sich diesen beiden Kategorien in ihrer geschlechtlichen Identität nicht zuordnen, vor Diskriminierungen wegen dieses weder allein männlichen noch allein weiblichen Geschlechts [...]. Zweck des Art. 3 Abs. 3 Satz 1 GG ist es, Angehörige strukturell diskriminierungsgefährdeter Gruppen vor Benachteiligung zu schützen. [...] Die Vulnerabilität von Menschen, deren geschlechtliche Identität weder Frau noch Mann ist, ist in einer überwiegend nach binärem Geschlechtsmuster agierenden Gesellschaft besonders hoch. Der Wortlaut des Art. 3 Abs. 3 Satz 1 GG lässt es ohne Weiteres zu, sie in den Schutz einzubeziehen. Art. 3 Abs. 3 Satz 1 GG spricht ohne Einschränkung allgemein von ‚Geschlecht‘, was auch ein Geschlecht jenseits von männlich oder weiblich sein kann.“[20]

Das BVerfG hat somit klargestellt, dass das in Art. 3 Abs. 3 S. 1 GG verankerte Diskriminierungsverbot auch Benachteiligungen wegen der geschlechtlichen Identität eines Menschen untersagt.[21] Denn der Zweck des Art. 3 Abs. 3 S. 1 GG bestehe darin, der spezifischen „Vulnerabilität"[22] einer Person Rechnung zu tragen und gerade Angehörige strukturell diskriminierungsgefährdeter Gruppen vor Benachteiligung zu schützen.[23] Zudem hat das BVerfG überzeugend herausgearbeitet, dass sich gerade Menschen mit nicht-binärer Geschlechtsidentität unter den geltenden gesellschaftlichen Bedingungen in einer besonderen „gleichheitsrechtlichen Gefährdungslage"[24] befinden.

Spätestens seit der Entscheidung zur Dritten Option steht somit fest, dass gerade auch trans- und intergeschlechtliche Menschen, die sich in ihrer geschlechtlichen Identität nicht als „weiblich" oder „männlich" verorten, durch das Diskriminierungsverbot des Art. 3 Abs. 3 S. 1 GG geschützt werden.[25] Führt man sich vor Augen, dass das BVerfG Fragen der geschlechtlichen Identität bis dahin

---

[20] BVerfG, Beschl. v. 10.10.2017 – 1 BvR 2019/16, NJW 2017, 3643, 3547, Rn. 58 f.

[21] Beachte jedoch *Mast*, in: Müller/Dittrich (Hrsg.), Linien der Rechtsprechung des Bundesverfassungsgerichts, 2022, 329, 349 ff., der darauf hinweist, dass nicht abschließend geklärt ist, wie weitreichend die Öffnung des Art. 3 Abs. 3 S. 1 durch das BVerfG zu verstehen ist; kritisch zur Rechtsprechung des BVerfG *Kischel*, in: BeckOK GG, 2023, Art. 3 GG, Rn. 219 ff.

[22] Ausführlich zum Kriterium der „Vulnerabilität" *Holzleithner*, in: Baer/Lepsius/Schönberger et al. (Hrsg.), JöR 2019, 457, 471 f.; *Markard*, in: Greif (Hrsg.), No Lessons from the Intersexed, 2019, 41, 46 f.

[23] BVerfG, Beschl. v. 10.10.2017 – 1 BvR 2019/16, NJW 2017, 3643, 3547, Rn. 58 f.; vgl. ferner *Baer/Markard*, in: v. Mangoldt/Klein/Starck, 2018, Art. 3 Abs. 3 GG, Rn. 387; *Epping*, Grundrechte, 2021, Rn. 822; *Grünberger et al.*, Diversität in Rechtswissenschaft und Rechtspraxis, 2021, S. 52; *Langenfeld*, in: Dürig/Herzog/Scholz GG, 2023, Art. 3 GG Abs. 3, Rn. 25; *Nußberger*, in: Sachs, Grundgesetz, 2018, Art. 3 GG, Rn. 236 f.; *Völzmann*, JZ 2019, 381, 387.

[24] *Baer/Markard*, in: v. Mangoldt/Klein/Starck, 2018, Art. 3 Abs. 3 GG, Rn. 387; *Markard*, in: Greif (Hrsg.), No Lessons from the Intersexed, 2019, 41, 46.

[25] Ähnlich auch *Baer/Markard*, in: v. Mangoldt/Klein/Starck, 2018, Art. 3 Abs. 3 GG, Rn. 447; *Boysen*, in: v. Münch/Kunig, 2021, Art. 3 GG, Rn. 175; *Langenfeld*, in: Dürig/Herzog/Scholz GG, 2023, Art. 3 GG Abs. 3, Rn. 42; *Lembke*, Country Report Gender Equality, 2020, S. 20; ablehnend *Kischel*, in: BeckOK GG, 2023, Art. 3 GG, Rn. 219 f.

ausschließlich im allgemeinen Persönlichkeitsrecht verhandelt hatte,[26] liegt hierin eine zentrale Neuerung der Entscheidung zur Dritten Option.[27]

2. Rechtfertigung von Ungleichbehandlungen wegen des Geschlechts

Eine geschlechtsspezifische Ungleichbehandlung ist nur in eng begrenzten Ausnahmefällen gerechtfertigt.[28] Nach der Rechtsprechung des BVerfG gilt insofern ein strenger Prüfungsmaßstab.[29] Regelungen, die unmittelbar an das Geschlecht anknüpfen, sind nur mit Art. 3 Abs. 3 S. 1 GG vereinbar, wenn sie zur Lösung von Problemen, die „ihrer Natur nach"[30] nur bei einem bestimmten Geschlecht auftreten, „zwingend erforderlich" sind. Geschlechterstereotype oder tradierte Rollenverteilungen können eine geschlechtsbezogene Ungleichbehandlung nicht rechtfertigen.[31] Vielmehr müssen unabweisbare biologische Unterschiede – etwa im Rahmen einer Schwangerschaft[32] – vorliegen, die eine geschlechtsbezogene Differenzierung zwingend erforderlich machen.[33] In jedem Fall ist stets eine strenge Verhältnismäßigkeitsprüfung geboten.[34]

---

[26] Vgl. *Boysen*, in: v. Münch/Kunig, 2021, Art. 3 GG, Rn. 175; *Markard*, in: Greif (Hrsg.), No Lessons from the Intersexed, 2019, 41, 42.

[27] Siehe dazu *Lembke*, ZfRSoz 2018, 208, 217: „revolutionäre Neuheit" bzw. *Lembke*, Stellungnahme geschlechtliche Selbstbestimmung, S. 3: „wesentliche Innovation". Vgl. ferner *Dunnel/Mulder*, Ger. Law J. 2018, 627, 633; kritisch *Rixen*, JZ 2018, 317.

[28] *Baer/Markard*, in: v. Mangoldt/Klein/Starck, 2018, Art. 3 Abs. 3 GG, Rn. 433, 461; beachte jedoch *Markard*, in: Mangold/Payandeh (Hrsg.), Handbuch Antidiskriminierungsrecht, 2022, 262, 282, Rn. 47, die darauf hinweist, das bislang noch nicht abschließend geklärt sei, ob der strenge Rechtfertigungsmaßstab für Geschlechtsdiskriminierung auch für Benachteiligungen wegen der Geschlechtsidentität gelte.

[29] Vgl. BVerfG, Beschl. v. 10.7.2012 – 1 BvL 2/10, 1 BvL 3/10, 1 BvL 4/10, 1 BvL 3/11, NVwZ-RR 2012, 825, 830, Rn. 74; siehe ferner *Baer/Markard*, in: v. Mangoldt/Klein/Starck, 2018, Art. 3 Abs. 3 GG, Rn. 461; *Krieger*, in: Schmidt-Bleibtreu/Hofman/Hennecke, 2018, Art. 3 GG, Rn. 71.

[30] BVerfG, Urt. v. 28.1992 – 1 BvR 1025/82, 1 BvL 16/83, 1 BvL 10/91, NJW 1992, 994, Ls. 2: „Eine Ungleichbehandlung, die an das Geschlecht anknüpft, ist mit Art. 3 GG nur vereinbar, soweit sie zur Lösung von Problemen, die ihrer Natur nach nur entweder bei Männern oder bei Frauen auftreten können, zwingend erforderlich ist." Siehe dazu auch *Baer/Markard*, in: v. Mangoldt/Klein/Starck, 2018, Art. 3 Abs. 3 GG, Rn. 461; *Jarass*, in: Jarass/Pieroth GG, 2022, Art. 3 GG, Rn. 153; *Langenfeld*, in: Dürig/Herzog/Scholz GG, 2023, Art. 3 GG Abs. 3, Rn. 72; *Nußberger*, in: Sachs, Grundgesetz, 2018, Art. 3 GG, Rn. 273.

[31] BVerfG, Beschl. v. 25.10.2005 – 2 BvR 524/01, FamRZ 2006, 21 ff., (juris-) Rn. 42; BVerfG, Beschl. v. 24.01.1995 – 1 BvL 18/93, NJW 1995, 1733 ff., (juris-) Rn. 76, siehe dazu ferner *Adamietz*, Geschlecht als Erwartung, 2011, S. 238; *Krieger*, in: Schmidt-Bleibtreu/Hofman/Hennecke, 2018, Art. 3 GG, Rn. 71.

[32] Vgl. *Bumke/Voßkuhle*, Casebook Verfassungsrecht, 2020, S. 130, Rn. 511; *Mast*, in: Müller/Dittrich (Hrsg.), Linien der Rechtsprechung des Bundesverfassungsgerichts, 2022, 329, 354.

[33] Etwa Regelungen, die an eine Schwangerschaft oder Geburt anknüpfen. Siehe dazu *Krieger*, in: Schmidt-Bleibtreu/Hofman/Hennecke, 2018, Art. 3 GG, Rn. 71; *Baer/Markard*, in: v. Mangoldt/Klein/Starck, 2018, Art. 3 Abs. 3 GG, Rn. 461.

[34] *Langenfeld*, in: Dürig/Herzog/Scholz GG, 2023, Art. 3 GG Abs. 3, Rn. 72.

Fehlt es an solch zwingenden Gründen, können geschlechtsbezogene Ungleichbehandlungen nur durch kollidierendes Verfassungsrecht gerechtfertigt werden.[35] Hier ist insbesondere Art. 3 Abs. 2 GG zu nennen, der eine Ungleichbehandlung wegen des Geschlechts rechtfertigen kann, wenn diese der tatsächlichen Durchsetzung der Gleichberechtigung von Männern und Frauen dient.[36]

III. Ergebnis zu Art. 3 Abs. 3 S. 1 GG

Nach Art. 3 Abs. 3 S. 1 GG darf niemand wegen seines Geschlechtes benachteiligt oder bevorzugt werden. Der Zweck der Regelung besteht darin, Angehörige strukturell diskriminierungsgefährdeter Gruppen vor Benachteiligung zu schützen. Wie das BVerfG in seiner Entscheidung zur Dritten Option klargestellt hat, ist der Begriff des „Geschlechts" nicht mit dem Begriffspaar „Männer und Frauen" in Art. 3 Abs. 2 GG deckungsgleich, sondern der Schutz des Art. 3 Abs. 3 S. 1 GG erstreckt sich auch auf Menschen, die sich in ihrer geschlechtlichen Identität jenseits der binären Geschlechtskategorien verorten.

B. Das Diskriminierungsverbot des Art. 14 EMRK

Ein weiterer Baustein des Schutzes vor geschlechtsbezogener Diskriminierung ist das Diskriminierungsverbot des Art. 14 EMRK. Danach ist der Genuss der in der Konvention anerkannten Rechte und Freiheiten ohne Diskriminierung „insbesondere wegen des Geschlechts" oder eines „sonstigen Status" zu gewährleisten. Bei Art. 14 EMRK handelt es sich um ein akzessorisches Recht, dessen Anwendung voraussetzt, dass der Schutzbereich einer oder mehrerer Vorschriften der EMRK eröffnet ist.[37]

I. Schutzgehalt des Diskriminierungsverbotes

Der Katalog der in Art. 14 EMRK genannten verbotenen Diskriminierungsmerkmale ist – anders als derjenige des Art. 3 Abs. 3 S. 1 GG[38] – nicht abschlie-

---

[35] *Baer/Markard*, in: v. Mangoldt/Klein/Starck, 2018, Art. 3 Abs. 3 GG, Rn. 461; *Langenfeld*, in: Dürig/Herzog/Scholz GG, 2023, Art. 3 GG Abs. 3, Rn. 73; *Sachs*, in: Handbuch des Staatsrechts, Band VIII, 2010, § 182, Rn. 154.

[36] *Baer/Markard*, in: Mangoldt/Klein/Starck, 2018, Art. 3 Abs. 3 GG, Rn. 450, 461; *Epping*, Grundrechte, 2021, Rn. 847; kritisch *Sachs*, in: Handbuch des Staatsrechts, Band VIII, 2010, § 182, Rn. 155.

[37] EGMR, Urt. v. 28.5.1985 – Nr. 9214/80, 9473/81, 9474/81, *Abdulaziz, Cabales u. Balkandali ./. Vereinigtes Königreich*, Rn. 71; vgl. ferner *Mangold*, Demokratische Inklusion durch Recht, 2021, S. 322; *O'Flaherty/Fisher*, Hum. Rights Law Rev. 2008, 207, 218; *Radacic*, EJIL 2008, 841, 842; *Fredman*, Hum. Rights Law Rev. 2016, 273.

[38] Siehe dazu *Langenfeld*, in: Dürig/Herzog/Scholz GG, 2023, Art. 3 GG Abs. 3, Rn. 41; *Michael/Morlok*, Grundrechte, 2023, § 26, Rn. 825.

ßend, was durch die Begriffe „insbesondere" und „sonstiger Status" zum Ausdruck kommt.[39] Als einen solchen „sonstigen Status" ordnet der EGMR auch die
geschlechtliche Identität eines Menschen ein.[40] Das Diskriminierungsverbot des
Art. 14 EMRK verbietet mithin auch Benachteiligungen wegen der geschlechtlichen Identität.[41] Der Schutz des Art. 8 Abs. 1 EMRK wird dadurch noch um
eine „antidiskriminierungsrechtliche Perspektive"[42] ergänzt.

II. Hohe Anforderungen an Rechtfertigungsmöglichkeit

Auch nach der Rechtsprechung des EGMR gelten für die Rechtfertigung einer
geschlechtsspezifischen Diskriminierung hohe Anforderungen.[43] Wenn die frag-
liche Unterscheidung im intimen und verletzlichen Bereich des Privatlebens einer
Person erfolgt, müssen „besonders gewichtige Gründe" vorliegen, um die unterschiedliche Behandlung zu rechtfertigen.[44]

III. Ergebnis zu Art. 14 EMRK

Die geschlechtliche Identität eines Menschen wird auch durch das Diskriminierungsverbot des Art. 14 EMRK geschützt. Da die Regelung des Art. 14 EMRK
jedoch nicht abschließend ist, ordnet der EGMR die geschlechtliche Identität als
„sonstigen Status" i.S.d. Art. 14 EMRK ein, anstatt sie innerhalb des Diskrimi-
nierungsmerkmals „Geschlecht" zu verhandeln.

---

[39] Siehe etwa EGMR, Urt. v. 30.11.2010 – Nr. 35159/09, *P. V. ./. Spanien*, Rn. 30; vgl. dazu
ferner *Baer*, in: Mangold/Payandeh (Hrsg.), Handbuch Antidiskriminierungsrecht, 2022,
223, 235, Rn. 36; *Gerards*, in: Giegerich (Hrsg.), The European Union as Protector and Promoter of Equality, 2020, 135, 141; *Mangold*, Demokratische Inklusion durch Recht, 2021,
S. 322.

[40] Siehe etwa EGMR, Urt. v. 30.11.2010 – Nr. 35159/09, *P. V. ./. Spanien*, Rn. 30; vgl.
ferner *Liddell/O'Flaherty*, Handbook on European non-discrimination law, 2018, S. 171.

[41] Vgl. EGMR, Urt. v. 12.5.2015 – Nr. 73235/12, *Identoba ./. Georgien*, Rn. 96: „[...] the
Court reiterates that the prohibition of discrimination under Article 14 of the Convention
duly covers questions related to sexual orientation and gender identity." So auch EGMR,
Urt. v. 30.11.2010 – Nr. 35159/09, *P. V. ./. Spanien*, Rn. 30; EGMR, Urt. v. 6.7.2021 –
Nr. 47220/19 *A. M. ./. Russland*, Rn. 73.

[42] *Valentiner*, in: Kappler/Vogt (Hrsg.), Gender im Völkerrecht, 2019, 15, 25.

[43] Siehe etwa EGMR, Urt. v. 21.10.2010 – Nr. 4916/07, 25924/08, 14599/09, *Alekseyev ./.
Russland*, Rn. 108; EGMR, Urt. v. 16.7.2014 – Nr. 37359/09, *Hämäläinen ./. Finnland*,
Rn. 109.

[44] EGMR, Urt. v. 21.10.2010 – Nr. 4916/07, 25924/08, 14599/09, *Alekseyev ./. Russland*,
Rn. 108: „[...] when the distinction in question operates in this intimate and vulnerable sphere
of an individual's private life, particularly weighty reasons need to be advanced before the
Court to justify the measure complained of." Vgl. auch EGMR, Urt. v. 16.7.2014 –
Nr. 37359/09, *Hämäläinen ./. Finnland*, Rn. 109: „[...] the Court has held repeatedly that
differences based on gender or sexual orientation require particularly serious reasons by way
of justification." Siehe ferner *O'Flaherty/Fisher*, Hum. Rights Law Rev. 2008, 207, 218.

C. Diskriminierungsverbote im Unionsrecht

Das Verbot geschlechtsspezifischer Diskriminierung ist schließlich auch ein Kernanliegen der EU.[45] Bereits die Römischen Verträge von 1957 forderten gleiches Entgelt für Frauen und Männer und bildeten die Kompetenzgrundlage für die ersten Gleichstellungsrichtlinien auf europäischer Ebene.[46] Seither wurde der Geltungsbereich des europäischen Antidiskriminierungsrechts durch eine Vielzahl unterschiedlicher Rechtsakte und die Rechtsprechung des EuGH schrittweise weiterentwickelt.[47] Dabei galt gerade der EuGH lange als „treibende Kraft"[48] bzw. „Motor"[49] der Geschlechtergleichstellung.

I. Diskriminierungsverbote im Primär- und Sekundärrecht

Sowohl im europäischen Primärrecht[50] als auch im europäischen Sekundärrecht[51] finden sich heute zahlreiche Regelungen, die jeweils Diskriminierungen wegen des Geschlechts verbieten.[52]

1. Der Begriff des „Geschlechts" im Unionsrecht

Die verschiedenen europarechtlichen Diskriminierungsverbote werfen die Frage auf, wie der Begriff des „Geschlechts" im Unionsrecht zu verstehen ist.[53] In der

---

[45] Ausführlich dazu *Baer/Markard*, in: v. Mangoldt/Klein/Starck, 2018, Art. 3 Abs. 3 GG, Rn. 391 ff.; *Dutta/Fornasier*, Jenseits von männlich und weiblich, 2020, S. 23 ff.; *Greif/Ulrich*, Legal Gender Studies und Antidiskriminierungsrecht, 2019, S. 182 ff.; *Grünberger/Reinelt*, Konfliktlinien im Nichtdiskriminierungsrecht, 2020, S. 19 ff.; *Hoffmann*, JZ 2021, 484, 485 f.; *Lembke*, APuZ 2016, 11 ff.; *Nußberger*, in: Sachs, Grundgesetz, 2018, Art. 3 GG, Rn. 267; *Thies*, in: Giegerich (Hrsg.), The European Union as Protector and Promoter of Equality, 2020, 429, 433; *Mangold/Payandeh*, in: Mangold/Payandeh (Hrsg.), Handbuch Antidiskriminierungsrecht, 2022, 3, 26 ff.

[46] *Mulder*, E.L. Rev. 2018, 461.

[47] *Mulder*, E.L. Rev. 2018, 461.

[48] Vgl. *Fredman*, Industrial Law Journal 1992, 119: „Major driving force".

[49] So die Formulierung *Baer/Markard*, in: v Mangoldt/Klein/Starck, 2018, Art. 3 Abs. 3 GG, Rn. 345; ähnlich auch *Mangold/Payandeh*, in: Mangold/Payandeh (Hrsg.), Handbuch Antidiskriminierungsrecht, 2022, 3, 14, Rn. 20.

[50] Siehe etwa in Art. 2 EUV; Art. 3 Abs. 3 UAbs. 1 EUV; Art. 8 AEUV; Art. 10 AEUV; Art. 157 Abs. 1 AEUV; Art. 19 Abs. 1 AEUV; Art. 20 GRCh; Art. 21 GRCh; Art. 23 GRCh.

[51] Siehe etwa Richtlinie 2006/54/EG v. 5.7.2006; Richtlinie 2004/113/EG v. 13.12.2004; Richtlinie 2010/41/EU v. 7.7.2010; vgl. zu alledem *Baer/Bittner/Göttsche*, Mehrdimensionale Diskriminierung, 2010, S. 40; *Horcher*, in: BeckOK BGB, 65. Ed. 2023, § 1 AGG, Rn. 3; *Körlings*, NZA 2018, 282; *Mangold*, Demokratische Inklusion durch Recht, 2021, S. 223 ff.

[52] Weiterführend zu alledem *Fredman*, Hum. Rights Law Rev. 2016, 273, 274 f.; *Ziegler*, in: Giegerich (Hrsg.), The European Union as Protector and Promoter of Equality, 2020, 283, 285 ff.; *Mangold*, Demokratische Inklusion durch Recht, 2021, S. 322 f.; *Mangold/Payandeh*, in: Mangold/Payandeh (Hrsg.), Handbuch Antidiskriminierungsrecht, 2022, 3, 26 ff.

[53] Ausführlich dazu *Dutta/Fornasier*, Jenseits von männlich und weiblich, 2020, S. 25 ff.; *Hoffmann*, JZ 2021, 484, 485 f.; *Tobler*, ZaöRV 2014, 521, 538 ff.

einschlägigen Kommentarliteratur (etwa zu Art. 19 AEUV oder Art. 21 GRCh) findet sich zwar regelmäßig die Feststellung, dass der europarechtliche Geschlechtsbegriff weit zu verstehen sei und auch Fragen der Trans- und Intergeschlechtlichkeit beinhalte.[54] Indes enthalten die Rechtsquellen im europäischen Primär- und Sekundärrecht hierzu keine eindeutige Aussagen.[55] Es lässt sich daher, parallel zu der Diskussion bei Art. 3 Abs. 3 S. 1 GG,[56] die Frage stellen, ob das verbotene Diskriminierungsmerkmal „Geschlecht" gleichbedeutend mit dem Begriffspaar „Männer und Frauen" ist oder ob das Unionsrecht auch Diskriminierungen wegen der geschlechtlichen Identität untersagt.

2. Die Rechtsprechung des EuGH zur Transgeschlechtlichkeit

Zur Annäherung an einen europäischen Geschlechtsbegriff lohnt ein Blick auf die Entscheidung *P ./. S und Cornwall County Council*[57] des EuGH aus dem Jahr 1996. Schon damals entschied der EuGH, dass das Verbot der Diskriminierung aufgrund des „Geschlechts" nicht auf Diskriminierungen beschränkt werden dürfe, die sich aus der Zugehörigkeit „zu dem einen oder dem anderen Geschlecht" ergäben.[58] Vielmehr schütze das Diskriminierungsverbot auch vor Benachteiligungen, die ihre Ursache in einer „Geschlechtsumwandlung" hätten.[59]

---

[54] Siehe etwa *Grabenwarter/Struth*, in: Grabitz/Hilf/Nettesheim, EUV/AEUV, 2023, Art. 19 AEUV, Rn. 37: „Der Diskriminierungsgrund des ‚Geschlechts' umfasst neben Diskriminierungen zwischen Frauen und Männern auch solche aufgrund von Transidentität, Intergeschlechtlichkeit und Transvestitismus, und somit in – das dauerhaft empfundene oder das soziale und nicht nur das biologische Geschlecht einbeziehender – weiter Auslegung aller Varianten der Geschlechtsentwicklung und -identität." Vgl. ferner *Hölscheidt*, in: Meyer/Hölscheidt, 2019, Art. 21 GRCh, Rn. 40; *Jarass/Kment*, EU-Grundrechte, 2019, § 25, Rn. 12; *Jarass*, in: Jarass, Charta der Grundrechte der EU, 2021, Art. 21, Rn. 19.

[55] *Hoffmann*, JZ 2021, 484, 486.

[56] Siehe oben S. 80 ff.

[57] EuGH, Urt. v. 30.4.1996 – Rs. C-13/94, *P ./. S und Cornwall County Council*, ECLI: EU:C:1996:170; siehe dazu auch *Dunne*, in: Ashford/Maine (Hrsg.), Research Handbook on Gender, Sexuality and the Law, 2020, 134, 139.

[58] EuGH, Urt. v. 30.4.1996 – Rs. C-13/94, *P ./. S und Cornwall County Council*, ECLI: EU:C:1996:170, Rn. 20: „Unter diesen Umständen kann der Anwendungsbereich der Richtlinie nicht auf die Diskriminierungen beschränkt werden, die sich aus der Zugehörigkeit zu dem einen oder dem anderen Geschlecht ergeben."

[59] EuGH, Urt. v. 30.4.1996 – Rs. C-13/94, *P ./. S und Cornwall County Council*, ECLI: EU:C:1996:170, Rn. 20: „In Anbetracht ihres Gegenstands und der Natur der Rechte, die sie schützen soll, hat die Richtlinie auch für Diskriminierungen zu gelten, die ihre Ursache, wie im vorliegenden Fall, in der Geschlechtsumwandlung des Betroffenen haben." Darauf bezugnehmend auch BVerfG, Beschl. v. 10.10.2017 – 1 BvR 2019/16, NJW 2017, 3643, 3547, Rn. 63: „Im Übrigen hat auch der EuGH den Schutz vor geschlechtsbezogener Diskriminierung weit gefasst, indem er Diskriminierungen einbezieht, die ihre Ursache in der Geschlechtsumwandlung einer Person haben […]." Siehe zu der EuGH-Entscheidung auch *Markard*, in: Mangold/Payandeh (Hrsg.), Handbuch Antidiskriminierungsrecht, 2022, 262, 274, Rn. 31.

Der Gerichtshof folgte dabei den Schlussanträgen des Generalanwaltes *Guiseppe Tesauro*,[60] der zuvor betont hatte, dass er

> „nach alledem jedenfalls die Ansicht für überholt [halte], dass das Recht eine Frau berücksichtigt und schützt, die gegenüber einem Mann diskriminiert wird, und umgekehrt, diesen Schutz aber demjenigen versagt, der, wieder aufgrund des Geschlechts, ebenfalls *diskriminiert* wird, und zwar nur deshalb, weil er außerhalb der traditionellen Einteilung Mann/Frau steht. […] Wie kann man daher behaupten, dass es sich nicht um eine Diskriminierung aufgrund des Geschlechts handelt? Wie kann man leugnen, dass das diskriminierende Kriterium gerade und nur das Geschlecht ist? Meiner Meinung nach liegt, wenn die Schlechterbehandlung des Transsexuellen mit dem Wechsel des Geschlechts zusammenhängt (oder besser: dadurch bestimmt wird), eine Diskriminierung wegen oder, wenn man dies vorzieht, aufgrund des Geschlechts vor."[61]

Mindestens so bemerkenswert ist, dass sich *Tesauro* bereits 1995 offen dafür gezeigt hatte, den Begriff des Geschlechts im Unionsrecht nicht ausschließlich binär zu fassen, sondern als Kontinuum zu begreifen.[62] Es sei nicht richtig – so *Tesauro* – weiterhin ausschließlich diejenigen Diskriminierungen zu ahnden, die sich auf Männer und Frauen „im traditionellen Sinne der Begriffe"[63] bezögen, und gerade diejenigen schutzlos zu stellen, die wegen ihrer geschlechtlichen Identität ebenfalls schlechter behandelt würden.

3. Einbeziehung von Personen mit nicht-binärer Geschlechtsidentität

Seit der Entscheidung *P ./. S und Cornwall County Council* hat der EuGH mehrfach wiederholt, dass Benachteiligungen infolge einer geschlechtlichen Transition als Diskriminierung wegen des „Geschlechts" anzusehen sind.[64] Allerdings ging

---

[60] EuGH, Schlussanträge Generalanwalt Tesauro v. 14.12.1995 – Rs. C-13/94, *P ./. S und Cornwall County Council*, ECLI:EU:C:1995:444.

[61] EuGH, Schlussanträge Generalanwalt Tesauro v. 14.12.1995 – Rs. C-13/94, *P ./. S und Cornwall County Council*, ECLI:EU:C:1995:444, Rn. 17 f.

[62] EuGH, Schlussanträge Generalanwalt Tesauro v. 14.12.1995 – Rs. C-13/94, *P ./. S und Cornwall County Council*, ECLI:EU:C:1995:444, Rn. 17: „Ich beginne mit dem Hinweis auf die in medizinisch-wissenschaftlichen Kreisen immer stärker vertretene Auffassung, dass man über die traditionelle Einteilung hinausgehen und anerkennen müsse, dass es jenseits der Dichotomie Mann/Frau eine ganze Reihe von Merkmalen, Verhaltensweisen und Rollen gibt, die bei Männern wie bei Frauen anzutreffen sind, so dass das Geschlecht eher als ein Kontinuum angesehen werden sollte."

[63] EuGH, Schlussanträge Generalanwalt Tesauro v. 14.12.1995 – Rs. C-13/94, *P ./. S und Cornwall County Council*, ECLI:EU:C:1995:444, Rn. 17: „Unter diesem Gesichtspunkt liegt es auf der Hand, dass es nicht richtig wäre, weiterhin ausschließlich diejenigen Diskriminierungen aufgrund des Geschlechts zu ahnden, die sich auf Männer und Frauen im traditionellen Sinne der Begriffe beziehen, und diejenigen nicht zu schützen, die gerade wegen ihres Geschlechts und/oder ihrer geschlechtlichen Identität ebenfalls schlechter behandelt werden."

[64] EuGH, Urt. v. 7.1.2004 – Rs. C-117/01, *K.B./National Health Service Pensions Agency*, ECLI:EU:C:2004:7; EuGH, Urt. v. 27.4.2006 – Rs. C-423/04, *Richards/Secretary of State for Work and Pensions*, ECLI:EU:C:2006:256; EuGH, Urt. v. 26.6.2018 – Rs. C-451/16, *MB/Secretary of State for Work and Pensions*, ECLI:EU:C:2018:492

es in den bisherigen Entscheidungen des EuGH, soweit ersichtlich, stets um transgeschlechtliche Personen, die eine Änderung ihres rechtlichen Geschlechts in einem binären Geschlechtersystem anstrebten.[65] Die ergangenen Entscheidungen sprechen daher eher dafür, dass dem Unionsrecht bislang ein binäres Verständnis von „Geschlecht" zugrunde liegt.[66] Führt man sich indes noch einmal die Aussage des EuGH in der Rechtssache *P ./. S und Cornwall County Council* vor Augen, wonach das Verbot geschlechtsspezifischer Diskriminierung nicht auf Benachteiligungen beschränkt werden dürfe, die sich aus der Zugehörigkeit „zu dem einen oder dem anderen Geschlecht" ergeben,[67] überzeugt es nicht, Personen mit nicht-binärer Geschlechtsidentität vom Diskriminierungsschutz des Unionsrechts auszunehmen.[68] Vielmehr befinden sich gerade diese Personen in einer strukturellen Gefährdungslage und sollten mithin umfassend geschützt werden.[69] Es überzeugt daher, bei der Auslegung des europarechtlichen Geschlechtsbegriffes die geschlechtliche Identität eines Menschen für ausschlaggebend zu erachten und alle Formen geschlechtlicher Ausprägungen und Identitäten unter das Diskriminierungsmerkmal „Geschlecht" zu fassen.[70]

II. Ergebnis zum europarechtlichen Geschlechtsbegriff

Das Verbot geschlechtsspezifischer Diskriminierung ist ein Kernanliegen der EU und zentraler Bestandteil des europäischen Primär- und Sekundärrechts. Der europarechtliche Begriff des „Geschlechts" erstreckt sich nach der Rechtsprechung des EuGH auch auf Menschen, die aufgrund einer geschlechtlichen Transition benachteiligt werden. Allerdings hat sich der EuGH bislang noch nicht dazu geäußert, ob das Verbot geschlechtsspezifischer Diskriminierung auch Personen schützt, die sich jenseits der binären Geschlechtskategorien verorten. Für eine Einbeziehung dieser Personengruppe in den Schutzbereich der europarechtlichen Diskriminierungsverbote spricht jedoch die spezifische Vulnerabilität dieser Personengruppe.

---

[65] Vgl. dazu *Dutta/Fornasier*, Jenseits von männlich und weiblich, 2020, S. 25 f.; *Dutta/Fornasier*, NZA 2021, 605, 608.

[66] So auch die Einschätzung von *Hoffmann*, JZ 2021, 484, 486; *Körlings*, NZA 2018, 282; *Tobler*, ZaöRV 2014, 521, 541.

[67] EuGH, Urt. v. 30.4.1996 – Rs. C-13/94, *P ./. S und Cornwall County Council*, ECLI: EU:C:1996:170, Rn. 20.

[68] Ähnlich auch *Tobler*, ZaöRV 2014, 521, 541.

[69] So auch *Grabenwarter/Struth*, in: Grabitz/Hilf/Nettesheim, EUV/AEUV, 2023, Art. 19 AEUV, Rn. 37.

[70] So auch *Grabenwarter/Struth*, in: Grabitz/Hilf/Nettesheim, EUV/AEUV, 2023, Art. 19 AEUV, Rn. 37.

D. Gesamtergebnisse

1. Im deutschen Verfassungsrecht stellt das in Art. 3 Abs. 3 S. 1 GG verankerte Diskriminierungsverbot sicher, dass Menschen nicht aufgrund ihrer geschlechtlichen Identität benachteiligt werden.

2. Der Begriff des „Geschlechts" i.S.d. Art. 3 Abs. 3 S. 1 GG ist nicht mit dem Begriffspaar „Männer und Frauen" in Art. 3 Abs. 2 GG deckungsgleich, sondern erfasst auch Personen, die sich in ihrer geschlechtlichen Identität jenseits der binären Geschlechtskategorien verorten. Denn der Zweck des Art. 3 Abs. 3 S. 1 GG besteht darin, Angehörige strukturell diskriminierungsgefährdeter Gruppen vor Benachteiligung zu schützen.

3. Eine geschlechtsspezifische Ungleichbehandlung i.S.d. Art. 3 Abs. 3 S. 1 GG ist nur in eng begrenzten Ausnahmefällen gerechtfertigt. Nach der Rechtsprechung des BVerfG gilt insofern ein strenger Prüfungsmaßstab.

4. Die geschlechtliche Identität eines Menschen wird unter der EMRK als „sonstiger Status" i.S.d. Art. 14 EMRK geschützt. Nach der Rechtsprechung des EGMR müssen besonders gewichtige Gründe vorliegen, um eine geschlechtsspezifische Ungleichbehandlung zu rechtfertigen.

5. Das Verbot geschlechtsspezifischer Diskriminierung ist zentraler Bestandteil des europäischen Primär- und Sekundärrechts. Der europarechtliche Begriff des „Geschlechts" erstreckt sich nach der Rechtsprechung des EuGH auch auf Personen, die infolge einer geschlechtlichen Transition Nachteile erfahren.

Dritter Teil

Geschlechtliche Selbstbestimmung im Sachrecht

Die dargestellten interdisziplinären Forschungserkenntnisse und die darauf aufbauenden grund- und menschenrechtlichen Vorgaben haben die Entwicklung der rechtlichen Geschlechterordnungen in den Mitgliedstaaten der EU maßgeblich beeinflusst.[1] Regelmäßig waren es die nationalen Verfassungsgerichte,[2] die grundlegende Reformen der mitgliedstaatlichen Rechtsordnungen angemahnt- und die Gesetzgeber aufgefordert haben, die Möglichkeiten geschlechtlicher Selbstbestimmung zu erweitern.[3] Zudem hat auch der EGMR dafür gesorgt, dass die Anforderungen an eine Änderung des rechtlichen Geschlechts in den Staaten des Europarates kontinuierlich abgesenkt wurden.[4] Heute nun lässt sich in der EU eine vorsichtige Tendenz erkennen,[5] das rechtliche Geschlecht zunehmend von der Selbstbestimmung einer Person abhängig zu machen.[6]

---

[1] Zu dieser Entwicklung auch *Dunne*, in: Ashford/Maine (Hrsg.), Research Handbook on Gender, Sexuality and the Law, 2020, 134 ff.; *Scherpe/Dunne*, in: Scherpe (Hrsg.), The Legal Status of Transsexual and Transgender Persons, 2015, 615 ff.; *Roßbach*, in: Duden (Hrsg.), IPR für eine bessere Welt, 2022, 125, 128; vgl. zur Bedeutung anderer Forschungsdisziplinen für die Rechtsprechung des BVerfG *Mast*, in: Müller/Dittrich (Hrsg.), Linien der Rechtsprechung des Bundesverfassungsgerichts, 2022, 329, 335 ff.

[2] Vgl. etwa zur Öffnung des binären Geschlechtersystems BVerfG, Beschl. v. 10.10.2017 – 1 BvR 2019/16, NJW 2017, 3643 ff.; Österr. VerfGH, Entsch. v. 15.6.2018 – G 77/2018–9; Belg. VerfGH, Entsch. v. 19.6.2019 – Nr. 99/2019.

[3] Siehe ferner zur Rolle der Zivilgesellschaft, politischer Akteur*innen und Kampagnen, der Parlamentarischen Versammlung des Europarates, der EU-Kommission u.v.m. *Dunne*, in: Ashford/Maine (Hrsg.), Research Handbook on Gender, Sexuality and the Law, 2020, 134, 135.

[4] Siehe dazu *Dunne*, in: Ashford/Maine (Hrsg.), Research Handbook on Gender, Sexuality and the Law, 2020, 134, 136 ff.; *van den Brink*, in: Fuchs/Boele-Woelki (Hrsg.), Same-Sex Relationships and Beyond, 2017, 231, 136 ff.; vgl. ferner zur Rechtsprechung des EGMR oben S. 66 ff.

[5] Beachte auch *Dethloff/Maurer*, FamRZ 2023, 254, 255, die hinsichtlich eines „selbstbestimmten rechtlichen Geschlechtswechsels" sogar von einer „einer klaren Tendenz auf europäischer und auch internationaler Ebene" sprechen.

[6] Näher zur europäischen und internationalen Rechtsentwicklung *Moron-Puech*, in: Brems/Cannoot/Moonen (Hrsg.), Protecting Trans Rights in the Age of Gender Self-Determination, 2020, 55, 56; *Scherpe*, in: Reimann/Zimmermann (Hrsg.), The Oxford Handbook of Comparative Law, 2019, 1089, 1107; *Cannoot/Decoster*, International Journal of Gender, Sexuality and Law 2020, 26, 35; *Whittle/Simkiss*, in: Ashford/Maine (Hrsg.), Research Handbook on Gender, Sexuality and the Law, 2020, 211, 224.

So wird auch in Deutschland derzeit über die Einführung eines Selbstbestimmungsgesetzes diskutiert, das Änderungen des rechtlichen Geschlechts künftig in einem einfachen Verfahren vor dem Standesamt ermöglichen soll.[7] Und auch andere Staaten der EU haben bereits vergleichbare Gesetze auf den Weg gebracht.[8]

Andererseits werden die Möglichkeiten geschlechtlicher Selbstbestimmung nach wie vor in zahlreichen Staaten der EU stark beschränkt.[9] Zudem ist es bisher nur in wenigen Staaten zulässig, das Geschlecht jenseits von „weiblich" oder „männlich" eintragen zu lassen oder gänzlich auf einen rechtlichen Geschlechtseintrag zu verzichten.[10] Schließlich sind in manchen EU-Staaten gegenwärtig sogar drastische Rückschritte hinsichtlich der rechtlichen Anerkennung geschlechtlicher Vielfalt zu verzeichnen.[11]

Angesichts dieser dynamischen Entwicklung widmet sich die nachfolgende Untersuchung der Frage, welche Möglichkeiten geschlechtlicher Selbstbestimmung in den verschiedenen Mitgliedstaaten der EU derzeit bestehen. Im Mittelpunkt der Betrachtung steht dabei das deutsche Recht, welches gegenwärtig sogar zwei verschiedene Wege vorsieht, das rechtliche Geschlecht entsprechend der geschlechtlichen Identität ändern zu lassen (§ 5). Im Anschluss wird in einem knappen Überblick darauf eingegangen, welche Möglichkeiten in den anderen EU-Mitgliedstaaten existieren, das rechtliche Geschlecht entsprechend der geschlechtlichen Identität selbstbestimmt festlegen zu können (§ 6).

---

[7] RegE: Entwurf eines Gesetzes über die Selbstbestimmung in Bezug auf den Geschlechtseintrag und zur Änderung weiterer Vorschriften v. 23.8.2023, abrufbar unter: <https://www.bmfsfj.de/resource/blob/229616/b4f835d1a1da28f1ef51552846f1e20a/gesetzentwurf-kabinet t-data.pdf> (abgerufen am 1.9.2023); näher dazu unten S. 115 f.

[8] Näher dazu etwa *Dethloff/Maurer*, FamRZ 2023, 254, 255 f.

[9] *Moron-Puech*, in: Brems/Cannoot/Moonen (Hrsg.), Protecting Trans Rights in the Age of Gender Self-Determination, 2020, 55, 56; näher dazu unten S. 119 ff.

[10] *Cannoot/Decoster*, International Journal of Gender, Sexuality and Law 2020, 26, 36 ff.; *Moron-Puech*, in: Brems/Cannoot/Moonen (Hrsg.), Protecting Trans Rights in the Age of Gender Self-Determination, 2020, 55, 56; näher dazu unten S. 126 ff.

[11] Siehe etwa zur Rechtslage in Ungarn unten S. 125.

§ 5

Geschlechtliche Selbstbestimmung im deutschen Recht

Das Geschlecht eines Menschen stellte im deutschen Recht lange eine herkömmliche Ordnungskategorie dar.[1] In den letzten Jahren ist die Bedeutung des Geschlechts als Zuordnungskategorie jedoch in den Hintergrund getreten.[2] Stattdessen wird die identitätsstiftende Wirkung des Geschlechts betont.[3]

Gleichwohl finden sich im deutschen Sachrecht nach wie vor Regelungen, die in Anknüpfung an das Geschlecht einer Person Ansprüche und Pflichten begründen.[4] Besondere Bedeutung kommt der Geschlechtszugehörigkeit dabei im Abstammungsrecht zu, das nach wie vor geschlechtsbezogen ausgestaltet ist.[5] Aber auch in anderen Rechtsbereichen wird tatbestandlich noch an das Geschlecht einer Person angeknüpft.[6] Darüber hinaus wird das Geschlecht eines Menschen zu organisatorischen und statistischen Zwecken in zahlreichen Registern erfasst[7] und ist verpflichtend im Reisepass zu vermerken.[8]

---

[1] Vgl. auch *Froese*, Der Mensch in der Wirklichkeit des Rechts, 2022, S. 77.

[2] *Froese*, Der Mensch in der Wirklichkeit des Rechts, 2022, S. 77; vgl. ferner *Völzmann*, JZ 2019, 381, 385.

[3] BVerfG, Beschl. v. 10.10.2017 – 1 BvR 2019/16, NJW 2017, 3643, 3645, Rn. 47; vgl. ferner *Völzmann*, JZ 2019, 381, 382; *Froese*, Der Mensch in der Wirklichkeit des Rechts, 2022, S. 77 ff.

[4] Vgl. BVerfG, Beschl. v. 10.10.2017 – 1 BvR 2019/16, NJW 2017, 3643, 3644, Rn. 39; vgl. ferner *Althoff/Schabram/Follmar-Otto,* Gutachten: Geschlechtervielfalt im Recht, 2017, S. 30 ff.; *Coester-Waltjen*, JZ 2010, 852, 853; *Dutta*, in: Scherpe (Hrsg.), The Legal Status of Transsexual and Transgender Persons, 2015, 207, 208; *Gössl*, NJW 2017, 3643, 3648; *Gössl/Dannecker/Schulz*, NZFam 2020, 145, 148; *Radde*, ZJS 2018, 122; *Scherpe*, in: Dutta/Heinze (Hrsg.), „Mehr Freiheit wagen", 2019, 73, 74; *Spickhoff*, in: Spickhoff Medizinrecht, 2022, § 1 TSG, Rn. 1; *Völzmann*, JZ 2019, 381.

[5] § 1591 BGB: „Mutter eines Kindes ist die Frau, die es geboren hat." § 1592 BGB: „Vater eines Kindes ist der Mann, der zum Zeitpunkt der Geburt mit der Mutter des Kindes verheiratet ist, der die Vaterschaft anerkannt hat oder dessen Vaterschaft [...] gerichtlich festgestellt ist." Siehe dazu auch *Biggel et al.*, AcP 221 (2021), 765, 793; *Chebout/Xylander*, NJW 2021, 2472; *Chebout/Sanders/Valentiner*, NJW 2022, 3694, 3695; *Dutta*, FamRZ 2021, 767; *Dutta*, in: Scherpe (Hrsg.), The Legal Status of Transsexual and Transgender Persons, 2015, 207, 208; *Helms*, StAZ 2021, 153, 154; *Scherpe*, in: Dutta/Heinze (Hrsg.), „Mehr Freiheit wagen", 2019, 73, 74; *Spickhoff*, in: MüKo BGB, 9. Aufl. 2021, § 1 BGB, Rn. 62.

[6] Vgl. etwa § 1353 Abs. 1 BGB; § 1631d BGB; Art. 17b EGBGB § 96 Abs. 2, 3 AktG; § 183 Abs. 1 StGB; § 81 d Abs. 1 StPO; § 84 Abs. 1, 2 StVollzG; § 140 Abs. 2 StVollzG; näher zu alledem *Berndt-Benecke*, NVwZ 2019, 286, 290; *Coester-Waltjen*, JZ 2010, 852, 853; *Radde*, ZJS 2018, 122; *Völzmann*, JZ 2019, 381, 385 ff.

[7] Siehe dazu *Froese*, Der Mensch in der Wirklichkeit des Rechts, 2022, S. 78.

[8] Vgl. § 4 Abs. 1 Nr. 6 PassG: „Pässe sind nach einheitlichen Mustern auszustellen; sie

Im deutschen Recht existiert indes keine ausdrückliche Regelung, die bestimmt, wie das Geschlecht eines Menschen zu ermitteln ist bzw. welche Aspekte für die rechtliche Zuordnung zu einem Geschlecht ausschlaggebend sind.[9] Allerdings lassen zumindest die Regelungen des PStG und des TSG und die dazu ergangene Rechtsprechung des BVerfG Rückschlüsse auf die Festlegung des rechtlichen Geschlechts zu.[10] Wie die nachfolgende Untersuchung zeigen wird, überwiegt im deutschen Recht zumindest im Zeitpunkt der Geburt ein biologisch-medizinisches Verständnis von Geschlecht (A.). Da ein neugeborenes Kind seine geschlechtliche Identität jedoch zwangsläufig noch nicht verlautbaren kann,[11] sieht das deutsche Sachrecht zugleich Möglichkeiten vor, das rechtliche Geschlecht später im Einklang mit der eigenen Geschlechtsidentität ändern zu lassen (B.).

A. Erstmalige Zuweisung des rechtlichen Geschlechts

Gem. § 21 Abs. 1 Nr. 3 PStG wird das Geschlecht eines neugeborenen Kindes im Geburtenregister beurkundet. Das Geschlecht ist folglich Bestandteil des „Personenstandes", der gem. § 1 Abs. 1 PStG die Stellung einer Person innerhalb der Rechtsordnung beschreibt.[12]

I. Erstzuweisung anhand des phänotypischen Geschlechts

Da die geschlechtliche Identität eines Menschen im Zeitpunkt der Erstbeurkundung noch nicht feststeht, liegt es nahe, für die Bestimmung des rechtlichen Geschlechts zunächst auf körperliche Merkmale abzustellen.[13] Tatsächlich wird die

---

erhalten eine Seriennummer. Der Pass enthält […] folgende Angaben […]: Geschlecht, […]. Die Angabe des Geschlechts richtet sich nach der Eintragung im Melderegister. […]."

[9] Vgl. *Hepting/Dutta*, Familie und Personenstand, 2022, IV-228; *Spickhoff*, in: MüKo BGB, 9. Aufl. 2021, § 1 BGB, Rn. 65; siehe dazu bereits *Schulz*, in: von Bary (Hrsg.), Aktuelle Reformen im Familienrecht, 2023, 103, 104.

[10] Vgl. *Hepting/Dutta*, Familie und Personenstand, 2022, IV-228; siehe ferner bereits *Schulz*, in: von Bary (Hrsg.), Aktuelle Reformen im Familienrecht, 2023, 103, 104.

[11] Vgl. dazu auch *Sieberichs*, FamRZ 2019, 329, 330.

[12] § 1 Abs. 1 PStG: „Personenstand im Sinne dieses Gesetzes ist die sich aus den Merkmalen des Familienrechts ergebende Stellung einer Person innerhalb der Rechtsordnung einschließlich ihres Namens. Der Personenstand umfasst Daten über Geburt, Eheschließung, Begründung einer Lebenspartnerschaft und Tod sowie damit in Verbindung stehende familien- und namensrechtliche Tatsachen." Siehe auch BVerfG, Beschl. v. 10.10.2017 – 1 BvR 2019/16, NJW 2017, 3643, 3645, Rn. 45: „Mit dem Personenstand wird eine Person nach den gesetzlich vorgesehenen Kriterien vermessen […]."

[13] Ähnlich auch BT-Drucks. 19/4669, S. 10: „Der Geburtseintrag im Geburtenregister erfolgt kurz nach der Geburt. Zu diesem Zeitpunkt kann das Neugeborene eine eigene Geschlechtsidentität nicht kommunizieren." Vgl. ferner BVerfG, Beschl. v. 27.5.2008 – 1 BvL 10/05, NJW 2008, 3117, Rn. 38; *Ellenberger*, in: Grüneberg BGB, 2022, § 1 BGB, Rn. 10;

erstmalige Festlegung des rechtlichen Geschlechts in Deutschland grundsätzlich Ärzt*innen und Geburtshelfer*innen überlassen.[14] Diese nehmen nach der Geburt eines Kindes anhand der äußeren Geschlechtsmerkmale eine Zuordnung zu einem Geschlecht vor und übermitteln das Ergebnis an das zuständige Standesamt.[15] Genauere Untersuchungen, wie z.B. eine Ermittlung des chromosomalen Geschlechts,[16] finden typischerweise nur statt, wenn Zweifel am phänotypischen Geschlecht des Kindes bestehen.[17] Andernfalls findet eine Fremdzuordnung auf Grundlage der äußeren Geschlechtsmerkmale statt.

II. Eintragungsmöglichkeiten

Was den konkreten Inhalt des Registereintrages angeht, bestand bis in die jüngere Vergangenheit lediglich die Möglichkeit, das Geschlecht eines neugeborenen Kindes als „männlich" oder „weiblich" eintragen zu lassen.[18] Erst im Jahr 2013 wurde mit Einführung des § 22 Abs. 3 PStG a.F. die Möglichkeit geschaffen, auf die Angabe des Geschlechts zu verzichten, wenn eine eindeutige Zuordnung des Kindes zum männlichen oder weiblichen Geschlecht nicht möglich war.[19]

Das Offenlassen des Geschlechtseintrages sollte die binäre Ausgestaltung des Personenstandsrechts dabei nicht grundsätzlich infrage stellen.[20] Ziel der Rege-

---

Hepting/Dutta, Familie und Personenstand, 2022, IV-228; *Liebscher et al.*, KJ 2012, 204, 206; *Lammers*, in: Gaaz/Bornhofen/Lammers, PStG, 5. Aufl. 2020, § 22 PStG, Rn. 12; *Richarz/Sanders*, in: Jaramillo/Carlson (Hrsg.), Trans Rights and Wrongs, 2021, 279, 288; siehe auch *Plett*, in: Schochow/Gehrmann/Steger (Hrsg.), Inter*– und Trans*identitäten, 2016, 215, 228 f., die aus diesem Grund jedoch die Sinnhaftigkeit des Geschlechtseintrages in Zweifel zieht; zu den Parallelen im englischen Recht *Gonzalez-Salzberg*, Sexuality and Transsexuality, 2019, S. 33 f.

[14] Ausführlich dazu *Althoff*, in: Scherpe/Dutta/Helms (Hrsg.), The Legal Status of Intersex Persons, 2018, 393, 403; *Brachthäuser/Richarz*, Forum Recht 2014, 41; *Lammers*, in: Gaaz/Bornhofen/Lammers, PStG, 5. Aufl. 2020, § 21 PStG, Rn. 30; *Plett*, in: Plett/Hulverscheidt (Hrsg.), Geschlechterrecht, 2021, 159, 164; *Plett*, in: Schochow/Gehrmann/Steger (Hrsg.), Inter*- und Trans*identitäten, 2016, 215, 224 f.

[15] *Plett*, in: Plett/Hulverscheidt (Hrsg.), Geschlechterrecht, 2021, 159, 164; vgl. ferner *Hepting/Dutta*, Familie und Personenstand, 2022, IV-228; *Kannowski*, in: Staudinger BGB Neubearb. 2018, Stand: 17.10.2021, Vorbem. § 1 BGB, Rn. 12; *Wiggerich*, StAZ 2017, 8; *Liebscher et al.*, KJ 2012, 204, 206.

[16] Näher zur Bestimmung des chromosomalen Geschlechts oben S. 13 f.

[17] Vgl. *Plett*, in: Plett/Hulverscheidt (Hrsg.), Geschlechterrecht, 2021, 159, 164.

[18] Siehe Nr. 21.4.3. PStG-VwV a.F. (2010): „Das Geschlecht des Kindes ist mit ‚weiblich' oder ‚männlich' einzutragen." Vgl. ferner *Gössl/Dannecker/Schulz*, NZFam 2020, 145; *Schulz*, ZEuP 2021, 64, 67; *Sieberichs*, FamRZ 2019, 329.

[19] § 22 Abs. 3 PStG a.F.: „Kann das Kind weder dem weiblichen noch dem männlichen Geschlecht zugeordnet werden, so ist der Personenstandsfall ohne eine solche Angabe in das Geburtenregister einzutragen." Siehe dazu *Gössl/Völzmann*, IJLPF 2019, 403, 405; *Gössl/Dannecker/Schulz*, NZFam 2020, 145; *Helms*, StAZ 2021, 329, 335; *Plett*, in: Schochow/Gehrmann/Steger (Hrsg.), Inter*- und Trans*identitäten, 2016, 215, 223 ff.; *Sieberichs*, FamRZ 2019, 329; *Völzmann*, JZ 2019, 381, 383.

[20] *Gössl/Dannecker/Schulz*, NZFam 2020, 145; *Dutta/Fornasier*, Jenseits von männlich und weiblich, 2020, S. 13; *Schulz*, ZEuP 2021, 64, 67.

lung war vielmehr, geschlechtszuweisende Operationen an intergeschlechtlichen Kindern zu verhindern.[21] Die Option einer positiven nicht-binären Geschlechtsbezeichnung bestand hingegen nicht.[22]

Diese Versagung einer positiven Eintragungsoption für das Geschlecht hat das BVerfG in seiner Entscheidung zur Dritten Option bekanntlich für verfassungswidrig erklärt und dem Gesetzgeber aufgegeben, eine Neuregelung zu treffen, die auch einen positiven nicht-binären Geschlechtseintrag ermöglicht.[23] Seit 2018 kann das Geschlecht nunmehr gem. § 22 Abs. 3 Alt. 2 PStG auch mit der Angabe „divers" in das Geburtenregister eingetragen werden, wenn ein Kind nicht dem weiblichen oder männlichen Geschlecht zugeordnet werden kann.[24]

Im deutschen Personenstandsrecht existieren somit gegenwärtig vier verschiedene Möglichkeiten, das Geschlecht eines Kindes nach der Geburt beurkunden zu lassen: Die Eintragung kann entweder als „weiblich", „männlich" oder „divers" erfolgen oder der Geschlechtseintrag bleibt offen.[25] Ein auf „divers" lautender Geschlechtseintrag oder der Verzicht auf die Geschlechtsangabe ist derzeit allerdings nur zulässig, wenn sich aus der Anzeige des Geburtskrankenhauses oder aus einer ärztlichen Bescheinigung ergibt, dass das Kind weder dem weiblichen noch dem männlichen Geschlecht zugeordnet werden kann.[26]

---

[21] Siehe dazu *Gössl/Völzmann*, IJLPF 2019, 403, 405; *H. Schmitz/Bornhofen/I. Müller*, Allgemeine Verwaltungsvorschrift zum PStG, 2021, S. 133; vgl. ferner bereits *Gössl/Dannecker/Schulz*, NZFam 2020, 145; *Schulz*, ZEuP 2021, 64, 67.

[22] Siehe noch Nr. 21.4.3 PStG-VwV a.F. (2014): „Eine Eintragung unterbleibt, wenn das Kind weder dem weiblichen noch dem männlichen Geschlecht zugeordnet werden kann. Umschreibungen wie ‚ungeklärt' oder ‚intersexuell' sind nicht zulässig." Vgl. ferner *Gössl/Dannecker/Schulz*, NZFam 2020, 145; *Hepting/Dutta*, Familie und Personenstand, 2022, IV-230; *Schulz*, ZEuP 2021, 64, 67.

[23] BVerfG, Beschl. v. 10.10.2017 – 1 BvR 2019/16, NJW 2017, 3643 ff.; siehe oben S. 62 ff.

[24] BGBl. 2018 I, S. 2635; vgl. auch *Dutta/Fornasier*, Jenseits von männlich und weiblich, 2020, S. 13 ff.; *Lammers*, in: Gaaz/Bornhofen/Lammers, PStG, 5. Aufl. 2020, § 22 PStG, Rn. 12 ff.

[25] Vgl. auch Nr. 21.4.3. PStG-VwV n.F. (2021): „Das Geschlecht des Kindes ist mit ‚weiblich' oder ‚männlich' einzutragen. Wird das Kind weder dem weiblichen noch dem männlichen Geschlecht zugeordnet, kann das Geschlecht mit ‚divers' eingetragen werden oder die Eintragung unterbleibt." Siehe ferner *M. Groß/Niedenthal*, in: Groß/Niedenthal (Hrsg.), Geschlecht: divers, 2021, 7; *Lammers*, in: Gaaz/Bornhofen/Lammers, PStG, 5. Aufl. 2020, § 22 PStG, Rn. 14.

[26] Beachte Nr. 22.2 PStG-VwV n.F. (2021), bei der es sich jedoch um eine Verwaltungsvorschrift handelt, die keine Außenwirkung entfaltet. Siehe zu alledem *Kieck*, Der Schutz individueller Identität als verfassungsrechtliche Aufgabe, 2019, S. 56; *Lammers*, in: Gaaz/Bornhofen/Lammers, PStG, 5. Aufl. 2020, § 22 PStG, Rn. 13 ff.; *H. Schmitz/Bornhofen/I. Müller*, Allgemeine Verwaltungsvorschrift zum PStG, 2021, S. 135 f.

III. Die Wirkung der personenstandsrechtlichen Beurkundung

Nach traditioneller Lesart haben Eintragungen in ein Personenstandsregister keine rechtserzeugende Kraft, sie wirken also nicht konstitutiv.[27] Diesem Verständnis folgend handelt es sich beim Personenstandsrecht um ein „dem materiellen Recht dienendes Verfahrens- und Registerrecht",[28] das selbst keine Statusfragen regelt, sondern lediglich das geltende Familienrecht in den Registern abbildet und den dortigen Veränderungen folgt („Spiegelbildfunktion")[29]. Für dieses Verständnis spricht, dass § 1 Abs. 1 PStG den Personenstand als „die sich aus den Merkmalen des Familienrechts ergebende Stellung einer Person innerhalb der Rechtsordnung" beschreibt.[30] Darüber hinaus ist § 54 Abs. 1 PStG zu entnehmen, dass Beurkundungen in den Personenstandsregistern im Rechtsverkehr lediglich widerleglich (§ 54 Abs. 3 PStG) die Angaben über den Personenstand der betreffenden Person beweisen.[31]

Allerdings ist hervorzuheben, dass die personenstandsrechtliche Anerkennung der Geschlechtszugehörigkeit nach der Rechtsprechung des BVerfG bereits für sich genommen eine identitätsstiftende und ausdrückende Wirkung hat, ohne dass es noch darauf ankäme, welche materiell-rechtlichen Konsequenzen der Personenstandseintrag außerhalb des Personenstandsrechts hat.[32] Der Personen-

---

[27] BGH, Beschl. v. 10.10.2018 – XII ZB 231/18, NJW 2019, 153, 156, Rn. 25; BGH, Beschl. v. 22.6.2016 – XII ZB 52/15, NJW 2016, 2885, 2886, Rn. 15; vgl. ferner *Berkl*, StAZ 2016, 97, 98; *Bornhofen*, in: Gaaz/Bornhofen/Lammers, PStG, 5. Aufl. 2020, § 54 PStG, Rn. 22; *Hepting/Dutta*, Familie und Personenstand, 2022, I-10; *Dutta/Fornasier*, Jenseits von männlich und weiblich, 2020, S 9; *Grünberger*, StAZ 2007, 357; *H. Schmitz/Bornhofen/I. Müller*, Allgemeine Verwaltungsvorschrift zum PStG, 2021, S. 230.

[28] BGH, Beschl. v. 22.6.2016 – XII ZB 52/15, NJW 2016, 2885, 2886, Rn. 15; BGH, Beschl. v. 22.4.2020 – XII ZB 383/19, FamRZ 2020, 1009, 1010, Rn. 9; siehe ferner *Berndt-Benecke*, NVwZ 2019, 286, 287; *Dutta/Fornasier*, Jenseits von männlich und weiblich, 2020, S. 18.

[29] Ausführlich dazu *Berndt-Benecke*, NVwZ 2019, 286, 287; *Berkl*, StAZ 2016, 97, 98; *Kieck*, Der Schutz individueller Identität als verfassungsrechtliche Aufgabe, 2019, S. 69 ff.; siehe ferner *Berndt-Benecke*, StAZ 2019, 56, 67; *Dutta/Helms*, StAZ 2017, 98, 99; *Helms*, in: Die deutschen Standesbeamten und ihr Verband, 2020, 77, 89; *Dutta/Fornasier*, Jenseits von männlich und weiblich, 2020, S. 18; *Lettrari/Willer*, in: Schochow/Gehrmann/Steger (Hrsg.), Inter*- und Trans*identitäten, 2016, 257, 267.

[30] Vgl. dazu auch *Berkl*, StAZ 2016, 97, 99.

[31] Siehe dazu auch *Berkl*, StAZ 2016, 97, 100 f.; *H. Schmitz/Bornhofen/I. Müller*, Allgemeine Verwaltungsvorschrift zum PStG, 2021, S. 230; weiterführend zu der Beweiswirkung des Geschlechtseintrages in *civil law*-Rechtsordnungen ferner *van den Brink*, in: Fuchs/Boele-Woelki (Hrsg.), Same-Sex Relationships and Beyond, 2017, 231, 237.

[32] BVerfG, Beschl. v. 10.10.2017 – 1 BvR 2019/16, NJW 2017, 3643, 3645, Rn. 47: „Misst der Gesetzgeber dem Geschlecht so über das Personenstandsrecht erhebliche Bedeutung für die Beschreibung einer Person und ihrer Rechtsstellung bei, hat die personenstandsrechtliche Anerkennung der konkreten Geschlechtszugehörigkeit bereits für sich genommen eine Identität stiftende und ausdrückende Wirkung, ohne dass es noch darauf ankäme, welche materiell-rechtlichen Konsequenzen der Personenstandseintrag außerhalb des Personenstandsrechts hat." Ähnlich bereits *Röthel*, JZ 2017, 116, 122.

stand sei „keine Marginalie", sondern beschreibe in zentralen Punkten die rechtlich relevante Identität einer Person.[33] Dies könnte dafür sprechen, dass zumindest das BVerfG dem Personenstandsrecht eine eigenständige Bedeutung zuspricht, die über eine reine Spiegelbildfunktion hinausgeht.

Darüber hinaus lädt auch der deutsche Gesetzgeber das Personenstandsrecht in jüngerer Zeit zunehmend materiell-rechtlich auf.[34] So enthält etwa der im Jahr 2018 eingeführte § 45b PStG Voraussetzungen, die materiell-rechtlicher Natur sind.[35] Ob das geltende Personenstandsrecht vor diesem Hintergrund tatsächlich weiterhin nur als dienendes Registerrecht bezeichnet werden kann, lässt sich daher jedenfalls mit Blick auf den geschlechtlichen Personenstand bezweifeln.[36]

IV. Ergebnis zur Geschlechtszuordnung bei Geburt

Die nach § 21 Abs. 1 Nr. 3 PStG erforderliche erstmalige Festlegung des rechtlichen Geschlechts erfolgt typischerweise anhand des phänotypischen Geschlechts eines neugeborenen Kindes. Ist eine Zuordnung zum weiblichen oder männlichen Geschlecht danach nicht möglich, kann das Geschlecht eines Kindes seit 2018 auch mit der Angabe „divers" in das Geburtenregister eingetragen werden oder der Geschlechtseintrag bleibt offen. Die personenstandsrechtliche Beurkundung des Geschlechts beweist im Rechtsverkehr widerleglich die Geschlechtszugehörigkeit der betreffenden Person. Zudem hat sie nach der Rechtsprechung des BVerfG bereits für sich genommen identitätsstiftende Wirkung. Dies gilt unabhängig davon, welche materiell-rechtlichen Konsequenzen der Geschlechtseintrag außerhalb des Personenstandsrechts hat.

---

[33] BVerfG, Beschl. v. 10.10.2017 – 1 BvR 2019/16, NJW 2017, 3643, 3645, Rn. 45: „Der Personenstand ist keine Marginalie, sondern ist nach dem Gesetz die ‚Stellung einer Person innerhalb der Rechtsordnung' (§ 1 Abs. 1 Satz 1 PStG). Mit dem Personenstand wird eine Person nach den gesetzlich vorgesehenen Kriterien vermessen; er umschreibt in zentralen Punkten die rechtlich relevante Identität einer Person." Siehe dazu auch *Mast*, in: Müller/Dittrich (Hrsg.), Linien der Rechtsprechung des Bundesverfassungsgerichts, 2022, 329, 339.
[34] So auch die Einschätzung bei *Hepting/Dutta*, Familie und Personenstand, 2022, I-11; vgl. ferner *Berndt-Benecke*, StAZ 2019, 56, 67.
[35] OLG Nürnberg, Beschl. v. 3.9.2019 – 11 W 1880/19, FamRZ 2019, 1948 ff., (juris-) Rn. 16: „Die Vorschrift ist ein Fremdkörper im PStG, das ansonsten reines Registerrecht ist, das lediglich das ‚Ob und Wie der Registrierung', aber nicht die materiellen Regelungen zu den zu registrierenden Personenstandsangaben regelt. [...] § 45b PStG regelt gerade auch deren materielle Voraussetzungen." Ähnlich auch *Hepting/Dutta*, Familie und Personenstand, 2022, I-11; näher zu den Voraussetzungen des § 45b PStG unten S. 108 ff.
[36] Vgl. auch *Plett*, in: Greif (Hrsg.), No Lessons from the Intersexed, 2019, 10, 23: „[...] die Behauptung von der ausschließlich dienenden Funktion des Personenstandsrechts gegenüber dem Familienrecht [ist] jedenfalls in Bezug auf Geschlecht nicht haltbar."

B. Spätere Änderung des rechtlichen Geschlechts

Da die erstmalige rechtliche Zuordnung zu einem Geschlecht die geschlechtliche Identität der betreffenden Person noch unberücksichtigt lässt, sieht das deutsche Recht außerdem die Möglichkeit vor, das rechtliche Geschlecht zu einem späteren Zeitpunkt im Einklang mit der individuellen Geschlechtsidentität ändern zu lassen. Hier kommen die oben untersuchten grund- und menschenrechtlichen Vorgaben zum Tragen, wonach es zwar verfassungsrechtlich zulässig – wenn auch nicht erforderlich – ist, das rechtliche Geschlecht einer Person im Zeitpunkt der Geburt anhand der äußeren Geschlechtsmerkmale zu beurteilen.[37] Allein danach darf das rechtliche Geschlecht jedoch nicht bestimmt werden.[38] Vielmehr muss die deutsche Rechtsordnung eine rechtliche Zuordnung zum nachhaltig empfundenen Geschlecht ermöglichen und darf diese nicht von unzumutbaren Voraussetzungen abhängig machen.[39]

I. Gestuftes Regelungskonzept aus TSG und PStG

Besteht ein Widerspruch zwischen rechtlichem Geschlecht und geschlechtlicher Identität, kommen für Betroffene aktuell zwei verschiedene Verfahren zur Angleichung ihres rechtlichen Geschlechts in Betracht: Einerseits besteht die Möglichkeit, mithilfe des TSG eine Änderung des Vornamens und der rechtlichen Geschlechtszugehörigkeit zu erreichen. Andererseits wurde im Jahr 2018 für Personen mit sogenannten „Varianten der Geschlechtsentwicklung" im PStG die Möglichkeit geschaffen, den Geschlechtseintrag und Vornamen durch einfache Erklärung gegenüber dem Standesamt ändern zu lassen. Beide Verfahren sollen im Folgenden gegenübergestellt werden.[40]

II. Verfahren auf Grundlage des TSG

Das TSG ermöglicht es transgeschlechtlichen Personen,[41] ihren Vornamen und ihr rechtliches Geschlecht im Einklang mit ihrer geschlechtlichen Identität zu ändern.[42] Während das Gesetz zum Zeitpunkt seines Inkrafttretens im Jahr 1981

---

[37] BVerfG, Beschl. v. 27.5.2008 – 1 BvL 10/05, NJW 2008, 3117, Rn. 38; siehe oben S. 61.

[38] BVerfG, Beschl. v. 27.5.2008 – 1 BvL 10/05, NJW 2008, 3117, Rn. 38.

[39] Siehe nur BVerfG, Beschl. v. 11.1.2011 – 1 BvR 3295/07, NJW 2011, 909 ff.

[40] Siehe auch die Gegenüberstellung bei *Mangold*, ZRP 2022, 180, 181; *Maurer*, in: Januszkiewicz/Post/Riegel et al. (Hrsg.), Geschlechterfragen im Recht, 2021, 151 ff.; *Valentiner*, in: Januszkiewicz/Post/Riegel et al. (Hrsg.), Geschlechterfragen im Recht, 2021, 129, 145 ff.

[41] Das TSG selbst verwendet noch den veralteten Begriff einer Person mit „transsexueller Prägung", vgl. § 1 Abs. 1 Nr. 1, § 8 Abs. 1 TSG.

[42] Siehe insbesondere §§ 1 ff. und §§ 8 ff. TSG.

als besonders progressiv galt,[43] ist von der ursprünglichen Fassung des TSG nach zahlreichen Interventionen des BVerfG heute nur noch eine „Gesetzesruine"[44] übriggeblieben.[45] Das TSG gilt bereits deshalb als dringend reformbedürftig.[46]

Kritisiert wird ferner, dass die Grundannahmen, auf denen das TSG einst basierte, dem heutigen Stand der Wissenschaft nicht mehr gerecht werden.[47] So enthält das TSG beispielsweise mehrere bedenkliche Formulierungen („transsexuelle Prägung", „Zwang"),[48] die mit den heutigen Erkenntnissen über Transgeschlechtlichkeit nicht mehr vereinbar sind.[49] Zudem wird die zwingende Einholung zweier Sachverständigengutachten im Rahmen des gerichtlichen Änderungsverfahrens kritisch gesehen.[50] Im Einzelnen:

1. Begriffsklärung: „Große" und „kleine Lösung"

Das TSG unterscheidet zwischen zwei unterschiedlichen Verfahren: Einerseits besteht für transgeschlechtliche Personen gem. §§ 1–7 TSG die Möglichkeit, ihren Vornamen im Einklang mit ihrer geschlechtlichen Identität zu ändern („kleine Lösung").[51] Da die „kleine Lösung" zwar den Vornamen, nicht aber die rechtli-

---

[43] Vgl. dazu *Dethloff/Maurer*, FamRZ 2023, 254; *Pfäfflin*, in: Scherpe (Hrsg.), The Legal Status of Transsexual and Transgender Persons, 2015, 11, 18; *Scherpe*, FamRZ 2007, 270.

[44] *Dethloff/Maurer*, FamRZ 2023, 254; *Jäschke*, NZFam 2019, 895; *Mangold*, ZRP 2022, 180; *Wiggerich*, StAZ 2017, 8, 9.

[45] Siehe zu dieser Entwicklung auch *Dutta*, in: Scherpe (Hrsg.), The Legal Status of Transsexual and Transgender Persons, 2015, 207, 211 ff.; *Sieberichs*, FamRZ 2019, 329, 331 f.

[46] Siehe dazu *Adamietz/Bager*, Gutachten: Reformbedarf transgeschlechtliche Menschen, 2016; *Dethloff/Maurer*, FamRZ 2023, 254, 254 f.; *Grünberg*, StAZ 2007, 357 ff.; *Grünberger*, in: Groß/Neuschaefer-Rube/Steinmetzer (Hrsg.), Transsexualität und Intersexualität, 2008, 81, 85; *Grünberger*, JZ 2011, 368, 371; *Mangold*, ZRP 2022, 180; *Jäschke*, NZFam 2019, 895 ff.; *Lipp*, in: Laufs/Katzenmeier/Lipp, Arztrecht, 2021, VII., Rn. 35; *Niedenthal*, in: Groß/Niedenthal (Hrsg.), Geschlecht: divers, 2021, 27, 31; *Pfäfflin*, in: Scherpe (Hrsg.), The Legal Status of Transsexual and Transgender Persons, 2015, 11, 18 f.; *Schneider/Frister/Olzen*, Begutachtung Psychischer Störungen, 2020, S. 304 f.; *Sieberichs*, FamRZ 2019, 329, 332; *Wielpütz*, Über das Recht, ein anderer zu werden und zu sein, 2012.

[47] *Schneider/Frister/Olzen*, Begutachtung Psychischer Störungen, 2020, S. 305; vgl. ferner *Adamietz/Bager*, Gutachten: Reformbedarf transgeschlechtliche Menschen, 2016, S. 35 f.; *Richarz/Sanders*, in: Jaramillo/Carlson (Hrsg.), Trans Rights and Wrongs, 2021, 279, 280; *Spickhoff*, in: Spickhoff Medizinrecht, 2022, § 1 TSG, Rn. 5.

[48] Noch deutlicher *Mangold*, ZRP 2022, 180: „Die Formulierungen des Gesetzes von 1980 muten heute krass aus der Zeit gefallen an." Kritisch ferner *Sieberichs*, FamRZ 2019, 329, 332.

[49] Vgl. *Grünberger*, in: Groß/Neuschaefer-Rube/Steinmetzer (Hrsg.), Transsexualität und Intersexualität, 2008, 81, 96 f.; siehe ferner zum Paradigmenwechsel im Umgang mit Transgeschlechtlichkeit oben S. 42 f.

[50] Statt vieler *Adamietz/Bager*, Gutachten: Reformbedarf transgeschlechtliche Menschen, 2016, S. 10 ff.; *Mangold*, ZRP 2022, 180, 181; *Grünberger*, JZ 2011, 368, 370; *Sieberichs*, FamRZ 2019, 329, 332; *Steinke*, KJ 2011, 313, 316 ff.

[51] Siehe dazu *Grünberger*, in: Groß/Neuschaefer-Rube/Steinmetzer (Hrsg.), Transsexualität und Intersexualität, 2008, 81, 83; *Hepting/Dutta*, Familie und Personenstand, 2022, V-920 ff.; *Rädler*, Das dritte Geschlecht, 2019, S. 36.

che Zuordnung zum bisherigen Geschlecht ändert,[52] besteht außerdem die Möglichkeit, das rechtliche Geschlecht gem. §§ 8–12 TSG ändern zu lassen („große Lösung").[53] Wesentlicher Unterschied der beiden Verfahren war ursprünglich, dass die Durchführung der großen Lösung eine geschlechtsangleichende Operation voraussetzte, während die kleine Lösung keinen solchen Eingriff erforderte.[54] Der Hintergrund war, dass die Vornamensänderung anfangs nur als „Durchgangsstadium" auf dem Weg zur Änderung der rechtlichen Geschlechtszugehörigkeit konzipiert worden war.[55] Die tatbestandlichen Unterschiede zwischen „großer" und „kleiner Lösung" wurden indes aufgrund der verfassungsrechtlichen Vorgaben schrittweise aufgehoben.[56] Heute sind die Voraussetzungen beider Verfahren identisch,[57] weshalb sich die begriffliche Unterscheidung zwischen „kleiner" und „großer Lösung" mittlerweile erübrigt hat. Transgeschlechtliche Personen, die die Voraussetzungen für eine Vornamensänderung erfüllen, können folglich zugleich auch eine gerichtliche Feststellung ihrer rechtlichen Geschlechtszugehörigkeit beantragen.[58] Auf die Einzelheiten einer Änderung des rechtlichen Geschlechts ist im Folgenden einzugehen.

2. Gerichtliche Feststellung der Geschlechtszugehörigkeit

Möchte eine transgeschlechtliche Person ihr rechtliches Geschlecht auf Grundlage des TSG ändern lassen, muss sie die im TSG niedergelegten Voraussetzungen erfüllen. Im Folgenden soll ein knapper Überblick über die wichtigsten Voraussetzungen des Änderungsverfahrens genügen. Auf die Besonderheiten einer Änderung des rechtlichen Geschlechts in Sachverhalten mit grenzüberschreitendem Bezug wird im vierten Teil dieser Arbeit eingegangen.[59]

---

[52] *Grünberger*, in: Groß/Neuschaefer-Rube/Steinmetzer (Hrsg.), Transsexualität und Intersexualität, 2008, 81, 83; *Grünberger*, StAZ 2007, 357, 358.

[53] *Grünberger*, in: Groß/Neuschaefer-Rube/Steinmetzer (Hrsg.), Transsexualität und Intersexualität, 2008, 81, 83; *Hepting/Dutta,* Familie und Personenstand, 2022, V-934 ff.; *Radde*, ZJS 2018, 122, 125.

[54] *Sacksofsky*, in: Hohmann-Dennhardt/Masuch/Villiger (Hrsg.), Grundrechte und Solidarität, 2011, 675, 687; *Wielpütz,* Über das Recht, ein anderer zu werden und zu sein, 2012, S. 132.

[55] BT-Drucks. 08/2947, S. 12; darauf bezugnehmend BVerfG, Beschl. v. 6.12.2005 – 1 BvL 3/03, FamRZ 2006, 182 ff., (juris-) Rn. 65; siehe dazu ferner *Adamietz*, APuZ 2012, 15, 17; *Grünberger*, StAZ 2007, 357, 361.

[56] Zur Rechtsprechung des BVerfG siehe oben S. 55 ff.

[57] Dies kommt insbesondere in § 8 Abs. 1 Nr. 1 TSG zum Ausdruck, der als einzige Voraussetzung auf § 1 Abs. 1 TSG verweist. Vgl. dazu ferner *Augstein*, Transsexuellengesetz, 2012, § 8 TSG, Rn. 6; *Dutta*, in: Scherpe (Hrsg.), The Legal Status of Transsexual and Transgender Persons, 2015, 207, 219 f.; *L. Fuchs/Zöllner*, NZA 2022, 315, 316; *Radde*, ZJS 2018, 122, 125; *Spickhoff*, in: Spickhoff Medizinrecht, 2022, § 1 TSG, Rn. 5; *Wiggerich*, StAZ 2017, 8, 9; *Wielpütz*, NVwZ 2011, 474.

[58] *Hepting/Dutta*, Familie und Personenstand, 2022, V-934; vgl. ferner *Jäschke*, NZFam 2019, 895; *Wiggerich*, StAZ 2017, 8, 9.

[59] Näher dazu unten S. 187 ff.

a) Materiell-rechtliche Voraussetzungen

Die materiell-rechtlichen Voraussetzungen einer gerichtlichen Feststellung der Geschlechtszugehörigkeit sind in § 8 Abs. 1 TSG niedergelegt:

> „Auf Antrag einer Person, die sich auf Grund ihrer transsexuellen Prägung nicht mehr dem in ihrem Geburtseintrag angegebenen, sondern dem anderen Geschlecht als zugehörig empfindet und die seit mindestens drei Jahren unter dem Zwang steht, ihren Vorstellungen entsprechend zu leben, ist vom Gericht festzustellen, dass sie als dem anderen Geschlecht zugehörig anzusehen ist, wenn sie
> 1. die Voraussetzungen des § 1 Abs. 1 Nr. 1 bis 3 erfüllt,
> 2. (weggefallen)
> 3. dauernd fortpflanzungsunfähig ist und
> 4. sich einem ihre äußeren Geschlechtsmerkmale verändernden operativen Eingriff unterzogen hat, durch den eine deutliche Annäherung an das Erscheinungsbild des anderen Geschlechts erreicht worden ist."

aa) Unanwendbarkeit des § 8 Abs. 1 Nr. 3 und 4 TSG

Bei unbefangener Lektüre der Vorschrift erscheint es nach wie vor erforderlich, dass die antragstellende Person die in § 8 Abs. 1 Nr. 3 und 4 TSG genannten Voraussetzungen einer dauerhaften Fortpflanzungsunfähigkeit und einer geschlechtsangleichenden Operation erfüllt.[60] Tatsächlich hat das BVerfG jedoch bereits im Jahr 2011 die Verfassungswidrigkeit dieser Voraussetzungen festgestellt und die Vorschriften bis zum Inkrafttreten einer Neuregelung für unanwendbar erklärt.[61] Allerdings hat es der deutsche Gesetzgeber bislang versäumt, die verfassungswidrigen Normen aus dem TSG zu streichen. Es wurde lediglich eine Fußnote ergänzt, wonach die in § 8 Abs. 1 Nr. 3 und Nr. 4 TSG genannten Voraussetzungen keine Anwendung mehr finden.[62]

bb) Voraussetzungen des § 8 Abs. 1 TSG i.V.m. § 1 Abs. 1 TSG

Aufgrund der Verfassungswidrigkeit des § 8 Abs. 1 Nr. 3 und 4 TSG, müssen für eine Änderung der rechtlichen Geschlechtszugehörigkeit somit nur noch die Voraussetzungen des § 8 Abs. 1 Nr. 1 TSG i.V.m. des § 1 Abs. 1 Nr. 1–3 TSG erfüllt sein: Als erste Voraussetzung nennt § 8 Abs. 1 Nr. 1 TSG i.V.m. § 1 Abs. 1 Nr. 1 TSG, dass sich die antragstellende Person „auf Grund ihrer transsexuellen Prägung nicht mehr dem in ihrem Geburtseintrag angegebenen Geschlecht, sondern dem anderen Geschlecht als zugehörig empfindet und seit mindestens drei Jahren

---

[60] Mitunter wird die dauerhafte Fortpflanzungsunfähigkeit der antragstellenden Person in der Kommentarliteratur bis heute als notwendige Voraussetzung genannt. Siehe etwa *Ellenberger*, in: Grüneberg BGB, 2022, § 1 BGB, Rn. 11; *Ring*, in: Heidel/Hüßtege/Mansel/Noack BGB, 2021, § 1 BGB, Rn. 64.

[61] BVerfG, Beschl. 11.1.2011 – 1 BvR 3295/07, NJW 2011, 909 ff.; siehe oben S. 61 f.

[62] Die Fn. 1 zu § 8 TSG lautet: „§ 8 Abs. 1 Nr. 3 u. 4: Nach Maßgabe der Entscheidungsformel mit GG unvereinbar und bis zum Inkrafttreten einer gesetzlichen Neuregelung nicht anwendbar gem. BVerfGE v. 11.1.2011 I 224 – 1 BvR 3295/07."

unter dem Zwang steht, ihren Vorstellungen entsprechend zu leben."[63] Die Vorschrift des § 1 Abs. 1 Nr. 1 TSG enthält also ihrerseits drei Voraussetzungen: Erstens muss ein Widerspruch zwischen dem bei Geburt zugewiesenen rechtlichen Geschlecht und der geschlechtlichen Identität der antragstellenden Person bestehen. Zweitens muss dieser Widerspruch auf einer „transsexuellen Prägung" der betreffenden Person beruhen.[64] Erforderlich ist drittens, dass sich die antragstellende Person bereits seit mindestens drei Jahren „gezwungen sieht" entsprechend ihrer geschlechtlichen Identität leben.[65]

Eine Änderung des rechtlichen Geschlechts setzt ferner gem. § 8 Abs. 1 Nr. 1 TSG i.V.m. § 1 Abs. 1 Nr. 2 TSG voraus, dass mit hoher Wahrscheinlichkeit anzunehmen ist, dass sich das geschlechtliche Zugehörigkeitsempfinden der antragstellenden Person nicht mehr ändern wird.[66] Es muss also eine hinreichende „Stabilität" der geschlechtlichen Identität vorliegen, bevor eine Änderung der Geschlechtszugehörigkeit vorgenommen werden kann.[67]

cc) Zwischenergebnis

Eine Änderung des rechtlichen Geschlechts auf Grundlage des TSG kommt nach der geltenden Rechtslage nur in Betracht, wenn die Voraussetzungen des § 8 Abs. 1 Nr. 1 TSG i.V.m. § 1 Abs. 1 Nr. 1–3 TSG vorliegen. Auf die in § 8 Abs. 1 Nr. 3 und 4 TSG genannten (verfassungswidrigen) weiteren Voraussetzungen kommt es dagegen nicht mehr an.

b) Verfahrensrechtliche Voraussetzungen

Neben den genannten materiell-rechtlichen Voraussetzungen sind auch verfahrensrechtliche Voraussetzungen zu beachten. So erfolgt die gerichtliche Feststellung einer neuen Geschlechtszugehörigkeit nur auf Antrag, § 8 Abs. 1 TSG. Darüber hinaus müssen gem. § 9 Abs. 3 S. 1 TSG auch die in §§ 2–4 TSG und § 6 TSG niedergelegten weiteren Voraussetzungen erfüllt sein.[68]

---

[63] Der Wortlaut von § 8 Abs. 1 TSG und § 1 Abs. 1 Nr. 1 TSG ist nahezu identisch.

[64] Siehe dazu *S. Becker et al.*, Psychotherapeut 1997, 256, 262: „Transsexuelle ‚Prägung' ist nicht verhaltensbiologisch zu verstehen, sondern als schrittweise und mehrfaktorielle Entwicklung der Transsexualität, die rekonstruierend bewertet werden muss."

[65] Siehe dazu *S. Becker et al.*, Psychotherapeut 1997, 256, 262: „Der mindestens dreijährige ‚Zwang' bedeutet die Unmöglichkeit, sich mit dem Geburtsgeschlecht zu versöhnen, und die anhaltende innere Gewissheit […], dem anderen Geschlecht anzugehören." Vgl. dazu ferner *Spickhoff*, in: Spickhoff Medizinrecht, 2022, § 1 TSG, Rn. 7; *Grünberger*, in: Groß/Neuschaefer-Rube/Steinmetzer (Hrsg.), Transsexualität und Intersexualität, 2008, 81, 95.

[66] Zum Begriff der „Wahrscheinlichkeitsprognose" siehe *Spickhoff*, in: Spickhoff Medizinrecht, 2022, § 1 TSG, Rn. 10; *Radde*, ZJS 2018, 122, 124; siehe ferner *Spickhoff*, in: Kanzleiter/Schwab (Hrsg.), Familienrecht zwischen Tradition und Innovation, 2019, 529, 531.

[67] *Spickhoff*, in: Spickhoff Medizinrecht, 2022, § 1 TSG, Rn. 10; *Spickhoff*, in: Kanzleiter/Schwab (Hrsg.), Familienrecht zwischen Tradition und Innovation, 2019, 529, 531.

[68] Die §§ 2 ff. TSG enthalten Regelungen zur Zuständigkeit (§ 2 TSG), zur Verfahrensfä-

aa) Sachverständigengutachten, § 4 Abs. 3 TSG

Von besonderer Bedeutung ist ferner § 4 Abs. 3 TSG, welcher vorsieht, dass das zuständige Gericht einem Antrag nur stattgeben darf, nachdem es die Gutachten von zwei unabhängig voneinander tätig gewordenen Sachverständigen eingeholt hat, die „auf Grund ihrer Ausbildung und ihrer beruflichen Erfahrung mit den besonderen Problemen des Transsexualismus ausreichend vertraut sind".[69] Erforderlich ist also, dass im Rahmen des gerichtlichen Verfahrens sowohl zu den in § 1 Abs. 1 Nr. 1 TSG als auch zu den in § 1 Abs. 1 Nr. 2 TSG genannten Voraussetzungen gutachterlich Stellung genommen wurde.[70] Bei § 4 Abs. 3 TSG handelt es sich um eine verfahrensrechtliche Spezialregelung, die bestimmt, mit welchen Mitteln das Gericht den Sachverhalt aufzuklären hat.[71] Ein materiell-rechtlicher Gehalt, etwa dahingehend, dass beide Gutachten die Voraussetzungen des § 1 Abs. 1 Nr. 1 und 2 TSG vollumfänglich bestätigen müssen, kommt der Vorschrift hingegen nicht zu.[72] Vielmehr ist es Aufgabe des zuständigen Gerichts, die Gutachten selbstständig und kritisch zu würdigen und bei Bedarf eine mündliche oder schriftliche Erläuterung zu den Gutachten anzufordern.[73]

bb) Kritik am Gutachtenerfordernis

Es wird kritisiert, dass transgeschlechtlichen Personen die Kompetenz abgesprochen wird, selbstbestimmt über ihre geschlechtliche Identität Auskunft geben zu können.[74] Zudem hat auch die Parlamentarische Versammlung des Europarates in einer Resolution von 2015 an die Konventionsstaaten appelliert, medizinische Behandlungen oder psychiatrische Diagnosen als zwingende Vor-

---

higkeit und den Beteiligten (§ 3 TSG), zum gerichtlichen Verfahren (§ 4 TSG) sowie zu einer möglichen Aufhebung der Gerichtsentscheidung (§ 6 TSG).

[69] Kritisch dazu *Grünberger*, in: Groß/Neuschaefer-Rube/Steinmetzer (Hrsg.), Transsexualität und Intersexualität, 2008, 81, 96 f.; *Güldenring*, ZfSf 2013, 160 ff.; *Radde*, ZJS 2018, 122, 127; *Steinke*, KJ 2011, 313, 316 ff.

[70] Siehe dazu *Augstein*, Transsexuellengesetz, 2012, § 4 TSG, Rn. 5; *Jäschke*, NZFam 2019, 895, 896; *Steinke*, KJ 2011, 313, 316; *Spickhoff*, in: Spickhoff Medizinrecht, 2022, § 4 TSG, Rn. 1.

[71] BVerfG, Beschl. v. 17.10.2017 – 1 BvR 747/17, NJW 2018, 222 ff., (juris-) Rn. 10.

[72] *Augstein*, Transsexuellengesetz, 2012, § 4 TSG, Rn. 5; *Schneider/Frister/Olzen*, Begutachtung Psychischer Störungen, 2020, S. 307; *Spickhoff*, in: Spickhoff Medizinrecht, 2022, § 4 TSG, Rn. 1.

[73] *Augstein*, Transsexuellengesetz, 2012, § 4 TSG, Rn. 5; *Schneider/Frister/Olzen*, Begutachtung Psychischer Störungen, 2020, S. 307; *Spickhoff*, in: Spickhoff Medizinrecht, 2022, § 4 TSG, Rn. 1.

[74] Siehe etwa *Adamietz/Bager*, Gutachten: Reformbedarf transgeschlechtliche Menschen, 2016, S. 100 ff.; *Althoff*, in: Scherpe/Dutta/Helms (Hrsg.), The Legal Status of Intersex Persons, 2018, 393, 404; *Güldenring*, ZfSf 2013, 160 ff.; *Grünberger*, JZ 2011, 368, 370; *Jäschke*, StAZ 2020, 338 ff.; *Mangold*, ZRP 2022, 180, 181; *Schneider/Frister/Olzen*, Begutachtung Psychischer Störungen, 2020, S. 304; *Sieberichs*, FamRZ 2019, 329, 332; *Steinke*, KJ 2011, 313, 316; *Wiggerich*, StAZ 2017, 8, 11.

aussetzung einer rechtlichen Anerkennung der Geschlechtsidentität abzuschaffen.[75] Demgegenüber hat das BVerfG das Gutachtenerfordernis des § 4 Abs. 3 TSG bislang verfassungsrechtlich nicht beanstandet.[76] Vielmehr hat das Gericht in einem Nichtannahmebeschluss aus dem Jahr 2017 hervorgehoben, dass die verpflichtende Einholung der Sachverständigengutachten verfassungsgemäß sei.[77]

Dabei knüpfte das BVerfG im Wesentlichen an eine Entscheidung aus dem Jahr 2011 an,[78] in der das Gericht festgestellt hatte, dass der Gesetzgeber bei der Bestimmung des rechtlichen Geschlechts eines Menschen grundsätzlich von dessen äußeren Geschlechtsmerkmalen zum Zeitpunkt der Geburt ausgehen und die personenstandsrechtliche Anerkennung der im Widerspruch dazu stehenden geschlechtlichen Identität von bestimmten Voraussetzungen abhängig machen dürfe.[79] Da das Geschlecht maßgeblich für die Zuweisung von Rechten und Pflichten sei und von ihm familiäre Zuordnungen abhängig seien, sei es ein berechtigtes Anliegen des Gesetzgebers, dem Personenstand Dauerhaftigkeit und Eindeutigkeit zu verleihen, ein Auseinanderfallen von biologischem und rechtlichem Geschlecht möglichst zu vermeiden, und einer Änderung des Personenstands nur stattzugeben, wenn dafür tragfähige Gründe vorlägen und ansonsten verfassungsrechtlich verbürgte Rechte unzureichend gewahrt würden.[80] Um beliebige Personenstandswechsel auszuschließen, könne der Gesetzgeber dabei einen auf objektivierte Kriterien gestützten Nachweis verlangen, dass die geschlechtliche Identität tatsächlich von Dauer und ihre Anerkennung für den Betroffenen von existenzieller Bedeutung sei.[81]

Wenngleich das BVerfG das Gutachtenerfordernis somit bislang noch als verfassungskonform einstuft, werden vermehrt rechtspolitische Zweifel an der Geeignetheit und Erforderlichkeit der Fremdbegutachtung laut.[82] Bis zum Inkraft-

---

[75] Parlamentarische Versammlung des Europarates, Resolution Nr. 2048 (2015), Rn. 6.2.2.: „[…] the Assembly calls on member States to abolish […] other compulsory medical treatment, as well as a mental health diagnosis, as a necessary legal requirement to recognise a person's gender identity in laws regulating the procedure for changing a name and registered gender." Siehe dazu auch *Jäschke*, NZFam 2019, 895, 897; *Schneider/Frister/Olzen*, Begutachtung Psychischer Störungen, 2020, S. 304.

[76] BVerfG, Beschl. v. 17.10.2017 – 1 BvR 747/17, NJW 2018, 222 ff.; vgl. dazu auch *Dutta/Fornasier*, FamRZ 2020, 1015.

[77] BVerfG, Beschl. v. 17.10.2017 – 1 BvR 747/17, NJW 2018, 222 ff.; kritisch *Mast*, in: Müller/Dittrich (Hrsg.), Linien der Rechtsprechung des Bundesverfassungsgerichts, 2022, 329, 346.

[78] BVerfG, Beschl. v. 11.1.2011 – 1 BvR 3295/07, NJW 2011, 909, 912, Rn. 61.

[79] Vgl. BVerfG, Beschl. v. 11.1.2011 – 1 BvR 3295/07, NJW 2011, 909, 912, Rn. 61.

[80] BVerfG, Beschl. v. 11.1.2011 – 1 BvR 3295/07, NJW 2011, 909, 912, Rn. 61.

[81] Vgl. BVerfG, Beschl. v. 11.1.2011 – 1 BvR 3295/07, NJW 2011, 909, 912, Rn. 61; siehe dazu auch *Grünberger*, JZ 2011, 368, 369; *Steinke*, KJ 2011, 313, 317.

[82] Siehe etwa *Dutta/Fornasier*, FamRZ 2020, 1015, 1016: „Es dürfte aber zweifelhaft sein, ob wirklich das Einfordern von Sachverständigengutachten geboten ist und man nicht der Erklärung der betroffenen Person über ihre subjektive Geschlechtsidentität vertrauen kann."

treten einer gesetzlichen Neuregelung,[83] bleibt es derzeit jedoch dabei, dass das zuständige Gericht einem Antrag auf Änderung der rechtlichen Geschlechtszugehörigkeit gem. § 4 Abs. 3 TSG nur stattgeben darf, wenn es zuvor die beiden Gutachten eingeholt hat.

c) Rechtsfolgen

Die Rechtsfolgen einer gerichtlichen Änderung der rechtlichen Geschlechtszugehörigkeit sind in § 10 ff. TSG niedergelegt.

aa) Geschlechtliche Neuzuordnung mit Wirkung erga omnes

Gemäß § 10 Abs. 1 TSG hat die gerichtliche Gestaltungsentscheidung zur Folge, dass sich die vom Geschlecht abhängigen Rechte und Pflichten der antragstellenden Person von der Rechtskraft der Entscheidung an nach dem neuen Geschlecht richten. Die betreffende Person wird somit mit *ex nunc*-Wirkung rechtlich einem neuen Geschlecht zugeordnet.[84]

Eine weitere Konsequenz der gerichtlichen Feststellung einer geänderten Geschlechtszugehörigkeit ist, dass das Gericht seine Entscheidung nach § 56 Abs. 1 Nr. 1 lit. d PStV an das Standesamt übermittelt, welches das Geschlecht nach der Geburt beurkundet hatte.[85] Dieses Standesamt nimmt sodann gem. § 27 Abs. 3 Nr. 4 PStG eine Folgebeurkundung zum Geburtseintrag vor, aus der sich die Änderung des rechtlichen Geschlechts ergibt.[86] Auf Antrag wird außerdem gem. § 4 Abs. 1 S. 5 PassG ein neuer Reisepass ausgestellt.

bb) Offenbarungsverbot

Eine für transgeschlechtliche Personen besonders wichtige Folge des TSG-Verfahrens ist ferner das in § 10 Abs. 2 i.V.m. § 5 Abs. 1 TSG verankerte Offenba-

---

Noch kritischer *Adamietz/Bager*, Gutachten: Reformbedarf transgeschlechtliche Menschen, 2016, S. 100: „Das Erfordernis der Sachverständigenbegutachtung als Voraussetzung der rechtlichen Anerkennung der eigenen geschlechtlichen Identität ist eine gravierende Verletzung des verfassungs- und völkerrechtlich garantierten Rechts auf Selbstbestimmung und Privatsphäre, ebenso ein Verstoß gegen die Verbote der Diskriminierung aufgrund der geschlechtlichen Identität." Vgl. ferner *Sieberichs*, FamRZ 2019, 329, 332: „[...] die zwingende Einholung zweier Sachverständigengutachten ist rechtspolitisch überholt."

[83] Siehe zum geplanten Selbstbestimmungsgesetz unten S. 115 f.

[84] Vgl. BGH, Beschl. v. 5.5.2021 – XII ZB 189/20, NJW 2021, 2292, 2295, Rn. 29; vgl. ferner *Hepting/Dutta*, Familie und Personenstand, 2022, V-948.

[85] Vgl. § 56 Abs. 1 Nr. 1 lit. d PStV; siehe dazu auch *Lammers*, in: Gaaz/Bornhofen/Lammers, PStG, 5. Aufl. 2020, § 27 PStG, Rn. 96.

[86] § 27 Abs. 3 Nr. 4 PStG: „Außerdem sind Folgebeurkundungen zum Geburtseintrag aufzunehmen über [...] die nachträgliche Angabe oder die Änderung des Geschlechts des Kindes." Siehe ferner Nr. 27.8 PStG-VwV n.F. (2021); vgl. zu alledem *Lammers*, in: Gaaz/Bornhofen/Lammers, PStG, 5. Aufl. 2020, § 27 PStG, Rn. 97; *H. Schmitz/Bornhofen/I. Müller*, Allgemeine Verwaltungsvorschrift zum PStG, 2021, S. 148; *Fehr*, NJW-Spezial 2022, 580.

rungsverbot. Danach dürfen die frühere Geschlechtszugehörigkeit und der frühere Vorname grundsätzlich nicht ohne Zustimmung der betreffenden Person offenbart oder ausgeforscht werden.[87]

cc) Eltern-Kind-Verhältnis

Die wichtigste Ausnahme zu § 10 TSG findet sich indes in § 11 S. 1 TSG, der das rechtliche Eltern-Kind-Verhältnis betrifft.[88] Danach lässt die gerichtliche Feststellung einer neuen Geschlechtszugehörigkeit das Rechtsverhältnis der antragstellenden Person zu ihren Eltern und Kindern unberührt.[89] Auch nach einer geschlechtlichen Transition bleibt es somit rechtlich bei der Einordnung als „Mutter" bzw. „Vater".[90] Hervorzuheben ist, dass die Regelung des § 11 S. 1 TSG nicht nur das rechtliche Verhältnis zu Kindern regelt, die bereits *vor* Änderung des rechtlichen Geschlechts eines Elternteiles geboren wurden.[91] Vielmehr bleibt das rechtliche Eltern-Kind-Verhältnis von einer geschlechtlichen Transition auch dann unberührt, wenn ein Kind erst *nach* Änderung des rechtlichen Geschlechts eines Elternteiles geboren wurde.[92]

3. Ergebnis zum TSG-Verfahren

Das TSG ermöglicht transgeschlechtlichen Personen eine gerichtliche Änderung des rechtlichen Geschlechts im Einklang mit ihrer geschlechtlichen Identität. Es ist jedoch erforderlich, dass die antragstellende Person die in § 8 Abs. 1 Nr. 1 TSG i.V.m. § 1 Abs. 1 TSG verankerten Voraussetzungen erfüllt. Zudem darf das zuständige Gericht einem Änderungsantrag gem. § 4 Abs. 3 TSG nur stattgeben, nachdem es zwei unabhängige Sachverständigengutachten eingeholt hat. Rechtsfolge der Änderung ist gem. § 10 Abs. 1 TSG, dass sich die vom Geschlecht abhängigen Rechte und Pflichten der antragstellenden Person von der Rechtskraft

---

[87] Beachte jedoch die in § 5 TSG genannten Ausnahmen.

[88] Siehe dazu bereits *Schulz*, FamRZ 2022, 702 ff.; vgl. ferner *Hepting/Dutta*, Familie und Personenstand, 2022, V-949 f.; näher zur internationalprivatrechtlichen Qualifikation des § 11 S. 1 TSG unten S. 177 ff.

[89] Siehe dazu auch *Dutta*, in: Scherpe (Hrsg.), The Legal Status of Transsexual and Transgender Persons, 2015, 207, 218 f.; *Hepting/Dutta*, Familie und Personenstand, 2022, V-949 f.

[90] Vgl. BGH, Beschl. v. 6.9.2017 – XII ZB 660/14, FamRZ 2017, 1855, 1856, Rn. 13 ff.; näher zur rechtlichen Elternschaft transgeschlechtlicher Personen *Margaria*, IJLPF 2021, 225 ff.

[91] *Hepting/Dutta*, Familie und Personenstand, 2022, V-950.

[92] BGH, Beschl. v. 6.9.2017 – XII ZB 660/14, FamRZ 2017, 1855, 1857, Rn. 15 ff.; BGH, Beschl. v. 26.1.2022 – XII ZB 127/19, FamRZ 2022, 701 ff.; siehe dazu *Gössl*, LMK 2017, 398618; *Wall*, StAZ 2020, 120, 121; beachte jedoch zu verfassungsrechtlichen Bedenken AG Regensburg, Beschl. v. 4.2.2022 – UR III 19/21, FamRZ 2022, 704 ff.; *Baer/Markard*, in: v. Mangoldt/Klein/Starck, 2018, Art. 3 Abs. 3 GG, Rn. 457; *Löhnig*, NZFam 2022, 376; *Margaria*, IJLPF 2021, 225, 227; *Schulz*, FamRZ 2022, 702 ff.; *Tolmein*, NJW 2017, 3383, 3384; *Wapler*, FamRZ 2017, 1861, 1861 f.

der gerichtlichen Entscheidung an nach dem neuen Geschlecht richten. Eine Ausnahme gilt jedoch insbesondere gem. § 11 S. 1 TSG für das rechtliche Eltern-Kind-Verhältnis.

III. Verfahren auf Grundlage des PStG

Im deutschen Recht existiert seit 2018 noch eine zweite Möglichkeit, das rechtliche Geschlecht einer Person entsprechend der geschlechtlichen Identität ändern zu lassen. Die Rechtsgrundlage findet sich in § 45b Abs. 1 PStG.

1. Voraussetzungen des § 45b PStG

Gem. § 45b Abs. 1 S. 1 PStG können „Personen mit Varianten der Geschlechtsentwicklung" gegenüber dem Standesamt erklären, dass ihr Geschlechtseintrag durch eine andere in § 22 Abs. 3 PStG vorgesehene Bezeichnung ersetzt oder gestrichen werden soll. Die Vorschrift des § 45b Abs. 1 PStG ergänzt somit die Regelung des § 22 Abs. 3 PStG um die Möglichkeit einer späteren Änderung des Geschlechtseintrages.[93] Die Änderung des Geschlechtseintrages kann dabei auch mit der Bestimmung eines neuen Vornamens verbunden werden, wie aus § 45b Abs. 1 S. 3 PStG hervorgeht.

a) „Varianten der Geschlechtsentwicklung"

Eine Änderung des Geschlechtseintrages i.S.d. § 45b Abs. 1 PStG setzt insbesondere[94] das Vorliegen einer „Variante der Geschlechtsentwicklung" voraus, welche gemäß § 45b Abs. 3 S. 1 PStG durch Vorlage einer ärztlichen Bescheinigung nachzuweisen ist.[95] Die ärztliche Bescheinigung muss keine genaue Diagnose enthalten, sondern es genügt vielmehr ein Attest, das bestätigt, dass eine Person eine „Variante der Geschlechtsentwicklung" aufweist.[96]

---

[93] *Helms*, StAZ 2021, 329, 335; *Lammers*, in: Gaaz/Bornhofen/Lammers, PStG, 5. Aufl. 2020, § 22 PStG, Rn. 12; *Maurer*, in: Januszkiewicz/Post/Riegel et al. (Hrsg.), Geschlechterfragen im Recht, 2021, 151, 152.
[94] Näher zu Besonderheiten in grenzüberschreitenden Sachverhalten unten S. 199 ff.
[95] Zu etwaigen Ausnahmen siehe § 45b Abs. 3 S. 2 PStG.
[96] Vgl. dazu BT-Drucks. 19/4669, S. 11; siehe dazu ferner *Jäschke*, StAZ 2020, 338, 339.

aa) Umstrittenes Begriffsverständnis

Allerdings ist umstritten, was unter dem Begriff einer „Variante der Geschlechtsentwicklung"[97] i.S.d. §45b Abs. 1 S. 1 PStG zu verstehen ist.[98] Die Frage wurde in der Praxis deshalb relevant, da das TSG auf einem binären Verständnis von Geschlecht beruht,[99] und sich daher die Frage stellte, ob sich auch transgeschlechtliche Personen mit nicht-binärer Geschlechtsidentität auf §45b PStG berufen können.[100]

Während einige Stimmen in Rechtsprechung und Literatur für eine verfassungskonforme[101] bzw. verfassungsakzessorische[102] Begriffsauslegung plädieren und auch transgeschlechtlichen Personen mit nicht-binärer Geschlechtsidentität eine Berufung auf §45b PStG gestatten möchten,[103] wird überwiegend vertreten, dass der Anwendungsbereich des §45b PStG auf Personen mit medizinisch festgestellter Intergeschlechtlichkeit beschränkt sei.[104]

---

[97] Beachte auch die gleichlautende Formulierung in §1631e BGB, der es einer sorgeberechtigten Person grundsätzlich verbietet, in die Behandlung eines nicht einwilligungsfähigen Kindes mit einer „Variante der Geschlechtsentwicklung" allein mit der Absicht einzuwilligen, das körperliche Erscheinungsbild des Kindes an das des männlichen oder des weiblichen Geschlechts anzugleichen. Ausführlich dazu *Coester-Waltjen/Henn*, FamRZ 2021, 1589 ff.

[98] Siehe dazu bereits *Gössl/Dannecker/Schulz*, NZFam 2020, 145; *Schulz*, ZEuP 2021, 64, 68 f.

[99] BGH, Beschl. v. 22.4.2020 – XII ZB 383/19, FamRZ 2020, 1009, 1012, Rn. 35: „Das TSG geht […] von einem binären Geschlechtssystem aus, wie sich schon dem Wortlaut des §8 Abs. 1 TSG (ebenso etwa §1 Nr. 1 TSG) entnehmen lässt, der von ‚dem anderen Geschlecht' spricht."

[100] Näher dazu *Gössl*, LMK 2021, 437149; *Jäschke*, StAZ 2020, 338 ff.; *Valentiner*, in: Januszkiewicz/Post/Riegel et al. (Hrsg.), Geschlechterfragen im Recht, 2021, 129, 145 ff.

[101] OLG Düsseldorf, Beschl. v. 11.6.2019 – I-25 Wx 76/17, FamRZ 2019, 1663 f.; siehe ferner *Gössl/Dannecker/Schulz*, NZFam 2020, 145, 146 f.; *Bruns*, StAZ 2019, 97, 99 f.; ähnlich auch *Jäschke*, NZFam 2019, 895, 898.

[102] *Mangold/Markwald/Röhner*, Varianten der Geschlechtsentwicklung, 2019, S. 12; vgl. ferner *Theilen*, in: Brems/Cannoot/Moonen (Hrsg.), Protecting Trans Rights in the Age of Gender Self-Determination, 2020, 95, 116 f.

[103] OLG Düsseldorf, Beschl. v. 11.6.2019 – I-25 Wx 76/17, FamRZ 2019, 1663 f.; AG Münster, Beschl. v. 14.4.2021 – 22 III 34/20, FamRZ 2021, 1547 ff.; *Bruns*, StAZ 2019, 97, 100; *Gössl/Dannecker/Schulz*, NZFam 2020, 145, 147; *Jäschke*, NZFam 2019, 895, 898; *Mangold/Markwald/Röhner*, Varianten der Geschlechtsentwicklung, 2019, S. 9 ff.; *Markard*, in: Mangold/Payandeh (Hrsg.), Handbuch Antidiskriminierungsrecht, 2022, 262, 293, Rn. 72; *Valentiner*, Das Grundrecht auf sexuelle Selbstbestimmung, 2021, S. 145 ff.

[104] Vgl. BGH, Beschl. v. 22.4.2020 – XII ZB 383/19, FamRZ 2020, 1009 ff.; OLG Nürnberg, Beschl. v. 3.9.2019 – 11 W 1880/19, FamRZ 2019, 1948 ff.; *Berndt-Benecke*, StAZ 2019, 56, 70; *Bornhofen*, in: Gaaz/Bornhofen/Lammers, PStG, 5. Aufl. 2020, §45b PStG, Rn. 3; *Froese*, Der Mensch in der Wirklichkeit des Rechts, 2022, S. 91 f.; *Lindenberg*, NZFam 2018, 1062; *Maurer*, in: Januszkiewicz/Post/Riegel et al. (Hrsg.), Geschlechterfragen im Recht, 2021, 151, 155; *Lipp*, in: Laufs/Katzenmeier/Lipp, Arztrecht, 2021, VII., Rn. 37; *Reuß*, StAZ 2019, 42, 45; *Sieberichs*, FamRZ 2019, 329, 331; *Siede*, in: Grüneberg BGB, 2022, Einf. v. §1591, Rn. 5; so wohl auch *Helms*, StAZ 2021, 329, 335.

Dem hat sich im Jahr 2020 auch der BGH angeschlossen und angesichts des Wortlautes, der Entstehungsgeschichte und der Systematik des § 45b PStG entschieden, dass der Anwendungsbereich der §§ 45b, 22 Abs. 3 PStG auf Personen beschränkt sei, die „körperlich" weder dem weiblichen noch dem männlichen Geschlecht zuzuordnen seien.[105] Personen mit „lediglich empfundener Intersexualität"[106] seien von der Regelung hingegen nicht erfasst. Letztere könnten jedoch durch analoge Anwendung des § 8 Abs. 1 TSG erreichen, dass ihre auf „weiblich" oder „männlich" lautende Geschlechtsangabe im Geburtenregister gestrichen oder durch die Angabe „divers" ersetzt werde.[107]

bb) Stellungnahme

Die Entscheidung des BGH ist zwar rechtsdogmatisch vertretbar,[108] im Lichte des Grundrechts auf Achtung der selbstbestimmten geschlechtlichen Identität (Art. 2 Abs. 1 i.V.m. Art. 1 Abs. 1 GG) indes keineswegs zwingend.[109] Immerhin handelt es sich bei der Regelung des § 45b PStG um die gesetzgeberische Antwort auf die Entscheidung des BVerfG zur Dritten Option, in der das Gericht angemahnt hatte, dass sich das Geschlecht eines Menschen gerade nicht allein nach genetisch-anatomisch-chromosomalen Merkmalen bestimmen lässt, sondern von sozialen und psychischen Faktoren mitbestimmt wird.[110]

Vor diesem Hintergrund überzeugt es wenig, dass der Gesetzgeber nun ein „gestuftes Regelungskonzept"[111] aus TSG und PStG eingeführt hat, das eine klare Trennung zwischen dem biologischen Geschlecht eines Menschen und seiner geschlechtlichen Identität vornimmt und in Abhängigkeit von körperlichen Merkmalen unterschiedlich strenge Voraussetzungen und Darlegungslasten[112] für eine Änderung des rechtlichen Geschlechts vorsieht.[113]

---

[105] BGH, Beschl. v. 22.4.2020 – XII ZB 383/19, FamRZ 2020, 1009 ff.; zustimmend *Dutta/Fornasier*, FamRZ 2020, 1015 ff.; *Froese*, JZ 2020, 856 ff.; *Lindenberg*, NZFam 2020, 519, 524 ff.; *Löhnig*, NJW 2020, 1955, 1961 f.; kritisch *Jäschke*, StAZ 2020, 338 ff.; *Mangold*, ZRP 2022, 180, 181; *Schulz*, ZEuP 2021, 64, 66 f.; *Valentiner*, Das Grundrecht auf sexuelle Selbstbestimmung, 2021, S. 146.

[106] BGH, Beschl. v. 22.4.2020 – XII ZB 383/19, FamRZ 2020, 1009, 1010, Rn. 12 ff.

[107] BGH, Beschl. v. 22.4.2020 – XII ZB 383/19, FamRZ 2020, 1009, 1010, Rn. 14.

[108] Zustimmend hingegen *Dutta/Fornasier*, FamRZ 2020, 1015: „Der vorliegende Beschluss löst auf bestechende Weise eine im Personen- und Personenstandsrecht heiß diskutierte Frage [...]." Vgl. ferner *Froese*, JZ 2020, 856, 859: „Der BGH hat nun eine differenzierte Entscheidung gefällt [...]."

[109] Ähnlich auch *Gössl*, LMK 2021, 437149; näher zum verfassungsrechtlichen Schutz der geschlechtlichen Identität oben S. 52 ff.

[110] BVerfG, Beschl. v. 10.10.2017 – 1 BvR 2019/16, NJW 2017, 3643 ff., (juris-) Rn. 9; siehe dazu oben S. 62 ff.

[111] BGH, Beschl. v. 22.4.2020 – XII ZB 383/19, FamRZ 2020, 1009, 1014, Rn. 49.

[112] Ausführlich dazu *Froese*, JZ 2020, 856, 858.

[113] Siehe dazu *Sieberichs*, FamRZ 2019, 329, 334; vgl. ferner bereits *Schulz*, in: von Bary (Hrsg.), Aktuelle Reformen im Familienrecht, 2023, 103, 113.

Die unterschiedlichen Änderungsverfahren für trans- und intergeschlechtliche Menschen erscheinen zudem auch im Lichte des Verbotes geschlechtsbezogener Diskriminierung gem. Art. 3 Abs. 3 S. 1 GG bedenklich.[114] Zwar besteht grundsätzlich die Möglichkeit, auch geschlechtsspezifische Ungleichbehandlung zu rechtfertigen.[115] Es gilt insofern jedoch ein strenger Prüfungsmaßstab.[116] Regelungen, die unmittelbar an das Geschlecht anknüpfen, sind nur mit Art. 3 Abs. 3 S. 1 GG vereinbar, wenn sie zur Lösung von Problemen, die „ihrer Natur nach" nur bei einem bestimmten Geschlecht auftreten, „zwingend erforderlich" sind.[117] Ob solch zwingende Gründe vorliegen, darf indes bezweifelt werden.

Es überrascht insofern wenig, dass die Frage nach einer verfassungsmäßigen Ausgestaltung des Personenstandsrechts nun abermals das BVerfG erreicht hat.[118] Während der BGH der Auffassung ist, dass die unterschiedliche Behandlung trans- und intergeschlechtlicher Menschen aufgrund „gänzlich unterschiedlicher Ausgangssituationen"[119] gerechtfertigt sei,[120] hält unter anderem das AG Münster die Regelung des § 45b PStG, soweit diese nur auf intergeschlechtliche Personen anwendbar ist, für verfassungswidrig und hat dem BVerfG gem. Art. 100 Abs. 1 GG die Frage vorgelegt, ob die Beschränkung der erklärungsberechtigten Personen in § 45b PStG verfassungskonform ist.[121] Dabei hat sich das Gericht auch auf eine bereits erhobene Verfassungsbeschwerde berufen,[122] die sich ebenfalls gegen die unterschiedliche Behandlung trans- und intergeschlechtlicher Personen im Personenstandsrecht gewandt hatte.[123]

Für die Auslegung des Tatbestandsmerkmales „Varianten der Geschlechtsentwicklung" führt die unterschiedliche verfassungsrechtliche Bewertung gegenwärtig freilich zu einer beträchtlichen Rechtsunsicherheit; sowohl für die betrof-

---

[114] Näher dazu *Markard*, in: Mangold/Payandeh (Hrsg.), Handbuch Antidiskriminierungsrecht, 2022, 262, 293, Rn. 72; *Valentiner*, in: Januszkiewicz/Post/Riegel et al. (Hrsg.), Geschlechterfragen im Recht, 2021, 129, 146 ff.; vgl. ferner bereits *Schulz*, in: von Bary (Hrsg.), Aktuelle Reformen im Familienrecht, 2023, 103, 113.

[115] Siehe oben S. 83 f.

[116] Siehe oben S. 83 f.

[117] BVerfG, Urt. v. 28.1992 – 1 BvR 1025/82, 1 BvL 16/83, 1 BvL 10/91, NJW 1992, 994 ff.; näher dazu oben S. 83.

[118] Vgl. AG Münster, Beschl. v. 14.4.2021 – 22 III 34/20, FamRZ 2021, 1547 ff.

[119] BGH, Beschl. v. 22.4.2020 –XII ZB 383/19, FamRZ 2020, 1009, 1014, Rn. 47 f.

[120] Zustimmend *Dutta/Fornasier*, FamRZ 2020, 1015.

[121] AG Münster, Beschl. v. 14.4.2021 – 22 III 34/20, FamRZ 2021, 1547 ff., (juris-) Rn. 58: „Der vom Gesetzgeber bei Einführung des § 45b PStG getroffene enge, allein auf intersexuelle Personen bezogene Anwendungsbereich der Vorschrift ist jedoch verfassungswidrig."

[122] Der Text der Verfassungsbeschwerde ist abrufbar unter: <https://freiheitsrechte.org/home/wp-content/uploads/2020/06/2020-06-16-Verfassungsbeschwerde-Personenstandsgesetz-anonymisiert.pdf> (abgerufen am 1.3.2023). Siehe dazu auch *Jäschke*, StAZ 2020, 338, 345.

[123] Siehe dazu AG Münster, Beschl. v. 14.4.2021 –22 III 34/20, FamRZ 2021, 1547, 1550: „Diesen Ausführungen schließt sich das Amtsgericht nach eigenständiger Würdigung der Sach- und Rechtslage ausdrücklich an, soweit diese nicht im Einzelfall im Widerspruch zu den eingangs gemachten Ausführungen stehen."

fenen Personen als auch für die zuständigen Standesämter und Gerichte.[124] So-lange das BVerfG noch nicht entschieden hat, ist indes davon auszugehen, dass transgeschlechtliche Personen mit nicht-binärer Geschlechtsidentität auf das TSG-Verfahren verwiesen werden und eine Berufung auf § 45b PStG angesichts der Rechtsprechung des BGH wohl regelmäßig ohne Erfolg bleiben wird.

cc) Zwischenergebnis

Der Anwendungsbereich des § 45b PStG ist nach der Rechtsprechung des BGH auf intergeschlechtliche Menschen beschränkt. Transgeschlechtliche Personen mit nicht-binärer Geschlechtsidentität sind danach nicht von § 45b PStG erfasst; sie können jedoch durch analoge Anwendung des § 8 Abs. 1 TSG erreichen, dass ihr auf „weiblich" oder „männlich" lautender Geschlechtseintrag im Geburten-register gestrichen oder durch die Angabe „divers" ersetzt wird.

b) Verfahrensrechtliche Voraussetzungen

Anders als das TSG, das für eine Änderung des rechtlichen Geschlechts ein Ge-richtserfahren verlangt, genügt im Rahmen des § 45b PStG eine Erklärung ge-genüber dem Standesamt. Die Erklärung muss gem. § 45b Abs. 1 S. 4 PStG öf-fentlich beglaubigt werden, was auch durch das Standesamt geschehen kann.[125] Für die Entgegennahme der Erklärung ist gem. § 45b Abs. 4 S. 1 PStG das Stan-desamt zuständig, das das Geburtenregister für die betroffene Person führt.[126]

2. Rechtsfolgen

Liegen die in gem. § 45b PStG genannten Voraussetzungen vor, kann die erklä-rungsberechtigte Person ihren Geschlechtseintrag durch eine andere in § 22 Abs. 3 PStG vorgesehene Bezeichnung ersetzen oder den Geschlechtseintrag streichen lassen. Es besteht folglich die Möglichkeit, eine Änderung zu den Ge-schlechtsoptionen „weiblich", „männlich" oder „divers" vornehmen zu lassen oder künftig auf die Geschlechtsangabe zu verzichten.[127] Anschließend nimmt das zuständige Standesamt gem. § 27 Abs. 3 Nr. 4 PStG eine Folgebeurkundung zum Geburtseintrag vor.[128]

---

[124] Siehe dazu bereits *Gössl/Dannecker/Schulz*, NZFam 2020, 145, 147; vgl. ferner zu den Unsicherheiten in der personenstandsrechtlichen Praxis *Helms*, StAZ 2021, 329, 335; *Dutta/Fornasier*, NZA 2021, 605, 606; *Mangold*, ZRP 2022, 180, 181; *Niedenthal*, in: Groß/Nieden-thal (Hrsg.), Geschlecht: divers, 2021, 27, 36.

[125] Vgl. *Bruns*, StAZ 2019, 97, 98.

[126] Zu den Ausnahmen siehe § 45b Abs. 4 S. 2–5 PStG.

[127] Vgl. BT-Drucks. 19/4669, S. 7; siehe ferner zu anfänglichen Unsicherheiten in der Praxis *Gössl/Dannecker/Schulz*, NZFam 2020, 145, 147.

[128] Siehe ferner Nr. 27.8 PStG-VwV n.F. (2021); vgl. zu alledem *Lammers*, in: Gaaz/Born-hofen/Lammers, PStG, 5. Aufl. 2020, § 27 PStG, Rn. 97; *H. Schmitz/Bornhofen/I. Müller*, Allgemeine Verwaltungsvorschrift zum PStG, 2021, S. 148.

a) Vermutungswirkung zugunsten des neuen Geschlechts

Der Gesetzgeber hat bei Inkrafttreten des § 45b PStG keine Sonderregelung über die Rechtsfolgen einer Erklärung über die Geschlechtsangabe getroffen. Es gelten folglich die allgemeinen Regelungen des PStG, wonach das Geschlecht einer Person im Rechtsverkehr bis zum Nachweis der Unrichtigkeit als zutreffend vermutet wird (§ 54 Abs. 1 S. 1, Abs. 3 S. 1 PStG).

Hierin liegt nach Ansicht des BGH ein wesentlicher Unterschied zu dem im TSG geregelten Änderungsverfahren, an dessen Ende eine gerichtliche Gestaltungsentscheidung stehe, welche die neue Geschlechtszugehörigkeit eines Menschen gem. § 10 TSG *erga omnes* ausspreche.[129] Zwar finde auch nach einer gerichtlichen Feststellung der neuen Geschlechtszugehörigkeit i.S.d. §§ 8 ff. TSG eine Änderung des personenstandsrechtlichen Geschlechtseintrages statt.[130] Jedoch dokumentiere diese Änderung lediglich die durch Gerichtsbeschluss bereits mit Rechtskraft erfolgte Änderung des rechtlichen Geschlechts.[131] Dagegen führe das Änderungsverfahren des § 45b PStG wegen § 54 Abs. 1 S. 1 PStG lediglich zu einer Vermutungswirkung zugunsten des neuen Geschlechts, die gem. § 54 Abs. 3 S. 1 PStG widerlegt werden könne.[132]

Auch die unterschiedlichen Rechtsfolgen des PStG-Verfahrens einerseits und des TSG-Verfahrens andererseits erscheinen im Lichte des Diskriminierungsverbotes des Art. 3 Abs. 3 S. 1 GG zumindest bedenklich; sind doch keine zwingenden Gründe ersichtlich, weshalb intergeschlechtlichen Menschen eine Änderung ihres Geschlechts mit Gestaltungswirkung vorenthalten werden sollte.[133]

b) Keine Regelung zum Offenbarungsverbot

Anders als § 5 Abs. 1 TSG,[134] enthält das PStG kein ausdrückliches Verbot, den früheren Geschlechtseintrag und Vornamen gegen den Willen der betroffenen Person preiszugeben.[135] Die Änderung der Geschlechtsangabe gem. § 45b PStG

---

[129] BGH, Beschl. v. 22.4.2020 – XII ZB 383/19, FamRZ 2020, 1009, 1014, Rn. 49.
[130] BGH, Beschl. v. 22.4.2020 – XII ZB 383/19, FamRZ 2020, 1009, 1014, Rn. 49.
[131] BGH, Beschl. v. 22.4.2020 – XII ZB 383/19, FamRZ 2020, 1009, 1014, Rn. 49.
[132] BGH, Beschl. v. 22.4.2020 – XII ZB 383/19, FamRZ 2020, 1009, 1014, Rn. 49.
[133] Beachte dagegen *Dutta/Fornasier*, FamRZ 2020, 1015 f.: „Bei einer Korrektur des personenstandsrechtlich dokumentierten Geschlechts aufgrund einer von den körperlichen Geschlechtsmerkmalen abweichenden subjektiven Geschlechtsidentität bietet das deutsche Recht den betroffenen Personen mehr – nämlich nach § 10 TSG eine Gestaltungsentscheidung, welche die neue Geschlechtszugehörigkeit erga omnes ausspricht […]. Bei personenstandsrechtlichen Lösungen bleibt es dagegen bei einer reinen Vermutungswirkung des neuen Status, der – wo auch immer es auf das Geschlecht rechtlich ankommt – widerlegt werden kann, vgl. § 54 Abs. 1 S. 1 und Abs. 3 S. 1 PStG. Diese Unsicherheit mag für die Betroffen vertretbar sein, wenn es um die Beurkundung des Geschlechts aufgrund körperlicher Merkmale geht, nicht aber aufgrund eines (potenziell dynamischen) Geschlechtsempfindens."
[134] Siehe zu § 5 Abs. 1 TSG oben S. 106 f.
[135] Siehe dazu *Bornhofen*, in: Gaaz/Bornhofen/Lammers, PStG, 5. Aufl. 2020, § 45b PStG, Rn. 7; ferner bereits *Schulz*, in: von Bary (Hrsg.), Aktuelle Reformen im Familienrecht, 2023, 103, 113.

unterliegt mithin keinem besonderen Offenbarungsverbot.[136] Warum Adressat*innen des § 45b PStG diesen Persönlichkeitsschutz nicht verdienen, ist allerdings nicht ersichtlich. Es liegt daher nahe, dass es sich bei dem fehlenden Offenbarungsverbot um ein gesetzgeberisches Versehen handelt.[137]

c) Keine Regelung zum Eltern-Kind-Verhältnis

Das Änderungsverfahren nach dem PStG sieht schließlich auch keine dem § 11 S. 1 TSG entsprechende Regelung vor, wonach das Eltern-Kind-Verhältnis von einer Änderung des Geschlechtseintrages i.S.d. § 45b PStG unberührt bliebe. In der personenstandsrechtlichen Praxis stellt sich daher die Frage, mit welcher Elternbezeichnung eine Person mit offenem oder diversem Geschlechtseintrag in das Geburtenregister eines etwaigen Kindes einzutragen ist.[138]

So ging etwa das AG München jüngst davon aus, dass eine Person, deren Geschlechtsangabe gem. § 45b i.V.m § 22 Abs. 3 PStG offengelassen wurde, im Geburtenregister selbst dann nicht als rechtlicher Vater eingetragen werden könne, wenn die Person die übrigen Voraussetzungen des § 1592 BGB erfülle.[139] Demgegenüber hat das anschließend angerufene OLG München das Verfahren bis zur Entscheidung des BVerfG über eine Vorlage des OLG Celle, welches § 1592 BGB für verfassungswidrig hält,[140] wegen Vorgreiflichkeit ausgesetzt.[141]

Anatol Dutta plädiert in der Zwischenzeit für eine „funktionale Auslegung" der abstammungsrechtlichen Vorschriften, welche zur Folge hätte, dass auch im Falle eines offenen Geschlechtseintrages oder der Geschlechtsangabe „divers" eine Eintragung als rechtliche Mutter oder Vater unabhängig vom Geschlechtseintrag möglich wäre, sofern die sonstigen Voraussetzungen der §§ 1591, 1592 BGB erfüllt sind.[142]

---

[136] *Bornhofen*, in: Gaaz/Bornhofen/Lammers, PStG, 5. Aufl. 2020, § 45b PStG, Rn. 7.

[137] *Bornhofen*, in: Gaaz/Bornhofen/Lammers, PStG, 5. Aufl. 2020, § 45b PStG, Rn. 7; siehe ferner bereits *Schulz*, in: von Bary (Hrsg.), Aktuelle Reformen im Familienrecht, 2023, 103, 113.

[138] AG München, Beschl. v. 23.2.2021 – 722 UR III 65/21, FamRZ 2021, 766 ff.; kritisch dazu *Dutta*, FamRZ 2021, 767 f.

[139] AG München, Beschl. v. 23.2.2021 – 722 UR III 65/21, FamRZ 2021, 766 ff., (juris-) Rn. 3: „Einer Eintragung […] als ‚Vater' in dem für den zweiten Elternteil vorgesehenen Datenfeld des Geburtenregisters stehen jedoch rechtliche Hindernisse entgegen: Das Abstammungsrecht baut nach wie vor auf binärgeschlechtlichen Kategorien auf und berücksichtigt Personen ohne Geschlechtseintrag i.S.v. § 22 Abs. 3 PStG nicht ausdrücklich. So heißt es auch in der Bestimmung des § 1592 BGB, auf die es hier maßgeblich ankommt: ‚Vater eines Kindes ist der Mann, ...'. Dies sind nach dem Gesetz nur Personen, deren Personenstand männlich ist – und nicht wie der hiesige Antragsteller ohne Geschlechtseintrag." Kritisch dazu *Dutta*, FamRZ 2021, 767 f.; *Helms*, StAZ 2021, 153 ff.

[140] OLG Celle, Beschl. v. 24.3.2021 – 21 UF 146/20, FamRZ 2021, 862 ff.

[141] OLG München, Beschl. v. 29.4.2021 – 31 Wx 122/21, FamRZ 2022, 200 f.

[142] *Dutta*, FamRZ 2021, 767, 768, Fn. 9; *Hepting/Dutta*, Familie und Personenstand, 2022, IV-235.

3. Ergebnis zum PStG-Verfahren

Das geltende Recht unterscheidet zwischen zwei Verfahren zur Änderung des rechtlichen Geschlechts. Einerseits gestattet § 45b i.V.m. § 22 Abs. 3 PStG Personen mit „Varianten der Geschlechtsentwicklung" eine Änderung oder Streichung des Geschlechtseintrages durch Erklärung gegenüber dem Standesamt. Andererseits ermöglicht § 8 Abs. 1 i.V.m. § 1 Abs. TSG transgeschlechtlichen Personen eine gerichtliche Feststellung ihrer Geschlechtszugehörigkeit mit Wirkung *erga omnes*, die jedoch mit höheren Darlegungslasten und auch einem zeit- und kostenintensiveren Verfahren verbunden ist. Dieses „gestufte Regelungskonzept" aus TSG und PStG führt für Betroffene nicht nur zu Rechtsunsicherheit, sondern ist auch in seiner unterschiedlichen Behandlung anhand ihres Geschlechts verfassungsrechtlich bedenklich. Rechtspolitisch erscheint es daher vorzugswürdig, die Regelungen zur geschlechtlichen Selbstbestimmung *de lege ferenda* unter einen einheitlichen Regelungsrahmen zu fassen.[143]

IV. Perspektive eines „Selbstbestimmungsgesetzes" (SBGG)

Vor diesem Hintergrund ist es zu begrüßen, dass die Bundesregierung den Handlungsbedarf erkannt- und tiefgreifende Reformen im Personenstandsrecht angekündigt hat.[144]

1. Ankündigung im Koalitionsvertrag

Konkret soll das das TSG abgeschafft und durch ein „Selbstbestimmungsgesetz" (SBGG) ersetzt werden.[145] Dieses Ziel wurde bereits im Koalitionsvertrag der regierenden Parteien aus dem Jahr 2021 verankert und im Jahr 2022 in einem von BMFSFJ und BMJ vorgelegten Eckpunktepapier noch einmal bekräftigt.[146]

---

[143] So auch *Dutta/Fornasier*, FamRZ 2020, 1015, 1016: „Kohärent kann nur ein Einheitsmodell sein, das nicht mehr zwischen körperlichen Merkmalen und subjektiver Identität sowie binärem und nichtbinärem Geschlechtsmodell unterscheidet."

[144] RegE: Entwurf eines Gesetzes über die Selbstbestimmung in Bezug auf den Geschlechtseintrag und zur Änderung weiterer Vorschriften v. 23.8.2023, abrufbar unter: <https://www.bmfsfj.de/resource/blob/229616/b4f835d1a1da28f1ef51552846f1e20a/gesetzentwurf-kabinett-data.pdf> (abgerufen am 1.9.2023). Näher zum geplanten Gesetz *Dutta*, FamRZ 2023, 993 ff; vgl. ferner *Schulz*, in: von Bary (Hrsg.), Aktuelle Reformen im Familienrecht, 2023, 103, 114 ff.

[145] Koalitionsvertrag 2021–2025 zwischen der Sozialdemokratischen Partei Deutschlands (SPD), BÜNDNIS 90/DIE GRÜNEN und den Freien Demokraten (FDP), S. 95, abrufbar unter: <https://www.spd.de/fileadmin/Dokumente/Koalitionsvertrag/Koalitionsvertrag_2021-2025.pdf> (abgerufen am 1.3.2023).

[146] Eckpunkte des Bundesministeriums für Familie, Senioren, Frauen und Jugend und des Bundesministeriums der Justiz zum Selbstbestimmungsgesetz, Stand: Juni 2022, abrufbar unter: <https://www.bmfsfj.de/bmfsfj/aktuelles/alle-meldungen/eckpunkte-fuer-das-selbstbestimmungsgesetz-vorgestellt-199378> (abgerufen am 1.3.2023), zu alledem *Mangold*, ZRP 2022, 180, 181 f.; *Schulz*, in: von Bary (Hrsg.), Aktuelle Reformen im Familienrecht, 2023, 103, 114 ff.

2. Regierungsentwurf

Im August 2023 hat die Bundesregierung nun einen „Entwurf eines Gesetzes über die Selbstbestimmung in Bezug auf den Geschlechtseintrag und zur Änderung weiterer Vorschriften" beschlossen.[147] Der Regierungsentwurf sieht unter anderem vor, dass es künftig allen Menschen gestattet sein soll, ihr rechtliches Geschlecht in einem einfachen Verfahren vor dem Standesamt ändern oder streichen zu lassen.[148] Weder die Vorlage eines ärztlichen Attests noch eine psychologische Begutachtung sind dann mehr nötig.[149] Entscheidend ist vielmehr die Selbstauskunft der betreffenden Person über ihre geschlechtliche Identität.[150]

In einem nächsten Schritt werden sich nun Bundesrat und Bundestag mit dem geplanten Gesetz befassen, das im November 2024 in Kraft treten soll.[151]

3. Zwischenergebnis

Nach den Plänen der Bundesregierung soll das TSG abgeschafft und durch ein Selbstbestimmungsgesetz ersetzt werden. Die Möglichkeiten einer rechtlichen Geschlechtsangleichung sollen künftig also unter einen einheitlichen Regelungsrahmen gefasst werden, wodurch allen Menschen gestattet werden soll, ihren Geschlechtseintrag in einem einfachen Verfahren vor dem Standesamt ändern oder streichen zu lassen. Das geplante Selbstbestimmungsgesetz soll im November 2024 in Kraft treten.

---

[147] Siehe ferner den zuvor bereits von BMFSFJ und das BMJ vorgelegten RefE: Entwurf eines Gesetzes über die Selbstbestimmung in Bezug auf den Geschlechtseintrag und zur Änderung weiterer Vorschriften v. 8.5.2023; abrufbar unter: <https://www.bmfsfj.de/resource/blob/224548/4d24ff0698216058eb758ada5c84bd90/entwurf-selbstbestimmungsgesetz-data.pdf> (abgerufen am 1.9.2023); näher dazu *Dutta*, FamRZ 2023, 993 ff.

[148] RegE: Entwurf eines Gesetzes über die Selbstbestimmung in Bezug auf den Geschlechtseintrag und zur Änderung weiterer Vorschriften v. 23.8.2023, abrufbar unter: <https://www.bmfsfj.de/resource/blob/229616/b4f835d1a1da28f1ef51552846f1e20a/gesetzentwurf-kabinett-data.pdf > (abgerufen am 1.9.2023); siehe zum geplanten Selbstbestimmungsgesetz auch *Dutta*, FamRZ 2023, 993 ff.; vgl. ferner bereits *Schulz*, in: von Bary (Hrsg.), Aktuelle Reformen im Familienrecht, 2023, 103, 114 ff;

[149] Beachte jedoch zu den geplanten Voraussetzungen einer Eigenversicherung und einer Sperrfrist für erneute Änderungen *Dutta*, FamRZ 2023, 993, 994 f.; *Schulz*, in: von Bary (Hrsg.), Aktuelle Reformen im Familienrecht, 2023, 103, 117 ff.

[150] Siehe dazu bereits *Schulz*, Selbstbestimmungsgesetz, abrufbar unter: <https://www.famrz.de/files/Media/dokumente/pdfs/newsletter/2022/famrz-newsletter-5-2022.pdf> (abgerufen am 1.3.2023).

[151] RegE: Entwurf eines Gesetzes über die Selbstbestimmung in Bezug auf den Geschlechtseintrag und zur Änderung weiterer Vorschriften v. 23.8.2023, abrufbar unter: <https://www.bmfsfj.de/resource/blob/229616/b4f835d1a1da28f1ef51552846f1e20a/gesetzentwurf-kabinett-data.pdf > (abgerufen am 1.9.2023), S. 17.

C. Gesamtergebnisse

1. Das deutsche Recht enthält bislang keine explizite Regelung, wie das rechtliche Geschlecht eines Menschen zu ermitteln ist. Allerdings lassen die Vorschriften des PStG und TSG und die jeweils dazu ergangene Rechtsprechung des BVerfG Rückschlüsse auf die rechtlichen Regelungen zur geschlechtlichen Zuordnung einer Person zu.

2. Das Geschlecht eines Kindes muss gem. § 21 Abs. 1 Nr. 3 PStG im Geburtenregister beurkundet werden. Da ein neugeborenes Kind seine geschlechtliche Identität noch nicht verlautbaren kann, findet zu Beginn des Lebens eine Fremdzuordnung auf Grundlage der äußeren Geschlechtsmerkmale statt.

3. Ist eine Zuordnung zum weiblichen oder männlichen Geschlecht bei Geburt nicht möglich, kann das Geschlecht eines Kindes auch mit der Angabe „divers" eingetragen werden. Alternativ besteht in diesem Fall die Möglichkeit, auf die Angabe des Geschlechts zu verzichten.

4. Um den grund- und menschenrechtlichen Vorgaben auch im einfachen Recht Rechnung zu tragen, sieht das deutsche Recht Möglichkeiten vor, das rechtliche Geschlecht einer Person zu einem späteren Zeitpunkt im Einklang mit der geschlechtlichen Identität ändern zu lassen. Derzeit existieren sogar zwei verschiedene Verfahren zur Änderung des rechtlichen Geschlechts: Einerseits besteht die Möglichkeit, gem. § 8 Abs. 1 i.V.m. § 1 Abs. 1 TSG eine gerichtliche Änderung zu erreichen. Andererseits können Personen mit „Varianten der Geschlechtsentwicklung" ihren Geschlechtseintrag gem. § 45b PStG vor dem Standesamt ändern lassen.

5. Eine Änderung der rechtlichen Geschlechtszugehörigkeit auf Grundlage des TSG setzt heute insbesondere noch voraus, dass die Anforderungen des § 8 Abs. 1 Nr. 1 i.V.m. § 1 Abs. 1 TSG erfüllt sind. Zudem darf ein Gericht einem Antrag gem. § 4 Abs. 3 TSG nur stattgeben, nachdem es die Gutachten von zwei unabhängig voneinander tätig gewordenen Sachverständigen eingeholt hat. Wenngleich das BVerfG das Gutachtenerfordernis bislang nicht beanstandet hat, wird es heute überwiegend kritisch beurteilt.

6. Nach einer gerichtlichen Feststellung der neuen Geschlechtszugehörigkeit richten sich die vom Geschlecht abhängigen Rechte und Pflichten der antragstellenden Person gem. § 10 TSG nach ihrem neuen Geschlecht. Eine Ausnahme gilt jedoch gem. § 11 S. 1 TSG insbesondere für das Eltern-Kind-Verhältnis.

7. Für „Personen mit Varianten der Geschlechtsentwicklung" besteht gem. § 45b Abs. 1 PStG die Möglichkeit, den Geschlechtseintrag durch eine andere in § 22 Abs. 3 PStG vorgesehene Bezeichnung ersetzen oder streichen zu lassen. Nach einer Änderung des Geschlechtseintrages i.S.d. § 45b Abs. 1 PStG wird das eingetragene Geschlecht der betreffenden Person im Rechtsverkehr bis zum Nachweis der Unrichtigkeit als zutreffend vermutet (Vermutungswirkung).

8. Der Anwendungsbereich des § 45b PStG ist nach umstrittener Auffassung des BGH auf Personen mit medizinisch festgestellter Intergeschlechtlichkeit beschränkt. Eine solche Beschränkung ist zwar rechtsdogmatisch vertretbar, im

Lichte des Grundrechts auf Achtung der geschlechtlichen Identität (Art. 2 Abs. 1 i.V.m. Art. 1 Abs. 1 GG) jedoch keineswegs zwingend.

9. Angesichts der herausragenden Bedeutung der selbstbestimmten geschlechtlichen Identität überzeugt es nicht, dass der Gesetzgeber ein gestuftes Regelungskonzept aus TSG und PStG eingeführt hat, das in Abhängigkeit von körperlichen Merkmalen unterschiedlich strenge Voraussetzungen und Darlegungslasten für eine Änderung des rechtlichen Geschlechts vorsieht.

10. Nach den Plänen der Bundesregierung soll das TSG abgeschafft und durch ein Selbstbestimmungsgesetz (SBGG) ersetzt werden. Änderungen und Streichungen des Geschlechtseintrages werden danach künftig für alle Menschen im Wege eines einfachen Verfahrens vor dem Standesamt möglich sein.

Geschlechtliche Selbstbestimmung in anderen EU-Mitgliedstaaten

Nachdem im vorherigen Abschnitt die Möglichkeiten und Grenzen geschlechtlicher Selbstbestimmung im deutschen Sachrecht diskutiert wurden, soll im Folgenden schlaglichtartig untersucht werden, welche sachrechtlichen Anforderungen innerhalb der EU an eine Änderung des rechtlichen Geschlechts eines Menschen gestellt werden. Das Ziel der Untersuchung ist dabei ausdrücklich nicht, die verschiedenen nationalen Regelungen im Detail nachzuvollziehen, sondern es geht darum, größere Linien und Gemeinsamkeiten in der Rechtsentwicklung der Mitgliedstaaten aufzuzeigen. Zu diesem Zweck soll zunächst untersucht werden, welche Möglichkeiten die verschiedenen Mitgliedstaaten der EU derzeit vorsehen, das bei Geburt registrierte Geschlecht zu einem späteren Zeitpunkt an die geschlechtliche Identität anzupassen (A.). Darüber hinaus wird erörtert, in welchen Mitgliedstaaten bereits die Möglichkeit besteht, das rechtliche Geschlecht jenseits der binären Kategorien „weiblich" und „männlich" eintragen zu lassen (B.). Der rechtsvergleichende Blick soll dabei auch als Fundament für die anschließende Analyse grenzüberschreitender Sachverhalte dienen.

A. Möglichkeiten einer Änderung des rechtlichen Geschlechts

Innerhalb der EU existieren erhebliche Unterschiede hinsichtlich der Möglichkeit, das rechtliche Geschlecht im Rahmen eines gerichtlichen oder behördlichen Verfahrens entsprechend der geschlechtlichen Identität zu ändern.[1] Zwar gestatten 26 der 27 Mitgliedstaaten jedenfalls im Grundsatz eine Änderung des rechtlichen Geschlechts.[2] Die Voraussetzungen variieren jedoch im Einzelnen erheb-

---

[1] Siehe zu den Unterschieden u.a. *Council of Europe*, Legal Gender Recognition in Europe, 2022, S. 20 ff.; *DG Justice and Consumers*, Legal gender recognition in the EU, 2020, S. 8; siehe ferner jeweils die Länderberichte bei *Scherpe* (Hrsg.), The Legal Status of Transsexual and Transgender Persons, 2015; *Scherpe/Dutta/Helms* (Hrsg.), The Legal Status of Intersex Persons, 2018; *Brems/Cannoot/Moonen* (Hrsg.), Protecting Trans Rights in the Age of Gender Self-Determination, 2020; *Jaramillo/Carlson* (Hrsg.), Trans Rights and Wrongs, 2021.

[2] Zur Ausnahmerolle Ungarns siehe unten S. 125, vgl. dazu ferner *Roßbach*, in: Duden (Hrsg.), IPR für eine bessere Welt, 2022, 125, 129.

lich.[3] Während einige Staaten die rechtliche Zuordnung zu einem Geschlecht weitgehend der Selbstbestimmung der betreffenden Person folgen lassen, sind die Möglichkeiten einer rechtlichen Geschlechtsangleichung in zahlreichen Staaten weiterhin mit hohen Hürden verbunden.[4] Im Einzelnen:

I. Rechtsvergleichende Umschau

Die „Generaldirektion Justiz und Verbraucher" der Europäischen Kommission hat im Juni 2020 eine Studie mit dem Titel „Legal gender recognition in the EU"[5] veröffentlicht, deren Ziel es war, einen Überblick über die rechtliche Situation und spezifischen Diskriminierungserfahrungen von trans Personen in der EU zu geben.[6] Ein besonderer Fokus der Studie liegt dabei auf den rechtlichen Voraussetzungen, die in den einzelnen Mitgliedstaaten an eine Änderung des rechtlichen Geschlechts gestellt werden.[7] Ausgehend von der Rechtslage im Jahr 2019,[8] wurden die Mitgliedstaaten in fünf verschiedene Gruppen (*Cluster*) unterteilt, die jeweils ähnliche rechtliche Anforderungen an eine Änderung des rechtlichen Geschlechts einer Person stellen.[9] Wenngleich es aufgrund der gegenwärtig zu beobachtenden dynamischen Rechtsentwicklung mitunter erforderlich war, einen Mitgliedstaat einer neuen Gruppe zuzuordnen,[10] orientiert sich die nachfolgende Untersuchung an der von der Generaldirektion vorgenommene Einteilung in fünf Ländergruppen.

1. Erste Gruppe: Gänzliches Fehlen einer gesetzlichen Grundlage

Längst nicht alle Rechtsordnungen in der EU haben bislang ausdrücklich geregelt, unter welchen Voraussetzungen das rechtliche Geschlecht eines Menschen im Einklang mit seiner geschlechtlichen Identität geändert werden kann.[11] So

---

[3] *Council of Europe*, Legal Gender Recognition in Europe, 2022, S. 20 ff.; *DG Justice and Consumers*, Legal gender recognition in the EU, 2020, S. 8; vgl. ferner *Dunne*, Med. Law Rev. 2017, 554, 559; *Roßbach*, in: Duden (Hrsg.), IPR für eine bessere Welt, 2022, 125, 128 ff.

[4] Für einen hilfreichen Überblick siehe *Dethloff/Maurer*, FamRZ 2023, 254 ff.

[5] *DG Justice and Consumers*, Legal gender recognition in the EU, 2020; siehe dazu auch *Roßbach*, in: Duden (Hrsg.), IPR für eine bessere Welt, 2022, 125, 129.

[6] *DG Justice and Consumers*, Legal gender recognition in the EU, 2020, S. 19.

[7] *DG Justice and Consumers*, Legal gender recognition in the EU, 2020, S. 18 f.; daran anknüpfend ferner *Council of Europe*, Legal Gender Recognition in Europe, 2022, S. 20 ff.

[8] Vgl. *DG Justice and Consumers*, Legal gender recognition in the EU, 2020, S. 21; siehe ferner zu aktuellen Entwicklungen seit dem Jahr 2019 *Council of Europe*, Legal Gender Recognition in Europe, 2022, S. 19 ff.

[9] *DG Justice and Consumers*, Legal gender recognition in the EU, 2020, S. 20 f.; dies aufgreifend *Council of Europe*, Legal Gender Recognition in Europe, 2022, S. 19 ff.; siehe zu alledem auch *Roßbach*, in: Duden (Hrsg.), IPR für eine bessere Welt, 2022, 125, 129.

[10] Im Februar 2023 wurden etwa in Spanien und Finnland jeweils neue „Selbstbestimmungsgesetze" verabschiedet. Siehe dazu und zur Sonderrolle Ungarns unten S. 124 f.

[11] Vgl. *van den Brink/Dunne*, Trans and intersex equality rights in Europe, 2018, S. 55 f.

existieren beispielsweise in Bulgarien, Lettland, Litauen, Rumänien und Zypern bisher keine gesetzlichen Grundlagen für eine Änderung des rechtlichen Geschlechts.[12] Dies hat zwar nicht notwendigerweise zur Folge, dass eine rechtliche Anerkennung der geschlechtlichen Identität in diesen Staaten *per se* unmöglich ist. Jedoch hängt ein erfolgreiches Änderungsverfahren von der Einzelfallentscheidung eines nationalen Gerichts ab, was für Betroffene mit erheblicher Rechtsunsicherheit verbunden sein kann.[13] Vor diesem Hintergrund interessiert es besonders, dass es nach der Rechtsprechung des EGMR mit Art. 8 EMRK unvereinbar ist, wenn es in einem Vertragsstaat kein transparentes und leicht zugängliches Verfahren für die Änderung des rechtlichen Geschlechts gibt.[14] Ob diese menschenrechtliche Vorgabe langfristig dazu führen wird, dass die Staaten der ersten Ländergruppe gesetzliche Grundlagen für eine Änderung des rechtlichen Geschlechts einführen werden, bleibt abzuwarten.

2. Zweite Gruppe: Hohe Hürden für rechtliche Geschlechtsangleichung

Anders als die Staaten der ersten Gruppe, sehen die Staaten der zweiten Gruppe, namentlich Estland, Italien, Österreich, Polen, Slowakei und die Tschechische Republik zwar grundsätzlich Verfahren für die Änderung des rechtlichen Geschlechts vor.[15] Die genannten Staaten haben jedoch gemeinsam, dass dort weiterhin hohe Hürden für eine Änderung gelten.[16] Insbesondere eine Sterilisation und/oder geschlechtsangleichende Operation zählen in einigen der genannten Staaten weiterhin zu typischen Voraussetzungen eines Änderungsverfahrens.[17]

Zwar wurde das Erfordernis einer geschlechtsangleichenden Operation etwa in Italien bereits im Jahr 2015 unter Berufung auf Art. 8 Abs. 1 EMRK für verfassungswidrig erklärt.[18] Andere Staaten, wie beispielsweise Tschechien[19] oder

---

[12] *DG Justice and Consumers,* Legal gender recognition in the EU, 2020, S. 9: „Cluster 1: No procedure is laid down in the legislation."

[13] *DG Justice and Consumers,* Legal gender recognition in the EU, 2020, S. 135.

[14] Siehe etwa EGMR, Urt. v. 16.7.2014 – Nr. 37359/09, *Hämäläinen ./. Finnland,* Rn. 63 f.; EGMR, Urt. v. 19.1.2021 – Nr. 2145/16 u. 20607/16, *X. u. Y. ./. Rumänien,* Rn. 168; EGMR, Urt. v. 17.2.2022 – Nr. 74131/14, *Y. ./. Polen,* Rn. 73; EGMR, Urt. v. 1.12.2022 – Nr. 57864/17, 79087/17, 55353/19, *A.D. ./. Georgien,* Rn. 73.

[15] *DG Justice and Consumers,* Legal gender recognition in the EU, 2020, S. 137 ff.

[16] *DG Justice and Consumers,* Legal gender recognition in the EU, 2020, S. 9: „Cluster 2: Medical requirements (sterilisation, surgery, hormone treatment)." Vgl. ferner *Dunne,* Med. Law Rev. 2017, 554, 559 ff.

[17] *DG Justice and Consumers,* Legal gender recognition in the EU, 2020, S. 137 ff.; siehe dazu auch *Roßbach,* in: Duden (Hrsg.), IPR für eine bessere Welt, 2022, 125, 129; ausführlich zum Sterilisationserfordernis *Dunne,* Med. Law Rev. 2017, 554 ff.; *van den Brink/Dunne,* Trans and intersex equality rights in Europe, 2018, S. 60.

[18] Näher zur Rechtslage in Italien *Dunne,* Med. Law Rev. 2017, 554, 556.

[19] Zur Rechtslage in Tschechien siehe *Agha,* in: Brems/Cannoot/Moonen (Hrsg.), Protecting Trans Rights in the Age of Gender Self-Determination, 2020, 145 ff.; *Havelková,* in: Scherpe (Hrsg.), The Legal Status of Transsexual and Transgender Persons, 2015, 125, 135 ff.; *Králíčková,* in: Jaramillo/Carlson (Hrsg.), Trans Rights and Wrongs, 2021, 77 ff.

Polen,[20] verlangen indes weiterhin, dass vor einer Änderung des rechtlichen Geschlechts medizinische geschlechtsangleichende Maßnahmen durchgeführt wurden.[21] Führt man sich vor Augen, dass der EGMR bereits mehrfach entschieden hat, dass es gegen Art. 8 EMRK verstoße, wenn ein Staat die rechtliche Anerkennung der Geschlechtsidentität von der Durchführung einer geschlechtsangleichenden und womöglich zur Zeugungsunfähigkeit führenden Operationen abhängig mache,[22] ist dies freilich kritisch zu bewerten.[23] Andere Staaten, wie etwa Österreich, setzen für eine Änderung des Geschlechtseintrages zwar keine geschlechtsangleichende Operation mehr voraus; verlangen jedoch, dass eine Hormonbehandlung durchgeführt wurde, durch die eine Annäherung des äußeren Erscheinungsbildes an die geschlechtliche Identität erfolgen soll.[24]

3. Dritte Gruppe: Medizinische bzw. psychologische Begutachtungen

In den Staaten der dritten Gruppe, zu denen nach der Einteilung der EU-Kommission Slowenien, Kroatien, die Niederlande, Schweden und derzeit auch noch Deutschland gehören, sind die Anforderungen an eine Änderung des rechtlichen Geschlechts zwar grundsätzlich niedriger als in den Staaten der ersten und zweiten Gruppe.[25] Eine Anerkennung der selbstbestimmten geschlechtlichen Identität hängt jedoch weiterhin von verpflichtenden medizinischen oder psychologischen Gutachten ab.[26] Allerdings ist zu beachten, dass sowohl die Niederlande[27] als auch Deutschland[28] gegenwärtig Reformen planen, welche die Selbstbestimmung über das eigene rechtliche Geschlecht künftig erheblich erleichtern würden.

---

[20] Zur Rechtslage in Polen siehe *Wojewoda*, in: Jaramillo/Carlson (Hrsg.), Trans Rights and Wrongs, 2021, 97 ff.

[21] Zu alledem auch *Dunne*, Med. Law Rev. 2017, 554, 155 f.

[22] Siehe etwa EGMR, Urt. 6.4.2017 – Nr. 79885/12, 52471/13 u. 52596/13, *A. P., Garçon u. Nicot ./. Frankreich*, Rn. 135; EGMR, Urt. v. 11.10.2018 – Nr. 55216/08 – *S. V. ./. Italien*, Rn. 75; EGMR, Urt. v. 19.1.2021 – Nr. 2145/16 u. 20607/16, *X. u. Y. ./. Rumänien*, Rn. 16; vgl. dazu ferner *Scherpe*, in: Scherpe/Dutta/Helms (Hrsg.), The Legal Status of Intersex Persons, 2018, 203, 209.

[23] Beachte auch Prinzip 3 der Yogyakarta-Prinzipien: „Niemand darf als Voraussetzung für die rechtliche Anerkennung seiner geschlechtlichen Identität gezwungen werden, sich medizinischen Behandlungen zu unterziehen, darunter operativen Geschlechtsanpassungen (*sex reassignment surgery*), Sterilisationen oder Hormonbehandlungen." Vgl. dazu *Hirschfeld-Eddy-Stiftung*, Die Yogyakarta-Prinzipien, 2008, S. 16.

[24] Vgl. Österr. VwGH, Erk. v. 15.09.2009 – 2008/06/0032, VwSlg 17746 A/2009.

[25] *DG Justice and Consumers*, Legal gender recognition in the EU, 2020, S. 9: „Cluster 4: No medical requirements but requires divorce or judicial procedure."

[26] Näher dazu *DG Justice and Consumers*, Legal gender recognition in the EU, 2020, S. 141.

[27] Informationen zu der geplanten Reform sind abrufbar unter: <https://www.raadvanstat e.nl/actueel/nieuws/@123396/w16-20-0428-ii/> (abgerufen am 1.3.2023).

[28] Siehe zum geplanten Selbstbestimmungsgesetz oben S. 115.

4. Vierte Gruppe: Verpflichtendes Gerichtsverfahren

Der vierten Ländergruppe werden aktuell nur Frankreich und Griechenland zugeordnet.[29] Die beiden Staaten zeichnen sich dadurch aus, dass für eine rechtliche Geschlechtsangleichung keine medizinischen oder psychologischen Gutachten mehr beigebracht werden müssen.[30] Sowohl in Frankreich als auch in Griechenland ist jedoch weiterhin ein gerichtliches Verfahren erforderlich[31], an dessen Ende eine Gerichtsentscheidung zur Feststellung der neuen Geschlechtszugehörigkeit steht.[32] Das griechische Recht setzt zudem voraus, dass die antragstellende Person unverheiratet ist, was zugleich bedeutet, dass sich eine verheiratete Person vor Änderung ihres rechtlichen Geschlechts scheiden lassen müsste.[33] Solche Regelungen werden üblicherweise damit begründet, dass ansonsten auch Personen gleichen Geschlechts eine Ehe führen könnten, obwohl dies nach dem jeweiligen nationalen Recht nicht zulässig ist.[34]

Hervorzuheben ist, dass der EGMR die Voraussetzung einer Ehescheidung – anders als das deutsche BVerfG[35] – bislang nicht beanstandet hat. Vielmehr hat der EGMR in der Rechtssache *Hämäläinen ./. Finnland*[36] entschieden, dass es mit Art. 8 EMRK (i.V.m. Art. 14 EMRK) vereinbar sei, wenn ein Konventionsstaat die Änderung des rechtlichen Geschlechts einer Person davon abhängig mache, dass diese Person unverheiratet sei.[37] Gleichwohl sind in den vergangenen Jahren immer mehr Staaten dazu übergegangen, selbst dann auf das Erfordernis einer Ehescheidung zu verzichten, wenn das nationale Recht bislang keine gleichgeschlechtlichen Ehen vorsieht.[38] So wurde die Voraussetzung der Ehelosigkeit etwa in Deutschland bereits im Jahr 2008, also fast zehn Jahre vor Einführung der „Ehe für Alle", vom BVerfG für verfassungswidrig erklärt.[39]

---

[29] *DG Justice and Consumers*, Legal gender recognition in the EU, 2020, S. 9.

[30] Vgl. etwa im französischen Recht Art. 61–5, Art. 61–6 Code Civil; siehe dazu ferner *DG Justice and Consumers*, Legal gender recognition in the EU, 2020, S. 9: „Cluster 4: No medical requirements but requires divorce or judicial procedure."

[31] Vgl. etwa für Frankreich Art. 61–6 Code Civil.

[32] *DG Justice and Consumers*, Legal gender recognition in the EU, 2020, S. 141 f.; *van den Brink/Dunne*, Trans and intersex equality rights in Europe, 2018, S. 57.

[33] *Konsta*, in: Jaramillo/Carlson (Hrsg.), Trans Rights and Wrongs, 2021, 463, 477; *van den Brink/Dunne*, Trans and intersex equality rights in Europe, 2018, S. 64.

[34] Siehe dazu *van den Brink/Dunne*, Trans and intersex equality rights in Europe, 2018, S. 64; vgl. ferner *Konsta*, in: Jaramillo/Carlson (Hrsg.), Trans Rights and Wrongs, 2021, 463, 477.

[35] BVerfG, Beschl. v. 27.5.2008 – 1 BvL 10/05, NJW 2008, 3117 ff.; siehe dazu oben S. 60 f.

[36] EGMR, Urt. v. 16.7.2014 – Nr. 37359/09, *Hämäläinen ./. Finnland*.

[37] EGMR, Urt. v. 16.7.2014 – Nr. 37359/09, *Hämäläinen ./. Finnland*; beachte jedoch das abweichende Sondervotum der Richter*innen *Sajó*, *Keller*, *Lemmens*. Näher dazu auch *Dunne*, CLJ 2014, 506 ff.; *Gonzalez Salzberg*, JICL 2015, 173 ff.

[38] Siehe dazu *van den Brink/Dunne*, Trans and intersex equality rights in Europe, 2018, S. 65.

[39] BVerfG, Beschl. v. 27.5.2008 – 1 BvL 10/05, NJW 2008, 3117 ff.

5. Fünfte Gruppe: Selbstbestimmung über das rechtliche Geschlecht

Zu den Staaten der fünften Gruppe der EU-Mitgliedstaaten zählen schließlich Belgien, Dänemark, Irland, Luxemburg, Malta, Portugal und seit kurzem auch Finnland und Spanien.[40] Die Rechtsordnungen der genannten Staaten zeichnen sich durch ein besonders hohes Maß an geschlechtlicher Selbstbestimmung aus,[41] und ermöglichen die Änderung des rechtlichen Geschlechts in einem niedrigschwelligen Verfahren vor dem Standesamt.[42] Es ist grundsätzlich nur erforderlich,[43] dass die antragstellende Person glaubhaft machen kann, dass ihr rechtliches Geschlecht nicht mit ihrer geschlechtlichen Identität übereinstimmt.[44] Weitere Voraussetzungen, wie etwa externe psychologische oder ärztliche Begutachtungen, sind dagegen nicht mehr notwendig.[45]

Erhöhte Anforderungen gelten jedoch regelmäßig für Minderjährige.[46] So verlangt beispielsweise das belgische Recht, dass die Eltern bzw. ein Vormund einer

---

[40] *DG Justice and Consumers*, Legal gender recognition in the EU, 2020, S. 9: „Cluster 5: Self-determination." Aktuelle Informationen zur neuen Rechtslage in Finnland und Spanien sind abrufbar unter: <https://www.queer.de/detail.php?article_id=44568> (abgerufen am 1.3.2023) und unter: https://www.queer.de/detail.php?article_id=44699 (abgerufen am 1.3.2023); der Text des spanischen Selbstbestimmungsgesetzes ist ferner abrufbar unter: <https://www.congreso.es/public_oficiales/L14/CONG/BOCG/A/BOCG-14-A-113-1.PD F> (abgerufen am 1.3.2023). Siehe ferner zu Selbstbestimmungsgesetzen in Island, Norwegen und der Schweiz *Council of Europe*, Legal Gender Recognition in Europe, 2022, S. 24 ff.

[41] Siehe dazu *Council of Europe*, Legal Gender Recognition in Europe, 2022, S. 23 ff.; *DG Justice and Consumers*, Legal gender recognition in the EU, 2020, S. 9; vgl. ferner *Cannoot/ Decoster*, International Journal of Gender, Sexuality and Law 2020, 26, 35; *Cannoot*, in: Brems/Cannoot/Moonen (Hrsg.), Protecting Trans Rights in the Age of Gender Self-Determination, 2020, 11 ff.; *Dethloff/Maurer*, FamRZ 2023, 254, 255 f.; *Dunne*, in: Jaramillo/Carlson (Hrsg.), Trans Rights and Wrongs, 2021, 491 ff.; *Tamm/Lund-Andersen*, in: Jaramillo/ Carlson (Hrsg.), Trans Rights and Wrongs, 2021, 451 ff.

[42] *DG Justice and Consumers*, Legal gender recognition in the EU, 2020, S. 143; siehe ferner *Cannoot/Decoster*, International Journal of Gender, Sexuality and Law 2020, 26, 35; *Dethloff/Maurer*, FamRZ 2023, 254, 256.

[43] Siehe etwa zu den Ausnahmen im belgischen Recht *Cannoot*, in: Brems/Cannoot/Moonen (Hrsg.), Protecting Trans Rights in the Age of Gender Self-Determination, 2020, 11, 19; vgl. ferner zu verpflichtenden Bedenkzeiten in Dänemark und Belgien *DG Justice and Consumers*, Legal gender recognition in the EU, 2020, S. 143; ausführlich zu den Besonderheiten im Einzelnen *Dethloff/Maurer*, FamRZ 2023, 254, 256 f.

[44] Vgl. *DG Justice and Consumers*, Legal gender recognition in the EU, 2020, S. 111; näher zur Rechtslage in Belgien *Cannoot*, in: Brems/Cannoot/Moonen (Hrsg.), Protecting Trans Rights in the Age of Gender Self-Determination, 2020, 11, 18 ff.; *Moron-Puech*, in: Brems/ Cannoot/Moonen (Hrsg.), Protecting Trans Rights in the Age of Gender Self-Determination, 2020, 55, 69; siehe ferne zur Rechtslage in Malta *Ní Mhuirthile*, in: Scherpe/Dutta/Helms (Hrsg.), The Legal Status of Intersex Persons, 2018, 357, 358 f.

[45] *DG Justice and Consumers*, Legal gender recognition in the EU, 2020, S. 111.

[46] Siehe dazu *Dethloff/Maurer*, FamRZ 2023, 254, 257 ff.; vgl. ferner *Cannoot*, in: Brems/ Cannoot/Moonen (Hrsg.), Protecting Trans Rights in the Age of Gender Self-Determination, 2020, 11, 35; *Cannoot/Decoster*, International Journal of Gender, Sexuality and Law 2020, 26, 35.

Änderung des rechtlichen Geschlechts zustimmen.[47] Zudem ist ein psychologisches Gutachten vorzulegen, das zwar keine Diagnose enthält, aber dennoch sicherstellen soll, dass minderjährige Antragsteller*innen über die notwendige Reife verfügen, um beurteilen zu können, dass ihre Geschlechtsidentität tatsächlich im Widerspruch zu ihrem rechtlichen Geschlecht steht.[48] Ähnliche Voraussetzungen existieren auch in Luxemburg und Portugal.[49] In Malta und Irland können Minderjährige ihr rechtliches Geschlecht wiederum nur in einem gerichtlichen Verfahren ändern.[50] In Dänemark ist eine Änderung des rechtlichen Geschlechts schließlich erst ab Erreichen der Volljährigkeit zulässig.[51]

II. Sonderrolle Ungarns

In Hinblick auf die (fehlende) Möglichkeit, das rechtliche Geschlecht im Einklang mit der geschlechtlichen Identität selbst bestimmen zu können, nimmt Ungarn seit 2020 eine Sonderrolle in der EU ein.[52] Damals wurde im ungarischen Parlament ein Gesetz verabschiedet, das es verbietet, das bei Geburt zugewiesene rechtliche Geschlecht im Laufe des Lebens zu ändern.[53] Damit richtet sich das neue Gesetz gezielt gegen trans- und intergeschlechtliche Menschen, denen verwehrt wird, ihren Geschlechtseintrag zu einem späteren Zeitpunkt entsprechend ihrer geschlechtlichen Identität zu ändern.[54] Dies stellt einen eindeutigen Verstoß gegen das in Art. 8 EMRK verankerte Recht auf Achtung des Privatlebens dar.[55] Das neue Gesetz wird daher zu Recht kritisiert.[56]

---

[47] *Cannoot*, in: Brems/Cannoot/Moonen (Hrsg.), Protecting Trans Rights in the Age of Gender Self-Determination, 2020, 11, 20.

[48] *Cannoot*, in: Brems/Cannoot/Moonen (Hrsg.), Protecting Trans Rights in the Age of Gender Self-Determination, 2020, 11, 20.

[49] Näher zur Rechtslage in Portugal und Luxemburg *Dethloff/Maurer*, FamRZ 2023, 254, 257 f.

[50] *Ní Mhuirthile*, in: Scherpe/Dutta/Helms (Hrsg.), The Legal Status of Intersex Persons, 2018, 357, 359; vgl. ferner *Cannoot/Decoster*, International Journal of Gender, Sexuality and Law 2020, 26, 35; *Dethloff/Maurer*, FamRZ 2023, 254, 258.

[51] *Cannoot/Decoster*, International Journal of Gender, Sexuality and Law 2020, 26, 35; *Dethloff/Maurer*, FamRZ 2023, 254, 257; *Tamm/Lund-Andersen*, in: Jaramillo/Carlson (Hrsg.), Trans Rights and Wrongs, 2021, 451, 456 ff.

[52] *Council of Europe*, Legal Gender Recognition in Europe, 2022, S. 20; vgl. dazu ferner *Roßbach*, in: Duden (Hrsg.), IPR für eine bessere Welt, 2022, 125, 129.

[53] Siehe dazu auch *Roßbach*, in: Duden (Hrsg.), IPR für eine bessere Welt, 2022, 125, 129.

[54] Vgl. *ILGA Europe*, Hungary rolls back legal protections, puts trans and intersex people at risk, 19.5.2020, abrufbar unter: <https://ilga-europe.org/resources/news/latest-news/hungary-rolls-back-legal-protections-puts-trans-and-intersex-people-risk> (abgerufen am 1.3.2023).

[55] Näher dazu bereits S. 66 ff.; siehe ferner *DG Justice and Consumers*, Legal gender recognition in the EU, 2020, S. 140.

[56] Siehe etwa die Kritik von *Amnesty International*, abrufbar unter: <https://www.amnesty.de/allgemein/pressemitteilung/ungarn-diskriminierung-von-trans-personen-und-intersexuellen-das-wirft> (abgerufen am 1.3.2023).

III. Ergebnis zu Änderungsmöglichkeiten in der EU

In den Mitgliedstaaten der EU lassen sich hinsichtlich der Möglichkeiten geschlechtlicher Selbstbestimmung erhebliche Unterschiede ausmachen. Zwar ist es gegenwärtig in 26 der 27 Mitgliedstaaten im Grundsatz möglich, das rechtliche Geschlecht in einem gerichtlichen oder behördlichen Verfahren entsprechend der geschlechtlichen Identität ändern zu lassen. Die Reichweite der zugestandenen geschlechtlichen Selbstbestimmung unterscheidet sich dabei jedoch erheblich. Während immer mehr Staaten die Verfahren für eine Änderung des rechtlichen Geschlechts niederschwellig ausgestalten, ist gerade in Ungarn eine gegenläufige Tendenz zu verzeichnen. Zudem verdeutlicht der rechtsvergleichende Blick, dass die im deutschen TSG enthaltene Voraussetzung einer psychologischen Begutachtung für eine Änderung des rechtlichen Geschlechts im europäischen Vergleich als eher streng einzustufen ist.[57]

B. Möglichkeiten eines nicht-binären Geschlechtseintrages

Der vorangegangene Abschnitt hat ergeben, dass beinahe alle Mitgliedstaaten der EU eine Änderung des rechtlichen Geschlechts jedenfalls im Grundsatz gestatten. Bislang ausgeklammert wurde hingegen die Frage, welche Eintragungsoptionen im Einzelnen zur Verfügung stehen. Dem ist im Folgenden nachzugehen. Dabei wird sich zeigen, dass der Großteil der europäischen Rechtsordnungen bislang noch auf einem binären Geschlechtersystem basiert (I.). Eine nicht-binäre Eintragungsoption für das Geschlecht bildet dagegen noch die Ausnahme (II.).

I. Grundsatz: Geschlechterbinarität im Recht

Die meisten europäischen Rechtsordnungen sehen bisher lediglich die Möglichkeit vor, eine Änderung des rechtlichen Geschlechts innerhalb eines binären Geschlechtersystems zu erreichen.[58] Menschen, die sich nicht mit dem ihnen bei Geburt zugewiesenen Geschlecht identifizieren, steht es danach unter bestimmten Voraussetzungen offen, ihren Geschlechtseintrag von „weiblich" zu „männlich" bzw. von „männlich" zu „weiblich" ändern zu lassen.[59] Dagegen ist es meist

---

[57] Siehe oben S. 104 ff.

[58] EGMR, Urt. v. 31.1.2023 – Nr. 76888/17, *Y./. Frankreich*, Rn. 34 ff.; *Gössl/Völzmann*, IJLPF 2019, 403, 405 ff.; *Roßbach*, in: Duden (Hrsg.), IPR für eine bessere Welt, 2022, 125, 129 f.; *Theilen*, in: Brems/Cannoot/Moonen (Hrsg.), Protecting Trans Rights in the Age of Gender Self-Determination, 2020, 95, 96; *van den Brink*, in: Fuchs/Boele-Woelki (Hrsg.), Same-Sex Relationships and Beyond, 2017, 231, 239; siehe ferner bereits *Schulz*, FamRZ 2022, 366; *Schulz*, ZEuP 2021, 64, 66 ff.

[59] *Schulz*, FamRZ 2022, 366 f.

nicht möglich, eine nicht-binäre Eintragungsoption zu wählen oder den Geschlechtseintrag offen zu lassen.[60] Menschen, die sich jenseits der binären Geschlechtskategorien verorten, haben daher regelmäßig keine Möglichkeit, eine Eintragung entsprechend ihrer geschlechtlichen Identität zu erreichen.[61] Der Grund scheint zu sein, dass sich die meisten Rechtsordnungen der EU bislang entweder noch gar nicht mit der Frage befasst haben,[62] oder die Abkehr von einem binären Geschlechtersystem unter Berufung auf „staatliche Ordnungsinteressen"[63] zurückweisen. So lehnte etwa der französische Kassationsgerichtshof im Jahr 2017 den Antrag einer intergeschlechtlichen Person ab, ihren auf „männlich" lautenden Geschlechtseintrag durch die Angabe „geschlechtsneutral" oder hilfsweise „intersexuell" zu ersetzen.[64] Das Gericht verwies darauf, dass die binäre Ausgestaltung des Personenstandsrechts für die soziale und rechtliche Ordnung Frankreichs notwendig sei und die Verweigerung einer nicht-binären Eintragungsoption daher ein legitimes Ziel verfolge.[65] Auch habe die Anerkennung einer nicht-binären Eintragungsoption im Personenstandsrecht weitreichende Folgen für die gesamte französische Rechtsordnung, die weiterhin von einem binären Geschlechtersystem ausgehe.[66]

II. Abkehr von der Geschlechterbinarität in einzelnen Rechtsordnungen

Mit ähnlichen Erwägungen hatte auch der deutsche BGH im Jahr 2016 noch die Möglichkeit eines nicht-binären Geschlechtseintrages im Personenstandsrecht abgelehnt.[67] Das BVerfG folgte dieser Argumentation in seiner Entscheidung zur Dritten Option jedoch bekanntlich nicht.[68] Vielmehr forderte das BVerfG die Einführung einer positiven nicht-binären Eintragungsoption, wenn der Gesetz-

---

[60] EGMR, Urt. v. 31.1.2023 – Nr. 76888/17, *Y./. Frankreich*, Rn. 34 ff.; *Cannoot/Decoster*, International Journal of Gender, Sexuality and Law 2020, 26, 36 ff.; *Gössl/Völzmann*, IJLPF 2019, 403, 404 ff.; *Moron-Puech*, in: Brems/Cannoot/Moonen (Hrsg.), Protecting Trans Rights in the Age of Gender Self-Determination, 2020, 55, 56.

[61] Siehe dazu bereits *Schulz*, FamRZ 2022, 366, 367; vgl. ferner *Dunne*, in: Scherpe/Dutta/Helms (Hrsg.), The Legal Status of Intersex Persons, 2018, 217, 220 ff.

[62] Vgl. *Cannoot/Decoster*, International Journal of Gender, Sexuality and Law 2020, 26, 36.

[63] So z.B. noch BGH, Beschl. v. 22.6.2016 – XII ZB 52/15, NJW 2016, 2885, 2887, Rn. 27: „Anders als bei der Zuordnung zu einem schon bestehenden Geschlecht wären durch die Schaffung eines weiteren Geschlechts staatliche Ordnungsinteressen in weitaus erheblicherem Umfang betroffen." Kritisch dazu *Brachthäuser/Remus*, NJW 2016, 2885, 2887; *Holzleithner*, in: Baer/Lepsius/Schönberger et al. (Hrsg.), JöR 2019, 457, 470; *Mangold*, ZRP 2022, 180, 183; *Röthel*, JZ 2017, 116, 122.

[64] Cass. Civ. 1ère, Urt. v. 4.5.2017 – Nr. 16–17.189, ECLI:FR:CCASS:2017:C100531; vgl. dazu *Moron-Puech*, Recueil Dalloz 2017, 1404 ff.; siehe dazu bereits oben S. 73 ff.

[65] Cass. Civ. 1ère, Urt. v. 4.5.2017 – Nr. 16–17.189, ECLI:FR:CCASS:2017:C100531.

[66] Cass. Civ. 1ère, Urt. v. 4.5.2017 – Nr. 16–17.189, ECLI:FR:CCASS:2017:C100531.

[67] BGH, Beschl. v. 22.6.2016 – XII ZB 52/15, NJW 2016, 2885 ff.

[68] BVerfG, Beschl. v. 10.10.2017 – 1 BvR 2019/16, NJW 2017, 3643 ff.; siehe oben S. 62 ff.

geber nicht gänzlich auf die personenstandsrechtliche Erfassung des Geschlechts verzichte.[69] Seit 2018 steht daher im deutschen Personenstandsrecht die nichtbinäre Geschlechtsbezeichnung „divers" zur Verfügung.[70]

1. Entwicklung im Lichte nationaler und europäischer Menschenrechte

Aber auch in einigen anderen europäischen Rechtsordnungen ist gegenwärtig eine vorsichtige Tendenz zu erkennen, das binäre Geschlechtersystem zu öffnen.[71] Wichtige Reformanstöße kommen dabei regelmäßig von den nationalen Verfassungsgerichten.[72]

So entschied beispielsweise der österreichische Verfassungsgerichtshof im Jahr 2018,[73] dass eine starre Beschränkung auf einen binären Geschlechtseintrag mit dem in Art. 8 EMRK verbürgten Recht auf Achtung der geschlechtlichen Identität unvereinbar sei.[74] Stelle der Gesetzgeber für personenstandsrechtliche Zwecke auf das Geschlecht ab, sei er vielmehr verpflichtet, auch eine Eintragungsmöglichkeit vorzusehen, welche die nicht-binäre Geschlechtsidentität eines Menschen widerspiegele.[75] Der in § 2 Abs. 2 Z. 3 des österreichischen PStG verwendete Begriff des „Geschlechts" sei deshalb verfassungskonform so auszulegen, dass auch alternative Geschlechtsidentitäten erfasst seien.[76]

Auch der belgische Verfassungsgerichtshof entschied im Jahr 2019, dass Menschen mit nicht-binärer Geschlechtsidentität die Möglichkeit eröffnet werden müsse, ihr rechtliches Geschlecht zu ändern.[77] Den Gegenstand des Verfahrens bildete ein belgisches Selbstbestimmungsgesetz von 2017, das eine Änderung des rechtlichen Geschlechts in einem einfachen Verfahrens vor dem Standesamt ge-

---

[69] BVerfG, Beschl. v. 10.10.2017 – 1 BvR 2019/16, NJW 2017, 3643 ff.

[70] §§ 22 Abs. 3, 45b PStG; siehe dazu bereits S. 94 f.; 108 ff.

[71] Siehe dazu *Cannoot/Decoster*, International Journal of Gender, Sexuality and Law 2020, 26, 29; vgl. dazu ferner *Büchler/Cottier*, La pratique du droit de la famille 2020, 875, 884; *Quinan/Hunt*, EJWS 2021, 1 ff.; *Quinan et al.*, International Journal of Gender, Sexuality and Law 2020, 1, 4; *Scherpe*, in: Ashford/Maine (Hrsg.), Research Handbook on Gender, Sexuality and the Law, 2020, 17, 29; siehe ferner bereits *Schulz*, ZEuP 2021, 64 ff.; *Schulz*, FamRZ 2022, 366, 367.

[72] Siehe dazu *Council of Europe*, Legal Gender Recognition in Europe, 2022, S. 35; vgl. ferner *Gössl/Völzmann*, IJLPF 2019, 403, 405 ff.

[73] Österr. VerfGH, Entsch. v. 15.6.2018 – G 77/2018-9; siehe dazu *Gössl/Völzmann*, IJLPF 2019, 403, 407 f.; *Holzleithner*, in: Baer/Lepsius/Schönberger et al. (Hrsg.), JöR 2019, 457, 472 ff.; *Kieck*, StAZ 2018, 302 ff.; vgl. ferner bereits *Schulz*, ZEuP 2021, 64, 70 f.

[74] Österr. VerfGH, Entsch. v. 15.6.2018 – G 77/2018, Rn. 34; siehe dazu auch *Kieck*, StAZ 2018, 302, 304.

[75] Österr. VerfGH, Entsch. v. 15.6.2018 – G 77/2018, Rn. 23.

[76] Österr. VerfGH, Entsch. v. 15.6.2018 – G 77/2018, Rn. 37; vgl. dazu bereits *Schulz*, ZEuP 2021, 64, 70.

[77] Belg. VerfGH, Entsch. v. 19.6.2019 – Nr. 99/2019; siehe dazu *Pintens*, FamRZ 2019, 1488 f.; *Gallus/Verschelden*, in: Jaramillo/Carlson (Hrsg.), Trans Rights and Wrongs, 2021, 207, 243 ff.; vgl. ferner bereits *Schulz*, ZEuP 2021, 64, 71 f.

stattet.[78] Die Option eines nicht-binären Geschlechtseintrages war in dem Gesetz jedoch nicht vorgesehen.[79] Der belgische Verfassungsgerichtshof erkannte darin eine ungerechtfertigte Benachteiligung: Der Gesetzgeber verwende kein sachdienliches Differenzierungskriterium, wenn er die Änderung des rechtlichen Geschlechts nur Menschen mit binärer Geschlechtsidentität eröffne, sie jedoch Menschen mit nicht-binärer Geschlechtsidentität verwehre.[80] Vielmehr folge für beide Personengruppen aus dem Grundsatz der Selbstbestimmung, dass bei Änderungen des rechtlichen Geschlechts stets die individuelle geschlechtliche Identität maßgebend sei.[81]

2. Reformbestrebungen in den Mitgliedstaaten der EU

Die Entscheidungen der deutschen, österreichischen und belgischen Verfassungsgerichte dürften auch in der Debatte um mögliche Reformen in anderen EU-Mitgliedstaaten richtungsweisend sein. So wird etwa in den Niederlanden derzeit über die Öffnung des binären Geschlechtersystems diskutiert,[82] nachdem bereits verschiedene Gerichte eine geschlechtsneutrale Eintragung gestattet haben.[83] Darüber hinaus besteht in Dänemark oder Malta zumindest die Möglichkeit,[84] das Geschlecht im Reisepass mit einem „X" eintragen zu lassen.[85]

---

[78] Der Text des Gesetzes („Loi réformant des régimes relatifs aux personnes transgenres en ce qui concerne la mention d'une modification de l'enregistrement du sexe dans les actes de l'état civil et ses effets") v. 25.6.2017 ist abrufbar unter: <https://etaamb.openjustice.be/fr/loi-du-25-juin-2017_n2017012964.html> (abgerufen am 1.3.2023). Näher dazu *Pintens*, FamRZ 2019, 1488; *Renchon*, Rev. Droit Fam. 2018, 229 ff.

[79] Siehe dazu bereits *Schulz*, ZEuP 2021, 64, 71.

[80] Belg. VerfGH, Entsch. v. 19.6.2019 – Nr. 99/2019, Rn. B.6.5: „Compte tenu de ces objectifs, le législateur n'utilise pas un critère de distinction pertinent en prévoyant la possibilité de modifier l'enregistrement pour les personnes dont l'identité de genre est binaire et en ne prévoyant pas une telle possibilité pour les personnes dont l'identité de genre est non binaire."

[81] Belg. VerfGH, Entsch. v. 19.6.2019 – Nr. 99/2019, Rn. B.6.5: „Pour les deux catégories de personnes, le principe de l'autodétermination doit faire en sorte que, lors de la modification de l'enregistrement du sexe dans l'acte de naissance, il puisse être tenu compte de la même manière pour les deux catégories de personnes de l'identité de genre vécue intimement, que celle-ci soit binaire ou non binaire."

[82] Siehe dazu *van den Brink/Tigchelaar*, Afwegingskader seksregistratie Eindrapport, 2019; *Council of Europe*, Legal Gender Recognition in Europe, 2022, S. 36; siehe ferner *Schulz*, ZEuP 2021, 64, 72; näher zur Rechtslage in den Niederlanden zudem *van den Brink*, in: Scherpe/Dutta/Helms (Hrsg.), The Legal Status of Intersex Persons, 2018, 293 ff.

[83] Vgl. etwa Rechtbank Limburg, Urt. v. 28.5.2018 – C/03/232248/FA RK 17-687, ECLI: NL:RBLIM:2018:4931; siehe dazu auch *Gössl*, FF 2019, 298, 301.

[84] Siehe ferner zu dieser auch in den Niederlanden existierenden Möglichkeit *Council of Europe*, Legal Gender Recognition in Europe, 2022, S. 36.

[85] *Cannoot/Decoster*, International Journal of Gender, Sexuality and Law 2020, 26, 38; *Quinan/Hunt*, EJWS 2021, 1, 2; *Roßbach*, in: Duden (Hrsg.), IPR für eine bessere Welt, 2022, 125, 130.

Es erscheint daher nicht ausgeschlossen, dass auch weitere Mitgliedstaaten der EU ihr Sachrecht in den kommenden Jahren anpassen und eine nicht-binäre Geschlechtsoption einführen könnten. Dies gilt umso mehr, als die Europäische Kommission die Mitgliedstaaten im Jahr 2020 unter Berufung auf die Yogyakarta-Prinzipien[86] dazu aufgefordert hat, alle notwendigen Schritte zu ergreifen, um die geschlechtliche Selbstbestimmung ihrer Bürger*innen zu stärken und künftig auch nicht-binäre Geschlechtseinträge zu ermöglichen.[87] Diese Empfehlung entspricht auch zwei Resolutionen der Parlamentarischen Versammlung des Europarates, die dazu aufruft, in den Vertragsstaaten des Europarates künftig auch nicht-binäre Eintragungsoptionen für das Geschlecht einzuführen.[88]

Demgegenüber hat der EGMR in der Entscheidung *Y ./. Frankreich* jüngst festgestellt, dass noch keine Pflicht der Konventionsstaaten bestehe, eine nicht-binäre Geschlechtsoption im Personenstandsrecht zur Verfügung zu stellen.[89]

3. Beschränkung auf intergeschlechtliche Menschen?

Mit Blick auf künftige Reformen stellt sich schließlich die Frage, für welchen Personenkreis eine nicht-binärer Geschlechtsoption eigentlich zur Verfügung stehen soll. So wurde etwa in Österreich nach der Entscheidung des Verfassungsgerichtshofes – parallel zu der in Deutschland geführten Debatte[90] – diskutiert, ob lediglich intergeschlechtliche Personen berechtigt seien, eine Eintragung mit der Angabe „divers" oder „inter" vornehmen zu lassen oder ob sich alle Menschen mit nicht-binärer Geschlechtsidentität auf diese Eintragungsoption berufen könnten.[91] Demgegenüber hatte der belgische Verfassungsgerichtshof in seiner Entscheidung von 2019 den Grundsatz der geschlechtlichen Selbstbestimmung in den Mittelpunkt gerückt, und betont, dass dieser unabhängig davon zu gewährleisten sei, wie sich ein Mensch konkret geschlechtlich verorte.[92] Anders

---

[86] Siehe insbesondere Prinzip 31, das verlangt, dass die Staaten eine Vielzahl an Eintragungsoptionen zur Verfügung stellen.

[87] *DG Justice and Consumers*, Legal gender recognition in the EU, 2020, S. 16: „Member states should strive to adopt LGR procedures based on self-determination and meet the human rights principles set out in the Yogyakarta principles: Take all necessary measures ,to legally recognise each person's self-defined gender identity'. Take all necessary measures to ,ensure that procedures exist whereby all State-issued identity papers which indicate a person's gender/sex – including birth certificates, passports, electoral records and other documents – reflect the person's profound self-defined gender identity'." Siehe dazu *Quinan/Hunt*, EJWS 2021, 1, 2.

[88] Parlamentarische Versammlung des Europarates, Resolution Nr. 2048 (2015); Parlamentarische Versammlung des Europarates, Resolution Nr. 2191 (2017); siehe zu den beiden Resolutionen *Cannoot*, in: Brems/Cannoot/Moonen (Hrsg.), Protecting Trans Rights in the Age of Gender Self-Determination, 2020, 11, 47 f.

[89] EGMR, Urt. v 31.1.2023 – Nr. 76888/17, *Y ./. Frankreich*; siehe dazu oben S. 73 ff.

[90] BGH, Beschl. v. 22.4.2020 – XII ZB 383/19, FamRZ 2020, 1009 ff.; siehe oben S. 109 ff.

[91] Siehe dazu bereits *Schulz*, ZEuP 2021, 64, 71.

[92] Belg. VerfGH, Entsch. v. 19.6.2019 – Nr. 99/2019, Rn. B.6.5.

als in Österreich und Deutschland, stellt sich daher in Belgien nicht die Frage, ob eine nicht-binäre Eintragungsoption lediglich auf intergeschlechtliche Menschen beschränkt ist.[93]

Welchen Weg ein Staat bei dieser Frage einschlägt, hängt somit maßgeblich davon ab, welches Verständnis von „Geschlecht" der Rechtsordnung zugrunde liegt und welche Bedeutung der geschlechtlichen Selbstbestimmung eines Menschen beigemessen wird. In anderen Worten: Je höher ein Staat die selbstbestimmte geschlechtliche Identität eines Menschen gewichtet, desto wahrscheinlicher ist es, dass er jedem Menschen, unabhängig von biologisch-medizinischen Faktoren, die Möglichkeit eines nicht-binären Geschlechtseintrags eröffnet.

III. Ergebnis zu nicht-binären Geschlechtsoptionen in der EU

Die meisten Mitgliedstaaten der EU sehen bislang noch keine Möglichkeit vor, das Geschlecht eines Menschen mit einer anderen Angabe als „weiblich" oder „männlich" eintragen zu lassen. Eine wachsende Zahl an Staaten hat jedoch zuletzt einen nicht-binären Geschlechtseintrag im Personenstandsrecht eingeführt. Dabei zeigt der rechtsvergleichende Blick, dass das deutsche Personenstandsrecht mit seiner Möglichkeit eines offenen bzw. nicht-binären Geschlechtseintrages („divers") vergleichsweise progressiv ausgestaltet ist.

C. Gesamtergebnisse

1. In der EU existieren momentan erhebliche Unterschiede hinsichtlich der Möglichkeit, das rechtliche Geschlecht im Rahmen eines gerichtlichen oder administrativen Verfahrens entsprechend der geschlechtlichen Identität zu ändern.

2. Allerdings lässt sich in der EU eine vorsichtige Tendenz erkennen, das rechtliche Geschlecht verstärkt von der Selbstbestimmung der betreffenden Person abhängig zu machen. Besondere Anerkennung erfährt die geschlechtliche Selbstbestimmung eines Menschen bereits in Belgien, Dänemark, Irland, Luxemburg, Malta und Portugal. Jüngst haben auch Finnland und Spanien neue Selbstbestimmungsgesetze verabschiedet.

3. Demgegenüber setzen einige Staaten der EU – trotz entgegenstehender Rechtsprechung des EGMR – weiterhin voraus, dass sich ein Mensch vor Änderung seines rechtlichen Geschlechts einer Sterilisation oder einer geschlechtsangleichenden Operation unterzogen hat. Andere Staaten verlangen für eine Änderung des rechtlichen Geschlechts wiederum die Durchführung eines Gerichtsverfahrens, in dessen Rahmen oft auch psychologische oder medizinische Gutachten vorgelegt werden müssen.

---

[93] So bereits *Schulz*, ZEuP 2021, 64, 71 f.

4. Die meisten europäischen Rechtsordnungen basieren bislang noch auf einem binären Geschlechtersystem, d.h. das Geschlecht eines Menschen kann lediglich mit der Angabe „weiblich" oder „männlich" vermerkt werden. Die Möglichkeit eines nicht-binären Geschlechtseintrages bildet dagegen die Ausnahme.

5. Es ist jedoch damit zu rechnen, dass künftig mehr Mitgliedstaaten der EU dazu übergehen könnten, Eintragungsoptionen jenseits von „weiblich" und „männlich" zu eröffnen. Wenngleich der EGMR dies noch nicht verlangt, fordern die nationalen Verfassungsgerichte regelmäßig Reformen des geltenden Rechts ein.

Vierter Teil

Geschlechtliche Selbstbestimmung im grenzüberschreitenden Kontext

Die rechtsvergleichende Umschau hat gezeigt, dass eine Änderung des rechtlichen Geschlechts je nach anwendbarem Sachrecht von sehr unterschiedlichen Voraussetzungen abhängig gemacht wird. So ist eine Änderung in manchen Staaten der EU nur nach Durchführung einer geschlechtsangleichenden Operation oder nach einer Ehescheidung zulässig, während andere Rechtsordnungen die rechtliche Zuordnung zu einem Geschlecht grundsätzlich der Selbstbestimmung der betreffenden Person überlassen.

Darüber hinaus sehen neben Deutschland nun auch einige weitere europäische Rechtsordnungen eine nicht-binäre Eintragungsoption für das Geschlecht vor. Meist ist dagegen nur eine Eintragung mit der Angabe „weiblich" oder „männlich" gestattet. Angesichts der Diversität nationaler Lösungswege kann es in grenzüberschreitenden Sachverhalten zu Friktionen kommen. Entscheidend ist daher, nach welchem Sachrecht sich die Geschlechtszugehörigkeit eines Menschen beurteilt und ob eine einmal vorgenommene Geschlechtszuordnung auch bei einem Grenzübertritt Bestand hat.

Aus Sicht des deutschen Rechts stellt sich insofern einerseits die Frage, wie Geschlechtszuordnungen zu beurteilen sind, die außerhalb der Bundesrepublik Deutschland vorgenommen wurden (§ 7). Andererseits können deutsche Gerichte und Standesämter auch mit der Frage befasst sein, unter welchen Voraussetzungen ausländische Staatsangehörige eine Änderung ihres rechtlichen Geschlechts im Inland erreichen können (§ 8). Schließlich kann sich in Unionssachverhalten die Frage stellen, ob eine in einem Mitgliedstaat der EU vorgenommene Geschlechtszuordnung aufgrund der Vorgaben der europäischen Grundfreiheiten und Menschenrechte auch in allen anderen Mitgliedstaaten als wirksam anzusehen ist (§ 9).

§ 7
Geschlechtliche Zuordnung im Ausland

Kommt eine Person nach Deutschland, deren rechtliches Geschlecht in einem anderen Staat registriert oder nachträglich geändert wurde, gilt es zu klären, wie die Geschlechtszugehörigkeit der betreffenden Person aus Sicht des deutschen Rechts zu bewerten ist.

Diese Frage kann sich einerseits als *Hauptfrage*[1] stellen, d.h. in Konstellationen relevant werden, in denen es um die personenstandsrechtliche Erfassung der betreffenden Person an sich geht.[2] Dies betrifft insbesondere Fälle des § 36 PStG, welcher Personen mit deutscher Staatsangehörigkeit sowie Angehörigen gleichgestellter Personengruppen eine Nachbeurkundung ihrer Auslandsgeburt in einem deutschen Geburtenregister ermöglicht.[3]

Häufig wird sich die Frage nach der rechtlichen Geschlechtszugehörigkeit eines Menschen jedoch als *Vorfrage*[4] im Rahmen einer familienrechtlichen Hauptfrage stellen.[5] So ist etwa das deutsche Abstammungsrecht mit seinen

---

[1] Ausführlich zu den Begriffen der „Vorfrage" und „Hauptfrage" *Junker*, Internationales Privatrecht, 2022, § 10, Rn. 1; vgl. ferner *von Bar/Mankowski*, IPR, Band I, 2003, § 7, Rn. 182; *Hausmann*, in: Hausmann/Odersky, IPR in Notar- und Gestaltungspraxis, 2021, § 3, Rn. 29 ff.; *Kropholler*, Internationales Privatrecht, 2006, § 32 I., S. 221.

[2] Siehe dazu *Gössl*, IPRax 2017, 339, 340; *Gössl*, FF 2019, 298, 304; vgl. ferner *Roßbach*, in: Duden (Hrsg.), IPR für eine bessere Welt, 2022, 125, 135.

[3] Zu Voraussetzungen und Inhalt einer Nachbeurkundung i.S.d § 36 PStG siehe BGH, Beschl. v. 10.12.2014 – XII ZB 463/13, NJW 2015, 479, Rn. 18; BGH, Beschl. v. 20.4.2016 – XII ZB 15/15, NJW 2016, 2322, 2323, Rn. 14 ff.; BGH, Beschl. v. 12.1.2022 – XII ZB 142/20, FamRZ 2022, 629, 630 f., Rn. 10, 24; *Lammers*, in: Gaaz/Bornhofen/Lammers, PStG, 5. Aufl. 2020, § 36 PStG, Rn. 1 ff.; *H. Schmitz/Bornhofen/I. Müller*, Allgemeine Verwaltungsvorschrift zum PStG, 2021, S. 179 ff.

[4] Siehe zur selbständigen Anknüpfung der Vorfrage der rechtlichen Geschlechtszugehörigkeit im deutschen IPR *Andrae*, Internationales Familienrecht, 2019, § 1, Rn. 189; *Coester*, in: MüKo BGB, 8. Aufl. 2020, Art. 17b EGBGB, Rn. 73; *Gössl*, StAZ 2013, 301, 302; *Gössl*, IPRax 2017, 339, 341; *Mankowski*, NJW 2019, 465, 471; allgemein zum Grundsatz der selbstständigen Anknüpfung von Vorfragen im autonomen IPR *von Hein*, in: MüKo BGB, 8. Aufl. 2020, Einl. IPR, Rn. 184.

[5] *Gössl*, StAZ 2013, 301, 302; *Gössl*, FF 2019, 298, 304; vgl. ferner KG, Beschl. v. 12.1.2021 – 1 W 1290/20, NJW-RR 2021, 387 ff.; *Andrae*, Internationales Familienrecht, 2019, § 1, Rn. 189; *Dutta/Pintens*, in: Scherpe/Dutta/Helms (Hrsg.), The Legal Status of Intersex Persons, 2018, 415, 423; *Gössl*, IPRax 2017, 339, 340; *Roßbach*, in: Duden (Hrsg.), IPR für eine bessere Welt, 2022, 125, 134 f.; *Wall*, StAZ 2020, 201, 205.

§§ 1591 ff. BGB weiterhin geschlechtsbezogen ausgestaltet, weshalb sich gerade hier die Vorfrage[6] nach dem Geschlecht einer Person stellen kann.[7]

Aus diesem Grund hatte beispielsweise das OLG Schleswig im Jahr 2019 über die rechtliche Elternschaft eines trans Mannes zu entscheiden, dessen rechtliches Geschlecht in Norwegen von „weiblich" zu „männlich" geändert worden war.[8] Nach der Änderung seines rechtlichen Geschlechts in Norwegen beantragte er, in Deutschland als rechtlicher Vater des von seiner Ehefrau geborenen Kindes in das Geburtenregister eingetragen zu werden.[9] Da das deutsche Recht jedoch bislang nur Männern eine Vaterschaftsanerkennung i.S.d. § 1592 Nr. 2 BGB gestattet,[10] stellte sich in dem Verfahren die – vom Gericht nicht als solche bezeichnete[11] – Vorfrage, ob die in Norwegen vollzogene Änderung des rechtlichen Geschlechts auch aus Sicht des deutschen Rechts wirksam war.[12]

Und auch das KG Berlin musste im Jahr 2021 in einem etwas anders gelagerten Fall klären, mit welcher Geschlechtsangabe ein österreichischer Staatsangehöriger in das Geburtenregister eines von ihm geborenen Kindes einzutragen sei, nachdem er sein rechtliches Geschlecht vor der Geburt des Kindes von „weiblich" zu „männlich" hatte ändern lassen.[13]

Schließlich kann sich auch bei der kollisionsrechtlichen Beurteilung gleichgeschlechtlicher Ehen i.S.d. Art. 17b EGBGB die Vorfrage[14] stellen, welchem

---

[6] Stellt sich eine Vorfrage im Tatbestand einer Sachnorm, wird dies als „materiellrechtliche Vorfrage" oder als „Vorfrage im engeren Sinne" bezeichnet. Ausführlich dazu *Hausmann*, in: Hausmann/Odersky, IPR in Notar- und Gestaltungspraxis, 2021, § 3, Rn. 31; *von Hein*, in: MüKo BGB, 8. Aufl. 2020, Einl. IPR, Rn. 159; *Junker,* Internationales Privatrecht, 2022, § 10, Rn. 2; *Kropholler,* Internationales Privatrecht, 2006, § 32 I., S. 221.

[7] OLG Schleswig, Beschl. v. 4.6.2019 – 2 Wx 45/19, FamRZ 2020, 1095 ff., (juris-) Rn. 7 ff.; *Franck*, FamRZ 2021, 765; *Roßbach*, in: Duden (Hrsg.), IPR für eine bessere Welt, 2022, 125, 135; *Wall*, StAZ 2020, 201, 202; beachte jedoch KG, Beschl. v. 12.1.2021 – 1 W 1290/20, NJW-RR 2021, 387, 388, Rn. 20: „[…] die Begriffe ‚Frau' in § 1591 BGB und ‚Mann' in § 1592 BGB […] knüpfen an das biologische Geschlecht der Person an, das von einer Feststellung der – rechtlichen – Zugehörigkeit zu dem anderen Geschlecht regelmäßig unberührt bleibt." Ähnlich auch BGH, Beschl. v. 6.9.2017 – XII ZB 660/14, FamRZ 2017, 1855, 1858, Rn. 26.

[8] OLG Schleswig, Beschl. v. 4.6.2019 – 2 Wx 45/19, FamRZ 2020, 1095 ff.

[9] OLG Schleswig, Beschl. v. 4.6.2019 – 2 Wx 45/19, FamRZ 2020, 1095 ff., (juris-) Rn. 2; siehe dazu *Siede*, FamRB 2020, 191 f.; *Wall*, StAZ 2020, 201 ff.

[10] Vgl. § 1592 Nr. 2 BGB: „Vater eines Kindes ist der Mann, der die Vaterschaft anerkannt hat […]." Beachte jedoch KG, Beschl. v. 12.1.2021 – 1 W 1290/20, NJW-RR 2021, 387, 388, Rn. 20 wonach die rechtliche Zuordnung als „Frau" oder „Mann" i.R.d. §§ 1591 ff. BGB unerheblich sein soll.

[11] *Wall*, StAZ 2020, 201, 202.

[12] OLG Schleswig, Beschl. v. 4.6.2019 – 2 Wx 45/19, FamRZ 2020, 1095 ff., (juris-) Rn. 2; siehe dazu *Siede*, FamRB 2020, 191; *Wall*, StAZ 2020, 201, 205.

[13] KG, Beschl. v. 12.1.2021 – 1 W 1290/20, NJW-RR 2021, 387 ff.; siehe dazu *Franck*, FamRZ 2021, 765 ff.; *Löhnig*, NZFam 2021, 183 ff.; *Keuter*, FamRZ 2022, 237, 244; vgl. ferner bereits *Wall*, StAZ 2020, 120 ff.

[14] Präziser ist hier der Begriff der „kollisionsrechtlichen Vorfrage" oder „Erstfrage". Näher dazu *von Bar/Mankowski*, IPR, Band I, 2003, § 7, Rn. 186; *von Hein*, in: MüKo BGB,

Geschlecht die Ehegatten zuzuordnen sind und inwieweit möglicherweise bereits eine rechtlich anzuerkennende Änderung der rechtlichen Geschlechtszugehörigkeit im Ausland stattgefunden hat.[15]

Diese Beispiele verdeutlichen, dass verschiedene Konstellationen denkbar sind, in denen zu klären ist, wie eine im Ausland vorgenommene Geschlechtszuordnung aus Sicht des deutschen Rechts zu beurteilen ist. Die nachfolgende Untersuchung geht dieser Frage nach und erörtert, auf welche Art und Weise eine in einem anderen Staat vorgenommene Geschlechtszuordnung in Deutschland Wirksamkeit erlangen kann. Dabei wird sich zeigen, dass abhängig davon, welche hoheitliche Stelle im Ausland tätig geworden ist (A.), sowohl eine verfahrensrechtliche Anerkennung (B.) als auch eine kollisionsrechtliche Beurteilung (C.) der Geschlechtszugehörigkeit eines Menschen in Betracht kommt.

A. Verschiedene Anerkennungsbegriffe

Ist in einem anderen Staat eine gerichtliche Entscheidung über die Geschlechtszugehörigkeit eines Menschen ergangen oder wurde das rechtliche Geschlecht einer Person durch Folgebeurkundung in einem ausländischen Personenstandsregister geändert, kommen verschiedene Wege in Betracht, wie diese ausländische Geschlechtszuordnung in Deutschland Wirksamkeit erlangen kann.[16]

Die erste und vorrangig zu prüfende[17] Möglichkeit ist eine sogenannte „verfahrensrechtliche Anerkennung" der ausländischen Entscheidung über das rechtliche Geschlecht eines Menschen.[18] Eine verfahrensrechtliche Anerkennung setzt voraus, dass eine anerkennungsfähige Entscheidung vorliegt.[19] Lässt sich die Anerkennungsfähigkeit der ausländischen Entscheidung bejahen und liegen

---

8. Aufl. 2020, Einl. IPR, Rn. 172; *Kropholler,* Internationales Privatrecht, 2006, § 32 I., S. 221; *Junker,* Internationales Privatrecht, 2022, § 10, Rn. 1.

[15] *Andrae*, Internationales Familienrecht, 2019, § 1, Rn. 189; *Coester*, in: MüKo BGB, 8. Aufl. 2020, Art. 17b EGBGB, Rn. 73; *Mankowski*, NJW 2019, 465, 471.

[16] Vgl. dazu *Gössl*, JPIL 2016, 261, 268 ff.

[17] *Linke/Hau*, Internationales Zivilverfahrensrecht, 2021, § 12, Rn. 12.10: „Pointiert lässt sich formulieren, dass dem IZVR Vorrang vor dem IPR gebührt." Vgl. ferner BGH, Beschl. v. 20.3.2019 – XII ZB 530/17, NJW 2019, 1605, Rn. 14; *von Bary*, FamRZ 2019, 895; *Hübner*, RabelsZ 2021, 106, 115; *C. Mayer*, RabelsZ 78 (2014), 551, 568; *Wagner*, FamRZ 2006, 744, 746; *Wagner*, FamRZ 2013, 1620, 1622; *Hau*, in: Prütting/Helms, FamFG, 2023, § 108 FamFG, Rn. 22; *Duden*, Leihmutterschaft, 2015, S. 112; *P. Weber*, Gleichgeschlechtliche Elternschaft im internationalen Privatrecht, 2017, S. 57.

[18] Vgl. *Andrae*, Internationales Familienrecht, 2019, § 1, Rn. 189; *Gössl*, JPIL 2016, 261, 268; *Siede*, FamRB 2020, 191; *Wall*, StAZ 2020, 201, 205; *Wall*, StAZ 2020, 120, 124; allgemein zur verfahrensrechtlichen Anerkennung ausländischer Entscheidungen *Schack*, Internationales Zivilverfahrensrecht, 2021, § 17; *Linke/Hau*, Internationales Zivilverfahrensrecht, 2021, § 12; siehe ferner *Hübner*, RabelsZ 85 (2021), 106, 111 f.; *C. Mayer*, RabelsZ 78 (2014), 551, 568 ff.

[19] Näher dazu unten S. 139 ff.

keine Anerkennungshindernisse vor, stellt sich die Vorfrage nach der Geschlechtszugehörigkeit einer Person nicht mehr,[20] sondern maßgeblich ist ohne erneute Prüfung der Inhalt des ausländischen Judikats.[21]

Mangelt es hingegen an einer anerkennungsfähigen ausländischen Entscheidung, kann eine im Ausland vorgenommene Geschlechtszuordnung gleichwohl in Deutschland als wirksam erachtet werden, wenn sie den Vorgaben des nach den Regeln des deutschen IPR[22] zur Anwendung berufenen Sachrechts entspricht.[23]

Dieser Vorgang wird häufig auch als „kollisionsrechtliche Anerkennung"[24] bezeichnet. In Hinblick auf diesen Begriff ist jedoch Vorsicht geboten: Erstens handelt es sich nicht um einen Fall automatischer Anerkennung, sondern um eine sogenannte „kollisionsrechtliche Wirksamkeitsprüfung"[25]. Zweitens wird der Begriff einer „kollisionsrechtlichen Anerkennung" häufig auch verwendet, um zum Ausdruck zu bringen, dass ein im Ausland vollzogener Akt gerade *unabhängig* von der Frage des anwendbaren Rechts im Inland als wirksam erachtet wird.[26]

---

[20] *Andrae*, Internationales Familienrecht, 2019, § 1, Rn. 189; *Junker*, Internationales Privatrecht, 2022, § 10, Rn. 12.

[21] Siehe dazu *Junker*, Internationales Privatrecht, 2022, § 10, Rn. 12; vgl. ferner *Andrae*, Internationales Familienrecht, 2019, § 1, Rn. 189.

[22] Wenngleich der Begriff des „Kollisionsrechts" weiter ist als derjenige des „Internationalen Privatrechts", werden die beiden Begriffe sowie die Begriffe „internationalprivatrechtlich" und „kollisionsrechtlich" im Rahmen dieser Arbeit synonym verwendet. Näher dazu *von Bar/Mankowski*, IPR, Band I, 2003, § 1, Rn. 16; *Kropholler*, Internationales Privatrecht, 2006, § 1 I., S. 2; *Wendelstein*, ZVglRWiss 2021, 349, 350.

[23] Vgl. KG, Beschl. v. 12.1.2021 – 1 W 1290/20, NJW-RR 2021, 387, 390, Rn. 34 ff.; *Andrae*, Internationales Familienrecht, 2019, § 1, Rn. 189; *Gössl*, IPRax 2018, 376, 378; *Hepting/Dutta*, Familie und Personenstand, 2022, V-956; *Wall*, StAZ 2020, 201, 205; *Wall*, StAZ 2020, 120, 124; vgl. ferner allgemein zur Abgrenzung zwischen verfahrensrechtlicher und kollisionsrechtlicher Beurteilung *Antomo*, in: Budzikiewicz/Heiderhoff/Klinkhammer et al. (Hrsg.), Neue Impulse im europäischen Familienkollisionsrecht, 2021, 81, 98; *Gössl*, StAZ 2016, 232, 233; *Heiderhoff*, NJW 2014, 2673, 2674; *Hübner*, RabelsZ 85 (2021), 106, 113; *Klinkhammer*, in: Budzikiewicz/Heiderhoff/Klinkhammer et al. (Hrsg.), Standards und Abgrenzungen im Internationalen Familienrecht, 2019, 161, 163 f.; *C. Mayer*, RabelsZ 78 (2014), 551, 578; *Wagner*, FamRZ 2006, 744, 747; *Wagner*, FamRZ 2013, 1620, 1623.

[24] Vgl. *Hübner*, RabelsZ 85 (2021), 106, 113; ähnlich *Grifo*, NZFam 2021, 202; *Klinck*, FamRZ 2009, 741, 744; *Gössl*, IPRax 2018, 376, 378; vgl. ferner zu möglichen Missverständnissen hinsichtlich der verschiedenen Anerkennungsbegriffe *Gössl*, StAZ 2016, 232 ff.

[25] *Antomo*, in: Budzikiewicz/Heiderhoff/Klinkhammer et al. (Hrsg.), Neue Impulse im europäischen Familienkollisionsrecht, 2021, 81, 98; *Grifo*, NZFam 2021, 202; *Looschelders*, in: Staudinger BGB, Neubearb. 2019, Stand: 31.12.2022, Einl. IPR, Rn. 66; *Gössl*, StAZ 2016, 232, 233; *Pika/Weller*, IPRax 2017, 65; *Wagner*, FamRZ 2006, 744, 747; *Wagner*, FamRZ 2013, 1620, 1623.

[26] *Coester-Waltjen*, IPRax 2006, 392: „Es geht nicht um eine verfahrensrechtliche Anerkennung [...], sondern um eine ‚kollisionsrechtliche' Anerkennung, d. h. um die Behandlung eines im Ausland vollzogenen Aktes als wirksam – unabhängig von der Frage des anwendbaren oder angewendeten Rechts." Dies aufgreifend *Funken*, Das Anerkennungsprinzip im

Um begrifflichen Missverständnissen vorzubeugen, unterscheidet die folgende Untersuchung daher zwischen einer „verfahrensrechtlichen Anerkennung" der rechtlichen Geschlechtszugehörigkeit einerseits und deren „kollisionsrechtlicher Wirksamkeitsprüfung" andererseits. Auf das Sonderregime des europäischen Primärrechts, namentlich das in Art. 21 Abs. 1 AEUV verbürgte Recht auf Freizügigkeit, und die daraus resultierenden Folgen für das Internationale Familien- und Personenrecht, wird im Verlauf der Arbeit noch gesondert eingegangen.[27]

B. Verfahrensrechtliche Anerkennung des Geschlechts

Ist im Ausland eine gerichtliche oder behördliche Entscheidung über das rechtliche Geschlecht einer Person ergangen, kann die Entscheidung unter bestimmten Voraussetzungen in Deutschland verfahrensrechtlich anerkannt werden.[28]

I. Grundlagen verfahrensrechtlicher Anerkennung

Als Akte hoheitlicher Gewalt gelten Gerichtsentscheidungen grundsätzlich nur für das Gebiet des Staates, in dem sie ergangen sind.[29] Die Wirkungen gerichtlicher Entscheidungen bleiben daher jedenfalls im Grundsatz auf das Hoheitsgebiet des Gerichtsstaates beschränkt (*Territorialitätsprinzip*).[30] Damit eine ausländische Gerichtsentscheidung über die Grenzen des Gerichtsstaates hinaus auch in einem anderen Staat Wirkungen entfalten kann,[31] bedarf es daher der Aner-

---

IPR, 2009, S. 25: „Bei der *kollisionsrechtlichen Anerkennung* im hier zugrunde gelegten Sinn steht nicht die Bestimmung des anwendbaren Rechts im Vordergrund. Vielmehr geht es in erster Linie darum, eine im Ausland geschaffene Rechtslage als wirksam zu erachten." Vgl. ferner *de Barros Fritz*, in: Yassari/Michaels (Hrsg.), Die Frühehe im Recht, 2021, 137, 139; *Coester-Waltjen*, in: Mansel/Pfeiffer/Kronke et al. (Hrsg.), Festschrift Jayme, 2004, 121, 122; *Hepting*, StAZ 2013, 34, 35; *Rieks*, Anerkennung im Internationalen Privatrecht, 2012, S. 101 ff.; *Schlürmann*, StAZ 2022, 257, 259.

[27] Siehe unten S. 211 ff.

[28] Vgl. *Lipp*, in: MüKo BGB, 8. Aufl. 2020, Art. 7 EGBGB, Rn. 30; ähnlich auch *Hepting/Dutta*, Familie und Personenstand, 2022, V-956; *Mäsch*, in: BeckOK BGB, Hau/Poseck, 65. Ed. 2023, Art. 7 EGBGB, Rn. 56; *Makowsky/G. Schulze*, in: Heidel/Hüßtege/Mansel/Noack BGB, 2021, Art. 7 EGBGB, Rn. 13; *Stürner*, in: Erman BGB 2023, Art. 7 EGBGB, Rn. 17; *Wall*, StAZ 2020, 120, 124; vgl. ferner zu insofern parallelen Fragen im Zusammenhang mit internationalen Leihmutterschaftsfällen *Duden*, Leihmutterschaft, 2015, S. 111.

[29] *Linke/Hau*, Internationales Zivilverfahrensrecht, 2021, § 12, Rn. 12.1; *Schack*, Internationales Zivilverfahrensrecht, 2021, § 17, Rn. 923; *Wagner*, FamRZ 2006, 744, 746.

[30] *Junker*, Internationales Zivilprozessrecht, 2020, § 27, Rn. 1; *Hau*, in: Prütting/Helms, FamFG, 2023, § 108 FamFG, Rn. 9; *Linke/Hau*, Internationales Zivilverfahrensrecht, 2021, § 12, Rn. 12.1.

[31] Ausführlich zur Abgrenzung zwischen „Wirkungserstreckung" und „Gleichstellung" siehe *Junker*, Internationales Zivilprozessrecht, 2020, § 27, Rn. 14 ff.; *Linke/Hau*, Internati-

kennung durch andere Staaten.[32] Vornehmliches Ziel des Anerkennungsrechts ist dabei die Wahrung des „internationalen Entscheidungseinklanges" und die Vermeidung sogenannter „hinkender Rechtsverhältnisse".[33] Denn die Anerkennung einer ausländischen Entscheidung verhindert, dass ein Rechtsverhältnis (z.B. eine Ehe, eine Abstammungsbeziehung oder die rechtliche Zuordnung zu einem Geschlecht) infolge widersprechender Entscheidungen in einem Staat als gültig, in einem anderen Staat jedoch als ungültig anzusehen ist.[34] Dies wäre gerade in personenstandsrechtlichen Fällen besonders misslich.[35]

Mitunter wird aus diesem Grund sogar erwogen, aus dem allgemeinen Völkerrecht eine generelle Pflicht zur verfahrensrechtlichen Anerkennung ausländischer Entscheidungen über die Geschlechtszugehörigkeit eines Menschen abzuleiten.[36] So plädiert etwa *Reinhold Geimer* „aus der Perspektive der Menschenrechte"[37] dafür, ausländische Entscheidungen über das Geschlecht einer Person stets anzuerkennen, da eine Durchführung mehrerer Verfahren zur Änderung des rechtlichen Geschlechts der betroffenen Person nicht zumutbar sei.[38]

Üblicherweise erfolgt die Anerkennung ausländischer Entscheidungen über das rechtliche Geschlecht eines Menschen jedoch auf Grundlage der §§ 108, 109

---

onales Zivilverfahrensrecht, 2021, § 12, Rn. 12.6 ff.; *Schack*, Internationales Zivilverfahrensrecht, 2021, § 17, Rn. 939 ff.

[32] *Junker*, Internationales Zivilprozessrecht, 2020, § 27, Rn. 1; *Hau*, in: Prütting/Helms, FamFG, 2023, § 108 FamFG, Rn. 9; *Schack*, Internationales Zivilverfahrensrecht, 2021, § 17, Rn. 923; *Wagner*, FamRZ 2006, 744, 746.

[33] BGH, Beschl. v. 10.12.2014 – XII ZB 463/13, NJW 2015, 479, 480, Rn. 29: „Das Recht der Entscheidungsanerkennung verfolgt als vornehmliches Ziel die Wahrung des internationalen Entscheidungseinklangs und – insbesondere in den den Personenstand berührenden Fragen – die Vermeidung so genannter hinkender Rechtsverhältnisse." Vgl. dazu ferner *Frank*, in: Musielak/Borth/Frank, FamFG, 2022, § 108 FamFG, Rn. 1; *Kropholler*, Internationales Privatrecht, 2006, § 35, S. 240 ff.; *Linke/Hau*, Internationales Zivilverfahrensrecht, 2021, § 12, Rn. 12.5; *C. Mayer*, RabelsZ 78 (2014), 551, 569; *Schack*, Internationales Zivilverfahrensrecht, 2021, § 17, Rn. 937.

[34] BGH, Beschl. v. 12.1.2022 – XII ZB 142/20, FamRZ 2022, 629, 632, Rn. 27: „[...] durch die Anerkennung der Auslandsentscheidung wird [...] ein hinkendes Statusverhältnis [...] vermieden." Vgl. ferner *Linke/Hau*, Internationales Zivilverfahrensrecht, 2021, § 12, Rn. 12.5; *C. Mayer*, RabelsZ 78 (2014), 551, 569; *Mankowski*, RabelsZ 82 (2018), 576, 601.

[35] BGH, Beschl. v. 10.12.2014 – XII ZB 463/13, NJW 2015, 479, 480, Rn. 29; vgl. ferner *Wagner*, FamRZ 2013, 1620, 1621.

[36] *Geimer*, in: Heldrich/Sonnenberger (Hrsg.), Festschrift Ferid, 1988, 89; *Geimer*, Anerkennung ausländischer Entscheidungen in Deutschland, 1995, S. 11.

[37] *Geimer*, in: Heldrich/Sonnenberger (Hrsg.), Festschrift Ferid, 1988, 89; *Geimer*, Anerkennung ausländischer Entscheidungen in Deutschland, 1995, S. 11.

[38] Vgl. *Geimer*, in: Heldrich/Sonnenberger (Hrsg.), Festschrift Ferid, 1988, 89: „So ist es z.B. weder dem Adoptivkind noch den/dem Annehmenden zuzumuten, in allen Staaten dieser Erde ein Adoptionsverfahren durchzuführen, nur um sicherzugehen, dass die Annahme als Kind überall respektiert wird. Das gleiche gilt wohl auch für eine Entscheidung über [...] eine [...] Geschlechtsänderung." Kritisch dazu *Funken*, Das Anerkennungsprinzip im IPR, 2009, S. 93.

Abs. 1 Nr. 1–4 FamFG,[39] weshalb diese Rechtsgrundlagen im Mittelpunkt der nachfolgenden Betrachtung stehen.

II. Keine vorrangigen Spezialregelungen

Wie § 97 Abs. 1 FamFG deklaratorisch hervorhebt,[40] gehen Regelungen in völkerrechtlichen Vereinbarungen oder in Rechtsakten der Europäischen Union den Vorschriften des FamFG vor.[41] Die Regelungen der §§ 108, 109 Abs. 1 Nr. 1–4 FamFG sind also nur anwendbar, wenn keine vorrangigen Spezialregelungen einschlägig sind. In Hinblick auf die Anerkennung ausländischer Entscheidungen über die Geschlechtszugehörigkeit einer Person kommt zunächst ein Vorrang des „CIEC-Übereinkommens Nr. 29 über die Anerkennung von Entscheidungen über Geschlechtsumwandlungen" in Betracht.[42] Allerdings wurde das Übereinkommen von der Bundesrepublik Deutschland bislang nicht ratifiziert und ist daher für Deutschland nicht bindend.[43] Auch eine Anerkennung auf Grundlage des „Haager Übereinkommens über die Anerkennung und Vollstreckung ausländischer Entscheidungen in Zivil- und Handelssachen"[44] scheidet aus, da dieses Übereinkommen personenstandsrechtliche Fragen und andere familienrechtliche Angelegenheiten ausdrücklich von seinem Anwendungsbereich ausnimmt.[45] Schließlich kommt auch ein Vorrang der „EU-Apostille-VO"[46] nicht in Betracht,

---

[39] Siehe u.a. *Lipp*, in: MüKo BGB, 8. Aufl. 2020, Art. 7 EGBGB, Rn. 30: „Die Anerkennung einer ausländischen gerichtlichen oder behördlichen Entscheidung über [...] die rechtliche Geschlechtszugehörigkeit richtet sich nach §§ 108, 109 Abs. 1 Nr. 1–4 FamFG." Vgl. ferner OLG Schleswig, Beschl. v. 4.6.2019 – 2 Wx 45/19, FamRZ 2020, 1095 ff.; *Stürner*, in: Erman BGB 2023, Art. 7 EGBGB, Rn. 17; *Wall*, StAZ 2020, 120, 124.

[40] Siehe dazu *Klinck*, FamRZ 2009, 741, 742; *Althammer*, IPRax 2009, 381; *Sieghörtner*, in: BeckOK FamFG, 45. Ed. 2023, § 97 FamFG, Rn. 2.

[41] Siehe dazu auch *Hau*, FamRZ 2009, 821 f.; *C. Mayer*, RabelsZ 78 (2014), 551, 569; *Martiny*, in: Schulte-Bunert/Weinreich, FamFG, 2020, § 108 FamFG, Rn. 2; *Sieghörtner*, in: BeckOK FamFG, 45. Ed. 2023, § 97 FamFG, Rn. 2.

[42] Übereinkommen der Internationalen Kommission für das Zivilstandswesen (CIEC) Nr. 29 über die Anerkennung von Entscheidungen über Geschlechtsumwandlungen v. 12.9.2000.

[43] Vgl. dazu auch die weiterhin gültige Einschätzung bei *Kegel/Schurig*, Internationales Privatrecht, 2004, § 17 I.3, S. 566; *Scherpe*, FamRZ 2007, 270, 272.

[44] Haager Übereinkommen v. 2.7.2019 über die Anerkennung und Vollstreckung ausländischer Entscheidungen in Zivil- und Handelssachen (HAVÜ); ausführlich dazu *Jacobs*, Das Haager Anerkennungs- und Vollstreckungsübereinkommen, 2021.

[45] Vgl. Art. 2 Abs. 1 lit. a, c HAVÜ; siehe dazu auch *Jacobs*, Das Haager Anerkennungs- und Vollstreckungsübereinkommen, 2021, S. 124.

[46] Verordnung (EU) 2016/1191 des Europäischen Parlaments und des Rates vom 6. Juli 2016 zur Förderung der Freizügigkeit von Bürgern durch die Vereinfachung der Anforderungen an die Vorlage bestimmter öffentlicher Urkunden innerhalb der Europäischen Union und zur Änderung der Verordnung (EU) Nr. 1024/2012.

da diese lediglich für die Echtheit öffentlicher Urkunden, nicht jedoch für die Anerkennung ihrer Rechtswirkungen gilt.[47]

III. *Anerkennung auf Grundlage der §§ 108, 109 FamFG*

Mangels vorrangiger Spezialregelungen richtet sich die Anerkennung einer ausländischen Entscheidung über die rechtliche Geschlechtszugehörigkeit eines Menschen daher nach den §§ 108, 109 FamFG.[48] Gemäß § 108 Abs. 1 FamFG werden ausländische Entscheidungen grundsätzlich in Deutschland anerkannt, ohne dass es hierfür eines besonderen Verfahrens bedarf.[49] Über die Anerkennungsfähigkeit entscheidet in der Regel diejenige Stelle (Gericht oder Behörde), für deren eigene Entscheidung die (Vor-)Frage, ob die ausländische Entscheidung im Inland Wirkung entfaltet, relevant wird.[50] Es findet mithin eine inzidente Anerkennung statt.[51] Ferner besteht nach § 108 Abs. 2 S. 1 FamFG die Möglichkeit, ein besonderes Anerkennungsverfahren durchzuführen, wenn die antragstellende Person ein rechtliches Interesse an der Feststellung der Anerkennung oder Nichtanerkennung der ausländischen Entscheidung hat.[52]

Folge einer Anerkennung i.S.d. §§ 108 ff. FamFG ist nach überwiegender Ansicht, dass die Wirkungen, welche der ausländischen Entscheidung im Ursprungsstaat zukommen, auf das Inland erstreckt werden (*Wirkungserstreckung*).[53] Für dieses Verständnis spricht auch die Vorschrift des § 110 Abs. 3 S. 2 FamFG, wonach es für die Vollstreckbarkeit ausländischer Entscheidungen darauf ankommt, ob die Entscheidung des ausländischen Gerichts „nach dem für dieses Gericht geltenden Recht die Rechtskraft erlangt hat".[54]

---

[47] Vgl. Art. 2 Abs. 4 EU-Apostille-VO: „Diese Verordnung gilt nicht für die in einem Mitgliedstaat vorgenommene Anerkennung rechtlicher Wirkungen des Inhalts öffentlicher Urkunden, die von den Behörden eines anderen Mitgliedstaats ausgestellt wurden." Siehe dazu auch *Frie*, NZFam 2018, 97, 101.

[48] OLG Schleswig, Beschl. v. 4.6.2019 – 2 Wx 45/19, FamRZ 2020, 1095 ff., (juris-) Rn. 12: „Die Wirkungen der Geschlechtsänderung […] für den deutschen Rechtskreis bestimmen sich […] nach den §§ 108, 109 FamFG." Siehe ferner *Andrae*, Internationales Familienrecht, 2019, § 1, Rn. 189; *Hepting/Dutta*, Familie und Personenstand, 2022, V-956; *Lipp*, in: MüKo BGB, 8. Aufl. 2020, Art. 7 EGBGB, Rn. 30; *Wall*, StAZ 2020, 120, 124.

[49] Besondere Regeln gelten gem. § 108 Abs. 1 FamFG für Entscheidungen in Ehesachen sowie für Entscheidungen nach § 1 Abs. 2 des Adoptionswirkungsgesetzes.

[50] OLG Frankfurt a.M., Beschl. v. 2.3.2021 – 20 W 276/19, StAZ 2022, 110 ff., (juris-) Rn. 22; siehe auch *Hau*, in: Prütting/Helms, FamFG, 2023, § 108 FamFG, Rn. 41; *Sieghörtner*, in: BeckOK FamFG, 45. Ed. 2023, § 108 FamFG, Rn. 44.

[51] *Sieghörtner*, in: BeckOK FamFG, 45. Ed. 2023, § 108 FamFG, Rn. 44; *Hau*, in: Prütting/Helms, FamFG, 2023, § 108 FamFG, Rn. 41.

[52] Ausführlich dazu *Hau*, in: Prütting/Helms, FamFG, 2023, § 108 FamFG, Rn. 45 ff.; *Sieghörtner*, in: BeckOK FamFG, 45. Ed. 2023, § 108 FamFG, Rn. 47 ff.

[53] Statt vieler *Hau*, in: Prütting/Helms, FamFG, 2023, § 108 FamFG, Rn. 10; *Linke/Hau*, Internationales Zivilverfahrensrecht, 2021, § 12, Rn. 12.2.

[54] Siehe dazu *Hau*, in: Prütting/Helms, FamFG, 2023, § 108 FamFG, Rn. 10.

1. Anerkennungsfähige Entscheidung, § 108 FamFG

Wichtigste Voraussetzung der verfahrensrechtlichen Anerkennung einer ausländischen geschlechtsändernden Entscheidung ist jedoch zunächst, dass überhaupt eine anerkennungsfähige „Entscheidung" i.S.d. § 108 FamFG vorliegt.

a) Gerichtsentscheidungen

Als tauglicher Gegenstand einer verfahrensrechtlichen Anerkennung i.S.d. § 108 FamFG kommen in erster Linie Entscheidungen ausländischer staatlicher Gerichte in Betracht,[55] wobei es unerheblich ist, ob die Entscheidung rechtsbegründende oder lediglich feststellende Wirkung hat.[56] Demgegenüber ist eine Anerkennungsfähigkeit gem. § 108 FamFG zu versagen, wenn sich die gerichtliche Tätigkeit auf die Entgegennahme von Parteierklärungen oder auf eine die Rechtslage nicht gestaltende Registrierung beschränkt.[57]

Legt man diese Grundsätze zugrunde, ist eine ausländische Gerichtsentscheidung, welche die rechtliche Zugehörigkeit zu einem Geschlecht festgestellt, grundsätzlich einer Anerkennung in Deutschland zugänglich.[58] Ließe also beispielsweise eine transgeschlechtliche Person ihr rechtliches Geschlecht in Frankreich im Rahmen eines gerichtlichen Verfahrens ändern,[59] würde diese Gerichts-

---

[55] BGH, Beschl. v. 20.3.2019 – XII ZB 320/17, NJW 2019, 1608, Rn. 12: „Als Gegenstand der verfahrensrechtlichen Anerkennung kommen im Regelfall Entscheidungen ausländischer staatlicher Gerichte in Betracht." Siehe ferner OLG Frankfurt a.M., Beschl. v. 2.3.2021 – 20 W 276/19, StAZ 2022, 110 ff., (juris-) Rn. 23; *Dimmler*, in: Sternal, FamFG, 2023, § 108 FamFG, Rn. 6; *Duden*, StAZ 2014, 164, 165; *Hau*, in: Prütting/Helms, FamFG, 2023, § 108 FamFG, Rn. 4; *Heiderhoff*, in: Dutta/Jacoby/Schwab FamFG, 2021, § 108 FamFG, Rn. 4; *F. Berner*, JZ 2021, 1147, 1148; *Linke/Hau*, Internationales Zivilverfahrensrecht, 2021, § 12, Rn. 12.28.

[56] BGH, Beschl. v. 10.12.2014 – XII ZB 463/13, NJW 2015, 479, 480, Rn. 22: „Ob die Entscheidung rechtsbegründende oder lediglich feststellende Wirkung hat, braucht [...] nicht aufgeklärt zu werden. Denn auch eine nur die Feststellung der bestehenden Rechtslage aussprechende Entscheidung ist einer Anerkennung nach § 108 FamFG zugänglich [...]. Auch eine Feststellungsentscheidung unterliegt damit der verfahrensrechtlichen Anerkennung." Ähnlich auch BGH, Beschl. v. 12.1.2022 – XII ZB 142/20, FamRZ 2022, 629, 631, Rn. 24; dies aufgreifend KG, Beschl. v. 4.7.2017 – 1 W 153/16, NJW 2017, 3241, Rn. 9; siehe ferner *Heiderhoff*, in: Dutta/Jacoby/Schwab FamFG,2021, § 108 FamFG, Rn. 4; *Lugani*, in: Kanzleiter/ Schwab (Hrsg.), Familienrecht zwischen Tradition und Innovation, 2019, 635, 641.

[57] BGH, Beschl. v. 27.5.2020 – XII ZB 54/18, NZFam 2020, 762, 766, Rn. 32: „Der verfahrensrechtlichen Anerkennung nach §§ 108, 109 FamFG unterliegen ausländische Entscheidungen, denen die Beurteilung einer materiellen Rechtslage zu Grunde liegt und die darüber hinaus anerkennungsfähige Wirkungen in Ansehung der Rechtslage erzeugen [...]. Dies ist nicht der Fall, wenn sich die gerichtliche Tätigkeit auf die Entgegennahme von Parteierklärungen oder auf eine die Rechtslage nicht gestaltende Registrierung beschränkt."

[58] Vgl. BGH, Beschl. v. 10.12.2014 – XII ZB 463/13, NJW 2015, 479, Ls. 1: „Eine ausländische Gerichtsentscheidung, die die Feststellung der rechtlichen Verwandtschaft enthält, ist [...] der Anerkennung zugänglich."

[59] Siehe zum Erfordernis eines Gerichtsverfahrens in Frankreich oben S. 123.

entscheidung in Abwesenheit entgegenstehender Hindernisse in Deutschland gem. § 108 FamFG verfahrensrechtlich anerkannt.

b) Behördenentscheidungen

Des Weiteren können auch Entscheidungen ausländischer Behörden unter bestimmten Voraussetzungen tauglicher Gegenstand einer verfahrensrechtlichen Anerkennung sein.

aa) Entscheidungen funktional vergleichbarer Behörden

Eine Anerkennungsfähigkeit i.S.d. § 108 FamFG wird insbesondere dann angenommen, wenn eine ausländische Behörde mit staatlicher Autorität ausgestattet ist und funktional deutschen Gerichten entspricht.[60] Dies setzt voraus, dass der ausländische Behördenakt seiner Wirkung nach einer deutschen Gerichtsentscheidung entspricht.[61] Eine solche funktionale Vergleichbarkeit wird bejaht, wenn die Entscheidung einer ausländischen Behörde das Ergebnis einer eigenständigen Sachprüfung ist.[62] Bisweilen wird auch danach differenziert, ob die Entscheidung der ausländischen Behörde nach dem maßgeblichen Verfahrensrecht Feststellungs- oder Gestaltungswirkung entfalte oder lediglich eine verfahrensrechtliche Vermutung auslöse.[63] Nur im erstgenannten Fall komme eine verfahrensrechtliche Anerkennung gem. § 108 FamFG in Betracht.[64]

---

[60] BGH, Beschl. v. 20.3.2019 – XII ZB 320/17, NJW 2019, 1608, Rn. 12: „Tauglicher Gegenstand einer zivilverfahrensrechtlichen Anerkennung können zudem Entscheidungen ausländischer Behörden sein, wenn diese mit staatlicher Autorität ausgestattet sind und funktional deutschen Gerichten entsprechen." Vgl. ferner *von Bary*, FamRZ 2019, 895; *Duden*, StAZ 2014, 164, 165 f.; *Dimmler*, in: Sternal, FamFG, 2023, § 108 FamFG, Rn. 6; *Frie*, NZFam 2018, 97 f.; *Hau*, in: Prütting/Helms, FamFG, 2023, § 108 FamFG, Rn. 5; *Heiderhoff*, in: Dutta/Jacoby/Schwab FamFG, 2021, § 108 FamFG, Rn. 4; *C. Mayer*, RabelsZ 78 (2014), 551, 569.

[61] BGH, Beschl. v. 20.3.2019 – XII ZB 320/17, NJW 2019, 1608, 1609, Rn. 13: „Dass nur solche Behördenentscheidungen anerkennungsfähig sind, die in ihrer Funktion deutschen Gerichtsentscheidungen entsprechen, liegt nicht zuletzt im Wesen der Anerkennung begründet, welche in der Wirkungserstreckung der Auslandsentscheidung im Inland besteht [...]. Dementsprechend muss der ausländische Behördenakt seiner Wirkung nach einer deutschen Gerichtsentscheidung entsprechen."

[62] Vgl. BGH, Beschl. v. 10.12.2014 – XII ZB 463/13, NJW 2015, 479, 480, Rn. 22: „Im Gegensatz zu einer bloßen Registrierung oder Beurkundung [...] beruht die Entscheidung auf einer Sachprüfung, [...]." Näher zum Kriterium der Sachprüfung *Duden*, StAZ 2014, 164, 166; *Helms*, in: MüKo BGB, 8. Aufl. 2020, Art. 19 EGBGB, Rn. 82; vgl. ferner *Frank*, in: Musielak/Borth/Frank, FamFG, 2022, § 108 FamFG, Rn. 3; *A. Lorenz*, NZFam 2021, 1081, 1082.

[63] *Hepting/Dutta*, Familie und Personenstand, 2022, VI-95.

[64] *Hepting/Dutta*, Familie und Personenstand, 2022, VI-95.

bb) Reine Registereintragungen

Demgegenüber stellt die reine Beurkundung eines Personenstandsfalles in einem ausländischen Personenstandsregister nach überwiegender Ansicht[65] keine anerkennungsfähige Entscheidung i.S.d. § 108 FamFG dar.[66] Der BGH begründet dies in seinen Entscheidungen zu internationalen Leihmutterschaftsfällen vor allem mit der Wirkung solcher Registereintragungen.[67] Obwohl das deutsche Personenstandsrecht die Beurkundung von Rechtstatsachen vorsehe und die eigenständige Beurteilung von Rechtsfragen durch das Standesamt erfordere, komme der Beurkundung durch ein Standesamt keine Wirkung zu, die mit derjenigen einer Gerichtsentscheidung vergleichbar sei.[68] Dies zeige sich etwa daran, dass die Eintragung in ein Register jederzeit berichtigt werden könne, wohingegen eine Gerichtsentscheidung entweder mit einer entsprechenden materiellen Rechtskraftwirkung ausgestattet sei oder die Rechtsfrage ansonsten verbindlich und abschließend kläre.[69] Die Beurkundung in einem ausländischen Personenstandsregister sei daher einer verfahrensrechtlichen Anerkennung nach § 108 FamFG nicht zugänglich.[70] Vielmehr unterliege die beurkundete Rechtsfrage

---

[65] Beachte jedoch zu Besonderheiten in Unionssachverhalten *F. Berner*, JZ 2021, 1147, 1148.

[66] Näher dazu *Wall*, StAZ 2020, 120, 124; vgl. ferner allgemein zur Anerkennungsfähigkeit von Registereintragungen BGH, Beschl. v. 20.3.2019 – XII ZB 320/17, NJW 2019, 1608, 1609, Rn. 13 ff.; BGH, Beschl. v. 10.12.2014 – XII ZB 463/13, NJW 2015, 479, 480, Rn. 22; *von Bar/ Mankowski*, IPR, Band II, 2019, § 4, Rn. 1156; *von Bary*, FamRZ 2019, 895; *Frank*, in: Musielak/Borth/Frank, FamFG, 2022, § 108 FamFG, Rn. 3; *Dimmler*, in: Sternal, FamFG, 2023, § 108 FamFG, Rn. 6; *Duden*, StAZ 2014, 164, 166; *Geimer*, in: Heldrich/Sonnenberger (Hrsg.), Festschrift Ferid, 1988, 89, 96; *Hau*, in: Prütting/Helms, FamFG, 2023, § 108 FamFG, Rn. 8; *Helms*, in: MüKo BGB, 8. Aufl. 2020, Art. 19 EGBGB, Rn. 88; *Heiderhoff*, in: Dutta/Jacoby/Schwab FamFG, 2021, § 108 FamFG, Rn. 8; *Heiderhoff*, NJW 2014, 2673, 2674; *Hepting/Dutta*, Familie und Personenstand, 2022, VI-95; *Klinkhammer*, in: Budzikiewicz/Heiderhoff/Klinkhammer et al. (Hrsg.), Standards und Abgrenzungen im Internationalen Familienrecht, 2019, 161, 163; *Lugani*, in: Kanzleiter/Schwab (Hrsg.), Familienrecht zwischen Tradition und Innovation, 2019, 635, 642; *Löhnig*, NZFam 2022, 422; *Linke/Hau*, Internationales Zivilverfahrensrecht, 2021, § 12, Rn. 12.37; *Martiny*, in: Schulte-Bunert/ Weinreich, FamFG, 2020, § 108 FamFG, Rn. 20a; *Schack*, Internationales Zivilverfahrensrecht, 2021, § 17, Rn. 961; *P. Weber*, Gleichgeschlechtliche Elternschaft im internationalen Privatrecht, 2017, S. 58.

[67] Ausführlich BGH, Beschl. v. 20.3.2019 – XII ZB 320/17, NJW 2019, 1608, 1609, Rn. 13 ff.; siehe ferner BGH, Beschl. v. 10.12.2014 – XII ZB 463/13, NJW 2015, 479, 480, Rn. 22.

[68] BGH, Beschl. v. 20.3.2019 – XII ZB 320/17, NJW 2019, 1608, 1609, Rn. 14.

[69] BGH, Beschl. v. 20.3.2019 – XII ZB 320/17, NJW 2019, 1608, 1609, Rn. 14; vgl. ferner *Löhnig*, NZFam 2022, 422.

[70] BGH, Beschl. v. 20.3.2019 – XII ZB 320/17, NJW 2019, 1608, 1609, Rn. 15: „Dementsprechend setzt die Anerkennung ausländischer Behördenentscheidungen gem. § 108 I FamFG voraus, dass diesen eine über die genannten Eigenschaften hinausgehende Wirkung zukommt, welche sie mit einer deutschen Gerichtsentscheidung vergleichbar macht. Findet allein eine Registrierung statt, kann dieser zwar unter bestimmten Voraussetzungen auch im

allein dem materiellen Recht und sei nach der kollisionsrechtlich anwendbaren Rechtsordnung zu beurteilen.[71] Übertragen auf das rechtliche Geschlecht eines Menschen bedeutet dies, dass die bloße Beurkundung des geschlechtlichen Personenstands in einem ausländischen Personenstandsregister für sich genommen keine anerkennungsfähige Entscheidung i.S.d. § 108 FamFG darstellt.[72]

cc) Abgrenzungsschwierigkeiten

Eine trennscharfe Abgrenzung zwischen einer reinen Registereintragung und einem anerkennungsfähigen Behördenakt ist in der Praxis freilich nicht immer einfach. So hatte etwa das OLG Schleswig in der erwähnten Entscheidung von 2019 zu entscheiden, ob die Vergabe einer neuen geschlechtsspezifischen Steuernummer durch die zuständige norwegische Steuerbehörde einen anerkennungsfähigen Behördenakt i.S.d. § 108 FamFG darstellte.[73] Das OLG Schleswig bejahte dies und stellte fest, dass die Vergabe einer neuen Steuernummer nach norwegischem Recht konstitutiv für eine Geschlechtsänderung sei, und daher, anders als die nachfolgende Beurkundung des Geschlechts im Personenstandsregister, eine anerkennungsfähige Entscheidung i.S.d. § 108 FamFG darstelle.[74]

Wie *Fabian Wall* zutreffend anmerkt, wäre es hier jedoch zu begrüßen gewesen, wenn sich das Gericht noch etwas genauer mit der Frage befasst hätte, ob die Vergabe einer neuen Steuernummer tatsächlich einen anerkennungsfähigen Behördenakt i.S.d. § 108 FamFG darstellt oder ob es sich hierbei nicht doch nur um eine rein registrierende Tätigkeit handelte.[75] Dazu hätte es insbesondere einer genaueren Auseinandersetzung mit der Frage bedurft, ob die Änderung der Steuernummer durch die zuständige Steuerbehörde tatsächlich das Ergebnis einer

---

Inland eine Beweisfunktion zukommen. Einer verfahrensrechtlichen Anerkennung sind solche Behördenmaßnahmen hingegen nicht zugänglich."

[71] BGH, Beschl. v. 20.3.2019 – XII ZB 320/17, NJW 2019, 1608, 1609, Rn. 15; vgl. dazu ferner *Hau*, in: Prütting/Helms, FamFG, 2023, § 108 FamFG, Rn. 8.

[72] Ähnlich auch *Wall*, StAZ 2020, 120, 124: „Die bloße Beurkundung im Personenstandsregister – hier: durch Änderung des Geschlechtseintrags im österreichischen Geburtenregister – entfaltet jedoch keine einer Gerichtsentscheidung vergleichbaren Wirkungen, sodass es sich hierbei nicht um eine anerkennungsfähige Entscheidung i.S.v. § 108 Abs. 1 FamFG handelt." Vgl. ferner *Mäsch*, in: BeckOK BGB, Hau/Poseck, 65. Ed. 2023, Art. 7 EGBGB, Rn. 56: „Die bloße Entgegennahme und Prüfung einer Erklärung zur Geschlechtsänderung durch eine ausländische (Zivilstands-)Behörde […] ist keine behördliche Entscheidung und daher nicht der Anerkennung fähig."

[73] OLG Schleswig, Beschl. v. 4.6.2019 – 2 Wx 45/19, FamRZ 2020, 1095 ff.; siehe oben S. 136.

[74] OLG Schleswig, Beschl. v. 4.6.2019 – 2 Wx 45/19, FamRZ 2020, 1095 ff., (juris-) Rn. 12: „Die Änderung der Personennummer, die nach norwegischem Recht konstitutiv für die Geschlechtsänderung ist, ist – anders als die nachfolgende Registrierung – eine Entscheidung der zuständigen Steuerbehörde."

[75] *Wall*, StAZ 2020, 201, 205.

eigenständigen Sachprüfung war. Dagegen könnte sprechen, dass es nach norwegischem Recht für eine Änderung des rechtlichen Geschlechts allein auf die Selbstauskunft der betreffenden Person ankommt.[76] Eine eigenständige Sachprüfung durch die zuständige Behörde findet also in Norwegen gerade nicht statt. Andererseits kommt der Vergabe einer neuen geschlechtsspezifischen Steuernummer nach norwegischem Recht Gestaltungswirkung zu,[77] was letztlich doch für eine Anerkennungsfähigkeit i.S.d. § 108 FamFG sprechen könnte.

Vor diesem Hintergrund stellt sich auch die über diesen Beispielsfall hinausgehende Grundsatzfrage, ob das Kriterium einer eigenständigen Sachprüfung bei einer Anerkennung von Geschlechtszuordnungen weiterhin als tragfähiges Abgrenzungskriterium dienen kann. Dies erscheint insofern zweifelhaft, als immer mehr Rechtsordnungen dazu übergehen, die rechtliche Zuordnung zu einem Geschlecht allein der Selbstbestimmung der betreffenden Person zu unterstellen.[78] Angesichts dessen erschiene es vorzugswürdig, danach zu differenzieren, ob einem im Ausland vorgenommenen Behördenakt konstitutive oder lediglich deklaratorische Wirkung zukommt. Im erstgenannten Fall wäre eine Anerkennungsfähigkeit i.S.d. § 108 FamFG zu bejahen, im zweitgenannten Fall hingegen zu verneinen.

c) Zwischenergebnis

Festzuhalten bleibt an dieser Stelle, dass in erster Linie staatliche Gerichtsentscheidungen gem. § 108 FamFG verfahrensrechtlich anerkannt werden können. Wurde das Geschlecht eines Menschen also im Ausland im Rahmen eines gerichtlichen Verfahrens geändert, handelt es sich bei dieser Gerichtsentscheidung um einen tauglichen Gegenstand einer verfahrensrechtlichen Anerkennung i.S.d. § 108 FamFG. Des Weiteren können ausnahmsweise auch ausländische Behördenakte verfahrensrechtlich anerkannt werden, wenn sie ihrer Wirkung nach einer deutschen Gerichtsentscheidung entsprechen. Dies wurde in der Praxis unter anderem für die Änderung einer geschlechtsspezifischen Steuernummer durch eine norwegische Steuerbehörde bejaht. Im Gegensatz dazu stellt die reine Beurkundung des Geschlechts in einem ausländischen Personenstandsregister grundsätzlich keine anerkennungsfähige Entscheidung i.S.d. § 108 FamFG dar.

2. Anerkennungshindernisse, § 109 FamFG

Liegt eine Entscheidung i.S.d. § 108 FamFG vor, wird diese grundsätzlich in Deutschland anerkannt.[79] Eine Überprüfung der Gesetzmäßigkeit der ausländi-

---

[76] Ausführlich dazu *Grønningsæter/Arnesen*, in: Jaramillo/Carlson (Hrsg.), Trans Rights and Wrongs, 2021, 513, 520.

[77] So jedenfalls die Einschätzung bei OLG Schleswig, Beschl. v. 4.6.2019 – 2 Wx 45/19, FamRZ 2020, 1095 ff., (juris-) Rn. 12.

[78] Siehe oben S. 124 f.

[79] *Linke/Hau*, Internationales Zivilverfahrensrecht, 2021, § 13, Rn. 13.1: „Das Eingreifen

schen Entscheidung findet gem. § 109 Abs. 5 FamFG nicht statt (Verbot einer *révision au fond*).[80] Die Anerkennung einer ausländischen Entscheidung wird jedoch ausnahmsweise dann versagt, wenn eines der in § 109 Abs. 1 Nr. 1–4 FamFG genannten Anerkennungshindernisse vorliegt.[81] Von besonderer Bedeutung sind dabei die in § 109 Abs. 1 Nr. 1 FamFG und § 109 Abs. 1 Nr. 4 FamFG genannten Anerkennungshindernisse. Im Einzelnen:

a) Zuständigkeitsmangel, § 109 Abs. 1 Nr. 1 FamFG

Gemäß § 109 Abs. 1 Nr. 1 FamFG ist die Anerkennung einer ausländischen Entscheidung ausgeschlossen, wenn die Gerichte des anderen Staates nach deutschem Recht nicht zuständig waren.[82]

aa) Spiegelbildprinzip

Diese Vorschrift ist Ausdruck eines sogenannten „Spiegelbildprinzips", wonach die Zuständigkeit eines ausländischen Gerichts zu bejahen ist, wenn es auch bei einer entsprechenden Anwendung der deutschen Regelungen zur internationalen Zuständigkeit zuständig gewesen wäre.[83] Anders gewendet, besteht ein Anerkennungshindernis, wenn die ausländischen Gerichte bei hypothetischer Zugrundelegung der deutschen Bestimmungen zur internationalen Zuständigkeit unzuständig gewesen wären.[84] Demgegenüber ist es unerheblich, ob die Gerichte des Entscheidungsstaates nach ihren eigenen Regeln zuständig waren.[85]

---

von Anerkennungshindernissen und damit die Nichtanerkennung bilden die im Zweifel begründungsbedürftige Ausnahme." So auch *Hau*, in: Prütting/Helms, FamFG, 2023, § 109 FamFG, Rn. 16.

[80] *Hau*, in: Prütting/Helms, FamFG, 2023, § 109 FamFG, Rn. 18; *Heiderhoff*, in: Dutta/Jacoby/Schwab FamFG, 2021, § 109 FamFG, Rn. 1.

[81] Statt vieler *Hau*, in: Prütting/Helms, FamFG, 2023, § 109 FamFG, Rn. 16 ff.

[82] Beachte ferner § 109 Abs. 2 und 3 FamFG als anerkennungsfreundliche Ausnahmen zu § 109 Abs. 1 Nr. 1; vgl. dazu *Hau*, in: Prütting/Helms, FamFG, 2023, § 109 FamFG, Rn. 25.

[83] BGH, Beschl. v. 27.5.2020 – XII ZB 54/18, NZFam 2020, 762, 766, Rn. 34; OLG Frankfurt a.M., Beschl. v. 2.3.2021 – 20 W 276/19, StAZ 2022, 110 ff., (juris-) Rn. 27; *Frank*, in: Musielak/Borth/Frank, FamFG, 2022, § 109 FamFG, Rn. 2; *Dimmler*, in: Sternal, FamFG, 2023, § 109 FamFG, Rn. 3; *Hau*, in: Prütting/Helms, FamFG, 2023, § 109 FamFG, Rn. 20; *Geimer*, Anerkennung ausländischer Entscheidungen in Deutschland, 1995, S. 114.

[84] *Frank*, in: Musielak/Borth/Frank, FamFG, 2022, § 109 FamFG, Rn. 2; *Geimer*, in: Heldrich/Sonnenberger (Hrsg.), Festschrift Ferid, 1988, 89, 100 f.; *Sieghörtner*, in: BeckOK FamFG, 45. Ed. 2023, § 109 FamFG, Rn. 19.

[85] OLG Frankfurt a.M., Beschl. v. 2.3.2021 – 20 W 276/19, StAZ 2022, 110 ff., (juris-) Rn. 27; *Dimmler*, in: Sternal, FamFG, 2023, § 109 FamFG, Rn. 3; *Sieghörtner*, in: BeckOK FamFG, 45. Ed. 2023, § 109 FamFG, Rn. 19.

bb) Internationale Zuständigkeit deutscher Gerichte

Für die Bewertung, ob ein Anerkennungshindernis i.S.d. § 109 Abs. 1 Nr. 1 FamFG vorliegt, kommt es folglich darauf an, in welchen Fällen deutsche Gerichte für eine Änderung der rechtlichen Geschlechtszugehörigkeit eines Menschen international zuständig wären. Zu dieser Frage lassen sich in der rechtswissenschaftlichen Literatur unterschiedliche Auffassungen finden:

(1) Wertung des § 1 Abs. 1 Nr. 3 TSG

So zieht etwa *Gerald Mäsch* für eine Bestimmung der internationalen Zuständigkeit deutscher Gerichte die Regelungen des § 8 Abs. 1 Nr. 1 i.V.m. § 1 Abs. 1 Nr. 3 TSG heran und leitet aus § 1 Abs. 1 Nr. 3 TSG ein „striktes Gleichlaufprinzip"[86] zwischen internationaler Zuständigkeit und anwendbarem Recht ab. Die Regelung des § 1 Abs. 1 Nr. 3 TSG sieht vor, dass grundsätzlich nur Personen mit deutscher Staatsangehörigkeit oder deutschem Personalstatut eine gerichtliche Änderung ihrer rechtlichen Geschlechtszugehörigkeit in Deutschland erreichen können.[87] Wie der Gesetzesbegründung zum TSG zu entnehmen ist, soll auf diese Weise sichergestellt werden, dass die Entscheidung über die Änderung des rechtlichen Geschlechts grundsätzlich dem Heimatstaat eines Menschen vorbehalten bleibt.[88]

Die Konsequenz dieser Regelung sei – so *Mäsch* – dass deutsche Gerichte für die Entscheidung über die Änderung der rechtlichen Geschlechtszugehörigkeit nur dann international zuständig seien, wenn das TSG Anwendung finde.[89] Die internationale Zuständigkeit deutscher Gerichte sei folglich nach der Konzeption des TSG an die Staatsangehörigkeit der antragstellenden Person gekoppelt.[90]

---

[86] Vgl. *Mäsch*, in: BeckOK BGB, Hau/Poseck, 65. Ed. 2023, Art. 7 EGBGB, Rn. 55: „Es herrscht, wie aus § 1 Abs. 1 Nr. 3a–3c TSG und § 8 Abs. 1 Nr. 1 TSG sowie der entsprechenden Gesetzesbegründung gefolgert wird, ein striktes Gleichlaufprinzip: Deutsche Gerichte sind für die Entscheidung über die Änderung des Vornamens oder der rechtlichen Geschlechtszugehörigkeit eines Transsexuellen nur dann international zuständig, soweit das TSG anwendbar ist, der Betroffene also das deutsche Personalstatut hat."

[87] Vgl. § 1 Abs. 1 Nr. 3 TSG: „Die Vornamen einer Person sind auf ihren Antrag vom Gericht zu ändern, wenn sie a) Deutscher im Sinne des Grundgesetzes ist, b) als Staatenloser oder heimatloser Ausländer ihren gewöhnlichen Aufenthalt im Inland hat, c) als Asylberechtigter oder ausländischer Flüchtling ihren Wohnsitz im Inland hat oder d) als Ausländer, dessen Heimatrecht keine diesem Gesetz vergleichbare Regelung kennt, aa) ein unbefristetes Aufenthaltsrecht besitzt oder bb) eine verlängerbare Aufenthaltserlaubnis besitzt und sich dauerhaft rechtmäßig im Inland aufhält." Ausführlich zu dieser Regelung unten S. 189 ff.

[88] BT-Drucks. 8/2947, S. 13: „Bei der in Nummer 1 vorgesehenen Beschränkung des Personenkreises ist davon ausgegangen worden, dass die Entscheidung über die Änderung der Vornamen – und nach § 8 Abs. 1 Nr. 1 des Entwurfs auch der Geschlechtszugehörigkeit – eines ausländischen Transsexuellen dem Heimatstaat des Betroffenen vorbehalten bleiben sollte."

[89] *Mäsch*, in: BeckOK BGB, Hau/Poseck, 65. Ed. 2023, Art. 7 EGBGB, Rn. 55.

[90] *Mäsch*, in: BeckOK BGB, Hau/Poseck, 65. Ed. 2023, Art. 7 EGBGB, Rn. 56: „Eine ausländische gerichtliche oder behördliche Entscheidung über die Änderung des Vornamens

Dies habe zur Folge, dass die Anerkennung einer im Ausland vorgenommenen gerichtlichen oder behördlichen Geschlechtsänderung nicht möglich sei, wenn die betreffende Person (allein)[91] die deutsche Staatsangehörigkeit besitze.[92]

(2) § 105 FamFG i.V.m. § 2 Abs. 2 TSG

Demgegenüber geht namentlich *Anatol Dutta* davon aus, dass für die Anerkennungszuständigkeit im Rahmen des § 109 Abs. 1 Nr. 1 FamFG die Regelungen des § 105 FamFG i.V.m. § 2 Abs. 2 TSG maßgeblich seien.[93] Da *Dutta* diesen Ansatz nicht näher begründet, lohnt ein Blick in die genannten Vorschriften:

Nach § 105 FamFG sind deutsche Gerichte international zuständig, wenn ein deutsches Gericht örtlich zuständig ist. § 105 FamFG bestimmt die internationale Zuständigkeit deutscher Gerichte für alle FamFG-Verfahren, die nicht bereits in §§ 98–104 FamFG geregelt sind.[94] Bei § 105 FamFG handelt es sich folglich um eine Auffangnorm, die den anerkannten Grundsatz kodifiziert, dass die internationale Zuständigkeit deutscher Gerichte in den gesetzlich nicht geregelten Fällen der örtlichen Zuständigkeit folgt.[95] § 2 Abs. 2 TSG wiederum regelt die örtliche Zuständigkeit eines deutschen Gerichts für eine Entscheidung über einen Antrag nach § 8 Abs. 1 Nr. 1 i.V.m. § 1 Abs. 1 TSG: Danach ist für eine gerichtliche Änderung der rechtlichen Geschlechtszugehörigkeit das Gericht örtlich zuständig, in dessen Bezirk der Antragsteller seinen Wohnsitz oder, falls ein solcher im Geltungsbereich des TSG fehlt, seinen gewöhnlichen Aufenthalt hat. Maßgebend ist der Zeitpunkt, in dem der Antrag eingereicht wird.

Die Konsequenz des Zusammenspiels von § 105 FamFG und § 2 Abs. 2 TSG ist folglich, dass deutsche Gerichte für eine Änderung des rechtlichen Geschlechts

---

oder der rechtlichen Geschlechtszugehörigkeit eines Transsexuellen wird nach Maßgabe des § 109 FamFG im Inland anerkannt. Es muss grds. jeweils der Heimatstaat des Transsexuellen entschieden haben, soll die Anerkennung nicht an § 109 Abs. 1 Nr. 1 FamFG scheitern, weil nach der deutschen Konzeption die internationale Zuständigkeit insoweit an die Staatsangehörigkeit gekoppelt ist."

[91] Siehe zu dieser Einschränkung *Hau*, in: Prütting/Helms, FamFG, 2023, § 109 FamFG, Rn. 20: „Folgt die internationale Zuständigkeit nach deutschem Recht aus der Staatsangehörigkeit einer Person, so genügt die Zugehörigkeit zum Urteilsstaat selbst dann für die Anerkennungszuständigkeit, wenn die Person auch Deutscher ist bzw. eine weitere Staatsangehörigkeit die effektivere ist."

[92] *Mäsch*, in: BeckOK BGB, Hau/Poseck, 65. Ed. 2023, Art. 7 EGBGB, Rn. 56: „Die Anerkennung der im Ausland vorgenommenen gerichtlichen oder behördlichen Vornamens- oder Geschlechtsänderung eines Deutschen ist nicht möglich."

[93] *Hepting/Dutta*, Familie und Personenstand, 2022, V-956: „Erfolgte die Änderung des rechtlichen Geschlechts durch *Entscheidung* im Ausland, [...] stellt sich die Frage einer verfahrensrechtlichen Anerkennung. [...]; für die Anerkennungszuständigkeit im Rahmen des Spiegelbildprinzips des § 109 Abs. 1 Nr. 1 FamFG ist § 2 Abs. 2 TSG, § 105 FamFG heranzuziehen."

[94] *Sieghörtner*, in: BeckOK FamFG, 45. Ed. 2023, § 105 FamFG, vor Rn. 1.

[95] *Sieghörtner*, in: BeckOK FamFG, 45. Ed. 2023, § 105 FamFG, Rn. 1; *Hau*, FamRZ 2009, 821, 822 f.; *Dimmler*, in: Sternal, FamFG, 2023, § 105 FamFG, Rn. 2.

einer Person dann international zuständig sind, wenn diese Person ihren Wohnsitz oder gewöhnlichen Aufenthalt in Deutschland hat. Für die Anerkennung einer im Ausland ergangenen Entscheidung gem. § 108 FamFG wäre es unter Zugrundelegung des Spiegelbildprinzips also ausreichend, dass im Ursprungsstaat ein Wohnsitz oder gewöhnlicher Aufenthalt der betreffenden Person bestand.

(3) Stellungnahme

Es zeigt sich, dass die beiden Ansätze bei einer Prüfung des § 109 Abs. 1 Nr. 1 FamFG zu unterschiedlichen Ergebnissen führen. Während der erstgenannte Ansatz die internationale Zuständigkeit deutscher Gerichte von der Staatsangehörigkeit der antragstellenden Person abhängig macht und ein Anerkennungshindernis i.S.d. § 109 Abs. 1 Nr. 1 FamFG bejaht, wenn die betreffende Person (allein) die deutsche Staatsangehörigkeit innehatte, kommt es nach dem letztgenannten Ansatz auf den Wohnsitz bzw. gewöhnlichen Aufenthalt einer Person an. Eine gerichtliche Entscheidung über die Geschlechtszugehörigkeit einer im Ausland lebenden Person wäre folglich selbst dann einer Anerkennung gem. § 108 FamFG in Deutschland zugänglich, wenn diese Person ausschließlich deutsche Staatsangehörige ist.

Für den letztgenannten Ansatz, d.h. für eine Heranziehung von § 105 FamFG i.V.m. § 2 Abs. 2 TSG spricht, dass die Regelung des § 105 FamFG gerade solche Fälle betrifft, in denen ein Spezialgesetz, welches auf das Verfahren nach dem FamFG verweist, zwar Regeln über die örtliche Zuständigkeit-, nicht aber über die internationale Zuständigkeit enthält.[96] Um ein solches Sondergesetz handelt es sich beim TSG, das in § 4 Abs. 1 TSG auf das FamFG verweist,[97] und mit § 2 Abs. 2 TSG auch eine Sonderregelung über die örtliche Zuständigkeit vorsieht. Eine Regelung zur internationalen Zuständigkeit findet sich im TSG dagegen nicht. Zwar ist *Mäsch* zuzustimmen, dass es der Konzeption des TSG entspricht, grundsätzlich den Heimatstaat eines Menschen über die rechtliche Geschlechtszugehörigkeit entscheiden zu lassen. Insofern ließe sich diskutieren, ob die Regelung des § 1 Abs. 1 Nr. 3 TSG möglicherweise eine Sonderregelung über die internationale Zuständigkeit deutscher Gerichte darstellen könnte.

Dagegen sprechen jedoch zum einen systematische Erwägungen: Es wäre dem deutschen Gesetzgeber ohne weiteres möglich gewesen, die mit der Überschrift „Zuständigkeit" versehene Vorschrift des § 2 TSG um einen weiteren Absatz über

---

[96] *Sieghörtner*, in: BeckOK FamFG, 45. Ed. 2023, § 105 FamFG, Rn. 2: „Soweit Spezialgesetze die internationale Zuständigkeit nicht regeln und auf das Verfahren nach dem FamFG verweisen, aber zur örtlichen Zuständigkeit Sonderregeln vorsehen [...], gilt auch dafür grundsätzlich § 105." Siehe dazu ferner *Hau*, FamRZ 2009, 821, 823.

[97] § 4 Abs. 1 TSG: „Auf das gerichtliche Verfahren sind die Vorschriften des Gesetz [sic] über das Verfahren in Familiensachen und in den Angelegenheiten der freiwilligen Gerichtsbarkeit anzuwenden, soweit in diesem Gesetz nichts anderes bestimmt ist."

die internationale Zuständigkeit zu ergänzen, falls es sein Ziel gewesen wäre, die internationale Zuständigkeit deutscher Gerichte von der Staatsangehörigkeit der antragstellenden Person abhängig zu machen.

Zum anderen ist zu bedenken, dass es sich bei der Beschränkung des Personenkreises in § 1 Abs. 1 Nr. 3 TSG um eine Frage der *Antragsbefugnis* der antragstellenden Person handelt.[98] Die Frage nach der Antragsbefugnis wird indes erst dann relevant, wenn deutsche Gerichte überhaupt international zuständig sind.[99] Mit anderen Worten ist es denkbar und in der Praxis auch durchaus üblich, dass ausländische Staatsangehörige mit gewöhnlichem Aufenthalt in Deutschland vor deutschen Gerichten einen Antrag auf Änderung ihres rechtlichen Geschlechts auf Grundlage des TSG stellen.[100] In solchen Konstellationen bereits die internationale Zuständigkeit deutscher Gerichte zu verneinen, erschiene indes wenig praktikabel. Vielmehr ist es in diesen Fällen gerade Aufgabe des angerufenen Gerichts, zu prüfen, ob die betreffende Person trotz ihrer ausländischen Staatsangehörigkeit ausnahmsweise befugt ist, sich auf die Regelungen des TSG zu berufen.[101] Dafür ist regelmäßig auch eine umfangreiche Ermittlung ausländischen Rechts durch das angerufene Gericht erforderlich, vgl. § 293 ZPO.[102]

Angesichts dieser Erwägungen erscheint es insgesamt überzeugender, im Rahmen des Spiegelbildprinzips des § 109 Abs. 1 Nr. 1 FamFG auf die Zuständigkeitsregeln des § 105 FamFG i.V.m. § 2 Abs. 2 TSG abzustellen. Die Anerkennung einer im Ausland ergangenen Entscheidung über das rechtliche Geschlecht eines Menschen ist danach nur dann wegen eines Zuständigkeitsmangels zu versagen, wenn die betreffende Person im Bezirk des ausländischen Gerichts weder einen Wohnsitz noch einen gewöhnlichen Aufenthalt hatte.

---

[98] BVerfG, Beschl. v. 18.7.2006 – 1 BvL 1/04, NJW 2007, 900, 901, Rn. 62; *Basedow/ Scherpe*, in: Basedow/Scherpe (Hrsg.), Transsexualität, Staatsangehörigkeit und internationales Privatrecht, 2004, 161, 162; *Gössl*, FamRZ 2018, 383, 386; *Roßbach*, in: Duden (Hrsg.), IPR für eine bessere Welt, 2022, 125, 135; *Röthel*, IPRax 2007, 204, 205; *Scherpe*, FamRZ 2007, 270; näher dazu unten S. 189 ff.

[99] Vgl. auch *Dötsch*, NJW-Spezial 2009, 724: „Liegt ein Auslandsbezug vor, sind z.B. die Beteiligten ausländische Staatsangehörige oder liegt der gewöhnliche Aufenthalt im Ausland, ist die internationale Zuständigkeit der deutschen Gerichte vorab zu prüfen. Wird diese bejaht und ein Verfahren in Deutschland geführt, ist das anzuwendende Verfahrensrecht gemäß dem lex fori Prinzip das deutsche Recht. Danach richten sich insbesondere die örtliche Zuständigkeit, die Beteiligten- und Verfahrensfähigkeit, die Vertretung durch einen Anwalt etc."

[100] Siehe etwa BGH, Beschl. v. 29.11.2017 – XII ZB 345/17, FamRZ 2018, 383 ff.

[101] Siehe unten S. 192 ff.

[102] Vgl. *Roßbach*, in: Duden (Hrsg.), IPR für eine bessere Welt, 2022, 125, 138; *Gössl*, FamRZ 2018, 383, 387; näher dazu unten S. 192.

b) Ordre public, § 109 Abs. 1 Nr. 4 FamFG

Neben einem Zuständigkeitsmangel i.S.d. § 109 Abs. 1 Nr. 1 Fam FG kann vor allem auch der in § 109 Abs. 1 Nr. 4 FamFG verankerte *ordre public*-Vorbehalt einer verfahrensrechtlichen Anerkennung in Deutschland entgegenstehen. Gem. § 109 Abs. 1 Nr. 4 FamFG ist die Anerkennung einer ausländischen Entscheidung ausgeschlossen, wenn die Anerkennung der Entscheidung zu einem Ergebnis führt, das mit wesentlichen Grundsätzen des deutschen Rechts, insbesondere mit den Grundrechten, offensichtlich unvereinbar ist.

aa) Grundlagen

Die Regelung des § 109 Abs. 1 Nr. 4 FamFG ist im Interesse eines internationalen Entscheidungseinklangs restriktiv auszulegen.[103] Ein Verstoß gegen den anerkennungsrechtlichen *ordre public* ist daher nur auf solche Ausnahmefälle beschränkt, in denen das Ergebnis der Anerkennung im konkreten Fall zu den Grundgedanken der deutschen Regelungen und den in ihnen enthaltenen Gerechtigkeitsvorstellungen in so starkem Widerspruch steht, dass es nach deutscher Vorstellung schlechthin untragbar erscheint.[104]

Dabei ist zu beachten, dass bei der Anwendung des anerkennungsrechtlichen *ordre public*-Vorbehaltes regelmäßig ein im Vergleich zur kollisionsrechtlichen Kontrolle des Art. 6 EGBGB abgeschwächter Prüfungsmaßstab (*effet atténué*)[105] angelegt wird.[106] Diese Abschwächung des Prüfungsmaßstabs begründet der

---

[103] BGH, Beschl. v. 10.12.2014 – XII ZB 463/13, NJW 2015, 479, 480, Rn. 29; vgl. ferner *Frank*, in: Musielak/Borth/Frank, FamFG, 2022, § 109 FamFG, Rn. 8; *Sieghörtner*, in: BeckOK FamFG, 45. Ed. 2023, § 109 FamFG, Rn. 32.

[104] BGH, Beschl. v. 27.5.2020 – XII ZB 54/18, NZFam 2020, 762, 767, Rn. 49: „Mit diesem [dem anerkennungsrechtlichen ordre public] ist eine ausländische Entscheidung nicht schon dann unvereinbar, wenn der deutsche Richter – hätte er das Verfahren entschieden – auf Grund zwingenden deutschen Rechts zu einem anderen Ergebnis gekommen wäre. Maßgeblich ist beim anerkennungsrechtlichen ordre public vielmehr, ob das Ergebnis der Anwendung ausländischen Rechts im konkreten Fall zu den Grundgedanken der deutschen Regelungen und den in ihnen enthaltenen Gerechtigkeitsvorstellungen in so starkem Widerspruch steht, dass es nach deutscher Vorstellung untragbar erscheint." Siehe dazu auch BGH, Beschl. v. 10.12.2014 – XII ZB 463/13, NJW 2015, 479, 480, Rn. 28; *Hau*, in: Prütting/Helms, FamFG, 2023, § 109 FamFG, Rn. 46.

[105] Vor diesem Hintergrund wird auch der Begriff eines *ordre public atténué* verwendet. Vgl. dazu etwa *Biggel et al.*, AcP 221 (2021), 765, 788; *Funken*, Das Anerkennungsprinzip im IPR, 2009, S. 77; *Geimer*, IPRax 2017, 472 ff. Die deutsche Rechtsprechung verwendet hingegen meist den Begriff des *ordre public international*. Siehe dazu etwa BGH, Beschl. v. 10.9.2015 – IX ZB 39/13, NJW 2016, 160, 161, Rn. 13; kritisch dazu *von Hein*, in: MüKo BGB, 8. Aufl. 2020, Art. 6 EGBGB, Rn. 8 ff.

[106] BGH, Beschl. v. 27.5.2020 – XII ZB 54/18, NZFam 2020, 762, 767, Rn. 49: „Nach ständiger Rechtsprechung des Bundesgerichtshofs – auch des Senats – ist […] für die Frage der Anerkennung einer ausländischen Entscheidung regelmäßig nicht auf den kollisionsrechtlichen ordre public nach Art. 6 EGBGB abzustellen, den die deutschen Gerichte bei Anwendung ausländischen Rechts zu beachten haben, sondern auf den großzügigeren aner-

BGH einerseits damit, dass die Versagung der Anerkennung einer ausländischen Entscheidung schutzwürdiges Vertrauen der Beteiligten untergraben- und insbesondere bei Statusentscheidungen zu unerwünschten hinkenden Rechtsverhältnissen führen könne.[107] Andererseits folge die unterschiedliche Prüfungsintensität daraus, dass der Grad der Inlandsbeziehung des Sachverhalts typischerweise schwächer ausgeprägt sei, wenn es lediglich um die Anerkennung einer Entscheidung eines ausländischen Gerichts gehe, und kein deutsches Gericht in unmittelbarer Anwendung eines „anstößigen" ausländischen Rechts den Fall selbst entscheiden müsse.[108]

bb) Entscheidungen über die Geschlechtszugehörigkeit

Überträgt man diese Grundsätze auf die Anerkennung einer ausländischen geschlechtsändernden Entscheidung, ist es hilfreich, zwischen folgenden zwei Konstellationen zu differenzieren: Erstens lässt sich die Frage stellen, ob § 109 Abs. 1 Nr. 4 FamFG einer Anerkennung entgegensteht, wenn die zu beurteilende ausländische Entscheidung unter Anwendung solcher Regelungen zustande gekommen ist, die nach deutschen Maßstäben verfassungswidrig wären. Zweitens kommt ein Verstoß gegen den deutschen anerkennungsrechtlichen *ordre public* in solchen Fällen in Betracht, in denen das Änderungsverfahren im Ausland einfacher ausgestaltet ist als in Deutschland.

(1) Höhere Hürden im ausländischen Recht

Wie im Rahmen dieser Arbeit bereits ausgeführt wurde, sehen zahlreiche Rechtsordnungen für eine Änderung des rechtlichen Geschlechts Anforderungen vor, die aus Sicht des deutschen Verfassungsrechts höchst problematisch sind.[109] So verlangen etwa mehrere Mitgliedstaaten der EU nach wie vor, dass vor einer

---

kennungsrechtlichen ordre public." Siehe ferner BGH, Beschl. v. 10.12.2014 – XII ZB 463/13, NJW 2015, 479, 480, Rn. 28; *Hau*, in: Prütting/Helms, FamFG, 2023, § 109 FamFG, Rn. 45; *Borth/Grandel*, in: Musielak/Borth, FamFG, 6. Aufl. 2018, § 109 FamFG, Rn. 8; *Sieghörtner*, in: BeckOK FamFG, 45. Ed. 2023, § 109 FamFG, Rn. 32; näher zu Art. 6 EGBGB unten S. 169 ff.

[107] BGH, Beschl. v. 27.5.2020 – XII ZB 54/18, NZFam 2020, 762, 767, Rn. 49: „Die damit verbundene Abschwächung des Prüfungsmaßstabs (effet atténué) gegenüber dem kollisionsrechtlichen ordre public rechtfertigt sich zum einen daraus, dass die Versagung der Anerkennung einer ausländischen Entscheidung schutzwürdiges Vertrauen der Beteiligten untergraben und insbesondere bei Statusentscheidungen zu unerwünschten hinkenden Rechtsverhältnissen führen könnte [...]."

[108] BGH, Beschl. v. 27.5.2020 – XII ZB 54/18, NZFam 2020, 762, 767, Rn. 49: „Zum anderen folgt das unterschiedliche Maß der Prüfungsintensität daraus, dass der Grad der Inlandsbeziehung des Sachverhalts typischerweise schwächer ausgeprägt ist, wenn es lediglich um die Anerkennung einer Entscheidung eines ausländischen Gerichts geht, als wenn ein deutsches Gericht in unmittelbarer Anwendung eines ‚anstößigen' ausländischen Rechts den Fall entscheiden müsste [...]."

[109] Siehe oben S. 120 ff.

Änderung des rechtlichen Geschlechts eine geschlechtsangleichende Operation durchzuführen ist oder eine bereits geschlossene Ehe wieder geschieden wird. Wie erwähnt, hat das deutsche BVerfG diese vormals auch im deutschen Recht existierenden Voraussetzungen für unvereinbar mit Art. 2 Abs. 1 i.V.m. Art. 1 Abs. 1 GG erklärt.[110] Darüber hinaus hat auch der EGMR entschieden, dass es gegen Art. 8 Abs. 1 EMRK verstoße, wenn ein Vertragsstaat eine Änderung des rechtlichen Geschlechts von der Durchführung einer geschlechtsangleichenden und womöglich zur Zeugungsunfähigkeit führenden Operationen abhängig macht.[111]

Vor diesem Hintergrund läge es auf den ersten Blick nahe, die Anerkennung einer geschlechtsändernden ausländischen Entscheidung unter Berufung auf § 109 Abs. 1 Nr. 4 FamFG zu verweigern, wenn die Entscheidung unter Anwendung solcher Regeln ergangen ist, die aus deutscher Sicht grund- und menschenrechtswidrig wären.[112] Indes ist zu beachten, dass eine ausländische Entscheidung nach ständiger Rechtsprechung des BGH nicht schon dann unvereinbar mit dem anerkennungsrechtlichen *ordre public* ist, wenn eine deutsche Richterin – hätte sie das Verfahren entschieden – auf Grund zwingenden deutschen Rechts zu einem anderen Ergebnis gekommen wäre.[113] Maßgeblich ist vielmehr, ob das Ergebnis der Anwendung ausländischen Rechts im konkreten Einzelfall zu den Grundgedanken der deutschen Regelungen und den in ihnen enthaltenen Gerechtigkeitsvorstellungen in so starkem Widerspruch steht, dass es nach deutscher Vorstellung untragbar erscheint.[114]

Unter Zugrundelegung dieser Maßstäbe, erscheint es überzeugend, einen *ordre public*-Verstoß i.S.d. § 109 Abs. 1 Nr. 4 FamFG jedenfalls dann zu verneinen, wenn die ausländische Entscheidung zwar unter verfassungsrechtlich problematischen Anforderungen, aber auf Antrag und im Einklang mit der Geschlechtsidentität der betreffenden Person ergangen ist. Denn der betroffenen Person wäre unter menschenrechtlichen Gesichtspunkten wenig geholfen, wenn die Anerkennung einer ausländischen Entscheidung, durch die ihre Zugehörig-

---

[110] Zum Erfordernis der Ehelosigkeit siehe BVerfG, Beschl. v. 27.5.2008 – 1 BvL 10/05, NJW 2008, 3117 ff.; vgl. ferner zum Operationszwang BVerfG, Beschl. v. 11.1.2011 – 1 BvR 3295/07, NJW 2011, 909 ff.; näher dazu oben S. 61 f.

[111] Siehe nur EGMR, Urt. v. 6.4.2017 – Nr. 79885/12, 52471/13 u. 52596/13, *A.P., Garçon u. Nicot ./. Frankreich*; näher dazu oben S. 72.

[112] Näher zu den grund- und menschenrechtlichen Vorgaben oben S. 47 ff.

[113] Vgl. BGH, Beschl. v. 27.5.2020 – XII ZB 54/18, NZFam 2020, 762, 767, Rn. 49: „Mit diesem [dem großzügigeren anerkennungsrechtlichen ordre public] ist eine ausländische Entscheidung nicht schon dann unvereinbar, wenn der deutsche Richter – hätte er das Verfahren entschieden – auf Grund zwingenden deutschen Rechts zu einem anderen Ergebnis gekommen wäre."

[114] BGH, Beschl. v. 27.5.2020 – XII ZB 54/18, NZFam 2020, 762, 767, Rn. 49: „Maßgeblich ist beim anerkennungsrechtlichen ordre public vielmehr, ob das Ergebnis der Anwendung ausländischen Rechts im konkreten Fall zu den Grundgedanken der deutschen Regelungen und den in ihnen enthaltenen Gerechtigkeitsvorstellungen in so starkem Widerspruch steht, dass es nach deutscher Vorstellung untragbar erscheint."

keit zum empfundenen Geschlecht auf ihren Wunsch hin festgestellt wurde, nun in Deutschland versagt würde. Im Gegenteil besteht in einem solchen Fall ein berechtigtes Interesse an einer durch die Anerkennung gewährleisteten Kontinuität der geschlechtlichen Zuordnung.

Es lässt sich mithin festhalten, dass kein Verstoß gegen den anerkennungsrechtlichen *ordre public* i.S.d. § 109 Abs. 1 Nr. 4 FamFG vorliegt, wenn eine ausländische Entscheidung über die Geschlechtszugehörigkeit einer Person unter Anwendung solcher Regelungen ergangen ist, die aus deutscher Sicht grund- und menschenrechtswidrig wären, sofern diese Änderung auf Antrag und entsprechend der geschlechtlichen Identität der betreffenden Person vorgenommenen wurde.

(2) Niedrige Hürden im ausländischen Recht

Umgekehrt sind – jedenfalls bis zum Inkrafttreten des geplanten Selbstbestimmungsgesetzes in Deutschland[115] – auch Fälle denkbar, in denen eine Änderung des rechtlichen Geschlechts in einem anderen Staat unter niedrigeren Voraussetzungen möglich ist als in Deutschland. Zur Veranschaulichung sei noch einmal an den Fall vor dem OLG Schleswig aus dem Jahr 2019 erinnert, in dem sich die Frage nach der Anerkennungsfähigkeit einer norwegischen Behördenentscheidung über die Geschlechtszugehörigkeit gestellt hatte.[116]

Für einen Verstoß gegen den anerkennungsrechtlichen *ordre public* i.S.d. § 109 Abs. 1 Nr. 4 FamFG ließe sich hier anführen, dass das deutsche Recht gegenwärtig noch verlangt, dass das rechtliche Geschlecht transgeschlechtlicher Menschen in einem gerichtlichen Verfahren geändert werden muss, in dessen Rahmen auch zwei gutachterliche Stellungnahmen eingeholt werden müssen.[117] Dabei ist hervorzuheben, dass das BVerfG das Gutachtenerfordernis des § 4 Abs. 3 TSG bislang verfassungsrechtlich nicht beanstandet hat,[118] sondern akzeptiert hat, dass der Gesetzgeber einen auf objektivierte Kriterien gestützten Nachweis verlangen dürfe, dass die geschlechtliche Identität tatsächlich von Dauer und ihre Anerkennung für Betroffene von existenzieller Bedeutung sei.[119]

Angesichts dessen ließe sich erwägen, die Anerkennung einer ausländischen Entscheidung gem. § 109 Abs. 1 Nr. 4 FamFG zu versagen, wenn das ausländische Recht keine vergleichbaren Nachweise vorsieht, sondern eine rechtliche Geschlechtsangleichung allein der Selbstbestimmung der betreffenden Person überantwortet. Dagegen spricht jedoch, dass § 109 Abs. 1 Nr. 4 FamFG restriktiv

---

[115] Siehe oben S. 115 f.
[116] OLG Schleswig, Beschl. v. 4.6.2019 – 2 Wx 45/19, FamRZ 2020, 1095 ff.; siehe oben S. 136.
[117] Siehe oben S. 104 ff.
[118] BVerfG, Beschl. v. 11.1.2011 – 1 BvR 3295/07, NJW 2011, 909 ff.; BVerfG, Beschl. v. 17.10.2017 – 1 BvR 747/17, NJW 2018, 222 ff.; kritisch dazu *Jäschke*, StAZ 2020, 338 ff.
[119] So bereits BVerfG, Beschl. v. 11.1.2011 – 1 BvR 3295/07, NJW 2011, 909, 912, Rn. 61; siehe dazu auch *Grünberger*, JZ 2011, 368, 369; *Steinke*, KJ 2011, 313, 317.

auszulegen ist, sodass eine Versagung der Anerkennung wegen Verstoßes gegen den anerkennungsrechtlichen *ordre public* stets auf Ausnahmefälle beschränkt bleiben muss.[120] Zudem entspricht es ja gerade der Konzeption des TSG, dass grundsätzlich der Heimatstaat eines Menschen über eine Änderung seiner rechtlichen Geschlechtszugehörigkeit entscheiden soll.[121] Insofern wäre es widersprüchlich, einen Menschen einerseits auf seine Heimatrechtsordnung zu verweisen, andererseits jedoch die Anerkennung der im Ausland ergangenen Entscheidung zu verneinen, wenn der Heimatstaat niedrige Hürden für eine Geschlechtsänderung aufstellt.[122] Es überzeugt daher, dass allein die Tatsache, dass ein Verfahren zur Änderung des rechtlichen Geschlechts im Ausland einfacher ausgestaltet ist als in Deutschland, kein Anerkennungshindernis i.S.d. § 109 Abs. 1 Nr. 4 FamFG begründet.[123]

c) Zwischenergebnis

Ist im Ausland eine anerkennungsfähige Entscheidung i.S.d. § 108 FamFG über die Geschlechtszugehörigkeit eines Menschen ergangen, wird diese Entscheidung in Abwesenheit eines Anerkennungshindernisses in Deutschland anerkannt. Für die Bewertung, ob ein Anerkennungshindernis i.S.d. § 109 Abs. 1 Nr. 1 FamFG vorliegt, kommt es nach dem Spiegelbildprinzip darauf an, ob deutsche Gerichte bei einer entsprechenden Anwendung der deutschen Regelungen international zuständig gewesen wären. Entscheidend ist also, in welchen Fällen deutsche Gerichte für eine Änderung der rechtlichen Geschlechtszugehörigkeit international zuständig wären. Insofern ist § 105 FamFG i.V.m. § 2 Abs. 2 TSG zu beachten, wonach es für die Anerkennung einer im Ausland ergangenen Entscheidung ausreicht, dass im Ursprungsstaat ein Wohnsitz oder gewöhnlicher Aufenthalt bestand.

---

[120] BGH, Beschl. v. 10.12.2014 – XII ZB 463/13, NJW 2015, 479, 480, Rn. 29; BGH, Beschl. v. 27.5.2020 – XII ZB 54/18, NZFam 2020, 762, 767, Rn. 49.

[121] Vgl. § 1 Abs. 1 Nr. 3 TSG; siehe ferner BT-Drucks. 8/2947, S. 13; siehe unten S. 189 ff.

[122] So auch OLG Schleswig, Beschl. v. 4.6.2019 – 2 Wx 45/19, FamRZ 2020, 1095 ff. (juris-) Rn. 13: „Im konkreten Fall besteht auch kein Anerkennungshindernis nach § 109 Abs. 1 Nr. 1 bis 4 FamFG. Insbesondere ist die Anerkennung der in Norwegen erfolgten Geschlechtsänderung nicht etwa mit wesentlichen Grundsätzen des deutschen Rechts unvereinbar […]. Eine Geschlechtsänderung ist nach deutschem Recht möglich. Der Gesetzgeber hat durch die Regelung in § 1 Abs. 1 Nr. 3 d) TSG zum Ausdruck gebracht, dass eine Geschlechtsänderung bei einem dauerhaft in Deutschland lebenden Ausländer nach ausländischem Recht stattfinden kann und sogar vorrangig stattfinden muss, soweit dies nach dem jeweiligen Heimatrecht möglich ist. Diese Regelung ergäbe keinen Sinn, wenn die Geschlechtsänderung nach dem Heimatrecht dann in Deutschland nicht wirksam wäre."

[123] So auch OLG Schleswig, Beschl. v. 4.6.2019 – 2 Wx 45/19, FamRZ 2020, 1095 ff. (juris-) Rn. 12: „Dass das Verfahren zur Geschlechtsänderung in Norwegen deutlich einfacher ausgestaltet ist als in Deutschland, ändert an der Anerkennungsfähigkeit für den deutschen Rechtskreis nichts."

Darüber hinaus kann eine Anerkennung gem. § 109 Abs. 1 Nr. 4 FamFG auch versagt werden, wenn die Anerkennung zu einem Ergebnis führen würde, das mit wesentlichen Grundsätzen des deutschen Rechts offensichtlich unvereinbar ist. Allerdings ist eine Versagung der Anerkennung wegen eines Verstoßes gegen den anerkennungsrechtlichen *ordre public* auf solche Ausnahmefälle beschränkt, in denen das Ergebnis der Anerkennung im konkreten Fall untragbar erscheint. Dies ist insbesondere in solchen Fällen abzulehnen, in denen eine Person in ihrem Heimatstaat auf ihren Wunsch hin erfolgreich ein Verfahren zur Änderung ihres rechtlichen Geschlechts durchlaufen hat.

IV. Ergebnis zur verfahrensrechtlichen Anerkennung

Ist in einem ausländischen Staat eine Entscheidung über das rechtliche Geschlecht eines Menschen ergangen, können die Wirkungen dieser Entscheidung unter bestimmten Voraussetzungen auch auf Deutschland erstreckt werden. Mangels vorrangiger völkerrechtlicher oder unionsrechtlicher Regelungen richtet sich die Anerkennung ausländischer Entscheidungen über die Geschlechtszugehörigkeit nach den §§ 108, 109 FamFG. Voraussetzung einer verfahrensrechtlichen Anerkennung ist jedoch, dass eine anerkennungsfähige Entscheidung i.S.d. § 108 FamFG vorliegt. Tauglicher Gegenstand einer Anerkennung sind in erster Linie die Entscheidungen ausländischer staatlicher Gerichte. Ferner können ausnahmsweise auch ausländische Behördenakte, welche die rechtliche Geschlechtszugehörigkeit eines Menschen betreffen, verfahrensrechtlich anerkannt werden, wenn sie ihrer Wirkung nach einer deutschen Gerichtsentscheidung entsprechen. Demgegenüber stellt die reine Beurkundung des Geschlechts in einem ausländischen Personenstandsregister keine anerkennungsfähige Entscheidung i.S.d. § 108 FamFG dar. Ist nach alledem im Ausland eine anerkennungsfähige Entscheidung i.S.d. § 108 FamFG ergangen, wird diese grundsätzlich in Deutschland anerkannt. Ausnahmsweise ist die Anerkennung jedoch ausgeschlossen, wenn eines der in § 109 Abs. 1 Nr. 1–4 FamFG verankerten Anerkennungshindernisse vorliegt. Zu nennen sind hier insbesondere ein möglicher Zuständigkeitsmangel nach § 109 Abs. 1 Nr. 1 FamFG sowie ein Verstoß gegen den *ordre public*-Vorbehalt des § 109 Abs. 1 Nr. 4 FamFG.

C. Kollisionsrechtliche Beurteilung des Geschlechts

Der vorangegangene Abschnitt hat gezeigt, dass eine verfahrensrechtliche Anerkennung einer ausländischen Geschlechtszuordnung gem. §§ 108, 109 FamFG nur möglich ist, wenn eine anerkennungsfähige Entscheidung vorliegt. Dies ist der Fall, wenn am Ende eines ausländischen Verfahrens eine geschlechtsändernde Gestaltungsentscheidung eines Gerichts oder eine funktional vergleichbare Behördenentscheidung steht. Fehlt es hingegen an einer anerkennungsfähigen ausländischen Entscheidung, etwa, weil für eine Änderung des rechtlichen Geschlechts im Ausland eine einfache Erklärung mit anschließender Beurkundung durch ein Standesamt ausreicht,[124] beurteilt sich das rechtliche Geschlecht einer Person in einem grenzüberschreitenden Sachverhalt nach den Regeln des deutschen IPR.[125]

Nach der Legaldefinition des Art. 3 EGBGB sind unter dem Begriff des „Internationalen Privatrechts" diejenigen Vorschriften zu verstehen, die bei Sachverhalten mit einer Verbindung zu einem ausländischen Staat das anzuwendende Recht bestimmen. Der Definition des Art. 3 EGBGB liegt somit auch die „klassische"[126] verweisungsrechtliche IPR-Methodik (*Verweisungsmethode*)[127] zugrunde, die auf *Friedrich Carl von Savigny* zurückgeht.[128] Ziel des verweisungsrechtlichen Ansatzes ist es, diejenige Rechtsordnung zu bestimmen, zu der ein Sachverhalt die engste Verbindung aufweist.[129] Die Ermittlung der am engsten verbundenen Rechtsordnung erfolgt dabei grundsätzlich mithilfe abstrakt-genereller Verweisungsnormen, die durch eine Kombination aus *Anknüpfungsgegenstand* und *Anknüpfungspunkt* das anwendbare Sachrecht bestimmen.[130]

Aufbauend auf diese Grundlagen untersucht der folgende Abschnitt, anhand welcher Regeln das sogenannte *Geschlechtsstatut*,[131] d.h. das auf die rechtliche Geschlechtszugehörigkeit eines Menschen anwendbare Recht, im geltenden IPR

---

[124] Vgl. KG, Beschl. v. 12.1.2021 – 1 W 1290/20, NJW-RR 2021, 387 ff.; siehe oben S. 136.

[125] Siehe dazu *Gössl*, IPRax 2018, 376, 378; vgl. ferner *Dutta/Pintens*, in: Scherpe/Dutta/Helms (Hrsg.), The Legal Status of Intersex Persons, 2018, 415, 419; *Gössl/Melcher*, CDT 2022, 1012, 1019; *Hepting/Dutta*, Familie und Personenstand, 2022, V-957; *Wall*, StAZ 2020, 120, 124.

[126] Näher zum Begriff des „klassischen IPR" und seiner Entwicklung *von Bar/Mankowski*, IPR, Band I, 2003, § 6, Rn. 56; *Kegel/Schurig*, Internationales Privatrecht, 2004, § 3 X, S. 185; *Mansel*, Personalstatut, Staatsangehörigkeit und Effektivität, 1988, S. 43; *Looschelders*, in: Staudinger BGB, Neubearb. 2019, Stand: 31.12.2022, Einl. IPR, Rn. 54; *Schwemmer*, Anknüpfungsprinzipien im Europäischen Kollisionsrecht, 2018, S. 18; *Weller*, IPRax 2011, 429 ff.

[127] *Von Hein*, in: MüKo BGB, 8. Aufl. 2020, Art. 3 EGBGB, Rn. 22; vgl. ferner allgemein zur Verweisungsmethode *Grünberger*, in: Leible/Unberath (Hrsg.), Brauchen wir eine Rom-0-Verordnung?, 2013, 81, 98; *Harms*, Neuauflage der Datumtheorie im IPR, 2019, S. 11 f.; *Junker*, Internationales Privatrecht, 2022, § 1, Rn. 6; *Weller*, RabelsZ 81 (2017), 747, 771.

[128] *Savigny*, System des heutigen römischen Rechts, Band VIII, 1849, siehe dazu etwa *Neuhaus*, RabelsZ 46 (1982), 4 ff.; *Weller*, RabelsZ 81 (2017), 747, 771; *F. Berner*, Kollisionsrecht im Spannungsfeld, 2017, S. 54 ff.

[129] *Heiderhoff*, in: Buchholtz/Croon-Gestefeld/Kerkemeyer (Hrsg.), Integratives Recht, 2021, 130, 132; *von Hein*, in: MüKo BGB, 8. Aufl. 2020, Einl. IPR, Rn. 29; *Junker*, Internationales Privatrecht, 2022, § 5, Rn. 5 ff.; *Weller*, IPRax 2011, 429, 431; *Weller/Göbel*, in: Gebauer/Huber (Hrsg.), Politisches Kollisionsrecht, 2021, 75, 77.

[130] *Harms*, Neuauflage der Datumtheorie im IPR, 2019, S. 11; vgl. ferner *Grünberger*, in: Leible/Unberath (Hrsg.), Brauchen wir eine Rom-0-Verordnung?, 2013, 81, 82; *Weller*, IPRax 2011, 429, 430; ausführlich zum Vorgang der „Anknüpfung" *von Bar/Mankowski*, IPR, Band I, 2003, § 7, Rn. 3 ff.

[131] Siehe zu diesem Begriff etwa *Gössl*, FF 2019, 298, 304.

bestimmt wird (I.). Anschließend wird die Reichweite des Geschlechtsstatuts am Beispiel ausgewählter Normen des TSG illustriert (II.).

I. Bestimmung des Geschlechtsstatuts

Die Geschlechtszugehörigkeit einer Person unterfällt ihrem „Personalstatut".[132] Überwiegend wird unter dem Begriff des Personalstatuts diejenige Rechtsordnung verstanden, die über die persönlichen Rechtsverhältnisse eines Menschen entscheidet.[133] Dieses Begriffsverständnis hat auch der deutsche Gesetzgeber bei der Reform des EGBGB im Jahr 1986 zugrunde gelegt und hervorgehoben, dass das Personalstatut die Anknüpfungsgegenstände des Personen-, Familien- und Erbrechts umfasse, die sich inhaltlich jeweils dadurch auszeichneten, dass dort Grundvoraussetzungen und Fragen der persönlichen Existenz eines Menschen geregelt würden.[134]

Allerdings hat sich der deutsche Gesetzgeber gegen eine einheitliche Anknüpfung des Personalstatuts entschieden.[135] Stattdessen wird das Personalstatut in verschiedene Anknüpfungsgegenstände (z.B. Rechtsfähigkeit, Name, oder Geschlechtszugehörigkeit) unterteilt und das anwendbare Recht jeweils anhand unterschiedlicher Anknüpfungspunkte bestimmt.[136] Angesichts dessen ist nachfolgend zu klären, welchen Anknüpfungspunkt das geltende IPR dem Anknüpfungsgegenstand der rechtlichen Geschlechtszugehörigkeit zuordnet.

---

[132] Siehe nur *Lipp*, in: MüKo BGB, 8. Aufl. 2020, Art. 7 EGBGB, Rn. 27: „Es entspricht allgM, dass sich die Geschlechtszuordnung nach dem Personalstatut des Betroffenen richtet." Vgl. ferner OLG Schleswig, Beschl. v. 4.6.2019 – 2 Wx 45/19, FamRZ 2020, 1095 ff. (juris-) Rn. 10; KG, Beschl. v. 12.1.2021 – 1 W 1290/20, NJW-RR 2021, 387, 390, Rn. 34; *Hepting/Dutta*, Familie und Personenstand, 2022, IV-236.

[133] Ausführlich zum vielschichtigen Begriff des „Personalstatuts" *Mansel*, Personalstatut, Staatsangehörigkeit und Effektivität, 1988, S. 41 ff.; vgl. ferner *von Hein*, in: MüKo BGB, 8. Aufl. 2020, Art. 5 EGBGB, Rn. 2 ff.; *Kropholler*, Internationales Privatrecht, 2006, § 37; S. 261 ff.; *Rentsch*, ZEuP 2015, 288, 294 f.; *Schlürmann*, Das Personalstatut im französischen IPR, 2022, S. 17 ff.; *Stern*, Das Staatsangehörigkeitsprinzip in Europa, 2008, S. 21 ff.

[134] BT-Drucks. 10/504, S. 30: „Das ‚Personalstatut' im Sinne der herkömmlichen Bezeichnung umfasst die Anknüpfungsgegenstände des Personen-, Familien- und Erbrechts [...]. Inhaltlich sind diese Rechtsbereiche dadurch gekennzeichnet, dass dort ganz überwiegend Grundvoraussetzungen und -fragen der persönlichen Existenz eines Menschen geregelt werden." Siehe dazu auch *von Hein*, in: MüKo BGB, 8. Aufl. 2020, Art. 5 EGBGB, Rn. 2 f.

[135] *Kropholler*, Internationales Privatrecht, 2006, § 37 I, S. 261.

[136] *Dutta/Pintens*, in: Scherpe/Dutta/Helms (Hrsg.), The Legal Status of Intersex Persons, 2018, 415, 420; *Weller*, in: Dethloff/Nolte/Reinisch (Hrsg.), Rückblick nach 100 Jahren und Ausblick, Migrationsbewegungen, 2018, 247, 249.

1. Anknüpfung an die Staatsangehörigkeit einer Person

Wie Art. 3 EGBGB zu entnehmen ist, finden sich internationalprivatrechtliche Vorschriften entweder in unmittelbar anwendbarem Unionsrecht, in völkerrechtlichen Regelungen oder im autonomen deutschen IPR.[137]

a) Keine vereinheitlichte europäische Kollisionsnorm

In der EU existieren jedoch bislang keine vereinheitlichten Regelungen, die bestimmen, welches Recht auf das Geschlecht eines Menschen Anwendung finden soll.[138] Auch vorrangige völkerrechtliche Regelungen sind nicht ersichtlich. Die kollisionsrechtliche Beurteilung der Geschlechtszugehörigkeit richtet sich daher derzeit nach dem autonomen IPR der einzelnen Mitgliedstaaten.[139]

b) Keine explizite Kollisionsnorm im autonomen deutschen IPR

Indes lässt auch das autonome deutsche IPR bislang eine explizite Kollisionsnorm zur Bestimmung des auf die Geschlechtszugehörigkeit anwendbaren Rechts vermissen.[140] Zwar nimmt insbesondere[141] die Regelung des § 1 Abs. 1 Nr. 3 TSG Bezug auf grenzüberschreitende Sachverhalte.[142] Die Vorschrift stellt jedoch nach allgemeiner Auffassung keine Kollisionsnorm dar.[143] Vielmehr han-

---

[137] Vgl. Art. 3 EGBGB: „Soweit nicht unmittelbar anwendbare Regelungen der Europäischen Union in ihrer jeweils geltenden Fassung [...] oder Regelungen in völkerrechtlichen Vereinbarungen, soweit sie unmittelbar anwendbares innerstaatliches Recht geworden sind, maßgeblich sind, bestimmt sich das anzuwendende Recht bei Sachverhalten mit einer Verbindung zu einem ausländischen Staat nach den Vorschriften dieses Kapitels (Internationales Privatrecht)."

[138] *Gössl*, IPRax 2017, 339, 341; *Gössl*, StAZ 2013, 301, 302; *Roßbach*, in: Duden (Hrsg.), IPR für eine bessere Welt, 2022, 125, 135; vgl. ferner bereits *Schulz*, ZEuP 2021, 64, 80.

[139] Näher zur kollisionsrechtlichen Beurteilung der Geschlechtszugehörigkeit in anderen europäischer Rechtsordnungen *Dutta/Pintens*, in: Scherpe/Dutta/Helms (Hrsg.), The Legal Status of Intersex Persons, 2018, 415, 419 ff.

[140] *Gössl*, StAZ 2013, 301, 302; *Gössl*, IPRax 2017, 339, 341; *Hausmann*, in: Staudinger BGB, Neubearb. 2019, Stand: 31.5.2021, Art. 7 EGBGB, Rn. 39; *Hepting/Dutta*, Familie und Personenstand, 2022, IV-236; *Roßbach*, in: Duden (Hrsg.), IPR für eine bessere Welt, 2022, 125, 135; vgl. ferner bereits *Schulz*, ZEuP 2021, 64, 80.

[141] Siehe außerdem § 45b Abs. 2 PStG; näher dazu unten S. 200 ff.

[142] § 1 Abs. 1 Nr. 3 TSG: „Die Vornamen einer Person sind auf ihren Antrag vom Gericht zu ändern, wenn [...] sie a) Deutscher im Sinne des Grundgesetzes ist, b) als Staatenloser oder heimatloser Ausländer ihren gewöhnlichen Aufenthalt im Inland hat, c) als Asylberechtigter oder ausländischer Flüchtling ihren Wohnsitz im Inland hat oder d) als Ausländer, dessen Heimatrecht keine diesem Gesetz vergleichbare Regelung kennt, aa) ein unbefristetes Aufenthaltsrecht besitzt oder bb) eine verlängerbare Aufenthaltserlaubnis besitzt und sich dauerhaft rechtmäßig im Inland aufhält."

[143] BVerfG, Beschl. v. 18.7.2006 – 1 BvL 1/04, NJW 2007, 900, 901, Rn. 62: „Der beabsichtigte strikte Verweis auf die Rechtsordnung des Heimatlandes eines ausländischen Transsexuellen hat den Gesetzgeber auch zu der rechtlichen Konstruktion geführt, schon die Antragsbefugnis auf Deutsche und Personen mit deutschem Personalstatut zu beschränken und

delt es sich um eine sachrechtliche Regelung,[144] welche die Antragsbefugnis ausländischer Staatsangehöriger vor deutschen Gerichten beschränkt.[145]

Gleichwohl besteht in der Rechtsprechung und Literatur Einigkeit,[146] dass das rechtliche Geschlecht eines Menschen grundsätzlich durch das anhand der Staatsangehörigkeit[147] zu bestimmende Heimatrecht zu beurteilen ist. Das Heimatrecht entscheidet dabei nicht nur über die erstmalige geschlechtliche Zuordnung eines Menschen, sondern auch über die Möglichkeiten, Voraussetzungen und Wirkungen einer späteren Änderung des rechtlichen Geschlechts.[148]

aa) Wertung des § 1 Abs. 1 Nr. 3 TSG

Die Anknüpfung der Geschlechtszugehörigkeit an die Staatsangehörigkeit wird entweder auf den Rechtsgedanken des § 1 Abs. 1 Nr. 3 TSG oder auf eine analoge Anwendung des Art. 7 Abs. 1 S. 1 EGBGB gestützt. Die Vorschrift des § 1 Abs. 1

---

keine Kollisionsnorm zu schaffen […]." Vgl. dazu ferner *Basedow/Scherpe*, in: Basedow/Scherpe (Hrsg.), Transsexualität, Staatsangehörigkeit und internationales Privatrecht, 2004, 161, 162; *Gössl*, IPRax 2017, 339, 341; *Gössl*, FamRZ 2018, 383, 386; *Grünberger*, in: Groß/Neuschaefer-Rube/Steinmetzer (Hrsg.), Transsexualität und Intersexualität, 2008, 81, 91; *Mansel*, in: Nolte/Keller/Bogdandy et al. (Hrsg.), Pluralistische Gesellschaften und Internationales Recht, 2008, 137, 158; *Röthel*, IPRax 2007, 204, 205; *Roßbach*, in: Duden (Hrsg.), IPR für eine bessere Welt, 2022, 125, 135.

[144] Siehe zu der Abgrenzung zwischen Kollisionsnormen und sog. „selbstbegrenzten Sachnormen" *Kegel/Schurig*, Internationales Privatrecht, 2004, § 6 I.5, S. 308 ff.; *von Bar/Mankowski*, IPR, Band I, 2003, § 4, Rn. 4; vgl. ferner *Röthel*, IPRax 2007, 204, 206.

[145] BVerfG, Beschl. v. 18.7.2006 – 1 BvL 1/04, NJW 2007, 900, 901, Rn. 62; *Basedow/Scherpe*, in: Basedow/Scherpe (Hrsg.), Transsexualität, Staatsangehörigkeit und internationales Privatrecht, 2004, 161, 162; *Gössl*, FamRZ 2018, 383, 386; *Roßbach*, in: Duden (Hrsg.), IPR für eine bessere Welt, 2022, 125, 135; *Röthel*, IPRax 2007, 204, 205; *Scherpe*, FamRZ 2007, 270.

[146] Siehe etwa OLG Karlsruhe, Beschl. v. 28.1.2003 – 10 VA 10/02, FamRZ 2003, 1663 ff., (juris-) Rn. 8; KG, Beschl. v. 12.1.2021 – 1 W 1290/20, NJW-RR 2021, 387, 390, Rn. 34; *von Bar/Mankowski*, IPR, Band II, 2019, § 6, Rn. 155; *Basedow/Scherpe*, in: Basedow/Scherpe (Hrsg.), Transsexualität, Staatsangehörigkeit und internationales Privatrecht, 2004, 161; *Gössl*, StAZ 2013, 301, 303; *Kegel/Schurig*, Internationales Privatrecht, 2004, § 17 I.3, S. 565; *Hepting/Dutta*, Familie und Personenstand, 2022, IV-236; *Löhnig*, NZFam 2021, 183; *Hausmann*, in: Staudinger BGB, Neubearb. 2019, Stand: 31.5.2021, Art. 7 EGBGB, Rn. 39; *Mäsch*, in: BeckOK BGB, Hau/Poseck, 65. Ed. 2023, Art. 7 EGBGB, Rn. 37; *Makowsky/G. Schulze*, in: Heidel/Hüßtege/Mansel/Noack BGB, 2021, Art. 7 EGBGB, Rn. 13; *Lipp*, in: MüKo BGB, 8. Aufl. 2020, Art. 7 EGBGB, Rn. 27; *Thorn*, in: Grüneberg BGB, 2022, Art. 7 EGBGB, Rn. 6; *Roßbach*, in: Duden (Hrsg.), IPR für eine bessere Welt, 2022, 125, 136; *van den Brink/Reuß/Tigchelaar*, EJLR 2015, 282, 289; *Wall*, StAZ 2020, 120, 124.

[147] Grundlegend zur Staatsangehörigkeitsanknüpfung im IPR *Mansel*, Personalstatut, Staatsangehörigkeit und Effektivität, 1988; vgl. ferner *von Bar/Mankowski*, IPR, Band I, 2003, § 7, Rn. 18 ff.; *von Hein*, in: MüKo BGB, 8. Aufl. 2020, Art. 5 EGBGB, Rn. 30 ff.; *Stern*, Das Staatsangehörigkeitsprinzip in Europa, 2008.

[148] *Lipp*, in: MüKo BGB, 8. Aufl. 2020, Art. 7 EGBGB, Rn. 27; siehe jedoch zur Bedeutung des Heimatrechts für etwaige Statusfolgen unten S. 175 ff.

Nr. 3 TSG sieht vor, dass die Möglichkeit einer Änderung der rechtlichen Geschlechtszugehörigkeit durch ein deutsches Gericht grundsätzlich nur Deutschen und ausländischen Staatsangehörigen mit deutschem Personalstatut offensteht.[149] Mitunter wird daher vorgeschlagen, den in § 1 Abs. 1 Nr. 3 TSG zumindest inzident enthaltenen kollisionsrechtlichen Gehalt zu einer allseitigen Kollisionsnorm zu erweitern, die für die Beurteilung der Geschlechtszugehörigkeit auf das Heimatrecht einer Person verweist.[150]

bb) Analoge Anwendung des Art. 7 Abs. 1 S. 1 EGBGB

Überwiegend wird die Anknüpfung an die Staatsangehörigkeit hingegen auf eine analoge Anwendung des Art. 7 Abs. 1 S. 1 EGBGB gestützt.[151] Art. 7 Abs. 1 S. 1 EGBGB regelt, dass die Rechtsfähigkeit einer Person dem Recht des Staates unterliegt, dem die Person angehört.[152] Zur Begründung der Analogie wird in erster Linie angeführt, dass es sich beim Geschlecht um eine der Person dauerhaft anhaftende Eigenschaft handele, die einen Menschen ähnlich fundamental be-

---

[149] § 1 Abs. 1 Nr. 3 TSG findet wegen des Verweises in § 8 Abs. 1 Nr. 1 TSG nicht nur auf die Änderung des Vornamens, sondern auch auf die Änderung der Geschlechtszugehörigkeit Anwendung. Näher dazu und zur Regelung des § 1 Abs. 1 Nr. 3 lit. d TSG, welche Personen mit gewöhnlichem Aufenthalt in Deutschland eine Änderung ihres rechtlichen Geschlechts gestattet, wenn ihr Heimatrecht keine mit dem TSG vergleichbare Regelung kennt, unten S. 189 ff.

[150] *Kegel/Schurig,* Internationales Privatrecht, 2004, § 17 I.3, S. 565: „Diese Regel lässt sich zur allseitigen Kollisionsnorm erweitern: für Voraussetzungen und Folgen einer Geschlechtsumwandlung gilt das Heimatrecht oder sonstige Personalstatut des Betroffenen." Dies aufgreifend *Mäsch,* in: BeckOK BGB, Hau/Poseck, 65. Ed. 2023, Art. 7 EGBGB, Rn. 37.

[151] Vgl. OLG Karlsruhe, Beschl. v. 28.1.2003 – 10 VA 10/02, FamRZ 2003, 1663 ff., (juris-) Rn. 8; KG, Beschl. v. 12.1.2021 – 1 W 1290/20, NJW-RR 2021, 387, 390, Rn. 34; *von Bar/ Mankowski,* IPR, Band II, 2019, § 6, Rn. 150; *Croon-Gestefeld,* RabelsZ 86 (2022), 32, 49, Fn. 87; *Dörner,* in: Schulze, HK-BGB, 2021, Art. 7 EGBGB, Rn. 1; *Dutta/Pintens,* in: Scherpe/Dutta/Helms (Hrsg.), The Legal Status of Intersex Persons, 2018, 415, 420; *Franck,* FamRZ 2021, 765, 766; *Grünberger,* in: Groß/Neuschaefer-Rube/Steinmetzer (Hrsg.), Transsexualität und Intersexualität, 2008, 81, 91; *Gössl,* StAZ 2013, 301, 303; *Hausmann,* in: Staudinger BGB, Neubearb. 2019, Stand: 31.5.2021, Art. 7 EGBGB, Rn. 39; *Hepting/Dutta,* Familie und Personenstand, 2022, IV-230; *Junker,* Internationales Privatrecht, 2022, § 13, Rn. 15; *Lipp,* in: MüKo BGB, 8. Aufl. 2020, Art. 7 EGBGB, Rn. 27; *Löhnig,* NZFam 2021, 183; *Makowsky/G. Schulze,* in: Heidel/Hüßtege/Mansel/Noack BGB, 2021, Art. 7 EGBGB, Rn. 13; *Mankowski,* NJW 2019, 465, 471; *Roßbach,* in: Duden (Hrsg.), IPR für eine bessere Welt, 2022, 125, 136; *Thorn,* in: Grüneberg BGB, 2022, Art. 7 EGBGB, Rn. 6; *Spickhoff,* in: MüKo BGB, 9. Aufl. 2021, § 1 BGB, Rn. 75; *Stürner,* in: Erman BGB, 2023, Art. 7 EGBGB, Rn. 17; *van den Brink/Reuß/Tigchelaar,* EJLR 2015, 282, 289.

[152] Beachte die seit dem 1.1.2023 geltende Neufassung des Art. 7 EGBGB, welche nun zwischen der Rechtsfähigkeit in Art. 7 Abs. 1 EGBGB und der Geschäftsfähigkeit in Art. 7 Abs. 2 EGBGB unterscheidet. Vgl. dazu BGBl. 2021 I, S. 882.

rühre, wie die Rechtsfähigkeit.[153] Über das Geschlecht müsse daher analog Art. 7 Abs. 1 S. 1 EGBGB grundsätzlich ihr Heimatrecht entscheiden.[154]

cc) Stellungnahme

Während einer analogen Anwendung des Art. 7 Abs. 1 S. 1 EGBGB im Ergebnis zuzustimmen ist, hat gerade die Auseinandersetzung mit den interdisziplinären Grundlagen dieser Arbeit gezeigt, dass das Geschlecht kein Merkmal ist, das jedem Menschen dauerhaft und unveränderlich anhaftet.[155] Vielmehr kann sich die geschlechtliche Identität eines Menschen im Verlauf des Lebens verändern und im Widerspruch zu dem bei Geburt zugewiesenen Geschlecht stehen. Insofern vermag es nicht gänzlich zu überzeugen, wenn die analoge Anwendung des Art. 7 Abs. 1 S. 1 EGBGB überwiegend darauf gestützt wird, dass das Geschlecht eine der Person dauerhaft anhaftende Eigenschaft darstelle.

Entscheidender für eine Vergleichbarkeit dürfte vielmehr sein, dass die geschlechtliche Identität eines Menschen regelmäßig einen „konstituierenden Aspekt"[156] der Persönlichkeit darstellt und eine besondere Nähe zur Menschenwürde (Art. 1 Abs. 1 GG) aufweist.[157] Insofern ergeben sich tatsächlich Parallelen zur Rechtsfähigkeit, die sich als grundlegende Fähigkeit, Träger*in von Rechten und Pflichten zu sein,[158] ihrerseits durch einen starken Bezug zur Menschenwürde auszeichnet.[159] Im Mittelpunkt stehen jeweils die Selbstbestimmung eines Menschen und das Recht, vom Staat als Subjekt mit eigener Würde anerkannt zu werden.[160] In diesem Lichte erscheint eine analoge Anwendung des Art. 7 Abs. 1 S. 1 EGBGB in der Tat angemessen.

---

[153] *Gössl*, StAZ 2013, 301, 303; *Hausmann*, in: Staudinger BGB, Neubearb. 2019, Stand: 31.5.2021, Art. 7 EGBGB, Rn. 39.

[154] *Hausmann*, in: Staudinger BGB, Neubearb. 2019, Stand: 31.5.2021, Art. 7 EGBGB, Rn. 39.

[155] Siehe oben S. 11 ff.

[156] BVerfG, Beschl. v. 10.10.2017 – 1 BvR 2019/16, NJW 2017, 3643, 3644, Rn. 39; siehe oben S. 64.

[157] Differenzierend auch *Roßbach*, in: Duden (Hrsg.), IPR für eine bessere Welt, 2022, 125, 136: „Die Begründung über die Analogiebildung überzeugt: Beim Geschlecht handelt es sich um eine zwar wandelbare, der Person aber dauerhaft anhaftende Eigenschaft, die zum Kern der Persönlichkeit gehört. Insofern ist die Geschlechtszugehörigkeit mit der in Art. 7 EGBGB geregelten Rechtsfähigkeit vergleichbar." Vgl. ferner *van den Brink/Reuß/Tigchelaar*, EJLR 2015, 282, 289.

[158] Siehe nur *Klingbeil*, AcP 217 (2017), 848, 859; *Lehmann*, AcP 217 (2017), 225, 226; *Reuter*, AcP 207 (2007), 673, 674.

[159] Vgl. auch *Klingbeil*, AcP 217 (2017), 848, 853: „Im heutigen Rechtssystem wird der Akt der juristischen Personifizierung des Menschen durch die höchste Verfassungsnorm vollzogen. Denn durch den in Art. 1 Abs. 1 S. 1 GG liegenden Anerkennungsakt wird jeder Mensch ,allein wegen seines Menschseins als Rechtsperson begründet'." Siehe ferner *Lehmann*, AcP 217 (2017), 225, 229: „Hinsichtlich der nationalen Rechte würde es aus heutiger Sicht einen eklatanten Verstoß gegen die Menschenwürde darstellen, wenn diese einen lebenden Menschen nicht als Rechtssubjekt anerkennen würde."

[160] Vgl. dazu auch *Enders*, Die Menschenwürde in der Verfassungsordnung, 2020, S. 491.

dd) Zwischenergebnis

Unabhängig davon, ob eine Anknüpfung an die Staatsangehörigkeit auf die Wertung des § 1 Abs. 1 Nr. 3 TSG oder auf eine analoge Anwendung des Art. 7 Abs. 1 S. 1 EGBGB gestützt wird, besteht Einigkeit darüber, dass sich die Geschlechtszugehörigkeit einer Person im autonomen deutschen IPR grundsätzlich nach dem Heimatrecht beurteilt. Dieses entscheidet nicht nur über die erstmalige Zuordnung zu einem Geschlecht, sondern auch über die Möglichkeiten und Voraussetzungen einer späteren Änderung des rechtlichen Geschlechts.

c) Besondere Fallgruppen

Allerdings kann die Anknüpfung an die Staatsangehörigkeit eines Menschen in bestimmten Konstellationen Schwierigkeiten bereiten, für die daher besondere Regelungen erforderlich sind.[161]

aa) Mehrfache Staatsangehörigkeit

Die Staatsangehörigkeitsanknüpfung kann zunächst problematisch sein, wenn eine Person mehrere Staatsangehörigkeiten besitzt.[162] Hier ist Art. 5 Abs. 1 S. 1 EGBGB zu beachten, wonach das Recht desjenigen Staaten anzuwenden ist, mit dem die Person am engsten verbunden ist, insbesondere durch ihren gewöhnlichen Aufenthalt oder durch den Verlauf ihres Lebens (*effektive Staatsangehörigkeit*).[163] Ist die Person auch Deutsche, geht diese Rechtsstellung nach der umstrittenen Regelung des Art. 5 Abs. 1 S. 2 EGBGB vor.[164]

bb) Personen mit Fluchthintergrund

Darüber hinaus gelten auch für die Bestimmung des Personalstatuts von Menschen mit Fluchthintergrund besondere Regelungen.[165] Das Personalstatut einer

---

[161] Näher dazu *Hausmann*, in: Hausmann/Odersky, IPR in Notar- und Gestaltungspraxis, 2021, § 4, Rn. 7 ff.; *Heitmann*, Flucht und Migration im Internationalen Familienrecht, 2020, S. 56 ff.

[162] Vgl. dazu *Hausmann*, in: Hausmann/Odersky, IPR in Notar- und Gestaltungspraxis, 2021, § 4, Rn. 7.

[163] Vgl. dazu *von Hein*, in: MüKo BGB, 8. Aufl. 2020, Art. 5 EGBGB, Rn. 62; *S. Lorenz*, in: BeckOK BGB, Hau/Poseck, 65. Ed. 2023, Art. 5 EGBGB, Rn. 8 f.

[164] Zu verfassungsrechtlichen und unionsrechtlichen Bedenken an dieser Regelung siehe *von Bar/Mankowski*, IPR, Band I, 2003, § 7, Rn. 119; *von Hein*, in: MüKo BGB, 8. Aufl. 2020, Art. 5 EGBGB, Rn. 92 ff.; *S. Lorenz*, in: BeckOK BGB, Hau/Poseck, 65. Ed. 2023, Art. 5 EGBGB, Rn. 10.

[165] Näher dazu *Hausmann*, in: Hausmann/Odersky, IPR in Notar- und Gestaltungspraxis, 2021, § 4, Rn. 10; *Heitmann*, Flucht und Migration im Internationalen Familienrecht, 2020, S. 56 ff.; *Kropholler*, Internationales Privatrecht, 2006, § 37 II., S. 264 ff.; *Weller*, in: Dethloff/Nolte/Reinisch (Hrsg.), Rückblick nach 100 Jahren und Ausblick, Migrationsbewegungen, 2018, 247 ff.

geflüchteten Person („Flüchtling") bestimmt sich gem. Art. 12 Abs. 1 GFK nach dem Recht des Landes ihres Wohnsitzes bzw. ihres Aufenthaltstaates, wobei der Wohnsitzbegriff nach überwiegender Lesart mit dem Begriff des gewöhnlichen Aufenthaltes[166] gleichgesetzt wird.[167] Wurde eine Person als asylberechtigt anerkannt, genießt diese Person gem. § 2 Abs. 2 AsylG ebenfalls im Bundesgebiet die Rechtsstellung einer geflüchteten Person, weshalb wiederum Art. 12 Abs. 1 GFK einschlägig ist.[168]

cc) Staatenlose Personen

Eine Anknüpfung an die Staatsangehörigkeit scheidet schließlich zwangsläufig aus, wenn eine Person keine Staatsangehörigkeit besitzt.[169] In solchen Fällen ist vorranging[170] Art. 12 Abs. 1 des UN-Übereinkommens über die Rechtsstellung der Staatenlosen zu beachten.[171] Danach ist im Ergebnis an den gewöhnlichen bzw. schlichten Aufenthalt einer Person anzuknüpfen.[172] Greift Art. 12 Abs. 1 des UN-Übereinkommens über die Rechtsstellung der Staatenlosen nicht ein, erklärt Art. 5 Abs. 2 EGBGB ebenfalls das Recht für anwendbar, in dem eine staatenlose Person ihren gewöhnlichen oder schlichten Aufenthalt hat.[173] Es besteht mithin kein sachlicher Widerspruch zwischen beiden Regelungen, da jeweils an den gewöhnlichen Aufenthalt angeknüpft wird.[174]

---

[166] Näher zum Begriff des „gewöhnlichen Aufenthaltes" unten S. 263 f.

[167] Art. 12 Abs. 1 GFK: „Das Personalstatut jedes Flüchtlings bestimmt sich nach dem Recht des Landes seines Wohnsitzes oder, in Ermangelung eines Wohnsitzes, nach dem Recht seines Aufenthaltslandes." Siehe dazu *Heitmann*, Flucht und Migration im Internationalen Familienrecht, 2020, S. 56 ff.; *Hepting/Dutta*, Familie und Personenstand, 2022, VI-41; *Kropholler*, Internationales Privatrecht, 2006, § 37 II., S. 269; *Weller*, in: Dethloff/Nolte/Reinisch (Hrsg.), Rückblick nach 100 Jahren und Ausblick, Migrationsbewegungen, 2018, 247, 252.

[168] Siehe dazu etwa *Hepting/Dutta*, Familie und Personenstand, 2022, VI-42; *Heitmann*, Flucht und Migration im Internationalen Familienrecht, 2020, S. 21.

[169] *Hausmann*, in: Hausmann/Odersky, IPR in Notar- und Gestaltungspraxis, 2021, § 4, Rn. 9; *Hepting/Dutta*, Familie und Personenstand, 2022, VI-39.

[170] Siehe zum Vorrang gegenüber Art. 5 Abs. 2 EGBGB *Hausmann*, in: Hausmann/Odersky, IPR in Notar- und Gestaltungspraxis, 2021, § 4, Rn. 9; *von Hein*, in: MüKo BGB, 8. Aufl. 2020, Art. 5 EGBGB, Rn. 106; *Mankowski*, IPRax 2017, 130, 134.

[171] Art. 12 Abs. 1 UN-Übereinkommen über die Rechtsstellung der Staatenlosen v. 28.9.1954: „Das Personalstatut eines Staatenlosen bestimmt sich nach den Gesetzen des Landes seines Wohnsitzes oder, wenn er keinen Wohnsitz hat, nach den Gesetzen seines Aufenthaltslands."

[172] Näher dazu *Hepting/Dutta*, Familie und Personenstand, 2022, VI-39.

[173] Siehe dazu auch *von Hein*, in: MüKo BGB, 8. Aufl. 2020, Art. 5 EGBGB, Rn. 105 ff.

[174] *Hausmann*, in: Hausmann/Odersky, IPR in Notar- und Gestaltungspraxis, 2021, § 4, Rn. 9.

dd) Zwischenergebnis

Im autonomen deutschen IPR existiert bislang keine ausdrückliche Kollisionsnorm zur Bestimmung des auf die Geschlechtszugehörigkeit einer Person anwendbaren Rechts. Es besteht dennoch Einigkeit, dass sich das rechtliche Geschlecht einer Person grundsätzlich nach dem Heimatrecht beurteilt, was überwiegend auf eine analoge Anwendung des Art. 7 Abs. 1 S. 1 EGBGB gestützt
wird. Das Heimatrecht entscheidet sowohl über die erstmalige geschlechtliche
Zuordnung eines Menschen als auch über die Möglichkeiten und Vorausetzun-
gen einer späteren Änderung des rechtlichen Geschlechts. Eine Ausnahme von
der Staatsangehörigkeitsanknüpfung gilt jedoch für staatenlose und geflüchtete
Personen, bei denen jeweils an den gewöhnlichen bzw. notfalls an den schlichten
Aufenthalt anzuknüpfen ist.

d) Verfassungskonformität der Staatsangehörigkeitsanknüpfung

Die Grundsatzanknüpfung des rechtlichen Geschlechts an die Staatsangehörigkeit wurde vom BVerfG bislang verfassungsrechtlich nicht beanstandet. Vielmehr hat das Gericht in einer Entscheidung zur Anwendbarkeit des TSG auf
ausländische Staatsangehörige aus dem Jahr 2006 bestätigt, dass es grundsätzlich
gerechtfertigt sei, die rechtliche Geschlechtszugehörigkeit dem Heimatrecht eines
Menschen zu unterstellen.[175] Das Staatsangehörigkeitsprinzip basiere auf der
Achtung der Eigenständigkeit anderer Rechtsordnungen und der Annahme, dass
es grundsätzlich im Interesse ausländischer Staatsangehöriger sei, in persönlichen Angelegenheiten nach dem Recht ihres Heimatstaats beurteilt zu werden,
da bei genereller Betrachtung die Staatsangehörigkeit eine fortdauernde persönliche Verbundenheit mit dem Heimatstaat dokumentiere und das eigene nationale Recht am vertrautesten sei.[176] Insoweit sei es verfassungsrechtlich nicht zu
beanstanden, dass das Staatsangehörigkeitsprinzip im deutschen IPR seinen Nie-
derschlag gefunden habe und dort auch für die Geschlechtszugehörigkeit eines
Menschen gelte.[177]
    Allerdings könne es Gründe geben, das rechtliche Geschlecht eines Menschen
ausnahmsweise nicht nach seinem Heimatrecht zu beurteilen.[178] Dies sei insbesondere der Fall, wenn das ausländische Recht aus der Sicht des deutschen Verfassungsrechts grundrechtsrelevante Rechte vorenthalte oder Regelungen getroffen habe, deren Anwendung Grundrechte der Betroffenen verletzen.[179] Es

---

[175] BVerfG, Beschl. v. 18.7.2006 – 1 BvL 1/04, NJW 2007, 900 ff.; vgl. dazu ferner *Grünberger*, StAZ 2007, 357 ff.; *Pawlowski*, JZ 2007, 413 ff.; *Röthel*, IPRax 2007, 204 ff.; *Scherpe*,
FamRZ 2007, 270 ff.; näher dazu unten S. 189 ff.
[176] BVerfG, Beschl. v. 18.7.2006 – 1 BvL 1/04, NJW 2007, 900, 901, Rn. 61; siehe dazu auch
Wagner, FamRZ 2022, 245, 248.
[177] BVerfG, Beschl. v. 18.7.2006 – 1 BvL 1/04, NJW 2007, 900, 902, Rn. 70.
[178] BVerfG, Beschl. v. 18.7.2006 – 1 BvL 1/04, NJW 2007, 900, 902, Rn. 71 ff.
[179] BVerfG, Beschl. v. 18.7.2006 – 1 BvL 1/04, NJW 2007, 900, 903, Rn. 71.

könne mithin Gründe geben, die es erforderten, ausnahmsweise vom Staatsangehörigkeitsprinzip abzuweichen (dazu sogleich).[180]

2. Ergebnis der Verweisung

Bei der Verweisung auf das Heimatrecht handelt es sich in Ermangelung entgegenstehender Anhaltspunkte um eine Gesamtverweisung i.S.d. Art. 4 Abs. 1 S. 1 EGBGB.[181]

a) Gesamtverweisung

Dies bedeutet, dass der Verweis auf das Recht eines ausländischen Staates auch dessen IPR umfasst.[182] Die sachrechtlichen Vorschriften der Heimatrechtsordnung kommen folglich nur dann zur Anwendung, wenn das Heimatrecht die Verweisung annimmt,[183] und keine Weiterverweisung auf eine andere Rechtsordnung oder eine Rückverweisung in das deutsche Recht ausspricht (*Renvoi*).[184] In letzterem Fall wären gem. Art. 4 Abs. 1 S. 2 EGBGB letztlich doch die deutschen Sachvorschriften anzuwenden.

b) Verweis auf ausländisches Sachrecht

Führt die Zugrundelegung der dargestellten kollisionsrechtlichen Regelungen in Ermangelung einer etwaigen Rück- oder Weiterverweisung durch das IPR des berufenen Staates zur Anwendbarkeit ausländischen Sachrechts, wird eine im Ausland vorgenommene Geschlechtszuordnung in Deutschland grundsätzlich als wirksam erachtet, wenn sie den Regelungen des anwendbaren ausländischen Rechts entspricht.[185] Lediglich ausnahmsweise bleiben die ausländischen Regelungen über die geschlechtliche Zuordnung eines Menschen unangewendet, falls

---

[180] BVerfG, Beschl. v. 18.7.2006 – 1 BvL 1/04, NJW 2007, 900, 903, Rn. 71; näher zum Grundrechtsschutz durch Art. 6 EGBGB unten S. 169 ff.

[181] *Gössl*, StAZ 2013, 301, 303; vgl. ferner *Andrae*, Internationales Familienrecht, 2019, § 1, Rn. 189; *Hepting/Dutta*, Familie und Personenstand, 2022, IV-236; *von Bar/Mankowski*, IPR, Band II, 2019, § 6, Rn. 150; *Mankowski*, NJW 2019, 465, 471; *Roßbach*, in: Duden (Hrsg.), IPR für eine bessere Welt, 2022, 125, 136; *Spickhoff*, in: MüKo BGB, 9. Aufl. 2021, § 1 BGB, Rn. 75; *Wall*, StAZ 2020, 120, 124.

[182] Siehe dazu *von Bar/Mankowski*, IPR, Band I, 2003, § 7, Rn. 214 ff.

[183] Näher zum System der Verweisungsmöglichkeiten *von Bar/Mankowski*, IPR, Band I, 2003, § 7, Rn. 224; spezifisch zur Annahme der Verweisung bei der Bestimmung des auf das Geschlecht anwendbaren Rechts *Franck*, FamRZ 2021, 765, 766.

[184] Vgl. *Spickhoff*, in: MüKo BGB, 9. Aufl. 2021, § 1 BGB, Rn. 75; allgemein zum *Renvoi* im IPR *von Bar/Mankowski*, IPR, Band I, 2003, § 7, Rn. 214 ff.; *von Hein*, in: Leible/Unberath (Hrsg.), Brauchen wir eine Rom-0-Verordnung?, 2013, 341 ff.; *Junker*, Internationales Privatrecht, 2022, § 8; *Kropholler*, Internationales Privatrecht, 2006, § 24; S. 163 ff.

[185] Vgl. dazu auch *Gössl/Melcher*, CDT 2022, 1012, 1019; *Hepting/Dutta*, Familie und Personenstand, 2022, V-957.

das Ergebnis der Anwendung ausländischen Rechts gegen den deutschen *ordre public* verstößt.[186] Im Einzelnen:

aa) Ordre public-Vorbehalt des Art. 6 EGBGB

Das klassische IPR *Savignys* interessiert sich nicht für den Inhalt des ausländischen Rechts, sondern steht dem materiell-rechtlichen Ergebnis grundsätzlich neutral gegenüber.[187] Ausländische Rechtsordnungen werden danach prinzipiell als gleichwertig angesehen und das ausländische Recht unabhängig von seiner Ausgestaltung zur Anwendung berufen.[188] *Leo Raape* spricht bildlich von einem „Sprung ins Dunkle".[189]

Dies bedeutet freilich nicht, dass ein solcher – auf der Gleichwertigkeit der Rechtsordnungen basierender[190] – neutraler Ansatz selbst die Verletzung elementarer im Inland geltender Rechtsgrundsätze akzeptieren muss.[191] Vielmehr bedarf es eines Korrekturmechanismus,[192] der es dem angerufenen Gericht bei besonders gravierenden Verstößen gegen tragende Grundsätze des deutschen Rechts ermöglicht, sich dem Rechtsanwendungsbefehl ausnahmsweise zu widersetzen.[193] Diese Korrekturaufgabe erfüllt im deutschen IPR üblicherweise der *ordre public*-Vorbehalt des Art. 6 EGBGB,[194] der – wie § 109 Abs. 1 Nr. 4 FamFG – eine Ergebniskontrolle ermöglicht.[195]

---

[186] Näher zu den Rechtsfolgen eines *ordre public*-Verstoßes *von Hein*, in: MüKo BGB, 8. Aufl. 2020, Art. 6 EGBGB, Rn. 226 ff.

[187] *Weller*, RabelsZ 81 (2017), 747, 752; vgl. ferner *von Hein*, in: Münchener Kommentar BGB, 8. Aufl. 2020, Art. 6 EGBGB, Rn. 1; *S. Lorenz*, in: BeckOK BGB, Hau/Poseck, 65. Ed. 2023, Art. 6 EGBGB, Rn. 1.

[188] *Jayme*, in: Schulze (Hrsg.), Kulturelle Relativität des internationalen Rechts, 2014, 43; *von Hein*, in: MüKo BGB, 8. Aufl. 2020, Art. 6 EGBGB, Rn. 1; *Reibetanz/Wendland*, in: Duden (Hrsg.), IPR für eine bessere Welt, 2022, 17, 18 f.; *Weller*, in: Arnold (Hrsg.), Grundfragen des Europäischen Kollisionsrechts, 2016, 133, 138.

[189] *Raape*, Internationales Privatrecht, 1961, S. 90.

[190] Siehe dazu nur *Jayme*, in: Schulze (Hrsg.), Kulturelle Relativität des internationalen Rechts, 2014, 43; *Weller*, RabelsZ 81 (2017), 747, 749.

[191] *Von Hein*, in: MüKo BGB, 8. Aufl. 2020, Art. 6 EGBGB, Rn. 1; vgl. ferner *Junker*, Internationales Privatrecht, 2022, § 12, Rn. 1; *S. Lorenz*, in: BeckOK BGB, Hau/Poseck, 65. Ed. 2023, Art. 6 EGBGB, Rn. 1; *Stürner*, in: Arnold (Hrsg.), Grundfragen des Europäischen Kollisionsrechts, 2016, 87.

[192] Beachte auch die Formulierung bei *von Hein*, in: MüKo BGB, 8. Aufl. 2020, Art. 6 EGBGB, Rn. 1: „Es bedarf daher eines ‚Überdruckventils', einer ‚Notbremse' oder eines ‚Bollwerks' [...]." Ähnlich auch *von Bar/Mankowski*, IPR, Band I, 2003, § 7, Rn. 258 „[...] eine Art Überdruckventil [...]."

[193] *Von Hein*, in: MüKo BGB, 8. Aufl. 2020, Art. 6 EGBGB, Rn. 1; vgl. ferner *Thorn*, in: Grüneberg BGB, 2022, Art. 6 EGBGB, Rn. 1.

[194] *Von Hein*, in: MüKo BGB, 8. Aufl. 2020, Art. 6 EGBGB, Rn. 1; vgl. ferner *Thorn*, in: Grüneberg BGB, 2022, Art. 6 EGBGB, Rn. 1.

[195] Trotzdem ist der kollisionsrechtliche *ordre public*-Vorbehalt des Art. 6 EGBGB mit dem anerkennungsrechtlichen *ordre public*-Vorbehalt des § 109 Abs. 1 Nr. 4 FamFG nicht identisch; siehe dazu BGH, Beschl. v. 27.5.2020 – XII ZB 54/18, NZFam 2020, 762, 767, Rn. 49.

Nach Art. 6 EGBGB ist eine Rechtsnorm eines anderen Staates nicht anzuwenden, wenn ihre Anwendung zu einem Ergebnis führt, das mit wesentlichen Grundsätzen des deutschen Rechts offensichtlich unvereinbar ist. Art. 6 S. 2 EGBGB wiederum stellt klar, dass eine ausländische Rechtsnorm insbesondere dann nicht anzuwenden ist, wenn die Anwendung mit den Grundrechten unvereinbar wäre.[196] Bei Art. 6 EGBGB handelt es sich folglich um eine negative Vorbehaltsklausel mit Abwehrfunktion (*negative Funktion*),[197] die sich allein gegen das Ergebnis der Auslandsrechtsanwendung im Einzelfall richtet.[198] Eine abstrakte Kontrolle des ausländischen Rechts findet hingegen nicht statt.[199] Zudem gebieten die Ausgestaltung als Generalklausel und der Ausnahmecharakter des Art. 6 EGBGB eine zurückhaltende Handhabung (*Relativität des ordre public*).[200] Dies hat unter anderem zur Folge,[201] dass die Vorbehaltsklausel nur in Fällen offensichtlicher Verstöße eingreift, in denen das Ergebnis der Rechtsanwendung nach deutschem Rechtsempfinden schlechthin untragbar erschiene (*inhaltliche*

---

[196] Grundlegend zur Bedeutung der Grundrechte im IPR BVerfG, Beschl. v. 4.5.1971 – 1 BvR 636/68, NJW 1971, 1509 („Spanier-Beschluss"); siehe ferner zur Bedeutung der Menschenrechte im IPR *Jayme*, IJVO 1992, 8 ff.

[197] BGH, Beschl. v. 14.11.2018 – XII ZB 292/16, NZFam 2019, 65, 68, Rn. 40; vgl. ferner *S. Lorenz*, IPRax 1999, 429; vgl. ferner *Junker*, Internationales Privatrecht, 2022, § 12, Rn. 6; *Kropholler*, Internationales Privatrecht, 2006, § 36 I, S. 244; *Voltz*, Menschenrechte und ordre public im Internationalen Privatrecht, 2002, S. 10 f.; *Weller/Göbel*, in: Gebauer/Huber (Hrsg.), Politisches Kollisionsrecht, 2021, 75, 87.

[198] *Von Bar/Mankowski*, IPR, Band I, 2003, § 7, Rn. 265; *von Hein*, in: MüKo BGB, 8. Aufl. 2020, Art. 6 EGBGB, Rn. 126; *Jayme*, in: Schulze (Hrsg.), Kulturelle Relativität des internationalen Rechts, 2014, 43, 54; *S. Lorenz*, in: BeckOK BGB, Hau/Poseck, 65. Ed. 2023, Art. 6 EGBGB, Rn. 1; *Spickhoff*, Der ordre public im internationalen Privatrecht, 1989, S. 79; *Voltz*, Menschenrechte und ordre public im Internationalen Privatrecht, 2002, S. 14, 24; *Weller/Göbel*, in: Gebauer/Huber (Hrsg.), Politisches Kollisionsrecht, 2021, 75, 87.

[199] Siehe nur BVerfG, Beschl. v. 4.5.1971 – 1 BvR 636/68, NJW 1971, 1509 ff., (juris-) Rn. 43: „Das ausländische Recht wird nicht […] generell auf eine Übereinstimmung mit dem GG geprüft. Vielmehr kommt es allein darauf an, ob eine innerstaatliche Rechtshandlung deutscher Staatsgewalt in Bezug auf einen konkreten Sachverhalt, der eine mehr oder weniger starke Inlandsbeziehung aufweist, zu einer Grundrechtsverletzung führt." Vgl. ferner *von Bar/Mankowski*, IPR, Band I, 2003, § 7, Rn. 265; *von Hein*, in: MüKo BGB, 8. Aufl. 2020, Art. 6 EGBGB, Rn. 126; *Jayme*, Konkretisierung des ordre public, 1989, S. 34; *Kegel/Schurig*, Internationales Privatrecht, 2004, § 16 III.2.b, S. 526; *Kropholler*, Internationales Privatrecht, 2006, § 36 II, S. 245; *Rademacher*, in: Rupp (Hrsg.), IPR zwischen Tradition und Innovation, 2019, 121, 130; *Siegert*, Der ordre public im Internationalen Eheschließungsrecht, 2022, S. 30; *Voltz*, Menschenrechte und ordre public im Internationalen Privatrecht, 2002, S. 26; *Wurmnest*, in: Leible/Unberath (Hrsg.), Brauchen wir eine Rom-0-Verordnung?, 2013, 446, 465 f.

[200] *Voltz*, Menschenrechte und ordre public im Internationalen Privatrecht, 2002, S. 28; vgl. ferner *von Bar/Mankowski*, IPR, Band I, 2003, § 7, Rn. 259; *Spickhoff*, Der ordre public im internationalen Privatrecht, 1989, S. 96 ff.; *Junker*, Internationales Privatrecht, 2022, § 12, Rn. 30.

[201] Näheres zur Relativität des *ordre public* bei *Spickhoff*, Der ordre public im internationalen Privatrecht, 1989, S. 96 ff.; *Voltz*, Menschenrechte und ordre public im Internationalen Privatrecht, 2002, S. 28 ff.; jeweils m.w.N.

Relativität).[202] Darüber hinaus bedarf es einer ausreichenden Inlandsbeziehung, d.h. eines hinreichenden Bezuges zum Forumstaat, um einen *ordre public*-Verstoß zu rechtfertigen (*örtliche Relativität*).[203]

Unter Zugrundelegung dieser Grundsätze wird eine im Heimatstaat einer Person vorgenommene Änderung des rechtlichen Geschlechts wohl nur in seltenen Einzelfällen am Vorbehalt des Art. 6 EGBGB scheitern. Wie bereits im Rahmen des § 109 Abs. 1 Nr. 4 FamFG,[204] erscheint es auch bei einer Prüfung des Art. 6 EGBGB hilfreich, danach zu differenzieren, ob eine Änderung des rechtlichen Geschlechts im Ausland von höheren oder niedrigeren rechtlichen Voraussetzungen abhängig gemacht wird als in Deutschland.

(1) Höhere Hürden im ausländischen Recht

Beurteilt sich die rechtliche Geschlechtszugehörigkeit eines Menschen mit ausländischer Staatsangehörigkeit nach dessen Heimatrecht und hat danach eine wirksame Änderung des rechtlichen Geschlechts stattgefunden, wird diese Geschlechtszuordnung in aller Regel selbst dann in Deutschland kollisionsrechtlich als wirksam erachtet, wenn die ausländische Rechtsordnung höhere Voraussetzungen an eine Geschlechtsangleichung stellt als das deutsche Recht.

Dafür spricht, dass im Rahmen des Art. 6 EGBGB gerade keine abstrakte Kontrolle der ausländischen Rechtsordnung stattfindet, sondern es darauf ankommt, ob das Ergebnis der Rechtsanwendung nach deutschem Rechtsempfinden schlechthin untragbar erschiene. Ein solch offensichtlicher Verstoß ist jedoch zu verneinen, wenn die Änderung des rechtlichen Geschlechts im Ausland auf Wunsch der betreffenden Person und im Einklang mit ihrer menschenrechtlich geschützten Geschlechtsidentität stattgefunden hat.[205] Insofern kann auch auf die Ausführungen zu § 109 Abs. 1 Nr. 4 FamFG verwiesen werden.[206]

---

[202] Siehe nur BGH, Beschl. v. 18.6.1970 – IV ZB 69/69, NJW 1970, 1503 ff., (juris-), Rn. 19: „[…] entscheidend [ist], ob im Einzelfall das Ergebnis der Anwendung des ausländischen Rechts zu den Grundgedanken der deutschen Regelung und den in ihnen liegenden Gerechtigkeitsvorstellungen in einem so schwerwiegenden Widerspruch steht, dass seine Anwendung für untragbar angesehen werden muss […]." Vgl. ferner *von Bar/Mankowski*, IPR, Band I, 2003, § 7, Rn. 259; *von Hein*, in: MüKo BGB, 8. Aufl. 2020, Art. 6 EGBGB, Rn. 197; *Spickhoff*, Der ordre public im internationalen Privatrecht, 1989, S. 96 f.; *Voltz*, Menschenrechte und ordre public im Internationalen Privatrecht, 2002, S. 29; *Wurmnest*, in: Leible/Unberath (Hrsg.), Brauchen wir eine Rom-0-Verordnung?, 2013, 446, 447.

[203] BVerfG, Beschl. v. 4.5.1971 – 1 BvR 636/68, NJW 1971, 1509 ff., (juris-) Rn. 43; vgl. ferner *von Junker*, Internationales Privatrecht, 2022, § 12, Rn. 32; *von Hein*, in: MüKo BGB, 8. Aufl. 2020, Art. 6 EGBGB, Rn. 199; *Kegel/Schurig*, Internationales Privatrecht, 2004, § 16 III.2.b, S. 527; *Spickhoff*, Der ordre public im internationalen Privatrecht, 1989, S. 97 ff.; *Voltz*, Menschenrechte und ordre public im Internationalen Privatrecht, 2002, S. 30 ff.

[204] Siehe oben S. 153 ff.

[205] Zu den grund- und menschenrechtlichen Vorgaben siehe oben S. 47 ff.

[206] Siehe oben S. 153 ff.

Etwas anderen müsste freilich gelten, wenn die Zuordnung zu einem Geschlecht im Heimatstaat willkürlich und im Widerspruch zur geschlechtlichen Identität der betreffenden Person vorgenommen wurde.[207] Vorstellbar wäre beispielsweise, dass eine zunächst als „weiblich" registrierte intergeschlechtliche Person nach Beantragung eines nicht-binären Geschlechtseintrages willkürlich dem männlichen Geschlecht zugeordnet würde.[208] Eine solch willkürliche Neuzuordnung wäre mit dem durch Art. 2 Abs. 1 GG i.V.m. Art. 1 Abs. 1 GG und Art. 8 Abs. 1 EMRK geschützten Recht auf Achtung der selbstbestimmten geschlechtlichen Identität unvereinbar und müsste daher am *ordre public*-Vorbehalt des Art. 6 EGBGB scheitern. Ob solche Fälle in der Praxis tatsächlich vorkommen, erscheint indes zweifelhaft.

(2) Niedrigere Hürden im ausländischen Recht

Praktisch relevanter ist hingegen – zumindest bis zur Einführung des geplanten Selbstbestimmungsgesetzes in Deutschland[209] – die Frage, ob eine im jeweiligen Heimatstaat vorgenommene rechtliche Geschlechtszuordnung auch dann in Deutschland als wirksam zu erachten ist, wenn das ausländische Recht niedrigere Hürden an eine Änderung des rechtlichen Geschlechts stellt.[210]

Auch dies ist mit den bereits in Bezug auf § 109 Abs. 1 Nr. 4 FamFG genannten Argumenten zu bejahen.[211] Denn es wäre widersprüchlich, einen Menschen einerseits auf seine Heimatrechtsordnung zu verweisen, andererseits jedoch die Wirksamkeit einer im Ausland vorgenommenen Geschlechtszuordnung zu verneinen, wenn der Heimatstaat geringere Anforderungen an eine Änderung des rechtlichen Geschlechts stellte als das deutsche Recht. Dies gilt umso mehr als sich der deutsche Gesetzgeber dazu entschieden hat, ausländischen Staatsangehörigen mit gewöhnlichem Aufenthalt in Deutschland eine Änderung ihres rechtlichen Geschlechts im Inland gem. § 8 Abs. 1 Nr. 1 TSG i.V.m. § 1 Abs. 1 Nr. 3

---

[207] Vgl. *Gössl*, StAZ 2013, 301, 303: „Die Menschenwürde (Art. 1 Abs. 1 GG) und das Recht auf freie Entfaltung der Persönlichkeit (Art. 2 Abs. 1 GG) umfassen das Recht eines jeden, dem Geschlecht zugeordnet zu werden, dem er nach seiner psychischen und physischen Konstitution zugehört. Diese Geschlechtszugehörigkeit als einen Bereich der Intimsphäre darf der Staat nicht ohne gewichtige Gründe einschränken. Eine unzulässige Einschränkung, und damit ein Ordre-public-Verstoß, läge vor, wenn die ausländische Rechtsordnung das Geschlecht willkürlich und entgegen der physischen und psychischen Konstitution der betroffenen Person bestimmte." Vgl. ferner *von Bar/Mankowski*, IPR, Band II, 2019, § 6, Rn. 162.

[208] Ähnlich auch *von Bar/Mankowski*, IPR, Band II, 2019, § 6, Rn. 162.

[209] Näher oben S. 115 f.

[210] Dagegen wirft ein ausländischer nicht-binärer Geschlechtsstatus seit Einführung der positiven Eintragungsoption „divers" im deutschen Personenstandsrecht *per se* keine größeren kollisionsrechtlichen Probleme mehr auf. Siehe dazu und zur Möglichkeit einer kollisionsrechtlichen Transposition *von Bar/Mankowski*, IPR, Band II, 2019, § 6, Rn. 163; *Gössl*, StAZ 2013, 301, 303 ff.; *Hepting/Dutta*, Familie und Personenstand, 2022, IV-237.

[211] Siehe oben S. 153 ff.

lit. d TSG nur zu gestatten, wenn ihr Heimatrecht keine dem TSG „vergleichbare Regelung" kennt.[212] Eine solche Rücksichtnahme auf das Heimatrecht verlangt jedoch umgekehrt auch, eine im Ausland vorgenommene Änderung des rechtlichen Geschlechts auch dann als wirksam zu erachten, wenn sie an niedrigere Voraussetzungen geknüpft war als in Deutschland.

bb) Zwischenergebnis

Hat eine Person mit ausländischer Staatsangehörigkeit ihr rechtliches Geschlecht in ihrem Heimatstaat im Einklang mit ihrer geschlechtlichen Identität ändern lassen, wird diese Änderung einer kollisionsrechtlichen Wirksamkeitsprüfung aus Sicht des deutschen Recht regelmäßig standhalten. Ein Verstoß gegen den deutschen *ordre public* (Art. 6 EGBGB) kommt lediglich in Betracht, wenn die Zuordnung zu einem Geschlecht im Ausland willkürlich und entgegen der geschlechtlichen Identität der betreffenden Person vorgenommen wurde.

c) Verweis auf deutsches Sachrecht

Schwieriger zu bewerten sind hingegen Fälle, in denen zwar eine rechtliche Geschlechtszuordnung im Ausland vorgenommen wurde, eine Anknüpfung an das Heimatrecht der betreffenden Person jedoch eigentlich zur Anwendbarkeit deutschen Sachrechts führen würde, und die Änderungsvoraussetzungen des deutschen Rechts nicht erfüllt sind. Dies ist etwa in Konstellationen denkbar, in denen eine Rechtsordnung auch ausländischen Staatsangehörigen eine Änderung ihres rechtlichen Geschlechts ermöglicht, indem sie die Geschlechtszugehörigkeit etwa an den gewöhnlichen Aufenthalt oder den Wohnsitz einer Person anknüpft.[213]

aa) Prüfung anhand der Maßstäbe des deutschen Rechts

Findet auf eine im Ausland vorgenommene Geschlechtszuordnung aus Sicht des deutschen IPR deutsches Sachrecht Anwendung, hält die ausländische Geschlechtszuordnung einer kollisionsrechtlichen Wirksamkeitskontrolle nur stand, wenn sie auch den Vorgaben des deutschen Rechts gerecht wird.[214] Wie im

---

[212] Näher dazu unten S. 189 ff.

[213] Vgl. dazu etwa *Dutta/Pintens*, in: Scherpe/Dutta/Helms (Hrsg.), The Legal Status of Intersex Persons, 2018, 415, 421 ff.; *Scherpe*, FamRZ 2007, 270, 272; *Scherpe/Dunne*, in: Scherpe (Hrsg.), The Legal Status of Transsexual and Transgender Persons, 2015, 615, 631.

[214] Siehe dazu auch *Gössl/Melcher*, CDT 2022, 1012, 1019: „ The accepting authority uses the connecting factors of the *lex fori* to determine the law under which she reviews the establishment of the status. If the requirements of the domestic law determined by the connecting factors of the *lex fori* are fulfilled, the status is ‚recognized' or accepted. This method *de facto* leads to the ‚recognition' of a status whenever the *lex fori* uses connecting factors that are also used in the State establishing the status or whenever the substantive law referred to in the State of origin of the status uses similar requirements as the ‚recognizing' State." Vgl.

Verlauf dieser Arbeit bereits herausgearbeitet wurde,[215] unterscheidet das deutsche Recht gegenwärtig noch zwischen zwei verschiedenen Verfahren zur Änderung des rechtlichen Geschlechts: Einerseits können transgeschlechtliche Personen auf Grundlage von § 8 Abs. 1 i.V.m. § 1 Abs. 1 TSG eine Änderung ihres Vornamens und ihrer rechtlichen Geschlechtszugehörigkeit erreichen. Voraussetzung ist allerdings die Durchführung eines Gerichtsverfahrens, in dessen Verlauf auch zwei psychologische Gutachten zur Transgeschlechtlichkeit der antragstellenden Person vorzulegen sind.[216]

Andererseits haben Personen mit „Varianten der Geschlechtsentwicklung" die Möglichkeit, auf Grundlage des § 45b PStG ihren Vornamen und Geschlechtseintrag durch einfache Erklärung gegenüber dem Standesamt ändern zu lassen.[217] Nach der Rechtsprechung des BGH ist das letztgenannte Verfahren jedoch auf intergeschlechtliche Menschen begrenzt.

Demgegenüber ist die bloße Selbstauskunft einer trans Person über ihr Geschlecht, wie sie derzeit bereits verschiedene Staaten der EU vorsehen,[218] gegenwärtig noch nicht ausreichend, um den Anforderungen des deutschen Rechts zu genügen. Vielmehr müsste die betreffende Person in Deutschland noch einmal ein Verfahren zur Änderung ihres rechtlichen Geschlechts durchlaufen. Die im Ausland unter niedrigeren Voraussetzungen vorgenommene Änderung des Geschlechtseintrages würde mithin einer kollisionsrechtlichen Wirksamkeitsprüfung aus Sicht des deutschen Rechts derzeit noch nicht gerecht.

bb) Gefahr hinkender Geschlechtszuordnungen

Für Betroffene hätte diese Sichtweise die unerwünschte Folge, dass sie in Deutschland rechtlich einem anderen Geschlecht zugeordnet würden als im Ursprungsstaat. Es entstünde folglich eine „hinkende Geschlechtszugehörigkeit"[219] bzw. eine „hinkende Geschlechtszuordnung"[220]. Ob dieses Ergebnis mit den Vorgaben der europäischen Grundfreiheiten und Menschenrechte vereinbar ist, er-

---

ferner zur kollisionsrechtlichen Wirksamkeitsprüfung einer nach syrischem Recht durchgeführten Privatscheidung BGH, Beschl. v. 26.8.2020 – XII ZB 158/18, NJW 2020, 3592, 3598, Rn. 49: „Das OLG hat daher im Ergebnis zu Recht das deutsche Sachrecht für anwendbar gehalten. Nach § 1564 BGB kann eine Ehe nur durch richterliche Entscheidung geschieden werden. Bei Geltung deutschen Scheidungsstatuts ist eine im Ausland vollzogene rechtsgeschäftliche Scheidung nach ständiger Rechtsprechung des Senats deshalb unwirksam und nicht anerkennungsfähig." Siehe dazu ferner *Looschelders*, in: Staudinger BGB, Neubearb. 2019, Stand: 31.12.2022, Einl. IPR, Rn. 66.

[215] Näher zu den Voraussetzungen des deutschen Rechts oben S. 99.

[216] Siehe oben S. 99 ff.

[217] Siehe oben S. 108 ff.

[218] Siehe oben S. 124 f.

[219] Siehe zu diesem Begriff *Sommer*, Der Einfluss der Freizügigkeit auf Namen und Status von Unionsbürgern, 2009, S. 291.

[220] Siehe zu diesem Begriff *Kemper*, FamRB 2018, 109.

scheint jedoch zweifelhaft, und wird daher in dieser Arbeit noch genauer untersucht.[221]

cc) Abfederung durch das geplante Selbstbestimmungsgesetz

Schließlich ist zu beachten, dass die beschriebenen Friktionen im Verhältnis zu Staaten, die niedrigere Hürden für eine rechtliche Geschlechtsangleichung aufstellen, in naher Zukunft wohl nicht mehr auftreten werden. Denn die Bundesregierung hat die Einführung eines Selbstbestimmungsgesetzes in Aussicht gestellt, wonach für eine Änderung des rechtlichen Geschlechts auch in Deutschland künftig eine einfache Erklärung vor dem Standesamt ausreichen wird.[222] Zu dem eben skizzierten Konflikt käme es mithin nicht mehr.

3. Ergebnis zur Bestimmung des Geschlechtsstatuts

Fehlt es an einer anerkennungsfähigen ausländischen Entscheidung i.S.d. § 108 FamFG, kommt es in einem grenzüberschreitenden Sachverhalt auf die kollisionsrechtliche Beurteilung der rechtlichen Geschlechtszugehörigkeit eines Menschen an. In der EU existieren jedoch bislang keine vereinheitlichten Regelungen, die bestimmen, welches Recht auf das Geschlecht eines Menschen Anwendung findet. Auch das autonome deutsche IPR lässt bisher eine explizite Kollisionsnorm über die Geschlechtszugehörigkeit vermissen. Gleichwohl besteht Einigkeit, dass das rechtliche Geschlecht eines Menschen grundsätzlich nach seinem Heimatrecht zu beurteilen ist. Dies wird entweder auf den Rechtsgedanken des § 1 Abs. 1 Nr. 3 TSG oder auf eine analoge Anwendung des Art. 7 Abs. 1 S. 1 EGBGB gestützt. Das Heimatrecht entscheidet dabei nicht nur über die erstmalige geschlechtliche Zuordnung eines Menschen, sondern auch über die Möglichkeiten und Voraussetzungen einer späteren Änderung der rechtlichen Geschlechtszugehörigkeit. Eine nach dem Heimatrecht eines Menschen im Ausland vollzogene Änderung des rechtlichen Geschlechts wird daher grundsätzlich in Deutschland als wirksam erachtet. Die Grenze ist jedoch der *ordre public*-Vorbehalt des Art. 6 Abs. 1 EGBGB, der einer kollisionsrechtlichen Wirksamkeitsprüfung jedoch nur in seltenen Ausnahmefällen entgegenstehen wird.

II. Reichweite des Geschlechtsstatuts

Im vorherigen Abschnitt wurde geklärt, wie das Geschlechtsstatut im deutschen IPR allgemein bestimmt wird. Dabei hat sich gezeigt, dass das rechtliche Geschlecht einer Person grundsätzlich nach ihrem Heimatrecht beurteilt wird. Das

---

[221] Siehe unten S. 211 ff.

[222] RegE: Entwurf eines Gesetzes über die Selbstbestimmung in Bezug auf den Geschlechtseintrag und zur Änderung weiterer Vorschriften v. 23.8.2023, abrufbar unter <https://www.bmfsfj.de/resource/blob/229616/b4f835d1a1da28f1ef51552846f1e20a/gesetzentwurf-kabinett-data.pdf> (abgerufen am 1.9.2023). Siehe dazu oben S. 116.

Heimatrecht entscheidet dabei nicht nur über die erstmalige geschlechtliche Zuordnung eines Menschen, sondern auch über die Möglichkeiten und Voraussetzungen einer späteren Änderung der rechtlichen Geschlechtszugehörigkeit.

Schwieriger zu bewerten ist hingegen, ob auch etwaige Statusfolgen dem Geschlechtsstatut unterfallen.[223] So stellt sich etwa in der personenstandsrechtlichen Praxis vermehrt die Frage, welchen Einfluss eine Änderung des rechtlichen Geschlechts auf den Status als rechtlicher Elternteil eines Kindes hat.[224] Zudem kann ein Sachverhalt mit grenzüberschreitendem Bezug auch die Frage aufwerfen, mit welchem Vornamen ein transgeschlechtlicher Elternteil im Geburtseintrag eines leiblichen Kindes zu vermerken ist. Beide Beispiele betreffen die Reichweite des Geschlechtsstatuts und sollen aufgrund ihrer praktischen Relevanz im Folgenden noch etwas genauer untersucht werden.

1. Abgrenzungsfragen in der personenstandsrechtlichen Praxis

Das TSG bündelt verschiedene Fragestellungen, z.B. zur Geschlechtszugehörigkeit, zum Vornamen oder zum rechtlichen Eltern-Kind-Verhältnis, die jeweils unterschiedliche Bereiche des Familien- und Personenrechts berühren.[225] Es ist daher unerlässlich, auf kollisionsrechtlicher Ebene die maßgebliche Rechtsfrage herauszuarbeiten und mittels einer internationalprivatrechtlichen Qualifikation passgenau das jeweils anwendbare Sachrecht zu bestimmen.[226]

Unter dem Begriff der „Qualifikation" lässt sich dabei verallgemeinernd die Subsumtion eines Rechtsverhältnisses unter den Anknüpfungsgegenstand einer Kollisionsnorm verstehen.[227] Hinsichtlich des methodischen Vorgehens wird heute in Praxis und Lehre bevorzugt die Methode der „funktional-teleologischen Qualifikation"[228] angewandt. Dies bedeutet, dass die Funktion oder der Zweck eines in einer Kollisionsnorm enthaltenen Anknüpfungsgegenstandes mit der

---

[223] Näher dazu *Hepting/Dutta*, Familie und Personenstand, 2022, IV-238; siehe ferner zu der Frage, welche Folgen eine während bestehender Ehe vorgenommene und nach dem Heimatrecht rechtlich wirksame Änderung des rechtlichen Geschlechts auf den Bestand einer Ehe hat, *Mäsch*, in: BeckOK BGB, Hau/Poseck, 65. Ed. 2023, Art. 7 EGBGB, Rn. 39.

[224] Vgl. etwa KG, Beschl. v. 12.1.2021 – 1 W 1290/20, NJW-RR 2021, 387 ff.; OLG Schleswig, Beschl. v. 4.6.2019 – 2 Wx 45/19, FamRZ 2020, 1095 ff.; siehe dazu ferner *Wall*, StAZ 2020, 201 ff.; *Wall*, StAZ 2020, 120 ff.; *Hepting/Dutta*, Familie und Personenstand, 2022, IV-238; *Franck*, FamRZ 2021, 765 ff.

[225] Siehe dazu *Franck*, FamRZ 2021, 765; vgl. ferner *Wall*, StAZ 2020, 201, 202.

[226] *Franck*, FamRZ 2021, 765.

[227] So etwa *Junker*, Internationales Privatrecht, 2022, § 7, Rn. 1; vgl. ferner zum Begriff der Qualifikation *von Bar/Mankowski*, IPR, Band I, 2003, § 7, Rn. 138 ff.; *Hausmann*, in: Hausmann/Odersky, IPR in Notar- und Gestaltungspraxis, 4. Aufl. 2021, § 3, Rn. 1 ff.; *von Hein*, in: MüKo BGB, 8. Aufl. 2020, Einl. IPR, Rn. 109 ff.; *Kropholler*, Internationales Privatrecht, 2006, § 15, S. 113 ff.; *Junker*, Internationales Privatrecht, 2022, § 7; vgl. ferner bereits *Weller/Schulz*, IPRax 2014, 336, 337.

[228] Statt vieler *von Hein*, in: MüKo BGB, 8. Aufl. 2020, Einl. IPR, Rn. 121.

Funktion oder dem Zweck des in Rede stehenden materiell-rechtlichen Rechtsinstituts verglichen wird.[229]

2. Qualifikation des § 11 S. 1 TSG

In jüngerer Zeit stellt sich insbesondere die Frage nach einer internationalprivatrechtlichen Qualifikation des § 11 S. 1 TSG.[230] Dieser sieht vor, dass eine gerichtliche Änderung der Geschlechtszugehörigkeit gem. § 8 Abs. 1 i.V.m. § 1 Abs. 1 TSG das Rechtsverhältnis einer transgeschlechtlichen Person zu ihren Kindern unberührt lässt.[231] Auch nach einer geschlechtlichen Transition bleibt es daher bei der ursprünglichen rechtlichen Einordnung als „Mutter" bzw. „Vater". Dies gilt nach der Rechtsprechung des BGH selbst dann, wenn die Änderung des rechtlichen Geschlechts eines Elternteils bereits *vor* der Geburt eines Kindes stattgefunden hat.[232] In Sachverhalten mit grenzüberschreitendem Bezug stellt sich daher die Frage, wie § 11 S. 1 TSG zu qualifizieren ist, und welches Recht folglich über die Auswirkungen einer Änderung des rechtlichen Geschlechts auf das Eltern-Kind-Verhältnis entscheidet.[233]

a) Geschlechtsstatut

Es wäre zunächst denkbar, die Frage nach der Auswirkung einer Änderung der rechtlichen Geschlechtszugehörigkeit eines Elternteils auf das Abstammungsverhältnis zu einem Kind als Annexregelung zur rechtlichen Geschlechtszugehörigkeit anzusehen.[234] In diesem Falle wäre folglich das Geschlechtsstatut maßgeblich, d.h. die Frage würde analog Art. 7 Abs. 1 S. 1 EGBGB dem Heimatrecht des jeweiligen Elternteils unterstellt.[235]

b) Abstammungsstatut

Dagegen plädiert etwa *Fabian Wall* dafür, die Frage nach den Auswirkungen einer rechtlichen Geschlechtsangleichung eines Elternteils auf das Verhältnis zu einem Kind als abstammungsrechtlich zu qualifizieren.[236] Die Konsequenz einer solchen abstammungsrechtlichen Qualifikation ist, dass gem. Art. 19 Abs. 1 S. 1 EGBGB grundsätzlich das Rechts des Staates anwendbar ist, in dem das Kind

---

[229] *Kropholler*, Internationales Privatrecht, 2006, § 17 I., S. 126.

[230] Ausführlich dazu *Wall*, StAZ 2020, 120 ff.; *Wall*, StAZ 2020, 201 ff.; vgl. ferner *Hepting/Dutta*, Familie und Personenstand, 2022, IV-238.

[231] Siehe oben S. 107.

[232] BGH, Beschl. v. 6.9.2017 – XII ZB 660/14, FamRZ 2017, 1855, 1857, Rn. 15 ff.; BGH, Beschl. v. 26.1.2022 – XII ZB 127/19, FamRZ 2022, 701 ff.; siehe dazu oben S. 107.

[233] Siehe dazu etwa *Hepting/Dutta*, Familie und Personenstand, 2022, IV-238.

[234] *Wall*, StAZ 2020, 201, 203; *Wall*, StAZ 2020, 120, 121.

[235] *Wall*, StAZ 2020, 201, 203; *Wall*, StAZ 2020, 120, 121.

[236] *Wall*, StAZ 2020, 201, 203; *Wall*, StAZ 2020, 120, 121; zustimmend *Hepting/Dutta*, Familie und Personenstand, 2022, IV-238.

seinen gewöhnlichen Aufenthalt hat.[237] Zur Begründung verweist *Wall* unter anderem darauf, dass § 11 S. 1 TSG das Ziel verfolge, den spezifischen Fortpflanzungsbeitrag des jeweiligen Elternteils korrekt abzubilden und dadurch dem Recht eines Kindes auf Abstammungswahrheit diene.[238] Sinn und Zweck des § 11 S. 1 TSG sei es, ein Kind seinen biologischen Eltern stets auch rechtlich so zuzuweisen, dass es trotz der Geschlechtsangleichung eines Elternteils rechtlich immer einen Vater und eine Mutter erhalte und seine Abstammung nicht im Widerspruch zu seiner biologischen Zeugung stünde.[239] Damit enthalte § 11 S. 1 TSG funktional eine abstammungsrechtliche Zuordnungsregel.[240]

c) Stellungnahme

Wenngleich die Regelung des § 11 S. 1 TSG als solche kritisch zu bewerten ist,[241] ist die Einordnung als abstammungsrechtliche Regelung dennoch überzeugend. Denn jedenfalls nach der Gesetzesbegründung zum TSG soll § 11 S. 1 TSG sicherstellen, dass der Status als rechtlicher Vater bzw. als rechtliche Mutter von einer geschlechtlichen Transition unberührt bleibt.[242] § 11 S. 1 TSG zielt mithin unmittelbar auf die Regelung des rechtlichen Eltern-Kind-Verhältnisses,[243] weshalb eine funktional-teleologische Betrachtungsweise für eine Einordnung als abstammungsrechtliche Zuordnungsregel spricht. Dass die Regelung nicht immer geeignet ist, den Interessen eines Kindes gerecht zu werden und regelmäßig zu Ergebnissen führen wird, die das Recht einer trans Person auf Achtung ihrer selbstbestimmten geschlechtlichen Identität empfindlich beeinträchtigen,[244] spricht zwar für rechtspolitischen Reformbedarf,[245] stellt jedoch eine Qualifikation als abstammungsrechtlich nicht grundsätzlich in Frage.

---

[237] *Wall*, StAZ 2020, 120, 121; siehe dazu ferner *Wall*, StAZ 2020, 201, 203.

[238] *Wall*, StAZ 2020, 120, 121.

[239] *Wall*, StAZ 2020, 120, 121.

[240] *Wall*, StAZ 2020, 120, 121.

[241] Siehe etwa zu verfassungsrechtlichen Bedenken AG Regensburg, Beschl. v. 4.2.2022 – UR III 19/21, FamRZ 2022, 704 ff.; *Baer/Markard*, in: v. Mangoldt/Klein/Starck, 2018, Art. 3 Abs. 3 GG, Rn. 457; *Wapler*, FamRZ 2017, 1861 ff.; *Tolmein*, NJW 2017, 3383, 3384.

[242] Vgl. BT-Drucks. 8/2947, S. 16: „§ 11 geht davon aus, dass die berechtigten Interessen der Kinder des Betroffenen auf jeden Fall zu wahren sind. Dazu gehört insbesondere, dass der Status des Transsexuellen als Vater (bzw. als Mutter) auf jeden Fall unberührt bleiben soll [...]; dies soll auch dann gelten, wenn das Kind erst nach der Änderung der Geschlechtszugehörigkeit des Vaters geboren oder die Vaterschaft später festgestellt wird."

[243] Vgl. auch KG, Beschl. v. 15.8.2019 – 1 W 432/18, NJW 2019, 3598, Rn. 5: „§ 11 S. 1 TSG betrifft das rechtliche Eltern-Kind-Verhältnis."

[244] *Baer/Markard*, in: v. Mangoldt/Klein/Starck, 2018, Art. 3 Abs. 3 GG, Rn. 457; *Wapler*, FamRZ 2017, 1861 ff.; vgl. ferner bereits *Schulz*, FamRZ 2022, 702 ff.

[245] Siehe dazu bereits *Schulz*, FamRZ 2022, 702, 704.

d) Zwischenergebnis

Die Regelung des § 11 S. 1 TSG ist als abstammungsrechtlich zu qualifizieren. Aus diesem Grund unterliegt die Frage, welche Auswirkung eine Änderung der rechtlichen Geschlechtszugehörigkeit eines Elternteils auf das Abstammungsverhältnis zu einem Kind hat, dem nach Art. 19 Abs. 1 EGBGB bestimmten Abstammungsstatut.[246]

3. Qualifikation des § 5 Abs. 3 TSG

Darüber hinaus kann sich in Sachverhalten mit grenzüberschreitendem Bezug auch die Frage nach einer Qualifikation des § 5 Abs. 3 TSG stellen.[247] Diese Regelung sieht vor, dass der Vorname eines transgeschlechtlichen Elternteils trotz einer Änderung des rechtlichen Geschlechts oder des Vornamens im Geburtenregister eines leiblichen Kindes so einzutragen ist, wie er vor Rechtskraft der Entscheidung lautete.[248] § 5 Abs. 3 TSG statuiert damit eine Ausnahme vom Offenbarungsverbot des § 5 Abs. 1 TSG und soll Kinder nach der gesetzgeberischen Intention davor schützen, eine Geburtsurkunde vorlegen zu müssen, die Rückschlüsse auf die Transgeschlechtlichkeit eines Elternteils zulassen könnte.[249] Das Zusammenspiel von § 11 S. 1 TSG und § 5 Abs. 3 TSG hat beispielsweise zur Folge, dass ein trans Mann, dessen Vornamen und Geschlechtszugehörigkeit bereits vor der Schwangerschaft nach dem TSG geändert wurden, gleichwohl im Geburtseintrag seines Kindes als rechtliche „Mutter" und mit seinen früheren weiblichen Vornamen eingetragen wird.[250]

a) Qualifikationsmöglichkeiten

Wie *Fabian Wall* darlegt,[251] kommen in Hinblick auf § 5 Abs. 3 TSG vier Qualifikationsmöglichkeiten in Betracht:

aa) Namenstatut

Naheliegend wäre erstens, die Frage, mit welchen Vornamen eine transgeschlechtliche Person in das Geburtenregister ihres Kindes einzutragen ist, na-

---

[246] Beachte ferner zu einem möglichen Konflikt zweier alternativ anwendbarer Abstammungsstatute in Hinblick auf die geschlechtsabhängige Elternstellung *Hepting/Dutta*, Familie und Personenstand, 2022, IV-238.

[247] Ausführlich dazu *Wall*, StAZ 2020, 120, 122.

[248] Siehe dazu bereits *Schulz*, FamRZ 2022, 702, 703.

[249] BT-Drucks. 8/2947, S. 14, 16; siehe ferner BGH, Beschl. v. 6.9.2017 – XII ZB 660/14, FamRZ 2017, 1855, 1857, Rn. 21; kritisch dazu *Wapler*, FamRZ 2017, 1861 f.; vgl. ferner bereits *Schulz*, FamRZ 2022, 702, 703.

[250] Beachte auch die dagegen eingelegte Beschwerde zum EGMR v. 7.11.2018 – Nr. 53568/18, 54741/18, *O.H. und G.H. ./. Deutschland*.

[251] *Wall*, StAZ 2020, 120, 122.

mensrechtlich zu qualifizieren.[252] Die Konsequenz einer solchen Einordnung wäre, dass die Regelung des § 5 Abs. 3 TSG in einem Sachverhalt mit grenzüberschreitendem Bezug nur Anwendung fände, wenn gem. Art. 10 Abs. 1 EGBGB deutsches Namensrecht zur Anwendung berufen wäre.[253]

bb) Geschlechtsstatut

Zweitens käme in Betracht, die Frage der Vornamenseintragung als Annexregelung zur rechtlichen Geschlechtszugehörigkeit anzusehen und daher das Geschlechtsstatut für maßgeblich zu erachten.[254] In diesem Fall würde analog Art. 7 Abs. 1 S. 1 EGBGB an die Staatsangehörigkeit angeknüpft, weshalb die Regelung des § 5 Abs. 3 TSG ebenfalls nur in Hinblick auf Personen mit deutschem Personalstatut zum Tragen käme.[255]

cc) Abstammungsstatut

Da die Regelung des § 5 Abs. 3 TSG in einem engen Zusammenhang mit § 11 S. 1 TSG steht,[256] ließe sich drittens erwägen, sie als abstammungsrechtlich zu qualifizieren.[257] In diesem Falle wäre das nach Art. 19 Abs. 1 EGBGB zu bestimmende Abstammungsstatut ausschlaggebend.[258]

dd) Lex fori

Schließlich wäre es viertens denkbar, die Regelung des § 5 Abs. 3 TSG als verfahrensrechtliche Regelung einzuordnen, welche lediglich die Darstellung eines transgeschlechtlichen Elternteils in einem deutschen Personenstandsregister regelt, aber selbst keinen materiell-rechtlichen Regelungsgehalt aufweist.[259] Ein solcher Ansatz hätte zur Folge, dass die deutsche Regelung des § 5 Abs. 3 TSG als Bestandteil der *lex fori*[260] stets zur Anwendung käme.[261]

---

[252] So die Einordnung samt Begründung bei *Wall*, StAZ 2020, 120, 123.

[253] Vgl. Art. 10 Abs. 1 EGBGB: „Der Name einer Person unterliegt dem Recht des Staates, dem die Person angehört." Siehe dazu auch *Wall*, StAZ 2020, 120, 122.

[254] Vgl. *Wall*, StAZ 2020, 120, 122.

[255] Vgl. *Wall*, StAZ 2020, 120, 122.

[256] Siehe dazu BT-Drucks. 8/2947, S. 14, 16; vgl. ferner bereits *Schulz*, FamRZ 2022, 702, 703.

[257] Siehe dazu *Wall*, StAZ 2020, 120, 122.

[258] Beachte ferner Art. 19 Abs. 1 S. 3 EGBGB; vgl. dazu *Wall*, StAZ 2020, 120, 122.

[259] Siehe dazu *Wall*, StAZ 2020, 120, 122; dies aufgreifend *Franck*, FamRZ 2021, 765.

[260] Näher zum Prinzip der *lex fori* im Internationalen Zivilverfahrensrecht *Dimmler*, in: Sternal, FamFG, 2023, § 97 FamFG, Rn. 7; *Geimer*, Internationales Zivilprozessrecht, 2020, Rn. 319 ff.; *Jaeckel*, Die Reichweite der lex fori im internationalen Zivilprozessrecht, 1995, S. 24 ff.; *Schack*, Internationales Zivilverfahrensrecht, 2021, § 2, Rn. 44 ff.

[261] *Wall*, StAZ 2020, 120, 122.

b) Stellungnahme

Gegen eine Qualifikation als verfahrensrechtliche Regelung spricht, dass es sich bei § 5 Abs. 3 TSG um eine Ausnahme von dem Offenbarungsverbot des § 5 Abs. 1 TSG handelt, welche gerade auch im Zusammenspiel mit § 7 Abs. 1 Nr. 1, Abs. 2 Nr. 1 TSG[262] dafür sorgt, dass eine nach dem TSG vorgenommene Vornamensänderung im Verhältnis zu den eigenen Kindern als unwirksam gilt.[263] Die Regelung hat mithin einen materiell-rechtlichen Gehalt, weshalb eine Qualifikation als rein verfahrensrechtliche Regelung abzulehnen ist.

Ferner vermag auch eine Einordnung als Annexregelung zur Geschlechtszugehörigkeit nicht zu überzeugen: Das TSG unterscheidet grundsätzlich zwischen dem Verfahren zur Änderung des Vornamens einerseits (§§ 1 ff. TSG) und dem Verfahren zur Änderung der rechtlichen Geschlechtszugehörigkeit andererseits (§§ 8 ff. TSG). Zwar sind die Voraussetzungen der beiden Verfahren mittlerweile identisch und die Verfahren können auch miteinander verbunden werden.[264] Gleichwohl ist es ebenso möglich, nur den eigenen Namen im Einklang mit der geschlechtlichen Identität ändern zu lassen, ohne dass dies Konsequenzen auf die rechtliche Geschlechtszugehörigkeit hätte. Vor diesem Hintergrund erscheint es vorzugswürdig, die Frage der Vornamenseintragung nicht als Annexregelung zur rechtlichen Geschlechtszugehörigkeit zu qualifizieren.

Schwieriger zu bewerten ist hingegen die Frage, ob § 5 Abs. 3 TSG abstammungsrechtlich oder namensrechtlich zu qualifizieren ist. Für eine abstammungsrechtliche Qualifikation spräche zunächst, dass der mit der Vorschrift des § 5 Abs. 3 TSG verfolgte gesetzgeberische Zweck darin besteht, es Kindern zu ermöglichen, ihre Herkunft mit solchen Geburtenregistereinträgen und Geburtsurkunden nachzuweisen, die keinen Anlass zu Spekulationen über die Transgeschlechtlichkeit eines Elternteils geben.[265]

Zwar ist die Eintragung eines im Widerspruch zur geschlechtlichen Identität stehenden Vornamens regelmäßig nicht geeignet, diesen Zweck zu erfüllen, sondern kann gerade in solchen Situationen, in denen ein transgeschlechtlicher Elternteil selbst eine Geburtsurkunde vorlegen muss, zu Grundrechtsbeeinträchtigungen sowohl auf Seiten des Elternteils als auch des Kindes führen.[266] Gleich-

---

[262] § 7 Abs. 1 Nr. 1, Abs. 2 Nr. 1 TSG: „Die Entscheidung, durch welche die Vornamen des Antragstellers geändert worden sind, wird unwirksam, wenn nach Ablauf von dreihundert Tagen nach der Rechtskraft der Entscheidung ein Kind des Antragstellers geboren wird, mit dem Tag der Geburt des Kindes, [...]. Der Antragsteller führt künftig wieder die Vornamen, die er zur Zeit der Entscheidung, durch die seine Vornamen geändert worden sind, geführt hat. Diese Vornamen sind im Fall des Absatzes 1 Nr. 1 und 2 in das Geburtenregister, [...] einzutragen." Kritisch dazu *Schulz*, FamRZ 2022, 702, 703 f.

[263] Vgl. dazu KG Beschl. v. 14.2.2019 – 1 W 102/18, BeckRS 2019, 1820, Rn. 13 ff.

[264] Siehe oben S. 101.

[265] Vgl. BT-Drucks. 8/2947, S. 14, 16; BGH, Beschl. v. 6.9.2017 – XII ZB 660/14, FamRZ 2017, 1855, 1857 ff., Rn. 21, 43.

[266] Näher dazu *Wapler*, FamRZ 2017, 1861; *Wall*, StAZ 2020, 120, 123; vgl. ferner bereits *Schulz*, FamRZ 2022, 702, 703.

wohl hatte der Gesetzgeber mit § 5 Abs. 3 TSG erkennbar die Interessen eines Kindes und nicht die Namensführung des transgeschlechtlichen Elternteils im Blick,[267] was für eine abstammungsrechtliche Qualifikation sprechen könnte. Des Weiteren würde durch diese Qualifikation und durch den damit einhergehenden Gleichlauf mit § 11 S. 1 TSG vermieden, dass eine Person einerseits als „Mutter“, andererseits aber mit männlichen Vornamen in das Geburtenregister eingetragen würde.

Allerdings ist zu bedenken, dass sich auch im Falle einer solchen abstammungsrechtlichen Qualifikation widersprüchliche personenstandsrechtliche Angaben kaum vermeiden ließen. Denn jedenfalls die rechtliche Geschlechtszugehörigkeit als solche unterfällt einem eigenen Statut,[268] weshalb es ohnehin zu Situationen kommen kann, in denen eine Person z.B. als „Mutter“ aber mit der Geschlechtsangabe „männlich“ im Geburtseintrag eines Kindes vermerkt wird.[269]

Darüber hinaus legen auch praktische Erwägungen und der Persönlichkeitsschutz eines transgeschlechtlichen Elternteils eine namensrechtliche Qualifikation nahe.[270] So ist zu bedenken, dass der Name einer Person gem. Art. 10 Abs. 1 EGBGB dem Recht des Staates unterliegt, dem die Person angehört. Wurde der Vorname im Heimatstaat im Einklang mit der geschlechtlichen Identität geändert, wird der frühere Name für ein deutsches Standesamt regelmäßig weder feststellbar sein, noch wird eine ausländische Rechtsordnung stets die Preisgabe des abgelegten Vornamens gestatten.[271] Angesichts dessen weist *Fabian Wall* überzeugend darauf hin, dass es daher letztlich dem Zufall überlassen bliebe, ob ein deutsches Standesamt in Kenntnis der früheren Vornamen eine Eintragung i.S.d. § 5 Abs. 3 TSG vornehmen könnte oder nicht.[272]

Schließlich sprechen auch europarechtliche Erwägungen für eine namensrechtliche Qualifikation des § 5 Abs. 3 TSG: Nach ständiger Rechtsprechung des EuGH stellt eine „hinkende Namensführung“ in der EU eine rechtfertigungsbedürftige Beschränkung des in Art. 21 Abs. 1 AEUV verankerten Rechts auf

---

[267] Vgl. etwa BT-Drucks. 8/2947, S. 16: „[...] die berechtigten Interessen der Kinder des Betroffenen [sind] auf jeden Fall zu wahren [...]. Dazu gehört insbesondere, dass [...] in den Urkunden, die das Kind erhält, als Vornamen des betroffenen Elternteils ausnahmslos die vor der Änderung der Geschlechtszugehörigkeit geführten Namen angegeben werden.“

[268] Näher zur kollisionsrechtlichen Beurteilung der Geschlechtszugehörigkeit im deutschen IPR oben S. 160 ff.

[269] Siehe etwa KG, Beschl. v. 12.1.2021 – 1 W 1290/20, NJW-RR 2021, 387, Ls: „Ein österreichischer Frau-zu-Mann-Transsexueller, dessen Name in Österreich geändert und dessen Geschlecht im dortigen Zentralen Personenstandsregister berichtigt wurde, ist im Rechtssinn *Mutter* des von ihm in Deutschland geborenen Kindes. Er ist im Geburtenregister als Mutter des Kindes mit seinem aktuell geführten Vornamen und dem *Geschlecht ‚männlich‘* einzutragen.“ (Hervorh. d. *Verf.*).

[270] Ausführlich dazu *Wall*, StAZ 2020, 120, 123.

[271] *Wall*, StAZ 2020, 120, 123.

[272] *Wall*, StAZ 2020, 120, 123.

Personenfreizügigkeit dar.[273] Unionsbürger*innen sind daher grundsätzlich berechtigt, ihren in einem Mitgliedsstaat erworbenen Namen auch in allen anderen Staaten der EU zu führen.[274] Wie *Wall* darlegt, bestünde im Falle einer abstammungsrechtlichen Qualifikation die Gefahr, dass in der deutschen Geburtsurkunde des Kindes eines transgeschlechtlichen Elternteils wegen § 5 Abs. 3 TSG ein anderer Vorname eingetragen würde, als in den Personenstandsurkunden des Heimatstaates, der gem. Art. 10 Abs. 1 EGBGB über die Vornamensführung entscheidet.[275] Dies könne Zweifel an der rechtlichen Elternstellung der betroffenen Person wecken, die sich in der Folge womöglich von der Wahrnehmung ihres unionalen Freizügigkeitsrechts abgehalten sähe.[276] Gerade im Lichte dieser unionsrechtlichen Erwägungen erscheint es mithin vorzugswürdig, die Regelung des § 5 Abs. 3 TSG als namensrechtlich zu qualifizieren.

c) Zwischenergebnis

Es überzeugt, § 5 Abs. 3 TSG als namensrechtliche Regelung zu qualifizieren. Die Konsequenz dieser Einordnung ist, dass die Frage mit welchem Vornamen ein transgeschlechtlicher Elternteil in dem Geburtseintrag seines leiblichen Kindes einzutragen ist, gem. Art. 10 Abs. 1 EGBGB dem Recht des Staates unterliegt, dem der betreffende Elternteil angehört.

4. Perspektive eines Selbstbestimmungsgesetzes

Es darf wohl als sicher gelten, dass sich ähnliche Qualifikationsprobleme auch unter dem künftigen Selbstbestimmungsgesetz stellen werden. So enthält der im August 2023 veröffentlichte Regierungsentwurf für ein Selbstbestimmungsgesetz[277] beispielsweise eine Regelung zum Eltern-Kind-Verhältnis (§ 11 SBGG-E[278]) sowie einen Regelungsvorschlag für Geschlechterquoten (§ 7 SBGG-E[279]). Wie

---

[273] Siehe nur EuGH, Urt. v. 2.10.2003 – Rs. C–148/02, *Garcia Avello*, ECLI:EU:C: 2003:539; EuGH, Urt. v. 14.10.2008 – Rs. C–353/06, *Grunkin Paul*, ECLI:EU:C:2008:559; EuGH, Urt. v. 22.12.2010 – Rs. C–208/09, *Sayn-Wittgenstein*, ECLI:EU:C:2010:806; EuGH, Urt. v. 12.5.2011 – Rs. C-391/09, *Runevič-Vardyn*, ECLI:EU:C:2011:291; EuGH, Urt. v. 2.6.2016 – Rs. C-438/14, *Bogendorff von Wolffersdorff*, ECLI:EU:C:2016:401; EuGH, Urt. v. 8.6.2017 – Rs. C-541/15, *Freitag*, ECLI:EU:C:2017:432; näher zu alledem unten S. 219 f.

[274] Vgl. *Lipp*, StAZ 2009, 1, 6; siehe dazu unten S. 220.

[275] *Wall*, StAZ 2020, 120, 123 f.

[276] Ausführlich dazu *Wall*, StAZ 2020, 120, 124.

[277] RegE: Entwurf eines Gesetzes über die Selbstbestimmung in Bezug auf den Geschlechtseintrag und zur Änderung weiterer Vorschriften v. 23.8.2023, abrufbar unter: <https://www.bmfsfj.de/resource/blob/229616/b4f835d1a1da28f1ef51552846f1e20a/gesetzentwurf-kabinett-data.pdf> (abgerufen am 1.9.2023).

[278] RegE: Entwurf eines Gesetzes über die Selbstbestimmung in Bezug auf den Geschlechtseintrag und zur Änderung weiterer Vorschriften v. 23.8.2023, S. 8.

[279] RegE: Entwurf eines Gesetzes über die Selbstbestimmung in Bezug auf den Geschlechtseintrag und zur Änderung weiterer Vorschriften v. 23.8.2023, S. 6.

bereits unter dem TSG, überzeugt es, die Frage nach den Auswirkungen einer rechtlichen Geschlechtsangleichung auf das Eltern-Kind-Verhältnis (§ 11 SBGG-E) als abstammungsrechtlich zu qualifizieren.[280] Demgegenüber stellt sich die geplante Quotenregelung des § 7 SBGG-E zumindest auf den ersten Blick als Annexregelung zur rechtlichen Geschlechtszugehörigkeit dar, für die daher das Geschlechtsstatut und nicht etwa das Gesellschaftsstatut maßgeblich sein dürfte.[281]

III. Zwischenergebnis

Das rechtliche Geschlecht einer Person beurteilt sich im autonomen deutschen IPR grundsätzlich nach dem Heimatrecht einer Person. Zwar entscheidet das Heimatrecht nicht nur über die erstmalige geschlechtliche Zuordnung, sondern auch über die Möglichkeiten und Voraussetzungen einer späteren Änderung des rechtlichen Geschlechts. Die Frage, welche Auswirkung eine Änderung des rechtlichen Geschlechts auf das Eltern-Kind-Verhältnis hat, unterfällt hingegen dem gem. Art. 19 Abs. 1 EGBGB zu bestimmenden Abstammungsstatut.

D. Gesamtergebnisse

1. Ist im Ausland eine gerichtliche Entscheidung über die rechtliche Geschlechtszugehörigkeit eines Menschen ergangen, kann diese gem. §§ 108, 109 FamFG verfahrensrechtlich anerkannt werden, wenn eine anerkennungsfähige Entscheidung vorliegt und keine Anerkennungshindernisse bestehen.

2. Tauglicher Gegenstand einer verfahrensrechtlichen Anerkennung i.S.d. § 108 FamFG sind in erster Linie geschlechtsändernde Entscheidungen ausländischer staatlicher Gerichte. Zudem können ausnahmsweise auch ausländische Behördenakte verfahrensrechtlich anerkannt werden, wenn sie ihrer Wirkung nach einer deutschen Gerichtsentscheidung entsprechen. Die reine Beurkundung des Geschlechts in einem ausländischen Personenstandsregister stellt dagegen keine anerkennungsfähige Entscheidung i.S.d. § 108 FamFG dar.

3. Für die Bewertung, ob ein Anerkennungshindernis i.S.d. § 109 Abs. 1 Nr. 1 FamFG vorliegt, kommt es darauf an, ob deutsche Gerichte bei einer entsprechenden Anwendung der deutschen Regelungen international zuständig gewesen wären (*Spiegelbildprinzip*). Hier ist § 105 FamFG i.V.m. § 2 Abs. 2 TSG maßgeblich, wonach es für die Anerkennung einer im Ausland ergangenen geschlechtsändernden Entscheidung ausreicht, dass im Ursprungsstaat ein Wohnsitz oder gewöhnlicher Aufenthalt bestand.

---

[280] So auch *Dutta*, FamRZ 2023, 993, 999; vgl. ferner bereits *Schulz*, IPRax 2024/Heft 1 i.E.

[281] So bereits *Schulz*, IPRax 2024/Heft 1 i.E.

4. Die verfahrensrechtliche Anerkennung kann gem. § 109 Abs. 1 Nr. 4 FamFG versagt werden, wenn die Anerkennung zu einem Ergebnis führen würde, das mit wesentlichen Grundsätzen des deutschen Rechts offensichtlich unvereinbar ist. Eine Anerkennungsversagung wegen eines Verstoßes gegen den anerkennungsrechtlichen *ordre public* ist jedoch auf solche Ausnahmefälle beschränkt, in denen das Ergebnis der Anerkennung schlechthin untragbar erschiene. Dies ist insbesondere in solchen Fällen abzulehnen, in denen eine Person in ihrem Heimatstaat entsprechend ihrer geschlechtlichen Identität ein Verfahren zur Änderung des rechtlichen Geschlechts durchlaufen hat. In diesen Fällen hindert es die Anerkennungsfähigkeit in Deutschland auch nicht, dass die Voraussetzungen einer Änderung des rechtlichen Geschlechts im Ursprungsstaat an niedrigere Voraussetzungen geknüpft waren als in Deutschland.

5. Fehlt es an einer anerkennungsfähigen ausländischen Entscheidung i.S.d. § 108 FamFG, kann eine im Ausland vorgenommene Geschlechtszuordnung in Deutschland als wirksam erachtet werden, wenn sie den Vorgaben des nach den Regeln des deutschen IPR zur Anwendung berufenen Sachrechts entspricht.

6. In der EU existieren bislang keine vereinheitlichten kollisionsrechtlichen Regelungen, die bestimmen, welches Recht auf das Geschlecht eines Menschen Anwendung findet. Ferner findet sich auch im autonomen deutschen IPR bisher keine ausdrückliche Kollisionsnorm zur Bestimmung des auf die Geschlechtszugehörigkeit anwendbaren Rechts (*Geschlechtsstatut*).

7. Es besteht jedoch Einigkeit, dass das rechtliche Geschlecht einer Person im deutschen IPR grundsätzlich nach ihrem Heimatrecht zu beurteilen ist. Das Heimatrecht entscheidet nicht nur über die erstmalige geschlechtliche Zuordnung eines Menschen, sondern auch über die Möglichkeiten und Voraussetzungen einer späteren Änderung der rechtlichen Geschlechtszugehörigkeit.

8. Die Anknüpfung an die Staatsangehörigkeit wird entweder auf den Rechtsgedanken des § 1 Abs. 1 Nr. 3 TSG oder auf eine analoge Anwendung des Art. 7 Abs. 1 S. 1 EGBGB gestützt. Für eine analoge Anwendung des Art. 7 Abs. 1 S. 1 EGBGB spricht, dass die geschlechtliche Identität eines Menschen einen konstituierenden Aspekt der Persönlichkeit darstellt und eine besondere Nähe zur Menschenwürde aufweist. Insofern ergeben sich Parallelen zur Rechtsfähigkeit, die sich ihrerseits durch einen starken Menschenwürdebezug auszeichnet.

9. Findet auf das rechtliche Geschlecht einer Person ausländisches Sachrecht Anwendung, wird eine im Ausland vorgenommene Geschlechtszuordnung in Deutschland als wirksam erachtet, wenn sie den Regelungen des anwendbaren ausländischen Rechts entspricht. Lediglich ausnahmsweise bleibt das ausländische Recht unangewendet, falls das Ergebnis der Anwendung ausländischen Rechts gegen den deutschen *ordre public* verstößt, Art. 6 EGBGB. Ein solcher *ordre public*-Verstoß kommt indes regelmäßig nur in Betracht, wenn die Zuordnung zu einem Geschlecht im Ausland willkürlich und entgegen der geschlechtlichen Identität der betreffenden Person vorgenommen wurde.

10. Führt die Anknüpfung an die Staatsangehörigkeit zur Anwendbarkeit deutschen Sachrechts, hält eine im Ausland vorgenommene Geschlechtszuord-

nung einer kollisionsrechtlichen Wirksamkeitskontrolle nur stand, wenn sie den Vorgaben des deutschen Rechts gerecht wird. Dabei reicht die bloße Selbstauskunft einer Person über ihr rechtliches Geschlecht, wie sie derzeit bereits verschiedene Mitgliedstaaten der EU vorsehen, gegenwärtig noch nicht aus, um den Anforderungen des deutschen Rechts zu genügen. Mit Inkrafttreten des geplanten Selbstbestimmungsgesetzes werden solche Friktionen im Verhältnis zu Staaten, die niedrigere Hürden für eine rechtliche Geschlechtsangleichung aufstellen, nicht mehr auftreten.

11. § 11 S. 1 TSG ist als abstammungsrechtliche Regelung zu qualifizieren. Die Frage, welche Auswirkung eine Änderung der rechtlichen Geschlechtszugehörigkeit eines Elternteils auf das Abstammungsverhältnis zu einem Kind hat, unterfällt daher dem nach Art. 19 Abs. 1 EGBGB zu bestimmenden Abstammungsstatut.

12. § 5 Abs. 3 TSG ist als namensrechtliche Regelung zu qualifizieren. Die Frage, mit welchem Vornamen ein transgeschlechtlicher Elternteil in dem Geburtseintrag eines leiblichen Kindes einzutragen ist, unterfällt daher dem nach Art. 10 Abs. 1 EGBGB zu bestimmenden Namensstatut.

8

Geschlechtliche Zuordnung im Inland

Im vorherigen Kapitel wurde erörtert, wann eine im Ausland vorgenommene Geschlechtszuordnung in Deutschland verfahrensrechtlich anerkannt wird bzw. einer kollisionsrechtlichen Wirksamkeitsprüfung standhält. Umgekehrt kann sich vor deutschen Gerichten und Standesämtern jedoch auch die Frage stellen, unter welchen Voraussetzungen Personen ohne deutsche Staatsangehörigkeit ihr rechtliches Geschlecht im Inland ändern können.[1]

Gerade wenn das Heimatrecht einer Person eine solche Änderung nicht oder nur unter strengen Voraussetzungen zulässt, kann die Durchführung eines Änderungsverfahrens in Deutschland reizvoll sein. So sieht beispielsweise das ungarische Recht keine Möglichkeit mehr vor, das rechtliche Geschlecht an die eigene Geschlechtsidentität anzupassen.[2] Für ungarische Staatsangehörige gewinnt daher die Frage an Bedeutung, unter welchen Voraussetzungen sie sich auf die Regelungen des deutschen Rechts berufen können.

Um dies zu klären, wird nachfolgend untersucht, welche Möglichkeiten geschlechtlicher Selbstbestimmung im deutschen Recht für ausländische Staatsangehörige existieren. Zu diesem Zweck wird noch einmal das gestufte Konzept aus TSG-Verfahren einerseits (A.) und PStG-Verfahren andererseits (B.) gegenübergestellt, wobei der Fokus nun auf den Besonderheiten in Sachverhalten mit grenzüberschreitendem Bezug liegt.[3] Anschließend wird untersucht, welche Folgeprobleme drohen, wenn ausländische Staatsangehörige eine Änderung ihres rechtlichen Geschlechts in Deutschland vornehmen lassen (C.).

A. Verfahren auf Grundlage des TSG

Möchte eine Person ohne deutsche Staatsangehörigkeit ihr rechtliches Geschlecht in Deutschland im Einklang mit ihrer geschlechtlichen Identität ändern lassen, ist zunächst zu klären, ob es sich um eine trans- oder um eine intergeschlechtliche Person handelt. Denn, wie gesehen, existieren im deutschen Recht gegenwärtig noch zwei unterschiedliche Verfahren zur Änderung des rechtlichen Geschlechts: Während transgeschlechtliche Personen jedenfalls nach der Recht-

---

[1] Vgl. *DG Justice and Consumers,* Legal gender recognition in the EU, 2020, S. 125 f.
[2] Siehe oben S. 125.
[3] Siehe zu den sonstigen Voraussetzungen im deutschen Recht oben S. 99 ff.

sprechung des BGH für eine Änderung ihres rechtlichen Geschlechts gemäß oder analog § 8 Abs. 1 i.V.m. § 1 Abs. 1 TSG ein gerichtliches Verfahren durchführen müssen, genügt für intergeschlechtliche Personen eine einfache Erklärung vor dem Standesamt gem. § 45b Abs. 1 PStG.[4]

Dieses zweispurige System setzt sich auch in Fällen mit grenzüberschreitendem Bezug fort. Im Folgenden ist daher zunächst auf die Möglichkeiten einer gerichtlichen Feststellung der Geschlechtszugehörigkeit nach dem TSG einzugehen, dessen wichtigste Voraussetzungen oben bereits erörtert wurden.[5] Allerdings wurden bislang die Besonderheiten ausgeklammert, die sich in internationalen Sachverhalten ergeben können. Diesem Aspekt widmet sich die folgende Untersuchung und konzentriert sich dabei insbesondere auf zwei Fragen: Unter welchen Voraussetzungen sind deutsche Gerichte für die Entscheidung über die rechtliche Geschlechtszugehörigkeit eines Menschen international zuständig (I.)? Und wann können sich auch Personen mit ausländischer Staatsangehörigkeit auf die Regelungen des TSG berufen (II.)?

I. Internationale Zuständigkeit, § 105 FamFG i.V.m. § 2 Abs. 2 TSG

Damit ein deutsches Gericht einem Antrag nach § 8 Abs. 1 Nr. 1 TSG i.V.m. § 1 Abs. 1 Nr. 1 TSG auch in einem Fall mit grenzüberschreitendem Bezug stattgeben kann, müssen deutsche Gerichte zunächst international zuständig sein.[6] Wie im Kontext des Spiegelbildprinzips des § 109 Abs. 1 Nr. 1 FamFG bereits erörtert wurde, sind für die Bestimmung der internationalen Zuständigkeit die Regelungen des § 105 FamFG i.V.m. § 2 Abs. 2 TSG maßgeblich.[7]

Gemäß § 105 FamFG sind deutsche Gerichte für alle nicht bereits in den §§ 98–104 FamFG geregelten FamFG-Verfahren international zuständig, wenn ein deutsches Gericht örtlich zuständig ist.[8] § 2 Abs. 2 TSG sieht wiederum vor, dass für Entscheidungen über Anträge nach § 8 Abs. 1 Nr. 1 TSG i.V.m. § 1 Abs. 1 Nr. 1 TSG dasjenige Gericht örtlich zuständig ist, in dessen Bezirk die antragstellende Person ihren Wohnsitz oder, falls ein solcher im Geltungsbereich des TSG fehlt, ihren gewöhnlichen Aufenthalt hat. Aus dem Zusammenspiel der beiden Normen ergibt sich, dass deutsche Gerichte für eine Feststellung der rechtlichen Geschlechtszugehörigkeit einer Person international zuständig sind, wenn diese Person ihren Wohnsitz oder gewöhnlichen Aufenthalt in Deutschland

---

[4] Dazu und zum umstrittenen Begriff einer „Variante der Geschlechtsentwicklung" oben S. 108 ff.

[5] Siehe oben S. 99 ff.

[6] Vgl. dazu auch *Dötsch*, NJW-Spezial 2009, 724: „Liegt ein Auslandsbezug vor, sind z.B. die Beteiligten ausländische Staatsangehörige […], ist die internationale Zuständigkeit der deutschen Gerichte vorab zu prüfen."

[7] Siehe oben S. 148 ff.

[8] *Sieghörtner*, in: BeckOK FamFG, 45. Ed. 2023, § 105 FamFG, vor Rn. 1; siehe dazu oben S. 150.

hat.[9] Auf die Staatsangehörigkeit der betreffenden Person kommt es dagegen für die Begründung der internationalen Zuständigkeit nicht an.[10]

II. Anwendbarkeit des TSG auf ausländische Staatsangehörige

Sind deutsche Gerichte international zuständig, stellt sich zweitens die Frage, ob auch eine Person ohne deutsche Staatsangehörigkeit befugt ist, vor deutschen Gerichten einen Antrag auf Änderung ihres rechtlichen Geschlechts zu stellen.

1. Die Regelung des § 1 Abs. 1 Nr. 3 TSG

Hier ist § 1 Abs. 1 Nr. 3 TSG (i.V.m. § 8 Abs. 1 TSG) maßgeblich, der den Kreis der antragsbefugten Personen in Fällen mit grenzüberschreitendem Bezug bestimmt.[11] Die Regelung des § 1 Abs. 1 Nr. 3 TSG sieht vor, dass eine Änderung der rechtlichen Geschlechtszugehörigkeit vor deutschen Gerichten nur möglich ist, wenn die antragstellende Person:

„a) Deutscher im Sinne des Grundgesetzes ist,

b) als Staatenloser oder heimatloser Ausländer ihren gewöhnlichen Aufenthalt im Inland hat,

c) als Asylberechtigter oder ausländischer Flüchtling ihren Wohnsitz im Inland hat oder

d) als Ausländer, dessen Heimatrecht keine diesem Gesetz vergleichbare Regelung kennt, aa) ein unbefristetes Aufenthaltsrecht besitzt oder bb) eine verlängerbare Aufenthaltserlaubnis besitzt und sich dauerhaft rechtmäßig im Inland aufhält."

a) Verfassungsrechtlicher Hintergrund

Die geltende Fassung des § 1 Abs. 1 Nr. 3 TSG beruht auf einer Entscheidung des BVerfG aus dem Jahr 2006.[12] Das BVerfG hatte entschieden, dass es verfassungswidrig sei, ausländische Staatsangehörige, die sich rechtmäßig und nicht nur vorübergehend in Deutschland aufhielten und deren Heimatrecht keine dem TSG vergleichbaren Regelungen kenne, keine Antragsbefugnis vor deutschen Gerichten zu gewähren.[13] Hintergrund der Entscheidung war die Regelung des § 1

---

[9] Siehe oben S. 150 f.

[10] Siehe oben S. 150 ff.

[11] Siehe dazu bereits oben S. 149.

[12] BVerfG, Beschl. v. 18.7.2006 – 1 BvL 1/04, NJW 2007, 900 ff.; siehe dazu auch *Grünberger*, StAZ 2007, 357 ff.; *Pawlowski*, JZ 2007, 413 ff.; *M. Roth*, StAZ 2007, 17; *Röthel*, IPRax 2007, 204 ff.; *Scherpe*, FamRZ 2007, 270 ff.

[13] BVerfG, Beschl. v. 18.7.2006 – 1 BvL 1/04, NJW 2007, 900, Ls: „§ 1 I Nr. 1 TSG verstößt gegen das Gleichbehandlungsgebot (Art. 3 I GG) in Verbindung mit dem Grundrecht auf Schutz der Persönlichkeit (Art. 2 I i.V. mit Art. 1 I GG), soweit er ausländische Transsexuelle, die sich rechtmäßig und nicht nur vorübergehend in Deutschland aufhalten, von der Antragsberechtigung zur Änderung des Vornamens und zur Feststellung der Geschlechtszugehörigkeit nach § 8 I Nr. 1 TSG ausnimmt, sofern deren Heimatrecht vergleichbare Regelungen nicht kennt." Für eine prägnante Zusammenfassung der Entscheidung siehe ferner BGH, Beschl. v. 29.11.2017 – XII ZB 345/17, FamRZ 2018, 383, 384, Rn. 5.

Abs. 1 Nr. 1 TSG a.F., welche den Kreis der antragsbefugten Personen ursprünglich auf Deutsche im Sinne des Grundgesetzes und auf Personen mit deutschem Personalstatut beschränkt hatte.[14] Andere Personen mit ausländischer Staatsangehörigkeit und gewöhnlichem Aufenthalt in Deutschland konnten sich dagegen nicht auf die Regelungen des TSG berufen.[15] Erklärter Zweck der Regelung war es, Entscheidungen über eine Geschlechtsänderung dem Heimatrecht der antragstellenden Person vorzubehalten.[16]

Welch gravierenden Folgen diese Regelung im Einzelfall haben konnte, verdeutlichen die Sachverhalte, die den beiden Vorlageverfahren vor dem BVerfG zugrunde lagen: Die Antragstellerin des ersten Verfahrens, eine thailändische Staatsangehörige, hatte sich einer geschlechtsangleichenden Operation unterzogen,[17] um in Deutschland eine Ehe mit einem männlichen deutschen Staatsangehörigen eingehen zu können. Ihr Antrag, gem. § 8 Abs. 1 i.V.m. § 1 Abs. 1 TSG die Zugehörigkeit zum weiblichen Geschlecht feststellen zu lassen, wurde indes unter Verweis auf § 1 Abs. 1 Nr. 1 TSG a.f. abgelehnt, da sie keinen der damals existierenden Ausnahmetatbestände erfüllte.[18]

Ähnlich erging es dem Antragsteller des zweiten Verfahrens, einem äthiopischen Staatsangehörigen, der nach einer geschlechtsangleichenden Operation in Deutschland erfolglos die Änderung seines Vornamens beantragte.[19] Zwar wurde bei ihm aufgrund zu befürchtender Diskriminierungen in Äthiopien ein Abschiebehindernis festgestellt; die Vornamensänderung scheiterte jedoch an der Beschränkung der Antragsbefugnis auf Deutsche oder Personen mit deutschem Personalstatut.[20]

Das BVerfG stellte fest, dass diese Beschränkung des Kreises der antragsbefugten Personen weder mit dem allgemeinen Gleichbehandlungsgrundsatz des Art. 3 Abs. 1 GG noch mit dem allgemeinen Persönlichkeitsrecht Betroffener i.S.d. Art. 2 Abs. 1 GG i.V.m. Art. 1 Abs. 1 GG vereinbar sei.[21] Die auf Deutsche

---

[14] § 1 Abs. 1 Nr. 1 TSG a.F.: „Die Vornamen einer Person [...] sind [...] zu ändern, wenn sie Deutscher im Sinne des Grundgesetzes ist oder wenn sie als Staatenloser oder heimatloser Ausländer ihren gewöhnlichen Aufenthalt oder als Asylberechtigter oder ausländischer Flüchtling ihren Wohnsitz im Geltungsbereich dieses Gesetzes hat."

[15] *Augstein*, Transsexuellengesetz, 2012 § 1 TSG, Rn. 2; vgl. dazu ferner *Rädler*, Das dritte Geschlecht, 2019, S. 40.

[16] BT-Drucks. 8/2947, S. 13: „Bei der in Nummer 1 vorgesehenen Beschränkung des Personenkreises ist davon ausgegangen worden, dass die Entscheidung über die Änderung der Vornamen – und nach § 8 Abs. 1 Nr. 1 des Entwurfs auch der Geschlechtszugehörigkeit – eines ausländischen Transsexuellen dem Heimatstaat des Betroffenen vorbehalten bleiben sollte." Vgl. dazu ferner *Scherpe*, FamRZ 2007, 270.

[17] BVerfG, Beschl. v. 18.7.2006 – 1 BvL 1/04, NJW 2007, 900 ff., (juris-) Rn. 21.

[18] BVerfG, Beschl. v. 18.7.2006 – 1 BvL 1/04, NJW 2007, 900 ff., (juris-) Rn. 22 f.

[19] BVerfG, Beschl. v. 18.7.2006 – 1 BvL 1/04, NJW 2007, 900 ff., (juris-) Rn. 33.

[20] BVerfG, Beschl. v. 18.7.2006 – 1 BvL 1/04, NJW 2007, 900 ff., (juris-) Rn. 33 f.

[21] BVerfG, Beschl. v. 18.7.2006 – 1 BvL 1/04, NJW 2007, 900, 901, Rn. 56: „§ 1 I Nr. 1 TSG ist mit dem Gleichbehandlungsgebot (Art. 3 I GG) in Verbindung mit dem Grundrecht auf Schutz der Persönlichkeit (Art. 2 I i.V. mit Art. 1 I GG) nicht vereinbar, soweit er ausländi-

und Personen mit deutschem Personalstatut beschränkte Antragsbefugnis be-
wirke eine Ungleichbehandlung transgeschlechtlicher Personen mit ausländischer Staatsangehörigkeit, die sich rechtmäßig und nicht nur vorübergehend in
Deutschland aufhielten und deren Heimatrecht vergleichbare Regelungen nicht
kenne.[22] Diese Ungleichbehandlung sei sachlich nicht gerechtfertigt.[23]

Zwar verfolge der Gesetzgeber mit der Beschränkung des Personenkreises
einen am Staatsangehörigkeitsprinzip ausgerichteten legitimen Zweck.[24] Jedoch
sei die mit § 1 Abs. 1 Nr. 1 TSG a.F. einhergehende absolute Vorenthaltung des
Grundrechtsschutzes für Personen, deren Heimatrecht eine Vornamens- oder
Geschlechtsänderung nicht kenne, mit dem Grundgesetz unvereinbar.[25] Für Betroffene, deren Heimatrecht keine dem TSG vergleichbare Regelungen enthalte,
bedeute dies eine schwere Beeinträchtigung ihres allgemeinen Persönlichkeitsrechts.[26] Diese Beeinträchtigung ließe sich zwar in Hinblick auf Personen, die sich
erst kurzfristig und nur vorübergehend in Deutschland aufhielten, noch rechtfertigen.[27] Für Personen, die rechtmäßig und nicht nur vorübergehend in
Deutschland lebten, bedeute die Vorenthaltung der Rechte des TSG indes eine
nicht zu rechtfertigende Ungleichbehandlung und eine Verletzung ihres allgemeinen Persönlichkeitsrechts.[28]

Das BVerfG verpflichtete den Gesetzgeber daher, eine verfassungsgemäße
Neuregelung zu schaffen. Dabei hielt das Gericht sowohl die Einführung einer
Kollisionsnorm über die Geschlechtszugehörigkeit als auch eine Erstreckung der
Rechte des TSG auf ausländische Staatsangehörige für möglich.[29]

---

sche Transsexuelle, die sich rechtmäßig und nicht nur vorübergehend in Deutschland aufhalten, von der Antragsberechtigung zur Änderung des Vornamens und zur Feststellung der
Geschlechtszugehörigkeit nach § 8 I Nr. 1 TSG ausnimmt, sofern deren Heimatrecht vergleichbare Regelungen nicht kennt."

[22] BVerfG, Beschl. v. 18.7.2006 – 1 BvL 1/04, NJW 2007, 900, 901, Rn. 57: „Die auf Deutsche und Personen mit deutschem Personalstatut beschränkte Antragsberechtigung im Verfahren zur Vornamensänderung gem. § 1 I Nr. 1 TSG sowie im Verfahren zur Feststellung der
Geschlechtszugehörigkeit gem. § 8 I Nr. 1 i.V. mit § 1 I Nr. 1 TSG bewirkt im Verhältnis zu
Deutschen und Personen mit deutschem Personalstatut eine Ungleichbehandlung transsexueller Ausländer, die sich rechtmäßig und nicht nur vorübergehend in Deutschland aufhalten und deren Heimatrecht vergleichbare Regelungen nicht kennt."

[23] BVerfG, Beschl. v. 18.7.2006 – 1 BvL 1/04, NJW 2007, 900, 901, Rn. 57.
[24] BVerfG, Beschl. v. 18.7.2006 – 1 BvL 1/04, NJW 2007, 900, 901, Rn. 61.
[25] BVerfG, Beschl. v. 18.7.2006 – 1 BvL 1/04, NJW 2007, 900, 902, Rn. 68 ff.
[26] BVerfG, Beschl. v. 18.7.2006 – 1 BvL 1/04, NJW 2007, 900, 903, Rn. 75.
[27] BVerfG, Beschl. v. 18.7.2006 – 1 BvL 1/04, NJW 2007, 900, 903, Rn. 76.
[28] BVerfG, Beschl. v. 18.7.2006 – 1 BvL 1/04, NJW 2007, 900, 903, Rn. 76.
[29] BVerfG, Beschl. v. 18.7.2006 – 1 BvL 1/04, NJW 2007, 900, 904, Rn. 81 f.

b) Neufassung im Lichte verfassungsrechtlicher Erwägungen

Der deutsche Gesetzgeber entschied sich im Jahr 2007 für die letztgenannte Lösung und erweiterte den Kreis der antragsbefugten Personen in § 1 Abs. 1 Nr. 3 lit. d TSG um ausländische Staatsangehörige, die ein unbefristetes Aufenthaltsrecht oder eine verlängerbare Aufenthaltserlaubnis in Deutschland besitzen und sich dauerhaft rechtmäßig im Inland aufhalten.[30] Allerdings machte er die Antragsbefugnis von dem Erfordernis abhängig, dass das Heimatrecht der antragstellenden Person „keine diesem Gesetz vergleichbare Regelung kennt"[31].

c) Kritik an § 1 Abs. 1 Nr. 3 lit. d TSG

Dass die mangelnde Vergleichbarkeit des Heimatrechts zur Voraussetzung der Antragsbefugnis i.S.d. § 1 Abs. 1 Nr. 3 lit. d TSG erklärt wurde, wird kritisch bewertet.[32] Kritisiert wird etwa, dass der erforderliche Rechtsvergleich die zügige Durchführung eines TSG-Verfahrens erschwere und für Betroffene eine zusätzliche Belastung darstellen könne.[33] Tatsächlich muss das zuständige Gericht zunächst gem. § 293 ZPO von Amts wegen ermitteln,[34] ob das Heimatrecht der antragstellenden Person hinsichtlich der Möglichkeiten einer rechtlichen Geschlechtsangleichung mit dem deutschen Recht vergleichbar ist.[35] Dies wird oft auch die Einholung eines Sachverständigengutachtens erfordern, weshalb die Voraussetzung der „Nicht-Vergleichbarkeit" häufig zu einer Erhöhung der Verfahrensdauer und Verfahrenskosten führt.[36] Zudem mag es in Zweifelsfällen nur schwer feststellbar sein, ob die Regelungen im Heimatstaat zwar objektiv vergleichbar, aber dennoch faktisch nicht durchsetzbar sind.[37]

---

[30] BGBl. I 2007, S. 1556.

[31] § 1 Abs. 1 Nr. 3 lit. d TSG n.F.; siehe dazu *Adamietz*, Geschlecht als Erwartung, 2011, S. 141; *Augstein*, Transsexuellengesetz, 2012, § 1 TSG, Rn. 4; *Gössl*, FamRZ 2018, 383, 387; *Grünberger*, in: Groß/Neuschaefer-Rube/Steinmetzer (Hrsg.), Transsexualität und Intersexualität, 2008, 81, 92.

[32] Siehe etwa die Kritik bei *Adamietz*, Geschlecht als Erwartung, 2011, S. 141; *Gössl*, FamRZ 2018, 383, 387; *Grünberger*, in: Groß/Neuschaefer-Rube/Steinmetzer (Hrsg.), Transsexualität und Intersexualität, 2008, 81, 92; *Grünberger*, StAZ 2007, 357, 367; *Roßbach*, in: Duden (Hrsg.), IPR für eine bessere Welt, 2022, 125, 138.

[33] Vgl. *Gössl*, FamRZ 2018, 383, 387; *Grünberger*, in: Groß/Neuschaefer-Rube/Steinmetzer (Hrsg.), Transsexualität und Intersexualität, 2008, 81, 92; *Grünberger*, StAZ 2007, 357, 367; *Roßbach*, in: Duden (Hrsg.), IPR für eine bessere Welt, 2022, 125, 138.

[34] Näher dazu *Geimer*, Internationales Zivilprozessrecht, 2020, Rn. 2597; *Junker*, Internationales Privatrecht, 2022, § 11, Rn. 1 ff.

[35] *Adamietz/Bager*, Gutachten: Reformbedarf transgeschlechtliche Menschen, 2016, S. 48; *Augstein*, Transsexuellengesetz, 2012, § 1 TSG, Rn. 4; *Gössl*, FamRZ 2018, 383, 387; *Roßbach*, in: Duden (Hrsg.), IPR für eine bessere Welt, 2022, 125, 138.

[36] Vgl. *Gössl*, FamRZ 2018, 383, 387; *Grünberger*, in: Groß/Neuschaefer-Rube/Steinmetzer (Hrsg.), Transsexualität und Intersexualität, 2008, 81, 92; *Grünberger*, StAZ 2007, 357, 367; *Roßbach*, in: Duden (Hrsg.), IPR für eine bessere Welt, 2022, 125, 138.

[37] *Augstein*, Transsexuellengesetz, 2012, § 1 TSG, Rn. 4; *Gössl*, FamRZ 2018, 383, 387.

d) Vergleichbarkeit des Heimatrechts

Trotz dieser Kritik ist nach der geltenden Rechtslage im Rahmen des § 1 Abs. 1 Nr. 3 lit. d TSG zu prüfen, ob das Heimatrecht der antragstellenden Person in Hinblick auf die Möglichkeit einer Änderung des rechtlichen Geschlechts mit dem deutschen Recht vergleichbar ist.

Eine solche Vergleichbarkeit ist fraglos zu bejahen, wenn die ausländische Rechtsordnung eine Änderung des rechtlichen Geschlechts von den gleichen Voraussetzungen abhängig macht, wie das deutsche Recht.[38] Darüber hinaus ist eine ausländische Rechtsordnung bei teleologischer Auslegung des § 1 Abs. 1 Nr. 3 lit. d TSG auch dann mit dem deutschen Recht vergleichbar, wenn sie eine rechtliche Geschlechtsangleichung sogar an niedrigere Voraussetzungen knüpft, indem sie beispielsweise für die Änderung des rechtlichen Geschlechts eine Erklärung vor dem Standesamt ausreichen lässt.[39]

Dagegen fehlt es umgekehrt an einer „vergleichbaren Regelung" i.S.d. § 1 Abs. 1 Nr. 3 lit. d TSG, wenn das ausländische Recht gar keine Möglichkeiten zur Änderung des rechtlichen Geschlechts vorsieht.[40] Seit Änderung der Rechtslage in Ungarn im Jahr 2020 könnten sich daher insbesondere ungarische Staatsangehörige auf die Regelung des § 1 Abs. 1 Nr. 3 lit. d TSG berufen.[41]

Weiterhin ist eine ausländische Rechtsordnung nach der Rechtsprechung des BGH auch dann nicht gem. § 1 Abs. 1 Nr. 3 lit. d TSG mit dem deutschen Recht vergleichbar, wenn sie zwar grundsätzlich Möglichkeiten zur Änderung des rechtlichen Geschlechts bereithält, diese jedoch an Voraussetzungen knüpft, die unter Zugrundelegung deutschen Rechts verfassungswidrig wären.[42] Erinnert sei beispielsweise an das verfassungswidrige Erfordernis, sich vor einer Änderung des rechtlichen Geschlechts scheiden zu lassen oder sich einer geschlechtsangleichenden Operation zu unterziehen.[43] In einem solchen Fall wäre es mit dem Grundrecht auf Achtung der geschlechtlichen Identität (Art. 2 Abs. 1 GG i.V.m. Art. 1 Abs. 1 GG) unvereinbar, wenn die betroffene Person gleichwohl auf eine Durchführung des Verfahrens im Heimatstaat verwiesen würde.[44] Insofern er-

---

[38] Näher dazu *Gössl*, FamRZ 2018, 383, 386.

[39] Vgl. *Gössl*, FamRZ 2018, 383, 386; siehe ferner zu Rechtsordnungen, die derzeit niedrigere Hürden aufstellen als das deutsche Recht, oben S. 124 f.

[40] BGH, Beschl. v. 29.11.2017 – XII ZB 346/17, FamRZ 2018, 383 ff.; siehe dazu *Gössl*, FamRZ 2018, 383, 386 f.; *Kemper*, FamRB 2018, 109 f.; *Löhnig*, NZFam 2018, 139.

[41] Siehe zur Rechtslage in Ungarn oben S. 125.

[42] BGH, Beschl. v. 29.11.2017 – XII ZB 346/17, FamRZ 2018, 383, 386 Rn. 17: „Eine ausländische Regelung, die […] dem deutschen Verfassungsrecht entgegensteht, kann mit § 8 TSG in der ihm vom Bundesverfassungsgericht verliehenen Fassung nicht vergleichbar sein."

[43] BVerfG, Beschl. v. 27.5.2008 – 1 BvL 10/05, NJW 2008, 3117 ff.; BVerfG, Beschl. v. 11.1.2011 – 1 BvR 3295/07, NJW 2011, 909 ff.; vgl. dazu ferner BGH, Beschl. v. 29.11.2017 – XII ZB 346/17, FamRZ 2018, 383, 386 Rn. 16 f.; *Ring*, in: Heidel/Hüßtege/Mansel/Noack BGB, 2021, § 1 BGB, Rn. 71; für weitere Beispiele siehe *Gössl*, FamRZ 2018, 383, 386.

[44] Vgl. dazu *von Bar/Mankowski*, IPR, Band II, 2019, § 6, Rn. 156; *Gössl*, FamRZ 2018, 383, 386; näher zu den verfassungsrechtlichen Grundlagen oben S. 51 ff.

geben sich auch Parallelen zu den Vorgaben des Art. 8 Abs. 1 EMRK, welcher es den Konventionsstaaten verbietet, die rechtliche Anerkennung der geschlechtlichen Identität eines Menschen von der Durchführung einer geschlechtsangleichenden und womöglich zur Zeugungsunfähigkeit führenden Operationen abhängig zu machen.[45]

2. Kollisionsrechtliche Dimension

Wie erwähnt, hat der deutsche Gesetzgeber diese verfassungsrechtlichen Vorgaben durch eine Erweiterung des Kreises antragsbefugter Personen auf Ebene des Sachrechts umgesetzt.[46] Die Regelungstechnik des § 1 Abs. 1 Nr. 3 TSG wirft indes kollisionsrechtliche Folgefragen auf.[47] Klärungsbedürftig erscheint insbesondere, ob in einem Sachverhalt mit grenzüberschreitendem Bezug nicht zunächst mithilfe des IPR des Forumstaates bestimmt werden müsste, ob die Regelung des § 1 Abs. 1 TSG überhaupt Anwendung findet.[48] Immerhin besteht im deutschen IPR doch Einigkeit, dass grundsätzlich das anhand der Staatsangehörigkeit zu bestimmende Heimatrecht einer Person über die Möglichkeiten und Voraussetzungen einer Änderung des rechtlichen Geschlechts entscheidet.[49]

a) Kollisionsrechtliche Bewertung des § 1 Abs. 1 Nr. 3 lit. b–c TSG

Hinsichtlich des § 1 Abs. 1 Nr. 3 lit. b–c TSG ergeben sich bei näherer internationalprivatrechtlicher Betrachtung insofern keine Friktionen. Zwar beurteilt sich das rechtliche Geschlecht eines Menschen und auch die Möglichkeit einer späteren Änderung nach dem Heimatrecht.[50] Für staatenlose Personen und Menschen mit Fluchthintergrund gelten jedoch ohnehin Sonderregelungen.[51] So bestimmt sich das Personalstatut einer geflüchteten Person („Flüchtling"), gem. Art. 12 GFK nach dem Recht des Landes ihres Wohnsitzes bzw. ihres Aufenthaltstaates, wobei der Wohnsitzbegriff nach überwiegender Lesart mit dem Begriff des gewöhnlichen Aufenthaltes gleichgesetzt wird.[52] Für staatenlose Perso-

---

[45] Siehe nur EGMR, Urt. v. 6.4.2017 – Nr. 79885/12, 52471/13 u. 52596/13, *A.P., Garçon u. Nicot .l. Frankreich*; näher dazu oben S. 72.

[46] Siehe oben S. 192.

[47] Näher dazu auch *Mansel*, in: Nolte/Keller/Bogdandy et al. (Hrsg.), Pluralistische Gesellschaften und Internationales Recht, 2008, 137, 158.

[48] Vgl. dazu auch *Gössl*, IPRax 2017, 339, 343; *Roßbach*, in: Duden (Hrsg.), IPR für eine bessere Welt, 2022, 125, 136.

[49] Siehe dazu nur *Lipp*, in: MüKo BGB, 8. Aufl. 2020, Art. 7 EGBGB, Rn. 27; *Mansel*, in: Nolte/Keller/Bogdandy et al. (Hrsg.), Pluralistische Gesellschaften und Internationales Recht, 2008, 137, 158.

[50] Siehe oben S. 161 ff.

[51] Näher dazu *Heitmann*, Flucht und Migration im Internationalen Familienrecht, 2020, S. 56 ff.; *Kropholler*, Internationales Privatrecht, 2006, § 37 II., S. 264 ff.; *Weller*, in: Dethloff/Nolte/Reinisch (Hrsg.), Rückblick nach 100 Jahren und Ausblick, Migrationsbewegungen, 2018, 247 ff.; siehe dazu oben S. 165 ff.

[52] Art. 12 Abs. 1 GFK; siehe dazu *Heitmann*, Flucht und Migration im Internationalen

nen ist wiederum Art. 12 Abs. 1 des UN-Übereinkommen über die Rechtsstellung der Staatenlosen[53] bzw. nachrangig Art. 5 Abs. 2 EGBGB zu beachten, wonach ebenfalls das Recht des gewöhnlichen oder schlichten Aufenthaltes für anwendbar erklärt wird.[54] Es lässt sich folglich feststellen, dass auf das rechtliche Geschlecht staatenloser oder geflüchteter Personen mit Aufenthalt in Deutschland ohnehin deutsches Recht Anwendung findet.

b) Kollisionsrechtliche Bewertung des § 1 Abs. 1 Nr. 3 lit. d TSG

Schwieriger ist hingegen die kollisionsrechtliche Bewertung des § 1 Abs. 1 Nr. 3 lit. d TSG. Denn knüpfte man auf kollisionsrechtlicher Ebene uneingeschränkt an die Staatsangehörigkeit an,[55] fände die Vorschrift des § 1 Abs. 1 Nr. 3 lit. d TSG und die darin enthaltene Erweiterung der Antragsbefugnis auf ausländische Staatsangehörige mit gewöhnlichem Aufenthalt in Deutschland von vornherein keine Anwendung.[56] Den adressierten Personen wäre mithin wenig geholfen.

In der rechtswissenschaftlichen Literatur besteht daher Einigkeit, dass im Ergebnis ausnahmsweise deutsches Recht auf das rechtliche Geschlecht einer Person Anwendung finden muss, wenn das Heimatrecht dieser Person keine Möglichkeiten zur Änderung des rechtlichen Geschlechts vorsieht oder diese von grund- und menschenrechtswidrigen Voraussetzungen abhängig macht.[57] Unterschiede existieren indes hinsichtlich der dogmatischen Begründung:

aa) Anwendbarkeit des TSG als öffentlich-rechtliches Normenwerk

So weist etwa *Heinz-Peter Mansel* darauf hin, dass zumindest das BVerfG in seiner Entscheidung aus dem Jahr 2006 davon auszugehen schien,[58] dass das TSG

Familienrecht, 2020, S. 56 ff.; *Hepting/Dutta*, Familie und Personenstand, 2022, VI-41; *Kropholler*, Internationales Privatrecht, 2006, § 37 II., S. 269; *Weller*, in: Dethloff/Nolte/Reinisch (Hrsg.), Rückblick nach 100 Jahren und Ausblick, Migrationsbewegungen, 2018, 247, 252.

[53] Art. 12 Abs. 1 UN-Übereinkommen über die Rechtsstellung der Staatenlosen v. 28.9.1954; näher dazu *Hepting/Dutta*, Familie und Personenstand, 2022, VI-39.

[54] Vgl. *von Hein*, in: MüKo BGB, 8. Aufl. 2020, Art. 5 EGBGB, Rn. 105 ff.; siehe ferner bereits oben S. 166.

[55] Näher zur Staatsangehörigkeitsanknüpfung oben S. 161 ff.

[56] Vgl. auch *Roßbach*, in: Duden (Hrsg.), IPR für eine bessere Welt, 2022, 125, 136: „Knüpfte man in jedem Fall an die Staatsangehörigkeit einer Person an, käme diese Norm [§ 1 Abs. 1 Nr. 3 lit. d)] nie zum Tragen: Für Ausländer*innen ohne deutsches Personalstatut wäre von vornherein ihr Heimatrecht -und nicht das deutsche TSG- anwendbar." In eine ähnliche Richtung auch *Gössl*, IPRax 2017, 339, 343: „[...] es [kommt] zu einer gewissen Doppelung. Diese ist bereits [...] § 1 TSG eigen, da aus dem Sachrecht auf das Kollisionsrecht geschlossen wird, umgekehrt aber das Kollisionsrecht erst regelt, ob § 1 TSG anwendbar ist."

[57] Vgl. etwa *von Bar/Mankowski*, IPR, Band II, 2019, § 6, Rn. 156; *Hausmann*, in: Staudinger BGB, Neubearb. 2019, Stand: 31.5.2021, Art. 7 EGBGB, Rn. 39a; *Lipp*, in: MüKo BGB, 8. Aufl. 2020, Art. 7 EGBGB, Rn. 29; *Mansel*, in: Nolte/Keller/Bogdandy et al. (Hrsg.), Pluralistische Gesellschaften und Internationales Recht, 2008, 137, 158.

[58] BVerfG, Beschl. v. 18.7.2006 – 1 BvL 1/04, NJW 2007, 900 ff.

als öffentlich-rechtliches Normenwerk durch deutsche Hoheitsträger stets anzuwenden sei.[59] Auch *Anne Röthel* hebt hervor, dass durch die Beschränkung der Antragsbefugnis im TSG Grundannahmen verwirklicht würden, die sich sonst typischerweise eher im Bereich des öffentlichen Rechts fänden.[60]

Im Ergebnis führe dies dazu, so *Mansel*, dass das Heimatrecht der antragstellenden Person partiell durch das deutsche Aufenthaltsrecht verdrängt werde, falls das Heimatrecht eine Änderung des rechtlichen Geschlechts nicht oder nur unter verfassungswidrigen Voraussetzungen gestatte.[61] Dies sei insofern gerechtfertigt, als die betreffende Person durch ihre Antragstellung vor deutschen Gerichten zum Ausdruck bringe, sich willentlich dem Grundrechtsschutz des deutschen Rechts unterstellen zu wollen.[62]

bb) Anknüpfung an den gewöhnlichen Aufenthalt

Demgegenüber schlägt unter anderem *Rainer Hausmann* vor, hinsichtlich des rechtlichen Geschlechts eines Menschen ausnahmsweise nicht an die Staatsangehörigkeit, sondern an den gewöhnlichen Aufenthalt anzuknüpfen, wenn das Heimatrecht keine Änderung des rechtlichen Geschlechts gestatte oder diese von verfassungswidrigen Voraussetzungen abhängig mache.[63] In den von § 1 Abs. 1 Nr. 3 lit. d TSG adressierten Fällen käme mithin stets deutsches Sachrecht zur Anwendung.

---

[59] *Mansel*, in: Nolte/Keller/Bogdandy et al. (Hrsg.), Pluralistische Gesellschaften und Internationales Recht, 2008, 137, 158: „Bei der kollisionsrechtlichen Diskussion wird nicht ausreichend untersucht, ob das TSG nicht als öffentlichrechtliches Normenwerk durch deutsche Hoheitsträger immer anzuwenden ist. […] Dieses Verständnis scheint der Entscheidung des Bundesverfassungsgerichts auch unausgesprochen zugrunde zu liegen. Im Ergebnis führt sie allerdings dazu, dass partiell das deutsche Aufenthaltsrecht unter entsprechender Verdrängung des Heimatrechts berufen wird."

[60] *Röthel*, IPRax 2007, 204, 205: „In der Tat bedeutet das Inländererfordernis in §§ 1, 8 TSG keine typische kollisionsrechtliche Entscheidung – also Berufung eigenen oder fremden Rechts –, sondern es erhebt die deutsche Staatsangehörigkeit zu einer Entscheidungsvoraussetzung. Über diese Ausgestaltung werden Grundannahmen verwirklicht, die sich typischerweise sonst im Bereich des öffentlichen Rechts finden: Der Gesetzgeber des TSG beharrt darauf, dass deutsche Gerichte nur deutsches Sachrecht anwenden, und verwehrt überdies ausländischen Staatsangehörigen jede Entscheidung in der Sache."

[61] Vgl. *Mansel*, in: Nolte/Keller/Bogdandy et al. (Hrsg.), Pluralistische Gesellschaften und Internationales Recht, 2008, 137, 158.

[62] *Mansel*, in: Nolte/Keller/Bogdandy et al. (Hrsg.), Pluralistische Gesellschaften und Internationales Recht, 2008, 137, 158 f.

[63] *Hausmann*, in: Staudinger BGB, Neubearb. 2019, Stand: 31.5.2021, Art. 7 EGBGB, Rn. 39a: „[…] § 1 Abs 1 Nr 3 lit d TSG nF [eröffnet] nunmehr auch solchen Ausländern, deren Heimatrecht keine vergleichbare Regelung kennt, die Möglichkeit zur personenstandsrechtlichen Änderung der Geschlechtszugehörigkeit oder zur Änderung des Vornamens. […] Unter Durchbrechung des Staatsangehörigkeitsprinzips ist das Personalstatut in einem solchen Fall mithin bezüglich der Geschlechtszugehörigkeit an das Recht des gewöhnlichen Aufenthalts anzuknüpfen." So auch *Lipp*, in: MüKo BGB, 8. Aufl. 2020, Art. 7 EGBGB, Rn. 29; *Wagner*, FamRZ 2022, 245, 248; in diese Richtung ferner *Dutta*, IPRax 2017, 139, 141.

cc) Spezielle ordre public-Klausel

Schließlich ordnen unter anderem *Christian von Bar* und *Peter Mankowski* die Regelung des § 1 Abs. 1 Nr. 3 lit. d TSG als spezielle *ordre public*-Klausel ein, die das Anwendungsergebnis bei starkem Inlandsbezug im Einzelfall korrigiere, wenn das Heimatrecht der betreffenden Person eine Änderung des rechtlichen Geschlechts entsprechend der geschlechtlichen Identität nicht oder nur unter verfassungswidrigen Voraussetzungen zulasse.[64] Auch diese Betrachtung führt in den von § 1 Abs. 1 Nr. 3 lit. d TSG angesprochenen Konstellationen also zu einer Anwendung deutschen Rechts.

dd) Stellungnahme

Die Vielzahl der existierenden Ansätze belegt, dass die kollisionsrechtliche Beurteilung des § 1 Abs. 1 Nr. 3 lit. d TSG durchaus komplex ist.

Zuzugeben ist, dass die Regelungstechnik des § 1 Abs. 1 Nr. 3 TSG tatsächlich eher derjenigen öffentlich-rechtlicher Normtexte ähnelt, die typischerweise keine Verweisung auf fremdes Recht vornehmen, sondern lediglich einseitig festlegen, wann das eigene Recht Anwendung finden soll.[65] Es liegt daher nahe, dass der Gesetzgeber bei der Neufassung des § 1 Abs. 1 Nr. 3 TSG davon ausging, dass das TSG seinen Anwendungsbereich selbst regeln werde und keine kollisionsrechtliche Prüfung erforderlich sei, um zu bestimmen, ob die Regelung in grenzüberschreitenden Sachverhalten überhaupt Anwendung findet.

Sofern man gleichwohl darum bemüht ist, die Regelung des § 1 Abs. 1 Nr. 3 lit. d TSG in die Systematik des deutschen IPR einzupassen und sie mithilfe der klassischen verweisungsrechtlichen IPR-Methodik für anwendbar zu erklären, spräche für die vorgeschlagene Aufenthaltsanknüpfung, dass auch das BVerfG in seiner Entscheidung von 2006 angedeutet hat, dass es in bestimmten Konstellationen begründet sei, hinsichtlich des rechtlichen Geschlechts einer Person vom Staatsangehörigkeitsprinzip abzuweichen und im Lichte grund- und menschenrechtlicher Erwägungen stattdessen an den gewöhnlichen Aufenthalt oder Wohnsitz eines Menschen anzuknüpfen.[66]

---

[64] *Von Bar/Mankowski*, IPR, Band II, 2019, § 6, Rn. 156: „Man sollte in Art. 1 I Nr. 3 lit. d [sic] […] eine besondere ordre public-Klausel sehen, die Anwendungsergebnisse umwandlungsfeindlicher Auslandsrechte bei starkem Inlandsbezug korrigiert." Ähnlich auch *Löhnig*, NZFam 2018, 139; *Schneider/Frister/Olzen*, Begutachtung Psychischer Störungen, 2020, S. 310.

[65] Näher zu der einseitigen Anwendung des eigenen öffentlichen Rechts *von Bar/Mankowski*, IPR, Band I, 2003, § 4, Rn. 4, 61; vgl. ferner *Röthel*, IPRax 2007, 204, 205.

[66] BVerfG, Beschl. v. 18.7.2006 – 1 BvL 1/04, NJW 2007, 900, 903, Rn. 71 f.: „Allerdings verlangen weder das Völkerrecht noch das Verfassungsrecht die Anwendung des Staatsangehörigkeitsprinzips im Internationalen Privatrecht, sondern würden auch die Anknüpfung an den Wohnsitz oder gewöhnlichen Aufenthaltsort erlauben. Auch der Gesetzgeber hat inzwischen selbst Ausnahmen von der Durchsetzung des Staatsangehörigkeitsprinzips im Internationalen Privatrecht statuiert. […] Damit hat der Gesetzgeber beachtet, dass es

Gleichzeitig hat das BVerfG in der genannten Entscheidung auch darauf hingewiesen, dass der Grundrechtsschutz im IPR typischerweise durch den *ordre public*-Vorbehalt des Art. 6 EGBGB verwirklicht werde.[67] Wie oben bereits ausgeführt wurde, wird durch Art. 6 EGBGB einerseits gewährleistet, dass der mit der grundsätzlichen Gleichwertigkeit der Rechtsordnungen einhergehende „Sprung ins Dunkle" (*Raape*) nicht zu einer Verletzung elementarer inländischer Rechtsgrundsätze führt.[68] Andererseits richtet sich der *ordre public*-Vorbehalt stets nur gegen das Ergebnis der Auslandsrechtsanwendung; eine abstrakte Kontrolle des ausländischen Rechts findet dagegen gerade nicht statt.[69]

Hält man an diesen bewährten Grundsätzen des IPR fest, erscheint es vorzugswürdig, auch bei der kollisionsrechtlichen Beurteilung der Geschlechtszugehörigkeit eine *ordre-public* Prüfung vorzunehmen, anstatt von vornherein auf den gewöhnlichen Aufenthalt einer Person abzustellen, wenn eine ausländische Rechtsordnung grundrechtsrelevante Rechte vorenthält. Andernfalls müsste bereits bei der Anwendung einer Kollisionsregel eine Korrektur des Anknüpfungspunktes aufgrund der Unvereinbarkeit einer möglicherweise anwendbaren ausländischen Rechtsordnung mit grund- und menschenrechtlichen Vorgaben vorgenommen werden. Dies würde die kollisionsrechtliche Prüfung nicht nur überfrachten. Auch der Respekt vor ausländischen Rechtsordnungen und der Grundsatz der Gleichwertigkeit der Rechtsordnungen würden damit unnötig strapaziert.[70] Es erscheint daher überzeugender, das Anwendungsergebnis jeweils im Einzelfall zu korrigieren, wenn das Heimatrecht der antragstellenden Person eine Änderung des rechtlichen Geschlechts nicht oder nur unter verfassungswidrigen Voraussetzungen gestattet. Ob man hierzu § 1 Abs. 1 Nr. 3 lit. d TSG als spezielle *ordre public* Klausel heranzieht oder den allgemeinen *ordre public*-Vorbehalt des Art. 6 EGBGB fruchtbar macht, kann letztlich dahinstehen.

Davon zu unterscheiden ist freilich die Frage, ob es *de lege ferenda* nicht insgesamt vorzugswürdig wäre, hinsichtlich des rechtlichen Geschlechts einer

---

Gründe geben kann, die es erfordern, bei bestimmten Rechtsverhältnissen vom Staatsangehörigkeitsprinzip abzuweichen. Dies gilt vor allem dann, wenn das jeweilige ausländische Recht aus der Sicht des deutschen Verfassungsrechts grundrechtsrelevante Rechte vorenthält oder Regelungen getroffen hat, deren Anwendung Grundrechte der Betroffenen verletzen."

[67] So auch BVerfG, Beschl. v. 18.7.2006 – 1 BvL 1/04, NJW 2007, 900, 903, Rn. 73: „Dem Grundrechtsschutz trägt im deutschen Internationalen Privatrecht Art. 6 EGBGB Rechnung, der Ausdruck des ordre public ist und bestimmt, dass im Falle der Anwendung des Heimatrechts eine Regelung eines anderen Staates dennoch nicht anzuwenden ist, wenn dies zu einem Ergebnis führte, das mit wesentlichen Grundsätzen des deutschen Rechts offensichtlich unvereinbar wäre. Insbesondere ist eine ausländische Regelung nicht anzuwenden, wenn die Anwendung mit den Grundrechten unvereinbar ist (Art. 6 S. 2 EGBGB)."

[68] Siehe oben S. 169.

[69] Siehe oben S. 170.

[70] Näher zu diesen Grundsätzen oben S. 169 ff.

Person an ihren gewöhnlichen Aufenthalt anzuknüpfen.[71] Auf diese rechtspolitische Überlegung ist im Rahmen dieser Arbeit noch zurückzukommen.[72]

c) Zwischenergebnis

Unabhängig davon, auf welche Weise dem verfassungsrechtlichen Schutz der geschlechtlichen Identität eines Menschen auf Ebene des Kollisionsrechts Rechnung getragen wird, lässt sich an dieser Stelle jedenfalls festhalten, dass sich das rechtliche Geschlecht eines Menschen nach deutschem Recht bemisst, wenn das Heimatrecht der betreffenden Person keine Regelungen zur Änderung des rechtlichen Geschlechts vorsieht oder diese von Voraussetzungen abhängig macht, die mit den Vorgaben des deutschen Verfassungsrechts unvereinbar wären.

III. Ergebnis zum TSG-Verfahren

Zusammenfassend lässt sich konstatieren, dass eine Person mit ausländischer Staatsangehörigkeit nur dann eine Änderung ihres rechtlichen Geschlechts gem. § 8 Abs. 1 i.V.m. § 1 Abs. 1 Nr. 3 TSG vor deutschen Gerichten erreichen kann, wenn sie die Voraussetzungen des § 1 Abs. 1 Nr. 3 TSG erfüllt. Neben Staatenlosen (lit. b) und Geflüchteten (lit. c) sind auch ausländische Personen mit rechtmäßigem gewöhnlichem Aufenthalt in Deutschland antragsbefugt, sofern ihr Heimatrecht keine mit dem TSG vergleichbare Regelung enthält (lit. d). An einer solchen „vergleichbaren Regelung" i.S.d. § 1 Abs. 1 Nr. 3 lit. d TSG fehlt es nicht nur, wenn das ausländische Recht gar keine Möglichkeiten zur Änderung des rechtlichen Geschlechts vorsieht, sondern auch, wenn das Heimatrecht zwar grundsätzlich Änderungsmöglichkeiten bereithält, diese jedoch an Voraussetzungen knüpft, die aus Sicht des deutschen Rechts verfassungswidrig wären.

B. Verfahren auf Grundlage des PStG

Das TSG ist bekanntlich nicht das einzige Gesetz, das gegenwärtig eine Änderung des rechtlichen Geschlechts im Einklang mit der geschlechtlichen Identität ermöglicht. Vielmehr kommt für ausländische Staatsangehörige noch ein zweites Verfahren in Betracht, um ihren rechtlichen Geschlechtseintrag in Deutschland ändern zu lassen: § 45b PStG gestattet „Personen mit Varianten der Geschlechtsentwicklung", ihren Geschlechtseintrag durch Erklärung gegenüber dem Standesamt ändern oder streichen zu lassen.[73] Zu klären ist auch hier, welche Beson-

---

[71] Für einen perspektivischen Übergang zur Aufenthaltsanknüpfung bereits *Scherpe*, FamRZ 2007, 270, 272; ebenso *Mäsch*, in: BeckOK BGB, Hau/Poseck, 65. Ed. 2023, Art. 7 EGBGB, Rn. 38.

[72] Siehe unten S. 263 ff.

[73] Siehe oben S. 108 ff.

derheiten in Sachverhalten mit grenzüberschreitendem Bezug zu beachten sind. Dazu ist im Folgenden zunächst auf die Zuständigkeit deutscher Standesämter einzugehen (I.), bevor untersucht wird, unter welchen Voraussetzungen sich auch Personen ohne deutsche Staatsangehörigkeit auf das vereinfachte Verfahren des § 45b PStG berufen können (II.).

I. Zuständigkeit eines deutschen Standesamtes

Gemäß § 45b Abs. 4 S. 1 PStG ist für die Entgegennahme einer Erklärung zur Geschlechtsangabe das Standesamt zuständig, welches das Geburtenregister für die betroffene Person führt. Ist die Geburt nicht in einem deutschen Geburtenregister beurkundet, so ist nach § 45b Abs. 4 S. 2 PStG das Standesamt zuständig, das das Eheregister oder Lebenspartnerschaftsregister der Person führt. Ergibt sich auch danach keine Zuständigkeit, so ist nach § 45b Abs. 4 S. 3 PStG das Standesamt zuständig, in dessen Zuständigkeitsbereich die Person ihren Wohnsitz hat oder zuletzt hatte oder ihren gewöhnlichen Aufenthalt hat. Andernfalls ist gem. § 45b Abs. 4 S. 4 PStG das Standesamt I in Berlin zuständig. Dabei ist allgemein zu beachten, dass die deutschen Behörden und Gerichte nach der Konzeption des PStG unabhängig von der Staatsangehörigkeit einer Person für alle Personenstandsfälle zuständig sind, die sich im Territorium der Bundesrepublik ereignen.[74] Die Staatsangehörigkeit eines Menschen spielt daher grundsätzlich nur bei Nachbeurkundungen von Personenstandsfällen im Ausland eine Rolle.[75]

II. Anwendbarkeit des § 45b PStG auf ausländische Staatsangehörige

Ist ein deutsches Standesamt für die Entgegennahme einer Erklärung zur Geschlechtsangabe i.S.d. § 45b Abs. 1 PStG zuständig, stellt sich im zweiten Schritt die Frage, ob dort auch Personen mit ausländischer Staatsangehörigkeit eine Erklärung über ihre Geschlechtsangabe i.S.d. § 45b Abs. 1 PStG abgeben können.

1. Die Regelung des § 45b Abs. 1 PStG

Diese Frage regelt § 45b Abs. 1 PStG, welcher – dem Vorbild des § 1 Abs. 1 Nr. 3 TSG folgend – den Kreis der erklärungsberechtigten Personen selbst festlegt. Dabei differenziert § 45b Abs. 1 PStG danach, ob das Geschlecht einer Person mit Varianten der Geschlechtsentwicklung bereits in der Vergangenheit in einem deutschen Personenstandsregister beurkundet wurde oder nicht. Liegt kein Geschlechtseintrag in einem deutschen Personenstandsregister vor, können Personen mit Varianten der Geschlechtsentwicklung gem. § 45b Abs. 1 S. 2 PStG eine Änderung ihres rechtlichen Geschlechts nur erreichen, wenn sie

---

[74] *Dutta*, IPRax 2017, 139, 143.
[75] Vgl. §§ 34 ff. PStG; siehe dazu *Dutta*, IPRax 2017, 139, 143.

„1. Deutsche im Sinne des Grundgesetzes sind,

2. als Staatenlose oder heimatlose Ausländer ihren gewöhnlichen Aufenthalt im Inland haben,

3. als Asylberechtigte oder ausländische Flüchtlinge ihren Wohnsitz im Inland haben oder

4. als Ausländer, deren Heimatrecht keine vergleichbare Regelung kennt,

a) ein unbefristetes Aufenthaltsrecht besitzen,

b) eine verlängerbare Aufenthaltserlaubnis besitzen und sich dauerhaft rechtmäßig im Inland aufhalten oder

c) eine Blaue Karte EU besitzen."[76]

a) Vorliegen eines Personenstandseintrags, § 45b Abs. 1 S. 1 PStG

Wurde das Geschlecht einer Person bereits in der Vergangenheit in einem deutschen Personenstandseintrag beurkundet, ist die betreffende Person ungeachtet ihrer Staatsangehörigkeit berechtigt, eine Erklärung über ihre Geschlechtsangabe i.S.d. § 45b Abs. 1 S. 1 PStG abzugeben.[77] Die deutsche Staatsangehörigkeit ist mithin keine Voraussetzung für ein auf § 45b PStG gestütztes Änderungsverfahren.[78] Vielmehr können sich auch ausländische Personen mit Varianten der Geschlechtsentwicklung auf § 45b Abs. 1 S. 1 PStG berufen.[79] Die Regelung des § 45b Abs. 1 S. 1 PStG ist insofern konsequent, als die Staatsangehörigkeit einer Person keine Voraussetzung für Beurkundung in einem deutschen Personenstandsregister ist.[80]

b) Fehlen eines Personenstandseintrags, § 45b Abs. 1 S. 2 PStG

Etwas anderes gilt nach der Konzeption des § 45b Abs. 1 PStG für Fälle, in denen das Geschlecht einer Person noch nicht in einem deutschen Personenstandsregister beurkundet wurde. Bei Fehlen eines deutschen Personenstandseintrages ist § 45b Abs. 1 S. 2 PStG maßgeblich, der sich am Vorbild des § 1 Abs. 1 Nr. 3 TSG orientiert und nahezu identische Voraussetzungen aufstellt.[81]

Gem. § 45b Abs. 1 S. 2 PStG sind auch Personen ohne deutschen Personenstandseintrag berechtigt, eine Erklärung über ihre Geschlechtsangabe vor dem Standesamt abzugeben, wenn sie Deutsche im Sinne des Grundgesetzes sind (Nr. 1) oder als „Staatenlose oder heimatlose Ausländer" ihren gewöhnlichen Aufenthalt in Deutschland haben (Nr. 2). Ferner sind auch „Asylberechtigte

---

[76] So der Wortlaut des § 45b Abs. 1 S. 2 PStG.

[77] *Bornhofen*, in: Gaaz/Bornhofen/Lammers, PStG, 5. Aufl. 2020, § 45b PStG, Rn. 4; *Roßbach*, in: Duden (Hrsg.), IPR für eine bessere Welt, 2022, 125, 133.

[78] Siehe dazu *Dutta*, IPRax 2017, 139, 143; *Lammers*, in: Gaaz/Bornhofen/Lammers, PStG, 55. Aufl. 2020, § 21 PStG, Rn. 7 ff.

[79] *Roßbach*, in: Duden (Hrsg.), IPR für eine bessere Welt, 2022, 125, 133.

[80] Vgl. dazu *Lammers*, in: Gaaz/Bornhofen/Lammers, Personenstandsgesetz, 5. Aufl. 2020, § 21 PStG, Rn. 7.

[81] Siehe dazu *Berndt-Benecke*, NVwZ 2019, 286, 289; näher zur Regelung des § 1 Abs. 1 Nr. 3 TSG oben S. 189.

oder ausländische Flüchtlinge" mit Wohnsitz im Inland (Nr. 3) sowie ausländische Staatsangehörige („Ausländer"), deren Heimatrecht keine vergleichbare Regelung kennt (Nr. 4), i.S.d. § 45b Abs. 1 PStG erklärungsberechtigt. Im Fall der letztgenannten Gruppe ist es jedoch erforderlich, dass die betreffende Person ein unbefristetes Aufenthaltsrecht besitzt (Nr. 4 lit. a), eine verlängerbare Aufenthaltserlaubnis besitzt und sich dauerhaft rechtmäßig im Inland aufhält (Nr. 4 lit. b) oder eine Blaue Karte EU besitzt (Nr. 4 lit. c).

aa) Vergleichbarkeit des Heimatrechts

Auf das Erfordernis einer „vergleichbaren Regelung" im Heimatrecht wurde bereits eingegangen.[82] Zwar wurden die Maßstäbe zur Bewertung einer solchen Vergleichbarkeit im Kontext des TSG entwickelt. Allerdings beruft sich auch die Gesetzesbegründung zu § 45b Abs. 1 S. 2 PStG auf die verfassungsrechtlichen Erwägungen, die seinerzeit nach einer Neufassung des § 1 Abs. 1 Nr. 3 TSG verlangten.[83] Eine parallele Begriffsauslegung ist daher angezeigt.

bb) Eigene Ermittlungen des Standesamts

Da § 45b Abs. 1 S. 2 PStG jedoch – anders als das TSG – ein Verfahren vor dem Standesamt vorsieht, sei noch ein kurzer Blick auf die Besonderheiten des PStG-Verfahrens geworfen: Hier ist insbesondere die Regelung des § 9 Abs. 1 PStG zu nennen,[84] wonach Eintragungen in den Personenstandsregistern auf Grund von Anzeigen, Anordnungen, Erklärungen, Mitteilungen und eigenen Ermittlungen des Standesamts vorgenommen werden.[85] Das zuständige Standesamt muss also grundsätzlich selbst ermitteln, ob das Heimatrecht einer Person eine mit dem deutschen Recht „vergleichbare Regelung" i.S.d. § 45b Abs. 1 S. 2 Nr. 4 PStG enthält oder nicht. Lässt sich diese Frage selbst bei gründlicher rechtlicher Prü-

---

[82] Siehe oben S. 193 f.

[83] BT- Drucks. 19/4669, S. 12: „Grundsätzlich ist es dem jeweiligen Heimatrecht überlassen, ob der Name oder die Geschlechtszugehörigkeit geändert werden können, da Friktionen […] zu vermeiden sind. Diese Erwägung kann allerdings dann nicht Platz greifen, wenn die betroffene Person sich nicht nur vorübergehend im Inland aufhält und ihr Heimatrecht eine vergleichbare Regelung nicht kennt. Das allgemeine Persönlichkeitsrecht in seiner Ausprägung als Schutz der geschlechtlichen Identität gebietet es im Zusammenwirken mit dem Gleichbehandlungsgebot, diesen Personen in gleicher Weise wie Personen, die in Personenstandsregistern erfasst sind, die Möglichkeit zu geben, eine entsprechende Erklärung abzugeben."

[84] § 9 Abs. 1 PStG: „Eintragungen in den Personenstandsregistern werden auf Grund von Anzeigen, Anordnungen, Erklärungen, Mitteilungen und eigenen Ermittlungen des Standesamts sowie von Einträgen in anderen Personenstandsregistern, Personenstandsurkunden oder sonstigen öffentlichen Urkunden vorgenommen."

[85] Beachte ferner § 5 PStV: „Eintragungen im Personenstandsregister und sonstige Beurkundungen dürfen erst vorgenommen werden, wenn der zugrunde liegende Sachverhalt ermittelt und abschließend geprüft worden ist."

fung nicht klären, kann das Standesamt gem. § 49 Abs. 2 PStG eine gerichtliche Entscheidung darüber herbeiführen, ob die Änderung des Geschlechtseintrages vorzunehmen ist (*Zweifelsvorlage*).[86]

2. Kollisionsrechtliche Dimension

Führt man sich abermals vor Augen, dass sich das rechtliche Geschlecht einer Person und die Voraussetzungen einer späteren Änderung grundsätzlich nach dem Heimatrecht eines Menschen beurteilen,[87] ließe sich auch in Hinblick auf § 45b PStG wieder die Frage stellen, ob die Regelung in einem Sachverhalt mit grenzüberschreitendem Bezug überhaupt Anwendung findet.[88]

a) Keine verfahrensrechtliche Qualifikation

Keine Probleme ergäben sich, wenn § 45b PStG als Regelung des deutschen Personenstandsverfahrensrechts zu qualifizieren wäre, da seine Anwendbarkeit in diesem Fall nicht von den Kollisionsnormen des materiellen IPR abhinge, sondern vielmehr nach dem *lex fori*-Grundsatz das Verfahrensrecht der handelnden Behörde, mithin deutsches Recht, ausschlaggebend wäre.[89]

Indes ist zu beachten, dass § 45b PStG eigenständige Voraussetzungen für eine Änderung des rechtlichen Geschlechts aufstellt und somit Fragen verhandelt, die materiell-rechtlicher Natur sind.[90] Die Regelung des § 45b PStG wird daher auch als „Fremdkörper im PStG"[91] bezeichnet, durch den das Personenstandsrecht eine „materiell-rechtlichen Aufladung"[92] erfahre. Angesichts dessen erscheint es

---

[86] § 49 Abs. 2 PStG: „Das Standesamt kann in Zweifelsfällen auch von sich aus die Entscheidung des Gerichts darüber herbeiführen, ob eine Amtshandlung vorzunehmen ist. Für das weitere Verfahren gilt dies als Ablehnung der Amtshandlung." Näher dazu *Bornhofen*, in: Gaaz/Bornhofen/Lammers, PStG, 5. Aufl. 2020, § 49 PStG, Rn. 19.

[87] Siehe oben S. 160 ff.

[88] Beachte jedoch *Hepting/Dutta*, Familie und Personenstand, 2022, V-955: „§ 45b PStG [regelt] in Abs. 1 S. 1 seinen internationalen Anwendungsbereich selbst [...]."

[89] Vgl. BGH, Beschl. v. 15.2.1984 – IVb ZB 701/81, NJW 1984, 1299 ff., (juris-) Rn. 19: „Zwar gelten die Bestimmungen des Personenstandsgesetzes als verfahrensrechtliche lex fori auch in Fällen mit Auslandsberührung. Maßgeblich ist jedoch jeweils die materielle Rechtslage." Näher dazu *Lammers*, in: Gaaz/Bornhofen/Lammers, PStG, 5. Aufl. 2020, § 21 PStG, Rn. 9.

[90] *Hepting/Dutta*, Familie und Personenstand, 2022, I-11: „Fragen, die eigentlich materiellrechtlicher Natur sind, werden im Personenstandsrecht geregelt, etwa [...] die Erklärung zur Geschlechtsangabe und Vornamensführung bei Personen mit einer Variante der Geschlechtsentwicklung (§ 45b PStG)."

[91] OLG Nürnberg, Beschl. v 3.9.2019 – 11 W 1880/19, FamRZ 2019, 1948 ff., (juris-) Rn. 16: „Die Vorschrift ist ein Fremdkörper im PStG, das ansonsten reines Registerrecht ist, das lediglich das ‚Ob und Wie der Registrierung', aber nicht die materiellen Regelungen zu den zu registrierenden Personenstandsangaben regelt [...]. § 45b PStG regelt gerade auch deren materielle Voraussetzungen."

[92] *Hepting/Dutta*, Familie und Personenstand, 2022, I-11: „Allerdings lädt der Gesetzge-

vorzugswürdig, § 45b PStG als materiell-privatrechtliche Regelung einzuordnen und sie dem Geschlechtsstatut zu unterstellen.[93]

b) Kollisionsrechtliche Bewertung des § 45b Abs. 1 S. 1 PStG

Findet danach auf die Geschlechtszugehörigkeit eines Menschen grundsätzlich dessen Heimatrecht Anwendung, hätte dies jedoch zur Folge, dass die Regelung des § 45b Abs. 1 S. 1 PStG aufgrund der ausländischen Staatsangehörigkeit der betreffenden Person keine Anwendung fände.[94] Dies liefe indes der klaren gesetzgeberischen Intention zuwider, das Änderungsverfahren des § 45b Abs. 1 S. 1 PStG auch ausländischen Staatsangehörigen mit deutschem Personenstandseintrag zu eröffnen. Es ist daher *Susanna Roßbach* zuzustimmen, wenn sie dafür plädiert, bei Vorliegen eines deutschen Personenstandseintrages unter Durchbrechung der Staatsangehörigkeitsanknüpfung ausnahmsweise das Recht des registerführenden Staates für anwendbar zu erklären.[95]

c) Kollisionsrechtliche Bewertung des § 45b Abs. 1 S. 2 PStG

Etwas anderes muss dagegen für die kollisionsrechtliche Bewertung des § 45b Abs. 1 S. 2 PStG gelten, der ausländischen Personen ohne deutschen Geschlechtseintrag nur unter bestimmten Voraussetzungen eine Änderung ihres Geschlechtseintrages in Deutschland gestattet.[96] Unter Verweis auf die Ausführungen zu § 1 Abs. 1 Nr. 3 TSG lässt sich insofern folgendes festhalten: Während die rechtliche Geschlechtszugehörigkeit der in § 45b Abs. 1 S. 2 Nr. 2–3 PStG angesprochenen staatenlosen und geflüchteten Personen ohnehin dem deutschem Recht unterfällt,[97] findet in Hinblick auf die in § 45b Abs. 1 S. 2 Nr. 4 PStG genannten Personen wegen Art. 6 EGBGB ausnahmsweise deutsches Recht Anwendung, wenn

---

ber zunehmend das Personenstandsrecht materiellrechtlich auf." Siehe dazu bereits oben S. 98.

[93] So im Ergebnis wohl auch *Roßbach*, in: Duden (Hrsg.), IPR für eine bessere Welt, 2022, 125, 137; vgl. allgemein auch *von Bar/Mankowski*, IPR, Band II, 2019, § 6, Rn. 150: „Die Geschlechtszugehörigkeit ist eine […]. Rechtsfrage. Diese Rechtsfrage ist materiellprivatrechtlich, nicht verfahrensrechtlich."

[94] *Roßbach*, in: Duden (Hrsg.), IPR für eine bessere Welt, 2022, 125, 137: „Nach § 45b Abs. 1 Satz 1 PStG kann die Änderung oder Streichung des Personenstandseintrags […] von allen Personen mit deutschem Personenstandseintrag – unabhängig von ihrer Staatsangehörigkeit – gestellt werden. Angenommen, das anwendbare Recht richtete sich entsprechend den Regeln für trans Personen nach der Staatsangehörigkeit, käme in diesem Fall von vornherein nicht § 45b Abs. 1 Satz 1 PStG, sondern das Heimatrecht zum Tragen."

[95] *Roßbach*, in: Duden (Hrsg.), IPR für eine bessere Welt, 2022, 125, 137: „Um einen Gleichlauf mit den Regelungen des Sachrechts zu erreichen, bietet es sich in diesen Fällen – wiederum unter Durchbrechung des Staatsangehörigkeitsprinzips – an, an das Registerrecht anzuknüpfen."

[96] Siehe ferner zu der Frage, ob diese Regelungstechnik nicht eher derjenigen öffentlich-rechtlicher Normen ähnelt, oben S. 195 ff.

[97] Siehe oben S. 165 f.; 194 f.

ihr Heimatrecht keine Regelungen Änderung des rechtlichen Geschlechts vorsieht oder diese von Voraussetzungen abhängig macht, die aus Sicht des deutschen Rechts verfassungswidrig wären.[98] Zum gleichen Ergebnis gelangte man auch, wenn man § 45b Abs. 1 S. 2 Nr. 4 PStG als spezielle *ordre public*-Klausel einordnet.[99]

III. Ergebnis zum PStG-Verfahren

Die Regelung des § 45b Abs. 1 PStG gestattet ausländischen Personen mit Varianten der Geschlechtsentwicklung, ihren rechtlichen Geschlechtseintrag durch einfache Erklärung gegenüber einem deutschen Standesamt ändern oder streichen zu lassen. Unabhängig von der Staatsangehörigkeit der antragstellenden Person besteht dabei zunächst die Möglichkeit, eine Erklärung über die Geschlechtsangabe i.S.d. § 45b Abs. 1 S. 1 PStG abzugeben, wenn in Hinblick auf die betreffende Person bereits ein deutscher Personenstandseintrag existiert. In diesem Fall kommt es auch nicht darauf an, ob die jeweilige Heimatrechtsordnung hinsichtlich der Möglichkeiten einer Selbstbestimmung über das rechtliche Geschlecht mit dem deutschen PStG vergleichbar ist. Existiert dagegen in Hinblick auf die antragstellende Person kein deutscher Personenstandseintrag, kann trotzdem eine Änderung des Geschlechtseintrages in Deutschland erfolgen, wenn diese Person die in § 45b Abs. 1 S. 2 Nr. 1–4 PStG näher konkretisierten Voraussetzungen erfüllt. Von besonderer Bedeutung ist hier die Regelung des § 45b Abs. 1 S. 2 Nr. 4 PStG, die sich an § 1 Abs. 1 Nr. 3 TSG orientiert und ausländischen Staatsangehörigen mit rechtmäßigem gewöhnlichem Aufenthalt eine Änderung ihres rechtlichen Geschlechts in Deutschland gestattet, wenn ihr Heimatrecht keine vergleichbare Regelung kennt. An einer solchen „vergleichbaren Regelung" fehlt es nicht nur, wenn das Heimatrecht gar keine Regelungen zur Änderung des rechtlichen Geschlechts vorsieht, sondern auch, wenn eine solche Änderung von Voraussetzungen abhängig gemacht würde, die aus Sicht des deutschen Rechts verfassungswidrig wären.

C. Folgen und Probleme in der praktischen Umsetzung

Es hat sich gezeigt, dass in Deutschland lebende Personen ohne deutsche Staatsangehörigkeit gem. § 8 Abs. 1 i.V.m. § 1 Abs. 1 Nr. 3 lit. d TSG bzw. § 45b Abs. 1 S. 2 Nr. 4 PStG eine Änderung ihres rechtlichen Geschlechts im Inland erreichen können, sofern ihr Heimatrecht keine dem TSG oder PStG vergleichbare Regelung kennt. Hat das Verfahren auf Grundlage des TSG stattgefunden, kann sich die betreffende Person auf den Gerichtsbeschluss berufen, um in Alltag ihre neue

---

[98] Siehe oben S. 169 ff.
[99] Siehe zu der parallelen Diskussion bei § 1 Abs. 1 Nr. 3 lit. d TSG oben S. 194 f.

Geschlechtszugehörigkeit nachzuweisen. Wurde eine Erklärung auf Grundlage des § 45b Abs. 2 Nr. 4 PStG abgegeben, reicht wiederum die beurkundete Erklärung selbst als Nachweis des neuen rechtlichen Geschlechts, da eine Folgebeurkundung zum Geschlechtseintrag i.S.d. § 27 Abs. 3 Nr. 4 PStG in Ermangelung eines deutschen Registereintrages nicht in Betracht kommt.[100] Ein solcher Nachweis kann für ausländische Staatsangehörige mit gewöhnlichem Aufenthalt in Deutschland spürbare Erleichterungen im Alltag mit sich bringen, da sie sich beispielsweise bei der Einrichtung eines Bankkontos, beim Abschluss einer Vereinsmitgliedschaft oder bei der Ausgabe eines Studierendenausweises entsprechend ihrer geschlechtlichen Identität ausweisen können.

I. Gefahr hinkender Geschlechtszuordnungen

Gleichwohl haben ausländische Staatsangehörige häufig mit erheblichen praktischen Problemen zu kämpfen, wenn sie in Deutschland ein Verfahren zur Änderung ihres rechtlichen Geschlechts durchlaufen, ihr Heimatrecht aber keine dem TSG oder PStG vergleichbare Regelung kennt.[101] Denn es hängt jeweils von ihrem Heimatrecht ab, ob dieses die in Deutschland vorgenommene Änderung des rechtlichen Geschlechts als wirksam erachtet oder nicht.[102]

Zwar sehen manche Rechtsordnungen mittlerweile die Möglichkeit vor, einen im Ausland erworbenen Geschlechtsstatus selbst dann als wirksam zu erachten, wenn das eigene Recht die betreffende geschlechtliche Zuordnung nicht oder nur unter strengeren Voraussetzungen vorgenommen hätte. So entschied etwa das Oberste Verwaltungsgericht Polens im Jahr 2021, dass eine transgeschlechtliche Person mit polnischer Staatsangehörigkeit, die in Kanada erfolgreich ein Verfahren zur Änderung ihres rechtlichen Geschlechts durchlaufen hatte, berechtigt sei, einen polnischen Pass zu erhalten, der ihr Geschlecht entsprechend der in Kanada vorgenommenen Änderung widerspiegele.[103] Zudem besteht etwa im maltesischen Recht seit einigen Jahren die Möglichkeit, einen im Ausland erworbenen nicht-binären Geschlechtsstatus anzuerkennen.[104]

---

[100] *Bornhofen*, in: Gaaz/Bornhofen/Lammers, PStG, 5. Aufl. 2020, § 45b PStG, Rn. 5.

[101] Ausführlich dazu OLG Frankfurt a. M., Beschl. v. 24.5.2017 – 20 W 223/16, BeckRS 2017, 138169, Rn. 7, 18; vgl. ferner *Kemper*, FamRB 2018, 109; *DG Justice and Consumers*, Legal gender recognition in the EU, 2020, S. 125 f.

[102] Siehe dazu OLG Frankfurt a. M., Beschl. v. 24.5.2017 – 20 W 223/16, BeckRS 2017, 138169, Rn. 18; vgl. ferner *DG Justice and Consumers*, Legal gender recognition in the EU, 2020, S. 126; *Scherpe/Dunne*, in: Scherpe (Hrsg.), The Legal Status of Transsexual and Transgender Persons, 2015, 615, 629.

[103] Informationen zu der Entscheidung sind abrufbar unter: <https://notesfrompoland.com/2021/01/13/top-court-rules-that-sex-change-abroad-must-be-recognised-in-polish-documents/> (abgerufen am 1.3.2023).

[104] Art. 9 Abs. 2 „Gender Identity, Gender Expression and Sex Characteristics Act", Malta: „A gender marker other than male or female, or the absence thereof, recognised by a competent foreign court or responsible authority acting in accordance with the law of that

Zahlreiche Rechtsordnungen erkennen hingegen eine in Deutschland vorgenommene Änderung des rechtlichen Geschlechts nicht an.[105] Das Schweizer Bun-
desgericht etwa verweigerte es jüngst, eine in Deutschland vorgenommene Streichung des Geschlechtseintrages einer Person mit schweizerischer Staatsangehörigkeit für wirksam zu erachten und in das schweizerische Personenstandsregister
einzutragen.[106]

Betroffene sehen sich folglich regelmäßig mit der unerwünschten Folge konfrontiert, dass sie in Deutschland rechtlich einem anderen Geschlecht zugeordnet
werden als in ihrem Heimatstaat („hinkende Geschlechtszuordnung"[107]). Vor allem das für Betroffene so wichtige Ziel einer Angleichung von Registereinträgen
und Ausweispapieren wird somit im Heimatstaat regelmäßig ohne Erfolg bleiben.[108] Hier kann der deutsche Staat keine Abhilfe schaffen, da die Neuausstel-
lung eines Reisepasses oder einer Geburtsurkunde in die Zuständigkeit der Behörden des Heimatstaates fällt.[109]

II. Eigenverantwortliche Entscheidung der Betroffenen

Das BVerfG hat diese Schwierigkeiten in seiner Entscheidung aus dem Jahr 2006
erkannt und darauf hingewiesen, dass etwaige Vollzugsprobleme bei der Ausstellung von Dokumenten und die Gefahr hinkender Rechtsverhältnisse keine
Rechtfertigung dafür sei, Personen mit ausländischer Staatsangehörigkeit die
Berufung auf das deutsche Recht zu verwehren.[110] Ebenso sei der Schutz vor einer
unterschiedlichen Behandlung durch den deutschen Staat und den Heimatstaat,
etwa im Zusammenhang mit Grenzübertritten, kein tragendes Argument, den
betroffenen Personen eine Änderung ihres rechtlichen Geschlechts in Deutsch-

---

country is recognised in Malta." Siehe dazu *Dutta*, FamRZ 2016, 1566 f.; vgl. ferner bereits
Schulz, ZEuP 2021, 64, 81.

[105] Siehe zu möglichen Vollzugsproblemen im Verhältnis zum türkischen Recht OLG
Frankfurt a. M., Beschl. v. 24.5.2017 – 20 W 223/16, BeckRS 2017, 138169, Rn. 7; vgl. ferner
Kemper, FamRB 2018, 109.

[106] Schw. BG, Urt. v. 8.6.2023 – 5A_391/2021.

[107] Vgl. zu dem Begriff *Kemper*, FamRB 2018, 109; siehe dazu bereits oben S. 174 f.

[108] OLG Frankfurt a. M., Beschl. v. 24.5.2017 – 20 W 223/16, BeckRS 2017, 138169,
Rn. 18; siehe auch *DG Justice and Consumers,* Legal gender recognition in the EU, 2020,
S. 126.

[109] Vgl. *Scherpe/Dunne*, in: Scherpe (Hrsg.), The Legal Status of Transsexual and Transgender Persons, 2015, 615, 630; siehe ferner *DG Justice and Consumers*, Legal gender recognition in the EU, 2020, S. 126.

[110] BVerfG, Beschl. v. 18.7.2006 – 1 BvL 1/04, NJW 2007, 900, 903, Rn. 77: „Auch etwaige
Vollzugsprobleme bei der Ausstellung von Dokumenten, die Gefahr ‚hinkender Rechtsverhältnisse' oder der Schutz der Betroffenen vor Schwierigkeiten, die sich aus dem Umstand
ergeben könnten, dass ihnen zwar in Deutschland das Recht eingeräumt wird, ihren Namen
oder ihre Geschlechtszugehörigkeit zu ändern, dies jedoch in ihrem Heimatland nicht anerkannt wird, sind keine Gründe, die solch schwerwiegende Grundrechtsbeeinträchtigungen
rechtfertigen könnten."

land von vornherein zu versagen.[111] Vielmehr müsse es der eigenverantwortlichen Entscheidung einer Person überlassen bleiben, ob es für sie wichtiger sei, zumindest in Deutschland in ihrer geschlechtlichen Identität auch rechtlich anerkannt leben zu können, oder ob sie auf diese Anerkennung verzichte, um vor Schwierigkeiten einer unterschiedlichen Behandlung durch den Heimatstaat bewahrt zu werden.[112]

III. Zwischenergebnis

Eine Änderung des rechtlichen Geschlechts in Deutschland führt für ausländische Staatsangehörige häufig zu dem unbefriedigenden Ergebnis einer hinkenden Geschlechtszuordnung. Dies rechtfertigt es jedoch nicht, ausländischen Staatsangehörigen von vornherein eine Berufung auf das deutsche Recht zu verwehren. Vielmehr können Betroffene selbst entscheiden, ob sie die Nachteile einer hinkenden Geschlechtszuordnung für eine rechtliche Anerkennung ihrer geschlechtlichen Identität in Kauf nehmen.

D. Gesamtergebnisse

1. Möchte eine Person ohne deutsche Staatsangehörigkeit ihr rechtliches Geschlecht in Deutschland ändern lassen, kommen sowohl eine gerichtliche Feststellung der Geschlechtszugehörigkeit gem. § 8 Abs. 1 i.V.m. § 1 Abs. 1 TSG als auch eine Erklärung zur Geschlechtsangabe gem. § 45b Abs. 1 PStG in Betracht.
   2. Die internationale Zuständigkeit deutscher Gerichte für ein Verfahren auf Grundlage des TSG richtet sich nach § 105 FamFG i.V.m. § 2 Abs. 2 TSG. Danach sind deutsche Gerichte für eine Feststellung der rechtlichen Geschlechtszugehörigkeit international zuständig, wenn die antragstellende Person ihren Wohnsitz oder gewöhnlichen Aufenthalt im Bezirk eines deutschen Gerichts hat.
   3. Nach § 8 Abs. 1 i.V.m. § 1 Abs. 1 Nr. 3 lit. a–c TSG sind neben deutschen Staatsangehörigen auch „Staatenlose oder heimatlose Ausländer" mit gewöhnlichem Aufenthalt in Deutschland sowie „Asylberechtigte oder ausländische Flüchtlinge" mit Wohnsitz in Deutschland befugt, einen Antrag auf Änderung ihrer rechtlichen Geschlechtszugehörigkeit zu stellen.

---

[111] BVerfG, Beschl. v. 18.7.2006 – 1 BvL 1/04, NJW 2007, 900, 903 f., Rn. 78.
[112] BVerfG, Beschl. v. 18.7.2006 – 1 BvL 1/04, NJW 2007, 900, 903 f., Rn. 78: „Den Betroffenen steht die Entscheidung frei, ob es für sie wichtiger ist, zumindest in Deutschland in ihrer empfundenen Geschlechtlichkeit auch rechtlich anerkannt leben zu können, oder ob sie auf diese Anerkennung verzichten, um vor Schwierigkeiten einer unterschiedlichen Behandlung durch ihren Heimatstaat bewahrt zu sein." Dies aufgreifend OLG Frankfurt a. M., Beschl. v. 24.5.2017 – 20 W 223/16, BeckRS 2017, 138169, Rn. 18; siehe dazu auch *Adamietz/Bager*, Gutachten: Reformbedarf transgeschlechtliche Menschen, 2016, S. 49; *Roßbach*, in: Duden (Hrsg.), IPR für eine bessere Welt, 2022, 125, 141; *Scherpe/Dunne*, in: Scherpe (Hrsg.), The Legal Status of Transsexual and Transgender Persons, 2015, 615, 630.

4. Antragsbefugt sind gem. § 8 Abs. 1 i.V.m. § 1 Abs. 1 Nr. 3 lit. d TSG ferner ausländische Staatsangehörige, deren Heimatrecht keine dem TSG vergleichbare Regelung kennt und die ein unbefristetes Aufenthaltsrecht besitzen oder über eine verlängerbare Aufenthaltserlaubnis verfügen und die sich dauerhaft rechtmäßig im Inland aufhalten.

5. An einer „vergleichbaren Regelung" i.S.d. § 1 Abs. 1 Nr. 3 lit. d TSG fehlt es nicht nur, wenn eine ausländische Rechtsordnung gar keine Möglichkeit zur Änderung des rechtlichen Geschlechts vorsieht, sondern auch dann, wenn das Heimatrecht zwar grundsätzlich Änderungsmöglichkeiten bereithält, diese jedoch an Voraussetzungen knüpft, die unter Zugrundelegung deutschen Rechts verfassungswidrig wären.

6. Die Regelung des § 1 Abs. 1 Nr. 3 lit. d TSG beruht auf einer Entscheidung des BVerfG aus dem Jahr 2006, wonach es verfassungswidrig ist, ausländischen Staatsangehörigen, die sich rechtmäßig und nicht nur vorübergehend in Deutschland aufhalten und deren Heimatrecht keine mit dem TSG vergleichbaren Regelungen kennt, die Berufung auf das TSG zu versagen.

7. Der deutsche Gesetzgeber hat die grund- und menschenrechtlichen Vorgaben zum Schutz der geschlechtlichen Identität durch Erweiterung des Kreises antragsbefugter Personen auf Ebene des Sachrechts umgesetzt. Die Regelungstechnik des § 1 Abs. 1 Nr. 3 TSG entspricht damit eher derjenigen öffentlich-rechtlicher Normtexte, die typischerweise keine Verweisung auf fremdes Recht vornehmen, sondern lediglich einseitig festlegen, wann das eigene Recht Anwendung finden soll.

8. Sofern die in § 1 Abs. 1 Nr. 3 lit. d TSG verwirklichten menschenrechtlichen Vorgaben jedoch auch auf Ebene des Kollisionsrechts Beachtung finden sollen, überzeugt es, dass sich das rechtliche Geschlecht einer Person ausnahmsweise nach deutschem Recht bemisst, wenn das Heimatrecht einer Person keine Regelungen zur Änderung des rechtlichen Geschlechts vorsieht oder ein Änderungsverfahren von Voraussetzungen abhängig macht, die mit verfassungsrechtlichen Vorgaben unvereinbar wären. Ob man hierzu § 1 Abs. 1 Nr. 3 lit. d TSG als spezielle *ordre public*-Klausel heranzieht oder das Vehikel des allgemeinen *ordre public*-Vorbehaltes (Art. 6 EGBGB) nutzt, kann letztlich dahinstehen.

9. Neben dem TSG-Verfahren besteht für Personen ohne deutsche Staatsangehörigkeit zudem die Möglichkeit, ihren rechtlichen Geschlechtseintrag gem. § 45b Abs. 1 PStG vor einem deutschen Standesamt ändern zu lassen, sofern sie eine „Variante der Geschlechtsentwicklung" nachweisen können.

10. Wurde das Geschlecht einer Person bereits in einem deutschen Personenstandseintrag beurkundet, ist die betreffende Person ungeachtet ihrer Staatsangehörigkeit berechtigt, eine Erklärung über ihre Geschlechtsangabe i.S.d. § 45b Abs. 1 S. 1 PStG abzugeben, ohne dass es noch darauf ankäme, ob ihr Heimatrecht eine dem PStG vergleichbare Regelung kennt.

11. Zwar ist § 45b Abs. 1 S. 1 PStG als materiell-privatrechtliche Regelung zu qualifizieren, die grundsätzlich analog Art. 7 Abs. 1 S. 1 EGBGB dem Geschlechtsstatut unterfällt. Bei Vorliegen eines deutschen Personenstandseintrages

ist allerdings ausnahmsweise unter Durchbrechung der Staatsangehörigkeitsanknüpfung an das Recht des registerführenden Staates anzuknüpfen.

12. Liegt kein deutscher Personenstandseintrag vor, ist die Regelung des § 45b Abs. 1 S. 2 Nr. 4 PStG zu beachten, die sich am Vorbild des § 1 Abs. 1 Nr. 3 lit. d TSG orientiert und ebenfalls darauf abstellt, ob das Heimatrecht einer Person eine „vergleichbare Regelung" vorsieht.

13. Eine Änderung des rechtlichen Geschlechts in Deutschland kann für ausländische Staatsangehörige zu dem unerwünschten Ergebnis einer „hinkenden Geschlechtszuordnung" führen. Insbesondere wird eine Berichtigung von Registereinträgen und Ausweispapieren im Heimatstaat meist ohne Erfolg bleiben.

14. Diese praktischen Probleme rechtfertigen es jedoch nicht, Menschen ohne deutsche Staatsangehörigkeit von vornherein eine Berufung auf das TSG bzw. PStG zu verwehren. Vielmehr können Betroffene selbst entscheiden, ob es für sie wichtiger ist, dass ihre geschlechtliche Identität zumindest in Deutschland rechtlich anerkannt wird, oder ob sie angesichts möglicher praktischer Folgeprobleme im Heimatstaat auf diese Anerkennung verzichten.

9

Unionsweite Anerkennung des Geschlechts

In den beiden vorherigen Kapiteln wurde untersucht, wie sich das rechtliche Geschlecht eines Menschen in grenzüberschreitenden Sachverhalten beurteilt. Die herausgearbeiteten Grundsätze galten dabei unabhängig davon, ob die geschlechtliche Zuordnung einer Person innerhalb der EU, einem Vertragsstaat des Europarates oder einem Drittstaat stattgefunden hat.

Demgegenüber wurde bislang ausgeklammert, ob die Vorgaben der europäischen Grundfreiheiten und Menschenrechte zur sogenannten „Statusanerkennung"[1] einen Mitgliedstaat der EU dazu verpflichten könnten, den in einem anderen Mitgliedstaat erworbenen Geschlechtsstatus als wirksam „anzuerkennen". Dem widmet sich die folgende Untersuchung. Insbesondere soll geklärt werden, welchen Einfluss das Sonderregime des europäischen Primärrechts, namentlich das in Art. 21 Abs. 1 AEUV verankerte Recht auf Freizügigkeit, auf die grenzüberschreitende Anerkennung des rechtlichen Geschlechts eines Menschen haben kann (A.). Zudem wird untersucht, ob sich aus den Garantien der europäischen Menschenrechte, namentlich aus Art. 8 Abs. 1 EMRK, zusätzliche Vorgaben für eine Anerkennung des rechtlichen Geschlechts ergeben (B.).

A. Unionsrechtliche Vorgaben zur Statusanerkennung

Gemäß Art. 67 Abs. 1 AEUV[2] und Art. 3 Abs. 2 EUV[3] bietet die EU ihren Bürger*innen einen Raum der Freiheit, der Sicherheit und des Rechts. Innerhalb dieses Raumes sollen sich die Unionsbürger*innen frei bewegen können; der Idee

---

[1] Zum Begriff des „Status" siehe *Flindt*, Gutgläubig gelebte Statusverhältnisse, 2022, S. 35 ff.; *Funken*, Das Anerkennungsprinzip im IPR, 2009, S. 8 ff.; *Gössl/Melcher*, CDT 2022, 1012, 1014; *Mansel*, Personalstatut, Staatsangehörigkeit und Effektivität, 1988, S. 388; *Sommer*, Der Einfluss der Freizügigkeit auf Namen und Status von Unionsbürgern, 2009, S. 33 ff.; siehe ferner zum Begriff der „Statusanerkennung" *Funken*, Das Anerkennungsprinzip im IPR, 2009, S. 23; *Mansel/Thorn/Wagner*, IPRax 2021, 105, 114.

[2] Art. 67 Abs. 1 AEUV: „Die Union bildet einen Raum der Freiheit, der Sicherheit und des Rechts, in dem die Grundrechte und die verschiedenen Rechtsordnungen und -traditionen der Mitgliedstaaten geachtet werden."

[3] Art. 3 Abs. 2 EUV: „Die Union bietet ihren Bürgerinnen und Bürgern einen Raum der Freiheit, der Sicherheit und des Rechts ohne Binnengrenzen, in dem [...] der freie Personenverkehr gewährleistet ist."

eines Raums der Freiheit, der Sicherheit und des Rechts liegt somit auch ein „Mobilitätskonzept"[4] zugrunde.[5]

Mit einem solchen Versprechen grenzüberschreitender Mobilität wäre es indes nur schwer vereinbar, wenn Unionsbürger*innen durch „hinkende Statusverhältnisse"[6] an der Wahrnehmung ihrer Freizügigkeitsrechte gehindert würden.[7] Aus diesem Grund hat der EuGH in den vergangenen Jahren in mehreren wegweisenden Entscheidungen hervorgehoben, dass der in einem Mitgliedstaat der EU begründete Status[8] eines Menschen (beispielsweise sein Name, eine bestehende Ehe oder eine Abstammungsbeziehung) jedenfalls für die Zwecke der in Art. 21 Abs. 1 AEUV verankerten Personenfreizügigkeit auch in allen anderen Mitgliedstaaten „anzuerkennen" ist.[9]

Dabei hat gerade die Rechtsprechung des EuGH auf dem Gebiet des Namensrechts auch eine grundsätzliche Methodendebatte über die Vorzüge einer „Anerkennungsmethode"[10] im IPR angestoßen, die heute weit über das Namensrecht

---

[4] *Weller*, RabelsZ 81 (2017), 747, 759.

[5] Siehe auch *Croon-Gestefeld*, RabelsZ 86 (2022), 32, 38: „Die Unionsbürgerin bzw. der Unionsbürger ist ein mobiles Wesen, das einmal hier und einmal dort lebt. Es tätigt transnationale Geschäfte und ist auch im Privaten nicht an einen Mitgliedstaat gebunden. Von seinem Recht auf Freizügigkeit macht es ‚wiederholt [ ] oder sogar kontinuierlich [ ]' Gebrauch." Ähnlich auch *Schwemmer*, Anknüpfungsprinzipien im Europäischen Kollisionsrecht, 2018, S. 74; *Siegert*, Der ordre public im Internationalen Eheschließungsrecht, 2022, S. 51; *Weller*, in: Lugani/Jakob/Mäsch et al. (Hrsg.), Festschrift Coester-Waltjen, 2015, 897, 902 f.

[6] Zu diesem Begriff siehe *Croon-Gestefeld*, RabelsZ 86 (2022), 32, 41 ff.; *Funken*, Das Anerkennungsprinzip im IPR, 2009, S. 3; *Mansel*, RabelsZ 70 (2006), 651, 711; *Mansel*, in: Gebauer/Mansel/Schulze (Hrsg.), Die Person im Internationalen Privatrecht, 2019, 27, 35; *Wall*, StAZ 2020, 2 ff.; *Wall*, StAZ 2019, 225, 233; *Sommer*, Der Einfluss der Freizügigkeit auf Namen und Status von Unionsbürgern, 2009, S. 33 ff.

[7] Siehe auch die pointierte Formulierung bei *Mankowski*, in: Lugani/Jakob/Mäsch et al. (Hrsg.), Festschrift Coester-Waltjen, 2015, 571, 585: „Hinkende Statusverhältnisse sind ein Mobilitätshindernis." Vgl. ferner *Funken*, Das Anerkennungsprinzip im IPR, 2009, S. 3; *Grifo*, ZEuP 2022, 703, 714; *Schlürmann*, Das Personalstatut im französischen IPR, 2022, S. 72; *Streinz*, in: Lugani/Jakob/Mäsch et al. (Hrsg.), Festschrift Coester-Waltjen, 2015, 271, 273.

[8] Beachte auch die hilfreiche Differenzierung zwischen „Statusverhältnissen" (z.B. Abstammung oder Ehe) und „Statusmerkmalen" (z.B. Name oder Geschlecht) bei *Helms*, in: Die deutschen Standesbeamten und ihr Verband, 2020, 77, 88.

[9] Siehe etwa EuGH, Urt. v. 2.10.2003 – Rs. C-148/02, *Garcia Avello*, ECLI:EU:C: 2003:539; EuGH, Urt. v. 14.10.2008 – Rs. C-353/06, *Grunkin Paul*, ECLI:EU:C:2008:559; EuGH, Urt. v. 22.12.2010 – Rs. C-208/09, *Sayn-Wittgenstein*, ECLI:EU:C:2010:806; EuGH, Urt. v. 12.5.2011 – Rs. C-391/09, *Runevič-Vardyn*, ECLI:EU:C:2011:291; EuGH, Urt. v. 2.6.2016 – Rs. C-438/14, *Bogendorff von Wolffersdorff*, ECLI:EU:C:2016:401; EuGH, Urt. v. 8.6.2017 – Rs. C-541/15, *Freitag*, ECLI:EU:C:2017:432; EuGH, Urt. v. 5.6.2018 – Rs. C-673/16, *Coman*, ECLI:EU:C:2018:385; EuGH, Urt. v. 14.12.2021 – Rs. C-490/20, *Pancharevo*, ECLI:EU:C:2021:1008.

[10] Für eine hilfreiche Differenzierung zwischen „Anerkennungsmethode" und „Anerkennungsprinzip" siehe *Schlürmann*, Das Personalstatut im französischen IPR, 2022, S. 77 f.

hinausreicht.[11] Im Kern geht es dabei um die Frage, ob die klassische Verweisungsmethode des IPR den europarechtlichen Vorgaben noch gerecht wird oder ob nicht zumindest auf den Gebieten des Internationalen Familien- und Personenrechts eine automatische Anerkennung von im europäischen Ausland begründeten Rechtslagen ohne vorherige kollisionsrechtliche Kontrolle vorzugswürdig wäre.[12] Die vorliegende Arbeit verfolgt nicht das Ziel, dieser methodischen Debatte um Voraussetzungen und Grenzen einer solchen Rechtslagenanerkennung im Einzelnen nachzugehen, sondern verweist insofern auf die grundlegenden Vorarbeiten anderer Autor*innen.[13]

Für die Zwecke dieser Arbeit soll stattdessen ein Überblick über die vom EuGH im Internationalen Personen- und Familienrecht entwickelten Anerkennungsgrundsätze genügen (I.), bevor untersucht wird, ob sich diese Grundsätze auch für eine grenzüberschreitende Anerkennung des rechtlichen Geschlechts einer Person fruchtbar machen lassen (II.).

I. Bedeutung des Art. 21 Abs. 1 AEUV im Personen- und Familienrecht

Die Freizügigkeitsgarantie des Art. 21 Abs. 1 AEUV und ihre Auslegung durch den EuGH hat das Internationale Personen- und Familienrecht in den vergangenen zwei Jahrzehnten stark beeinflusst.[14] Es erscheint daher angezeigt, Gewährleistungsgehalt und Grenzen des Art. 21 Abs. 1 AEUV im Folgenden noch etwas genauer herauszuarbeiten, und anschließend die Bedeutung der Freizügigkeitsgarantie für das Internationale Namens, Ehe- und Abstammungsrecht anhand ausgewählter Entscheidungen des EuGH zu untersuchen.

---

[11] Statt vieler *Jayme/Kohler*, IPRax 2001, 501 ff.; *Coester-Waltjen*, in: Mansel/Pfeiffer/Kronke et al. (Hrsg.), Festschrift Jayme, 2004, 121 ff.; *Jayme/Kohler*, IPRax 2004, 481, 483 ff.

[12] Für einen Überblick über die Debatte siehe *von Hein*, in: MüKo BGB, 8. Aufl. 2020, Art. 3 EGBGB, Rn. 124.

[13] Grundlegend *Coester-Waltjen*, in: Mansel/Pfeiffer/Kronke et al. (Hrsg.), Festschrift Jayme, 2004, 121 ff.; *Funken*, Das Anerkennungsprinzip im IPR, 2009; *Coester-Waltjen*, IPRax 2006, 392 ff.; *Grünberger*, in: Leible/Unberath (Hrsg.), Brauchen wir eine Rom-0-Verordnung?, 2013, 81 ff.; *Jayme/Kohler*, IPRax 2001, 501 ff.; *Hübner*, RabelsZ 85 (2021), 106 ff.; *von Hein*, in: MüKo BGB, 8. Aufl. 2020, Art. 3 EGBGB, Rn. 124 ff.; *Kroll-Ludwigs*, ZVglRWiss 2008, 320, 336 ff.; *Jayme/Kohler*, IPRax 2004, 481, 483 ff.; *Henrich*, IPRax 2005, 422 ff.; *Lagarde*, RabelsZ 68 (2004), 225 ff.; *Leifeld*, Das Anerkennungsprinzip IPR, 2010; *Mansel*, in: Gebauer/Mansel/Schulze (Hrsg.), Die Person im Internationalen Privatrecht, 2019, 27 ff.; *Mansel*, RabelsZ 70 (2006), 651 ff.; *Martiny*, DNotZ 2009, 449, 456 f.; *Rieks*, Anerkennung im Internationalen Privatrecht, 2012; *Sommer*, Der Einfluss der Freizügigkeit auf Namen und Status von Unionsbürgern, 2009; *Wagner*, NZFam 2014, 121 ff.; *Weller*, in: Arnold (Hrsg.), Grundfragen des Europäischen Kollisionsrechts, 2016, 133, 149 ff.; *Wendehorst*, in: Fassbender/Wendehorst/Wet et al. (Hrsg.), Paradigmen im internationalen Recht, 2012, 33, 52 ff.

[14] Ausführlich zum „Einfluss der Unionsbürgerschaft auf das Internationale Familienrecht" *Croon-Gestefeld*, RabelsZ 86 (2022), 32 ff.

1. Grundlegendes zu Art. 21 Abs. 1 AEUV

Gemäß Art. 21 Abs. 1 AEUV haben die Unionsbürger*innen das Recht, sich im Hoheitsgebiet der Mitgliedstaaten vorbehaltlich der in den Verträgen und in den Durchführungsvorschriften vorgesehenen Beschränkungen und Bedingungen frei zu bewegen und aufzuhalten.[15]

a) Gewährleistungsgehalt

Ausweislich seines Wortlautes gilt das Freizügigkeits- und Aufenthaltsrecht des Art. 21 Abs. 1 AEUV im Hoheitsgebiet aller Mitgliedstaaten.[16] Zu den geschützten Verhaltensweisen zählen unter anderem die Ein- und Ausreise in die Mitgliedstaaten (auch in den eigenen Heimatstaat),[17] die freie Bewegung innerhalb des Hoheitsgebietes eines Mitgliedstaates sowie der ständige Aufenthalt an einem Ort.[18] Die Garantie des Art. 21 Abs. 1 AEUV gilt dabei unabhängig von einer wirtschaftlichen Betätigung der Unionsbürger*innen.[19] Es ist daher auch von einer „Grundfreiheit ohne Markt"[20] die Rede. In persönlicher Hinsicht erstreckt sich der Schutz des Art. 21 Abs. 1 AEUV auf alle „Unionsbürger"[21] und somit nach der Legaldefinition des Art. 20 Abs. 1 S. 2 AEUV auf alle Personen, welche die Staatsangehörigkeit eines EU-Mitgliedstaates besitzen.[22]

---

[15] Art. 21 Abs. 1 AEUV: „Jeder Unionsbürger hat das Recht, sich im Hoheitsgebiet der Mitgliedstaaten vorbehaltlich der in den Verträgen und in den Durchführungsvorschriften vorgesehenen Beschränkungen und Bedingungen frei zu bewegen und aufzuhalten." Siehe ferner Art. 45 Abs. 1 GRCh: „Die Unionsbürgerinnen und Unionsbürger haben das Recht, sich im Hoheitsgebiet der Mitgliedstaaten frei zu bewegen und aufzuhalten."

[16] *Kluth*, in: Calliess/Ruffert, EUV/AEUV, 2022, Art. 21 AEUV, Rn. 4; *Rossi*, in: BeckOK Ausländerrecht, 36. Ed. 2023, Art. 21 AEUV, Rn. 12; *Herdegen*, Europarecht, 2022, § 12, Rn. 7.

[17] EuGH, Urt. v. 5.6.2018 – Rs. C-673/16, *Coman*, ECLI:EU:C:2018:385, Rn. 31: „Nach der Rechtsprechung des Gerichtshofs kann sich ein Staatsangehöriger eines Mitgliedstaats, der […] in seiner Eigenschaft als Unionsbürger von seinem Recht, sich in einem anderen Mitgliedstaat als seinem Herkunftsmitgliedstaat frei zu bewegen und aufzuhalten, Gebrauch gemacht hat, auf die mit dieser Eigenschaft verbundenen Rechte, insbesondere die in Art. 21 Abs. 1 AEUV vorgesehenen, berufen, und zwar gegebenenfalls auch gegenüber seinem Herkunftsmitgliedstaat."

[18] *Kluth*, in: Calliess/Ruffert, EUV/AEUV, 2022, Art. 21 AEUV, Rn. 4 f.; vgl. ferner *Duden*, Leihmutterschaft, 2015, S. 256 f.; *Rossi*, in BeckOK Ausländerrecht, 36. Ed. 2023, Art. 21 AEUV, Rn. 12.

[19] *Magiera*, in: Streinz, EUV/AEUV, 2018, Art. 21 AEUV, Rn. 9.

[20] *Wollenschläger*, Grundfreiheit ohne Markt, 2007; siehe dazu ferner *Streinz*, Europarecht, 2019, § 12, Rn. 1027; *Schwemmer*, Anknüpfungsprinzipien im Europäischen Kollisionsrecht, 2018, S. 44.

[21] Art. 20 Abs. 2 AEUV spricht von „Unionsbürgerinnen und Unionsbürger[n]".

[22] Art. 20 Abs. 1 AEUV: „Es wird eine Unionsbürgerschaft eingeführt. Unionsbürger ist, wer die Staatsangehörigkeit eines Mitgliedstaats besitzt. Die Unionsbürgerschaft tritt zur nationalen Staatsbürgerschaft hinzu, ersetzt sie aber nicht."

b) Freizügigkeitsbeschränkungen

Art. 21 Abs. 1 AEUV statuiert ein Beschränkungsverbot, d. h. beschränkende Regelungen der Freizügigkeit durch die Mitgliedstaaten sind grundsätzlich untersagt.[23] Neben unmittelbaren Beeinträchtigungen[24] können dabei auch Nachteile, welche die Freizügigkeit zwar nicht unmittelbar beeinträchtigen, aber gleichwohl geeignet sind, Unionsbürger*innen von der Wahrnehmung ihres Freizügigkeitsrechts abzuhalten, eine Beschränkung des Art. 21 Abs. 1 AEUV darstellen.[25] Üblicherweise wird hier jedoch ein Mindestgewicht des Eingriffs bzw. das Überschreiten einer „Spürbarkeitsschwelle"[26] gefordert, die fraglos erreicht ist, wenn schwerwiegende Nachteile beruflicher, privater oder administrativer Art drohen.[27]

c) Rechtfertigung von Freizügigkeitsbeschränkungen

Art. 21 Abs. 1 AEUV gewährleistet die Freizügigkeit der Unionsbürger*innen nur „vorbehaltlich der in den Verträgen und in den Durchführungsvorschriften vorgesehenen Beschränkungen und Bedingungen". Dabei wird trotz der in der Vorschrift angelegten Unterscheidung zwischen Beschränkungen und Bedingungen von einem allgemeinen Schrankenvorbehalt ausgegangen.[28] Zu den tauglichen Schranken des Freizügigkeitsrechts zählen neben den ausdrücklichen Vorbehalten in Art. 27 und Art. 29 der „Freizügigkeitsrichtlinie"[29] auch ungeschrie-

---

[23] *Kluth*, in: Calliess/Ruffert, EUV/AEUV, 2022, Art. 21 AEUV, Rn. 20; *Streinz*, Europarecht, 2019, § 12, Rn. 1035.

[24] Siehe beispielsweise zu Einreisebeschränkungen während der COVID–19-Pandemie *Rossi*, in: BeckOK Ausländerrecht, 36. Ed. 2023, Art. 21 AEUV, Rn. 34a.

[25] EuGH, Urt. v. 2.10.2003 – Rs. C-148/02, *Garcia Avello*, ECLI:EU:C:2003:539; EuGH, Urt. v. 14.10.2008 – Rs. C-353/06, *Grunkin Paul*, ECLI:EU:C:2008:559; EuGH, Urt. v. 22.12.2010 – Rs. C-208/09, *Sayn-Wittgenstein*, ECLI:EU:C:2010:806; EuGH, Urt. v. 12.5.2011 – Rs. C-391/09, *Runevič-Vardyn*, ECLI:EU:C:2011:291; EuGH, Urt. v. 2.6.2016 – Rs. C-438/14, *Bogendorff von Wolffersdorff*, ECLI:EU:C:2016:401; EuGH, Urt. v. 8.6.2017 – Rs. C-541/15, *Freitag*, ECLI:EU:C:2017:432; vgl. auch *Leifeld*, Das Anerkennungsprinzip im IPR, 2010, S. 46 ff.; *P. Weber*, Gleichgeschlechtliche Elternschaft im internationalen Privatrecht, 2017, S. 148.

[26] *Von Bar/Mankowski*, IPR, Band II, 2019, § 4, Rn. 1151.

[27] Siehe etwa EuGH, Urt. v. 14.10.2008 – Rs. C-353/06, *Grunkin Paul*, ECLI:EU:C: 2008:559, Rn. 23; vgl. ferner *von Bar/Mankowski*, IPR, Band II, 2019, § 4, Rn. 1151; siehe unten S. 219.

[28] Trotz der in der Vorschrift angelegten Unterscheidung zwischen Beschränkungen und Bedingungen wird von einem allgemeinen Schrankenvorbehalt ausgegangen. Siehe hierzu *Kluth*, in: Calliess/Ruffert, EUV/AEUV, 2022, Art. 21 AEUV, Rn. 23; vgl. ferner *Duden*, Leihmutterschaft, 2015, S. 259.

[29] Richtlinie 2004/38/EG des Europäischen Parlaments und des Rates vom 29. April 2004 über das Recht der Unionsbürger und ihrer Familienangehörigen, sich im Hoheitsgebiet der Mitgliedstaaten frei zu bewegen und aufzuhalten, zur Änderung der Verordnung (EWG) Nr. 1612/68 und zur Aufhebung der Richtlinien 64/221/EWG, 68/360/EWG, 72/194/EWG, 73/148/EWG, 75/34/EWG, 75/35/EWG, 90/364/EWG, 90/365/EWG und 93/96/EWG.

bene Schrankenregelungen.[30] Eine Beschränkung der Personenfreizügigkeit kann daher auch dann gerechtfertigt sein, wenn sie auf „objektiven Erwägungen des Allgemeininteresses" beruht und in einem angemessenen Verhältnis zu dem mit dem nationalen Recht legitimerweise verfolgten Zweck steht.[31] Als taugliche Rechtfertigungsgründe kommen in diesem Zusammenhang vor allem die öffentliche Ordnung (*ordre public*) und die nationale Identität eines Mitgliedstaates in Betracht.[32]

aa) Öffentliche Ordnung

Der Begriff der „öffentlichen Ordnung" ist nach der Rechtsprechung des EuGH eng auszulegen, so dass seine Tragweite nicht von jedem Mitgliedstaat einseitig ohne Nachprüfung durch die Unionsorgane bestimmt werden darf.[33] Eine Berufung auf die öffentliche Ordnung ist einem Mitgliedstaat danach nur möglich, wenn eine tatsächliche und hinreichend schwere Gefährdung vorliegt, die ein Grundinteresse der Gesellschaft berührt.[34]

bb) Nationale Identität

In der Diskussion um eine Rechtfertigung von Freizügigkeitsbeschränkungen hat jüngst auch das Konzept der „nationalen Identität" der Mitgliedstaaten an Bedeutung gewonnen.[35] Gem. Art. 4 Abs. 2 S. 1 EUV achtet die Union die jewei-

---

[30] Siehe dazu auch *Duden*, Leihmutterschaft, 2015, S. 259 ff.

[31] Siehe nur EuGH, Urt. v. 14.10.2008 – Rs. C-353/06, *Grunkin Paul*, ECLI:EU:C: 2008:559, Rn. 29; EuGH, Urt. v. 5.6.2018 – Rs. C-673/16, *Coman*, ECLI:EU:C:2018:385, Rn. 41.

[32] EuGH, Urt. v. 22.12.2010 – Rs. C-208/09, *Sayn-Wittgenstein*, ECLI:EU:C:2010:806, Rn. 85, 92: „Mit der öffentlichen Ordnung verbundene objektive Erwägungen können es rechtfertigen, dass es ein Mitgliedstaat ablehnt, den Nachnamen eines seiner Angehörigen, wie er in einem anderen Mitgliedstaat erteilt wurde, anzuerkennen. [...] Ferner ist darauf hinzuweisen, dass die Union nach Art. 4 Abs. 2 EUV die nationale Identität ihrer Mitgliedstaaten achtet, [...]." Siehe ferner EuGH, Urt. v. 2.6.2016 – Rs. C-438/14, *Bogendorff von Wolffersdorff*, ECLI:EU:C:2016:401, Rn. 66; *Hübner*, RabelsZ 85 (2021), 106, 119; *Rossi*, in: BeckOK Ausländerrecht, 36. Ed. 2023, Art. 21 AEUV, Rn. 27; *Wall*, StAZ 2019, 225, 230; näher zur dogmatischen Einordnung *Schnettger*, Verbundidentität, 2020, S. 280 ff.

[33] Siehe nur EuGH, Urt. v. 5.6.2018 – Rs. C-673/16, *Coman*, ECLI:EU:C:2018:385, Rn. 44; EuGH, Urt. v. 14.12.2021 – Rs. C-490/20, *Pancharevo*, ECLI:EU:C:2021:1008, Rn. 55.

[34] Siehe etwa EuGH, Urt. v. 5.6.2018 – Rs. C-673/16, *Coman*, ECLI:EU:C:2018:385, Rn. 44; EuGH, Urt. v. 14.12.2021 – Rs. C-490/20, *Pancharevo*, ECLI:EU:C:2021:1008, Rn. 55.

[35] Grundlegend zum Begriff der „nationalen Identität" *Calliess*, in: Calliess (Hrsg.), Europäische Solidarität und nationale Identität, 2013, 5 ff.; *Bogdandy/Schill*, ZaöRV 2010, 701 ff.; *Schnettger*, Verbundidentität, 2020; *Schill/Krenn*, in: Grabitz/Hilf/Nettesheim, EUV/AEUV, 2023, Art. 4 EUV, Rn. 14 ff.; *Schwamborn*, Maßstäbe der europäischen Integration, 2022, S. 218 ff.; *Wendel*, in: Franzius/Mayer/Neyer (Hrsg.), Die Neuerfindung Europas, 2019, 51 ff.; *Wetz*, Funktionen von Verfassungsidentität als gerichtliches Konzept in

lige nationale Identität der Mitgliedstaaten, die in ihren grundlegenden politischen und verfassungsmäßigen Strukturen einschließlich der regionalen und lokalen Selbstverwaltung zum Ausdruck kommt.

Während der Begriff der „nationalen Identität" in der EuGH-Rechtsprechung bislang eher eine untergeordnete Rolle gespielt hat,[36] hat sich vor allem die Generalanwältin *Juliane Kokott* in ihren Schlussanträgen zur Rechtssache *Pancharevo* jüngst ausführlich mit dem Konzept der nationalen Identität auseinandergesetzt.[37] Nach Auffassung *Kokotts* stellt das Konzept der nationalen Identität nicht nur ein legitimes Ziel dar, das bei der Prüfung von Freizügigkeitsbeschränkungen zu berücksichtigen ist.[38] Vielmehr diene die Achtung der nationalen Identität der Abgrenzung der Zuständigkeiten zwischen der Union und den Mitgliedstaaten und damit der Begrenzung der Wirkung des Unionsrechts in den für die Mitgliedstaaten als wesentlich erachteten Bereichen.[39] Bei Art. 4 Abs. 2 EUV handele es sich folglich um eine kompetenzrechtliche Regelung zugunsten der Mitgliedstaaten („vertikale Dimension").[40]

Der EuGH hat sich dieser dogmatischen Einordnung indes bisher nicht angeschlossen. Stattdessen verortet der Gerichtshof das Konzept der nationalen Identität auf Ebene der Rechtfertigung,[41] und beschränkt sich regelmäßig auf den

---

der Europäischen Union, 2021, S. 31 ff.; *Wischmeyer*, AöR 140 (2015), 415 ff.; vgl. ferner *Grifo*, ZEuP 2022, 703, 716 ff.; *Hübner*, RabelsZ 85 (2021), 106, 124 f.; *Simon*, AöR 143 (2018), 597, 617; *Vaigė*, Cross-Border Recognition of Formalized Same-Sex Relationships, 2022, S. 50 f.

[36] *Schill/Krenn*, in: Grabitz/Hilf/Nettesheim, EUV/AEUV, 2023, Art. 4 EUV, Rn. 21; *Wendel*, in: Franzius/Mayer/Neyer (Hrsg.), Die Neuerfindung Europas, 2019, 51, 62.

[37] EuGH, Schlussanträge Generalanwältin Kokott v. 15.4.2021 – Rs. C-490/20, *Pancharevo*, ECLI:EU:C:2021:296, Rn. 70 ff.

[38] EuGH, Schlussanträge Generalanwältin Kokott v. 15.4.2021 – Rs. C-490/20, *Pancharevo*, ECLI:EU:C:2021:296, Rn. 82: „Entgegen dem, was die bisherige Rechtsprechung des Gerichtshofs in diesem Bereich auf den ersten Blick nahezulegen scheint, ist die nationale Identität im Sinne von Art. 4 Abs. 2 EUV nicht nur ein legitimes Ziel unter anderen, das bei der Prüfung berücksichtigt werden kann, ob eine Beschränkung des Rechts auf Freizügigkeit gerechtfertigt ist."

[39] EuGH, Schlussanträge Generalanwältin Kokott v. 15.4.2021 – Rs. C-490/20, *Pancharevo*, ECLI:EU:C:2021:296, Rn. 86: „Diese Entwicklung zeigt, dass die nationale Identität im Sinne von Art. 4 Abs. 2 EUV konzipiert worden ist, um die Wirkung des Unionsrechts in den für die Mitgliedstaaten als wesentlich erachteten Bereichen zu begrenzen, und nicht nur als ein Wert der Union, der gegen andere, gleichrangige Interessen abzuwägen ist."

[40] EuGH, Schlussanträge Generalanwältin Kokott v. 15.4.2021 – Rs. C-490/20, *Pancharevo*, ECLI:EU:C:2021:296, Rn. 70 ff., 83; vgl. dazu auch *Thorn*, in: Budzikiewicz/Heiderhoff/Klinkhammer et al. (Hrsg.), Neue Impulse im europäischen Familienkollisionsrecht, 2021, 51, 72 ff.

[41] Vgl. auch *Schnettger*, Verbundidentität, 2020, S. 289: „[...] der EuGH [verortet] die Achtung der nationalen Identität im Sinne von Art. 4 Abs. 2 S. 1 Var. 2 EUV [...] auf der Ebene der Rechtfertigung. Die Rechtsprechung weist dabei zwei verschiedene Ansätze auf: Zum einen die Einordnung des betroffenen Identitätsgehalts als ungeschriebener Rechtfertigungsgrund (zwingendes Allgemeininteresse bei den Grundfreiheiten oder objektive Er-

Hinweis, dass die Union nach Art. 4 Abs. 2 EUV die nationale Identität ihrer Mitgliedstaaten achte.[42]

Damit ist freilich noch nicht beantwortet, was unter dem schillernden Begriff[43] der nationalen Identität eigentlich zu verstehen ist. Der EuGH hat bislang von einer allgemeingültigen Begriffsdefinition abgesehen und jeweils im Einzelfall entschieden, ob die nationale Identität eines Mitgliedstaates berührt war.[44] Gleichwohl lassen sich der EuGH-Rechtsprechung gewisse Konkretisierungen entnehmen.[45] So hat der Gerichtshof in der Vergangenheit vor allem hochrangige Verfassungsprinzipien, aber auch spezielle, nicht zwingend verfassungsrechtlich verankerte Eigenheiten der Mitgliedstaaten als Teil ihrer nationalen Identität anerkannt.[46] Zur nationalen Identität eines Mitgliedstaates zählen danach beispielsweise dessen verfassungsrechtlich garantierte republikanische Staatsform[47] oder offizielle Landessprache.[48] Zudem hat der EuGH zuletzt angedeutet, dass auch das Institut der Ehe als Bund zwischen Mann und Frau Teil der nationalen Identität eines Mitgliedstaates sein könne.[49]

---

wägung bei der Freizügigkeit), zum anderen den Rückgriff auf den Rechtfertigungsgrund der öffentlichen Ordnung."

[42] Siehe nur EuGH, Urt. v. 5.6.2018 – Rs. C-673/16, *Coman*, ECLI:EU:C:2018:385, Rn. 43; EuGH, Urt. v. 14.12.2021 – Rs. C-490/20, *Pancharevo*, ECLI:EU:C:2021:1008, Rn. 54.

[43] Vgl. auch *Bogdandy/Schill*, ZaöRV 2010, 701, 711; *Wischmeyer*, AöR 140 (2015), 415, 420.

[44] Vgl. *Schwamborn*, Maßstäbe der europäischen Integration, 2022, S. 221.

[45] Siehe dazu *Calliess/Kahl*, in: Calliess/Ruffert, EUV/AEUV, 2022, Art. 4 EUV, Rn. 20; *Schill/Krenn*, in: Grabitz/Hilf/Nettesheim, EUV/AEUV, 2023, Art. 4 EUV, Rn. 22.

[46] *Calliess/Kahl*, in: Calliess/Ruffert, EUV/AEUV, 2022, Art. 4 EUV, Rn. 20; vgl. ferner *Wendel*, in: Franzius/Mayer/Neyer (Hrsg.), Die Neuerfindung Europas, 2019, 51, 62 f.

[47] EuGH, Urt. v. 22.12.2010 – Rs. C-208/09, *Sayn-Wittgenstein*, ECLI:EU:C:2010:806, Rn. 92: „Ferner ist darauf hinzuweisen, dass die Union nach Art. 4 Abs. 2 EUV die nationale Identität ihrer Mitgliedstaaten achtet, zu der auch die republikanische Staatsform gehört."; gleichlautend auch EuGH, Urt. v. 2.6.2016 – Rs. C-438/14, *Bogendorff von Wolffersdorff*, ECLI:EU:C:2016:401, Rn. 73; zu alledem *Calliess/Kahl*, in: Calliess/Ruffert, EUV/AEUV, 2022, Art. 4 EUV, Rn. 21; *Schnettger*, Verbundidentität, 2020, S. 71 ff.

[48] EuGH, Urt. v. 12.5.2011 – Rs. C-391/09, *Runevič-Vardyn*, ECLI:EU:C:2011:291, Rn. 86: „Nach Art. 4 Abs. 2 EUV achtet die Union auch die nationale Identität ihrer Mitgliedstaaten, zu der auch der Schutz der offiziellen Landessprache des Staates gehört."; siehe dazu auch *Calliess/Kahl*, in: Calliess/Ruffert, EUV/AEUV, 2022, Art. 4 EUV, Rn. 21; *Schnettger*, Verbundidentität, 2020, S. 75 f.

[49] Vgl. EuGH, Urt. v. 5.6.2018 – Rs. C-673/16, *Coman*, ECLI:EU:C:2018:385, Rn. 42 ff.; in dem der EuGH einen Verstoß gegen die nationale Identität Rumäniens jedoch verneinte. Vgl. dazu ferner *Schwamborn*, Maßstäbe der europäischen Integration, 2022, S. 221; *Schill/Krenn*, in: Grabitz/Hilf/Nettesheim, EUV/AEUV, 2023, Art. 4 EUV, Rn. 22.

d) Zwischenergebnis

Nach Art. 21 Abs. 1 AEUV haben die Unionsbürger*innen grundsätzlich das Recht, sich im Hoheitsgebiet der Mitgliedstaaten frei zu bewegen und aufzuhalten. Eine Beschränkung der Personenfreizügigkeit kann jedoch gerechtfertigt sein, wenn sie auf objektiven Erwägungen des Allgemeininteresses beruht und in einem angemessenen Verhältnis zu einem mit dem nationalen Recht legitimerweise verfolgten Zweck steht. Als taugliche Rechtfertigungsgründe kommen insbesondere die öffentliche Ordnung und die nationale Identität eines Mitgliedstaates in Betracht.

2. Internationales Namensrecht

Das Internationale Namensrecht gilt als „Pioniergebiet"[50] einer auf Art. 21 Abs. 1 AEUV gestützten Anerkennung eines persönlichen Status im Internationalen Familien- und Personenrecht.[51] Der EuGH erkennt in ständiger Rechtsprechung an, dass eine „hinkende Namensführung"[52] geeignet sei, das in Art. 21 Abs. 1 AEUV verbürgte Recht der Unionsbürger*innen auf Freizügigkeit zu beeinträchtigen[53] Exemplarisch dafür steht die Rechtssache *Grunkin Paul*.[54] In dieser Entscheidung stellte der EuGH fest, dass es mit Art. 21 Abs. 1 AEUV unvereinbar sei, wenn die Behörden eines Mitgliedstaats es unter Anwendung ihres nationalen Rechts ablehnten, den Nachnamen eines Kindes so „anzuerkennen",

---

[50] *Mankowski*, IPRax 2020, 323, 323 f.: „Das Internationale Namensrecht ist heute [...] Pionier und kann wegweisend für die Anerkennung eines persönlichen Status im Internationalen Familienrecht werden. [...] Was im Pioniergebiet Internationales Namensrecht passiert, strahlt [...] aus." Ähnlich bereits *Mankowski/Höffmann*, IPRax 2011, 247, 253.

[51] *Mankowski*, IPRax 2020, 323; siehe dazu auch *Schlürmann*, Das Personalstatut im französischen IPR, 2022, S. 83 f.

[52] Zu diesem Begriff *Hausmann*, in: Staudinger BGB, Neubearb. 2019, Stand: 31.5.2021, Art. 10 EGBGB, Rn. 147; *Krömer*, in: Die deutschen Standesbeamten und ihr Verband, 2020, 71, 73; vgl. ferner zum synonym verwendeten Begriff eines „hinkenden Namensverhältnisses" *Hausmann*, in: Staudinger BGB, Neubearb. 2019, Stand: 31.5.2021, Art. 10 EGBGB, Rn. 492; *Kroll-Ludwigs*, ZVglRWiss 2008, 320 ff.; *Wall*, StAZ 2009, 261; *Wall*, StAZ 2010, 225, 226.

[53] EuGH, Urt. v. 2.10.2003 – Rs. C-148/02, *Garcia Avello*, ECLI:EU:C:2003:539; EuGH, Urt. v. 14.10.2008 – Rs. C-353/06, *Grunkin Paul*, ECLI:EU:C:2008:559; EuGH, Urt. v. 22.12.2010 – Rs. C-208/09, *Sayn-Wittgenstein*, ECLI:EU:C:2010:806; EuGH, Urt. v. 12.5.2011 – Rs. C-391/09, *Runevič-Vardyn*, ECLI:EU:C:2011:291; EuGH, Urt. v. 2.6.2016 – Rs. C-438/14, *Bogendorff von Wolffersdorff*, ECLI:EU:C:2016:401; EuGH, Urt. v. 8.6.2017 – Rs. C-541/15, *Freitag*, ECLI:EU:C:2017:432; siehe dazu auch *Grünberger*, in: Leible/Unberath (Hrsg.), Brauchen wir eine Rom-0-Verordnung?, 2013, 81, 85; *Mansel*, RabelsZ 70 (2006), 651, 686; *P. Weber*, Gleichgeschlechtliche Elternschaft im internationalen Privatrecht, 2017, S. 140 ff.

[54] EuGH, Urt. v. 14.10.2008 – Rs. C-353/06, *Grunkin Paul*, ECLI:EU:C:2008:559; vgl. dazu ferner *Grünberger*, in: Leible/Unberath (Hrsg.), Brauchen wir eine Rom-0-Verordnung?, 2013, 81, 85; *Hausmann*, in: Staudinger BGB, Neubearb. 2019, Stand: 31.5.2021, Art. 10 EGBGB, Rn. 497 ff.; *Martiny*, DNotZ 2009, 449, 453 ff.

wie er in einem anderen Mitgliedstaat der EU bestimmt und eingetragen worden war.[55] Zur Begründung verwies der Gerichtshof auf die „schwerwiegenden Nachteile beruflicher wie auch privater Art",[56] die durch eine unterschiedliche Namensführung innerhalb der EU entstehen könnten. Für Betroffene bestehe die Gefahr, bei jedem Grenzübertritt Zweifel an ihrer Identität und den Verdacht von Falschangaben ausräumen zu müssen.[57]

Seither hat der EuGH wiederholt entschieden, dass das in Art. 21 Abs. 1 AEUV verankerte Recht auf Personenfreizügigkeit die Mitgliedstaaten in den Grenzen ihrer öffentlichen Ordnung bzw. ihrer nationalen Identität verpflichte,[58] jedenfalls den in einem anderen Mitgliedsstaat rechtmäßig[59] erworbenen Namen eines Menschen als wirksam zu erachten.[60] Die Unionsbürger*innen sind daher grundsätzlich berechtigt, ihren in einem Mitgliedsstaat bestimmten und dort registrierten Nachnamen auch in allen anderen Staaten der EU zu führen.[61]

3. Internationales Ehe- und Abstammungsrecht

Was auf dem Gebiet des Namensrechts begonnen hat, strahlt längst auch auf andere Bereiche des Familien- und Personenrechts aus.[62] So hat der EuGH jüngst

---

[55] EuGH, Urt. v. 14.10.2008 –Rs. C-353/06, *Grunkin Paul*, ECLI:EU:C:2008:559, Rn. 39.

[56] EuGH, Urt. v. 14.10.2008 –Rs. C-353/06, *Grunkin Paul*, ECLI:EU:C:2008:559, Rn. 23; so bereits EuGH, Urt. v. 2.10.2003 – Rs. C-148/02, *Garcia Avello*, ECLI:EU:C:2003:539, Rn. 36; siehe ferner EuGH, Urt. v. 22.12.2010 – Rs. C–208/09, *Sayn-Wittgenstein*, ECLI:EU:C:2010:806, Rn. 66 ff.; EuGH, Urt. v. 12.5.2011 – Rs. C-391/09, *Runevič-Vardyn*, ECLI:EU:C:2011:291, Rn. 76; EuGH, Urt. v. 2.6.2016 – Rs. C-438/14, *Bogendorff von Wolffersdorff*, ECLI:EU:C:2016:401, Rn. 37; EuGH, Urt. v. 8.6.2017 – Rs. C-541/15, *Freitag*, ECLI:EU:C:2017:432, Rn. 36.

[57] EuGH, Urt. v. 14.10.2008 – Rs. C-353/06, *Grunkin Paul*, ECLI:EU:C:2008:559, Rn. 23 ff.; siehe dazu auch *Sharpston*, in: Calliess (Hrsg.), Europäische Solidarität und nationale Identität, 2013, 159, 166.

[58] Siehe zu der möglichen Rechtfertigung einer „hinkenden Namensführung" etwa EuGH, Urt. v. 22.12.2010 – Rs. C-208/09, *Sayn-Wittgenstein*, ECLI:EU:C:2010:806, Rn. 81 ff.

[59] Noch nicht abschließend geklärt ist, ob Art. 21 Abs. 1 AEUV lediglich zur Anerkennung rechtmäßig erworbener Namen verpflichtet oder ob auch ein unrechtmäßiger Namenserwerb im europäischen Ausland eine unionsrechtliche Anerkennungspflicht begründen kann. Für einen Rechtmäßigkeitsvorbehalt siehe BGH, Beschl. v. 20.2.2019 – XII ZB 130/16, NJW 2019, 2313, 2316, Rn. 30; *Gössl*, IPRax 2018, 376, 379; *Hübner*, RabelsZ 85 (2021), 106, 120 f.; *Rossi*, in: BeckOK Ausländerrecht, 36. Ed. 2023, Art. 21 AEUV, Rn. 26; *Mansel*, RabelsZ 70 (2006), 651, 704 f.; kritisch dagegen *Kroll-Ludwigs*, NJW 2019, 2277, 2278; *Mankowski*, IPRax 2020, 323, 325 ff.; nach Vertrauensschutz differenzierend *Hepting*, StAZ 2013, 34, 38 f.; *Wall*, StAZ 2010, 225, 229 ff.

[60] Ausführlich zu alledem *Mankowski*, IPRax 2020, 323, 327.

[61] So *Wall*, StAZ 2009, 261, 262: „Prinzip der Einnamigkeit". Vgl. ferner *Grifo*, ZEuP 2022, 703, 713; *Hausmann*, in: Staudinger BGB, Neubearb. 2019, Stand: 31.5.2021, Art. 10 EGBGB, Rn. 500; *Helms*, IPRax 2017, 153, 158; *Lipp*, StAZ 2009, 1, 6; *Lipp*, in: Lugani/Jakob/Mäsch et al. (Hrsg.), Festschrift Coester-Waltjen, 2015, 521, 527; *Wall*, StAZ 2010, 225; *Weller*, IPRax 2014, 225, 228.

[62] *Mankowski*, IPRax 2020, 323, 324; beachte ferner *Helms*, ZEuP 2022, 747, 750; *Hübner*, RabelsZ 85 (2021), 106, 123 f.; *Weller*, RabelsZ 81 (2017), 747, 774 f.

etwa[63] in den Entscheidungen *Coman*[64] und *Pancharevo*[65] auf seine namensrechtliche Rechtsprechung zurückgegriffen und diese auch auf gleichgeschlechtliche Ehen und Abstammungsverhältnisse angewendet.[66]

Der Fall *Coman* betraf die Anerkennung einer gleichgeschlechtlichen Ehe zwischen einem Unionsbürger und einem Drittstaatenangehörigen in Rumänien.[67] Konkret entschied der EuGH, dass die Mitgliedstaaten verpflichtet seien, eine in einem anderen Mitgliedstaat geschlossene gleichgeschlechtliche Ehe jedenfalls zum Zwecke der Aufenthaltsgewährung als wirksame Ehe anzusehen.[68] In der Rechtssache *Pancharevo* entschied der Gerichtshof wiederum, dass Art. 21 Abs. 1 AEUV einen Mitgliedstaat – in diesem Fall Bulgarien – dazu verpflichte, die in einem anderen Mitgliedstaat begründete rechtliche Abstammungsbeziehung eines Kindes zu seinen beiden Müttern auch dann für die Zwecke der Freizügigkeitsausübung anzuerkennen, wenn ihre eigene Rechtsordnung das in Rede stehende Abstammungsverhältnis nicht kenne.[69] Seither darf wohl nicht mehr bezweifelt werden, dass der EuGH entschlossen scheint, seine im Namensrecht entwickelten Anerkennungsgrundsätze auch auf andere Statusfragen zu erstrecken.[70]

---

[63] Siehe auch EuGH, Urt. v. 24.6.2022 – Rs. C-2/21, *Rzecznik Praw Obywatelskich*, ECLI: EU:C:2022:502.

[64] EuGH, Urt. v. 5.6.2018 – Rs. C-673/16, *Coman*, ECLI:EU:C:2018:385; siehe dazu *Croon-Gestefeld*, StAZ 2018, 297 ff.; *Dutta*, FamRZ 2018, 1067, 1068; *Michl*, FamRZ 2018, 1147 ff.; *Wall*, StAZ 2020, 2; *Wall*, StAZ 2019, 225 ff.; *Werner*, ZEuP 2019, 810, 813; *Vaigė*, Cross-Border Recognition of Formalized Same-Sex Relationships, 2022, 165 ff.

[65] EuGH, Urt. v. 14.12.2021 – Rs. C-490/20, *Pancharevo*, ECLI:EU:C:2021:1008; vgl. dazu *Arnold/Zwirlein-Forschner*, GPR 2021, 205, 211 f.; *Flindt*, FamRZ 2022, 286 ff.; *Grifo*, ZEuP 2022, 703, 708 ff.; *Kohler*, IPRax 2022, 226 ff.; *Reuß*, NJW 2022, 679 ff.; *Ryšánková*, StAZ 2022, 72 ff.; *Tryfonidou*, E.L. Rev. 2022, 534 ff.; *Wall*, StAZ 2022, 118 ff.

[66] Beachte auch *Schlürmann*, Das Personalstatut im französischen IPR, 2022, S. 104, die mit Blick auf die Rechtssache *Coman* sogar von einer „Zeitenwende" spricht. Vgl. ferner zu alledem *Wall*, StAZ 2022, 118 ff.; *Wall*, StAZ 2019, 225 ff.; *Croon-Gestefeld*, StAZ 2018, 297 ff.; *Dutta*, FamRZ 2018, 1067 ff.

[67] EuGH, Urt. v. 5.6.2018 – Rs. C-673/16, *Coman*, ECLI:EU:C:2018:385.

[68] EuGH, Urt. v. 5.6.2018 – Rs. C-673/16, *Coman*, ECLI:EU:C:2018:385; siehe dazu *Dutta*, FamRZ 2018, 1067; *Schlürmann*, Das Personalstatut im französischen IPR, 2022, S. 104.

[69] EuGH, Urt. v. 14.12.2021 – Rs. C-490/20, *Pancharevo*, ECLI:EU:C:2021:1008; siehe dazu *Reuß*, NJW 2022, 679.

[70] Siehe dazu *Helms*, ZEuP 2022, 747, 750; *Wall*, StAZ 2019, 225, 232; *Werner*, ZEuP 2019, 810, 813 f.; ähnlich bereits *Schulz*, ZEuP 2021, 64, 82 f.

II. Grenzüberschreitende Anerkennung des rechtlichen Geschlechts

Was bedeutet all dies für eine mögliche grenzüberschreitende Anerkennung des rechtlichen Geschlechts eines Menschen?

Zunächst ist hervorzuheben, dass der EuGH bislang noch nicht entschieden hat, ob es mit Art. 21 Abs. 1 AEUV vereinbar ist, wenn die Behörden eines Mitgliedstaats es unter Anwendung ihres nationalen Rechts ablehnen, das rechtliche Geschlecht einer Person so „anzuerkennen", wie es in einem anderen Mitgliedstaat der EU bestimmt und eingetragen wurde. Künftige Entwicklungen lassen sich daher derzeit nur schwer vorhersagen.

Gleichwohl erscheint es im Lichte der bisherigen Rechtsprechung tendenziell wahrscheinlich, dass der EuGH seine Anerkennungsgrundsätze auch auf das rechtliche Geschlecht eines Menschen erstrecken könnte.[71] Immerhin betrifft die geschlechtliche Identität den Kern der Persönlichkeit,[72] weshalb ein Geschlechtsstatus– wie auch andere identitätsstiftende Statusverhältnisse –innerhalb der EU Bestand haben sollte.[73] Es könnte sich also künftig die Frage stellen, ob eine in einem Mitgliedstaat der EU vorgenommene Geschlechtszuordnung schon aufgrund der Vorgaben des Unionsrechts auch in allen anderen Mitgliedstaaten als wirksam zu erachten ist.[74] Es lohnt daher ein genauerer Blick, was hinsichtlich einer unionsweiten Anerkennung von Geschlechtszuordnungen zu beachten wäre.

1. Zuständigkeit der Mitgliedstaaten für rechtliche Geschlechtersysteme

Nach dem derzeitigen Stand des Unionsrechts fallen das Personenstandsrecht und somit auch die rechtlichen Regelungen über die geschlechtliche Selbstbestim-

---

[71] *Croon-Gestefeld*, RabelsZ 86 (2022), 32, 49: „Es zeigen sich insbesondere drei weitere potenzielle Anwendungsfelder des Anerkennungsprinzips: Geschlechtszugehörigkeit, Privatscheidungen und Abstammung." Siehe dazu ferner *Dutta/Pintens*, in: Scherpe/Dutta/Helms (Hrsg.), The Legal Status of Intersex Persons, 2018, 415, 425; *Werner*, ZEuP 2019, 810, 820; vgl. ferner bereits *Schulz*, ZEuP 2021, 64, 83.

[72] Siehe dazu *Dutta/Pintens*, in: Scherpe/Dutta/Helms (Hrsg.), The Legal Status of Intersex Persons, 2018, 415, 425: „The legal gender of a person must have the same relevance as the name of that person." Vgl. ferner bereits *Schulz*, ZEuP 2021, 64, 83.

[73] Vgl. *Mankowski*, IPRax 2020, 323, 324: „Name und Status weisen eben beide stärkste Bezüge zum Kern der Persönlichkeit beim Einzelnen auf. Sie rufen beide nach Identität und Kontinuität auch bei Umzug ins Ausland. Sie vertragen beide grundsätzlich keine hinkenden Rechtsverhältnisse." Ähnlich auch *Basedow*, FamRZ 2019, 1833, 1838: „[...] prinzipielles Recht auf eine unveränderliche Identität [...]". Beachte ferner *Mansel*, RabelsZ 70 (2006), 651, 722: „Ein Anerkennungssystem bringt seine Vereinfachung, sofern sich die Wirkung in der Begründung eines Status erschöpft, sofern also zu entscheiden ist, [...] welchen Namen eine Person führt, oder im Falle etwa der Geschlechtsumwandlung, welches Geschlecht sie hat."

[74] Siehe dazu auch *Croon-Gestefeld*, RabelsZ 86 (2022), 32, 49; vgl. ferner bereits *Schulz*, ZEuP 2021, 64, 82.

mung eines Menschen in den Zuständigkeitsbereich der Mitgliedstaaten der EU.[75] So hat der EuGH etwa in der Rechtssache *Richards*[76] darauf hingewiesen, dass es allein Sache der Mitgliedstaaten sei, „die Voraussetzungen für die rechtliche Anerkennung der Geschlechtsumwandlung einer Person festzulegen".[77] Diese Zuständigkeit bleibt vom Unionsrecht also unberührt.[78]

Gleichwohl müssen die Mitgliedstaaten bei Ausübung ihrer Zuständigkeit das Unionsrecht und namentlich das Recht auf Freizügigkeit beachten.[79] Wie der EuGH jüngst noch einmal in der Rechtssache *Pancharevo*[80] hervorgehoben hat, kann dies unter anderem zur Folge haben, dass der in einem anderen Mitgliedstaat festgestellte Personenstand eines Menschen grundsätzlich auch in allen anderen Staaten der EU „anzuerkennen" ist.[81] Das Unionsrecht kann also durchaus korrigierend eingreifen, wenn dies zum Schutz der in Art. 21 Abs. 1 AEUV verankerten Freizügigkeit erforderlich ist.[82]

2. Hinkende Geschlechtszuordnung als Freizügigkeitsbeschränkung

Ist der Schutzbereich des Art. 21 Abs. 1 AEUV eröffnet,[83] stellt sich daher die Frage, ob eine Nichtanerkennung des rechtlichen Geschlechts einer Person geeignet ist, Unionsbürger*innen von der Wahrnehmung ihres Freizügigkeitsrechts

---

[75] EuGH, Urt. v. 26.6.2018 – Rs. C-451/16, *Secretary of State for Work and Pensions*, ECLI:EU:C:2018:492, Rn. 29: „Insoweit ist darauf hinzuweisen, dass das Unionsrecht zwar die Zuständigkeit der Mitgliedstaaten im Bereich des Personenstands und der rechtlichen Anerkennung der Geschlechtsumwandlung einer Person unberührt lässt, die Mitgliedstaaten jedoch bei der Ausübung dieser Zuständigkeit das Unionsrecht zu beachten haben, […]."

[76] EuGH, Urt. v. 27.4.2006 – Rs. C-423/04, *Richards*, ECLI:EU:C:2006:256.

[77] EuGH, Urt. v. 27.4.2006 – Rs. C-423/04, *Richards*, ECLI:EU:C:2006:256, Rn. 21: „Einleitend ist festzustellen, dass es Sache der Mitgliedstaaten ist, die Voraussetzungen für die rechtliche Anerkennung der Geschlechtsumwandlung einer Person festzulegen." Vgl. ferner EuGH, Urt. v. 26.6.2018 – Rs. C-451/16, *Secretary of State for Work and Pensions*, ECLI: EU:C:2018:492, Rn. 29.

[78] Statt vieler EuGH, Urt. v. 14.12.2021 – Rs. C-490/20, *Pancharevo*, ECLI:EU:C: 2021:1008, Rn. 52.

[79] Siehe nur EuGH, Urt. v. 2.10.2003 – Rs. C-148/02, *Garcia Avello*, ECLI:EU:C:2003:539, Rn. 25; EuGH, Urt. v. 14.10.2008 – Rs. C-353/06, *Grunkin Paul*, ECLI:EU:C:2008:559, Rn. 16; EuGH, Urt. v. 22.12.2010 – Rs. C-208/09, *Sayn-Wittgenstein*, ECLI:EU:C:2010:806, Rn. 38; EuGH, Urt. v. 2.6.2016 – Rs. C-438/14, *Bogendorff von Wolffersdorff*, ECLI:EU:C: 2016:401, Rn. 32, EuGH, Urt. v. 8.6.2017 – Rs. C-541/15, *Freitag*, ECLI:EU:C:2017:432, Rn. 33; EuGH, Urt. v. 5.6.2018 – Rs. C-673/16, *Coman*, ECLI:EU:C:2018:385, Rn. 37 f.; EuGH, Urt. v. 14.12.2021 – Rs. C-490/20, *Pancharevo*, ECLI:EU:C:2021:1008, Rn. 52.

[80] EuGH, Urt. v. 14.12.2021 – Rs. C-490/20, *Pancharevo*, ECLI:EU:C:2021:1008.

[81] EuGH, Urt. v. 14.12.2021 – Rs. C-490/20, *Pancharevo*, ECLI:EU:C:2021:1008, Rn. 52.

[82] So *Flindt*, FamRZ 2022, 286, 287: „[…] das Familien- und Personenstandsrecht [fällt] in die Zuständigkeit der Mitgliedstaaten […]. Das Unionsrecht kann aber korrigierend eingreifen, wenn und soweit die Personenfreizügigkeit gemäß Art. 21 Abs. 1 AEUV beeinträchtigt wird." Siehe auch *Krömer*, StAZ 2019, 56, 58; *Helms*, StAZ 2021, 329, 337: „Europarechtlicher Kontrollcheck".

[83] Siehe oben S. 214.

abzuhalten.[84] Wie erwähnt, hat der EuGH in seiner namensrechtlichen Rechtsprechung darauf abgestellt, dass eine hinkende Namensführung in verschiedenen Mitgliedstaaten für die betroffene Person zu schwerwiegenden beruflichen und privaten Nachteilen führen könne, da Betroffene unter Umständen Zweifel an ihrer Identität zu befürchten hätten.[85]

Ähnliche Erwägungen lassen sich auch in Bezug auf hinkende Geschlechtszuordnungen anführen: Das rechtliche Geschlecht eines Menschen ist in zahlreichen Lebenssituationen von Bedeutung[86] und wird regelmäßig für Zwecke der Identifizierung und Datenvalidierung abgefragt.[87] Dies kann gerade in grenzüberschreitenden Konstellationen zu Konflikten führen, da das Geschlecht verpflichtend im Reisepass zu vermerken ist und daher insbesondere bei Grenzübertritten überprüft wird.[88] Aber auch in anderen Alltagssituationen, wie beispielsweise bei Prüfungsanmeldungen, beruflichen Bewerbungen oder bei der Eröffnung eines Bankkontos ist regelmäßig die Vorlage von Personenstandsurkunden oder Identifikationsdokumenten und damit auch die Offenlegung der eigenen Geschlechtszugehörigkeit erforderlich.[89] Widerspricht in solchen Fällen der in Identifikationsdokumenten oder Personenstandsurkunden enthaltene Geschlechtseintrag der geschlechtlichen Identität einer Person, können berechtigte Zweifel an der Identität der betreffenden Person entstehen.[90] In der Folge sähen sich Betroffene womöglich gezwungen, ihre Trans- oder Intergeschlechtlichkeit offenzulegen, was wiederum in einigen Staaten der EU mit einer erhöhten Dis-

---

[84] Siehe dazu bereits *Schulz*, ZEuP 2021, 64, 83.

[85] Vgl. EuGH, Urt. v. 14.10.2008 – Rs. C-353/06, *Grunkin Paul*, ECLI:EU:C:2008:559, Rn. 23; siehe oben S. 219.

[86] Siehe dazu *Sacksofsky*, in: Hohmann-Dennhardt/Masuch/Villiger (Hrsg.), Grundrechte und Solidarität, 2011, 675, 679; vgl. ferner bereits *Schulz*, ZEuP 2021, 64, 83.

[87] Vgl. BVerfG, Beschl. v. 10.10.2017 – 1 BvR 2019/16, NJW 2017, 3643, (juris-) Rn. 8: „Die rechtliche oder faktische geschlechtliche Zuordnung, häufig auch der personenstandsrechtliche Geschlechtseintrag und personenstandsrechtliche Urkunden, spielen in unterschiedlichen Lebenssituationen eine Rolle. Teils hat die Geschlechtszugehörigkeit bestimmte rechtliche Folgen, teils wird der Geschlechtszugehörigkeit im Alltag praktische Relevanz beigemessen, mitunter wird der Registereintrag zum Zwecke der Identifizierung und Datenvalidierung oder zu statistischen Zwecken benötigt. So enthalten beispielsweise der deutsche Pass […] und die elektronische Gesundheitskarte […] die Angabe des Geschlechts einer Person."

[88] Vgl. § 4 Abs. 1 S. 2 Nr. 6 PassG; siehe ferner bereits *Schulz*, ZEuP 2021, 64, 83.

[89] Vgl. BVerfG, Beschl. v. 10.10.2017 – 1 BvR 2019/16, NJW 2017, 3643, (juris-) Rn. 8: „Die Vorlage einer Geburtsurkunde oder des Ausdrucks aus dem Geburtenregister gegenüber Behörden, Gerichten oder Dritten ist in einer Vielzahl von Lebenssituationen rechtlich vorgesehen oder jedenfalls praktisch erforderlich; beide weisen grundsätzlich das Geschlecht aus […]. Die Vorlage der Geburtsurkunde wird unter anderem für die Anmeldungen zum Studium, zu universitären Prüfungen, Staatsexamina und zur Promotion, bei Bewerbungen in den öffentlichen Dienst beziehungsweise in das Beamtenverhältnis sowie für bestimmte Ausbildungsberufe angefordert."

[90] *DG Justice and Consumers*, Legal gender recognition in the EU, 2020, S. 4; vgl. ferner bereits *Schulz*, ZEuP 2021, 64, 83 f.

kriminierungsgefahr einherginge.[91] Dass Unionsbürger*innen angesichts dieser drohenden Nachteile von der Wahrnehmung ihres Rechts auf Freizügigkeit Abstand nehmen könnten, liegt nahe.[92] Es überzeugt daher, in der Nichtanerkennung des rechtlichen Geschlechts eine rechtfertigungsbedürftige Beschränkung des Rechts auf Freizügigkeit i.S.d. Art. 21 Abs. 1 AEUV zu sehen.[93]

3. Rechtfertigung der Freizügigkeitsbeschränkung

Schwieriger zu beantworten ist hingegen die Frage, ob bzw. wann die Nichtanerkennung einer in einem anderen Mitgliedsstaat vorgenommenen Geschlechtszuordnung im Einzelfall gerechtfertigt sein kann. Denn eine primärrechtliche Verpflichtung zur grenzüberschreitenden Anerkennung von Statusverhältnissen wirkt eben nicht absolut.[94] Vielmehr dürfen die Mitgliedstaaten eine Anerkennung im Einzelfall unter Berufung auf „objektive Erwägungen des Allgemeininteresses" versagen.[95] Allerdings muss die mit einer Nichtanerkennung einhergehende Beeinträchtigung des europäischen Freizügigkeitsrechts in einem angemessenen Verhältnis zu dem mit dem nationalen Recht legitimerweise verfolgten Zweck stehen.[96] Die Interessen der Unionsbürger*innen sind folglich mit den Interessen der Staaten abzuwägen und mit diesen in einen schonenden Ausgleich zu bringen.[97]

a) Widerstreitende Interessen

Mit Blick auf die Entscheidungen *Coman* und *Pancharevo* steht zu erwarten,[98] dass sich gerade einige osteuropäische Mitgliedstaaten darauf berufen könnten, dass die Ausgestaltung ihres rechtlichen Geschlechtersystems Bestandteil ihrer öffentlichen Ordnung oder nationalen Identität sei.[99] So machten die Regierungen mehrerer Mitgliedstaaten – unter anderem Rumäniens, Lettlands, Ungarns

---

[91] Siehe dazu *DG Justice and Consumers*, Legal gender recognition in the EU, 2020, S. 4 f.; vgl. ferner bereits *Schulz*, ZEuP 2021, 64, 84.

[92] Ähnlich auch *Werner*, ZEuP 2019, 810, 821; vgl. ferner bereits *Schulz*, ZEuP 2021, 64, 84.

[93] So bereits *Schulz*, ZEuP 2021, 64, 84.

[94] Vgl. *Croon-Gestefeld*, RabelsZ 86 (2022), 32, 51; siehe dazu bereits oben S. 214 ff.

[95] Siehe oben S. 216.

[96] Siehe oben S. 216.

[97] Vgl. auch EuGH, Urt. v. 22.12.2010 – Rs. C-208/09, *Sayn-Wittgenstein*, ECLI:EU:C: 2010:806, Rn. 83: „Insoweit ist einzuräumen, dass [...] das Adelsaufhebungsgesetz als Teil der nationalen Identität bei der Abwägung legitimer Belange auf der einen Seite und dem vom Unionsrecht gewährten Recht der Freizügigkeit von Personen auf der anderen berücksichtigt werden kann." Siehe ferner *Croon-Gestefeld*, RabelsZ 86 (2022), 32, 51.

[98] Zur Diskussion standen jeweils die „Anerkennung" einer gleichgeschlechtlichen Ehe in Rumänien (*Coman*) bzw. einer Mit-Mutterschaft in Bulgarien (*Pancharevo*). Siehe oben S. 220 f.

[99] Vgl. dazu auch *Vaigė*, Cross-Border Recognition of Formalized Same-Sex Relationships, 2022, S. 3 f.

und Polens – etwa in der Rechtssache *Coman* geltend, dass die Wahrung des Instituts der Ehe als Bund zwischen Mann und Frau für ihren jeweiligen Staat von grundlegender Bedeutung sei und die Nichtanerkennung einer gleichgeschlechtlichen Ehe daher durch Gründe der öffentlichen Ordnung und der nationalen Identität gerechtfertigt sei.[100] Und auch in der Rechtssache *Pancharevo* wies das vorlegende Gericht darauf hin, dass eine Verpflichtung zur Ausstellung einer Geburtsurkunde, in der zwei Frauen als rechtliche Eltern eines Kindes genannt würden, die öffentliche Ordnung und die nationale Identität der Republik Bulgarien beeinträchtige.[101] Es wäre also nicht überraschend, wenn sich einzelne Staaten auch in der Diskussion um eine grenzüberschreitende Anerkennung von Geschlechtszuordnungen auf ihre öffentliche Ordnung oder nationale Identität berufen, um diese gesellschaftlich und politisch umstrittenen Fragen unabhängig vom europäischen Einfluss autonom entscheiden zu können.[102]

b) Abwägungsrelevante Aspekte

Die Herstellung eines schonenden Ausgleichs zwischen dem Respekt für die nationale Identität der Mitgliedstaaten einerseits und der Freizügigkeit und Selbstbestimmung des Individuums andererseits,[103] ist mit den Worten *Johanna Croon-Gestefelds* „kein leichtes Unterfangen"[104]. Umso schwieriger ist es auch, das Ergebnis einer solchen Abwägung durch den EuGH zu prognostizieren.[105] Gleichwohl seien an dieser Stelle exemplarisch einzelne Aspekte genannt, die im Rahmen einer Abwägung Berücksichtigung finden könnten.

aa) Respekt vor der kulturellen Prägung des Familienrechts

Gegen eine Pflicht zur grenzüberschreitenden Anerkennung von Geschlechtszuordnungen und für eine gewisse Zurückhaltung auf diesem Gebiet spräche zu-

---

[100] Vgl. EuGH, Urt. v. 5.6.2018 – Rs. C-673/16, *Coman*, ECLI:EU:C:2018:385, Rn. 42.

[101] Vgl. EuGH, Urt. v. 14.12.2021 – Rs. C-490/20, *Pancharevo*, ECLI:EU:C:2021:1008, Rn. 53.

[102] Vgl. auch *F. Berner*, Kollisionsrecht im Spannungsfeld, 2017, S. 251: „Wie gesehen, bleiben die Mitgliedstaaten zumindest bislang noch die eigentlichen Souveräne innerhalb der Europäischen Union. Ausfluss von Souveränität ist es aber, gesellschaftlich relevante Fragen selbstständig zu regeln. Daher muss den Mitgliedstaaten ein Kernbereich dessen verbleiben, in welchem sie frei und ohne Vorgaben des Primärrechts entscheiden können."

[103] Siehe dazu *Croon-Gestefeld*, RabelsZ 86 (2022), 32, 51; vgl. ferner *Hübner*, RabelsZ 85 (2021), 106, 125: „Konflikt der Identitäten".

[104] *Croon-Gestefeld*, RabelsZ 86 (2022), 32, 51: „Da das Anerkennungsprinzip nicht absolut wirkt, sondern verhältnismäßige Versagungen einer Anerkennung erlaubt, ist das Interesse eines Mitgliedstaats an der Wahrung der nationalen Verfassungsidentität in die Erwägungen einzubeziehen. Hier einen Ausgleich zwischen Freizügigkeit und Selbstbestimmung des Individuums einerseits und Respekt für die Verfassungsidentität des Mitgliedstaats andererseits zu schaffen, ist kein leichtes Unterfangen."

[105] So auch die Einschätzung bei *Croon-Gestefeld*, RabelsZ 86 (2022), 32, 51.

nächst der Respekt vor der besonderen kulturellen Prägung des Familienrechts.[106] Nach Art. 81 Abs. 3 AEUV ist für Maßnahmen der justiziellen Zusammenarbeit im Bereich des Internationalen Familienrechts ein besonderes Gesetzgebungsverfahren vorgesehen, das einen einstimmigen Ratsbeschluss verlangt. Art. 81 Abs. 3 AEUV trägt damit dem Umstand Rechnung, dass die rechtskulturellen Unterschiede zwischen den EU-Mitgliedstaaten gerade auf dem Gebiet des Familienrechts besonders groß sind.[107]

Zu bedenken gilt, dass Art. 81 Abs. 3 AEUV und der in ihm zum Ausdruck kommende Respekt vor den nationalen Familienrechtsordnungen möglicherweise unterlaufen würde, wenn die Staaten über das Vehikel einer primärrechtlichen Anerkennungspflicht zur unionsweiten Akzeptanz des rechtlichen Geschlechts eines Menschen verpflichtet würden.[108] Progressive Staaten hätten die Möglichkeit, niedrige Anforderungen an eine rechtliche Geschlechtsangleichung zu formulieren oder gar gänzlich neue Geschlechtskategorien in ihren nationalen Rechtsordnungen einzuführen. Weniger reformfreudige Mitgliedstaaten wären in der Folge gezwungen, die vorgefundenen Ergebnisse zu akzeptieren, ohne selbst die erforderlichen demokratischen Prozesse zur Änderung des rechtlichen Geschlechtersystems durchlaufen zu haben.[109] Die autonomen Regelungsspielräume der einzelnen Mitgliedstaaten würden mithin erheblich verkürzt.[110]

Diese Bedenken wiegen umso schwerer, als sich gerade hinsichtlich der rechtlichen Anerkennung geschlechtlicher Vielfalt innerhalb der EU eine große inhaltliche Divergenz ausmachen lässt.[111] So hat etwa eine Erhebung der Europäischen Kommission aus dem Jahr 2019 gezeigt, welch unterschiedlichen Stellenwert Unionsbürger*innen der rechtlichen Anerkennung der geschlechtlichen Identität eines Menschen einräumen.[112] Während sich beispielsweise 83 % der befragten Personen in Spanien und Malta dafür aussprachen, transgeschlechtli-

---

[106] *Von Hein*, in: MüKo BGB, 8. Aufl. 2020, Art. 3 EGBGB, Rn. 136; *Kohler*, IPRax 2022, 226, 230 f.

[107] *Von Hein*, in: MüKo BGB, 8. Aufl. 2020, Art. 3 EGBGB, Rn. 136; *Rossi*, in: Calliess/Ruffert, EUV/AEUV, 2022, Art. 81 AEUV, Rn. 41; *Thorn*, in: Budzikiewicz/Heiderhoff/Klinkhammer et al. (Hrsg.), Neue Impulse im europäischen Familienkollisionsrecht, 2021, 51, 74.

[108] Siehe auch *von Bar/Mankowski*, IPR, Band II, 2019, § 6, Rn. 1145; *von Hein*, in: MüKo BGB, 8. Aufl. 2020, Art. 3 EGBGB, Rn. 136; *Kohler*, IPRax 2022, 226, 230.

[109] Siehe zu ähnlichen Bedenken *F. Berner*, Kollisionsrecht im Spannungsfeld, 2017, S. 251 ff.; *Kohler*, IPRax 2022, 226, 230; *Thorn*, in: Budzikiewicz/Heiderhoff/Klinkhammer et al. (Hrsg.), Neue Impulse im europäischen Familienkollisionsrecht, 2021, 51, 79.

[110] *Croon-Gestefeld*, RabelsZ 86 (2022), 32, 53: „Zu bedenken ist, dass das Anerkennungsprinzip auch im Hinblick auf die Anerkennung der Geschlechtszugehörigkeit […] Wirkungen zeitigen kann. Sollte eine solche Ausweitung vorgenommen werden, ist zugleich im Blick zu behalten, dass hierüber die autonomen Regelungsspielräume der Mitgliedstaaten verkürzt […] werden."

[111] Siehe nur EGMR, Urt. v. 31.1.2023 – Nr. 76888/17, *Y./. Frankreich*, Rn. 34 ff.; *Tryfonidou*, E.L. Rev. 2022, 534, 535; näher dazu auch oben S. 119 ff.

[112] *European Commission*, Eurobarometer on Discrimination, 2019.

chen Personen die Möglichkeit zu eröffnen, ihr rechtliches Geschlecht im Einklang mit ihrer geschlechtlichen Identität selbstbestimmt ändern zu lassen, stimmten lediglich 16 % bzw. 12 % der befragten Personen in Ungarn und Bulgarien dieser Aussage zu.[113] Auch hinsichtlich der Einführung einer nicht-binären Eintragungsoption für das Geschlecht zeigten sich große Unterschiede: In Malta und Spanien etwa unterstützten immerhin 67 % bzw. 63 % der Befragten den Vorschlag, in öffentlichen Dokumenten wie Pässen oder Geburtsurkunden neben den Eintragungsmöglichkeiten „weiblich" und „männlich" auch eine nicht-binäre Option (z.B. „divers") zur Verfügung zu stellen.[114] Demgegenüber teilten in Ungarn und Bulgarien nur 13 % bzw. 7 % der befragten Personen diese Auffassung.[115]

Bejahte der EuGH also in Bezug auf diese kontroversen Fragen eine aus dem Primärrecht folgende Anerkennungspflicht, würden dadurch womöglich wichtige gesellschaftliche Aushandlungsprozesse in den einzelnen Mitgliedstaaten unterbunden.[116] Für den Rechtsfrieden in der EU beinhaltete dies zumindest ein gewisses Risiko.[117] Ob sich dieses Risiko indes auch spürbar realisiert, hinge freilich davon ab, wie viele Unionsbürger*innen überhaupt eine Anerkennung ihres rechtlichen Geschlechts in einem anderen Mitgliedstaat einfordern. Regelmäßig dürfte es sich lediglich um eine kleine Personenzahl handeln.

bb) Kernbereich nationaler Regelungshoheit

Außerdem ist zu bedenken, dass nicht jede Pflicht zur Anerkennung einer im Ausland vorgenommenen Geschlechtszuordnung gleichermaßen stark in die Regelungshoheit der Mitgliedstaaten eingreift.[118] Vielmehr ließe sich in Anknüpfung an *Janis Leifeld,*[119] danach differenzieren, ob sich ein Staat mit gänzlich neuen Geschlechtskategorien konfrontiert sähe oder ob jeweils nur die Voraussetzungen an eine Änderung des rechtlichen Geschlechts in Ursprungs- und Aufnahmestaat variieren.[120] In der letztgenannten Konstellation wäre allein die gesetzgeberische Entscheidung über einzelne Voraussetzungen eines bereits bestehenden Verfahrens zur Änderung des rechtlichen Geschlechts betroffen.[121] Der Kernbereich nationaler Regelungshoheit bliebe weitgehend unangetastet.

---

[113] *European Commission*, Eurobarometer on Discrimination, 2019, S. 4.
[114] *European Commission*, Eurobarometer on Discrimination, 2019, S. 4.
[115] *European Commission*, Eurobarometer on Discrimination, 2019, S. 4.
[116] Vgl. zu alledem auch *F. Berner*, Kollisionsrecht im Spannungsfeld, 2017, S. 252.
[117] Vgl. dazu *Thorn*, in: Budzikiewicz/Heiderhoff/Klinkhammer et al. (Hrsg.), Neue Impulse im europäischen Familienkollisionsrecht, 2021, 51, 75.
[118] Vgl. auch *Leifeld*, Das Anerkennungsprinzip im IPR, 2010, S. 116 ff.; dies aufgreifend *F. Berner*, Kollisionsrecht im Spannungsfeld, 2017, S. 250 ff.
[119] Vgl. *Leifeld*, Das Anerkennungsprinzip im IPR, 2010, S. 116 ff.
[120] Siehe ferner zur Heranziehung des Topos eines „Kernbereiches nationaler Rechtsetzungshoheit" im Rahmen einer möglichen Rechtfertigung von Freizügigkeitsbeschränkungen *F. Berner*, Kollisionsrecht im Spannungsfeld, 2017, S. 251.
[121] Vgl. *Leifeld*, Das Anerkennungsprinzip im IPR, 2010, S. 116.

Anders verhielte es sich hingegen in Fällen, in denen die konkrete Eintragungsoption für das Geschlecht im Aufnahmestaat bislang unbekannt ist. Man denke etwa an die Möglichkeit, das Geschlecht einer Person mit der Angabe „divers" im Geburtenregister eintragen zu lassen. Solche nicht-binären Geschlechtsoptionen wurden zwar in der jüngeren Vergangenheit in einzelnen Staaten eingeführt.[122] Den meisten europäischen Rechtsordnungen sind sie jedoch noch fremd.[123] Hier wäre der Kernbereich nationaler Regelungshoheit mithin ungleich stärker betroffen als in solchen Fällen, in denen zwei Rechtsordnungen lediglich unterschiedliche Anforderungen an eine rechtliche Geschlechtsangleichung vorsehen. Dies könnte für eine Abwägung zugunsten der Mitgliedstaaten und gegen eine aus Art. 21 Abs. 1 AEUV folgende Anerkennungspflicht sprechen.[124]

cc) Restriktives Anerkennungsverständnis

Gleichzeitig demonstrieren die vom EuGH bereits entschiedenen Fälle *Coman* und *Pancharevo*, dass es jedenfalls für den Gerichtshof bei der Begründung einer Anerkennungsverpflichtung kein zwingendes Hindernis darstellt, wenn ein Aufnahmestaat das in Rede stehende Statusverhältnis bislang nicht kennt. Vielmehr plädierte der Gerichtshof in beiden Entscheidungen dennoch für eine primärrechtlich begründete Anerkennungspflicht; schränkte diese jedoch gleichzeitig dahingehend ein, dass der aufnehmende Mitgliedstaat nicht verpflichtet sei, in seinem nationalen Recht das Institut der gleichgeschlechtlichen Ehe bzw. der gleichgeschlechtlichen Elternschaft einzuführen.[125]

So wies der EuGH in der Rechtssache *Coman* darauf hin, dass lediglich die Verpflichtung bestehe, eine in einem anderen Mitgliedstaat geschlossene gleichgeschlechtliche Ehe zum Zweck der Ausübung der aus dem Unionsrecht erwachsenden Rechte anzuerkennen.[126] Auf ähnliche Erwägungen stützte sich der EuGH in der Entscheidung *Pancharevo*.[127] Auch in diesem Fall betonte der Gerichtshof, dass sich aus dem Unionsrecht lediglich die Verpflichtung ableiten lasse, die Abstammungsbeziehung zwischen einem Kind und seinen beiden Müttern für die Zwecke der Ausübung der Rechte aus Art. 21 Abs. 1 AEUV und den

---

[122] Siehe oben S. 127 ff.

[123] Siehe oben S. 126 f.

[124] Beachte auch die zurückhaltende Haltung in EGMR, Urt. v. 31.1.2023 – Nr. 76888/17, *Y ./. Frankreich*, Rn. 77.

[125] Vgl. EuGH, Urt. v. 5.6.2018 – Rs. C-673/16, *Coman*, ECLI:EU:C:2018:385, Rn. 45; EuGH, Urt. v. 14.12.2021 – Rs. C-490/20, *Pancharevo*, ECLI:EU:C:2021:1008, Rn. 57.

[126] EuGH, Urt. v. 5.6.2018 – Rs. C-673/16, *Coman*, ECLI:EU:C:2018:385, Rn. 45: „Vielmehr ist sie auf die Verpflichtung beschränkt, solche in einem anderen Mitgliedstaat nach dessen Recht geschlossene Ehen anzuerkennen, und zwar allein zum Zweck der Ausübung der diesen Personen aus dem Unionsrecht erwachsenden Rechte."

[127] EuGH, Urt. v. 14.12.2021 – Rs. C-490/20, *Pancharevo*, ECLI:EU:C:2021:1008, Rn. 18 ff.

damit zusammenhängenden Sekundärrechtsakten anzuerkennen.[128] Umgekehrt bedeute diese Pflicht nicht, dass der Mitgliedstaat, dessen Staatsangehörigkeit das Kind besitze, in seinem nationalen Recht das Institut der gleichgeschlechtlichen Elternschaft vorsehen müsse oder das Abstammungsverhältnis zwischen dem Kind und den in der Geburtsurkunde als Eltern bezeichneten Personen zu anderen Zwecken als der Ausübung der dem Kind aus dem Unionsrecht erwachsenden Rechte anerkennen müsse.[129] Allerdings müssten die Behörden des Aufnahmemitgliedstaats dem betreffenden Kind einen Personalausweis oder Reisepass ausstellen, ohne die vorherige Ausstellung einer Geburtsurkunde zu verlangen, damit es dem Kind möglich sei, sich mit jeder seiner beiden Mütter innerhalb der EU frei zu bewegen und aufzuhalten.[130]

Es ist denkbar, dass der EuGH auch hinsichtlich einer Anerkennung des rechtlichen Geschlechts einer Person eine vergleichbare Einschränkung vornehmen könnte: Eine primärrechtliche Anerkennungsverpflichtung bestünde in diesem Fall allein zum Zwecke der Ausübung der aus dem Unionsrecht erwachsenden Rechte. Der betreffende Mitgliedstaat wäre also nicht verpflichtet, in seinem nationalen Recht die Möglichkeiten geschlechtlicher Selbstbestimmung zu erleichtern oder gar eine bis dato unbekannte Eintragungsoption jenseits von „männlich" oder „weiblich" einzuführen. Es bestünde jedoch immerhin für die Zwecke der Freizügigkeit die Pflicht, der betreffenden Person einen Personalausweis oder Reisepass auszustellen, der ihre geschlechtliche Identität korrekt widerspiegelt.[131] Auf diese Weise könnte der EuGH folglich die Reichweite einer potenziellen Anerkennungspflicht begrenzen und somit auch ihre Wirkung für die Familienrechtsordnungen der einzelnen Mitgliedstaaten abfedern.[132]

---

[128] Vgl. EuGH, Urt. v. 14.12.2021 – Rs. C-490/20, *Pancharevo*, ECLI:EU:C:2021:1008, Rn. 56.

[129] EuGH, Urt. v. 14.12.2021 – Rs. C-490/20, *Pancharevo*, ECLI:EU:C:2021:1008, Rn. 56.

[130] EuGH, Urt. v. 14.12.2021 – Rs. C-490/20, *Pancharevo*, ECLI:EU:C:2021:1008, Rn. 69; siehe auch EuGH, Urt. v. 24.6.2022 – Rs. C-2/21, *Rzecznik Praw Obywatelskich*, ECLI:EU:C: 2022:502, Rn. 52.

[131] Vgl. EuGH, Urt. v. 14.12.2021 – Rs. C-490/20, *Pancharevo*, ECLI:EU:C:2021:1008, Rn. 69; ebenso EuGH, Urt. v. 24.6.2022 – Rs. C-2/21, *Rzecznik Praw Obywatelskich*, ECLI: EU:C:2022:502, Rn. 52.

[132] Beachte jedoch die kritische Einschätzung bei *Kohler*, IPRax 2022, 226, 230: „Wenn der Heimatstaat eines Unionsbürgers den in einem anderen Mitgliedstaat erworbenen oder festgestellten Status ungeachtet des eigenen Rechts anzuerkennen verpflichtet ist und sich die Wirkungen der Anerkennung auf alle „aus dem Unionsrecht erwachsenden Rechte" [...] erstrecken, wird das nationale Familienrecht, ohne Mitwirkung des Gesetzgebers, in diesem Umfang verdrängt und durch das Recht des anderen Mitgliedstaats ersetzt. [...]. Dass hierdurch die durch Art. 4 Abs. 2 EUV geschützte nationale Identität betroffen ist, [...] wird nicht in Abrede gestellt werden können. Der Versicherung des EuGH, der betroffene Mitgliedstaat sei nicht verpflichtet, in seinem Recht die gleichgeschlechtliche Ehe einzuführen oder sein Abstammungsrecht zu ändern, wirkt demgegenüber wie ein Palliativ."

c) *Begrenzende Funktion der europäischen Grund- und Menschenrechte*

Könnten sich die Mitgliedstaaten im Rahmen einer Abwägung danach grundsätzlich auf ihre öffentliche Ordnung oder nationale Identität berufen, wäre schließlich zu berücksichtigen, dass die europäischen Grund- und Menschenrechte einer möglichen Rechtfertigung von Freizügigkeitsbeschränkungen Grenzen setzen.[133] So hat der EuGH etwa in der Rechtssache *Coman* betont, dass eine freizügigkeitsbeschränkende Maßnahme nur gerechtfertigt sei, wenn sie ihrerseits mit den Vorgaben der europäischen Grund- und Menschenrechte vereinbar sei.[134]

Die grund- und menschenrechtlichen Vorgaben sind folglich im Rahmen einer Rechtfertigungsprüfung als „Schranken-Schranken" zu berücksichtigen.[135] In Hinblick auf eine mögliche unionsweite Anerkennung von Geschlechtszuordnungen ist vor allem das europäische Grund- und Menschenrecht auf Achtung der geschlechtlichen Identität relevant, welches sowohl von Art. 7 GRCh als auch von Art. 8 Abs. 1 EMRK geschützt wird.[136] Danach sind die Mitgliedstaaten grundsätzlich verpflichtet, die geschlechtliche Identität eines Menschen auch rechtlich anzuerkennen und in ihren jeweiligen Rechtsordnungen Möglichkeiten zur Änderung des rechtlichen Geschlechts vorzusehen.[137]

aa) *Unterschreitung menschenrechtlicher Mindeststandards*

Für eine Rechtfertigungsprüfung hat die begrenzende Funktion der europäischen Grund- und Menschenrechte meines Erachtens folgende Konsequenz: Unterschreitet ein Mitgliedstaat, wie etwa derzeit Ungarn, hinsichtlich der Möglichkeiten geschlechtlicher Selbstbestimmung gefestigte menschenrechtliche Standards, in dem er z.B. keinerlei Möglichkeit zur Änderung des rechtlichen Geschlechts gestattet, kann dieser Staat nicht unter Berufung auf seine menschenrechtswidrige Rechtslage argumentieren, dass Gründe seiner öffentlichen Ordnung oder nationalen Identität gegen eine Anerkennung sprächen. Vielmehr begrenzen Art. 7 GRCh bzw. Art. 8 Abs. 1 EMRK in diesem Fall die Möglichkeit einer Rechtfertigung der freizügigkeitsbeschränkenden Maßnahme.

---

[133] Vgl. auch *Funken*, Das Anerkennungsprinzip im IPR, 2009, S. 175; siehe ferner bereits *Schulz*, ZEuP 2021, 64, 85.

[134] EuGH, Urt. v. 5.6.2018 – Rs. C-673/16, *Coman*, ECLI:EU:C:2018:385, Rn. 47: „Zu ergänzen ist, dass eine nationale Maßnahme, die geeignet ist, die Ausübung der Personenfreizügigkeit zu beschränken, nur dann gerechtfertigt sein kann, wenn sie mit den durch die Charta verbürgten Grundrechten vereinbar ist, deren Beachtung der Gerichtshof sichert." Vgl. dazu *Croon-Gestefeld*, StAZ 2018, 297, 298; *Vaigė*, Cross-Border Recognition of Formalized Same-Sex Relationships, 2022, S. 174; siehe ferner bereits *Schulz*, ZEuP 2021, 64, 85.

[135] *De Barros Fritz*, in: Yassari/Michaels (Hrsg.), Die Frühehe im Recht, 2021, 137, 156; *Funken*, Das Anerkennungsprinzip im IPR, 2009, S. 175; ferner bereits *Schulz*, ZEuP 2021, 64, 85.

[136] Zum Gleichlauf zwischen Art. 8 Abs. 1 EMRK und Art. 7 GRCh siehe oben S. 76 f.

[137] Siehe oben S. 76.

bb) Verbleibende staatliche Regelungsautonomie

Etwas anderes muss derzeit wohl noch für die Anerkennung nicht-binärer Geschlechtszuordnungen gelten. So hat der EGMR jüngst in der Sache *Y./. Frankreich*[138] darauf hingewiesen, dass es sich bei der Diskussion um die Einführung nicht-binärer Geschlechtsoptionen im Personenstandsrecht um ein gesellschaftliches Thema handele, über das in einem demokratischen Staat vernünftigerweise tiefgreifende Meinungsverschiedenheiten bestehen könnten.[139] In Ermangelung eines europäischen Konsenses auf diesem Gebiet müsse es daher gegenwärtig noch der Regelungshoheit der Mitgliedstaaten überlassen bleiben, ob und in welchem Umfang sie in ihren nationalen Rechtsordnungen eine nicht-binäre Eintragungsoption für das Geschlecht vorsehen wollten.[140] In Konstellationen, welche die grenzüberschreitende Anerkennung eines nicht-binären Geschlechtsstatus betreffen, könnten sich die Mitgliedstaaten daher zur Rechtfertigung einer Nichtanerkennung wohl derzeit noch auf ihre öffentliche Ordnung oder nationale Identität berufen. Die Garantien des Art. 7 GRCh und Art. 8 Abs. 1 EMRK ließen sich hier also nicht als „Schranken-Schranke" in Stellung bringen.

4. Ergebnis zur Anerkennungsverpflichtung

Wenngleich sich Entscheidungen des EuGH derzeit nur schwer prognostizieren lassen, erscheint es zumindest möglich, dass der Gerichtshof seine im Internationalen Familien- und Personenrecht entwickelten Anerkennungsgrundsätze künftig auch auf das rechtliche Geschlecht eines Menschen erstrecken könnte. Angesichts der bisherigen Rechtsprechung ist insofern eher mit einem restriktiven Anerkennungsverständnis zu rechnen. Ein Aufnahmestaat wäre danach nicht verpflichtet, in seinem nationalen Recht niedrigere Anforderungen an eine Änderung des rechtlichen Geschlechts vorzusehen oder gar eine bislang unbekannte nicht-binäre Geschlechtsoption einzuführen. Eine primärrechtliche Pflicht zur Anerkennung von Geschlechtszuordnungen bestünde vielmehr allein zum Zwecke der Ausübung der aus dem Unionsrecht erwachsenden Rechte.

III. Methodische Umsetzung

Sofern Art. 21 Abs. 1 AEUV zumindest eine Pflicht der Mitgliedstaaten begründet, das rechtliche Geschlecht eines Menschen für die Ausübung der aus dem Unionsrecht erwachsenden Rechte anzuerkennen, stellt sich schließlich die Frage, wie die Mitgliedstaaten dieser Pflicht nachkommen können.

---

[138] EGMR, Urt. v. 31.1.2023 – Nr. 76888/17, *Y./. Frankreich*; siehe oben S. 73 ff.
[139] EGMR, Urt. v. 31.1.2023 – Nr. 76888/17, *Y./. Frankreich*, Rn. 77.
[140] EGMR, Urt. v. 31.1.2023 – Nr. 76888/17, *Y./. Frankreich*, Rn. 91.

1. Ergebnisvorgabe statt Methodenvorgabe

Zunächst sei angemerkt, dass der EuGH zwar in seiner bisherigen Rechtsprechung regelmäßig den Begriff einer „Anerkennung" von Rechtslagen verwendet; der Übergang zu einer „Anerkennungsmethode" jedoch keineswegs durch das Primärrecht vorgegeben ist.[141] Vielmehr ist es Sache der einzelnen Mitgliedstaaten, zu entscheiden, auf welche Art und Weise sie Beeinträchtigungen der Personenfreizügigkeit abwenden möchten.[142] Dies hat der EuGH jüngst in der Rechtssache *Freitag*[143] noch einmal auf folgende Formel gebracht:

„Mangels einer unionsrechtlichen Regelung auf dem Gebiet der Änderung des Familiennamens ist […] die Ausgestaltung der vom nationalen Recht vorgesehenen Bedingungen, die den Schutz der den Einzelnen aus dem Unionsrecht erwachsenden Rechte gewährleisten sollen, Sache der nationalen Rechtsordnung jedes Mitgliedstaats; diese Bedingungen dürfen jedoch nicht weniger günstig sein als diejenigen, die Rechte betreffen, die ihren Ursprung in der innerstaatlichen Rechtsordnung haben (Äquivalenzgrundsatz), und sie dürfen die Ausübung der durch die Unionsrechtsordnung verliehenen Rechte nicht praktisch unmöglich machen oder übermäßig erschweren (Effektivitätsgrundsatz)."[144]

Das Europarecht enthält also lediglich eine Ergebnisvorgabe.[145] Die methodische Umsetzung hingegen verbleibt bei den Mitgliedstaaten.

---

[141] *Funken*, FamRZ 2008, 2089, 2092: „Der vom EuGH gewählte Begriff der ‚Anerkennung' beinhaltet keinerlei Methodenvorgabe für den deutschen Gesetzgeber." Siehe ferner *Hausmann*, in: Staudinger BGB, Neubearb. 2019, Stand: 31.5.2021, Art. 10 EGBGB, Rn. 528 ff.; *von Hein*, in: MüKo BGB, 8. Aufl. 2020, Art. 3 EGBGB, Rn. 144; *Mankowski/Höffmann*, IPRax 2011, 247, 253; *Martiny*, DNotZ 2009, 449, 454; *Mansel*, in: Gebauer/Mansel/Schulze (Hrsg.), Die Person im Internationalen Privatrecht, 2019, 27, 29; *Schlürmann*, Das Personalstatut im französischen IPR, 2022, S. 84; *Schwemmer*, Anknüpfungsprinzipien im Europäischen Kollisionsrecht, 2018, S. 16; *Thorn*, in: Budzikiewicz/Heiderhoff/Klinkhammer et al. (Hrsg.), Neue Impulse im europäischen Familienkollisionsrecht, 2021, 51, 66.

[142] *Mansel*, RabelsZ 70 (2006), 651, 677: „[…] das Anerkennungsprinzip gibt […] nur das zu erreichende Ergebnis […] vor. Wie das jeweilige nationale Recht […] vor unzulässigen Beschränkungen schützt, bleibt ihm methodisch überlassen."

[143] EuGH, Urt. v. 8.6.2017 – Rs. C-541/15, *Freitag*, ECLI:EU:C:2017:432.

[144] EuGH, Urt. v. 8.6.2017 – Rs. C-541/15, *Freitag*, ECLI:EU:C:2017:432, Rn. 42, siehe dazu auch *Hausmann*, in: Staudinger BGB, Neubearb. 2019, Stand: 31.5.2021, Art. 10 EGBGB, Rn. 530a; *Schlürmann*, Das Personalstatut im französischen IPR, 2022, S. 84; *Wall*, StAZ 2019, 225, 232; *Wall*, StAZ 2022, 118, 120.

[145] So auch *von Hein*, in: MüKo BGB, 8. Aufl. 2020, Art. 3 EGBGB, Rn. 144 f.; *Mansel*, in: Gebauer/Mansel/Schulze (Hrsg.), Die Person im Internationalen Privatrecht, 2019, 27, 29; *Thorn*, in: Budzikiewicz/Heiderhoff/Klinkhammer et al. (Hrsg.), Neue Impulse im europäischen Familienkollisionsrecht, 2021, 51, 66; *Wall*, StAZ 2019, 225, 232.

2. Vielfalt methodischer Lösungsmöglichkeiten

Für das deutsche Recht hat dies die Konsequenz, dass der deutsche Gesetzgeber Beeinträchtigungen der Personenfreizügigkeit auf unterschiedliche Weise begegnen kann.[146] So bestünde z.B. die Möglichkeit, das rechtliche Geschlecht der betreffenden Person ausnahmsweise nicht an die Staatsangehörigkeit, sondern an den gewöhnlichen Aufenthalt oder den Wohnsitz anzuknüpfen.[147] Ebenso wäre hier eine Erweiterung der Rechtswahlmöglichkeiten zugunsten des Aufenthaltsrechts denkbar.[148] Zudem ließe sich unerwünschten hinkenden Geschlechtszuordnungen auch durch eine Vereinheitlichung des Kollisionsrechts auf Ebene des Unionsrechts begegnen.[149]

Schließlich käme auch eine Lösung auf Ebene des Sachrechts in Betracht: So hat beispielsweise der deutsche Gesetzgeber auf die Vorgaben des Unionsrechts im Namensrecht mit Einführung des Art. 48 EGBGB reagiert.[150] Unterliegt danach der Name einer Person deutschem Recht, so kann diese durch Erklärung gegenüber einem hiesigen Standesamt den während eines gewöhnlichen Aufenthalts in einem anderen Mitgliedstaat der Europäischen Union erworbenen und dort in ein Personenstandsregister eingetragenen Namen wählen, sofern dies nicht mit wesentlichen Grundsätzen des deutschen Rechts offensichtlich unvereinbar ist. Es erscheint vorstellbar, dass sich der deutsche Gesetzgeber hinsichtlich des rechtlichen Geschlechts einer Person einer ähnlichen Regelungstechnik bedienen könnte.

Für die Zwischenzeit schlägt etwa *Gerald Mäsch* vor, einer Person, deren rechtliches Geschlecht in einem anderen Mitgliedstaat der EU durch einfache Erklärung geändert und dort in ein Personenstandsregister eingetragen wurde, nach dem Vorbild des Art. 48 EGBGB ein „Optionsrecht zugunsten des ausländischen Geschlechts" einzuräumen.[151]

---

[146] Siehe auch *Mansel*, RabelsZ 70 (2006), 651, 678: „Den Zielvorgaben der Grundfreiheiten und dem daraus immer wieder abgeleiteten Grundsatz der gegenseitigen Anerkennung kann je nach Konstellation auf unterschiedlichem Weg entsprochen werden." Vgl. ferner *Schlürmann*, StAZ 2022, 257, 258.

[147] Zu den verschiedenen Umsetzungsmöglichkeiten im Namensrecht siehe *Martiny*, DNotZ 2009, 449, 456; *Mansel*, in: Gebauer/Mansel/Schulze (Hrsg.), Die Person im Internationalen Privatrecht, 2009, 27, 30.

[148] Siehe dazu bereits *Schulz*, ZEuP 2021, 64, 86; allgemein zur Umsetzung der europarechtlichen Vorgaben ferner *von Hein*, in: MüKo BGB, 8. Aufl. 2020, Art. 3 EGBGB, Rn. 144 f.; näher zu möglichen Reformüberlegungen siehe unten S. 241 ff.

[149] Siehe zur Kollisionsrechtsvereinheitlichung als Mittel zur Vermeidung hinkender Statusverhältnisse *Kroll-Ludwigs*, ZVglRWiss 2008, 320, 338 ff.; *Mansel*, RabelsZ 70 (2006), 651, 723 ff.; siehe ferner unten S. 243.

[150] Siehe zu Normzweck und Entstehungsgeschichte des Art. 48 EGBGB *Lipp*, in: MüKo BGB, 8. Aufl. 2020, Art. 48 EGBGB, Rn. 1 ff.; *Mäsch*, in: BeckOK BGB, 65. Ed. 2023, Art. 48 EGBGB, Rn. 2; *Schlürmann*, Das Personalstatut im französischen IPR, 2022, S. 93 f.

[151] *Mäsch*, in: BeckOK BGB, Hau/Poseck, 65. Ed. 2023, Art. 7 EGBGB, Rn. 56: „Die bloße Entgegennahme und Prüfung einer Erklärung zur Geschlechtsänderung durch eine

IV. Ergebnis zu einer auf Art. 21 Abs. 1 AEUV gestützten Anerkennung

Nach dem derzeitigen Stand des Unionsrechts fällt es in den Zuständigkeitsbereich der EU-Mitgliedstaaten, in ihren nationalen Rechtsordnungen Regelungen zur geschlechtlichen Selbstbestimmung eines Menschen vorzusehen. Bei der Ausübung ihrer Zuständigkeit müssen die Mitgliedstaaten jedoch das Unionsrecht und insbesondere das in Art. 21 Abs. 1 AEUV verbürgte Recht auf Personenfreizügigkeit beachten. Dabei hat die vorangegangene Untersuchung gezeigt, dass die Nichtanerkennung einer im europäischen Ausland vorgenommen Geschlechtszuordnung eine rechtfertigungsbedürftige Beschränkung des Rechts auf Freizügigkeit i.S.d. Art. 21 Abs. 1 AEUV darstellt. Diese Beschränkung der Personenfreizügigkeit kann zwar gerechtfertigt sein, wenn sie auf objektiven Erwägungen des Allgemeininteresses beruht und in einem angemessenen Verhältnis zu dem mit dem nationalen Recht legitimerweise verfolgten Zweck steht. Gleichwohl legt die bisherige Rechtsprechung des EuGH auf dem Gebiet des Internationalen Namens-, Ehe- und Abstammungsrecht eine Abwägung zugunsten der Interessen der Unionsbürger*innen nahe, wonach aus Art. 21 Abs. 1 AEUV zumindest eine Pflicht der Mitgliedstaaten abzuleiten wäre, das rechtliche Geschlecht eines Menschen für die Zwecke der Ausübung der aus dem Unionsrecht erwachsenden Rechte anzuerkennen. Wird eine solche Anerkennungspflicht im Grundsatz bejaht, ist zu beachten, dass das Unionsrecht lediglich eine Ergebnisvorgabe enthält. Die methodische Umsetzung dieser Ergebnisvorgabe verbleibt dagegen bei den Mitgliedstaaten.

B. Menschenrechtliche Vorgaben zur Statusanerkennung

Neben den eben untersuchten primärrechtlichen Ergebnisvorhaben lässt sich schließlich diskutieren, ob sich eine Verpflichtung zur grenzüberschreitenden Anerkennung des rechtlichen Geschlechts eines Menschen auch unmittelbar aus den Garantien der europäischen Menschenrechte ableiten ließe.[152] So stellt sich in jüngerer Zeit,[153] nicht zuletzt aufgrund mehrerer Entscheidungen des EGMR

---

ausländische (Zivilstands-)Behörde […] ist […] nicht der Anerkennung fähig. Eine andere (und wohl zu bejahende) Frage ist, ob man wie im Namensrecht die durch die im EU-Ausland nach einer solchen Erklärung erfolgte Registereintragung des geänderten Geschlechts geschaffene Rechtslage in Deutschland akzeptieren muss, indem man der Person im Inland nach Muster des Art. 48 EGBGB ein Optionsrecht zugunsten des ‚ausländischen' Geschlechts einräumt."

[152] Siehe etwa *Lurger*, IPRax 2013, 282, 288: „Das Gebot der Anerkennung von einmal begründeten Namen oder familienrechtlichen Statusbeziehungen in einem Ursprungsstaat lässt sich nicht nur aus Art. 21 AEUV, sondern – unter bestimmten zusätzlichen Voraussetzungen – auch aus Art. 8 EMRK ableiten." Vgl. ferner *Sommer*, Der Einfluss der Freizügigkeit auf Namen und Status von Unionsbürgern, 2009, S. 211 ff.

[153] Beachte jedoch bereits *Benicke/A. Zimmermann*, IPRax 1995, 141, 147 ff.

zum Internationalen Abstammungsrecht,[154] vermehrt die Frage, ob eine Pflicht zur Anerkennung von Statusverhältnissen auch unmittelbar auf das in Art. 8 EMRK verankerte Recht auf Achtung des Privat- und Familienlebens gestützt werden kann.[155] Eine solche menschenrechtlich begründete Anerkennungsverpflichtung hätte – anders als eine Anerkennung auf Grundlage des Art. 21 Abs. 1 AEUV – zur Folge, dass auch Statusverhältnisse, die in einem Drittstaat außerhalb der EU begründet wurden, einer Anerkennung zugänglich wären.[156]

I. Anerkennung auf Grundlage des Art. 8 Abs. 1 EMRK?

Nach Art. 8 Abs. 1 EMRK hat jede Person ein Recht auf Achtung ihres Privatlebens, das nach ständiger Rechtsprechung des EGMR auch dem Schutz der selbstbestimmten geschlechtlichen Identität eines Menschen dient.[157] Darüber hinaus verbietet Art. 14 EMRK Diskriminierungen wegen des Geschlechts bzw. der geschlechtlichen Identität als „sonstigem Status".[158] Angesichts dieser menschenrechtlichen Vorgaben erschiene es zumindest denkbar, auch unmittelbar aus Art. 8 Abs. 1 EMRK (gegebenenfalls i.V.m. Art. 14 EMRK) eine Pflicht der Vertragsstaaten abzuleiten, das in einem anderen Vertragsstaat der EMRK im Einklang mit der geschlechtlichen Identität gewählte rechtliche Geschlecht eines Menschen als wirksam anzusehen.[159]

1. Zurückhaltung im deutschen Methodendiskurs

Wie *Lucienne Schlürmann* darlegt, wird eine solche menschenrechtlich begründete Anerkennungspflicht im deutschen Methodendiskurs jedoch bislang überwiegend abgelehnt.[160] Zwar werden die Gewährleistungen der EMRK mitunter

---

[154] Exemplarisch etwa EGMR, Urt. v. 26.6.2014 – Nr. 65192/11, *Mennesson ./. Frankreich*; EGMR, Urt. v. 24.1.2017 – 25358/12, *Paradiso u. Campanelli ./. Italien*; kritisch dazu *F. Berner*, Kollisionsrecht im Spannungsfeld, 2017, S. 217 ff.

[155] *Schlürmann*, Das Personalstatut im französischen IPR, 2022, S. 4; vgl. ferner KG, Beschl. v. 23.9.2010 – 1 W 70/08, NJW 2011, 535 ff.; *von Bar/Mankowski*, IPR, Band II, 2019, § 4, Rn. 1159 f.; *F. Berner*, Kollisionsrecht im Spannungsfeld, 2017, 217 ff.

[156] *Schlürmann*, Das Personalstatut im französischen IPR, 2022, S. 173; vgl. ferner *Nordmeier*, StAZ 2011, 129, 135; *Lurger*, IPRax 2013, 282, 288.

[157] Siehe oben S. 69 ff.

[158] Siehe oben S. 84 f.

[159] Vgl. zu parallelen Erwägungen im Namensrecht EGMR, Urt. v. 6.5.2008 – Nr. 31745/02, *Heidecker-Tiemann ./. Deutschland*; siehe ferner *Lipp*, in: MüKo BGB, 8. Aufl. 2020, Art. 10 EGBGB, Rn. 179: „Im Einzelfall können sich die grund- und menschenrechtlichen Vorgaben verdichten und die ‚Anerkennung' eines Namens verlangen, […]."

[160] *Schlürmann*, Das Personalstatut im französischen IPR, 2022, S. 173; beachte jedoch *Lipp*, in: MüKo BGB, 8. Aufl. 2020, Art. 10 EGBGB, Rn. 220: „Der unionsrechtliche Schutz des Namens beruht daher auf zwei Säulen: auf Unionsbürgerschaft und Freizügigkeit (Art. 20, 21 AEUV) einerseits […] und auf Art. 7 GRCh und Art. 8 EMRK andererseits […]. Dementsprechend beruht die unionsrechtliche Pflicht zur ‚Anerkennung' eines ausländischen

zur Konkretisierung der primärrechtlichen Freizügigkeitsrechte herangezogen[161] oder im Zusammenhang mit Art. 6 Abs. 2 EUV erwähnt.[162] Die Ableitung einer allgemeinen Anerkennungsverpflichtung unmittelbar aus der EMRK wird hingegen von der deutschen Literatur bisher weitgehend kritisch gesehen oder lediglich vereinzelt akzeptiert.[163]

2. Keine schematische Anerkennung

So weisen etwa *Carl Friedrich Nordmeier* und *Jan von Hein* darauf hin, dass eine schematische Anerkennung aller Statusverhältnisse aus menschenrechtlicher Perspektive nicht geboten sei, da die Vertragsstaaten der EMRK in ethisch sensiblen Fragen über einen großen Ermessensspielraum verfügten.[164] Es sei daher jeweils im Einzelfall zu prüfen, ob die Garantien der EMRK gegebenenfalls die Anerkennung einer ausländischen Rechtslage erforderten.[165]

3. Abwägung im Einzelfall

Folgt man diesem Ansatz, so bedeutet dies im Umkehrschluss jedoch auch, dass Art. 8 Abs. 1 EMRK jedenfalls nicht grundsätzlich als Rechtsgrundlage einer grenzüberschreitenden Anerkennungspflicht ausscheidet.[166] Vielmehr ist jeweils im konkreten Fall zu prüfen, ob die Nichtanerkennung einer im Ausland vorgenommenen Geschlechtszuordnung gegen das Recht der betroffenen Person auf Achtung ihres Privatlebens i.S.d. Art. 8 Abs. 1 EMRK verstößt. Voraussetzung dafür ist, dass eine hinkende Geschlechtszuordnung als Eingriff in das Recht auf Achtung der geschlechtlichen Identität zu werten ist und dieser Eingriff nicht gem. Art. 8 Abs. 2 EMRK gerechtfertigt werden kann.[167] Dabei hebt der EGMR

---

[161] So etwa *Mansel*, RabelsZ 70 (2006), 651, 709; vgl. ferner EuGH, Urt. v. 22.12.2010 – Rs. C-208/09, *Sayn-Wittgenstein*, ECLI:EU:C:2010:806, Rn. 52.

[162] Vgl. *von Bar/Mankowski*, IPR, Band II, 2019, § 6, Rn. 216; siehe dazu auch *Schlürmann*, Das Personalstatut im französischen IPR, 2022, S. 173.

[163] So die Analyse bei *Schlürmann*, Das Personalstatut im französischen IPR, 2022, S. 173; vgl. dazu ferner *Funken*, Das Anerkennungsprinzip im IPR, 2009, S. 88 ff.; *von Hein*, in: MüKo BGB, 8. Aufl. 2020, Art. 3 EGBGB, Rn. 130; *Nordmeier*, IPRax 2012, 31, 35; *Nordmeier*, StAZ 2011, 129, 134 ff.; differenzierend *Grünberger*, in: Leible/Unberath (Hrsg.), Brauchen wir eine Rom-0-Verordnung?, 2013, 81, 117 f.

[164] *Von Hein*, in: MüKo BGB, 8. Aufl. 2020, Art. 3 EGBGB, Rn. 130; *Nordmeier*, IPRax 2012, 31, 35; *Nordmeier*, StAZ 2011, 129, 137; näher zum Ermessensspielraum oben S. 68.

[165] *Von Hein*, in: MüKo BGB, 8. Aufl. 2020, Art. 3 EGBGB, Rn. 130; so auch *Nordmeier*, IPRax 2012, 31, 36; *Nordmeier*, StAZ 2011, 129, 137.

[166] Vgl. *von Hein*, in: MüKo BGB, 8. Aufl. 2020, Art. 3 EGBGB, Rn. 130.

[167] Siehe zur parallelen Diskussion im Internationalen Namensrecht *Sommer*, Der Einfluss der Freizügigkeit auf Namen und Status von Unionsbürgern, 2009, S. 213, 295; der jedoch eine Übertragung auf hinkende Geschlechtszuordnungen im Ergebnis ablehnt.

hervor, dass auch im Falle einer Nichtanerkennung eines im Ausland begründeten Status auf einen gerechten Ausgleich zwischen den widerstreitenden staatlichen und individuellen Interessen zu achten sei.[168]

Allerdings hat der EGMR jüngst entschieden, dass den Vertragsstaaten jedenfalls hinsichtlich der Einführung nicht-binärer Geschlechtsoptionen gegenwärtig noch ein erweiterter Ermessensspielraum zukomme und sich aus Art. 8 Abs. 1 EMRK daher noch keine Verpflichtung zur Einführung einer Eintragungsoption jenseits von „weiblich" oder „männlich" ableiten lasse.[169] Sollte ein Staat daher die Anerkennung einer in seiner Rechtsordnung bislang unbekannten Geschlechtszuordnung verweigern, wäre darin unter Zugrundelegung der jüngsten EGMR-Rechtsprechung wohl keine Verletzung von Art. 8 Abs. 1 EMRK zu sehen. Etwas anderes könnte indes gelten, wenn ein Staat jedwede Änderung des rechtlichen Geschlechts verweigert und damit gefestigte Menschenrechtsstandards unterschreitet.[170] Hier käme eine auf Art. 8 Abs. 1 EMRK gestützte Anerkennungspflicht durchaus in Betracht.

II. Ergebnis zu einer auf Art. 8 Abs. 1 EMRK gestützten Anerkennung

Eine Pflicht zur grenzüberschreitenden Anerkennung des rechtlichen Geschlechts eines Menschen ließe sich im Einzelfall auch auf das in Art. 8 Abs. 1 EMRK verankerte Recht auf Achtung der geschlechtlichen Identität stützen. Allerdings wird eine menschenrechtlich begründete Anerkennungspflicht im deutschen Methodendiskurs bislang überwiegend abgelehnt. Zudem verfügen die Vertragsstaaten der EMRK nach der jüngsten Rechtsprechung des EGMR jedenfalls hinsichtlich der Einführung nicht-binärer Eintragungsoptionen für das Geschlecht noch über einen erweiterten Ermessensspielraum, woran eine auf Art. 8 Abs. 1 EMRK gestützte Anerkennungspflicht regelmäßig scheitern dürfte.

C. Gesamtergebnisse

1. Nach dem derzeitigen Stand des Unionsrechts fällt das Personenstandsrecht, zu dem auch die Regelungen über die geschlechtliche Zuordnung eines Menschen gehören, in den Zuständigkeitsbereich der Mitgliedstaaten der EU. Diese Zuständigkeit bleibt vom Unionsrecht unberührt.

2. Die Mitgliedstaaten müssen jedoch bei Ausübung ihrer Zuständigkeit das Unionsrecht und insbesondere das in Art. 21 Abs. 1 AEUV verankerte Recht auf Personenfreizügigkeit beachten.

---

[168] EGMR, Urt. v. 6.5.2008 – Nr. 31745/02, *Heidecker-Tiemann ./. Deutschland*; siehe ferner zu abwägungsrelevanten Aspekten im Internationalen Namensrecht *Benicke/A. Zimmermann*, IPRax 1995, 141, 148.
[169] EGMR, Urt. v. 31.1.202 – Nr. 76888/17, *Y ./. Frankreich*; näher dazu oben S. 73 ff.
[170] Siehe oben S. 231.

3. Der EuGH hat bislang noch nicht entschieden, ob es mit Art. 21 Abs. 1 AEUV vereinbar ist, wenn die Behörden eines Mitgliedstaats es unter Anwendung ihres nationalen Rechts ablehnen, das rechtliche Geschlecht einer Person so „anzuerkennen", wie es in einem anderen Mitgliedstaat der EU bestimmt und eingetragen wurde.

4. Die Nichtanerkennung des rechtlichen Geschlechts einer Person stellt eine rechtfertigungsbedürftige Beschränkung des Rechts auf Freizügigkeit i.S.d. Art. 21 Abs. 1 AEUV dar. Das rechtliche Geschlecht eines Menschen ist in zahlreichen Lebenssituationen von Bedeutung und wird regelmäßig für Zwecke der Identifizierung und Datenvalidierung abgefragt. Dies kann gerade in grenzüberschreitenden Konstellationen zu Konflikten führen, da Betroffene womöglich gezwungen würden, ihre Trans- oder Intergeschlechtlichkeit offenzulegen.

5. Die mit einer solchen Nichtanerkennung des rechtlichen Geschlechts einhergehende Freizügigkeitsbeschränkung kann jedoch gerechtfertigt sein, wenn sie auf objektiven Erwägungen des Allgemeininteresses beruht und in einem angemessenen Verhältnis zu einem mit dem nationalen Recht legitimerweise verfolgten Zweck steht. Als taugliche Rechtfertigungsgründe kommen vor allem die öffentliche Ordnung und die nationale Identität eines Mitgliedstaates in Betracht.

6. Mit Blick auf die bisherige Rechtsprechung des EuGH auf dem Gebiet des Internationalen Familien- und Personenrechts erscheint es überzeugend, eine auf Art. 21 Abs. 1 AEUV gestützte Pflicht zur unionsweiten Anerkennung von Geschlechtszuordnungen jedenfalls für die Zwecke der Ausübung der aus dem Unionsrecht erwachsenden Rechte zu bejahen.

7. Im Rahmen einer Abwägung ist zu beachten, dass eine freizügigkeitsbeschränkende Maßnahme nur gerechtfertigt sein kann, wenn sie mit den Vorgaben der europäischen Grund- und Menschenrechte vereinbar ist. Hier ist insbesondere Art. 8 Abs. 1 EMRK zu nennen, der die Mitgliedstaaten dazu verpflichtet, in ihrem nationalen Recht Möglichkeiten zur rechtlichen Anerkennung der (binären) geschlechtlichen Identität eines Menschen vorzusehen.

8. Unterschreitet ein Mitgliedstaat hinsichtlich der rechtlichen Anerkennung der geschlechtlichen Identität eines Menschen gefestigte menschenrechtliche Mindeststandards, kann dieser Staat nicht unter Berufung auf seine menschenrechtswidrige Rechtslage erfolgreich argumentieren, dass Gründe seiner öffentlichen Ordnung oder nationalen Identität gegen eine Anerkennung sprächen. Vielmehr begrenzen Art. 7 GRCh bzw. Art. 8 Abs. 1 EMRK in diesem Fall die Möglichkeit einer Rechtfertigung der freizügigkeitsbeschränkenden Maßnahme.

9. Art. 21 Abs. 1 AEUV enthält lediglich eine Ergebnisvorgabe. Es ist daher Sache der einzelnen Mitgliedstaaten, zu entscheiden, auf welche Art und Weise sie die Vorgaben des Unionsrechts umsetzen. Auch der deutsche Gesetzgeber kann Beeinträchtigungen der Personenfreizügigkeit daher auf unterschiedliche Weise verhindern. Neben kollisionsrechtlichen Lösungsmöglichkeiten, wie etwa einer Anknüpfung an den gewöhnlichen Aufenthalt oder der Eröffnung von Rechtswahlmöglichkeiten, ließe sich hinkenden Geschlechtszuordnungen auch

auf sachrechtlicher Ebene begegnen. Langfristig käme auch eine Kollisions-rechtsvereinheitlichung auf europäischer Ebene in Betracht, um hinkende Geschlechtszuordnungen zu vermeiden.

10. Eine Pflicht zur grenzüberschreitenden Anerkennung des rechtlichen Geschlechts einer Person lässt sich in Einzelfällen auch unmittelbar auf Art. 8 Abs. 1 EMRK stützen. Eine schematische Anerkennung des rechtlichen Geschlechts einer Person ist dabei jedoch nicht geboten. Vielmehr ist jeweils im konkreten Fall zu prüfen, ob die Nichtanerkennung einer im Ausland vorgenommenen Geschlechtszuordnung gegen das Recht der betroffenen Person auf Achtung ihres Privatlebens i.S.d. Art. 8 Abs. 1 EMRK verstößt.

Fünfter Teil

Reformperspektiven im IPR

Die bisherige Untersuchung hat ergeben, dass es sowohl im europäischen als auch im autonomen deutschen IPR an einer expliziten Kollisionsnorm fehlt, die bestimmt, welches Recht in grenzüberschreitenden Sachverhalten auf das rechtliche Geschlecht eines Menschen Anwendung findet. Zwar besteht überwiegend Einigkeit darüber, dass sich die Geschlechtszugehörigkeit einer Person aus Sicht des deutschen IPR nach dem Heimatrecht dieser Person bemisst. Allerdings erfährt die Anknüpfung an die Staatsangehörigkeit aufgrund der Vorgaben höherrangigen Rechts zahlreiche Durchbrechungen.

Darüber hinaus stößt die Staatsangehörigkeitsanknüpfung auch in solchen Fällen an Grenzen, in denen ausländische Personen mit deutschem Personenstandseintrag eine Änderung ihres rechtlichen Geschlechts in Deutschland erreichen möchten. Die gegenwärtige Rechtslage wird schließlich auch dadurch erschwert, dass im geltenden Sachrecht unterschiedliche Regelungen für trans- und intergeschlechtliche Menschen existieren, und ausländische Staatsangehörige regelmäßig nur dann eine Änderung ihres rechtlichen Geschlechts in Deutschland erreichen können, wenn ihr Heimatrecht „keine vergleichbare Regelung" kennt.

Insgesamt hat die vorangegangene Untersuchung gezeigt, dass sich die Beurteilung des rechtlichen Geschlechts einer Person in Sachverhalten mit grenzüberschreitendem Bezug aus einem komplizierten Zusammenspiel von kollisionsrechtlichen und sachrechtlichen Regelungen ergibt, das die rechtsunterworfenen Personen vor erhebliche Herausforderungen stellt.[1]

Vor diesem Hintergrund wird nicht erst in jüngerer Zeit diskutiert, ob eine Reform des IPR angezeigt ist.[2] Dieser rechtspolitischen Frage widmet sich der letzte Teil dieser Arbeit. Dafür werden sowohl Reformbestrebungen auf europäischer Ebene (§ 10) als auch auf nationaler Ebene (§ 11) diskutiert.

---

[1] Vgl. für einen Erfahrungsbericht *DG Justice and Consumers*, Legal gender recognition in the EU, 2020, S. 125 f.; siehe dazu auch *Roßbach*, in: Duden (Hrsg.), IPR für eine bessere Welt, 2022, 125, 138.

[2] Siehe etwa *Basedow/Scherpe*, in: Basedow/Scherpe (Hrsg.), Transsexualität, Staatsangehörigkeit und internationales Privatrecht, 2004, 161 ff.; *Grünberger*, StAZ 2007, 357, 366 ff.; *Scherpe*, FamRZ 2007, 270, 272; vgl. ferner *Dutta/Pintens*, in: Scherpe/Dutta/Helms (Hrsg.), The Legal Status of Intersex Persons, 2018, 415, 419 ff.; *Gössl*, IPRax 2017, 339 ff.; *Roßbach*, in: Duden (Hrsg.), IPR für eine bessere Welt, 2022, 125, 139 ff.

§ 10

Reformbestrebungen im Unionsrecht

Gerade eine Kollisionsrechtsvereinheitlichung auf europäischer Ebene schiene *de lege ferenda* prädestiniert, um hinkende Geschlechtszuordnungen in der EU zu verhindern und eine grenzüberschreitende Anerkennung der geschlechtlichen Identität eines Menschen innerhalb der Union sicherzustellen.[1]

A. EU-Verordnungsvorschlag zur Anerkennung rechtlicher Elternschaft

Vor diesem Hintergrund interessiert es besonders, dass die EU-Kommission im Dezember 2022 einen Entwurf für eine Verordnung über die „Zuständigkeit, das anzuwendende Recht, die Anerkennung von Entscheidungen und die Annahme von öffentlichen Urkunden in Kindschaftssachen und über die Einführung eines Europäischen Elternschaftszeugnisses" (nachfolgend „Elternschaft-VO-E") vorgestellt hat.[2] Hintergrund der Initiative war eine viel zitierte Rede der Kommissionspräsidentin *Ursula von der Leyen* zur Lage der Europäischen Union von 2020[3] sowie eine daran anknüpfende umfangreiche „LGBTIQ-Gleichstellungsstrategie 2020–2025" aus demselben Jahr.[4]

I. Inhalt der geplanten Verordnung

Ziel der geplanten Verordnung ist es, die Anerkennung rechtlicher Eltern-Kind-Zuordnungen in der gesamten EU zu erleichtern, indem sowohl vereinheitlichte Kollisionsnormen als auch gemeinsame Regeln für die verfahrensrechtliche Anerkennung von gerichtlichen Entscheidungen über ein Eltern-Kind-Verhältnis festgelegt werden.[5] Nicht nur für gleichgeschlechtliche Elternpaare, sondern unter anderem auch für trans- und intergeschlechtliche Elternteile hätte die geplante

---

[1] Siehe zu den Vorzügen einer Kollisionsrechtsvereinheitlichung auch *Kroll-Ludwigs*, ZVglRWiss 2008, 320, 338 ff.; *Mansel*, RabelsZ 70 (2006), 651, 723 ff.

[2] COM(2022) 695 final.

[3] „State of the Union Address" v. 26.9.2020, abrufbar unter: <https://ec.europa.eu/commi ssion/presscorner/detail/en/SPEECH_20_1655> (abgerufen am 1.3.2023).

[4] COM(2020) 698 final, S. 17.

[5] COM(2022) 695 final; siehe dazu bereits *Schulz/Valentiner*, FamRZ 2023, 662, 665.

Verordnung mithin den Vorteil, dass ihr Status als rechtlicher Elternteil in den Grenzen nationaler *ordre public*-Vorbehalte in der ganzen Union anerkannt würde.[6]

II. Keine grenzüberschreitende Anerkennung des Geschlechts

Allerdings sieht der Kommissionsvorschlag eine grenzüberschreitende Anerkennung der rechtlichen Geschlechtszugehörigkeit *per se* nicht vor. Vielmehr war bereits der LGBTIQ-Gleichstellungsstrategie von 2020 zu entnehmen, dass die Kommission zwar den Austausch der EU-Mitgliedstaaten darüber fördern möchte, welche Rechtsvorschriften und Verfahren in den einzelnen Mitgliedstaaten eingeführt werden könnten, um die Möglichkeiten geschlechtlicher Selbstbestimmung zu erweitern.[7] Zudem plant die Kommission einen sektorübergreifenden Dialog mit verschiedenen Interessengruppen, um das Bewusstsein für trans- und intergeschlechtliche Personen zu schärfen und ihre Inklusion bei allen einschlägigen Maßnahmen und Verfahren zu fördern.[8] Umgekehrt lässt sich daraus jedoch auch schließen, dass die Kommission jedenfalls zum gegenwärtigen Zeitpunkt keinen Rechtsakt zur unionsweiten Anerkennung des rechtlichen Geschlechts einer Person plant.

III. Einstimmigkeitsvorbehalt im Rat, Art. 81 Abs. 3 AEUV

Unabhängig davon muss derzeit bezweifelt werden, dass der Kommissionsvorschlag – jedenfalls in der von der Kommission geplanten Form – tatsächlich Erfolg haben wird.[9] Da es sich um eine Maßnahme auf dem Gebiet des Familienrechts handelt, ist gem. Art. 81 Abs. 3 AEUV ein einstimmiger Ratsbeschluss erforderlich,[10] dessen Zustandekommen jedoch überaus unwahrscheinlich er-

---

[6] Vgl. die *ordre public*-Vorbehalte in Art. 22, Art. 31 Nr. 1 lit. a Elternschaft-VO-E; siehe dazu COM(2022) 695 final, S. 52, 55 f.; vgl. ferner bereits *Schulz/Valentiner*, FamRZ 2023, 662, 665.

[7] COM(2020) 698 final, S. 20: „Die Kommission wird den Austausch bewährter Verfahren zwischen den Mitgliedstaaten fördern, in denen es darum geht, wie zugängliche Rechtsvorschriften und Verfahren zur Anerkennung der Geschlechtszugehörigkeit auf der Grundlage des Grundsatzes der Selbstbestimmung und ohne Altersbeschränkungen eingeführt werden können."

[8] COM(2020) 698 final, S. 20: „Die Kommission wird einen sektorübergreifenden Dialog mit verschiedenen Interessenträgern einschließlich der Mitgliedstaaten, Unternehmen und Angehörigen der Gesundheitsberufe einleiten, um das Bewusstsein für trans* und nichtbinäre Identitäten sowie intersexuelle Personen zu schärfen und die Inklusion bei allen einschlägigen Maßnahmen und Verfahren, auch innerhalb der Kommission, zu fördern."

[9] So auch die Einschätzung bei *Kohler*, IPRax 2022, 226, 229 f.; vgl. ferner *Helms*, ZEuP 2022, 747, 753; siehe dazu bereits *Schulz/Valentiner*, FamRZ 2023, 662, 665.

[10] Vgl. COM(2022) 695 final, S. 6; vgl. dazu *Helms*, ZEuP 2022, 747, 753; *Kohler/Pintens*, FamRZ 2022, 1405, 1407; *Kohler*, IPRax 2022, 226, 229 f.; *Wagner*, NJW 2021, 1926, 1928; *Wagner*, RabelsZ 79 (2015), 521, 526 ff.

scheint.[11] So haben gerade die Verfahren *Coman* und *Pancharevo* gezeigt, wie stark die Ansichten der Mitgliedstaaten über gleichgeschlechtliche Partnerschaften und Elternschaft divergieren.[12] Angesichts dieser großen inhaltlichen Divergenz auf dem Gebiet des Familienrechts könnte höchstens das unionsrechtliche Instrument einer Verstärkten Zusammenarbeit gem. Art. 20 EUV i.V.m. Art. 326 ff. AEUV ein gangbarer Weg zur (partiellen) Umsetzung der Kommissionspläne sein.[13] Allerdings fände ein im Wege der Verstärkten Zusammenarbeit erlassener Rechtsakt nur in den Mitgliedstaaten Anwendung, die sich an der Zusammenarbeit beteiligen.[14]

IV. Zwischenergebnis

Die EU-Kommission hat jüngst ambitionierte Pläne für eine grenzüberschreitende Anerkennung rechtlicher Eltern-Kind-Zuordnungen in der EU vorgelegt, die auch die Rechtsstellung trans- und intergeschlechtlicher Elternteile betreffen. Die unionsweite Anerkennung des rechtlichen Geschlechts an sich ist dagegen nicht Gegenstand der geplanten Verordnung. Unabhängig davon erscheint es gegenwärtig zweifelhaft, ob das Vorhaben die nach Art. 81 Abs. 3 AEUV erforderliche Einstimmigkeit im Rat erzielen wird.

B. Symbolkraft des Verordnungsvorschlages

Trotz der geringen Chance einer Einstimmigkeit im Rat und der Beschränkung auf die Anerkennung rechtlicher Eltern-Kind-Zuordnungen, demonstriert der Verordnungsvorschlag doch, dass die Kommission sich jedenfalls nicht scheut, auch rechtspolitisch heikle Fragen zu adressieren und Maßnahmen zum Schutz der sexuellen Orientierung und geschlechtlichen Identität der Unionsbürger*innen zu ergreifen. Es erscheint daher nicht gänzlich ausgeschlossen, dass sich die Kommission künftig auch der unionsweiten Anerkennung des rechtlichen Geschlechts eines Menschen annehmen könnte.

---

[11] Vgl. dazu auch *Helms*, ZEuP 2022, 747, 753; *Kohler*, IPRax 2022, 226, 230.

[12] *Kohler*, IPRax 2022, 226, 230; näher dazu bereits oben S. 220 f.

[13] Dies in Betracht ziehend auch *Kohler*, IPRax 2022, 226, 230; allgemein zum Instrument der verstärkten Zusammenarbeit *Blanke*, in: Grabitz/Hilf/Nettesheim, EUV/AEUV, 2023, Art. 20 EUV, Rn. 1 ff.

[14] Vgl. Art. 20 Abs. 4 S. 1 EUV: „An die im Rahmen einer Verstärkten Zusammenarbeit erlassenen Rechtsakte sind nur die an dieser Zusammenarbeit beteiligten Mitgliedstaaten gebunden." Siehe dazu auch *Ruffert*, in: Calliess/Ruffert, EUV/AEUV, 2022, Art. 20 EUV, Rn. 24.

C. Gesamtergebnisse

1. Eine europäische Kollisionsrechtsvereinheitlichung schiene *de lege ferenda* prädestiniert, um hinkende Geschlechtszuordnungen in der EU zu verhindern.

2. Als Ausgangspunkt künftiger Reformdiskussionen könnte dabei ein Verordnungsentwurf zur grenzüberschreitenden Anerkennung rechtlicher Elternschaft dienen, den die EU-Kommission im Dezember 2022 vorgelegt hat.

3. Der Vorschlag der Kommission beschränkt sich zwar auf die unionsweite Anerkennung rechtlicher Eltern-Kind-Zuordnungen und sieht keine grenzüberschreitende Anerkennung rechtlicher Geschlechtszuordnungen *per se* vor. Zudem erscheint es angesichts der großen inhaltlichen Divergenz der Mitgliedstaaten auf dem Gebiet des Familienrechts beinahe ausgeschlossen, dass die nach Art. 81 Abs. 3 AEUV erforderliche Einstimmigkeit im Rat erzielt wird.

4. Gleichwohl demonstriert der Verordnungsvorschlag insgesamt doch, dass sich die Kommission nicht scheut, rechtspolitisch heikle Fragen zu adressieren und Maßnahmen zum Schutz der sexuellen Orientierung und geschlechtlichen Identität der Unionsbürger*innen zu ergreifen. Es erscheint daher jedenfalls nicht ausgeschlossen, dass die Kommission künftig auch eine Initiative zur unionsweiten Anerkennung des Geschlechts auf den Weg bringen könnte.

Reformbestrebungen im deutschen Recht

Da mit der Einführung einer europäischen Kollisionsnorm über die Geschlechtszugehörigkeit angesichts der großen inhaltlichen Divergenzen der Mitgliedstaaten in absehbarer Zeit nicht zu rechnen ist, stellt sich umso mehr die Frage nach einer möglichen Reform des autonomen deutschen IPR. Diese rechtspolitische Diskussion wird nicht erst seit der Ankündigung des geplanten Selbstbestimmungsgesetzes geführt,[1] sondern es existieren bereits verschiedene Vorschläge, wie das deutsche Recht reformiert werden könnte.[2] Einige dieser Reformvorschläge sollen im Folgenden vorgestellt werden (A.), bevor die Ausgestaltung einer künftigen Kollisionsnorm über die Geschlechtszugehörigkeit erörtert- und ein eigener Regelungsvorschlag unterbreitet wird (B.).

A. Existierende Reformvorschläge

In den vergangenen Jahren wurden bereits mehrere Versuche unternommen, die Möglichkeiten geschlechtlicher Selbstbestimmung im deutschen Recht zu reformieren. Einige Reformvorschläge enthielten dabei auch konkrete Entwürfe, wie das rechtliche Geschlecht eines Menschen in grenzüberschreitenden Sachverhalten bestimmt werden solle.[3]

I. Gutachten im Auftrag des BMFSFJ (2016/2017)

Bereits im Jahr 2014 richtete das damalige BMFSFJ eine interministerielle Arbeitsgruppe zum Thema „Inter- und Transsexualität" ein, deren Ziel es war, die vielfältigen Fragestellungen und Problemlagen trans- und intergeschlechtlicher Menschen zu beleuchten und Vorschläge für künftige gesetzgeberische Lösungen

---

[1] Näher zum geplanten Selbstbestimmungsgesetz oben S. 115 f.

[2] Siehe etwa *Althoff/Schabram/Follmar-Otto*, Gutachten: Geschlechtervielfalt im Recht, 2017, S. 68 ff.; *Basedow/Scherpe*, in: Basedow/Scherpe (Hrsg.), Transsexualität, Staatsangehörigkeit und internationales Privatrecht, 2004, 161 ff.; *Dutta/Pintens*, in: Scherpe/Dutta/ Helms (Hrsg.), The Legal Status of Intersex Persons, 2018, 415, 419 ff.; *Gössl*, FamRZ 2018, 383, 387; *Röthel*, IPRax 2007, 204, 207; *Roßbach*, in: Duden (Hrsg.), IPR für eine bessere Welt, 2022, 125, 139 ff.; *Scherpe*, FamRZ 2007, 270, 271 f.

[3] Siehe etwa die Vorschläge für Art. 10a EGBGB-E bzw. Art. 7a EGBGB-E unten S. 249 ff.

zu diskutieren.[4] Zu diesem Zweck wurden zwei Gutachten eingeholt: Das erste trägt den Titel „Regelungs- und Reformbedarf für transgeschlechtliche Menschen" und wurde 2016 von Vertreter*innen der Humboldt-Universität zu Berlin vorgestellt.[5] Ein Jahr später folgte ein vom Deutschen Institut für Menschenrechte erarbeitetes Gutachten zur „Geschlechtervielfalt im Recht".[6] Beide Gutachten enthalten jeweils auch einen Vorschlag, der sich auf die geschlechtliche Zuordnung eines Menschen in grenzüberschreitenden Sachverhalten bezieht.

1. „Regelungs- und Reformbedarf für transgeschlechtliche Menschen"

Das von *Laura Adamietz* und *Katharina Bager* im Jahr 2016 erstellte Gutachten enthält neben verschiedenen Handlungsempfehlungen auch einen Vorschlag für sachrechtliche Regelungen, die es ausländischen Personen mit gewöhnlichem Aufenthalt in Deutschland gestatten würden, eine Änderung ihres rechtlichen Geschlechts im Inland vorzunehmen.[7] Konkret heißt es in dem Vorschlag:

> „§ 7 Abs. 4 GizG-E (Verfahren)
> Anträge […] können von Personen deutscher Staatsangehörigkeit oder mit gewöhnlichem Aufenthalt in Deutschland gestellt werden. Im Falle von Personen ohne deutsche Staatsangehörigkeit soll die Erklärung die Kenntnis bestätigen, dass es von den im Herkunftsstaat geltenden Vorschriften abhängig ist, ob eine Anerkennung der nach diesem Gesetz erfolgten Änderung der Vornamen oder der Geschlechtszuordnung erfolgt und welche Rechtsfolgen hieran geknüpft werden."[8]

Das Gutachten spricht sich damit nicht für die Einführung einer allseitigen Kollisionsnorm über die Geschlechtszugehörigkeit aus, sondern plädiert dafür, den Kreis der erklärungsberechtigten Personen auf Menschen mit gewöhnlichem Aufenthalt in Deutschland auf sachrechtlicher Ebene zu erweitern. Die vorgeschlagene Regelungstechnik entspricht damit derjenigen des geltenden TSG und PStG.[9] Allerdings soll eine Änderung des rechtlichen Geschlechts für alle Menschen mit gewöhnlichem Aufenthalt in Deutschland möglich sein, ohne dass es noch darauf ankäme, ob das Heimatrecht der antragstellenden Person eine „vergleichbare Regelung" kennt.[10] Dagegen liefert § 7 Abs. 4 GizG-E keine Antwort

---

[4] Siehe dazu ein Sachstandsbericht des BMFSFJ zur „Situation von trans- und intersexuellen Menschen im Fokus", 2016, abrufbar unter: <https://www.bmfsfj.de/resource/blob/112092/f199e9c4b77f89d0a5aa825228384e08/imag-band-5-situation-von-trans-und-intersexuellen-menschen-data.pdf> (abgerufen am 1.3.2023).

[5] *Adamietz/Bager*, Gutachten: Reformbedarf transgeschlechtliche Menschen, 2016; siehe dazu *Gössl*, IPRax 2017, 339.

[6] *Althoff/Schabram/Follmar-Otto*, Gutachten: Geschlechtervielfalt im Recht, 2017; siehe dazu *von Bar/Mankowski*, IPR, Band II, 2019, § 6, Rn. 164 ff.; *Gössl*, IPRax 2017, 339 ff.

[7] *Adamietz/Bager*, Gutachten: Reformbedarf transgeschlechtliche Menschen, 2016, S. 28 f.

[8] *Adamietz/Bager*, Gutachten: Reformbedarf transgeschlechtliche Menschen, 2016, S. 28 f.

[9] Siehe oben S. 99 ff.

[10] Siehe zur Voraussetzung einer „vergleichbaren Regelung" oben S. 193 f.

darauf, wie sich das rechtliche Geschlecht eines Menschen in Fällen beurteilt, in denen eine Geschlechtszuordnung im Ausland stattgefunden hat.[11] Es bliebe also klärungsbedürftig, ob in solchen Fällen ebenfalls an den gewöhnlichen Aufenthalt anzuknüpfen wäre oder ob hier weiterhin die Staatsangehörigkeit der betreffenden Person ausschlaggebend wäre.

2. „Geschlechtervielfalt im Recht"

Im Gegensatz dazu plädiert das im Jahr 2017 von *Nina Althoff*, *Greta Schabram* und *Petra Follmar-Otto* erstellte Gutachten für die Einführung einer Kollisionsnorm über die Geschlechtszugehörigkeit.[12] Konkret enthält das Gutachten folgenden Vorschlag:

„Art. 10a EGBGB-E (Geschlecht)
(1) Das Geschlecht einer Person unterliegt dem Recht des Staates, dem die Person angehört.
(2) Hat die Person ihren gewöhnlichen Aufenthalt im Inland, kann sie bestimmen, dass deutsches Recht anwendbar ist. Die Erklärung ist öffentlich zu beglaubigen.
(3) Sorgeberechtigte Personen können gegenüber dem Standesamt bestimmen, dass sich das Geschlecht des Kindes nach deutschem Recht richtet, wenn ein Elternteil den gewöhnlichen Aufenthalt im Inland hat. Nach der Beurkundung der Geburt abgegebene Erklärungen müssen öffentlich beglaubigt werden."[13]

Dieses Gutachten regt folglich eine Reform des EGBGB an und spricht sich aufgrund des engen Persönlichkeitsbezugs der Geschlechtszugehörigkeit für eine Platzierung in unmittelbarer Nähe des Art. 10 EGBGB aus.[14] Hinsichtlich der Wahl eines geeigneten Anknüpfungspunktes geht das Gutachten ferner davon aus, dass sich das Geschlecht eines Menschen weiterhin grundsätzlich nach seinem Heimatrecht bemessen soll.[15] Die Grundsatzanknüpfung an die Staatsangehörigkeit würde dadurch beibehalten. Allerdings erweitert der vorgeschlagene Art. 10a Abs. 2 EGBGB-E die Anknüpfung durch eine einseitige[16] Rechtswahlmöglichkeit zugunsten des deutschen Rechts, sofern sich der gewöhnliche Aufenthalt einer Person im Inland befindet.[17] Eine Ausgestaltung als allseitige Kollisionsnorm ist dagegen nicht vorgesehen.[18] Das Gutachten schlägt zudem vor,

---

[11] Näher zur kollisionsrechtlichen Beurteilung von im Ausland vorgenommenen Geschlechtszuordnungen oben S. 158 ff.

[12] *Althoff/Schabram/Follmar-Otto*, Gutachten: Geschlechtervielfalt im Recht, 2017, S. 77; näher dazu *von Bar/Mankowski*, IPR, Band II, 2019, § 6, Rn. 164 ff.; *Gössl*, IPRax 2017, 339 ff.

[13] *Althoff/Schabram/Follmar-Otto*, Gutachten: Geschlechtervielfalt im Recht, 2017, S. 77.

[14] Ausführlich zu der Platzierung hinter Art. 10 EGBGB auch *Gössl*, IPRax 2017, 339, 341.

[15] Siehe dazu auch *von Bar/Mankowski*, IPR, Band II, 2019, § 6, Rn. 165; *Gössl*, IPRax 2017, 339, 341.

[16] Näher zum Begriff einer „einseitigen Kollisionsnorm" *von Bar/Mankowski*, IPR, Band I, 2003, § 1, Rn. 17; *Kropholler*, Internationales Privatrecht, 2006, § 13 III., S. 106.

[17] Ausführlich dazu *Gössl*, IPRax 2017, 339, 342.

[18] Näher zum Begriff einer „allseitigen Kollisionsnorm" *von Bar/Mankowski*, IPR, Band I,

die Regelung des Art. 10a EGBGB-E durch deklaratorische[19] Vorschriften im Sachrecht zu ergänzen.[20] So sollen neben Personen mit deutscher Staatsangehörigkeit auch Personen ohne deutsche Staatsangehörigkeit berechtigt sein, ihr rechtliches Geschlecht zu bestimmen:

„§ 2 GVielfG-E (Personenstandseintrag zum Geschlecht)
(1) Personen deutscher Staatsangehörigkeit im Sinne des Artikels 116 Absatz 1 des Grundgesetzes haben das Recht, durch Erklärung gegenüber den nach § 5 zuständigen Behörden ihren Geschlechtseintrag im Geburtenregister zu bestimmen. [...]
(4) Absätze 1 bis 3 gelten entsprechend für Personen nichtdeutscher Staatsangehörigkeit, die ihren gewöhnlichen Aufenthalt im Inland haben und von der Möglichkeit des Artikels 10a Absatz 2 EGBGB Gebrauch gemacht haben oder für die Gleiches gemäß Artikel 10a Absatz 3 EGBGB bestimmt wurde. Im Übrigen gilt das Sachrecht des Heimatstaates."[21]

Schließlich enthält das Gutachten auch einen Vorschlag für eine sachrechtliche Regelung, die es Personen ohne deutsche Staatsangehörigkeit gestatten würde, ihr im Geburtenregister vermerktes Geschlecht durch eine Erklärung gegenüber dem Standesamt ändern zu lassen:

„§ 3 GVielfG-E (Änderung des Geschlechtseintrags)
(1) Das im Geburtenregister eingetragene Geschlecht einer Person ist auf ihren Antrag zu ändern, wenn
1. sie erklärt, dass das im Geburtseintrag eingetragene Geschlecht nicht ihrem Geschlecht oder ihrer Geschlechtsidentität entspricht,
2. sie a. Person deutscher Staatsangehörigkeit im Sinne des Grundgesetzes ist oder b. ihren gewöhnlichen Aufenthalt im Inland hat und
3. der Geschlechtseintrag in den letzten 12 Monaten nicht geändert wurde. [...]."[22]

Das in dem Gutachten „Geschlechtervielfalt im Recht" präferierte Modell zeichnet sich folglich durch eine Kombination kollisionsrechtlicher und sachrechtlicher Reglungen aus.[23]

2003, § 1, Rn. 17; *Boosfeld*, in: Rupp (Hrsg.), IPR zwischen Tradition und Innovation, 2019, 15; *Junker*, Internationales Privatrecht, 2022, § 6, Rn. 16; *Kropholler*, Internationales Privatrecht, 2006, § 13 III., S. 106.
[19] Beachte auch *Gössl*, IPRax 2017, 339, 343: „Klarstellend für Personen, die kollisionsrechtlich nicht so bewandert sind, bestätigt § 2 Abs. 4 GVielfG auf der sachrechtlichen Ebene, dass § 2 TSG [sic] anwendbar ist auf die Personen, für die sich dies aus Art. 10a Abs. 2 oder Abs. 3 EGBGB -Vorschlag ergibt."
[20] *Althoff/Schabram/Follmar-Otto*, Gutachten: Geschlechtervielfalt im Recht, 2017, S. 69 f.; siehe dazu *Gössl*, IPRax 2017, 339, 343.
[21] *Althoff/Schabram/Follmar-Otto*, Gutachten: Geschlechtervielfalt im Recht, 2017, S. 69.
[22] *Althoff/Schabram/Follmar-Otto*, Gutachten: Geschlechtervielfalt im Recht, 2017, S. 70.
[23] Vgl. dazu auch *Gössl*, IPRax 2017, 339, 343: „Zusammenspiel mit dem Sachrecht".

II. Referentenentwurf des BMJ und BMI (2019)

Nachdem diese beiden Gutachten jeweils Reformen des geltenden Rechts ange-mahnt hatten, legte das BMJ im Jahr 2019 zusammen mit dem BMI einen Re-ferentenentwurf für ein „Gesetz zur Neuregelung der Änderung des Geschlecht-seintrages" vor.[24] Neben zahlreichen Reformvorschlägen, die unter anderem die Überführung der Regelungen zur geschlechtlichen Selbstbestimmung in das BGB vorsahen,[25] enthielt der Referentenentwurf auch einen Vorschlag für eine Kollisionsnorm über die Geschlechtszugehörigkeit einer Person:

> „Art. 7a EGBGB-E (Geschlechtszugehörigkeit)
> (1) Die Geschlechtszugehörigkeit einer Person unterliegt dem Recht des Staates, dem die Person angehört.
> (2) Eine Person kann für die Änderung der Geschlechtszugehörigkeit die Sachvor-schriften des Staates wählen, in dem sie im Zeitpunkt der Änderung ihren rechtmäßigen und gewöhnlichen Aufenthalt hat. Gleiches gilt für einen Namenswechsel unter den Vor-aussetzungen oder im Zusammenhang mit der Änderung der Geschlechtszugehörigkeit.
> (3) Erklärungen zur Wahl nach Absatz 2 müssen öffentlich beglaubigt werden; sie kön-nen auch von den Standesbeamten beglaubigt oder beurkundet werden."[26]

Auch Art. 7a Abs. 1 EGBGB-E geht somit weiterhin davon aus, dass sich die Geschlechtszugehörigkeit einer Person grundsätzlich nach ihrem Heimatrecht beurteilt. Zur Begründung verweist der Referentenentwurf darauf, dass das Ge-schlecht eine fundamentale, der Person dauerhaft anhaftende Eigenschaft sei und die Geschlechtszugehörigkeit regelmäßig in den Ausweispapieren desjenigen Staates ausgewiesen werde, dem die Person angehöre.[27]

Die in Art. 7a Abs. 2 EGBGB-E vorgesehene Grundsatzanknüpfung an die Staatsangehörigkeit wird in Art. 7a Abs. 2 EGBGB-E zudem um die Möglichkeit einer Rechtswahl zugunsten des Rechts des Staates erweitert, in dem die betref-fende Person ihren „rechtmäßigen und gewöhnlichen Aufenthalt" hat.[28] Anders

---

[24] RefE: Gesetz zur Neuregelung der Änderung des Geschlechtseintrags v. 15.5.2019, ab-rufbar unter: <https://www.enorm.bund.de/SharedDocs/Gesetzgebungsverfahren/Dokume nte/RefE_TSG_Reform.pdf;jsessionid=5C4DD8CEC20AF7B7FB68E5BBECEF0DF3.1_c id334?__blob=publicationFile&v=2> (abgerufen am 1.3.2023).

[25] RefE: Gesetz zur Neuregelung der Änderung des Geschlechtseintrags v. 15.5.2019, S. 5 ff.

[26] RefE: Gesetz zur Neuregelung der Änderung des Geschlechtseintrags v. 15.5.2019, S. 6, 25; näher dazu *Roßbach*, in: Duden (Hrsg.), IPR für eine bessere Welt, 2022, 125, 139 ff.; vgl. ferner bereits *Schulz*, ZEuP 2021, 64, 80 f.

[27] RefE: Gesetz zur Neuregelung der Änderung des Geschlechtseintrags v. 15.5.2019, S. 25: „Absatz 1 legt fest, dass die Geschlechtszugehörigkeit sich nach dem Heimatrecht der betreffenden Person richtet. Da das Geschlecht eine fundamentale, der Person dauerhaft anhaftende Eigenschaft ist und die Geschlechtszugehörigkeit regelmäßig in Ausweispapieren des Staates, dem die Person angehört, ausgewiesen wird, erscheint diese Anknüpfung sach-gerecht. Sie entspricht auch der bisherigen Auffassung in Rechtsprechung und Literatur[…]."

[28] RefE: Gesetz zur Neuregelung der Änderung des Geschlechtseintrags v. 15.5.2019, S. 6, 25; vgl. dazu bereits *Schulz*, ZEuP 2021, 64, 81.

als der im Gutachten von 2017 enthaltene Vorschlag, ist Art. 7a Abs. 2 EGBGB-E mithin als allseitige Kollisionsnorm ausgestaltet.[29] Dadurch, so der Referentenentwurf, werde die Berücksichtigung einer Änderung der Geschlechtszugehörigkeit nach dem Recht eines gewöhnlichen Aufenthalts im Ausland ermöglicht, um der betroffenen Person einen dort erworbenen Status auch dann zu erhalten, wenn ihr Heimatrecht dies nicht vorsehe.[30] Mit anderen Worten soll die Ausgestaltung des Art. 7a Abs. 2 EGBGB-E als allseitige Kollisionsnorm auch in solchen Fällen für Klarheit sorgen, in denen eine geschlechtliche Zuordnung außerhalb Deutschlands stattgefunden hat.[31]

Allerdings setzt die Rechtswahlmöglichkeit zugunsten des Aufenthaltsrechts gem. Art. 7a Abs. 2 EGBGB-E voraus, dass eine Person in einem Staat nicht nur einen gewöhnlichen, sondern auch einen *rechtmäßigen* Aufenthalt begründet hat. Das Erfordernis eines „rechtmäßigen Aufenthalts" greift die in § 1 Abs. 1 Nr. 3 lit. d TSG und § 45b Abs. 1 S. 2 Nr. 4 PStG enthaltenen Formulierungen auf,[32] und knüpft an die Entscheidung des BVerfG aus dem Jahr 2006 an.[33]

Gleichwohl erscheint die Tragfähigkeit des Rechtmäßigkeitskriteriums zweifelhaft.[34] So könnte die Prüfung der Rechtmäßigkeit etwa in solchen Konstellationen zu Problemen führen, in denen der Geschlechtsstatus im Ausland – aber nicht in dem Staat, dem die betreffende Person angehört – begründet wurde, da nicht immer leicht festzustellen sein dürfte, ob sich die betreffende Person rechtmäßig im Ausland aufgehalten hatte.[35] Zum anderen wird das Kriterium eines „rechtmäßigen" gewöhnlichen Aufenthaltes zwar üblicherweise im deutschen

---

[29] Siehe dazu auch *Roßbach*, in: Duden (Hrsg.), IPR für eine bessere Welt, 2022, 125, 140.

[30] RefE: Gesetz zur Neuregelung der Änderung des Geschlechtseintrags v. 15.5.2019, S. 25.

[31] Siehe zur kollisionsrechtlichen Wirksamkeitsprüfung in Auslandssachverhalten oben S. 158 ff.

[32] RefE: Gesetz zur Neuregelung der Änderung des Geschlechtseintrags v. 15.5.2019, S. 25: „Das Erfordernis des rechtmäßigen Aufenthalts greift die bisherige Rechtslage nach § 1 Absatz 1 Nummer 3 Buchstabe d TSG und § 45b Absatz 1 Satz 2 Nummer 4 PStG auf und entspricht den verfassungsgerichtlichen Vorgaben […]." Kritisch dazu *Roßbach*, in: Duden (Hrsg.), IPR für eine bessere Welt, 2022, 125, 140 f.

[33] Siehe etwa BVerfG, Besch. v. 18.7.2006 – 1 BvL 1/04, NJW 2007, 900, 904, Rn. 82: „Der Gesetzgeber kann aber auch die Rechte des Transsexuellengesetzes auf Ausländer erstrecken. Dabei liegt es im Rahmen der aufgezeigten verfassungsrechtlichen Grenzen in seiner Entscheidung, unter welchen Voraussetzungen er ausländischen Transsexuellen den Zugang zu diesen Rechten eröffnet. Neben der *Rechtmäßigkeit* des Aufenthalts kann er insbesondere eine bestimmte Aufenthaltsdauer des Ausländers in Deutschland für den Zugang zu den Verfahren nach §§ 1 und 8 TSG vorgeben, um damit die Zeitspanne zu bestimmen, ab der von einem nicht nur vorübergehenden Aufenthalt in Deutschland auszugehen ist, der zur Antragsberechtigung führt." (Hervorh. d. *Verf.*).

[34] Näher dazu *Roßbach*, in: Duden (Hrsg.), IPR für eine bessere Welt, 2022, 125, 140 f.

[35] Näher zur kollisionsrechtlichen Beurteilung in Auslandssachverhalten oben S. 158 ff.

Staatsangehörigkeitsrecht zugrunde gelegt,[36] im deutschen IPR ist das Kriterium dagegen bislang nicht geläufig.[37]

III. Gesetzentwürfe von FDP und GRÜNEN (2020)

Der Referentenentwurf aus dem Jahr 2019 wurde von der damaligen Regierungs-koalition aus CDU/CSU und SPD nicht weiterverfolgt.[38] Aus diesem Grund unternahmen die Bundestagsfraktionen der Parteien FDP und BÜNDNIS 90/DIE GRÜNEN im Jahr 2020 einen erneuten Versuch, das Recht der ge-schlechtlichen Selbstbestimmung zu reformieren.[39] Zu diesem Zweck legten die beiden Fraktionen jeweils zwei Gesetzentwürfe vor, welche die Abschaffung des TSG und die Einführung eines „Gesetzes zur Selbstbestimmung über die Geschlechtsidentität" (FDP)[40] bzw. eines „Selbstbestimmungsgesetzes" (GRÜNE)[41] zum Gegenstand hatten.[42] In der Debatte um eine mögliche Reform des deutschen IPR sind die beiden Entwürfe insofern aufschlussreich, als sie zwar jeweils Regelungen enthalten, welche den Kreis der erklärungsberechtigten Per-son in internationalen Sachverhalten auf sachrechtlicher Ebene erweitern.[43] Eine Kollisionsnorm ist dagegen in beiden Gesetzentwürfen nicht vorgesehen.[44] Im Einzelnen:

1. Gesetzentwurf der FDP

Der von der FDP-Fraktion eingebrachte Entwurf für ein „Gesetz zur Selbstbe-stimmung über die Geschlechtsidentität" (Geschlechtsidentitätsgesetz – GiG) enthielt unter anderem folgenden Regelungsvorschlag:

„§ 3 GiG-E (Erklärung zur Geschlechtszugehörigkeit und Namensführung)
(1) Personen, deren Personenstandseintrag von ihrer Geschlechtsidentität abweicht, können gegenüber dem zuständigen Standesamt erklären, dass die Angabe zu ihrem Ge-schlecht in einem deutschen Personenstandseintrag durch eine andere in § 22 Absatz 3 des Personenstandsgesetzes vorgesehene Bezeichnung ersetzt oder gestrichen werden soll.

---

[36] Vgl. § 8 Abs. 1 StAG: „Ein Ausländer, der rechtmäßig seinen gewöhnlichen Aufenthalt im Inland hat, kann auf seinen Antrag eingebürgert werden, wenn […]." Siehe dazu *F. Weber*, in: BeckOK Ausländerrecht, 36. Ed. 2023, § 8 StAG, Rn. 17 ff.

[37] *Roßbach*, in: Duden (Hrsg.), IPR für eine bessere Welt, 2022, 125, 140; zum Kriterium der „Rechtmäßigkeit" bei der Aufenthaltsbestimmung auch *Weller/Schulz*, IPRax 2015, 176, 179.

[38] *Helms*, StAZ 2021, 329, 336; *Roßbach*, in: Duden (Hrsg.), IPR für eine bessere Welt, 2022, 125, 134.

[39] BT-Drucks. 19/20048; BT-Drucks. 19/19755; siehe dazu *Mangold*, ZRP 2022, 180, 181.

[40] BT-Drucks. 19/20048.

[41] BT-Drucks. 19/19755.

[42] Siehe dazu bereits *Schulz*, in: von Bary (Hrsg.), Aktuelle Reformen im Familienrecht, 2023, 103, 114.

[43] BT-Drucks. 19/20048, S. 6 f.

[44] Vgl. auch *Roßbach*, in: Duden (Hrsg.), IPR für eine bessere Welt, 2022, 125, 139, Fn. 66.

Liegt kein deutscher Personenstandseintrag vor, können sie gegenüber dem Standesamt erklären, eine der in § 22 Absatz 3 des Personenstandsgesetzes vorgesehenen Bezeichnungen für sie zu verwenden oder auf die Angabe einer Geschlechtsbezeichnung zu verzichten, wenn sie Deutsche im Sinne des Grundgesetzes sind oder ihren gewöhnlichen Aufenthalt in Deutschland haben. [...] Personen ohne deutsche Staatsangehörigkeit sollen bei der Abgabe ihre Kenntnis darüber bestätigen, dass es von den im Herkunftsstaat geltenden Vorschriften abhängig ist, ob eine Anerkennung der nach diesem Gesetz erfolgten Änderung von Namen oder der Geschlechtszuordnung erfolgt und welche Rechtsfolgen hieran geknüpft werden. [...]."[45]

Dieser Vorschlag orientiert sich mithin am geltenden § 45b Abs. 1 PStG und greift dessen Differenzierung anhand des Vorliegens eines deutschen Personenstandseintrages auf.[46] Anders als bei § 45b Abs. 1 S. 2 Nr. 4 PStG, soll es in Ermangelung eines deutschen Personenstandeintrages für eine Änderung des Geschlechtseintrages jedoch nicht mehr darauf ankommen, ob das Heimatrecht der betreffenden Person eine mit dem deutschen Recht „vergleichbare Regelung" kennt.[47] Die Hürden für eine Änderung des rechtlichen Geschlechts würden für Personen ohne deutsche Staatsangehörigkeit folglich abgesenkt.

Interessant ist zudem der in § 3 Abs. 1 GiG-E enthaltene Zusatz, wonach Personen ohne deutsche Staatsangehörigkeit bei der Änderung ihres Geschlechtseintrages bestätigen müssen, dass ihnen bekannt ist, dass allein ihre Heimatrechtsordnung darüber entscheidet, ob die in Deutschland vorgenommenen Geschlechtszuordnung anerkannt wird und welche Rechtsfolgen an die Geschlechtszuordnung geknüpft werden.[48] Damit greift der Entwurf auch[49] die Rechtsprechung des BVerfG auf, wonach es der Entscheidung einer Person überlassen bleiben müsse, ob es für sie wichtiger sei, zumindest in Deutschland in ihrer geschlechtlichen Identität rechtlich anerkannt zu werden, oder ob sie auf diese Anerkennung verzichte, um im Verhältnis zu ihrem Heimatstaat vor hinkenden Rechtsverhältnissen bewahrt zu werden.[50]

Zu beachten ist schließlich, dass § 3 Abs. 1 GiG-E primär Sachverhalte adressiert, in denen eine Änderung des Geschlechtseintrages im Inland erfolgen soll. Hier schlägt der Entwurf vor, den Kreis der erklärungsberechtigten Personen ohne deutsche Staatsangehörigkeit auf Ebene des Sachrechts zu erweitern. Fraglich ist hingegen, ob dies auch auf kollisionsrechtlicher Ebene einen Übergang zur Anknüpfung an den gewöhnlichen Aufenthalt einer Person bzw. den Registerort zu Folge hätte oder ob es insofern bei der Grundsatzanknüpfung an die Staatsangehörigkeit bliebe.

---

[45] BT-Drucks. 19/20048, S. 6; BT-Drucks. 19/19755, S. 5.

[46] Näher dazu oben S. 200 ff.

[47] Siehe dazu oben S. 202.

[48] BT-Drucks. 19/20048, S. 6.

[49] Beachte jedoch den Vorschlag für einen § 7 Abs. 4 GizG-E bei *Adamietz/Bager*, Gutachten: Reformbedarf transgeschlechtliche Menschen, 2016, S. 29, der bereits eine gleichlautende Regelung enthielt. Siehe dazu oben S. 248.

[50] BVerfG, Beschl. v. 18.7.2006 – 1 BvL 1/04, NJW 2007, 900, 903 f., Rn. 78; siehe oben S. 189 ff.

2. Gesetzentwurf der GRÜNEN

Auf eine ähnliche Regelungstechnik greift schließlich auch der Vorschlag der GRÜNEN von 2020 für ein „Selbstbestimmungsgesetz"(SelbstBestG) zurück.[51] Dieser Vorschlag sieht unter anderem folgende Änderung des PStG vor:

„§ 45b PStG-E (Erklärung zur Geschlechtsangabe und Vornamensführung)
(1) Jede Person kann gegenüber dem Standesamt erklären, dass die Angabe zu ihrem Geschlecht in einem deutschen Personenstandseintrag durch eine andere in § 22 Absatz 3 vorgesehene Bezeichnung ersetzt oder gestrichen werden soll. Liegt kein deutscher Personenstandseintrag vor, kann sie gegenüber dem Standesamt erklären, welche der in § 22 Absatz 3 vorgesehenen Bezeichnungen für sie maßgeblich ist, oder auf die Angabe einer Geschlechtsbezeichnung verzichten, wenn sie
1. Deutsche im Sinne des Grundgesetzes sind,
2. als Staatenlose oder heimatlose Ausländer ihren gewöhnlichen Aufenthalt im Inland haben,
3. als Asylberechtigte oder ausländische Flüchtlinge ihren Wohnsitz im Inland haben oder
4. als Ausländer, a) ein unbefristetes Aufenthaltsrecht besitzen, b) eine verlängerbare Aufenthaltserlaubnis besitzen und sich dauerhaft rechtmäßig im Inland aufhalten oder c) eine Blaue Karte EU besitzen."[52]

Anders als der Entwurf der FDP behält der Entwurf der GRÜNEN somit das Kriterium eines „rechtmäßigen Aufenthaltes" bei. Dagegen verzichtet auch der Entwurf der GRÜNEN darauf, Änderungsverfahren für Personen ohne deutsche Staatsbürgerschaft davon abhängig zu machen, ob ihr Heimatrecht eine vergleichbare Regelung kennt. Zur Begründung wird im Entwurf angeführt, dass die Prüfung dieser Frage regelmäßig erhebliche Schwierigkeiten bereite und daher nicht beibehalten werde.[53]

IV. Referentenentwurf des BMJ und BMFSFJ (2023)

Im Mai 2023 haben BMJ und BMFSFJ sodann einen Referentenentwurf für ein Selbstbestimmungsgesetz vorgelegt,[54] der auch einen Vorschlag für eine Kollisi-

---

[51] BT-Drucks. 19/19755, S. 5.
[52] BT-Drucks. 19/19755, S. 5.
[53] BT-Drucks. 19/19755, S. 15: „Der Zugang zum Verfahren für Personen, die keine deutsche Staatsbürgerschaft haben, sollte nicht mehr davon abhängig gemacht werden, ob das Heimatrecht eine vergleichbare Regelung kennt, da die Prüfung dieser Frage regelmäßig erhebliche Schwierigkeiten bereitet und das Verfahren verzögert. Daher darf die Erklärung zur Geschlechtsangabe und Vornamensführung von deutschen Staatsangehörigen und Ausländern abgegeben werden, bei denen ein ausreichender Inlandsbezug gegeben ist."
[54] RefE: Entwurf eines Gesetzes über die Selbstbestimmung in Bezug auf den Geschlechtseintrag und zur Änderung weiterer Vorschriften v. 8.5.2023, abrufbar unter: <https://www.bmfsfj.de/resource/blob/224548/4d24ff0698216058eb758ada5c84bd90/entwurf-selbstbestimmungsgesetz-data.pdf> (abgerufen am 1.9.2023). Siehe dazu *Dutta*, FamRZ 2023, 993, 999; näher zum Selbstbestimmungsgesetz siehe oben S. 115 f.

onsnorm über die Geschlechtszugehörigkeit eines Menschen enthält.[55] Konkret lautet der Regelungsvorschlag:

„Artikel 7a Geschlechtszugehörigkeit
(1) Die Geschlechtszugehörigkeit einer Person unterliegt dem Recht des Staates, dem die Persson angehört.
(2) Eine Person kann für die Änderung der Geschlechtszugehörigkeit die Sachvorschriften des Staates wählen, in dem sie im Zeitpunkt der Änderung ihren gewöhnlichen Aufenthalt hat. Gleiches gilt für einen Namenswechsel unter den Voraussetzungen oder im Zusammenhang mit der Änderung der Geschlechtszugehörigkeit.
(3) Erklärungen zur Wahl nach Absatz 2 müssen öffentlich beglaubigt werden; sie können auch von den Standesbeamten beglaubigt oder beurkundet werden."[56]

Der Referentenentwurf von Mai 2023 sieht somit vor, dass sich die rechtliche Geschlechtszugehörigkeit weiterhin grundsätzlich nach dem Heimatrecht der betreffenden Person richten soll. Zur Begründung führt der Referentenentwurf aus, dass das Geschlecht eine der Person anhaftende Eigenschaft sei und die Geschlechtszugehörigkeit oft in Ausweispapieren des Staates, dem die Person angehöre, ausgewiesen werde.[57]

Daneben gestattet Art. 7a Abs. 2 S. 1 EGBGB-E für eine spätere Änderung der Geschlechtszugehörigkeit jedoch auch die Wahl der Sachvorschriften des Staates, in dem eine Person im Zeitpunkt der Änderung ihren gewöhnlichen Aufenthalt hat. Gleiches gilt gem. Art. 7a Abs. 2 S. 2 EGBGB-E für einen Namenswechsel unter den Voraussetzungen oder im Zusammenhang mit der Änderung der Geschlechtszugehörigkeit.

V. Regierungsentwurf (2023)

Die Bundesregierung hat den von BMFSFJ und BMJ vorgelegten Entwurf weitgehend übernommen.[58] Allerdings enthält der im August 2023 beschlossene Regierungsentwurf gerade hinsichtlich der Behandlung grenzüberschreitender Sachverhalte wichtige Änderungen und Ergänzungen: So geht zwar auch der Regierungsentwurf davon aus, dass sich die Geschlechtszugehörigkeit einer Person grundsätzlich nach ihrem Heimatrecht beurteilen soll.[59] Eine Rechtswahl soll

---

[55] RefE: Entwurf eines Gesetzes über die Selbstbestimmung in Bezug auf den Geschlechtseintrag und zur Änderung weiterer Vorschriften v. 8.5.2023, S. 16.
[56] RefE: Entwurf eines Gesetzes über die Selbstbestimmung in Bezug auf den Geschlechtseintrag und zur Änderung weiterer Vorschriften v. 8.5.2023, S. 16.
[57] RefE: Entwurf eines Gesetzes über die Selbstbestimmung in Bezug auf den Geschlechtseintrag und zur Änderung weiterer Vorschriften v. 8.5.2023, S. 68; so bereits *Gössl*, IPRax 2017, 339, 342; siehe dazu bereits *Schulz*, IPRax 2024/Heft 1 i.E.
[58] RegE: Entwurf eines Gesetzes über die Selbstbestimmung in Bezug auf den Geschlechtseintrag und zur Änderung weiterer Vorschriften v. 23.8.2023, abrufbar unter: <https://www.bmfsfj.de/resource/blob/229616/b4f835d1a1da28f1ef51552846f1e20a/gesetzentwurf-kabinettdata.pdf> (abgerufen am 1.9.2023); zu dem Regierungsentwurf siehe oben S. 116.
[59] RegE: Entwurf eines Gesetzes über die Selbstbestimmung in Bezug auf den Geschlechts-

indes nur noch (einseitig) zugunsten des deutschen Rechts möglich sein, sofern die betreffende Person im Zeitpunkt der Änderung ihren gewöhnlichen Aufenthalt im Inland hat.[60] Der Regelungsvorschlag im Regierungsentwurf lautet:

„Artikel 7a Geschlechtszugehörigkeit
(1) Die Geschlechtszugehörigkeit einer Person unterliegt dem Recht des Staates, dem die Person angehört.
(2) Eine Person mit gewöhnlichem Aufenthalt im Inland kann für die Änderung der Geschlechtszugehörigkeit deutsches Recht wählen. Gleiches gilt für einen Namenswechsel unter den Voraussetzungen oder im Zusammenhang mit der Änderung der Geschlechtszugehörigkeit.
(3) Erklärungen zur Wahl nach Absatz 2 müssen öffentlich beglaubigt werden; sie können auch von den Standesbeamten beglaubigt oder beurkundet werden."[61]

Daneben soll das geplante Selbstbestimmungsgesetz selbst eine Regelung enthalten, welche die in Art. 7a Abs. 2 EGBGB-E vorgesehene Rechtswahlmöglichkeit auf sachrechtlicher Ebene beschränkt.[62] Konkret regelt § 1 Abs. 3 SBGG-E:

„Hat eine Person nach Artikel 7a Absatz 2 des Einführungsgesetzes zum Bürgerlichen Gesetzbuch deutsches Recht gewählt, ist eine Änderung des Geschlechtseintrags und der Vornamen nur zulässig, wenn sie als Ausländer
1. ein unbefristetes Aufenthaltsrecht besitzt,
2. eine verlängerbare Aufenthaltserlaubnis besitzt und sich rechtmäßig im Inland aufhält oder
3. eine Blaue Karte EU besitzt."[63]

Der Regierungsentwurf begründet diese Einschränkung damit, dass es auch künftig nur Personen mit rechtmäßigem Aufenthalt in Deutschland gestattet sein soll, eine Änderung ihres rechtlichen Geschlechts im Inland zu erreichen.[64]

VI. Vorschlag Roßbach

Neben den beschriebenen Bestrebungen auf politischer Ebene, wurde jüngst auch von *Susanna Roßbach* ein Vorschlag für eine künftige Kollisionsnorm über die Geschlechtszugehörigkeit vorgelegt.[65] Der Vorschlag lautet:

---

eintrag und zur Änderung weiterer Vorschriften v. 23.8.2023, S. 16 f.; siehe dazu bereits *Schulz*, IPRax 2024/Heft 1 i.E.

[60] RegE: Entwurf eines Gesetzes über die Selbstbestimmung in Bezug auf den Geschlechtseintrag und zur Änderung weiterer Vorschriften v. 23.8.2023, S. 16 f.; näher dazu *Schulz*, IPRax 2024/Heft 1 i.E.

[61] RegE: Entwurf eines Gesetzes über die Selbstbestimmung in Bezug auf den Geschlechtseintrag und zur Änderung weiterer Vorschriften v. 23.8.2023, S. 16 f.

[62] Näher dazu bereits *Schulz*, IPRax 2024/Heft 1 i.E.

[63] RegE: Entwurf eines Gesetzes über die Selbstbestimmung in Bezug auf den Geschlechtseintrag und zur Änderung weiterer Vorschriften v. 23.8.2023, S. 4.

[64] RegE: Entwurf eines Gesetzes über die Selbstbestimmung in Bezug auf den Geschlechtseintrag und zur Änderung weiterer Vorschriften v. 23.8.2023, S. 36 f.

[65] *Roßbach*, in: Duden (Hrsg.), IPR für eine bessere Welt, 2022, 125, 141 f.

„(1) Die Geschlechtszugehörigkeit einer Person unterliegt dem Recht des Staates, in welchem sie ihren gewöhnlichen Aufenthalt hat.

(2) Eine Person kann auch die Sachvorschriften des Staates wählen, dem sie angehört. Die Erklärung ist öffentlich zu beglaubigen."[66]

Roßbach spricht sich folglich ebenfalls für eine Reform des EGBGB aus, plädiert jedoch – anders als die bisherigen Reformvorschläge – für eine Grundsatzanknüpfung an den gewöhnlichen Aufenthalt einer Person.[67] Daneben soll auch eine Rechtswahl zugunsten der Sachvorschriften des Heimatstaates möglich sein. Im Vergleich zu dem Referentenentwurf von 2019 würde das Regel-Ausnahme-Verhältnis zwischen Aufenthaltsanknüpfung und Staatsangehörigkeitsanknüpfung mithin umgekehrt.

B. Einordnung und Bewertung

Wie lassen sich diese verschiedenen Reformvorschläge bewerten? Zunächst fällt auf, dass im Rahmen künftiger Reformen unterschiedliche Regelungsmodelle in Betracht kommen: Einerseits gibt es Bestrebungen, eine ausdrückliche Kollisionsnorm über die Geschlechtszugehörigkeit eines Menschen im EGBGB zu verankern. Andererseits wurde jedenfalls in der Vergangenheit häufig vorgeschlagen, lediglich den Kreis der erklärungsberechtigten Personen auf sachrechtlicher Ebene zu erweitern und die bisherige Regelungstechnik des TSG und PStG damit weitgehend beizubehalten. Für die nachfolgende Erörterung stellt sich daher erstens die grundsätzliche Frage, welche Vorteile die Einführung einer eigenständigen Kollisionsnorm gegenüber der Erweiterung der erklärungsberechtigten Personen auf Ebene des Sachrechts hätte (I.). Zweitens ist zu klären, wie eine Kollisionsnorm über die Geschlechtszugehörigkeit im Einzelnen ausgestaltet sein könnte (II.).

I. Vorzüge einer allseitigen Kollisionsnorm

Die bisherige Untersuchung hat ergeben, dass sich der deutsche Gesetzgeber jedenfalls in der Vergangenheit stets gegen die Einführung einer kollisionsrechtlichen Regelung zur Bestimmung des Geschlechtsstatuts entschieden hat und stattdessen den Kreis der antragsbefugten (TSG) bzw. erklärungsberechtigten (PStG) Personen unter bestimmten Voraussetzungen auf Menschen ohne deutsche Staatsangehörigkeit erstreckt hat.[68]

---

[66] *Roßbach*, in: Duden (Hrsg.), IPR für eine bessere Welt, 2022, 125, 142.

[67] Für einen Übergang zur Aufenthaltsanknüpfung *de lege ferenda* bereits *Scherpe*, FamRZ 2007, 270, 271 f.; vgl. ferner *Gössl*, FamRZ 2018, 383, 387; *Mäsch*, in: BeckOK BGB, Hau/Poseck, 65. Ed. 2023, Art. 7 EGBGB, Rn. 38; *Röthel*, IPRax 2007, 204, 207.

[68] Beachte jedoch den Vorschlag für einen Art. 7a EGBGB in RegE: Entwurf eines Gesetzes über die Selbstbestimmung in Bezug auf den Geschlechtseintrag und zur Änderung wei-

Während eine solche Erweiterung auf Ebene des Sachrechts für die rechtsunterworfenen Personen sicherlich den Vorteil hätte, dass dem Sachrecht unmittelbar zu entnehmen wäre, in welchen Fällen sich auch Personen ohne deutsche Staatsangehörigkeit auf das deutsche Recht berufen können, bringt das Fehlen einer kollisionsrechtlichen Regelung auch Nachteile mit sich:

Erstens beantwortet eine Erweiterung der erklärungsberechtigten Personen im Sachrecht nicht die Frage, unter welchen Voraussetzungen eine im Ausland begründete Geschlechtszuordnung aus Sicht des deutschen IPR als wirksam anzusehen ist.[69] Dies wäre im Falle der Einführung einer allseitigen Kollisionsnorm anders, da eine solche nicht auf Inlandssachverhalte beschränkt bliebe, sondern auch bei personenstandsrechtlichen Vorgängen im Ausland eine umfassende kollisionsrechtliche Wirksamkeitsprüfung zuließe.

Zweitens hat die bisherige Untersuchung gezeigt, dass hinsichtlich der Geschlechtszugehörigkeit zwar im geltenden IPR grundsätzlich an die Staatsangehörigkeit einer Person angeknüpft wird, diese Anknüpfung jedoch bereits nach der geltenden Rechtslage zahlreiche Durchbrechungen erfährt. Eine ausdrückliche Kollisionsnorm könnte diese Ausnahmen explizit machen und zu einer größeren Rechtssicherheit beitragen.[70]

Insgesamt erscheint es deshalb vorzugswürdig, im deutschen Recht eine ausdrückliche und allseitige Kollisionsnorm über das rechtliche Geschlecht eines Menschen zu schaffen.[71] Dabei empfiehlt es sich im Übrigen auch, eine einheitliche Kollisionsnorm für alle Menschen zu schaffen, und nicht etwa – wie derzeit noch – unterschiedliche Regelungen für trans- und intergeschlechtliche Personen vorzusehen. Unabhängig davon bliebe es dem Gesetzgeber unbenommen, im Sachrecht weitere deklaratorische Regelungen vorzusehen, um für Betroffene und Rechtsanwender*innen klarzustellen, in welchen Fällen die Regelungen des deutschen Rechts auch auf ausländische Staatsangehörige Anwendung finden sollen.[72]

---

terer Vorschriften v. 23.8.2023, abrufbar unter: <https://www.bmfsfj.de/resource/blob/2296 16/b4f835d1a1da28f1ef51552846f1e20a/gesetzentwurf-kabinett-data.pdf> (abgerufen am 1.9.2023).

[69] Näher dazu oben S. 158 ff.

[70] Zur erhofften Steigerung der Rechtssicherheit durch Einführung einer Kollisionsnorm auch *Roßbach*, in: Duden (Hrsg.), IPR für eine bessere Welt, 2022, 125, 138.

[71] Ähnlich auch die Einschätzung bei *Basedow/Scherpe*, in: Basedow/Scherpe (Hrsg.), Transsexualität, Staatsangehörigkeit und internationales Privatrecht, 2004, 161 ff.; *Dutta/Pintens*, in: Scherpe/Dutta/Helms (Hrsg.), The Legal Status of Intersex Persons, 2018, 415, 419 ff.; *Gössl*, IPRax 2017, 339, 343; *Roßbach*, in: Duden (Hrsg.), IPR für eine bessere Welt, 2022, 125, 138 f.; *M. Roth*, StAZ 2007, 17.

[72] Siehe auch zum Gleichlauf im Sachrecht unten S. 272 f.

II. Wahl eines geeigneten Anknüpfungspunktes

Nachdem die Einführung einer ausdrücklichen Kollisionsnorm über die Geschlechtszugehörigkeit folglich grundsätzlich sinnvoll erscheint, stellt sich zweitens die Frage nach ihrer konkreten Ausgestaltung. Hier gilt es vor allem zu
klären, welcher Anknüpfungspunkt *de lege ferenda* für den Anknüpfungsgegenstand der rechtlichen Geschlechtszugehörigkeit maßgeblich sein soll. Wie auch
Susanne Gössl[73] hervorhebt, kommen hier insbesondere folgende drei Anknüpfungspunkte in Betracht: Die Staatsangehörigkeit einer Person, der gewöhnliche
Aufenthalt einer Person oder die Eröffnung von Rechtswahlmöglichkeiten.

1. Staatsangehörigkeit

Die Geschlechtszugehörigkeit eines Menschen wird bislang im autonomen deutschen IPR nach dem Heimatrecht der betreffenden Person beurteilt.[74] Im Rahmen einer Reform des IPR bestünde daher zunächst die Möglichkeit, die Grund-
anknüpfung an die Staatsangehörigkeit auch *de lege ferenda* beizubehalten und
diese lediglich in die Form einer geschriebenen Kollisionsnorm zu gießen.[75] Einen
entsprechenden Vorschlag enthalten etwa das Gutachten „Geschlechtervielfalt
im Recht",[76] der Referentenentwurf von 2019,[77] der Referentenentwurf von Mai
2023[78] sowie der jüngste Regierungsentwurf von August 2023[79].

Für eine Beibehaltung der Staatsangehörigkeitsanknüpfung spräche unter
anderem,[80] dass das deutsche IPR im Bereich des Familien- und Personenrechts
zumindest traditionell dem Staatsangehörigkeitsprinzip folgt.[81] Zur Begründung

---

[73] *Gössl*, IPRax 2017, 339, 341.

[74] Siehe oben S. 160 ff.

[75] So nun etwa RegE: Entwurf eines Gesetzes über die Selbstbestimmung in Bezug auf den
Geschlechtseintrag und zur Änderung weiterer Vorschriften v. 23.8.2023, abrufbar unter:
<https://www.bmfsfj.de/resource/blob/229616/b4f835d1a1da28f1ef51552846f1e20a/gesetz
entwurf-kabinett-data.pdf> (abgerufen am 1.9.2023); für die Beibehaltung der Staatsangehörigkeitsanknüpfung plädierend ferner *Gössl*, IPRax 2017, 339, 341 f.

[76] *Althoff/Schabram/Follmar-Otto*, Gutachten: Geschlechtervielfalt im Recht, 2017, S. 77;
siehe dazu oben S. 249 ff.

[77] RefE: Gesetz zur Neuregelung der Änderung des Geschlechtseintrags v. 15.5.2019, S. 6;
siehe dazu oben S. 251 ff.

[78] RefE: Entwurf eines Gesetzes über die Selbstbestimmung in Bezug auf den Geschlechtseintrag und zur Änderung weiterer Vorschriften v. 8.5.2023, S. 16; siehe dazu oben S. 255 f.

[79] RegE: Entwurf eines Gesetzes über die Selbstbestimmung in Bezug auf den Geschlechtseintrag und zur Änderung weiterer Vorschriften v. 23.8.2023, S. 16; siehe dazu oben S. 256 f.

[80] Näher zu den Vor- und Nachteilen der Staatsangehörigkeitsanknüpfung etwa *von Bar/
Mankowski*, IPR, Band I, 2003, § 7, Rn. 18 f.; *Kropholler*, Internationales Privatrecht, 2006,
§ 38, S. 269 ff.; *Mankowski*, IPRax 2017, 130 ff.; *Mansel*, Personalstatut, Staatsangehörigkeit
und Effektivität, 1988, S. 56 ff.; *Stern*, Das Staatsangehörigkeitsprinzip in Europa, 2008,
S. 39 ff.

[81] Näher dazu *von Bar/Mankowski*, IPR, Band I, 2003, § 7, Rn. 18; *Dutta*, JZ 2021, 321,
323; *Hellwig*, Die Staatsangehörigkeit als Anknüpfung im deutschen IPR, 2001, S. 25; *Junker*,

wird angeführt, dass die Staatsangehörigkeit bei genereller Betrachtung eine fortdauernde persönliche Verbundenheit eines Menschen zu einem Staat und seiner Rechtsordnung dokumentiere.[82] Zudem sorge die Anknüpfung an die Staatsangehörigkeit für Kontinuität, da sie sich weniger leicht wechseln lasse als der gewöhnliche Aufenthalt oder der Wohnsitz.[83] Auch sei die Staatsangehörigkeit vergleichsweise einfach festzustellen und lasse sich nur schwer manipulieren.[84] Schließlich hat auch das BVerfG in der erwähnten Entscheidung von 2006 hervorgehoben, dass grundsätzlich anzunehmen sei, dass es dem Interesse ausländischer Staatsangehöriger entspreche, in persönlichen Angelegenheiten nach dem Recht des Heimatstaats beurteilt zu werden.[85]

Andererseits hat das BVerfG in dieser Entscheidung auch darauf hingewiesen, dass die Beurteilung des rechtlichen Geschlechts einer Person nach ihrem Heimatrecht keineswegs zwingend sei, sondern alternativ auch eine Anknüpfung an den gewöhnlichen Aufenthalt oder den Wohnsitz in Betracht komme.[86] Des Weiteren ist zu beachten, dass sich die Staatsangehörigkeitsanknüpfung sowohl im europäischen[87] als auch im autonomen deutschen IPR zunehmend auf dem Rückzug befindet.[88] Stattdessen – so die Beobachtung von *Marc-Philippe Wel-*

Internationales Privatrecht, 2022, § 6, Rn. 22; *Rentsch*, Der gewöhnliche Aufenthalt, 2016, S. 57 f.; *Troge*, Europarecht und das Staatsangehörigkeitsprinzip, 2009, S. 27 f.; *Weller*, in: Dethloff/Nolte/Reinisch (Hrsg.), Rückblick nach 100 Jahren und Ausblick, Migrationsbewegungen, 2018, 247, 250; *Weller*, RabelsZ 81 (2017), 747, 760 f.

[82] BVerfG, Beschl. v. 18.7.2006 – 1 BvL 1/04, NJW 2007, 900, 901, Rn. 61; ähnlich auch *Jayme,* Zugehörigkeit und kulturelle Identität, 2012, S. 19.

[83] Statt vieler *von Bar/Mankowski*, IPR, Band I, 2003, § 7, Rn. 18; *Jayme,* Zugehörigkeit und kulturelle Identität, 2012, S. 19.

[84] *Von Bar/Mankowski*, IPR, Band I, 2003, § 7, Rn. 18; *Gössl*, IPRax 2017, 339, 342; *Mankowski*, IPRax 2017, 130, 133; *von Hein*, in: MüKo BGB, 8. Aufl. 2020, Art. 5 EGBGB, Rn. 34 ff.; *Stern*, Das Staatsangehörigkeitsprinzip in Europa, 2008, S. 51 f.; *Troge*, Europarecht und das Staatsangehörigkeitsprinzip, 2009, S. 28.

[85] BVerfG, Beschl. v. 18.7.2006 – 1 BvL 1/04, NJW 2007, 900, 901, Rn. 61.

[86] BVerfG, Beschl. v. 18.7.2006 – 1 BvL 1/04, NJW 2007, 900, 901, Rn. 71: „[…] weder das Völkerrecht noch das Verfassungsrecht [verlangen] die Anwendung des Staatsangehörigkeitsprinzips im Internationalen Privatrecht, sondern würden auch die Anknüpfung an den Wohnsitz oder gewöhnlichen Aufenthaltsort erlauben."

[87] Näher zur Aufenthaltsanknüpfung im europäischen IPR *Rentsch*, Der gewöhnliche Aufenthalt, 2016, S. 276 ff.; vgl. ferner *Basedow/Scherpe*, in: Basedow/Scherpe (Hrsg.), Transsexualität, Staatsangehörigkeit und internationales Privatrecht, 2004, 3, 10; *Dutta*, IPRax 2017, 139 ff.; *Jayme*, in: Schulze (Hrsg.), Kulturelle Relativität des internationalen Rechts, 2014, 43, 64; *von Hein*, in: MüKo BGB, 8. Aufl. 2020, Art. 5 EGBGB, Rn. 122; *Junker*, Internationales Privatrecht, 2022, § 6, Rn. 34; *Kroll-Ludwigs*, Parteiautonomie, 2013, S. 324 ff.; *Schwemmer*, Anknüpfungsprinzipien im Europäischen Kollisionsrecht, 2018, S. 76; *Weller/Benz/Thomale*, ZEuP 2017, 250, 260; *Weller*, in: Leible/Unberath (Hrsg.), Brauchen wir eine Rom-0-Verordnung?, 2013, 293, 298 ff.

[88] Siehe dazu etwa *Corneloup*, in: Roth (Hrsg.), Die Wahl ausländischen Rechts im Familien- und Erbrecht, 2013, 15, 19 f.; *Dutta*, JZ 2021, 321, 324; *Helms*, StAZ 2021, 329, 336; *Heiderhoff*, in: Buchholtz/Croon-Gestefeld/Kerkemeyer (Hrsg.), Integratives Recht, 2021, 130, 134; *Henrich*, in: Mansel/Pfeiffer/Kronke et al. (Hrsg.), Festschrift Jayme, 2004, 321,

ler – trägt das geltende IPR zunehmend der Individualität und Mobilität eines Menschen Rechnung, indem sich Ziel und Zweck der Anknüpfungen „vom Raum zur Person" verschieben.[89]

Angesichts dessen hat sich auch der deutsche Gesetzgeber jüngst in verschiedenen Bereichen des Internationalen Familien- und Personenrechts von der primären Anknüpfung an die Staatsangehörigkeit verabschiedet und sich stattdessen für eine Anknüpfung an den gewöhnlichen Aufenthalt entschieden.[90] Seither unterfallen etwa die allgemeinen Ehewirkungen (Art. 14 Abs. 2 EGBGB),[91] die Annahme als Kind (Art. 22 Abs. 1 S. 2 EGBGB),[92] die Geschäftsfähigkeit (Art. 7 Abs. 2 EGBGB)[93] sowie die Vormundschaft, Betreuung und Pflegschaft (Art. 24 Abs. 1 EGBGB)[94] jeweils dem Recht des Aufenthaltsortes. Selbst im autonomen IPR existieren mithin nur noch sehr wenige Bereiche, die weiterhin dem Heimatrecht eines Menschen unterstellt werden.[95] Das zumeist präferierte Modell ist stattdessen die Anknüpfung an den gewöhnlichen Aufenthalt.[96]

Freilich verlangt der Übergang zum Aufenthaltsprinzip in anderen familienrechtlichen Bereichen nicht, auch hinsichtlich der Geschlechtszugehörigkeit einer Person künftig von der Staatsangehörigkeitsanknüpfung abzuweichen. Gleichwohl gilt es zu bedenken, dass sowohl grund- und menschenrechtliche Vorgaben

---

327; *Jayme,* Zugehörigkeit und kulturelle Identität, 2012, S. 20; *Junker,* Internationales Privatrecht, 2022, § 6, Rn. 22; *Mankowski,* IPRax 2017, 130, 136 ff.; *Mansel,* in: Jayme (Hrsg.), Kulturelle Identität und IPR, 2003, 119, 126 ff.; *Mansel,* in: Nolte/Keller/Bogdandy et al. (Hrsg.), Pluralistische Gesellschaften und Internationales Recht, 2008, 137, 168 ff.; *Rademacher,* in: Rupp (Hrsg.), IPR zwischen Tradition und Innovation, 2019, 121, 126; *Weller,* RabelsZ 81 (2017), 747, 761; *Wagner,* FamRZ 2022, 245, 248.

[89] *Weller,* RabelsZ 81 (2017), 747, 760: „Vor dem Hintergrund […] lassen sich im Wesentlichen zwei Fliehkräfte identifizieren, die auf die klassischen Zielrichtungen und Funktionen des früher neutralen IPR einwirken und in ihrer methodologischen Bewältigung die heutige Kollisionsrechtswissenschaft herausfordern: erstens die Individuen, die in den offenen Gesellschaften unserer Zeit nach Freiheit streben und sich autonom eine private Ordnung geben. Diese Individualität bildet das heutige IPR zunehmend ab, indem sich Ziel und Zweck der Anknüpfungen vom Raum zur Person […] verschieben […]."

[90] Näher dazu *Junker,* Internationales Privatrecht, 2022, § 6, Rn. 22.

[91] BGBl. 2018 I, S. 2573.

[92] BGBl. 2020 I, S. 541.

[93] BGBl. 2021 I, S. 882.

[94] BGBl. 2021 I, S. 882.

[95] Siehe etwa Art. 7 Abs. 1 S. 1 EGBGB; Art. 10 Abs. 1 EGBGB; Art. 19 Abs. 1 S. 2 EGBGB; vgl. dazu ferner *Junker,* Internationales Privatrecht, 2022, § 6, Rn. 22; *Rademacher,* in: Rupp (Hrsg.), IPR zwischen Tradition und Innovation, 2019, 121, 126.

[96] Statt vieler *Dutta,* IPRax 2017, 139: „Die Schlacht um das richtige personale Anknüpfungsmoment im internationalen Privatrecht scheint geschlagen zu sein: […] der gewöhnliche Aufenthalt […] avanciert […] mittlerweile zum zentralen Anknüpfungsmoment, wenn es darum geht, die Rechtsordnung zu identifizieren, mit der eine natürliche Person die engste Beziehung unterhält." Ähnlich schon *Jayme,* in: Jayme (Hrsg.), Kulturelle Identität und IPR, 2003, 5, 10: „Das Staatsangehörigkeitsprinzip hat […] heute in Europa an Kraft verloren, in den Vordergrund rückt der gewöhnliche Aufenthalt der Personen."

als auch sachrechtliche Erwägungen es bereits jetzt regelmäßig erforderlich machen, bezüglich des rechtlichen Geschlechts von einer Staatsagehörigkeitsanknüpfung abzusehen.[97]

Vor diesem Hintergrund plädiert etwa *Anne Röthel* überzeugend dafür, in Hinblick auf das rechtliche Geschlecht einer Person künftig einen Anknüpfungspunkt zu wählen, der im „grundrechtsrelevanten Freiheitsbereich" nicht erst über Umwege zur Verfassungskonformität führe, sondern dem Grundrecht auf Achtung der geschlechtlichen Identität unmittelbar Rechnung trage.[98] Der individuellen geschlechtlichen Identität sei, so *Röthel*, Vorrang vor einer über das Staatsangehörigkeitsprinzip konstruierten kulturellen Identität einzuräumen.[99]

2. Gewöhnlicher Aufenthalt

Angesichts dessen stellt sich insgesamt die Frage, ob es *de lege ferenda* nicht vorzugswürdig wäre, hinsichtlich des rechtlichen Geschlechts eines Menschen primär an den gewöhnlichen Aufenthalt anzuknüpfen.[100]

a) Begriffskern

Eine allgemeingültige und abschließende Definition des Begriffs des „gewöhnlichen Aufenthaltes" findet sich bislang weder im autonomen deutschen noch im europäischen IPR.[101] Allerdings besteht weitgehend Einigkeit, dass der gewöhn-

---

[97] Siehe dazu etwa *Mansel*, in: Nolte/Keller/Bogdandy et al. (Hrsg.), Pluralistische Gesellschaften und Internationales Recht, 2008, 137, 156 ff.

[98] Vgl. *Röthel*, IPRax 2007, 204, 207: „Stabiler und zukunftweisender erscheinen Anknüpfungsregeln, die im grundrechtsrelevanten Freiheitsbereich nicht erst über das Wagnis des Art. 6 S. 2 EGBGB zur Verfassungskonformität finden. Einige unserer europäischen Nachbarstaaten sind diesen Schritt bereits gegangen. Auch wir sollten der individuell empfundenen geschlechtlichen Identität Vorrang vor einer über das Staatsangehörigkeitsprinzip konstruierten kulturellen Identität einräumen." In eine ähnliche Richtung auch *Scherpe/Dunne*, in: Scherpe (Hrsg.), The Legal Status of Transsexual and Transgender Persons, 2015, 615, 630 f.; *Roßbach*, in: Duden (Hrsg.), IPR für eine bessere Welt, 2022, 125, 141 f.; wegweisend zur Bedeutung der Grundrechte im IPR auch BVerfG, Beschl. v. 4.5.1971 – 1 BvR 636/68, NJW 1971, 1509 ff. („Spanier-Beschluss").

[99] *Röthel*, IPRax 2007, 204, 207; grundlegend zum Konzept der „kulturellen Identität" im IPR *Jayme*, in: Jayme (Hrsg.), Kulturelle Identität und IPR, 2003, 5 ff.; *Jayme*, Zugehörigkeit und kulturelle Identität, 2012; *Jayme*, in: Schulze (Hrsg.), Kulturelle Relativität des internationalen Rechts, 2014, 43 ff.

[100] Dies befürwortend etwa *Mäsch*, in: BeckOK BGB, Hau/Poseck, 65. Ed. 2023, Art. 7 EGBGB, Rn. 38; *Röthel*, IPRax 2007, 204, 207; *Roßbach*, in: Duden (Hrsg.), IPR für eine bessere Welt, 2022, 125, 142; *Scherpe*, FamRZ 2007, 270, 271 f.; skeptisch hingegen *Dutta*, IPRax 2017, 139, 145 f.

[101] *Von Bar/Mankowski*, IPR, Band I, 2003, § 7, Rn. 23; *von Hein*, in: MüKo BGB, 8. Aufl. 2020, Art. 5 EGBGB, Rn. 139; *Kropholler*, Internationales Privatrecht, 2006, § 39 II; S. 281; *Weller/Schulz*, IPRax 2015, 176, 177; *Weller*, in: Leible/Unberath (Hrsg.), Brauchen wir eine Rom-0-Verordnung?, 2013, 293, 305 f.; grundlegend zum Konzept des gewöhnlichen Aufenthaltes ferner *Rentsch*, Der gewöhnliche Aufenthalt, 2016.

liche Aufenthalt einer Person grundsätzlich mit ihrem tatsächlichen Lebensmittelpunkt gleichgesetzt werden kann.[102] So definiert etwa der BGH den Begriff des gewöhnlichen Aufenthaltes als „Schwerpunkt der Bindungen" einer Person bzw. als „Daseinsmittelpunkt" eines Menschen.[103] In Anlehnung an die EuGH-Entscheidung in der Rechtssache *Mercredi*,[104] verlangt der BGH, dass der gewöhnliche Aufenthalt aufgrund der tatsächlichen Umstände zu beurteilen sei und auf eine gewisse Dauer angelegt sein müsse.[105] Dagegen begründe ein bloß vorübergehender Aufenthalt in einem Staat noch keinen gewöhnlichen Aufenthalt.[106] Uneinigkeit besteht indes hinsichtlich der Frage, ob der Lebensmittelpunkt in Grenzfällen objektiv oder subjektiv zu beurteilen ist, ob also in Zweifelsfällen der manifestierte Bleibewille (*animus manendi*) bzw. der Rückkehrwille (*animus revertendi*) eines Menschen zu berücksichtigen ist.[107]

b) Schutz der geschlechtlichen Identität am Lebensmittelpunkt

Eine Anknüpfung der Geschlechtszugehörigkeit an den gewöhnlichen Aufenthalt hätte gerade für trans- und intergeschlechtliche Personen den Vorteil, dass sie dort in ihrer geschlechtlichen Identität auch rechtlich anerkannt würden, wo sich ihr Lebensmittelpunkt befindet.[108] Wie das BVerfG in seiner Entscheidung zur

---

[102] Vgl. dazu BGH, Beschl. v. 20.3.2019 – XII ZB 530/17, FamRZ 2019, 892, Rn. 19; *Baetge*, Der gewöhnliche Aufenthalt im IPR, 1994, S. 85; *von Bar/Mankowski*, IPR, Band I, 2003, § 7, Rn. 23; *von Hein*, in: MüKo BGB, 8. Aufl. 2020, Art. 5 EGBGB, Rn. 123; *Rentsch*, Der gewöhnliche Aufenthalt, 2016, S. 57; vgl. ferner bereits *Weller/Schulz*, IPRax 2015, 176, 177.

[103] BGH, Beschl. v. 20.3.2019 – XII ZB 530/17, FamRZ 2019, 892, Rn. 19: „Nach der Rechtsprechung des BGH ist der gewöhnliche Aufenthalt der Schwerpunkt der Bindungen der betroffenen Person, ihr Daseinsmittelpunkt [...]. Dieser ist aufgrund der gegebenen tatsächlichen Umstände zu beurteilen und muss auf eine gewisse Dauer angelegt sein. Ein bloß vorübergehender Aufenthalt in einem Staat begründet dort noch keinen gewöhnlichen Aufenthalt."

[104] EuGH, Urt. v. 22.12.2010 – Rs. C-497/10 PPU, *Barbara Mercredi*, ECLI:EU:C:2010: 829, Rn. 48 ff.; siehe dazu auch *Weller*, in: Leible/Unberath (Hrsg.), Brauchen wir eine Rom-0-Verordnung?, 2013, 293, 310 f.

[105] BGH, Beschl. v. 20.3.2019 – XII ZB 530/17, FamRZ 2019, 892, Rn. 19: „Dieser [der Daseinsmittelpunkt] ist aufgrund der gegebenen tatsächlichen Umstände zu beurteilen und muss auf eine gewisse Dauer angelegt sein."

[106] BGH, Beschl. v. 20.3.2019 – XII ZB 530/17, FamRZ 2019, 892, Rn. 19: „Ein bloß vorübergehender Aufenthalt in einem Staat begründet dort noch keinen gewöhnlichen Aufenthalt."

[107] Beachte auch EuGH, Urt. v. 22.12.2010 – Rs. C-497/10 PPU, *Barbara Mercredi*, ECLI: EU:C:2010:829, Rn. 51: „Maßgebend für die Verlagerung des gewöhnlichen Aufenthalts in den Aufnahmestaat ist nämlich vor allem der Wille des Betreffenden, dort den ständigen oder gewöhnlichen Mittelpunkt seiner Interessen in der Absicht zu begründen, ihm Beständigkeit zu verleihen." Näher dazu *Weller*, in: Leible/Unberath (Hrsg.), Brauchen wir eine Rom-0-Verordnung?, 2013, 293, 310 ff.; *Weller*, IPRax 2014, 225, 227; vgl. ferner bereits *Weller/Schulz*, IPRax 2015, 176, 177.

[108] In eine ähnliche Richtung auch *Mansel*, in: Nolte/Keller/Bogdandy et al. (Hrsg.), Pluralistische Gesellschaften und Internationales Recht, 2008, 137, 158.

Dritten Option hervorgehoben hat, spielt die Geschlechtszugehörigkeit eines Menschen nach wie vor in zahlreichen Alltagssituationen eine wichtige Rolle.[109] Das Geschlecht ist unter anderem ausschlaggebend für die Identifikation und Anrede eines Menschen und entscheidet häufig noch darüber, welche gesellschaftlichen Erwartungen an Erscheinungsbild, Erziehung oder Verhalten einer Person gestellt werden („Schlüsselposition").[110]

Gerade am Ort des Lebensmittelpunktes kann sich ein Auseinanderfallen von geschlechtlicher Identität und rechtlicher Geschlechtszugehörigkeit daher für Betroffene besonders nachteilig auswirken.[111] Eine Anknüpfung an den gewöhnlichen Aufenthalt könnte auf diese spezifische Lebenssituation besser Rücksicht nehmen als eine Anknüpfung an die Staatsangehörigkeit.[112] Für eine Anknüpfung an den gewöhnlichen Aufenthalt einer Person spräche zudem, dass die Achtung der selbstbestimmten geschlechtlichen Identität ein Menschenrecht ist, das allen Menschen unabhängig von ihrer Staatsangehörigkeit zusteht.[113] Insofern erscheint es sachgerecht, die Möglichkeit einer rechtlichen Geschlechtsangleichung allen in Deutschland lebenden Personen unabhängig von ihrer Staatsangehörigkeit zu ermöglichen.[114]

Zwar gilt es zu bedenken, dass das für Betroffene regelmäßig so wichtige Ziel einer Änderung ihres Reisepasses oder ihrer Geburtsurkunde auch bei Anknüpfung an den gewöhnlichen Aufenthalt, jedenfalls im Verhältnis zu Drittstaaten,[115] nicht erleichtert würde.[116] Vielmehr wäre bei einem Übergang zur Aufenthaltsanknüpfung sogar eher mit einer Zunahme hinkender Geschlechtszuordnungen zu

---

[109] BVerfG, Beschl. v. 10.10.2017 – 1 BvR 2019/16, NJW 2017, 3643, 3644, Rn. 39.

[110] BVerfG, Beschl. v. 10.10.2017 – 1 BvR 2019/16, NJW 2017, 3643, 3644, Rn. 39; siehe ferner zur Bedeutung des Geschlechts eines Menschen im gesellschaftlichen Umgang *Sacksofsky*, in: Hohmann-Dennhardt/Masuch/Villiger (Hrsg.), Grundrechte und Solidarität, 2011, 675, 679 f.

[111] Siehe zur besonderen Vulnerabilität trans- und intergeschlechtlicher Menschen oben S. 43 ff.

[112] Vgl. dazu auch *Weller*, RabelsZ 81 (2017), 747, 763: „Demgegenüber reflektiert die auf den gewöhnlichen Aufenthalt abstellende Anknüpfung die gegenwärtige Lebenssituation der Person und gelangt so zum aktuellen Umgebungsrecht. Sie integriert den Fremden in die Gegenwart und macht so den Weg frei für die Zukunft. Die Staatsangehörigkeit führt zu ‚diachronen‘, der gewöhnliche Aufenthalt dagegen zu ‚synchronen Anknüpfungsergebnissen‘."

[113] Näher dazu oben S. 53.

[114] Siehe dazu auch *Gössl*, IPRax 2017, 339, 342; *Roßbach*, in: Duden (Hrsg.), IPR für eine bessere Welt, 2022, 125, 141 f.; in eine ähnliche Richtung bereits *Dutta/Pintens*, in: Scherpe/Dutta/Helms (Hrsg.), The Legal Status of Intersex Persons, 2018, 415, 421; *Scherpe/Dunne*, in: Scherpe (Hrsg.), The Legal Status of Transsexual and Transgender Persons, 2015, 615, 630; *Basedow/Scherpe*, in: Basedow/Scherpe (Hrsg.), Transsexualität, Staatsangehörigkeit und internationales Privatrecht, 2004, 3, 11.

[115] Siehe zu den Vorgaben des Unionsrechts oben S. 211 ff.

[116] Siehe dazu oben S. 205 ff.

rechnen,[117] sofern andere Staaten in Hinblick auf die Geschlechtszugehörigkeit weiterhin an die Staatsangehörigkeit anknüpfen.[118]

Allerdings lassen sich diese drohenden Nachteile auch bei einer Grundsatzanknüpfung an die Staatsangehörigkeit nicht vollständig vermeiden, da grund- und menschenrechtliche Vorgaben regelmäßig Korrekturen erforderlich machen.[119] Ferner entspricht es der Rechtsprechung des BVerfG, dass etwaige Vollzugsprobleme bei der Ausstellung von Dokumenten und die Gefahr hinkender Rechtsverhältnisse keine Rechtfertigung dafür sind, die Möglichkeiten geschlechtlicher Selbstbestimmung im deutschen Recht nur deutschen Staatsangehörigen zu eröffnen.[120] Vor diesem Hintergrund stellt jedenfalls die Gefahr hinkender Geschlechtszuordnungen kein überzeugendes Argument für die Beibehaltung der Staatsangehörigkeitsanknüpfung dar. Und auch der Hinweis, dass die rechtliche Zuordnung zu einem Geschlecht regelmäßig staatliche Ordnungsinteressen berührt,[121] ist zwar zutreffend; ändert jedoch nichts daran, dass es der eigenverantwortlichen Entscheidung einer Person überlassen bleiben sollte, ob es für sie wichtiger ist, zumindest in Deutschland in ihrer geschlechtlichen Identität anerkannt zu werden oder ob sie auf diese Anerkennung verzichtet, um Schwierigkeiten im Verhältnis zum Heimatstaat zu vermeiden.[122]

Allerdings setzt eine solche eigenständige Entscheidung auch voraus, dass einem Menschen zumindest die Wahl zwischen seinem Heimatrecht und dem Recht am gewöhnlichen Aufenthalt eröffnet wird. Denn eine schematische oder gar zwingende Anknüpfung an den gewöhnlichen Aufenthalt könnte wiederum Mobilitätshindernisse mit sich bringen, da mit jeder Aufenthaltsverlegung ein Statutenwechsel einherginge.[123] Aus diesem Grund erscheint ein Wahlrecht mit den Worten *Heinz-Peter Mansels* als „notwendiges und wichtiges individuelles Korrektiv in einer Zeit, welche die Selbstbestimmung des Einzelnen anerkennt und wegen der Diversität möglicher Lebenskonzepte geradezu voraussetzt"[124].

---

[117] Vgl. auch *Roßbach*, in: Duden (Hrsg.), IPR für eine bessere Welt, 2022, 125, 141.

[118] Vgl. *Gössl*, StAZ 2013, 301, 303.

[119] Beachte auch *Dutta*, IPRax 2017, 139, 141, der daher in Hinblick auf die rechtliche Geschlechtszugehörigkeit bereits gegenwärtig von einem „schleichenden Abschied vom Staatsangehörigkeitsprinzip" spricht. Vgl. ferner *Mansel*, in: Nolte/Keller/Bogdandy et al. (Hrsg.), Pluralistische Gesellschaften und Internationales Recht, 2008, 137, 156 ff.

[120] Vgl. BVerfG, Beschl. v. 18.7.2006 – 1 BvL 1/04, NJW 2007, 900, 903, Rn. 77 f.; vgl. dazu ferner *Roßbach*, in: Duden (Hrsg.), IPR für eine bessere Welt, 2022, 125, 141; siehe dazu bereits oben S. 207 f.

[121] Vgl. etwa *Gössl*, IPRax 2017, 339, 341 f.; die das Argument aber ihrerseits nicht als durchschlagend erachtet.

[122] Vgl. BVerfG, Beschl. v. 18.7.2006 – 1 BvL 1/04, NJW 2007, 900, 903 f., Rn. 78; siehe dazu oben S. 208.

[123] Vgl. auch *Weller*, RabelsZ 81 (2017), 747, 766 f.: „Allerdings würde eine schematische oder gar zwingende Anknüpfung an das jeweilige Umgebungsrecht ebenfalls Mobilitätshindernisse mit sich bringen, weil jeder Umzug mit einem Statutenwechsel einherginge. Darunter kann das Interesse der Parteien an der Kontinuität einer Rechtslage leiden."

[124] *Mansel*, in: Nolte/Keller/Bogdandy et al. (Hrsg.), Pluralistische Gesellschaften und Internationales Recht, 2008, 137, 175.

Im Einzelnen:

3. Rechtswahl

Die kollisionsrechtliche Rechtswahlfreiheit wird in Abgrenzung zur materiellen Gestaltungsfreiheit (*Privatautonomie*) auch als *Parteiautonomie* bezeichnet.[125] Die Anknüpfung an eine Rechtswahl bedeutet, dass eine Anknüpfungsperson im Wege der „Selbstzuweisung zu einer Rechtsordnung"[126] festlegen kann, welchem Recht ein bestimmtes Rechtsverhältnis unterliegen soll.

Übertragen auf das rechtliche Geschlecht einer Person hätte dies zur Folge, dass einer Person die – zumindest partielle – Freiheit eingeräumt würde, darüber zu entscheiden, welches Recht auf ihre Geschlechtszugehörigkeit Anwendung finden soll. Der verfassungsrechtlich geschützten geschlechtlichen Selbstbestimmung eines Menschen würde mithin auch auf kollisionsrechtlicher Ebene Rechnung getragen.

a) Rechtswahl als Ausdruck autonomer Selbstbestimmung

Zur Legitimation der Parteiautonomie existieren verschiedene Ansätze.[127] So verweist etwa *Marc-Philippe Weller* in einem grundsätzlichen Plädoyer für die Rechtswahlfreiheit im Internationalen Familienrecht auf die Rechtsprechung des BVerfG zur Transgeschlechtlichkeit,[128] in der das Gericht die „Selbstwahrnehmung des Einzelnen" in den Mittelpunkt gerückt habe.[129] Die Achtung des

---

[125] Grundlegend zur Parteiautonomie im IPR *Arnold*, in: Arnold (Hrsg.), Grundfragen des Europäischen Kollisionsrechts, 2016, 23 ff.; *von Bar/Mankowski*, IPR, Band I, 2003, § 7, Rn. 67 ff.; *von Hein*, in: MüKo BGB, 8. Aufl. 2020, Einl. IPR, Rn. 35 ff.; *Junker*, Internationales Privatrecht, 2022, § 6, Rn. 44 ff.; *Kropholler*, Internationales Privatrecht, 2006, § 40, S. 292 ff.; *Leible*, in: Mansel/Pfeiffer/Kronke et al. (Hrsg.), Festschrift Jayme, 2004, 485; *Schwemmer*, Anknüpfungsprinzipien im Europäischen Kollisionsrecht, 2018, S. 64 ff.; *Kohler*, in: Gebauer/Mansel/Schulze (Hrsg.), Die Person im Internationalen Privatrecht, 2019, 9 ff.

[126] So die Formulierung bei *Junker*, Internationales Privatrecht, 2022, § 6, Rn. 44; *Mansel*, in: Leible/Unberath (Hrsg.), Brauchen wir eine Rom-0-Verordnung?, 2013, 241, 262.

[127] Näher dazu *Arnold*, in: Arnold (Hrsg.), Grundfragen des Europäischen Kollisionsrechts, 2016, 23, 25 ff.; *Basedow*, RabelsZ 75 (2011), 32 ff.; *Junker*, Internationales Privatrecht, 2022, § 6, Rn. 47 f.; *Leible*, in: Mansel/Pfeiffer/Kronke et al. (Hrsg.), Festschrift Jayme, 2004, 485, 487 f.; *Kohler*, in: Gebauer/Mansel/Schulze (Hrsg.), Die Person im Internationalen Privatrecht, 2019, 9 ff.; *Kropholler*, Internationales Privatrecht, 2006, § 40 III., S. 295 ff.; *Kroll-Ludwigs*, Parteiautonomie, 2013, 148 ff.; *Mansel*, in: Leible/Unberath (Hrsg.), Brauchen wir eine Rom-0-Verordnung?, 2013, 241, 261 ff.; *Sahner*, Materialisierung der Rechtswahl im Internationalen Familienrecht, 2019, 97 ff.

[128] Konkret BVerfG, Beschl. v. 18.7.2006 – 1 BvL 1/04, NJW 2007, 900, 902, Rn. 64.

[129] *Weller*, IPRax 2014, 225, 228: „Denn das Wesen der Identitätsbegründung liegt vornehmlich – wie das Bundesverfassungsgericht in der Transsexuellen-Entscheidung betont [...] – in der interkulturellen Selbstwahrnehmung des Einzelnen. Folgerichtig kann man der Anknüpfungsperson die Freiheit einräumen, *selbst* zu wählen, welcher von mehreren sachnahen Rechtsordnungen sie ihre personenrechtlichen Fragen zuordnen will." Ebenso *Weller*, RabelsZ 81 (2017), 747, 761 f.

Individuums, so *Weller*, zeige sich auch in der Achtung seiner Regelungsautonomie.[130] Eine Anknüpfungsperson müsse daher grundsätzlich selbst wählen dürfen, welcher von mehreren sachnahen Rechtsordnungen sie ihre personenrechtlichen Fragen zuordnen wolle.[131]

Während diese Erwägungen nach Auffassung *Wellers* bereits allgemein für die Erweiterung von Rechtswahlmöglichkeiten im Internationalen Familien- und Personenrecht streiten, sind sie meines Erachtens von besonderem Gewicht, wenn es tatsächlich um die Anerkennung der geschlechtlichen Identität als solche geht. Denn spätestens seit der Entscheidung des BVerfG zur Dritten Option besteht kein Zweifel mehr, dass die Zuordnung zu einem Geschlecht für die individuelle Identität von herausragender Bedeutung ist und die geschlechtliche Identität regelmäßig einen konstituierenden Aspekt der eigenen Persönlichkeit darstellt.[132] Einem Individuum mithilfe der Parteiautonomie weitere „Freiheitsräume"[133] zu eröffnen, erscheint somit gerade in Hinblick auf die geschlechtliche Identität eines Menschen bedeutsam. Die verfassungsrechtlich determinierte „Versubjektivierung"[134] des rechtlichen Geschlechts ließe sich so auch im IPR abbilden.

b) Wählbare Rechtsordnungen

Um der geschlechtlichen Freiheitsverwirklichung hinreichend Rechnung zu tragen, erscheint es daher grundsätzlich wünschenswert, bei der kollisionsrechtlichen Beurteilung der Geschlechtszugehörigkeit *de lege ferenda* zusätzliche Rechtswahlmöglichkeiten zu eröffnen.

aa) Heimatrecht

Von besonderer Bedeutung dürfte hier eine Rechtswahlmöglichkeit zugunsten des Heimatrechts sein. Denn eine schematische Anknüpfung an den gewöhnlichen Aufenthalt liefe dem berechtigten Interesse mancher Personen zuwider, ihre Geschlechtszugehörigkeit weiterhin ihrem Heimatrecht zu unterstellen, um in grenzüberschreitenden Sachverhalten für Kontinuität zu sorgen und hinkende Geschlechtszuordnungen zu vermeiden.[135] Auch *Susanna Roßbach* hat dies in ihrem Vorschlag für eine Kollisionsnorm über die Geschlechtszugehörigkeit auf-

---

[130] *Weller*, IPRax 2014, 225, 228; vgl. auch *Michaels*, in: Dutta/Heinze (Hrsg.), „Mehr Freiheit wagen", 2019, 247, 251: „Im liberalen Kollisionsrecht bleibt das Ich durch die Rechtswahl unberührt: Seine Identität besteht gerade in der Freiheit, wählen zu können."

[131] *Weller*, IPRax 2014, 225, 228; *Weller*, RabelsZ 81 (2017), 747, 760 ff.

[132] BVerfG, Beschl. v. 10.10.2017 – 1 BvR 2019/16, NJW 2017, 3643, 3644, Rn. 39.

[133] So die Formulierung bei *Weller*, RabelsZ 81 (2017), 747, 761; siehe auch *Jayme*, Zugehörigkeit und kulturelle Identität, 2012, 22 f.: „Die Ausdehnung der Parteiautonomie auf das Familien- und Erbrecht [...] ist Ausdruck der Freiheit und Selbstbestimmung [...]."

[134] Siehe zu diesem Begriff oben S. 57, m.w.N.

[135] Vgl. auch *Weller*, RabelsZ 81 (2017), 747, 767; ähnlich auch *Henrich*, in: Mansel/Pfeiffer/Kronke et al. (Hrsg.), Festschrift Jayme, 2004, 321, 323.

gegriffen und überzeugend für eine Rechtswahlmöglichkeit zugunsten des Heimatrechts plädiert.[136]

bb) Recht des registerführenden Staates

Darüber hinaus ließe sich erwägen, *de lege ferenda* auch eine Rechtswahlmöglichkeit zugunsten des Rechts des registerführenden Staates zu eröffnen. Dies erschiene gerade mit Blick auf nicht-binäre Geschlechtsoptionen sinnvoll, da diese bislang nur in wenigen Staaten zur Verfügung stehen.[137]

So weist etwa *Heinz-Peter Mansel* darauf hin, dass dem Verweis auf den registerführenden Staat typischerweise der Gedanke zugrunde liege, dass derjenige Staat, der ein bestimmtes Institut bereithalte und bei der Eingehung aktiv geworden sei, dieses Institut auch regeln solle.[138] Insbesondere stelle diese Anknüpfung sicher, dass das anwendbare Recht die familienrechtliche Institution überhaupt kenne, was gerade in Hinblick auf solche Institute zu begrüßen sei, über die erhebliche kulturelle Differenzen bestünden.[139]

Dieser Gedanke ließe sich auch hinsichtlich solcher Geschlechtszuordnungen fruchtbar machen, die bislang nur in vereinzelten Rechtsordnungen zur Verfügung stehen. So hat sich in dieser Arbeit gezeigt, dass sich etwa für die in Deutschland seit 2018 existierende Eintragungsoption „divers" in den meisten anderen europäischen Rechtsordnungen bislang noch kein Pendant findet.[140] Eine Anknüpfung an den registerführenden Staat könnte hier für Kontinuität sorgen und sicherstellen, dass ein nicht-binärer Geschlechtsstatus auch im Falle grenzüberschreitender Mobilität erhalten bliebe. Dies gilt umso mehr, als es nach der Konzeption des deutschen PStG für die Beurkundung des Geschlechts nicht auf die Staatsangehörigkeit der betreffenden Person ankommt, sondern der geschlechtliche Personenstand auch dann in einem deutschen Geburtenregister beurkundet werden kann, wenn die betreffende Person nicht die deutsche Staatsangehörigkeit besitzt.[141] Verlagerte diese Person ihren gewöhnlichen Aufenthalt jedoch später in einem anderen Staat, so käme weder über eine Anknüpfung an den gewöhnlichen Aufenthalt noch über eine Anknüpfung an die Staatsangehörigkeit deutsches Recht zur Anwendung, obwohl hinsichtlich des Geschlechts der Person ein deutscher Personenstandseintrag existiert. Angesichts solcher Konstellationen erscheint es sachgerecht, Betroffenen zumindest ein Wahlrecht zugunsten des Rechts des registerführenden Staates zuzugestehen.

---

[136] *Roßbach*, in: Duden (Hrsg.), IPR für eine bessere Welt, 2022, 125, 141 f.; siehe oben S. 257 f.

[137] Siehe oben S. 126 ff.

[138] *Mansel*, IPRax 2022, 561, 565; ähnlich schon *Mansel*, in: Jayme (Hrsg.), Kulturelle Identität und IPR, 2003, 119, 128.

[139] Vgl. *Mansel*, IPRax 2022, 561, 565; siehe dazu ferner *Andrae*, Internationales Familienrecht, 2019, § 1, Rn. 181; *Coester*, in: MüKo BGB, 8. Aufl. 2020, Art. 17b EGBGB, Rn. 22; *Mansel*, in: Jayme (Hrsg.), Kulturelle Identität und IPR, 2003, 119, 128.

[140] Siehe oben S. 126 f.

[141] Siehe oben S. 201.

c) Sachnormverweisung

Würde künftig im EGBGB hinsichtlich der rechtlichen Geschlechtszugehörigkeit die Möglichkeit einer Rechtswahl eröffnet, bezöge sich die parteiautonome Bestimmung einer Rechtsordnung stets auf das Sachrecht eines Staates,[142] da eine das IPR einbeziehende Rechtswahl weder möglich noch typischerweise erwünscht ist.[143] Dieser Gedanke ist auch Art. 4 Abs. 2 S. 2 EGBGB zu entnehmen, wonach die Parteien im Falle einer Rechtswahl nur auf die Sachvorschriften eines Staates verweisen können.[144] Aus Gründen der Klarstellung bestünde ferner die Möglichkeit, bereits in der Norm selbst von der Wahl von „Sachvorschriften" zu sprechen,[145] da sich die Verweisung in diesem Fall gem. Art. 4 Abs. 2 S. 2 EGBGB stets auf die Rechtsnormen der maßgebenden Rechtsordnung unter Ausschluss des IPR bezieht.[146]

d) Mittelbare Rechtswahlfreiheit

Neben der Gewährung unmittelbarer Rechtswahlmöglichkeiten bestünde schließlich auch die Möglichkeit, das auf die Geschlechtszugehörigkeit anwendbare Recht durch eine Verlagerung mobiler Anknüpfungspunkte, z.B. durch Begründung eines neuen gewöhnlichen Aufenthaltes, indirekt zu bestimmen.[147] Diese Möglichkeit wird insbesondere in solchen Konstellationen, in denen ein Anknüpfungspunkt bewusst verlagert wird, als „mittelbare Rechtswahlfreiheit" oder auch als „rechtsgeschäftsähnliche Parteiautonomie" bezeichnet.[148] Unter anderem *Anatol Dutta* hält die Möglichkeit einer solchen mittelbaren Rechtswahl gerade mit Blick auf das rechtliche Geschlecht eines Menschen perspektivisch für aussichtsreich.[149] Da sich eine mittelbare Rechtswahl jedoch stets innerhalb des

---

[142] Näher zur Abgrenzung von Gesamtverweisung und Sachnormverweisung oben S. 168.

[143] *Dörner*, in: Schulze, HK-BGB, 2021, Art. 4 EGBGB, Rn. 17; *S. Lorenz*, in: BeckOK BGB, Hau/Poseck, 65. Ed. 2023, Art. 4 EGBGB, Rn. 16.

[144] Siehe dazu auch *Dörner*, in: Schulze, HK-BGB, 2021, Art. 4 EGBGB, Rn. 17; *S. Lorenz*, in: BeckOK BGB, Hau/Poseck, 65. Ed. 2023, Art. 4 EGBGB, Rn. 16.

[145] Siehe etwa zu entsprechenden Formulierungsvorschlägen im Referentenentwurf von 2019 bzw. bei *Roßbach* oben S. 251, 258.

[146] Art. 4 Abs. 2 S. 1 EGBGB: „Verweisungen auf Sachvorschriften beziehen sich auf die Rechtsnormen der maßgebenden Rechtsordnung unter Ausschluss derjenigen des Internationalen Privatrechts."

[147] Vgl. *Weller/Benz/Thomale*, ZEuP 2017, 250, 253.

[148] Ausführlich dazu *Weller/Benz/Thomale*, ZEuP 2017, 250, 253 f.

[149] Vgl. *Dutta*, IPRax 2017, 139, 146: „Der gewöhnliche Aufenthalt ist kein Allheilmittel, sondern stößt wie alle personalen Anknüpfungsmomente an Grenzen, gerade im Familienstatusrecht, wo wir es mit einer zunehmenden Vielfalt an neuen Statusverhältnissen zu tun haben, nicht nur bei der Paarbeziehung [...] aber auch [...] beim Geschlecht (besonderer Status für trans- und intersexuelle Menschen), mit all ihren Fernwirkungen. [...] Denkbar wäre es, diesen neuen Statusverhältnissen mithilfe einer Rechtswahlfreiheit zu begegnen, die aber freilich von den Beteiligten nicht immer in Anspruch genommen wird. Vielmehr erscheint es erwägenswert, mithilfe einer Art natürlicher Rechtswahl zu operieren – *Marc-*

durch die verschiedenen Anknüpfungspunkte abgesteckten Rahmens bewegen wird, soll diese Frage hier nicht weiter vertieft werden.

III. Stellungnahme: Geschlechtliche Freiheitsverwirklichung im IPR

Nach alledem lässt sich festhalten, dass eine Reform des geltenden IPR wünschenswert ist.

1. Einführung einer Kollisionsnorm über die Geschlechtszugehörigkeit

Die vorangegangene Untersuchung hat dabei insbesondere gezeigt, dass die Einführung einer eigenständigen Kollisionsnorm gegenüber einer sachrechtlichen Erweiterung des erklärungsberechtigten Personenkreises vorzugswürdig ist, da auf diese Weise auch adäquate Lösungen bei der Beurteilung von ausländischen Geschlechtszuordnungen gefunden werden könnten.

a) Grundsatz: Aufenthaltsanknüpfung

Hinsichtlich der konkreten Ausgestaltung einer künftigen Kollisionsnorm empfiehlt sich indes im Lichte der obenstehenden Erwägungen eine Abkehr von der Staatsangehörigkeitsanknüpfung. Stattdessen sollte die Geschlechtszugehörigkeit primär dem Recht des Staates unterstellt werden, in dem sich der gewöhnliche Aufenthalt einer Person befindet. Für einen Übergang zur Aufenthaltsanknüpfung spricht, dass die selbstbestimmte geschlechtliche Identität einer Person gerade dort rechtlich anerkannt würde, wo sich ihr Lebensmittelpunkt befindet und wo sich ein Auseinanderfallen von rechtlicher Geschlechtszugehörigkeit und geschlechtlicher Identität regelmäßig besonders nachteilig auswirkt. Wenig zweckmäßig ist dagegen die in einem Reformvorschlag enthaltene Voraussetzung, die Begründung eines gewöhnlichen Aufenthaltes zusätzlich noch von dessen Rechtmäßigkeit abhängig zu machen.[150] Das Kriterium der „Rechtmäßigkeit" sollte daher im Rahmen künftiger Reformüberlegungen entfallen.

b) Ergänzung durch Rechtswahlmöglichkeiten

Die Untersuchung hat dabei ferner ergeben, dass eine schematische Anknüpfung des rechtlichen Geschlechts an den gewöhnlichen Aufenthalt einer Person abzulehnen ist. Stattdessen sollte die Aufenthaltsanknüpfung durch Rechtswahlmöglichkeiten ergänzt werden, um der autonomen Selbstbestimmung eines Menschen über das eigene rechtliche Geschlecht auch auf Ebene des Kollisionsrechts

---

Philippe Weller hat kürzlich das Konzept einer rechtsgeschäftsähnlichen Parteiautonomie ins Spiel gebracht, das hier vielleicht passt."

[150] Siehe etwa Art. 7a Abs. 2 EGBGB-E in RefE: Gesetz zur Neuregelung der Änderung des Geschlechtseintrags v. 15.5.2019; näher dazu oben S. 251.

Rechnung zu tragen. Zur Vermeidung hinkender Geschlechtszuordnungen bietet sich dabei insbesondere ein Wahlrecht zugunsten des Heimatrechts an. Darüber hinaus erscheint es sinnvoll, Anknüpfungspersonen auch ein Wahlrecht zugunsten des Rechts des registerführenden Staates zu eröffnen. Dies würde auch Menschen, deren Geschlecht in einem deutschen Geburtenregister beurkundet wurde, die Wahl deutschen Rechts ermöglichen, wenn sie weder die deutsche Staatsangehörigkeit noch einen gewöhnlichen Aufenthalt in Deutschland haben.

c) Ordre public-Vorbehalt

Unabhängig von diesen Überlegungen bestünde auch bei Einführung einer eigenständigen Kollisionsnorm über die Geschlechtszugehörigkeit weiterhin die Möglichkeit, eine eigentlich zur Anwendung berufene Rechtsnorm gem. Art. 6 EGBGB unangewendet zu lassen, wenn ihre Anwendung zu einem Ergebnis führen würde, das mit wesentlichen Grundsätzen des deutschen Rechts offensichtlich unvereinbar ist. Vorstellbar wäre etwa eine Konstellation, in der keine Rechtswahl getroffen wurde und sich der gewöhnliche Aufenthalt einer Person in einem Staat befindet, der keine Möglichkeiten zur Änderung des rechtlichen Geschlechts vorsieht oder diese von Voraussetzungen abhängig macht, die aus Sicht des deutschen Rechts verfassungswidrig sind.[151]

d) Formulierungsvorschlag

Nach alledem erscheint in Weiterentwicklung des Vorschlages von *Roßbach*[152] folgende Formulierung denkbar:

„Art. 7a EGBGB-E
(1) Die Geschlechtszugehörigkeit einer Person unterliegt dem Recht des Staates, in dem sie ihren gewöhnlichen Aufenthalt hat.
(2) Eine Person kann das auf ihre Geschlechtszugehörigkeit anwendbare Recht wählen. Wählbar sind
1. die Sachvorschriften des Staates, dem die Person zum Zeitpunkt der Rechtswahl angehört.
2. die Sachvorschriften des registerführenden Staates.
(3) Erklärungen zur Wahl nach Absatz 2 müssen öffentlich beglaubigt werden; sie können auch von den Standesbeamten beglaubigt oder beurkundet werden."

2. Gleichlauf im Sachrecht

Mit Blick auf künftige Reformen gilt es schließlich zu bedenken, dass die Einführung einer neuen Kollisionsnorm auch Anpassungen auf sachrechtlicher Ebene erforderlich macht. Denn es wäre widersinnig, die Geschlechtszugehörig-

---

[151] Vgl. diesem Maßstab oben S. 193 f.; siehe ferner zu den gund- und menschenrechtlichen Vorgaben S. 47 ff.
[152] *Roßbach*, in: Duden (Hrsg.), IPR für eine bessere Welt, 2022, 125, 142.

keit einer Person einerseits auf kollisionsrechtlicher Ebene dem Recht ihres gewöhnlichen Aufenthaltes zu unterstellen, andererseits aber auf sachrechtlicher Ebene weiterhin zu verlangen, dass das Heimatrecht der betreffenden Person „keine vergleichbare Regelung" vorsieht.[153] Im Zuge einer Reform müssten daher auch die Voraussetzungen für eine Antragsberechtigung im Sachrecht reformiert werden, damit die Entscheidung zugunsten einer Aufenthaltsanknüpfung nicht ins Leere liefe.[154]

Umgekehrt ließe sich schließlich auch erwägen, die kollisionsrechtliche Rechtswahlfähigkeit *de lege ferenda* parallel zur sachrechtlichen Geschlechtsbestimmungsfähigkeit auszugestalten.[155] Sollten etwa Minderjährigen nach dem neuen Selbstbestimmungsgesetz künftig bereits ab einem Alter von 14 Jahren eine Änderungserklärung vor dem Standesamt abgeben können,[156] sollten hinsichtlich der Altersgrenze für eine Rechtswahl keine strengeren Anforderungen gelten.[157]

Ob der Gesetzgeber außerdem noch deklaratorische Regelungen im Sachrecht ergänzen möchte, um für rechtsunterworfene Personen mit ausländischer Staatsangehörigkeit nachvollziehbar zu machen, ob sie sich auf das deutsche Recht berufen können, bleibt ihm überlassen.

C. Gesamtergebnisse

1. *De lege ferenda* sollte im EGBGB eine eigenständige Kollisionsnorm über die rechtliche Geschlechtszugehörigkeit einer Person verankert werden. Gegenüber einer sachrechtlichen Erweiterung des erklärungsberechtigten Personenkreises hat die Einführung einer allseitigen Kollisionsnorm vor allem den Vorteil, dass sie auch die kollisionsrechtliche Beurteilung ausländischer Geschlechtszuordnungen ermöglicht.

2. Es ist daher ausdrücklich zu begrüßen, dass die Bundesregierung in ihrem jüngsten Regierungsentwurf für ein Selbstbestimmungsgesetz mit Art. 7a EGBGB-E auch einen Vorschlag für eine Kollisionsnorm über die rechtliche Geschlechtszugehörigkeit unterbreitet hat. Die Einführung einer solchen Kollisionsnorm wird die Bestimmung des rechtlichen Geschlechts einer Person in grenzüberschreitenden Sachverhalten künftig erheblich erleichtern.

---

[153] Siehe oben S. 193 f.

[154] So auch *Roßbach*, in: Duden (Hrsg.), IPR für eine bessere Welt, 2022, 125, 142, Fn. 77: „Begleitet werden müsste dies von einer Öffnung der Antragsvoraussetzungen im Sachrecht."

[155] Siehe dazu *Gössl*, IPRax 2017, 339, 342.

[156] Vgl. zu Erklärungen von Minderjährigen unter dem geplanten Selbstbestimmungsgesetz RegE: Entwurf eines Gesetzes über die Selbstbestimmung in Bezug auf den Geschlechtseintrag und zur Änderung weiterer Vorschriften v. 23.8.2023, abrufbar unter: <https://www.bmfsfj.de/resource/blob/229616/b4f835d1a1da28f1ef51552846f1e20a/gesetzentwurf-kabinet t-data.pdf> (abgerufen am 1.9.2023), S. 5, 37 ff.

[157] Vgl. dazu *von Bar/Mankowski*, IPR, Band II, 2019, §6, Rn. 166.

3. Hinsichtlich der konkreten Ausgestaltung einer solchen Kollisionsnorm empfiehlt sich jedoch *de lege ferenda* eine Abkehr von der Staatsangehörigkeitsanknüpfung und ein Übergang zur Aufenthaltsanknüpfung. Dafür spricht insbesondere, dass die geschlechtliche Identität einer Person gerade dort rechtlich anerkannt würde, wo sich ihr Lebensmittelpunkt befindet und wo sich ein Auseinanderfallen von rechtlicher Geschlechtszugehörigkeit und geschlechtlicher Identität regelmäßig besonders nachteilig auswirkt. Wenig zweckmäßig ist dagegen die in manchen Reformvorschlägen enthaltene Voraussetzung, die Begründung eines gewöhnlichen Aufenthaltes zusätzlich noch von dessen Rechtmäßigkeit abhängig zu machen.

4. Die Anknüpfung der Geschlechtszugehörigkeit an den gewöhnlichen Aufenthalt sollte nicht schematisch erfolgen, sondern durch Rechtswahlmöglichkeiten ergänzt werden, um der verfassungsrechtlich geschützten geschlechtlichen Selbstbestimmung eines Menschen auch im Kollisionsrecht Rechnung zu tragen. Zur Vermeidung hinkender Geschlechtszuordnungen bietet sich dabei in erster Linie ein Wahlrecht zugunsten des Heimatrechts an. Ferner erscheint es sinnvoll, auch ein Wahlrecht zugunsten des registerführenden Staates zu eröffnen.

5. Ein künftiger Art. 7a EGBGB-E könnte danach wie folgt formuliert werden:

„(1) Die Geschlechtszugehörigkeit einer Person unterliegt dem Recht des Staates, in dem sie ihren gewöhnlichen Aufenthalt hat.

(2) Eine Person kann das auf ihre Geschlechtszugehörigkeit anwendbare Recht wählen. Wählbar sind 1. die Sachvorschriften des Staates, dem die Person zum Zeitpunkt der Rechtswahl angehört. 2. die Sachvorschriften des registerführenden Staates.

(3) Erklärungen zur Wahl nach Absatz 2 müssen öffentlich beglaubigt werden; sie können auch von den Standesbeamten beglaubigt oder beurkundet werden.“

Schlussbetrachtung und Ergebnisse

A. Schlussbemerkungen

Die vorliegende Arbeit hat untersucht, wie das rechtliche Geschlecht eines Menschen aus Sicht des deutschen Rechts in grenzüberschreitenden Sachverhalten *de lege lata* bestimmt wird und *de lege ferenda* bestimmt werden sollte. Ziel der Untersuchung war dabei auch, die Erkenntnisse der interdisziplinären Geschlechterforschung und die darauf aufbauenden grund- und menschenrechtlichen Vorgaben zum Schutz der geschlechtlichen Identität für das Internationale Privat- und Verfahrensrecht fruchtbar zu machen.

Die Untersuchung hat gezeigt, welch grundlegende Veränderungen das deutsche Recht hinsichtlich der Möglichkeiten geschlechtlicher Selbstbestimmung seit den 1970er Jahren erlebt hat. Ausgehend von einem Postulat geschlechtlicher Unwandelbarkeit im Recht wurden vermeintlich unverrückbare Gewissheiten zunehmend hinterfragt und die Möglichkeiten einer selbstbestimmten Entscheidung über das eigene rechtliche Geschlecht Schritt für Schritt erweitert. Maßgebliche Impulse dazu gaben vor allem das BVerfG und der EGMR, die sich ihrerseits auf die dynamischen Wissensbestände anderer Nachbardisziplinen stützen konnten. Heute nun wird – mitunter emotional und kontrovers – über die Einführung eines Selbstbestimmungsgesetzes diskutiert, das Änderungen des rechtlichen Geschlechts künftig im Wege der Selbstauskunft vor dem Standesamt ermöglichen soll. Nicht ausgeschlossen erscheint schließlich, dass sich der deutsche Gesetzgeber langfristig gänzlich von einer verpflichtenden Registrierung des Geschlechts verabschieden könnte.[1]

Diese Entwicklung in Richtung einer zunehmenden Selbstbestimmung des rechtlichen Geschlechts sollte – so eine der Thesen dieser Arbeit – künftig auch im IPR Berücksichtigung finden. Zwar folgt das deutsche IPR in Fragen des Familien- und Personenrechts traditionell dem Staatsangehörigkeitsprinzip, weshalb sich bislang auch die Geschlechtszugehörigkeit einer Person noch nach ihrem Heimatrecht beurteilt.

De lege ferenda empfiehlt sich hingegen eine Anknüpfung des rechtlichen Geschlechts an den gewöhnlichen Aufenthalt sowie die Eröffnung zusätzlicher Rechtswahlmöglichkeiten.

---

[1] Vgl. zu dieser Möglichkeit bereits BVerfG, Beschl. v. 10.10.2017 – 1 BvR 2019/16, NJW 2017, 3643, 3646, Rn. 50.

Dieses Vorgehen entspräche zum einen einer grundsätzlichen Tendenz im europäischen und deutschen IPR, die Staatsangehörigkeitsanknüpfung für wichtige Fragen des Personalstatuts aufzugeben und einem Individuum durch eine Kombination aus Aufenthaltsanknüpfung und Rechtswahlmöglichkeiten neue „Freiheitsräume" (*Weller*) zu eröffnen. Vor allem aber könnte auf diese Weise der herausragenden Bedeutung des Geschlechts für die individuelle Identität eines Menschen auch im IPR Rechnung getragen werden.

B. Zusammenfassung der wesentlichen Ergebnisse

1. Im deutschen Recht gibt es bislang keine ausdrückliche Norm, die regelt, wie das rechtliche Geschlecht eines Menschen zu bestimmen ist. Gleichwohl gebieten es die Erkenntnisse der interdisziplinären Geschlechterforschung und die darauf aufbauenden grund- und menschenrechtlichen Vorgaben, im deutschen Recht ein mehrdimensionales Geschlechtsverständnis zugrunde zu legen.[2]

2. Es ist verfassungsrechtlich zulässig, wenn auch nicht geboten, zu Beginn des Lebens eine geschlechtliche Fremdzuordnung auf Grundlage der äußeren Geschlechtsmerkmale vorzunehmen. Allein danach darf das rechtliche Geschlecht eines Menschen jedoch nicht dauerhaft bestimmt werden, sondern die deutsche Rechtsordnung muss eine geschlechtliche Zuordnung im Einklang mit der geschlechtlichen Identität unter zumutbaren Voraussetzungen ermöglichen.

3. Das allgemeine Persönlichkeitsrecht (Art. 2 Abs. 1 GG i.V.m. Art. 1 Abs. 1 GG) beinhaltet ein Recht auf Achtung der selbstbestimmten geschlechtlichen Identität. Geschützt werden sowohl das Finden und Erkennen der geschlechtlichen Identität als auch die Freiheit, im Einklang mit der eigenen geschlechtlichen Identität zu leben. Dies gilt unabhängig davon, ob sich eine Person in ihrer geschlechtlichen Identität als „weiblich" oder „männlich" oder jenseits dieser binären Geschlechtskategorien verortet.

4. Die geschlechtliche Selbstbestimmung eines Menschen wird außerdem durch Art. 3 Abs. 3 S. 1 GG geschützt, welcher Diskriminierungen wegen des Geschlechts verbietet. Der Zweck der Regelung besteht darin, Angehörige strukturell diskriminierungsgefährdeter Gruppen vor Benachteiligung zu schützen. Der Begriff des „Geschlechts" ist daher nicht mit dem Begriffspaar „Männer und Frauen" in Art. 3 Abs. 2 GG gleichzusetzen, sondern erstreckt sich auch auf Menschen, die sich diesen geschlechtlichen Kategorien nicht zuordnen.

5. Das deutsche Recht unterscheidet gegenwärtig noch zwischen zwei verschiedenen Verfahren zur (begrenzten) Selbstbestimmung über das eigene rechtliche Geschlecht: Einerseits besteht die Möglichkeit, gemäß oder analog § 8 Abs. 1 i.V.m. § 1 Abs. 1 TSG eine gerichtliche Änderung des rechtlichen Geschlechts zu erreichen. Andererseits haben Personen mit „Varianten der Ge-

---

[2] Für ausführlichere Thesen siehe die Gesamtergebnisse an den Enden der §§ 1–11.

schlechtsentwicklung" die Möglichkeit, ihren Geschlechtseintrag gem. §45b PStG durch einfache Erklärung gegenüber dem Standesamt zu ändern. Dieses gestufte Regelungskonzept aus TSG und PStG führt für Betroffene nicht nur zu einiger Rechtsunsicherheit, sondern ist auch in seiner unterschiedlichen Behandlung verschiedener Personengruppen anhand ihres Geschlechts verfassungsrechtlich bedenklich. Es ist daher zu begrüßen, dass die Bundesregierung die Regelungen zur geschlechtlichen Zuordnung künftig in einem neuen Selbstbestimmungsgesetz unter einen einheitlichen Regelungsrahmen fassen möchte. Dies entspricht auch einer vorsichtigen Tendenz innerhalb der EU, das rechtliche Geschlecht verstärkt von der Selbstauskunft eines Menschen abhängig zu machen.

6. Die Möglichkeiten einer selbstbestimmten Entscheidung über das eigene rechtliche Geschlecht werden allerdings nach wie vor in zahlreichen Staaten der EU beschränkt. Auch eine nicht-binäre Eintragungsoption für das Geschlecht ist bislang nur in wenigen Mitgliedstaaten gestattet. Zudem sind in einzelnen Staaten gegenwärtig sogar drastische Rückschritte hinsichtlich der rechtlichen Anerkennung der geschlechtlichen Identität zu beobachten. Diese Diversität nationaler Lösungswege kann gerade in Sachverhalten mit grenzüberschreitendem Bezug zu Friktionen führen.

7. Ist in einem ausländischen Staat eine Entscheidung über das rechtliche Geschlecht eines Menschen ergangen, können die Wirkungen dieser Entscheidung unter bestimmten Voraussetzungen auch auf Deutschland erstreckt werden. Mangels vorrangiger völkerrechtlicher oder unionsrechtlicher Regelungen richtet sich die Anerkennung ausländischer Entscheidungen über die Geschlechtszugehörigkeit nach §§ 108, 109 FamFG.

8. Voraussetzung einer verfahrensrechtlichen Anerkennung ist, dass eine anerkennungsfähige Entscheidung i.S.d. § 108 FamFG vorliegt. Tauglicher Gegenstand einer Anerkennung sind dabei in erster Linie geschlechtsändernde Entscheidungen ausländischer staatlicher Gerichte. Es können jedoch auch ausländische Behördenakte, welche die rechtliche Geschlechtszugehörigkeit eines Menschen betreffen, verfahrensrechtlich anerkannt werden, wenn sie ihrer Wirkung nach einer deutschen Gerichtsentscheidung entsprechen. Demgegenüber stellt die reine Beurkundung des Geschlechts in einem ausländischen Personenstandsregister keine anerkennungsfähige Entscheidung i.S.d. § 108 FamFG dar. Ist im Ausland eine anerkennungsfähige Entscheidung ergangen, wird diese in Deutschland anerkannt, sofern nicht ausnahmsweise eines der in § 109 Abs. 1 Nr. 1–4 FamFG verankerten Anerkennungshindernisse vorliegt.

9. Für die Bewertung, ob ein Anerkennungshindernis i.S.d. § 109 Abs. 1 Nr. 1 FamFG vorliegt, kommt es nach dem sogenannten „Spiegelbildprinzip" darauf an, ob deutsche Gerichte bei einer entsprechenden Anwendung der deutschen Regelungen international zuständig gewesen wären. Hier ist § 105 FamFG i.V.m. § 2 Abs. 2 TSG maßgeblich, wonach es für die Anerkennung einer im Ausland ergangenen Entscheidung ausreicht, dass im Ursprungsstaat ein Wohnsitz oder gewöhnlicher Aufenthalt bestand.

10. Eine Versagung der Anerkennung wegen eines Verstoßes gegen den anerkennungsrechtlichen *ordre public* (§ 109 Abs. 1 Nr. 4 FamFG) bleibt auf solche Ausnahmefälle beschränkt, in denen das Ergebnis der Anerkennung im konkreten Fall untragbar erscheint. Dies ist insbesondere in solchen Fällen abzulehnen, in denen eine Person in ihrem Heimatstaat auf ihren Wunsch hin und im Einklang mit ihrer geschlechtlichen Identität ein Verfahren zur Änderung ihres rechtlichen Geschlechts durchlaufen hat.

11. Fehlt es an einer anerkennungsfähigen ausländischen Entscheidung, kann eine im Ausland vorgenommene Geschlechtszuordnung in Deutschland als wirksam erachtet werden, wenn sie den Vorgaben des nach den Regeln des deutschen IPR zur Anwendung berufenen Sachrechts entspricht. Allerdings existieren in der EU bislang keine vereinheitlichten kollisionsrechtlichen Regelungen, die das auf die Geschlechtszugehörigkeit anwendbare Recht (*Geschlechtsstatut*) bestimmen. Auch im autonomen IPR findet sich keine ausdrückliche Kollisionsnorm zur Bestimmung des Geschlechtsstatuts.

12. Es besteht jedoch Einigkeit, dass das rechtliche Geschlecht einer Person im deutschen IPR grundsätzlich nach ihrem Heimatrecht zu beurteilen ist, was überwiegend auf eine analoge Anwendung des Art. 7 Abs. 1 S. 1 EGBGB gestützt wird. Für eine analoge Anwendung des Art. 7 Abs. 1 S. 1 EGBGB spricht, dass die geschlechtliche Identität eines Menschen einen konstituierenden Aspekt der Persönlichkeit darstellt und eine besondere Nähe zur Menschenwürde aufweist. Insoweit ergeben sich Parallelen zur Rechtsfähigkeit, die sich ihrerseits durch einen starken Menschenwürdebezug auszeichnet.

13. Das Heimatrecht einer Person entscheidet nicht nur über die erstmalige geschlechtliche Zuordnung eines Menschen, sondern auch über die Möglichkeiten und Voraussetzungen einer späteren Änderung des rechtlichen Geschlechts. Dagegen beurteilt sich die Frage, welche Auswirkung eine Änderung des rechtlichen Geschlechts auf das rechtliche Eltern-Kind-Verhältnis hat, nach dem anwendbaren Abstammungsrecht (*Abstammungsstatut*).

14. Eine nach dem Heimatrecht einer Person im Ausland vollzogene Änderung des rechtlichen Geschlechts wird grundsätzlich in Deutschland als wirksam erachtet, sofern nicht ausnahmsweise der *ordre public*-Vorbehalt des Art. 6 Abs. 1 EGBGB entgegensteht. Ein solcher Verstoß gegen den deutschen *ordre public* kommt regelmäßig nur in Betracht, wenn die Zuordnung zu einem Geschlecht im Ausland willkürlich und entgegen der geschlechtlichen Identität der betreffenden Person vorgenommen wurde.

15. Führt die Anknüpfung an die Staatsangehörigkeit zur Anwendbarkeit deutschen Sachrechts, hält eine im Ausland vorgenommene Geschlechtszuordnung einer kollisionsrechtlichen Wirksamkeitsprüfung nur stand, wenn sie den Vorgaben des deutschen Rechts gerecht wird. Dabei genügt die bloße Selbstauskunft über das Geschlecht, wie sie bereits verschiedene Mitgliedstaaten der EU vorsehen, gegenwärtig noch nicht, um den Anforderungen des deutschen Rechts zu genügen. Mit Inkrafttreten des geplanten Selbstbestimmungsgesetzes werden

die Friktionen im Verhältnis zu Staaten, die niedrigere Hürden für eine rechtliche Geschlechtsangleichung aufstellen, künftig jedoch nicht mehr auftreten.

16. Möchte eine Person mit ausländischer Staatsangehörigkeit ihr rechtliches Geschlecht in Deutschland ändern, kommen sowohl eine gerichtliche Änderung der Geschlechtszugehörigkeit gem. § 8 Abs. 1 i.V.m. § 1 Abs. 1 TSG als auch eine Erklärung zur Geschlechtsangabe gem. § 45b Abs. 1 PStG in Betracht. Nach § 8 Abs. 1 i.V.m. § 1 Abs. 1 Nr. 3 lit. a–c TSG sind neben deutschen Staatsangehörigen auch „Staatenlose oder heimatlose Ausländer" mit gewöhnlichem Aufenthalt in Deutschland sowie „Asylberechtigte oder ausländische Flüchtlinge" mit Wohnsitz in Deutschland befugt, einen Antrag auf Änderung ihrer rechtlichen Geschlechtszugehörigkeit zu stellen. Antragsbefugt sind gem. § 8 Abs. 1 i.V.m. § 1 Abs. 1 Nr. 3 lit. d TSG ferner ausländische Staatsangehörige, deren Heimatrecht keine dem TSG „vergleichbare Regelung" kennt und die ein unbefristetes Aufenthaltsrecht besitzen oder über eine verlängerbare Aufenthaltserlaubnis verfügen und sich dauerhaft rechtmäßig im Inland aufhalten.

17. An einer „vergleichbaren Regelung" i.S.d. § 1 Abs. 1 Nr. 3 lit. d TSG fehlt es nicht nur, wenn das ausländische Recht keine Möglichkeiten zur Änderung des rechtlichen Geschlechts vorsieht, sondern auch, wenn das Heimatrecht zwar grundsätzlich Änderungsmöglichkeiten bereithält, diese jedoch von Voraussetzungen abhängig macht, die aus Sicht des deutschen Rechts grund- und menschenrechtswidrig wären.

18. Der deutsche Gesetzgeber hat die grund- und menschenrechtlichen Vorgaben zum Schutz der geschlechtlichen Identität durch Erweiterung des Kreises antragsbefugter Personen auf Ebene des Sachrechts umgesetzt. Die Regelungstechnik des § 1 Abs. 1 Nr. 3 lit. d TSG entspricht damit eher derjenigen öffentlich-rechtlicher Normtexte, die typischerweise keine Verweisung auf fremdes Recht vornehmen, sondern lediglich einseitig festlegen, wann das eigene Recht Anwendung finden soll. Sofern die in § 1 Abs. 1 Nr. 3 lit. d TSG verwirklichten menschenrechtlichen Vorgaben jedoch auch auf Ebene des Kollisionsrechts Beachtung finden sollen, überzeugt es, das rechtliche Geschlecht einer Person ausnahmsweise dem deutschen Recht zu unterstellen, wenn das Heimatrecht einer Person keine Regelungen zur Änderung des rechtlichen Geschlechts vorsieht oder ein Änderungsverfahren von Voraussetzungen abhängig macht, die mit verfassungsrechtlichen Vorgaben unvereinbar wären. Ob man hierzu § 1 Abs. 1 Nr. 3 lit. d TSG als spezielle *ordre public*-Klausel heranzieht oder das Vehikel des allgemeinen *ordre public*-Vorbehaltes (Art. 6 EGBGB) nutzt, kann letztlich dahinstehen.

19. Neben dem TSG-Verfahren besteht für Personen ohne deutsche Staatsangehörigkeit und „Varianten der Geschlechtsentwicklung" die Möglichkeit, ihren Geschlechtseintrag gem. § 45b PStG vor einem deutschen Standesamt ändern zu lassen. Wurde das Geschlecht einer Person bereits in einem deutschen Personenstandseintrag beurkundet, ist die betreffende Person ungeachtet ihrer Staatsangehörigkeit berechtigt, ihr rechtliches Geschlecht in Deutschland zu ändern. In diesem Fall kommt es auch nicht darauf an, ob das Heimatrecht eine dem PStG vergleichbare Regelung kennt.

20. Liegt hingegen kein deutscher Personenstandseintrag vor, ist die Regelung des § 45b Abs. 1 S. 2 PStG maßgeblich, die sich am Vorbild des § 1 Abs. 1 Nr. 3 TSG orientiert und nahezu identische Voraussetzungen aufstellt. Entscheidend ist hier ebenfalls, ob das Heimatrecht der betreffenden Person eine mit dem PStG „vergleichbare Regelung" enthält. Der Begriff einer „vergleichbaren Regelung" i.S.d. § 45b Abs. 1 S. 2 Nr. 4 PStG ist parallel zu dem im Rahmen des § 1 Abs. 1 Nr. 3 lit. d TSG zugrunde gelegten Begriffsverständnis auszulegen.

21. Eine in Deutschland vorgenommene Änderung des rechtlichen Geschlechts kann für ausländische Staatsangehörige zu einer „hinkenden Geschlechtszuordnung" führen, die im Alltag mit erheblichen Nachteilen einhergehen kann. Diese drohenden Nachteile rechtfertigen es jedoch nicht, ausländischen Staatsangehörigen von vornherein eine Berufung auf das deutsche Recht zu verwehren. Betroffene können vielmehr selbst entscheiden, ob es für sie wichtiger ist, zumindest in Deutschland in ihrer geschlechtlichen Identität auch rechtlich anerkannt zu werden oder ob sie angesichts möglicher Probleme im Heimatstaat auf die Anerkennung verzichten.

22. Der EuGH hat bislang noch nicht entschieden, ob es mit Art. 21 Abs. 1 AEUV vereinbar ist, wenn die Behörden eines Mitgliedstaats es unter Anwendung ihres nationalen Rechts ablehnen, das rechtliche Geschlecht einer Person so „anzuerkennen", wie es in einem anderen Mitgliedstaat der EU bestimmt und eingetragen wurde. Da die geschlechtliche Identität jedoch den Kern der Persönlichkeit betrifft, verlangt das rechtliche Geschlecht, wie auch andere identitätsstiftende Statusverhältnisse, nach Bestand innerhalb der EU.

23. Es überzeugt, dass die Freizügigkeitsgarantie des Art. 21 Abs. 1 AEUV grundsätzlich eine Pflicht der EU-Mitgliedstaaten begründet, das rechtliche Geschlecht eines Menschen jedenfalls für die Ausübung der aus dem Unionsrecht erwachsenden Rechte anzuerkennen. Zwar kann die in einer Nichtanerkennung des rechtlichen Geschlechts liegende Freizügigkeitsbeschränkung im Einzelfall gerechtfertigt sein, wenn sie auf objektiven Erwägungen des Allgemeininteresses beruht und in einem angemessenen Verhältnis zu einem mit dem nationalen Recht legitimerweise verfolgten Zweck steht. Allerdings setzen die europäischen Grund- und Menschenrechte den Rechtfertigungsmöglichkeiten der EU-Mitgliedstaaten Grenzen. Hier ist insbesondere Art. 8 Abs. 1 EMRK zu nennen, der die Mitgliedstaaten dazu verpflichtet, Möglichkeiten zur Änderung des rechtlichen Geschlechts (innerhalb eines binären Systems) vorzusehen.

24. Art. 21 Abs. 1 AEUV enthält lediglich eine Ergebnisvorgabe. Es ist daher Sache der einzelnen Mitgliedstaaten, zu entscheiden, auf welche Art und Weise sie den Vorgaben des Unionsrechts gerecht werden. Auch der deutsche Gesetzgeber kann Beeinträchtigungen der Personenfreizügigkeit daher auf unterschiedliche Weise verhindern. Neben kollisionsrechtlichen Lösungsmöglichkeiten, wie etwa einer Anknüpfung an den gewöhnlichen Aufenthalt oder der Eröffnung von Rechtswahlmöglichkeiten, ließe sich hinkenden Geschlechtszuordnungen auch auf sachrechtlicher Ebene begegnen.

25. Eine Pflicht zur grenzüberschreitenden Anerkennung des rechtlichen Geschlechts einer Person lässt sich in Einzelfällen auch unmittelbar auf Art. 8 Abs. 1 EMRK stützen. Eine schematische Anerkennung des rechtlichen Geschlechts einer Person ist indes nicht geboten. Vielmehr ist jeweils im konkreten Fall zu prüfen, ob die Nichtanerkennung einer im Ausland vorgenommenen Geschlechtszuordnung gegen das Recht der betroffenen Person auf Achtung ihres Privatlebens i.S.d. Art. 8 Abs. 1 EMRK verstößt.

26. Eine Kollisionsrechtsvereinheitlichung auf europäischer Ebene erschiene *de lege ferenda* prädestiniert, um hinkende Geschlechtszuordnungen in der EU zu vermeiden. Allerdings ist die gem. Art. 81 Abs. 3 AEUV diesbezüglich erforderliche Einstimmigkeit im Rat angesichts der großen inhaltlichen Divergenz der Mitgliedstaaten auf dem Gebiet des Familienrechts derzeit nicht zu erwarten.

27. Umso mehr stellt sich künftig daher die Frage nach einer Reform des autonomen deutschen IPR. *De lege ferenda* empfiehlt sich insofern die Einführung einer allseitigen Kollisionsnorm über die Geschlechtszugehörigkeit. Gegenüber einer sachrechtlichen Erweiterung des erklärungsberechtigten Personenkreises hätte die Einführung einer allseitigen Kollisionsnorm unter anderem den Vorteil, dass sie auch die Wirksamkeitsprüfung ausländischer Geschlechtszuordnungen ermöglicht.

28. Hinsichtlich der konkreten Ausgestaltung einer künftigen Kollisionsnorm empfiehlt sich eine Abkehr von der Staatsangehörigkeitsanknüpfung und ein Übergang zur Aufenthaltsanknüpfung. Dafür spricht unter anderem, dass die geschlechtliche Identität einer Person gerade dort rechtlich anerkannt würde, wo sich ihr Lebensmittelpunkt befindet und wo sich ein Auseinanderfallen von rechtlichem Geschlecht und individueller Geschlechtsidentität regelmäßig besonders nachteilig auswirkt.

29. Die Anknüpfung an den gewöhnlichen Aufenthalt sollte nicht schematisch erfolgen, sondern durch Rechtswahlmöglichkeiten ergänzt werden, um der verfassungsrechtlich geschützten geschlechtlichen Selbstbestimmung eines Menschen auch auf kollisionsrechtlicher Ebene Rechnung zu tragen. Zur Vermeidung hinkender Geschlechtszuordnungen bietet sich hier in erster Linie ein Wahlrecht zugunsten des Heimatrechts an. Daneben erscheint auch ein Wahlrecht zugunsten des registerführenden Staates sinnvoll.

30. Ein künftiger Art. 7a EGBGB-E könnte wie folgt formuliert werden:

„(1) Die Geschlechtszugehörigkeit einer Person unterliegt dem Recht des Staates, in dem sie ihren gewöhnlichen Aufenthalt hat.
(2) Eine Person kann das auf ihre Geschlechtszugehörigkeit anwendbare Recht wählen. Wählbar sind 1. die Sachvorschriften des Staates, dem die Person zum Zeitpunkt der Rechtswahl angehört. 2. die Sachvorschriften des registerführenden Staates.
(3) Erklärungen zur Wahl nach Absatz 2 müssen öffentlich beglaubigt werden; sie können auch von den Standesbeamten beglaubigt oder beurkundet werden."

Literaturverzeichnis

Adamietz, Laura: Geschlechtsidentität im deutschen Recht, APuZ 2012, S. 15–21.

–: Geschlecht als Erwartung, Das Geschlechtsdiskriminierungsverbot als Recht gegen Diskriminierung wegen der sexuellen Orientierung und der Geschlechtsidentität, Baden-Baden 2011.

–: Transgender ante portas? Anmerkungen zur fünften Entscheidung des Bundesverfassungsgerichts zur Transsexualität, KJ 2006, S. 368–380.

Adamietz, Laura/Bager, Katharina: Gutachten: Regelungs- und Reformbedarf für transgeschlechtliche Menschen, Begleitmaterial zur Interministeriellen Arbeitsgruppe Inter- & Transsexualität, Berlin 2016 (zit. *Adamietz/Bager,* Gutachten: Reformbedarf transgeschlechtliche Menschen, 2016).

Adamietz, Laura/Remus, Juana: Begrifflichkeiten und Bedeutungswandel von Trans- und Intergeschlechtlichkeit in der Rechtswissenschaft, in: BMFSFJ (Hrsg.), Gutachten: Begrifflichkeiten, Definitionen und disziplinäre Zugänge zu Trans- und Intergeschlechtlichkeiten, Begleitmaterial zur Interministeriellen Arbeitsgruppe Inter- & Transsexualität, Berlin 2015, S. 13–19 (zit. *Adamietz/Remus*, Gutachten Trans- und Intergeschlechtlichkeit, 2015).

Agha, Petr: 'True Sex': The Law and Confirmation of One's Sex, in: Eva Brems, Pieter Cannoot, Toon Moonen (Hrsg.), Protecting Trans Rights in the Age of Gender Self-Determination, Cambridge 2020, S. 145–170.

Ah-King, Malin: Queer Nature. Towards a non-normative view on biological diversity, in: Mechthild Koreuber, Birthe Aßmann (Hrsg.), Das Geschlecht in der Biologie, Aufforderung zu einem Perspektivwechsel, Baden-Baden 2018, S. 115–132.

Ainsworth, Claire: Sex Redefined, The idea of two sexes is simplistic. Biologists now think there is a wider spectrum than that., Nature News 2015, S. 288–291.

Althammer, Christoph: Verfahren mit Auslandsbezug nach dem neuen FamFG, IPRax 2009, S. 381–389.

Althoff, Nina: Gender Diversity in Law: The German Perspective, in: Jens M. Scherpe, Anatol Dutta, Tobias Helms (Hrsg.), The Legal Status of Intersex Persons, Cambridge, Antwerpen, Chicago 2018, S. 393–412.

Althoff, Nina/Schabram, Greta/Follmar-Otto, Petra: Gutachten: Geschlechtervielfalt im Recht, Status quo und Entwicklung von Regelungsmodellen zur Anerkennung und zum Schutz von Geschlechtervielfalt, Berlin 2017.

Ambrosi, Chris: Die Dritte Option: Für wen?, in: Elisabeth Greif (Hrsg.), No Lessons from the Intersexed?, Anerkennung und Schutz intergeschlechtlicher Menschen durch Recht, Linz 2019, S. 55–61 (zit. *Ambrosi*, in: Elisabeth Greif (Hrsg.), No Lessons from the Intersexed, 2019).

Andrae, Marianne: Internationales Familienrecht, 4. Aufl., Baden-Baden 2019.

Ankermann, Heidi: Dimensionen des Geschlechts, ZfMER 2011, S. 6–8.

Antomo, Jennifer: Der Umgang mit Privatscheidungen aus EU-Mitgliedstaaten, in: Christine Budzikiewicz, Bettina Heiderhoff, Frank Klinkhammer et al. (Hrsg.), Neue Impulse im europäischen Familienkollisionsrecht, Baden-Baden 2021, S. 81–144.

Arnold, Stefan: Gründe und Grenzen der Parteiautonomie im Europäischen Kollisionsrecht, in: Stefan Arnold (Hrsg.), Grundfragen des Europäischen Kollisionsrechts, Tübingen 2016, S. 23–53.

Arnold, Stefan/Zwirlein-Forschner, Susanne: Die Entwicklung der Rechtsprechung zum Internationalen Privatrecht, GPR 2021, S. 205–219.

Audring, Jenny: Gender as a complex feature, Language Sciences 2014, S. 5–17.

Augstein, Maria Sabine: Transsexuellengesetz, Baden-Baden 2012.

Badura, Peter: Staatsrecht, Systematische Erläuterung des Grundgesetzes für die Bundesrepublik Deutschland, 7. Aufl., München 2018.

Baer, Susanne: Das Kategorienproblem und die Herausbildung eines postkategorialen Antidiskriminierungsrechts, in: Anna Katharina Mangold, Mehrdad Payandeh (Hrsg.), Handbuch Antidiskriminierungsrecht, Strukturen, Rechtsfiguren und Konzepte, Tübingen 2022, S. 223–260.

–: Gleichheit im 21. Jahrhundert, KJ 2020, S. 543–554.

–: Gleichberechtigung in pluralen Gesellschaften, Ausgangspunkte und Grenzen eines vertieften Gespräches, in: Juliane Kokott, Ute Mager (Hrsg.), Religionsfreiheit und Gleichberechtigung der Geschlechter, Spannungen und ungelöste Konflikte, Tübingen 2014, S. 35–48.

–: Entwicklung und Stand feministischer Rechtswissenschaft in Deutschland, in: Beate Rudolf (Hrsg.), Geschlecht im Recht, Eine fortbestehende Herausforderung, Göttingen 2009, S. 15–36.

Baer, Susanne/Bittner, Melanie/Göttsche, Anna Lena: Mehrdimensionale Diskriminierung, Begriffe, Theorien und juristische Analyse, Berlin 2010.

Baer, Susanne/Sacksofsky, Ute: Autonomie im Recht – geschlechtertheoretisch vermessen, in: Susanne Baer, Ute Sacksofsky (Hrsg.), Autonomie im Recht – geschlechtertheoretisch vermessen, Baden-Baden 2018, S. 11–29.

Baetge, Dietmar: Der gewöhnliche Aufenthalt im Internationalen Privatrecht, Tübingen 1994.

Bar, Christian von/Mankowski, Peter: Internationales Privatrecht, Band II, 2. Aufl., München 2019 (zit. *von Bar/Mankowski*, IPR, Band II, 2019).

–: Internationales Privatrecht, Band I, 2. Aufl. München 2003 (zit. *von Bar/Mankowski*, IPR, Band I, 2003).

Barros Fritz, Raphael de: Art. 13 Abs. 3 Nr. 1 EGBGB aus der Perspektive des Europarechts, in: Nadjma Yassari, Ralf Michaels (Hrsg.), Die Frühehe im Recht, Praxis, Rechtsvergleich, Kollisionsrecht, höherrangiges Recht, Tübingen 2021, S. 137–166.

Barseghyan, Hayk/Délot, Emmanuèle C./Vilain, Eric: New technologies to uncover the molecular basis of disorders of sex development, Molecular and Cellular Endocrinology 2018, S. 60–69.

Bary, Christiane von: § 1591 BGB, Art. 19 I EGBGB: Gewöhnlicher Aufenthalt eines im Ausland geborenen Leihmutterkindes, Anm. zum Beschl. des BGH v. 20.3.2019 – XII ZB 530/17, FamRZ 2019, S. 895–897.

Basedow, Jürgen: Gesellschaftliche Akzeptanz und internationales Familienrecht, FamRZ 2019, S. 1833–1839.

–: Theorie der Rechtswahl oder Parteiautonomie als Grundlage des Internationalen Privatrechts, RabelsZ 75 (2011), S. 32–59.

Basedow, Jürgen/Scherpe, Jens M.: Alternativen zur bestehenden Regelung, in: Jürgen Basedow, Jens M. Scherpe (Hrsg.), Transsexualität, Staatsangehörigkeit und internationales Privatrecht, Entwicklungen in Europa, Amerika und Australien, Tübingen 2004, S. 161–164.

–: Der verfassungsrechtliche Rahmen, in: Jürgen Basedow, Jens M. Scherpe (Hrsg.), Transsexualität, Staatsangehörigkeit und internationales Privatrecht, Entwicklungen in Europa, Amerika und Australien, Tübingen 2004, S. 3–11.

Beauvoir, Simone de: Das andere Geschlecht, Sitte und Sexus der Frau, 20. Aufl., 2000 (Erstaufl. 1949) (zit. *Beauvoir*, Das andere Geschlecht, 2000).

Becker, Sophinette/Bosinski, Hartmut A.G./Clement, Ulrich/Eicher, Wolf/Goerlich, Thomas M./Hartmann, Uwe/Kockott, Götz/Langer, Dieter/Preuss, Wilhelm F./Schmidt, Gunter/ Springer, Alfred/Wille, Reinhard: Behandlung und Begutachtung von Transsexuellen, Psychotherapeut 1997, S. 256–262 (zit. *S. Becker et al.*, Psychotherapeut 1997, 256).

Beck'scher Online-Kommentar BGB – Hau, Wolfgang/Poseck, Roman (Hrsg.), 65. Edition, München 2023, Stand: 1.2.2023 (zit. *Bearbeiter*in*, in: BeckOK BGB, 65. Ed. 2023).

Beck'scher Online-Kommentar Ausländerrecht – Kluth, Winfried/Heusch, Andreas (Hrsg.), 36. Edition, München 2023, Stand: 1.1.2023 (zit. *Bearbeiter*in*, in: BeckOK Ausländerrecht, 36. Ed. 2023).

Beck'scher Online-Kommentar FamFG – Hahne, Meo-Micaela/Schlögel, Jürgen/Schlünder, Rolf (Hrsg.), 45. Edition, München 2023, Stand: 1.1.2023 (zit. *Bearbeiter*in*, in: BeckOK FamFG, 45. Ed. 2023).

Beck'scher Online-Kommentar Grundgesetz – Epping, Volker/Hillgruber, Christian (Hrsg.), 54. Edition, München 2023, Stand: 15.2.2023 (zit. *Bearbeiter*in*, in: BeckOK GG, 2023).

Bell, Mark: Gender Identity and Sexual Orientation: Alternative Pathways in EU Equality Law, Am. J. Comp. L. 2012, S. 127–146.

Benicke, Christoph/Zimmermann, Andreas: Internationales Namensrecht im Spannungsfeld zwischen Internationalem Privatrecht, Europäischem Gemeinschaftsrecht und Europäischer Menschenrechtskonvention, IPRax 1995, S. 141–150.

Berkl, Melanie: Die Registrierung des Personenstandes durch den Standesbeamten – eine Einführung, StAZ 2016, S. 97–103.

Berndt-Benecke, Uta: Gesetz zur Änderung der in das Geburtenregister einzutragenden Angaben, StAZ 2019, S. 56–71.

–: Die weitere Geschlechtskategorie im Geburtenregister, NVwZ 2019, S. 286–290.

Berner, Felix: Internationale Leihmutterschaft – alte Fragen in neuen Gewändern, JZ 2021, S. 1147–1154.

–: Kollisionsrecht im Spannungsfeld von Kollisionsnormen, Hoheitsinteressen und wohlerworbenen Rechten, Tübingen 2017 (zit. *F. Berner*, Kollisionsrecht im Spannungsfeld, 2017).

Berner, Wolfgang: Robert J. Stoller, in: Volkmar Sigusch, Günter Grau (Hrsg.), Personenlexikon der Sexualforschung, Frankfurt a.M. 2009, S. 680–684 (zit. *W. Berner*, in: Sigusch/Grau (Hrsg.), Personenlexikon der Sexualforschung, 2009).

Biggel, Franziska/Ditzen, Beate/Frech, Franziska/Lober, Mirjam/Patzel-Mattern, Katja/ Schulz, Alix/Weller, Marc-Philippe: Elternschaft im Wandel: From status to contract?, AcP 221 (2021), S. 765–808 (zit. *Biggel et al.*, AcP 221 (2021), 765).

Blencowe, Claire: Performativity, in: Mary Evans, Carolyn H. Williams (Hrsg.), Gender, The Key Concepts, London 2013, S. 162–169 (zit. *Blencowe*, in: Evans/Williams (Hrsg.), Gender, 2013, 162).

Bloch, Yanina: UN-Women, Ein neues Kapitel für Frauen in den Vereinten Nationen, Internationales Recht der Gegenwart, Baden-Baden 2019 (zit. *Bloch*, UN-Women, 2019).

Block, Janis: Geschlechtergleichheit im Sport, Mit besonderer Berücksichtigung der Diskriminierung von trans- und intersexuellen Sportlerinnen unter den Vorschriften des Allgemeinen Gleichbehandlungsgesetzes, Baden-Baden 2014.

Bogdandy, Armin von/Schill, Stephan: Die Achtung der nationalen Identität unter dem reformierten Unionsvertrag, Zur unionsrechtlichen Rolle nationalen Verfassungsrechts und zur Überwindung des absoluten Vorrangs, ZaöRV 2010, S. 701–734.

Boosfeld, Kristin: Allseitig, einseitig – vielseitig, Zur Bedeutung der Regulierung für das Kollisionsrecht, in: Caroline S. Rupp (Hrsg.) in Gemeinschaft mit Jennifer Antomo, Konrad Duden, Malte Kramme, Tobias Lutzi, Martina Melcher, Friederike Pförtner, Sören Segger-Piening, Stephan Walter, IPR zwischen Tradition und Innovation, Tübingen 2019, S. 15–28 (zit. *Boosfeld*, in: Rupp (Hrsg.), IPR zwischen Tradition und Innovation, 2019).

Brachthäuser, Franziska/Remus, Juana: Keine Eintragung von „inter" oder „divers" als Angabe des Geschlechts im Geburtenregister, Anmerkung zum Beschluss des BGH vom 22.6.2016 – XII ZB 52/15, NJW 2016, S. 2885–2887.

Brachthäuser, Franziska/Richarz, Theresa: Das Nicht-Geschlecht, Die rechtliche Stellung intergeschlechtlicher Menschen, Forum Recht 2014, S. 41–44.

Brems, Eva/Cannoot, Pieter/Moonen, Toon: Introduction, in: Eva Brems, Pieter Cannoot, Toon Moonen (Hrsg.), Protecting Trans Rights in the Age of Gender Self-Determination, Cambridge 2020, S. 1–10.

Britz, Gabriele: Freie Entfaltung der Persönlichkeit (Art. 2 I 1 GG) – Verfassungsversprechen zwischen Naivität und Hybris?, NVwZ 2019, S. 672–677.

–: Freie Entfaltung durch Selbstdarstellung, Eine Rekonstruktion des allgemeinen Persönlichkeitsrechts aus Art. 2 I GG, Tübingen 2007 (zit. *Britz*, Freie Entfaltung durch Selbstdarstellung, 2007).

Brunner, Franziska/Handford, Christina/Schweizer, Katinka: Geschlechtervielfalt und Intersexualität, in: Katinka Schweizer, Franziska Brunner, Susanne Cerwenka et al. (Hrsg.), Sexualität und Geschlecht, Psychosoziale, kultur- und sexualwissenschaftliche Perspektiven, Festschrift für Hertha Richter-Appelt, Gießen 2014, S. 155–166.

Bruns, Manfred: Das „Gesetz zur Änderung der in das Geburtenregister einzutragenden Angaben", StAZ 2019, S. 97–101.

Büchler, Andrea/Cottier, Michelle: Transgender, Intersex und Elternschaft in der Schweiz und im Rechtsvergleich. Ein Plädoyer für die Aufhebung der Mutter-Vater-Dyade, La pratique du droit de la famille 2020, S. 875–889.

–: Von Sex, Gender, Biologie und Recht: Geschlechtskonfusionen und Legal Gender Studies, ius.full 2004, S. 144–148.

Buckel, Sonja/König, Julia: Körperwünsche im Recht – Zur Vermittlung von Rechtstheorie und Psychoanalyse, KJ 2009, S. 337–352.

Bührer, Torben: Das Menschenwürdekonzept der Europäischen Menschenrechtskonvention, Berlin 2020 (zit. *Bührer*, Das Menschenwürdekonzept der EMRK, 2020).

Bumke, Christian: Rechtsdogmatik, Überlegungen zur Entwicklung und zu den Formen einer Denk- und Arbeitsweise der deutschen Rechtswissenschaft, JZ 2014, S. 641–692.

Bumke, Christian/Voßkuhle, Andreas: Casebook Verfassungsrecht, 8. Aufl., Tübingen 2020 (zit. *Bumke/Voßkuhle*, Casebook Verfassungsrecht, 2020).

Butler, Judith: Bodies That Matter, On the discursive limits of „sex", London, New York 1993 (zit. *Butler*, Bodies That Matter, 1993).

–: Gender Trouble, Feminism and the Subversion of Identity, 2. Aufl., New York 1990 (zit. *Butler*, Gender Trouble, 1990).

Calliess, Christian: „In Vielfalt geeint" – Wie viel Solidarität? Wie viel nationale Identität?, Eine Einführung in das Tagungsthema, in: Christian Calliess (Hrsg.), Europäische Solidarität und nationale Identität, Überlegungen im Kontext der Krise im Euroraum, Tübingen 2013, S. 5–24.

Calliess, Christian/Ruffert, Matthias (Hrsg.): EUV/AEUV, Das Verfassungsrecht der Europäischen Union mit Europäischer Grundrechtecharta, 6. Aufl., 2022 (zit. *Bearbeiter*in*, in: Calliess/Ruffert, EUV/AEUV, 2022).

Cannoot, Pieter: The Limits to Gender Self-Determination in a Stereotyped Legal System, Lessons from the Belgian Gender Recognition Act, in: Eva Brems, Pieter Cannoot, Toon Moonen (Hrsg.), Protecting Trans Rights in the Age of Gender Self-Determination, Cambridge 2020, S. 11–54.

Cannoot, Pieter/Decoster, Mattias: The Abolition of Sex/Gender Registration in the Age of Gender Self-Determination, An Interdisciplinary, Queer, Feminist and Human Rights Analysis, International Journal of Gender, Sexuality and Law 2020, S. 26–55.

Celorio, Rosa: Women and International Human Rights in Modern Times, A Contemporary Casebook, Cheltenham, UK, Northampton, MA, USA 2022 (zit. *Celorio*, Women and International Human Rights in Modern Times. 2022).

Cerwenka, Susanne: Soziale Ressourcen und Diskriminierungserfahrungen von Jugendlichen und Erwachsenen mit Geschlechtsdysphorie, in: Katinka Schweizer, Franziska Brunner, Susanne Cerwenka et al. (Hrsg.), Sexualität und Geschlecht, Psychosoziale, kultur- und sexualwissenschaftliche Perspektiven, Festschrift für Hertha Richter-Appelt, Gießen 2014, S. 115–123.

Chebout, Lucy: Queering International Law, Geschlechtsidentität und sexuelle Orientierung als Dimensionen von Geschlecht, in: Ulrike Lembke (Hrsg.), Menschenrechte und Geschlecht, Baden-Baden 2014, S. 132–159.

Chebout, Lucy/Sanders, Anne/Valentiner, Dana-Sophia: Nicht von schlechten Eltern – verfassungswidriges Abstammungsrecht aus Sicht des Kindes, NJW 2022, S. 3694–3700.

Chebout, Lucy/Xylander, Benedikt: Das eheliche Kind und sein zweiter rechtlicher Elternteil, Zur verfassungskonformen Anwendung des § 1592 Nr. 1 BGB, NJW 2021, S. 2472–2477.

Christiansen, Kerrin: Biologische Grundlagen der Geschlechterdifferenz, in: Ursula Pasero, Friederike Braun (Hrsg.), Konstruktion von Geschlecht, 2. Aufl., Herbolzheim 2001, S. 13–28.

Coester-Waltjen, Dagmar: Geschlecht – kein Thema mehr für das Recht?, JZ 2010, S. 852–856.

–: Anerkennung im Internationalen Personen-, Familien- und Erbrecht und das Europäische Kollisionsrecht, IPRax 2006, S. 392–400.

–: Das Anerkennungsprinzip im Dornröschenschlaf?, in: Heinz-Peter Mansel, Thomas Pfeiffer, Herbert Kronke et al. (Hrsg.), Festschrift für Erik Jayme, München 2004, S. 121–129 (zit. *Coester-Waltjen*, in: Mansel/Pfeiffer/Kronke et al. (Hrsg.), Festschrift Jayme, 2004).

Coester-Waltjen, Dagmar/Henn, Wolfram: Das Gesetz zum Schutz von Kindern mit Varianten der Geschlechtsentwicklung, FamRZ 2021, S. 1589–1595.

Corneloup, Sabine: Grundlagen der Rechtswahl im Familien- und Erbrecht, in: Andreas Roth (Hrsg.), Die Wahl ausländischen Rechts im Familien- und Erbrecht, Baden-Baden 2013, S. 15–31.

Couldrey, Marion/Herson: Maurice: Sexual orientation and gender identity and the protection of forced migrants, Forced Migration Review 2013, S. 4–63.

Council of Europe: Thematic Report on Legal Gender Recognition in Europe, First thematic implementation review report on Recommendation CM/Rec (2010)5 of the Committee of Ministers to member states on measures to combat discrimination on grounds of sexual orientation or gender identity, Strasbourg 2022 (zit. *Council of Europe*, Legal Gender Recognition in Europe, 2022).

Croon-Gestefeld, Johanna: Der Einfluss der Unionsbürgerschaft auf das Internationale Familienrecht, RabelsZ 86 (2022), S. 32–64.

–: Die Ehe für alle im EU-Freizügigkeitsrecht, Anmerkung zum Urt. des EuGH v. 5.6.2018 – Rs. C-673/16 „Coman", StAZ 2018, S. 297–301.

Dethloff, Nina/Maurer, Melina: Selbstbestimmung des rechtlichen Geschlechts aus europäischer Perspektive: Minderjährige im Fokus, FamRZ 2023, S. 254–260.

Deutsche Gesellschaft für Sexualforschung: Geschlechtsinkongruenz, Geschlechtsdysphorie und Trans-Gesundheit: S3-Leitlinie zur Diagnostik, Beratung und Behandlung AWMF-Register-Nr. 138|001, 2019 abrufbar unter: <https://register.awmf.org/assets/g uidelines/138-0011_S3_Geschlechtsdysphorie-Diagnostik-Beratung-Behandlung_201 9-02.pdf> (abgerufen am 1.3.2023) (zit. *Deutsche Gesellschaft für Sexualforschung*, S3-Leitlinie zur Diagnostik, Beratung und Behandlung, 2019).

Deutscher Ethikrat: Stellungnahme Intersexualität, Berlin 2012 (zit. *Deutscher Ethikrat*, Stellungnahme Intersexualität, 2012).

Diamond, Milton/Richter-Appelt, Hertha: „Das wichtigste Sexualorgan sitzt zwischen den Ohren", ZfSf 2008, S. 369–376.

Dietzen, Agnes: Soziales Geschlecht, Soziale, kulturelle und symbolische Dimensionen des Gender-Konzepts, Opladen 1993 (zit. *Dietzen*, Soziales Geschlecht, 1993).

Directorate-General for Justice and Consumers: Legal gender recognition in the EU, The journeys of trans people towards full equality, Luxemburg 2020 (zit. *DG Justice and Consumers*, Legal gender recognition in the EU, 2020).

Dötsch, Julia: Verfahren mit Auslandsbezug nach dem neuen FamFG, NJW-Spezial 2009, S. 724–725.

Drews, Ulrich: Geschlechtsdetermination und Entwicklung der Genitalorgane, Der Urologe 1997, S. 2–8.

Duden, Konrad: Leihmutterschaft im Internationalen Privat- und Verfahrensrecht, Abstammung und ordre public im Spiegel des Verfassungs-, Völker- und Europarechts, Tübingen 2015 (zit. *Duden*, Leihmutterschaft, 2015).

–: Ausländische Leihmutterschaft: Elternschaft durch verfahrensrechtliche Anerkennung, StAZ 2014, S. 164–170.

Dunne, Peter: The Law Concerning Trans Persons in Ireland, in: Isabel C. Jaramillo, Laura Carlson (Hrsg.), Trans Rights and Wrongs, A Comparative Study of Legal Reform Concerning Trans Persons, Cham 2021, S. 491–512.

–: Transgender rights in Europe: EU and Council of Europe movements towards gender identity equality, in: Chris Ashford, Alexander Maine (Hrsg.), Research Handbook on Gender, Sexuality and the Law, Cheltenham, Northampton 2020, S. 134–147.

–: Towards Trans and Intersex Equality: Conflict or Complementarity?, in: Jens M. Scherpe, Anatol Dutta, Tobias Helms (Hrsg.), The Legal Status of Intersex Persons, Cambridge, Antwerpen, Chicago 2018, S. 217–240.

–: Transgender Sterilisation Requirements in Europe, Med. Law Rev. 2017, S. 554–581.

–: Marriage Dissolution as a Pre-Requisite for Legal Gender Recognition, CLJ 2014, S. 506–510.

Dunne, Peter/Mulder, Jule: Beyond the Binary: Towards a ‚Third' Sex Category in Germany?, Ger. Law J. 2018, S. 627–648.

Dutta, Anatol: Geschlechtsidentität statt Körper – Die Freiheit zur Bestimmung der Geschlechtszugehörigkeit nach dem geplanten Selbstbestimmungsgesetz, FamRZ 2023, S. 993–999.

–: §§ 1592 Nr. 1, Nr. 2 BGB, 22 III PStG: Eintragung eines Elternteils ohne Geschlechtseintrag im Geburtenregister, Anm. zum Beschl. des AG München v. 23.2.2021 – 722 UR III 65/21, FamRZ 2021, S. 767–768.

–: Familienrecht in der multikulturellen Gesellschaft, JZ 2021, S. 321–329.

–: Art. 7 I Richtlinie 2004/38/EG: Aufenthaltsrecht gleichgeschlechtlicher Ehepartner, Anm. zum Urt. des EuGH v. 5.6.2018 – Rs. C-673/16, FamRZ 2018, S. 1067–1068.

–: Der gewöhnliche Aufenthalt – Bewährung und Perspektiven eines Anknüpfungsmoments im Lichte der Europäisierung des Kollisionsrechts, IPRax 2017, S. 139–146.

–: Internationales Ehe- und Kindschaftsrecht mit Staatsangehörigkeitsrecht, FamRZ 2016, S. 1566–1567.

–: The Legal Status of Transsexual and Transgender Persons in Germany, in: Jens M. Scherpe (Hrsg.), The Legal Status of Transsexual and Transgender Persons, Cambridge, Antwerpen, Portland 2015, S. 207–221.

Dutta, Anatol/Fornasier, Matteo: Das dritte Geschlecht im Arbeitsrecht und öffentlichen Dienstrecht des Bundes, NZA 2021, S. 605–612.

–: §§ 45b, 22 III PStG, 8 I TSG: Änderung des Geschlechtseintrags bei Personen mit nichtbinärer Geschlechtsidentität, Anm. zum Beschl. des BGH v. 22.4.2020, FamRZ 2020, S. 1015–1017.

–: Jenseits von männlich und weiblich, Menschen mit Varianten der Geschlechtsentwicklung im Arbeitsrecht und öffentlichen Dienstrecht des Bundes, Baden-Baden 2020 (zit. *Dutta/Fornasier*, Jenseits von männlich und weiblich, 2020).

Dutta, Anatol/Jacoby, Florian/Schwab, Dieter (Hrsg.): FamFG, Kommentar zum Gesetz über das Verfahren in Familiensachen und in den Angelegenheiten der freiwilligen Gerichtsbarkeit, 4. Aufl., Bielefeld 2021 (zit. *Bearbeiter*in*, in: Dutta/Jacoby/Schwab FamFG, 2021).

Dutta, Anatol/Helms, Tobias: Geschlechtseintrag „inter/divers" im Geburtenregister?, Stellungnahme für den Wissenschaftlichen Beirat des Bundesverbandes der Deutschen Standesbeamtinnen und Standesbeamten, StAZ 2017, S. 98–103.

Dutta, Anatol/Pintens, Walter: Private International Law Aspects of Intersex, in: Jens M. Scherpe, Anatol Dutta, Tobias Helms (Hrsg.), The Legal Status of Intersex Persons, Cambridge, Antwerpen, Chicago 2018, S. 415–426.

Ehrhardt, Anke A.: John Money, The Journal of Sex Research 2007, S. 223–224.

Enders, Christoph: Die Menschenwürde in der Verfassungsordnung, Zur Dogmatik des Art. 1 GG, Tübingen 2020.

Epping, Volker: Grundrechte, 9. Aufl., Berlin 2021 (zit. *Epping*, Grundrechte, 2021).

Erman Bürgerliches Gesetzbuch, Grunewald, Barbara/Maier-Reimer, Georg/Westermann, Harm Peter (Hrsg.), 17. Aufl., Köln, 2023 (zit: *Bearbeiter*in*, in: Erman BGB 2023).

European Commission, Eurobarometer on Discrimination, 2019, abrufbar unter: <https://commission.europa.eu/system/files/2019-10/ebs_493_data_fact_lgbti_eu_en-1.pdf> (abgerufen am 1.3.2023) (zit. *European Commission*, Eurobarometer on Discrimination, 2019).

Ewert, Felicia: Trans. Frau. Sein., Aspekte geschlechtlicher Marginalisierung, 2. Aufl., Münster 2020.

Fausto-Sterling, Anne: Sexing the Body, Gender Politics and the Construction of Sexuality, New York, 2000.

Fehr, Hannah: Geburtenregisterberichtigung bei falscher Eintragung des Geschlechts, NJW-Spezial 2022, S. 580.

Fenton-Glynn, Claire: Children and the European Court of Human Rights, Oxford 2021.

Fineman, Martha: Feminist Legal Theory, American University Journal of Gender, Social Policy & the Law 2005, S. 13–23.

–: Feminist Theory and Law, Harv. J. Law Public Policy 1995, S. 349–368.

Flindt, Jan Ole: Gutgläubig gelebte Statusverhältnisse, Tübingen 2022.

–: Art. 4 II EUV, 20 f. AEUV, 7, 24, 45 GrCh: Ausstellung eines Ausweisdokuments für Kind gleichgeschlechtlicher Eltern, Anm. zum Urt. des EuGH v. 14.12.21 – Rs. C-490/20, FamRZ 2022, S. 286–288.

Foucault, Michel: Das wahre Geschlecht, in: Daniel Defert, François Ewald (Hrsg.), Ästhetik der Existenz, Schriften zur Lebenskunst, Originalausgabe, 6. Aufl., Frankfurt a.M. 2007, S. 58–67.

Franck, Gunnar: §§ 1591 f. BGB, 21, 49 PStG, Art. 7 EGBGB: Eintragung eines österr. Frau-zu-Mann-Transsexuellen als gebärenden Elternteil im Geburtenregister, Anm. zum Beschl. des KG Berlin, v. 21.1.21 – 1 W 1290/20, FamRZ 2021, S. 765–766.

Fredman, Sandra: Emerging from the Shadows: Substantive Equality and Article 14 of the European Convention on Human Rights, Hum. Rights Law Rev. 2016, S. 273–301.

–: European Community Discrimination Law: A Critique, Industrial Law Journal 1992, S. 119–134.

Frie, Birgit: Ausländische standesamtliche Beurkundung der Abstammung eines Leihmutterschaftskindes als „Entscheidung" iSv § 108 I FamFG?, NZFam 2018, S. 97–102.

–: Verfassungsrechtlicher Schutz der geschlechtlichen Identität, Anm. zum Beschl. des BVerfG v. 10.10.2017 – 1 BvR 2019/16, NZFam 2017, S. 1141–1152.

Froese, Judith: Der Mensch in der Wirklichkeit des Rechts, Zur normativen Erfassung des Individuums durch Kategorien und Gruppen, Tübingen 2022.

–: Anm. zum Beschl. des BGH v. 22.4.2020 –XII ZB 383/19, JZ 2020, S. 856–860.

–: Tertium datur: Der Abschied von der Binarität der Geschlechterordnung, Zugleich eine Anmerkung zu BVerfG, Beschl. v. 10.10.2017 – 1 BvR 2019/16, DÖV 2018, S. 315–322.

–: Männlich, weiblich oder „weder noch"? Zur Deutungshoheit über das Geschlecht, AöR 140 (2015), S. 598–625.

Fuchs, Leona/Zöllner, Andreas: Trans* Personen am Arbeitsplatz, Persönlichkeitsrechte von Arbeitnehmern und Gestaltungsmöglichkeiten für Arbeitgeber, NZA 2022, S. 315–320.

Funken, Katja: Das Anerkennungsprinzip im internationalen Privatrecht, Perspektiven eines europäischen Anerkennungskollisionsrechts für Statusfragen, Tübingen 2009 (zit. *Funken*, Das Anerkennungsprinzip im IPR).

–: Anm. zum Urt. des EuGH v. 14.10.2008 – Rs. C-353/06, Grunkin und Paul, FamRZ 2008, S. 2089–2092.

Fütty, Tamás Jules/Höhne, Marek Sancho/Llaveria Caselles, Eric: Geschlechterdiversität in Beschäftigung und Beruf, Bedarfe und Umsetzungsmöglichkeiten von Antidiskriminierung für Arbeitgebende, Berlin 2020.

Gaaz, Berthold/Bornhofen, Heinrich/Lammers, Thomas (Hrsg.): Personenstandsgesetz, Handkommentar, 5. Aufl., Frankfurt a.M., Berlin 2020 (zit. *Bearbeiter*in*, in: Gaaz/Bornhofen/Lammers, PStG).

Gallus, Nicole/Verschelden, Gerd: Trans Persons in Belgium, in: Isabel C. Jaramillo, Laura Carlson (Hrsg.), Trans Rights and Wrongs, A Comparative Study of Legal Reform Concerning Trans Persons, Cham 2021, S. 207–256.

Garfinkel, Harold: Studies in Ethnomethodology, Englewood Cliffs, 1967.

Gather, Claudia: Zu einigen Begrifflichkeiten: Geschlechtsrollen und Weiblichkeitsmythen, in: Kornelia Hahn, Cornelia Koppetsch (Hrsg.), Soziologie des Privaten, Wiesbaden 2011, S. 53–69.

Geimer, Reinhold: Internationales Zivilprozessrecht, 8. Aufl., Köln 2020.

–: Der ordre public attenué de la reconnaissance im Adoptionsrecht, IPRax 2017, S. 472–475.

–: Anerkennung ausländischer Entscheidungen in Deutschland, München 1995.

–: Anerkennung ausländischer Entscheidungen auf dem Gebiet der freiwilligen Gerichtsbarkeit, in: Andreas Heldrich, Hans-Jürgen Sonnenberger (Hrsg.), Festschrift für Murad Ferid, Zum 80. Geburtstag am 11. April 1988, Frankfurt a.M. 1988, S. 89–130 (zit. *Geimer*, in: Heldrich/Sonnenberger (Hrsg.), Festschrift Ferid, 1988).

Gerards, Janneke: Non-Discrimination, the European Court of Justice and the European Court of Human Rights: Who Takes the Lead?, in: Thomas Giegerich (Hrsg.), The European Union as Protector and Promoter of Equality, European Union and its neighbours in a globalized world, Cham 2020, S. 135–163.

Gerhard, Ute: Frauenbewegung und Feminismus, Eine Geschichte seit 1789, 3. Aufl., München 2018.

–: Für eine andere Gerechtigkeit, Dimensionen feministischer Rechtskritik, Frankfurt, New York 2018.

–: Notwendig interdisziplinär: Zum Stand der Geschlechterforschung im Recht, in: Susanne Baer, Ute Sacksofsky (Hrsg.), Autonomie im Recht – geschlechtertheoretisch vermessen, Baden 2018, S. 403–416.

Ghattas, Dan Christian: Intergeschlechtlichkeit im Internationalen Menschenrechtsdiskurs, in: BMFSFJ (Hrsg.), Gutachten: Begrifflichkeiten, Definitionen und disziplinäre Zugänge zu Trans- und Intergeschlechtlichkeiten, Begleitmaterial zur Interministeriellen Arbeitsgruppe Inter- & Transsexualität, Berlin 2015, S. 76–109 (zit. *Ghattas*, in: BMFSFJ (Hrsg.), Gutachten Trans- und Intergeschlechtlichkeit, 2015).

–: Standing Up for the Human Rights of Intersex People, in: Jens M. Scherpe, Anatol Dutta, Tobias Helms (Hrsg.), The Legal Status of Intersex Persons, Cambridge, Antwerpen, Chicago 2018, S. 429–444.

Gildemeister, Regine: Doing Gender: Soziale Praktiken der Geschlechterunterscheidung, in: Ruth Becker, Beate Kortendiek (Hrsg.), Handbuch Frauen- und Geschlechterforschung, Wiesbaden 2010, S. 137–145.

–: Die soziale Konstruktion von Geschlechtlichkeit, in: Sabine Hark (Hrsg.), Dis/Kontinuitäten: Feministische Theorie, Opladen 2001, S. 51–68.

Gildemeister, Regine/Wetterer, Angelika: Wie Geschlechter gemacht werden, Die soziale Konstruktion der Zweigeschlechtlichkeit und ihre Reifizierung in der Frauenforschung, in: Gudrun-Axeli Knapp, Angelika Wetterer (Hrsg.), Traditionen Brüche, Entwicklungen feministischer Theorie, Freiburg i.Br. 1992, S. 201–254.

Gonzalez Salzberg, Damian A.: Confirming (the illusion of) heterosexual marriage: Hämäläinen v Finland, JICL 2015, S. 173–186.

–: Sexuality and Transsexuality under the European Convention on Human Rights, A Queer Reading of Human Rights Law, Oxford, 2019 (zit. *Gonzalez-Salzberg*, Sexuality and Transsexuality, 2019).

Gössl, Susanne Lilian: Julia Rädler, Das dritte Geschlecht. Rechtsfragen und Rechtsentwicklungen, MedR 2021, S. 100.

–: Rechtliche Behandlung einer lediglich „empfundenen" Intersexualität, Anm. zum Beschl. des BGH v. 22.4.2020 – XII ZB 383/19, LMK 2021, S. 437149.

–: Das dritte Geschlecht, Personenstandsrechtliche Erfassung intersexueller Personen aus rechtsvergleichender Perspektive, FF 2019, S. 298–305.

–: §§ 1 I Nr. 3, 8 TSG: Personenstandsänderung in Deutschland lebender ausländischer Transsexueller, Anm. zum Beschl. des BGH v. 29.11.2017 – XII ZB 346/17, FamRZ 2018, S. 383–387.

–: Ein weiterer Mosaikstein bei der Anerkennung ausländischer Statusänderungen in der EU oder: Wann ist ein Name „rechtmäßig erworben"?, Anm. zum Urt. des EuGH, v. 8.6.2017 – Rs. C-541/15 – Freitag, IPRax 2018, S. 376–382.

–: Anm. zum Beschl. des BVerfG v. 10.10.2017 – 1 BvR 2019/16, NJW 2017, S. 3643–3648.

–: Art. 10a EGBGB –Vorschlag Kollisionsrechtliche Ergänzung des Vorschlags zum Geschlechtervielfaltsgesetz (GVielfG), IPRax 2017, S. 339–343.

–: Mutterschaft bei Frau-zu-Mann-Transsexualität, Anm. zum Beschl. des BGH v. 6.9.2017 – XII ZB 660/14, LMK 2017, S. 398618.

–: From question of fact to question of law to question of private international law: the question whether a person is male, female, or … ?, JPIL 2016, S. 261–280.

–: „Anerkennung" ausländischer Ehescheidungen und der EuGH – Lost in Translation?!, StAZ 2016, S. 232–236.

–: Intersexuelle Menschen im Internationalen Privatrecht, StAZ 2013, S. 301–305.

Gössl, Susanne Lilian/Dannecker, Sophie/Schulz, Alix: Was sollte nach der Einführung des „dritten Geschlechts" weiter geregelt werden?, NZFam 2020, S. 145–150.

Gössl, Susanne Lilian/Melcher, Martina: Recognition of a status acquired abroad in the EU, A challenge for national laws from evolving traditional methods to new forms of acceptance and bypassing alternatives, CDT 2022, S. 1012–1043.

Gössl, Susanne Lilian/Völzmann Berit: Legal Gender Beyond the Binary, IJLPF 2019, S. 403–429.

Grabitz, Eberhard/Hilf, Meinhard (Hrsg.) Das Recht der Europäischen Union: EUV/AEUV, 78. EL., München 2023, Stand: Januar 2023 (zit. *Bearbeiter*in*, in: Grabitz/Hilf/Nettesheim, EUV/AEUV, 2023).

Greif, Elisabeth/Ulrich, Silvia: Legal Gender Studies und Antidiskriminierungsrecht, 2. Aufl., Wien 2019.

Griffin, Gabriele: Interdisciplinarity, in: Mary Evans, Carolyn H. Williams (Hrsg.), Gender, The Key Concepts, London 2013, S. 124–129 (zit. *Griffin*, in: Evans/Williams (Hrsg.), Gender, 2013).

Grifo, Vanessa: „Pancharevo": Nationale Identität (Art. 4 II EUV) als Kompetenzschutz im Familienrecht, ZEuP 2022, S. 703–719.

–: Bedingte Gastfreundschaft im Internationalen Scheidungsrecht, NZFam 2021, S. 202–206.

Grimm, Dieter: Notwendigkeit und Bedingungen interdisziplinärer Forschung in der Rechtswissenschaft, in: Stephan Kirste (Hrsg.), Interdisziplinarität in den Rechtswissenschaften, Ein interdisziplinärer und internationaler Dialog, Berlin 2016, S. 21–34.

Grønningsæter, Andrea Vige/Arnesen, Lars: The Civil Status of Trans Persons in Norwegian Law, in: Isabel C. Jaramillo, Laura Carlson (Hrsg.), Trans Rights and Wrongs, A Comparative Study of Legal Reform Concerning Trans Persons, Cham 2021, S. 513–540.

Groß, Melanie/Niedenthal, Katrin: Die „Dritte Option" als neue juristische und soziale Kategorie – eine Einleitung, in: Melanie Groß, Katrin Niedenthal (Hrsg.), Geschlecht: divers, Die „Dritte Option" im Personenstandsgesetz – Perspektiven für die soziale Arbeit, Pädagogik, Bielefeld 2021, S. 7–16.

Grünberger, Michael, Personale Gleichheit, Der Grundsatz der Gleichbehandlung im Zivilrecht, Baden-Baden 2013.

–: Alles obsolet? – Anerkennungsprinzip vs. klassisches IPR, in: Stefan Leible, Hannes Unberath (Hrsg.), Brauchen wir eine Rom-0-Verordnung?, Überlegungen zu einem Allgemeinen Teil des europäischen IPR, Jena 2013, S. 81–160.

–: Anm. zum Beschl. des BVerfG v. 11.1.2011 – 1 BvR 3295/07, JZ 2011, S. 368–371.

–: Die Reform des Transsexuellengesetzes: Großer Wurf oder kleine Schritte?, in: Dominik Groß, Christiane Neuschaefer-Rube, Jan Steinmetzer (Hrsg.), Transsexualität und Intersexualität, Medizinische, ethische, soziale und juristische Aspekte, Berlin 2008, S. 81–110.

–: Ein Plädoyer für ein zeitgemäßes Transsexuellengesetz, StAZ 2007, S. 357–369.

–: Anm. zum Beschl. des BVerfG v. 6.12.2005 – 1 BvL 3/03, JZ 2006, S. 516–519.

Grünberger, Michael/Mangold, Anna Katharina/Markard, Nora/Payandeh, Mehrdad/Towfigh, Emanuel Vahid: Diversität in Rechtswissenschaft und Rechtspraxis, Baden-Baden 2021.

Grünberger, Michael/Reinelt, André: Konfliktlinien im Nichtdiskriminierungsrecht, Das Rechtsdurchsetzungsregime aus Sicht soziologischer Jurisprudenz, Tübingen 2020.

Grüneberg, Christian (Hrsg.): Bürgerliches Gesetzbuch, 81. Aufl., München 2022 (zit. *Bearbeiter*in*, in: Grüneberg BGB, 2022).

Güldenring, Annette: Zur „Psychodiagnostik von Geschlechtsidentität" im Rahmen des Transsexuellengesetzes, ZfSf 2013, S. 160–174.

Hagemann, Ingmar/Leinius, Johanna/Vey, Judith: Poststrukturalistische Perspektiven auf soziale Bewegungen, Grundzüge einer Forschungsperspektive, in: Judith Vey, Johanna Leinius, Ingmar Hagemann (Hrsg.), Handbuch Poststrukturalistische Perspektiven auf soziale Bewegungen, Ansätze, Methoden und Forschungspraxis, Bielefeld 2019, S. 17–36 (zit. *Hagemann/Leinius/Vey*, in: Vey/Leinius/Hagemann (Hrsg.), Handbuch Poststrukturalistische Perspektiven, 2019).

Hagemann-White, Carol: Wir werden nicht zweigeschlechtlich geboren…, in: Carol Hagemann-White, Maria S. Rerrich (Hrsg.), FrauenMännerBilder, Männer und Männlichkeit in der feministischen Diskussion, Bielefeld 1988, S. 224–235.

–: Sozialisation: weiblich – männlich?, Alltag und Biografie von Mädchen, Opladen 1984.

Haltern, Ulrich: Europarecht, Dogmatik im Kontext, 3. Aufl., Tübingen 2017 (zit. *Haltern, Europarecht*, 2017).

Handbuch des Staatsrechts der Bundesrepublik Deutschland – Band VII: Freiheitsrechte, Isensee, Josef/Kirchhof, Paul (Hrsg.), 3. Aufl., Heidelberg, Hamburg 2009 (zit. *Bearbeiter*in*, in: Handbuch des Staatsrechts, Band VII, 2009).

Handbuch des Staatsrechts der Bundesrepublik Deutschland – Band VIII: Grundrechte: Wirtschaft, Verfahren, Gleichheit, Isensee, Josef/Kirchhof, Paul (Hrsg.), 3. Aufl., Heidelberg, Hamburg 2010 (zit. *Bearbeiter*in*, in: Handbuch des Staatsrechts, Band VIII, 2009).

Handke, Analena/Henkel, Alexander/Heß, Jochen: Das dritte Geschlecht aus medizinischer Perspektive, in: Magdalena Januszkiewicz, Alina Post, Alexander Riegel et al. (Hrsg.), Geschlechterfragen im Recht, Interdisziplinäre Überlegungen, Berlin, Heidelberg 2021, S. 121–127.

Harms, Charlotte: Neuauflage der Datumtheorie im Internationalen Privatrecht, Tübingen 2019 (zit. *Harms*, Neuauflage der Datumtheorie im IPR, 2019).

Hau, Wolfgang: Das Internationale Zivilverfahrensrecht im FamFG, FamRZ 2009, S. 821–826.

Hausmann, Rainer/Odersky, Felix/Schäuble/Daniel u.a. (Hrsg.): Internationales Privatrecht in der Notar- und Gestaltungspraxis, 4. Aufl., München 2021, (zit. *Bearbeiter*in*, in: Hausmann/Odersky, IPR in Notar- und Gestaltungspraxis, 2021).

Hauck, Lena/Richter-Appelt, Hertha/Schweizer, Katinka: Zum Problem der Häufigkeitsbestimmung von Intergeschlechtlichkeit und Varianten der Geschlechtsentwicklung: Eine Übersichtsarbeit, ZfSf 2019, S. 80–89.

Havelková, Barbara: The Legal Status of Transsexual and Transgender Persons in the Czech Republic, in: Jens M. Scherpe (Hrsg.), The Legal Status of Transsexual and Transgender Persons, Cambridge, Antwerpen, Portland 2015, S. 125–145.

Heidel, Thomas/Hüßtege, Rainer/Mansel, Heinz-Peter u.a. (Hrsg.), Bürgerliches Gesetzbuch: Allgemeiner Teil, EGBGB, 4. Aufl., Baden-Baden, Berlin 2021 (zit. *Bearbeiter*in*, in: Heidel/Hüßtege/Mansel/Noack BGB, 2021).

Heiderhoff, Bettina: Internationales Familienrecht und Integration, in: Gabriele Buchholtz, Johanna Croon-Gestefeld, Andreas Kerkemeyer (Hrsg.), Integratives Recht, Tübingen 2021, S. 130–151.

–: Rechtliche Abstammung im Ausland geborener Leihmutterkinder, NJW 2014, S. 2673–2678.

Hein, Jan von: Der Renvoi im europäischen Kollisionsrecht, in: Stefan Leible, Hannes Unberath (Hrsg.), Brauchen wir eine Rom-0-Verordnung?, Überlegungen zu einem Allgemeinen Teil des europäischen IPR, Jena 2013, S. 341–396.

Heitmann, Frederike: Flucht und Migration im Internationalen Familienrecht, Tübingen 2020.

Hellwig, Heidi: Die Staatsangehörigkeit als Anknüpfung im deutschen IPR, Unter besonderer Berücksichtigung des Gesetzes zur Reform des Staatsangehörigkeitsrechts, Frankfurt a.M. 2001.

Helms, Tobias: Elternteil in einem Staat – Elternteil in jedem Staat (der EU)?, ZEuP 2022, S. 747–753.

–: 100 Jahre Recht der Statusbeziehungen im Spiegel der StAZ, StAZ 2021, S. 329–337.

–: Anmerkung zum Beschl. des AG München v. 23.2.2021 – 722 UR III 65/21, StAZ 2021, S. 153–155.

–: Das juristische Umfeld, in: Bundesverband der Deutschen Standesbeamtinnen und Standesbeamten e.V. (Hrsg.), Die deutschen Standesbeamten und ihr Verband, Rückblick auf 100 Jahre Verbandsgeschichte, Frankfurt am Main, Berlin 2020, S. 77–94.

–: The 2013 German Law: Analysis and Criticism, in: Jens M. Scherpe, Anatol Dutta, Tobias Helms (Hrsg.), The Legal Status of Intersex Persons, Cambridge, Antwerpen, Chicago 2018, S. 369–381.

–: §§ 21 I, 22 III PStG: Personenstandseintrag intersexueller Menschen, Anm. zum Beschl. des BVerfG v. 10.10.2017 – 1 BvR 2019/16, FamRZ 2017, S. 2046–2056.

–: Ordre public – Der Einfluss der Grund- und Menschenrechte auf das IPR, IPRax 2017, S. 153–159.

–: Personenstandsrechtliche und familienrechtliche Aspekte der Intersexualität vor dem Hintergrund des neuen § 22 Abs. 3 PStG, in: Isabell Götz, Ingeborg Schwenzer, Kurt Seelmann et al. (Hrsg.), Familie – Recht – Ethik, Festschrift für Gerd Brudermüller zum 65. Geburtstag, München 2014, S. 301–309.

Henn, Wolfram/Coester-Waltjen, Dagmar: Operative Eingriffe an intergeschlechtlichen oder transgeschlechtlichen Kindern, FamRZ 2020, S. 481–488.

Henrich, Dieter: Anerkennung statt IPR: Eine Grundsatzfrage, Zum Schlussantrag des Generalanwalts Francis G. Jacobs, v. 30.6.2005 – Rs. C-96/04, Standesamt Stadt Niebüll, IPRax 2005, S. 422–424.

–: Parteiautonomie, Privatautonomie und kulturelle Identität, in: Heinz-Peter Mansel, Thomas Pfeiffer, Herbert Kronke et al. (Hrsg.), Festschrift für Erik Jayme, München 2004, S. 321–329 (zit. *Henrich*, in: Mansel/Pfeiffer/Kronke et al. (Hrsg.), Festschrift Jayme, 2004).

Hepting, Reinhard: Der Schutz des tatsächlich geführten Namens, Vertrauensschutz in der Rechtsprechung des BVerfG – und etwa auch des EuGH? – Teil 2, StAZ 2013, S. 34–46.

Hepting, Reinhard/Dutta, Anatol: Familie und Personenstand, Ein Handbuch zum deutschen und internationalen Privatrecht, 4. Aufl., Frankfurt a.M., Berlin 2022 (zit. *Hepting/Dutta*, Familie und Personenstand, 2022).

Herbert, Joe: Intersex in the Brain: What Neuroscience can Tell the Law about Gender Identity, in: Jens M. Scherpe, Anatol Dutta, Tobias Helms (Hrsg.), The Legal Status of Intersex Persons, Cambridge, Antwerpen, Chicago 2018, S. 45–63.

Herdegen, Matthias: Europarecht, 23. Aufl., München 2022.

Herzog, Roman/Scholz, Rupert/Herdegen, Matthias u.a. (Hrsg.): Grundgesetz Kommentar, 100. EL., München 2023 (zit. *Bearbeiter*in*, in: Dürig/Herzog/Scholz GG, 2023).

Hirschauer, Stefan: Lonesome Agnes: Gender am Beginn und nach der Ethnomethodologie, in: Jörg Bergmann, Christian Meyer (Hrsg.), Ethnomethodologie Reloaded, Neue Werkinterpretationen und Theoriebeiträge zu Harold Garfinkels Programm, Bielefeld 2021, S. 133–146.

–: Judith, Niklas und das Dritte der Geschlechterdifferenz: undoing gender und die Post Gender Studies, Gender: Zeitschrift für Geschlecht, Kultur und Gesellschaft 2016, S. 114–129.

–: Dekonstruktion und Rekonstruktion: Plädoyer für die Erforschung des Bekannten, in: Ursula Pasero, Friederike Braun (Hrsg.), Konstruktion von Geschlecht, 2. Aufl., Herbolzheim 2001, S. 67–88.

–: Die soziale Konstruktion der Transsexualität, Über die Medizin und den Geschlechtswechsel, Frankfurt a.M. 1993 (zit. *Hirschauer*, Die soziale Konstruktion der Transsexualität, 1993).

Hirschfeld-Eddy-Stiftung: Die Yogyakarta-Prinzipien, Prinzipien zur Anwendung der Menschenrechte in Bezug auf die sexuelle Orientierung und geschlechtliche Identität, Berlin 2008.

Hoffmann, Jochen: Drittes Geschlecht, die „Gleichbehandlung von Männern und Frauen" und das AGG, JZ 2021, S. 484–489.

Holterhus, Paul Martin: Intersexualität und Differences of Sex Development (DSD): Grundlagen, Diagnostik und Betreuungsansätze, Bundesgesundheitsbl 2013, S. 1686–1694.

–: Grundlagen und Klinik der Störungen der Geschlechtsentwicklung, Monatsschrift Kinderheilkunde Zeitschrift für Kinder- und Jugendmedizin 2008, S. 217–225.

–: Vom Gen zum Körper – Molekulare und zelluläre Biologie der Geschlechtsentwicklung, in: Hertha Richter-Appelt, Andreas Hill (Hrsg.), Geschlecht zwischen Spiel und Zwang, Gießen 2004, S. 77–91.

Holterhus, Paul Martin/Hiort, Olaf: Disorders (Differences) of Sex Development, in: Hendrik Lehnert (Hrsg.), Rationelle Diagnostik und Therapie in Endokrinologie, Diabetologie und Stoffwechsel, 4. Aufl., Stuttgart 2015, S. 398–413.

Holzleithner, Elisabeth, Geschlecht als Anerkennungsverhältnis, Perspektiven einer Öffnung der rechtlichen Kategorie im Zeichen des Prinzips gleicher Freiheit, in: Susanne Baer, Oliver Lepsius, Christoph Schönberger et al. (Hrsg.), JöR, Tübingen 2019, S. 457–485.

–: Sexuelle Selbstbestimmung als Individualrecht und als Rechtsgut, Überlegungen zu Regulierungen des Intimen als Einschränkung sexueller Autonomie, in: Ulrike Lembke (Hrsg.), Regulierungen des Intimen, Sexualität und Recht im modernen Staat, Wiesbaden 2017, S. 33–50.

–: Geschlecht und Identität im Rechtsdiskurs, in: Beate Rudolf (Hrsg.), Geschlecht im Recht, Eine fortbestehende Herausforderung, Göttingen 2009, S. 37–62.

–: Recht, Macht und Geschlecht, Legal Gender Studies, Eine Einführung, Wien 2002.

Hübner, Leonhard: Die Integration der primärrechtlichen Anerkennungsmethode in das IPR, RabelsZ 85 (2021), S. 106–145.

Hufen, Friedhelm: Staatsrecht II, Grundrechte, 8. Aufl., München 2020.

Hughes, Ieuan: Biology of fetal sex development, in: Jens M. Scherpe, Anatol Dutta, Tobias Helms (Hrsg.), The Legal Status of Intersex Persons, Cambridge, Antwerpen, Chicago 2018, S. 25–44.

Hughes, Ieuan/Houk, Christopher/Ahmed, Faisal/Lee, Peter: Consensus statement on management of intersex disorders, Archives of Disease in Childhood 2006, S. 554–563.

Ipsen, Jörn: Staatsrecht II, Grundrechte, 24. Aufl., München 2021.

Jacobs, Holger: Das Haager Anerkennungs- und Vollstreckungsübereinkommen vom 2. Juli 2019, Eine systematische und rechtsvergleichende Untersuchung, Studien zum ausländischen und internationalen Privatrecht, Tübingen 2021.

Jaeckel, Fritz: Die Reichweite der lex fori im internationalen Zivilprozessrecht, Berlin 1995.

Jarass, Hans D./Kment, Martin, EU-Grundrechte, 2. Aufl., München 2019.

Jarass, Hans D. (Hrsg.): Charta der Grundrechte der EU, unter Einbeziehung der sonstigen Grundrechtsregelungen des Primärrechts und der EMRK, 4. Aufl., München 2021 (zit. *Bearbeiter*in*, in: Jarass, Charta der Grundrechte der EU, 2021).

Jarass, Hans D./Pieroth, Bodo (Hrsg.): Grundgesetz für die Bundesrepublik Deutschland, Kommentar, 17. Aufl., München 2022 (zit. *Bearbeiter*in*, Jarass/Pieroth GG, 2022).

Jäschke, Moritz: Zur Verfassungskonformität des §4 Abs. 3 TSG im Spiegel gesetzgeberischer Einschätzungsspielräume – Zugleich Anm. zu BGH 22.4.2020 – XII ZB 383/19, StAZ 2020, S. 338–346.

–: Überlegungen zur Abschaffung des Transsexuellengesetzes (TSG), Zugleich eine Kritik am Referentenentwurf eines Gesetzes zur Neuregelung der Änderung des Geschlechtseintrags vom 8.5.2019, NZFam 2019, S. 895–900.

Jayme, Erik: Kulturelle Relativität und Internationales Privatrecht, in: Götz Schulze (Hrsg.), Kulturelle Relativität des internationalen Rechts, Baden-Baden 2014, S. 43–68.

–: Zugehörigkeit und kulturelle Identität, Die Sicht des internationalen Privatrechts, Reden am Lichtenberg-Kolleg, Göttingen 2012.

–: Kulturelle Identität und Internationales Privatrecht, in: Erik Jayme (Hrsg.), Kulturelle Identität und Internationales Privatrecht, Heidelberg 2003, S. 5–14.

–: Menschenrechte und Theorie des Internationalen Privatrechts, IJVO 1992, S. 8–25.

–: Methoden der Konkretisierung des ordre public im Internationalen Privatrecht, Heidelberg 1989 (zit. *Jayme*, Konkretisierung des ordre public, 1989).

Jayme, Erik/Kohler, Christian: Europäisches Kollisionsrecht 2004: Territoriale Erweiterung und methodische Rückgriffe, IPRax 2004, S. 481–493.

–: Europäisches Kollisionsrecht 2001: Anerkennungsprinzip statt IPR?, IPRax 2001, S. 501–514.

Jensen, Heike: Judith Butler: Gender Trouble, in: Martina Löw, Bettina Mathes (Hrsg.), Schlüsselwerke der Geschlechterforschung, Wiesbaden 2005, S. 254–266.

Jestaedt, Matthias: Rechtswissenschaft als normative Disziplin, Banalität, Komplexität und Brisanz der Klassifikationsfrage, in: Stephan Kirste (Hrsg.), Interdisziplinarität in den Rechtswissenschaften, Ein interdisziplinärer und internationaler Dialog, Berlin 2016, S. 103–114.

Junker, Abbo: Internationales Privatrecht, 5. Aufl., München 2022.

–: Internationales Zivilprozessrecht, 5. Aufl., München 2020.

Kappler, Katrin: Die Verfolgungen wegen der sexuellen Orientierung und der Geschlechtsidentität als Verbrechen gegen die Menschlichkeit, Sexualität in Recht und Gesellschaft, Baden-Baden 2019 (zit. *Kappler*, Verbrechen gegen die Menschlichkeit, 2019).

Kegel, Gerhard/Schurig, Klaus: Internationales Privatrecht, 9. Aufl., München 2004.

Kemper, Rainer: Änderung des Vornamens und der Geschlechtszuordnung bei ausländischem Transsexuellen, Anm. zum Beschl. des BGH v. 29.11.2017 – XII ZB 346/17, FamRB 2018, S. 109–111.

–: Voraussetzungen für die Eingehung einer Lebenspartnerschaft durch Transsexuelle, Anm. zum Beschl. des BVerfG v. 11.1.2011– 1 BvR 3295/07, FamRB 2011, S. 179–180.

Kessler, Suzanne J./MacKenna, Wendy: Gender: An Ethnomethodological Approach, Chicago 1978.

Keuter, Wolfgang: Entwicklungen im Statusrecht 2021, FamRZ 2022, S. 237–244.

Kieck, Annika: Der Schutz individueller Identität als verfassungsrechtliche Aufgabe, Am Beispiel des geschlechtlichen Personenstands, Berlin 2019.

–: Das Erkenntnis des österreichischen VfGH zur personenstandsrechtlichen Erfassung des Geschlechts, StAZ 2018, S. 302–305.

Kingreen, Thorsten/Poscher, Ralf: Grundrechte, Staatsrecht II, 38. Aufl., Heidelberg 2022 (zit. *Kingreen/Poscher*, Grundrechte, 2022).

Kirste, Stephan: Voraussetzungen von Interdisziplinarität der Rechtswissenschaften, in: Stephan Kirste (Hrsg.), Interdisziplinarität in den Rechtswissenschaften, Ein interdisziplinärer und internationaler Dialog, Berlin 2016, S. 35–86.

Kischel, Uwe: Rechtsvergleichung, München 2015.

Klinck, Fabian: Das neue Verfahren zur Anerkennung ausländischer Entscheidungen nach § 108 II S. 1 FamFG, FamRZ 2009, S. 741–749.

Klingbeil, Stefan: Der Begriff der Rechtsperson, AcP 217 (2017), S. 848–885.

Klinkhammer, Frank: Rechtsprechung des Bundesgerichtshofs zum Internationalen Familienrecht – Überblick: 2018/2019, in: Christine Budzikiewicz, Bettina Heiderhoff, Frank Klinkhammer et al. (Hrsg.), Standards und Abgrenzungen im Internationalen Familienrecht, Baden-Baden 2019, S. 161–180.

Klöppel, Ulrike: Brennpunkt „uneindeutiges" Geschlecht – Beharrungsvermögen und Anpassungsfähigkeit der Medizin, in: Elisabeth Greif (Hrsg.), No Lessons from the Intersexed?, Anerkennung und Schutz intergeschlechtlicher Menschen durch Recht, Linz 2019, S. 149–179 (zit. *Klöppel*, in: Lessons from the Intersexed, 2019).

Knapp, Gudrun-Axeli: Konstruktion und Dekonstruktion von Geschlecht, in: Regina Becker-Schmidt, Gudrun-Axeli Knapp (Hrsg.), Feministische Theorien zur Einführung, 4. Aufl., Hamburg 2007, S. 65–104.

Kogovšek Šalamon, Neža: Mapping of studies on the difficulties for LGBTI people in cross-border situations in the EU, Luxemburg 2019 (zit. *Kogovšek Šalamon*, Difficulties for LGBTI people in cross-border situations, 2019).

Kohler, Christian: Status und Mobilität in der Europäischen Union, Anm. zum Urt. des EuGH v. 14.12.2021 – Rs. C-490/20, V.M.A. ./. Stolichna obshtina, rayon „Pancharevo", IPRax 2022, S. 226–231.

–: Anmerkungen zur Parteiautonomie im internationalen Familien- und Erbrecht, in: Martin Gebauer, Heinz-Peter Mansel, Götz Schulze (Hrsg.), Die Person im Internationalen Privatrecht, Liber Amicorum Erik Jayme, Tübingen 2019, S. 9–25.

Kohler, Christian/Pintens, Walter: Entwicklungen im europäischen Personen-, Familien- und Erbrecht 2021–2022, FamRZ 2022, S. 1405–1420.

Kolbe, Angela: Intersexualität, Zweigeschlechtlichkeit und Verfassungsrecht, Eine interdisziplinäre Untersuchung, Baden-Baden 2010.

Konnertz, Ursula: Simone de Beauvoir: Das andere Geschlecht. Sitte und Sexus der Frau, in: Martina Löw, Bettina Mathes (Hrsg.), Schlüsselwerke der Geschlechterforschung, Wiesbaden 2005, S. 26–58.

Konsta, Anna-Maria: The Civil Status of Trans Persons in Greece, in: Isabel C. Jaramillo, Laura Carlson (Hrsg.), Trans Rights and Wrongs, A Comparative Study of Legal Reform Concerning Trans Persons, Cham 2021, S. 463–489.

Köppe, Tilmann/Winko, Simone: Neuere Literaturtheorien, Eine Einführung, 2. Aufl., Stuttgart, Weimar 2013.

Körlings, Peter: Das dritte Geschlecht und die diskriminierungsfreie Einstellung, NZA 2018, S. 282–285.

Králíčková, Zdeňka: The Civil Status of Trans Persons in the Czech Republic, in: Isabel C. Jaramillo, Laura Carlson (Hrsg.), Trans Rights and Wrongs, A Comparative Study of Legal Reform Concerning Trans Persons, Cham 2021, S. 77–96.

Krall, Lisa/Schmitz, Sigrid: Potenziale epigenetischer Forschung für das Konzept ‚sex vs. gender‘, Gender: Zeitschrift für Geschlecht, Kultur und Gesellschaft 2016, S. 99–116.

Kroll-Ludwigs, Kathrin: Vernachlässigung des unionsrechtlichen Anerkennungsprinzips durch den BGH, NJW 2019, S. 2277–2279.

–: Die Rolle der Parteiautonomie im europäischen Kollisionsrecht, Tübingen 2013 (zit. *Kroll-Ludwigs*, Parteiautonomie, 2013).

–: Hinkende Namensrechtsverhältnisse im Fokus der gemeinschaftsrechtlichen Freizügigkeit, ZVglRWiss 2008, S. 320–341.

Krömer, Karl: Der Fachausschuss, in: Bundesverband der Deutschen Standesbeamtinnen und Standesbeamten e.V. (Hrsg.), Die deutschen Standesbeamten und ihr Verband, Rückblick auf 100 Jahre Verbandsgeschichte, Frankfurt a.M., Berlin 2020, S. 71–76.

–: Adoption einer in Deutschland eingebürgerten Bulgarin; Schicksal des beibehaltenen Vatersnamens, Fachausschuss-Nr. 4125, StAZ 2019, S. 56–60.

Kropholler, Jan: Internationales Privatrecht, Einschließlich der Grundbegriffe des Internationalen Zivilverfahrensrechts, 6. Aufl., Tübingen 2006.

Krüger-Kirn, Helga: Mütterlichkeit braucht kein Geschlecht, in: Helga Krüger-Kirn, Leila Zoë Tichy (Hrsg.), Elternschaft und Gender Trouble, Geschlechterkritische Perspektiven auf den Wandel der Familie, Opladen, Berlin, Toronto 2021, S. 97–119.

Kuhnle-Krahl, Ursula: Der Einfluss der Gene und Hormone auf die Geschlechtsentwicklung und das Verhalten, in: Maximilian Schochow, Saskia Gehrmann, Florian Steger (Hrsg.), Inter*- und Trans*identitäten, Ethische, soziale und juristische Aspekte, Gießen 2016, S. 71–79.

Küppers, Carolin: Soziologische Dimensionen von Geschlecht, APuZ 2012, S. 3–8.

Lagarde, Paul: Développements futurs du droit international privé dans une Europe en voie d'unification: quelques conjectures, RabelsZ 68 (2004), S. 225–243.

Lampalzer, Ute/Briken, Peer/Schweizer, Katinka: Dealing With Uncertainty and Lack of Knowledge in Diverse Sex Development: Controversies on Early Surgery and Questions of Consent, Sex Med 2020, S. 472–489.

Laufs, Adolf/ Katzenmeier/Christian, Lipp/Volker (Hrsg.): Arztrecht, 8. Aufl., München 2021 (zit. *Bearbeiter*in*, in: Laufs/Katzenmeier/Lipp, Arztrecht, 2021).

Lehmann, Matthias: Der Begriff der Rechtsfähigkeit, AcP 217 (2017), S. 225–255.

Leible, Stefan: Parteiautonomie im IPR – Allgemeines Anknüpfungsprinzip oder Verlegenheitslösung?, in: Heinz-Peter Mansel, Thomas Pfeiffer, Herbert Kronke et al. (Hrsg.), Festschrift für Erik Jayme, München 2004, S. 485–503 (zit. *Leible*, in: Mansel/Pfeiffer/Kronke et al. (Hrsg.), Festschrift Jayme, 2004).

Leifeld, Janis: Das Anerkennungsprinzip im Kollisionsrechtssystem des internationalen Privatrechts, Tübingen 2010 (zit. *Leifeld*, Das Anerkennungsprinzip im IPR, 2010).

Lembke, Ulrike: Country Report Gender Equality, Germany 2020, How are EU rules transposed into national law?, 2020.

–: Schriftliche Stellungnahme zur Anhörung des Ausschusses für Inneres und Heimat des Deutschen Bundestages am 2.11.2020, abrufbar unter: <https://www.bundestag.de/res ource/blob/803586/b14cbe365e87aa7ffbe6b288abb180fc/A-Drs-19-4-626-E-neu-data.p df> (abgerufen am 1.3.2023) (zit. *Lembke*, Stellungnahme geschlechtliche Selbstbestimmung, 2020).

–: Alltägliche Praktiken zur Herstellung von Geschlechts-Körpern oder: Warum Unisex-Toiletten von Verfassungs wegen geboten sind, ZfRSoz 2018, S. 208–243.

–: Europäisches Antidiskriminierungsrecht, APuZ 2016, S. 11–16.

–: Tackling sex discrimination to achieve gender equality? Conceptions of sex and gender in EU non-discrimination law and policies, E.E.L. Rev. 2016, S. 46–55.

Lettow, Suanne: Biologie – Biopolitik – Biophilosophie. Epistemologie und Politik der Geschlechterverhältnisse, in: Mechthild Koreuber, Birthe Aßmann (Hrsg.), Das Geschlecht in der Biologie, Aufforderung zu einem Perspektivwechsel, Baden-Baden 2018, S. 23–41.

Lettrari, Luisa: Aktuelle Aspekte der Rechtslage zur Intersexualität, Halle 2015.

Lettrari, Luisa/Willer, Manuel: Aktuelle Aspekte der Rechtslage für intersexuelle Menschen, in: Maximilian Schochow, Saskia Gehrmann, Florian Steger (Hrsg.), Inter*– und Trans*identitäten, Ethische, soziale und juristische Aspekte, Gießen 2016, S. 257–277.

Liddell, Roderick/O'Flaherty, Michael: Handbook on European non-discrimination law, 2018, Luxemburg 2018.

Liebscher, Doris/Naguib, Tarek/Plümecke, Tino/Remus, Juana: Wege aus der Essentialismusfalle: Überlegungen zu einem postkategorialen Antidiskriminierungsrecht, KJ 2012, S. 204–218.

Lindemann, Gesa: Geschlecht und Gestalt: Der Körper als konventionelles Zeichen der Geschlechterdifferenz, in: Ursula Pasero, Friederike Braun (Hrsg.), Konstruktion von Geschlecht, 2. Aufl., Herbolzheim 2001, S. 115–142.

Lindenberg, Helen: Nachträgliche Streichung des Geschlechtseintrags, Anm. zum Beschl. des BGH v. 22.4.2020 – XII ZB 383/19, NZFam 2020, S. 519–525.

–: Rechtsfragen medizinischer Intervention bei intersexuell geborenen Minderjährigen, Baden-Baden 2020.

–: Das Dritte Geschlecht, Eine Bewertung des Gesetzesentwurfs zur Einführung des Geschlechtseintrages ‚divers‘ sowie möglicher Folgeregelungen, NZFam 2018, S. 1062–1065.

Linke, Hartmut/Hau, Wolfgang: Internationales Zivilverfahrensrecht, 8. Aufl., Köln 2021.

Lipp, Volker: Anerkennungsprinzip und Namensrecht, in: Katharina Lugani, Dominique Jakob, Gerald Mäsch et al. (Hrsg.), Zwischenbilanz, Festschrift für Dagmar Coester-Waltjen zum 70. Geburtstag am 11. Juli 2015, Bielefeld 2015, S. 521–530 (zit. *Lipp*, in: Lugani/Jakob/Mäsch et al. (Hrsg.), Festschrift Coester-Waltjen, 2015).

–: Namensrecht und Europarecht, Die Entscheidung Grunkin-Paul II und ihre Folgen für das deutsche Namensrecht, StAZ 2009, S. 1–8.

Löhnig, Martin: Frau-zu-Mann-Transsexueller als Vater kraft Gesetzes, Anm. zum Beschl. des AG Regensburg v. 4.2.2022 – UR III 19/21, NZFam 2022, S. 376.

–: Rechtliche Elternstellung von Wunscheltern (Kalifornien), Anm. zum Beschl. des BGH v. 12.1.2022 – XII ZB 142/20, NZFam 2022, S. 422.

–: Frau-zu-Mann-Transsexueller als Mutter, Anm. zum Beschl. des KG v. 12.1.2021 – 1 W 1290/20, NZFam 2021, S. 183.

–: Geschlechtsangabe im Geburtenregister bei empfundener Intersexualität, Anm. zum Beschl. des BGH v. 22.4.2020 – XII ZB 383/19, NJW 2020, S. 1955–1962.

–: Voraussetzungen der Anwendung des Transsexuellengesetzes auf Ausländer, Anm. zum Beschl. des BGH v. 29.11.2017 – XII ZB 345/17, NZFam 2018, S. 139.

Lorenz, Annegret: (Regenbogen-)Eltern werden, Eine Analyse, NZFam 2021, S. 1081–1088 (zit. *A. Lorenz*, NZFam 2021).

Lorenz, Stephan: „RGZ 106, 82 ff revisited": Zur Lückenfüllungsproblematik beim ordre public in „Ja/Nein-Konflikten", IPRax 1999, S. 429–432.

Löwenberg, Hagen: Non-Binarität – Behandlung aus psychotherapeutischer Perspektive: Ein Kommentar zur neuen S3-Leitlinie, ZfSf 2020, S. 95–99.

Lugani, Katharina: Aktuelles zum Umgang mit Leihmutterschaften im Ausland, in: Rainer Kanzleiter, Dieter Schwab (Hrsg.), Familienrecht zwischen Tradition und Innovation, Festschrift für Elisabeth Koch zum 70. Geburtstag am 5. September 2019, Bielefeld 2019, S. 635–646.

Lurger, Brigitta: Das österreichische IPR bei Leihmutterschaft im Ausland – das Kindeswohl zwischen Anerkennung, europäischen Grundrechten und inländischem Leihmutterschaftsverbot, IPRax 2013, S. 282–289.

Mager, Ute: Geltung der Charta der Grundrechte der Europäischen Union nach Maßgabe des Vorrangprinzips, Wer bestimmt über das Verhältnis von Freiheit und Gemeinwohl im europäischen Verfassungsverbund?, in: Cordula Stumpf, Friedemann Kainer, Christian Baldus (Hrsg.), Privatrecht, Wirtschaftsrecht, Verfassungsrecht, Privatinitiative und Gemeinwohlhorizonte in der europäischen Integration, Festschrift für Peter-Christian Müller-Graff zum 70. Geburtstag, Baden-Baden 2015, S. 1358–1364 (zit. *Mager*, in: Stumpf/Kainer/Baldus (Hrsg.), Festschrift Müller-Graff, 2015).

Maihofer, Andrea: Geschlecht als Existenzweise, Macht, Moral, Recht und Geschlechterdifferenz, Frankfurt a.M. 1995.

Mangelsdorf, Marion/Palm, Kerstin/Schmitz, Sigrid: Körper(-sprache) – Macht – Geschlecht, FZG 2013, S. 5–18.

Mangold, Anna Katharina: Menschenrechtlich gebotene geschlechtliche Selbstbestimmung, ZRP 2022, S. 180–183.

–: Demokratische Inklusion durch Recht, Antidiskriminierungsrecht als Ermöglichungsbedingung der demokratischen Begegnung von Freien und Gleichen, Tübingen 2021.

–: Nicht Mann. Nicht Frau. Nicht Nichts: Ein Verfassungsblog-Symposium, in: Elisabeth Greif (Hrsg.), No Lessons from the Intersexed?, Anerkennung und Schutz intergeschlechtlicher Menschen durch Recht, Universität, Linz 2019, S. 34–40 (zit. *Mangold*, in: Greif (Hrsg.), No Lessons from the Intersexed, 2019).

Mangold, Anna Katharina/Markwald, Maya/Röhner, Cara: Rechtsgutachten zum Verständnis von „Varianten der Geschlechtsentwicklung" in § 45b Personenstandsgesetz, 2019, abrufbar unter: <https://freiheitsrechte.org/uploads/documents/Gleiche-Rechte/Mein-Geschlecht-bestimme-ich/Mangold-Markwald-Roehner-Rechtsgutachten-45b-PStG-1.pdf> (abgerufen am 1.3.2023) (zit. *Mangold/Markwald/Röhner*, Varianten der Geschlechtsentwicklung, 2019).

Mangold, Anna Katharina/Payandeh, Mehrdad: Antidiskriminierungsrecht – Konturen eines Rechtsgebiets, in: Anna Katharina Mangold, Mehrdad Payandeh (Hrsg.), Handbuch Antidiskriminierungsrecht, Strukturen, Rechtsfiguren und Konzepte, Tübingen 2022, S. 3–65.

Mangoldt, Hermann von/Klein, Friedrich/Starck, Christian/Huber Peter/Voßkuhle, Andreas (Hrsg.). Grundgesetz, Kommentar, 7. Aufl., München 2018 (zit. *Bearbeiter*in*, in: v. Mangoldt/Klein/Starck, 2018).

Mankowski, Peter: Nun sag, wie hast Du's mit dem Anerkennungsprinzip? – Im EU-Ausland „unrechtmäßig" erlangte Namen als Prüfstein, IPRax 2020, S. 323–329.

–: Neue Gesetze im deutschen Internationalen Ehe- und Eheverfahrensrecht, NJW 2019, S. 465–471.

–: Über den Standort des Internationalen Zivilprozessrechts, Zwischen Internationalem Privatrecht und Zivilprozessrecht, RabelsZ 82 (2018), S. 576–617.

–: Das Staatsangehörigkeitsprinzip – gestern und heute, IPRax 2017, S. 130–139.

–: Primärrechtliche Anerkennungspflicht im Internationalen Familienrecht?, in: Katharina Lugani, Dominique Jakob, Gerald Mäsch et al. (Hrsg.), Zwischenbilanz, Festschrift für Dagmar Coester-Waltjen zum 70. Geburtstag am 11. Juli 2015, Bielefeld 2015, S. 571–585 (zit. *Mankowski*, in: Lugani/Jakob/Mäsch et al. (Hrsg.), Festschrift Coester-Waltjen, 2015).

Mankowski, Peter/Höffmann, Friederike: Scheidung ausländischer gleichgeschlechtlicher Ehen in Deutschland?, IPRax 2011, S. 247–254.

Mansel, Heinz-Peter: Zur Liberalisierung des internationalen Ehe- und Lebenspartnerschaftsrechts des EGBGB: Bemerkungen zum Ort der Eheschließung und Registerort als Anknüpfungspunkte, IPRax 2022, S. 561–566.

–: Methoden des internationalen Privatrechts – Personalstatut: Verweisung und Anerkennung, in: Martin Gebauer, Heinz-Peter Mansel, Götz Schulze (Hrsg.), Die Person im Internationalen Privatrecht, Liber Amicorum Erik Jayme, Tübingen 2019, S. 27–46.

–: Parteiautonomie, Rechtsgeschäftslehre der Rechtswahl und Allgemeinen Teil des europäischen Kollisionsrechts, in: Stefan Leible, Hannes Unberath (Hrsg.), Brauchen wir eine Rom-0-Verordnung?, Überlegungen zu einem Allgemeinen Teil des europäischen IPR, Jena 2013, S. 241–292.

–: Die kulturelle Identität im Internationalen Privatrecht, in: Georg Nolte, Helen Keller, Armin von Bogdandy et al. (Hrsg.), Pluralistische Gesellschaften und Internationales Recht, Heidelberg 2008, S. 137–214.

–: Anerkennung als Grundprinzip des Europäischen Rechtsraums, Zur Herausbildung eines europäischen Anerkennungs-Kollisionsrechts: Anerkennung statt Verweisung als neues Strukturprinzip des Europäischen internationalen Privatrechts?, RabelsZ 70 (2006), S. 651–731.

–: Das Staatsangehörigkeitsprinzip im deutschen und gemeinschaftsrechtlichen Internationalen Privatrecht: Schutz der kulturellen Identität oder Diskriminierung der Person?, in: Erik Jayme (Hrsg.), Kulturelle Identität und Internationales Privatrecht, Heidelberg 2003, S. 119–154.

–: Personalstatut, Staatsangehörigkeit und Effektivität, Internationalprivat- und verfahrensrechtliche Untersuchung zu Mehrstaatern, einer Ausweichklausel für die Staatsangehörigkeitsanknüpfung und zum innerdeutschen Kollisionsrecht, München 1988.

Mansel, Heinz-Peter/Thorn, Karsten/Wagner, Rolf: Europäisches Kollisionsrecht 2020: EU im Krisenmodus!, IPRax 2021, S. 105–139.

Margaria, Alice: Trans Men Giving Birth and Reflections on Fatherhood: What to Expect?, IJLPF 2021, S. 225–246.

Markard, Nora: Geschlecht, Geschlechtsidentität und sexuelle Orientierung als Diskriminierungskategorien, in: Anna Katharina Mangold, Mehrdad Payandeh (Hrsg.), Handbuch Antidiskriminierungsrecht, Strukturen, Rechtsfiguren und Konzepte, Tübingen 2022, S. 262–301.

–: Struktur und Teilhabe: Zur gleichheitsdogmatischen Bedeutung der „dritten Option", in: Elisabeth Greif (Hrsg.), No Lessons from the Intersexed?, Anerkennung und Schutz intergeschlechtlicher Menschen durch Recht, Universität, Linz 2019, S. 41–50 (zit. *Markard*, in: Greif (Hrsg.), No Lessons from the Intersexed, 2019).

–: Kriegsflüchtlinge, Gewalt gegen Zivilpersonen in bewaffneten Konflikten als Herausforderung für das Flüchtlingsrecht und den subsidiären Schutz, Tübingen 2012.

Markwald, Maya: Die Rechtsstellung von Trans*personen in Deutschland, 2020, abrufbar unter: <https://www.bpb.de/gesellschaft/gender/geschlechtliche-vielfalt-trans/308625/die-rechtsstellung-von-transpersonen-in-deutschland> (abgerufen am 1.3.2023) (zit. *Markwald*, Trans*personen in Deutschland, 2020).

Martiny, Dieter: Namensbildung und Freizügigkeit, Anm. zum Urt. des EuGH v. 14. 10. 2008 – Rs. C-353/06 (Grunkin-Paul), DNotZ 2009, S. 449–458.

Mast, Tobias: Der Schutz geschlechtlicher Identität, in: Daniel Bernhard Müller, Lars Dittrich (Hrsg.), Linien der Rechtsprechung des Bundesverfassungsgerichts, Berlin 2022, S. 329–358.

Maurer, Melina: Die Behandlung trans- und intergeschlechtlicher Personen im deutschen Recht de lege lata und de lege ferenda, Ein Überblick über ausgewählte Themen, in: Magdalena Januszkiewicz, Alina Post, Alexander Riegel et al. (Hrsg.), Geschlechterfragen im Recht, Interdisziplinäre Überlegungen, Berlin, Heidelberg 2021, S. 151–176.

Mayer, Claudia: Ordre public und Anerkennung der rechtlichen Elternschaft in internationalen Leihmutterschaftsfällen, RabelsZ 78 (2014), S. 551–591.

McLaren, Anne: Sex determination. What makes a man a man?, Nature 1990, S. 216–217.

Michael, Lothar/Morlok, Martin: Grundrechte, 8. Aufl., Baden-Baden 2023.

Meyer, Jürgen/Hölscheidt, Sven, Charta der Grundrechte der Europäischen Union, Kommentar, 5. Aufl., Baden-Baden 2019 (zit. *Bearbeiter*in*, in: Meyer/Hölscheidt, 2019).

Meyer-Ladewig, Jens/Nettesheim, Martin/Raumer/Stefan von, Europäische Menschenrechtskonvention, Handkommentar, 4. Aufl., Baden-Baden 2017 (zit. *Bearbeiter*in*, in: Meyer-Ladewig/Nettesheim/von Raumer, EMRK, 2017).

Michaels, Ralf: Mehr Freiheit wagen im Recht der Privatautonomie?, Rechtswahlfreiheit und religiöse Rechte, in: Anatol Dutta, Christian Heinze (Hrsg.), „Mehr Freiheit wagen", Beiträge zur Emeritierung von Jürgen Basedow, Tübingen 2019, S. 247–276.

–: The Functional Method of Comparative Law, in: Mathias Reimann, Reinhard Zimmermann (Hrsg.), The Oxford Handbook of Comparative Law, 2. Aufl., Oxford 2019, S. 345–389.

Michl, Fabian: Art. 7 I Richtlinie 2004/38/EG: Aufenthaltsrecht gleichgeschlechtlicher Ehepartner, Anm. zum Urt. des EuGH v. 5.6.2018 – Rs. C-673/16, FamRZ 2018, S. 1147–1148.

Möllers, Thomas: Juristische Methodenlehre, 4. Aufl., München 2021.

Money, John: The concept of gender identity disorder in childhood and adolescence after 39 years, Journal of Sex & Marital Therapy 1994, S. 163–177.

Money, John/Ehrhardt, Anke A.: „Männlich – weiblich", Die Entstehung der Geschlechtsunterschiede, Reinbek bei Hamburg 1975 (zit. *Money/Ehrhardt*, „Männlich – weiblich", 1975).

Money, John/Hampson, Joan G./Hampson, John: An examination of some basic sexual concepts: the evidence of human hermaphroditism, Bulletin of the Johns Hopkins Hospital 1955, S. 301–319.

Moron-Puech, Benjamin: From Assigning Sex to Affirming Gender, Remarks on an On-going Evolution Affecting Gender Identification, in: Eva Brems, Pieter Cannoot, Toon Moonen (Hrsg.), Protecting Trans Rights in the Age of Gender Self-Determination, Cambridge 2020, S. 55–72.

–: Le rejet du sexe neutre: une „mutilation juridique"?, Recueil Dalloz 2017, S. 1404–1408.

Muckel, Stefan: Beschränkung des Geschlechtseintrags auf „männlich" oder „weiblich" im Personenstandsregister verfassungswidrig, JA 2018, S. 154–157.

Mulder, Jule: EU Non-Discrimination Law in the Courts: Approaches to Sex and Sexualities Discrimination in EU Law, E.L. Rev. 2018, S. 461–464.

–: EU Non-Discrimination Law in the Courts, Approaches to Sex and Sexualities Discrimination in EU Law, Oxford 2017.

Müller-Mall, Sabine: Performative Rechtserzeugung, Eine theoretische Annäherung, Weilerswist 2012.

Münch, Ingo von/Kunig, Philipp/Kämmerer, Axel/Kotzur, Markus (Hrsg.)., Grundgesetz Kommentar, Band 1: Präambel bis Art. 69, 7. Aufl., München 2021 (zit. *Bearbeiter*in*, in: v. Münch/Kunig, 2021).

Münchener Kommentar zum Bürgerlichen Gesetzbuch – Säcker, Franz Jürgen/Rixecker, Roland/Oetker, Hartmut/Limperg, Bettina (Hrsg.)

Band 1: Allgemeiner Teil §§ 1–240, AllgPersönlR, ProstG, AGG, 9. Aufl., München 2021

Band 12: Internationale Privatrecht I, Europäisches Kollisionsrecht, Einführungsgesetz zum Bürgerlichen Gesetzbuche (Art. 1–26), 8. Aufl., München 2020

(zitiert: *Bearbeiter*in*, in: MüKo BGB, Aufl., Erscheinungsjahr).

Musielak, Hans-Joachim/Borth, Helmut/Frank, Martin (Hrsg.), Familiengerichtliches Verfahren, 1. und 2. Buch: Kommentar, 7. Aufl., München 2022 (zit. *Bearbeiter*in*, in: Musielak/Borth/Frank, FamFG, 2022).

Neuhaus, Paul Heinrich: Abschied von Savigny?, RabelsZ 46 (1982), S. 4–25.

Ní Mhuirthile, Tanya: The Legal Status of Intersex Persons in Malta, in: Jens M. Scherpe, Anatol Dutta, Tobias Helms (Hrsg.), The Legal Status of Intersex Persons, Cambridge, Antwerpen, Chicago 2018, S. 357–367.

Niedenthal, Katrin: Rechtliche Wege zur Anerkennung geschlechtlicher Vielfalt, in: Melanie Groß, Katrin Niedenthal (Hrsg.), Geschlecht: divers, Die „Dritte Option" im Personenstandsgesetz – Perspektiven für die soziale Arbeit, Pädagogik, Bielefeld 2021, S. 27–44.

Nieder, Timo/Briken, Peer/Güldenring, Annette: Geschlechtsinkongruenz, -dysphorie und Trans*-Gesundheit, InFo Neurologie & Psychiatrie 2016, S. 38–49.

Nieder, Timo/Briken, Peer/Richter-Appelt, Hertha: Transgender, Transsexualität und Geschlechtsdysphorie: Aktuelle Entwicklungen in Diagnostik und Therapie, PPmP 2014, S. 232–245.

Nieder, Timo/Jordan, Kirsten/Richter-Appelt, Hertha: Zur Neurobiologie transsexueller Entwicklungen, Eine Diskussion der Befunde zu Sexualdifferenzierung, zu geschlechtsatypischen Verhaltensweisen und zur Geschlechtsidentität, ZfSf 2011, S. 199–227.

Nordmeier, Carl Friedrich: Stand, Perspektiven und Grenzen der Rechtslagenanerkennung im europäischen Rechtsraum anhand Entscheidungen mitgliedstaatlicher Gerichte, IPRax 2012, S. 31–40.

–: Unionsbürgerschaft, EMRK und ein Anerkennungsprinzip: Folgen der namensrechtlichen EuGH-Rechtsprechung für Statusentscheidungen, StAZ 2011, S. 129–141.

Oakley, Ann: Sex, Gender and Society, New York 1972.

O'Flaherty, Michael/Fisher, John: Sexual Orientation, Gender Identity and International Human Rights Law: Contextualising the Yogyakarta Principles, Hum. Rights Law Rev. 2008, S. 207–248.

Oldemeier, Kerstin: Geschlechtlicher Neuanfang, Narrative Wirklichkeiten junger divers* und trans*geschlechtlicher Menschen, Opladen, Berlin, Toronto 2021.

Ono, Makoto/Harley, Vincent R.: Disorders of sex development: new genes, new concepts, Nature Reviews Endocrinology 2013, S. 79–91.

Oppelt, Patricia G.: Embryologie der weiblichen Geschlechtsmerkmale, in: Patricia G. Oppelt, Helmuth-Günther Dörr (Hrsg.), Kinder- und Jugendgynäkologie, 2015, S. 31–35.

Pasterski, Vickie: Gender Identity and Intersex Conditions, in: Jens M. Scherpe, Anatol Dutta, Tobias Helms (Hrsg.), The Legal Status of Intersex Persons, Cambridge, Antwerpen, Chicago 2018, S. 65–80.

Paulitz, Tanja: Die Überwindung der Sex /Gender Unterscheidung als Errungenschaft der Gender Studies?, Zur Problematik eines dominanten Narrativs, Feministische Studien 2021, S. 352–372.

Pawlowski, Hans-Martin: Anm. zum Beschl. des BVerfG v. 18.7.2006 – 1 BvL 1/04, JZ 2007, S. 413– 415.

Petersen, Niels: Deutsches und Europäisches Verfassungsrecht II, Grundrechte und Grundfreiheiten, 2. Aufl., München 2022 (zit. *Petersen*, Verfassungsrecht II, 2022).

Petričević, Marija: Rechtsfragen zur Intergeschlechtlichkeit, Wien 2017.

Pfäfflin, Friedemann: Transgenderism and Transsexuality: Medical and Psychological Viewpoints, in: Jens M. Scherpe (Hrsg.), The Legal Status of Transsexual and Transgender Persons, Cambridge, Antwerpen, Portland 2015, S. 11–23.

–: Transgender Politics, in: Katinka Schweizer, Franziska Brunner, Susanne Cerwenka et al. (Hrsg.), Sexualität und Geschlecht, Psychosoziale, kultur- und sexualwissenschaftliche Perspektiven, Festschrift für Hertha Richter-Appelt, Gießen 2014, S. 55–62.

Pika, Maximilian/Weller, Marc-Philippe: Privatscheidungen zwischen Europäischem Kollisions- und Zivilprozessrecht, IPRax 2017, S. 65–72.

Pintens, Walter: Entwicklungen im belgischen Personen- und Familienrecht 2018–2019, FamRZ 2019, S. 1488–1490.

–: Familienrecht und Rechtsvergleichung in der Rechtsprechung des Europäischen Gerichtshofes für Menschenrechte, FamRZ 2016, S. 341–351.

Plett, Konstanze: Begrenzte Toleranz des Rechts gegenüber individueller sexueller Identität, in: Konstanze Plett, Marion Hulverscheidt (Hrsg.), Geschlechterrecht, Aufsätze zu Recht und Geschlecht – vom Tabu der Intersexualität zur Dritten Option, Bielefeld 2021, S. 179–195 (zit. *Plett*, in: Plett/Hulverscheidt (Hrsg.), Geschlechterrecht, 2021, 179).

–: Das unterschätzte Familienrecht, in: Konstanze Plett, Marion Hulverscheidt (Hrsg.), Geschlechterrecht, Aufsätze zu Recht und Geschlecht – vom Tabu der Intersexualität zur Dritten Option, Gender Studies, Bielefeld 2021, S. 125–137 (zit. *Plett*, in: Plett/Hulverscheidt (Hrsg.), Geschlechterrecht, 2021, 125).

–: Geschlecht im Recht – Eins, zwei, drei, viele?, in: Konstanze Plett, Marion Hulverscheidt (Hrsg.), Geschlechterrecht, Aufsätze zu Recht und Geschlecht – vom Tabu der Intersexualität zur Dritten Option, Gender Studies, Bielefeld 2021, S. 213–230 (zit. *Plett*, in: Plett/Hulverscheidt (Hrsg.), Geschlechterrecht, 2021, 213).

–: Intersex und Menschenrechte, in: Konstanze Plett, Marion Hulverscheidt (Hrsg.), Geschlechterrecht, Aufsätze zu Recht und Geschlecht – vom Tabu der Intersexualität zur Dritten Option, Gender Studies, Bielefeld 2021, S. 159–178 (*Plett*, in: Plett/Hulverscheidt (Hrsg.), Geschlechterrecht, 2021, 159).

–: Tertium datur – endlich, Zur Entscheidung des Bundesverfassungsgerichts zum dritten Geschlecht, in: Konstanze Plett, Marion Hulverscheidt (Hrsg.), Geschlechterrecht, Aufsätze zu Recht und Geschlecht – vom Tabu der Intersexualität zur Dritten Option, Gender Studies, Bielefeld 2021, S. 353–365 (zit. *Plett*, in: Plett/Hulverscheidt (Hrsg.), Geschlechterrecht, 2021, 353).

–: Männlich, weiblich, divers oder „ohne" – Zum Personenstand intergeschlechtlich Geborener im deutschen Recht, in: Elisabeth Greif (Hrsg.), No Lessons from the Intersexed?, Anerkennung und Schutz intergeschlechtlicher Menschen durch Recht, Linz 2019, S. 10–33 (zit. *Plett*, in: Hrsg.), No Lessons from the Intersexed, 2019).

–: Trans* und Inter* im Recht: Alte und neue Widersprüche, in: Maximilian Schochow, Saskia Gehrmann, Florian Steger (Hrsg.), Inter*- und Trans*identitäten, Ethische, soziale und juristische Aspekte, Originalausgabe, Gießen 2016, S. 215–230.

–: Das unterschätzte Familienrecht, Zur Konstruktion von Geschlecht im Recht, in: Mechthild Koreuber, Ute Mager (Hrsg.), Recht und Geschlecht, Zwischen Gleichberechtigung, Gleichstellung und Differenz, Baden-Baden 2004, S. 109–119.

Ponseti, Jorge/Stirn, Aglaja: Wie viele Geschlechter gibt es und kann man sie wechseln?, ZfSf 2019, S. 131–147.

Posocco, Silvia: Gender Identity, in: Mary Evans, Carolyn H. Williams (Hrsg.), Gender, The Key Concepts, London 2013, S. 107–112.

Preuss, Wilhelm F.: Geschlechtsdysphorie, Transidentität und Transsexualität im Kindes- und Jugendalter, Diagnostik, Psychotherapie und Indikationsstellungen für die hormonelle Behandlung, 3. Aufl., München 2021.

Prütting, Hanns/Helms, Tobias (Hrsg.), FamFG: Gesetz über das Verfahren in Familiensachen und in den Angelegenheiten der freiwilligen Gerichtsbarkeit, Kommentar, 6. Aufl., Köln 2023 (zit. *Bearbeiter*in*, in: Prütting/Helms, FamFG, 2023).

Pschyrembel, Willibald: Pschyrembel Klinisches Wörterbuch, 267. Aufl., Berlin, Boston 2017.

Quinan, Christine/Hunt, Mina: Non-binary gender markers: Mobility, migration, and media reception in Europe and beyond, EJWS 2021, S. 1–11.

Quinan, Christine/Molitor, Verena/van den Brink, Marjolein/Zimenkova, Tatiana: Framing gender identity registration amidst national and international developments: Introduction to 'Bodies, identities, and gender regimes: Human rights and legal aspects of gender identity registration', International Journal of Gender, Sexuality and Law 2020, S. 1–25.

Raape, Leo: Internationales Privatrecht, 5. Aufl., Berlin, Frankfurt a.M. 1961.

Rabe, Lea: Parität und demokratische Gleichheit: Eine intersektionale Analyse, in: Elisabeth Dux, Johanna Groß, Julia Kraft et al. (Hrsg.), FRAU.MACHT.RECHT., 100 Jahre Frauen in juristischen Berufen, Schriften zur Gleichstellung Band 31, Baden-Baden 2023, S. 201–219 (zit. *Rabe*, in: Dux/Groß/Kraft et al. (Hrsg.), Frau.Macht. Recht, 2023).

Radacic, Ivana: Gender Equality Jurisprudence of the European Court of Human Rights, EJIL 2008, S. 841–857.

Radde, Leon: Grundzüge des Transsexuellenrechts, ZJS 2018, S. 122–128.

Rademacher, Lukas: Die Abwehr anstößigen Familien- und Erbrechts: Zwischen Toleranz und Geschlechtergleichstellung, in: Caroline S. Rupp (Hrsg.) in Gemeinschaft mit Jennifer Antomo, Konrad Duden, Malte Kramme, Tobias Lutzi, Martina Melcher, Friederike Pförtner, Sören Segger-Piening, Stephan Walter, IPR zwischen Tradition und Innovation, Tübingen 2019, S. 121–140 (zit. *Rademacher*, in: Rupp (Hrsg.), IPR zwischen Tradition und Innovation, 2019).

Rädler, Julia: Das dritte Geschlecht, Rechtsfragen und Rechtsentwicklung, Berlin 2019.

Rauchfleisch, Udo: Wie steht es mit der Vielfalt der Geschlechter und der Selbstbestimmung im Transdiskurs?, Eine Herausforderung für Psychiatrie, Psychologie und Psychotherapie, in: Claudia Maier-Höfer, Gerhard Schreiber (Hrsg.), Praktiken von Transdiskursen, Ein multidisziplinärer Zugang, Wiesbaden 2022, S. 17–28.

–: Transsexualismus – Genderdysphorie – Geschlechtsinkongruenz – Transidentität, Der schwierige Weg der Entpathologisierung, Göttingen, 2019 (zit. *Rauchfleisch*, Transidentität, 2019).

–: Transsexualität – Transidentität, Begutachtung, Begleitung, Therapie, 4. Aufl., Göttingen 2014 (zit. *Rauchfleisch*, Transsexualität – Transidentität, 2014).

Reed, Kate: The Body, in: Mary Evans, Carolyn H. Williams (Hrsg.), Gender, The Key Concepts, London 2013, S. 13–18.

Reibetanz, Christopher/Wendland, Charlotte: „Inner and Outer Conflicts", Drittstaatensachverhalte und die Neutralität des EU-IPR, in: Konrad Duden (Hrsg.) in Gemeinschaft mit Christiane von Bary, Kristin Boosfeld, Florian Heindler, Nicola Kleinjohann, Tobias Lutzi, Alix Schulz, Christine Toman, Denise Wiedemann und Felix M. Wilke, IPR für eine bessere Welt, Vision – Realität – Irrweg?, Tübingen 2022, S. 17–33 (zit. *Reibetanz/Wendland*, in: Duden (Hrsg.), IPR für eine bessere Welt, 2022).

Reimer, Franz: Juristische Methodenlehre, 2. Aufl., Baden-Baden 2020.

Renchon, Jean-Louis: Le nouveau régime juridique du changement de sexe, Rev. Droit Fam. 2018, S. 229–275.

Rentsch, Bettina: Geschlechtergerechtigkeit in der Gesellschaft der Singularitäten, in: Elisabeth Dux, Johanna Groß, Julia Kraft et al. (Hrsg.), FRAU.MACHT.RECHT., 100 Jahre Frauen in juristischen Berufen, Schriften zur Gleichstellung Band 31, Baden-Baden 2023, S. 221–238 (zit. *Rentsch*, in: Dux/Groß/Kraft et al. (Hrsg.), Frau.Macht. Recht, 2023).

–: Der gewöhnliche Aufenthalt im System des Europäischen Kollisionsrechts, Dissertation, Tübingen 2016 (zit. *Rentsch*, Der gewöhnliche Aufenthalt, 2016).

–: Die Zukunft des Personalstatuts im gewöhnlichen Aufenthalt, Zugleich Erwiderung auf Louis d'Avout, La lex personalis entre nationalité, domicile et résidence habituelle, in FS Audit, 2014, 15, ZEuP 2015, S. 288–312.

Reuß, Philipp: Anerkennung der Geburtsurkunde eines Kindes mit gleichgeschlechtlichen Eltern, Anmerkung zum Urt. des EuGH v. 14.12.2021 – C-490/20 (VMA/Stolichna obshtina, rayon „Pancharevo"), NJW 2022, S. 679–680.

–: Der Abschied von der Binarität – Einige Perspektiven zur Einführung eines dritten Geschlechts in Deutschland, StAZ 2019, S. 42–47.

Reuter, Dieter: Rechtsfähigkeit und Rechtspersönlichkeit, Rechtstheoretische und rechtspraktische Anmerkungen zu einem großen Thema, AcP 207 (2007), S. 673–717.

Richards, Christina/Bouman, Walter Pierre/Seal, Leighton/Barker, Meg John/Nieder, Timo/T'Sjoen, Guy: Non-binary or genderqueer genders, International Review of Psychiatry 2016, S. 95–102.

Richarz, Theresa/Sanders, Anne: Trans Rights in Germany, in: Isabel C. Jaramillo, Laura Carlson (Hrsg.), Trans Rights and Wrongs, A Comparative Study of Legal Reform Concerning Trans Persons, Springer eBook Collection Bd. 54, Cham 2021, S. 279–303.

Richter-Appelt, Hertha: Sex und Gender – neue Erkenntnisse der Sexualforschung, in: Beate Wimmer-Puchinger, Karin Gutiérrez-Lobos, Anita Riecher-Rössler (Hrsg.), Irrsinnig weiblich – Psychische Krisen im Frauenleben, Hilfestellung für die Praxis, Berlin, Heidelberg 2016, S. 107–120.

–: Intersexualität nicht Transsexualität., Abgrenzung, aktuelle Ergebnisse und Reformvorschläge, Bundesgesundheitsbl. 2013, S. 240–249.

–: Geschlechtsidentität und -dysphorie, APuZ 2012, S. 22–27.

–: Intersexualität: Störungen der Geschlechtsentwicklung, Bundesgesundheitsbl 2007, S. 52–61.

–: Vom Körper zur Geschlechtsidentität, in: Hertha Richter-Appelt, Andreas Hill (Hrsg.), Geschlecht zwischen Spiel und Zwang, Gießen 2004, S. 93–112.

Rieks, Julia: Anerkennung im Internationalen Privatrecht, Baden-Baden 2012.

Rixen, Stephan: Geschlechtertheorie als Problem der Verfassungsauslegung, JZ 2018, S. 317–327.

Röhner, Cara: Die falsche Anrede nicht-binärer Personen beim Online-Einkauf, JZ 2022, S. 1007–1012.

–: Ungleichheit und Verfassung, Vorschlag für eine relationale Rechtsanalyse, Weilerswist 2019.

–: Mehr als zwei Geschlechter, Dritte Option erfolgreich vor dem Bundesverfassungsgericht, in: Till Müller-Heidelberg, Marei Pelzer, Martin Heiming et al. (Hrsg.), Grundrechte-Report, Frankfurt a.M. 2018, S. 71–75.

–: Inter/diverse Rechtssubjekte?, in: Till Müller-Heidelberg, Elke Steven, Marei Pelzer et al. (Hrsg.), Grundrechte-Report, Frankfurt a.M. 2017, S. 27–31.

Ross, Mark/Grafham, Darren/Bentley, David/et al.: The DNA sequence of the human X chromosome, Nature 2005, S. 325–337.

Roßbach, Susanna: Kollisionsrecht und Geschlecht im Wandel, Die internationalprivatrechtliche Behandlung der Geschlechtszugehörigkeit *de lege lata* und *de lege ferenda*, in: Konrad Duden (Hrsg.) in Gemeinschaft mit Christiane von Bary, Kristin Boosfeld, Florian Heindler, Nicola Kleinjohann, Tobias Lutzi, Alix Schulz, Christine Toman, Denise Wiedemann und Felix M. Wilke, IPR für eine bessere Welt, Vision – Realität – Irrweg?, Tübingen 2022, S. 125–143 (zit. *Roßbach*, in: Duden (Hrsg.), IPR für eine bessere Welt, 2022).

Roth, Markus: Anm. zum Beschl. des BVerfG v. 18.7.2006 –1 BvL 1/04, StAZ 2007, S. 17.

Röthel, Anne: Autonomie im Familienrecht der Gegenwart, JZ 2017, S. 116.

–: Inländerprivilegien und Grundrechtsschutz der Transsexualität: Gleichwertigkeit von Staatsangehörigkeits- und Aufenthaltsanknüpfung?, IPRax 2007, S. 204–207.

Rubin, Gayle: The Traffic in Women: Notes on the „Political Economy" of Sex, in: Rayna R. Reiter (Hrsg.), Toward an Anthropology of Women, New York 1975, S. 157–210.

Rüthers, Bernd/Fischer, Christian/Birk, Axel: Rechtstheorie und juristische Methodenlehre, 12. Aufl., München.

Ryšánková, Irena: „Anerkennung" der Abstammung in der EU: Zum Urt. des EuGH v. 14.12.2021 – Rs. C-490/20 „Pancharevo", StAZ 2022, S. 72–77.

Sachs, Michael: Grundrechte: Schutz der geschlechtlichen Identität, Anm. zum Beschl. des BVerfG v. 10.10.2017 – 1 BvR 2019/16, JuS 2018, S. 399–402.

–: Grundgesetz, Kommentar, 8. Aufl., München 2018 (zit. *Bearbeiter*in*, in: Sachs, Grundgesetz, 2018).

Sacksofsky, Ute: Autonomie und Fürsorge, KJ 2021, S. 47–61.

–: Geschlechterforschung im Öffentlichen Recht, in: Susanne Baer, Oliver Lepsius, Christoph Schönberger et al. (Hrsg.), JöR, Tübingen 2019, S. 377–402.

–: Rechtswissenschaft: Geschlechterforschung im Recht – Ambivalenzen zwischen Herrschafts- und Emanzipationsinstrument, in: Beate Kortendiek, Birgit Riegraf, Katja Sabisch (Hrsg.), Handbuch Interdisziplinäre Geschlechterforschung, Wiesbaden 2019, S. 631–641.

–: Grundrechtlicher Schutz für Transsexuelle in Deutschland und Europa, in: Christine Hohmann-Dennhardt, Peter Masuch, Mark E. Villiger (Hrsg.), Grundrechte und Solidarität, Durchsetzung und Verfahren: Festschrift für Renate Jaeger, Kehl am Rhein 2011, S. 675–702.

–: Was ist feministische Rechtswissenschaft?, ZRP 2001, S. 412–417.

–: Das Grundrecht auf Gleichberechtigung, Eine rechtsdogmatische Untersuchung zu Artikel 3 Absatz 2 des Grundgesetzes, Baden-Baden 1991.

Sahner, Andreas: Materialisierung der Rechtswahl im Internationalen Familienrecht, Zur Bedeutung des Schwächerenschutzes im Europäischen Kollisionsrecht, Tübingen 2019.

Sanders, Anne: Hat das Recht ein Geschlecht?, NZFam 2018, S. 241–243.

Satzinger, Helga: Natur, Politik und Geschlechterdifferenz: Zum Problem, sich in der Geschlechterdebatte auf Naturwissenschaften zu beziehen, in: Mechthild Koreuber, Birthe Aßmann (Hrsg.), Das Geschlecht in der Biologie, Aufforderung zu einem Perspektivwechsel, Baden-Baden 2018, S. 43–80.

Sauer, Arn/Meyer, Erik: Wie ein grünes Schaf in einer weißen Herde, Lebenssituationen und Bedarfe von jungen Trans*-Menschen in Deutschland, Forschungsbericht zu „TRANS* – JA UND?!" als gemeinsames Jugendprojekt des Bundesverbands Trans* (BVT*) e.V.i.G. und des Jugendnetzwerks Lambda e.V., Berlin 2020 (zit. *Sauer/E. Meyer*, Lebenssituationen und Bedarfe von jungen Trans*-Menschen, 2020).

Savigny, Friedrich Carl von: System des heutigen römischen Rechts, Band VIII, Berlin 1849.

Schabram, Greta: „Kein Geschlecht bin ich ja nun auch nicht.", Sichtweisen intergeschlechtlicher Menschen und ihrer Eltern zur Neuregelung des Geschlechtseintrags, Berlin 2017 (zit. *Schabram*, Sichtweisen intergeschlechtlicher Menschen, 2017).

Schack, Haimo: Internationales Zivilverfahrensrecht, Mit internationalem Insolvenzrecht und Schiedsverfahrensrecht, 8. Aufl., München 2021.

Scherpe, Jens M.: Formal recognition of adult relationships and legal gender in a comparative perspective, in: Chris Ashford, Alexander Maine (Hrsg.), Research Handbook on Gender, Sexuality and the Law, Cheltenham, Northampton 2020, S. 17–31.

–: Comparative Family Law, in: Mathias Reimann, Reinhard Zimmermann (Hrsg.), The Oxford Handbook of Comparative Law, 2. Aufl., Oxford 2019, S. 1089–1109.

–: Mehr Freiheit wagen im Familienrecht, Entgeschlechtlichung des Rechts, in: Anatol Dutta, Christian Heinze (Hrsg.), „Mehr Freiheit wagen", Beiträge zur Emeritierung von Jürgen Basedow, Tübingen 2019, S. 73–88.

–: Lessons from the Legal Development of the Legal Status of Transsexual and Transgender Persons, in: Jens M. Scherpe, Anatol Dutta, Tobias Helms (Hrsg.), The Legal Status of Intersex Persons, Cambridge, Antwerpen, Chicago 2018, S. 203–216.

–: Anm. zum Beschl. des BVerfG v. 18.7.2006 – 1 BvL 1/04, FamRZ 2007, S. 270–272.

Scherpe, Jens M./Dunne, Peter: The Legal Status of Transsexual and Transgender Persons – Comparative Analysis and Recommendations, in: Jens M. Scherpe (Hrsg.), The Legal Status of Transsexual and Transgender Persons, Cambridge, Antwerpen, Portland 2015, S. 615–663.

Schinkels, Boris: Personenstandsrechtlicher Sprechakt über die eigene Genderidentität, Reform von § 45b PStG und Meinungsäußerungsfreiheit, ZRP 2022, S. 222–226.

Schirmer, Uta: Soziologische Forschungsperspektiven zu Trans* im deutschsprachigen Raum, in: BMFSFJ (Hrsg.), Gutachten: Begrifflichkeiten, Definitionen und disziplinäre Zugänge zu Trans- und Intergeschlechtlichkeiten, Begleitmaterial zur Interministeriellen Arbeitsgruppe Inter- & Transsexualität, Berlin 2015, S. 41–49 (zit. *Schirmer*, BMFSFJ (Hrsg.), Gutachten Trans- und Intergeschlechtlichkeit, 2015).

Schlürmann, Lucienne: Ausländische Geburtsurkunden im französischen Abstammungsrecht – Fort- und Rückschritte eines Anerkennungsprinzips im IPR, StAZ 2022, S. 257–265.

–: Das Personalstatut im französischen IPR, Ideengeschichte und Methodik des statut personnel, Tübingen 2022 (zit. *Schlürmann*, Das Personalstatut im französischen IPR, 2022).

Schmidt, Anja: Das Recht „auf Anerkennung der selbstbestimmten geschlechtlichen Identität" gemäß Art. 2 I, 1 I GG im Hinblick auf den geschlechtlichen Personenstand, in: Maximilian Schochow, Saskia Gehrmann, Florian Steger (Hrsg.), Inter*- und Trans*identitäten, Ethische, soziale und juristische Aspekte, Gießen 2016, S. 231–256.

Schmidt, Gunter: John Money, in: Volkmar Sigusch, Günter Grau (Hrsg.), Personenlexikon der Sexualforschung, Frankfurt a.M. 2009, S. 521–526.

Schmidt-Bleibtreu, Bruno/Hofmann, Hans/Henneke, Hans-Günter (Hrsg.), GG – Grundgesetz, Köln
13. Aufl., 2014 (zit. *Bearbeiter*in*, in: Schmidt-Bleibtreu/Hofman/Hennecke, 2014).
14. Aufl., 2018 (zit. *Bearbeiter*in*, in: Schmidt-Bleibtreu/Hofman/Hennecke, 2018).

Schmitz, Heribert/Bornhofen, Heinrich/Müller, Ilona: Allgemeine Verwaltungsvorschrift zum Personenstandsgesetz, PStG-VwV mit Erläuterungen, 3. Aufl., Frankfurt a.M., Berlin 2021.

Schneider, Frank/Frister, Helmut/Olzen, Dirk: Begutachtung Psychischer Störungen, 4. Aufl., Berlin, Heidelberg 2020.

Schnettger, Anita: Verbundidentität, Schutzgehalt, Funktionen und gerichtliche Durchsetzung des Art. 4 Abs. 2 S. 1 Var. 2 EUV, Tübingen 2020.

Schrott, Nina: Intersex-Operationen, Die strafrechtliche Bewertung geschlechtsbestimmender Operationen an intersexuell geborenen Minderjährigen unter besonderer Berücksichtigung stellvertretender elterlicher Einwilligung, Baden-Baden 2020.

Schulte, Henrike: Zur Übertragbarkeit der Margin-of-appreciation-Doktrin des EGMR auf die Rechtsprechung des EuGH im Bereich der Grundfreiheiten, Baden-Baden 2018 (zit. *Schulte*, Margin-of-appreciation-Doktrin des EGMR, 2018).

Schulte-Bunert, Kai/Weinreich, Gerd (Hrsg.), Kommentar des FamFG, 6. Aufl. Köln 2020 (zit. *Bearbeiter*in*, in: Schulte-Bunert/Weinreich, FamFG, 2020).

Schulz, Alix: Geschlechtliche Selbstbestimmung im IPR – Auf dem Weg zu einem neuen Art. 7a EGBGB, IPRax 2024/Heft 1 i.E.

–: Anm. zum Urt. des EGMR v. 31.1.2023 – Nr. 76888/17, Y/Frankreich; FamRZ 2023, S. 450–453.

–: Geschlechtliche Selbstbestimmung im Recht – Aktuelle Kontroversen und Reformbestrebungen, in: Christiane von Bary (Hrsg.), Aktuelle Reformen im Familienrecht – ein interdisziplinärer Blick, Frankfurt a.M., 2023, S. 103–120.

–: Trans*-Elternschaft: Elternbezeichnung und einzutragender Vorname des gebärenden Elternteils, Anm. zum Beschl. des BGH v. 26.1.2022 – XII ZB 127/19, FamRZ 2022, S. 702–704.

–: Art. 8, 14 EMRK: Keine Verpflichtung zur Ausstellung eines geschlechtsneutralen Reisepasses, Anm. zum Urt. des UK Supreme Court Urt. v. 15.12.2021, FamRZ 2022, S. 366–367.

–: Geschlechtervielfalt in Europa – Art. 8 EMRK als Katalysator der mitgliedstaatlichen Rechtsentwicklung, ZEuP 2021, S. 64–87.

Schulz, Alix/Valentiner, Dana-Sophia: Europäische Impulse für eine Reform des Abstammungsrechts, FamRZ 2023, S. 662–665.

Schulze, Reiner/Dörner, Heinrich/Ebert, Ina: Bürgerliches Gesetzbuch, Handkommentar, 11. Aufl., Baden-Baden 2021 (zit. *Bearbeiter*in*, in: Schulze, HK-BGB, 2021).

Schuster, Britt-Marie: Doing Gender: Sprachliche Formen – kommunikative Funktionen – kulturelle Traditionen, in: Barbara Rendtorff (Hrsg.), Geschlechterforschung, Theorien, Thesen, Themen zur Einführung, Stuttgart 2011, S. 76–91.

Schwamborn, Martin: Maßstäbe der europäischen Integration, Möglichkeiten und Grenzen eines maßstabsorientierten Kooperationsverhältnisses zwischen BVerfG und EuGH, Tübingen 2022.

Schwarz, Anna Lisa: Geschlechterquote und Zielgrößenfestlegung in Kapitalgesellschaften, Baden-Baden 2019.

Schweizer, Katinka: Körperliche Geschlechtsentwicklung und zwischengeschlechtliche Formenvielfalt, in: Katinka Schweizer, Ralf Binswanger, Volkmar Sigusch (Hrsg.), Intersexualität kontrovers, Grundlagen, Erfahrungen, Positionen, Gießen 2012, S. 43–67.

–: Sprache und Begrifflichkeiten, Intersexualität benennen, in: Katinka Schweizer, Ralf Binswanger, Volkmar Sigusch (Hrsg.), Intersexualität kontrovers, Grundlagen, Erfahrungen, Positionen, Gießen 2012, S. 19–39.

Schweizer, Katinka/Brunner, Franziska/Gedrose, Benjamin/Handford, Christina/Richter-Appelt, Hertha: Coping With Diverse Sex Development: Treatment Experiences and Psychosocial Support During Childhood and Adolescence and Adult Well-Being, Journal of pediatric psychology 2017, S. 504–519.

Schweizer, Katinka/Köster, Eva Maria/Richter-Appelt, Hertha: Varianten der Geschlechtsentwicklung und Personenstand, Psychotherapeut 2019, S. 106–112.

Schweizer, Katinka/Richter-Appelt, Hertha: Dimensionen von Geschlecht, Frühe Kindheit 2010, S. 13–17.

Schwemmer, Anja Sophia: Anknüpfungsprinzipien im Europäischen Kollisionsrecht, Integrationspolitische Zielsetzungen und das Prinzip der engsten Verbindung, Tübingen 2018.

Seikowski, Kurt: Zur Problematik der Psychopathologisierung von Transsexualität, Ein Update, in: Claudia Maier-Höfer, Gerhard Schreiber (Hrsg.), Praktiken von Transdiskursen, Ein multidisziplinärer Zugang, Wiesbaden 2022, S. 29–44.

Sharpston, Eleanor: European Citizenship and Social Rights?, The Views of the Advocates General and the Court, in: Christian Calliess (Hrsg.), Europäische Solidarität und nationale Identität, Überlegungen im Kontext der Krise im Euroraum, Tübingen 2013, S. 159–170.

Sieberichs, Wolf: Die diversen Geschlechter, FamRZ 2019, S. 329–334.

Siede, Walther: Abstammung: Anerkennung der Vaterschaft durch einen Frau-zu-Mann-Transsexuellen, Anm. zum Beschl. des OLG Schleswig v. 4.6.2019 – 2 Wx 45/19, FamRB 2020, S. 191–192.

Siedenbiedel, Mirjam: Selbstbestimmung über das eigene Geschlecht, Baden-Baden 2016.

Siegert, Greta: Der ordre public im Internationalen Eheschließungsrecht, Eine rechtsvergleichende Untersuchung, Berlin 2022.

Simon, Sven: Rechtskulturelle Differenzen in Europa, AöR 143 (2018), S. 597–622.

Sommer, Erik: Der Einfluss der Freizügigkeit auf Namen und Status von Unionsbürgern, Zu den Auswirkungen des Gemeinschaftsrechts auf hinkende Rechtslagen im internationalen Familien- und Namensrecht, Jena 2009.

Spickhoff, Andreas: (Hrsg.): Kurzkommentar Medizinrecht, 4. Aufl., München 2022 (zit. *Bearbeiter*in*, in: Spickhoff, Medizinrecht, 2022).

–: Sorgerecht und geschlechtliche Zuordnung, in: Rainer Kanzleiter, Dieter Schwab (Hrsg.), Familienrecht zwischen Tradition und Innovation, Festschrift für Elisabeth Koch zum 70. Geburtstag am 5. September 2019, 2019, S. 529–542.

–: Der ordre public im internationalen Privatrecht, Entwicklung – Struktur – Konkretisierung, Neuwied, Frankfurt a.M. 1989.

Stark, Alexander: Interdisziplinarität der Rechtsdogmatik, Tübingen 2020.

Staudinger (Begr.), Kommentar zum Bürgerlichen Gesetzbuch
Buch 1: Allgemeiner Teil: §§ 90–124; §§ 130–133 (Sachbegriff, Geschäftsfähigkeit, Willenserklärung, Anfechtung, Auslegung), Berlin 2018
Einleitung zum IPR, Berlin 2019
EGBGB/IPR Einführungsgesetz zum Bürgerlichen Gesetzbuche/IPR: Artikel 7–12, 47, 48 EGBGB (Internationales Recht der natürlichen Personen und der Rechtsgeschäfte) Berlin 2019
(zit.: *Bearbeiter*in*, in: Staudinger BGB, Werkstand, Updatestand).

Steiner, Jan-Mark: Die Sanktionierung der flexiblen Frauenquote in Großunternehmen, Köln 2018.

Steinke, Ronen: Gerichte schauen nicht mehr auf Genitalien, Anmerkungen zur achten Entscheidung des Bundesverfassungsgerichts zur Transsexualität, KJ 2011, S. 313–320.

Stern, Claudia: Das Staatsangehörigkeitsprinzip in Europa, Die Vereinbarkeit der kollisionsrechtlichen Staatsangehörigkeitsanknüpfung mit dem gemeinschaftsrechtlichen Diskriminierungsverbot, Baden-Baden 2008.

Sternal, Werner (vormals Keidel) (Hrsg.), FamFG: Gesetz über das Verfahren in Familiensachen und in den Angelegenheiten der freiwilligen Gerichtsbarkeit, Kommentar, 21. Aufl., München 2023 (zit. *Bearbeiter*in*, in: Sternal, FamFG, 2023).

Stévant, Isabelle/Papaioannou, Marilena/Nef, Serge: A brief history of sex determination, Molecular and Cellular Endocrinology 2018, S. 3–10.

Stoller, Robert J.: Sex and Gender: On the Development of Masculinity and Femininity, London 1968.

Streinz, Rudolf: Die Europäisierung des Familienrechts, Unionsrechtliche Ansätze und verfassungsrechtliche Grenzen, in: Katharina Lugani, Dominique Jakob, Gerald Mäsch et al. (Hrsg.), Zwischenbilanz, Festschrift für Dagmar Coester-Waltjen zum 70. Geburtstag am 11. Juli 2015, Bielefeld 2015, S. 271–285 (zit. *Streinz*, in: Lugani/Jakob/Mäsch et al. (Hrsg.), Festschrift Coester-Waltjen, 2015).

Streinz, Rudolf: Europarecht, 11. Aufl., Heidelberg 2019.

Streinz, Rudolf/Michl, Walther (Hrsg.), EUV/AEUV, Vertrag über die Europäische Union, Vertrag über die Arbeitsweise der Europäischen Union, Charta der Grundrechte der Europäischen Union, 3. Aufl., München 2018 (zit. *Bearbeiter*in*, in: Streinz, EUV/AEUV, 2018).

Stüber, Stephan: Anm. zum Beschl. des BVerfG v. 27.5.2008 – 1 BvL 10/05, JZ 2009, S. 49–52.

Stübler, Marie Louise/Becker-Hebly, Inga: Sexuelle Erfahrungen und sexuelle Orientierung von Transgender-Jugendlichen, ZfSf 2019, S. 5–16.

Stürner, Michael: Der ordre public im Europäischen Kollisionsrecht, in: Stefan Arnold (Hrsg.), Grundfragen des Europäischen Kollisionsrechts, Tübingen 2016, S. 87–104.

Sudai, Maayan: Revisiting the Limits of Professional Autonomy: The Intersex Rights Movement, Harv. J. Law Gend. 2018, S. 1–54.

Tamm, Ditlev/Lund-Andersen, Ingrid: The Civil Status of Trans Persons in Denmark, in: Isabel C. Jaramillo, Laura Carlson (Hrsg.), Trans Rights and Wrongs, A Comparative Study of Legal Reform Concerning Trans Persons, Cham 2021, S. 451–462.

Theilen, Jens: European Consensus between Strategy and Principle, The Uses of Vertically Comparative Legal Reasoning in Regional Human Rights Adjudication, Baden-Baden 2021.

–: Developments in German Civil Status Law on the Recognition of Intersex and Non-Binary Persons: Subversion Subverted, in: Eva Brems, Pieter Cannoot, Toon Moonen (Hrsg.), Protecting Trans Rights in the Age of Gender Self-Determination, Cambridge 2020, S. 95–120.

Thies, Anne: The EU's Law and Policy Framework for the Promotion of Gender Equality in the World, in: Thomas Giegerich (Hrsg.), The European Union as Protector and Promoter of Equality, European Union and its neighbours in a globalized world, Cham 2020, S. 429–454.

Thorn, Karsten: Moderne Fortpflanzungsmethoden und IPR, in: Christine Budzikiewicz, Bettina Heiderhoff, Frank Klinkhammer et al. (Hrsg.), Neue Impulse im europäischen Familienkollisionsrecht, Baden-Baden 2021, S. 51–79.

Timmermans, Stefan/Yang, Asheleе/Gardner, Melissa/Keegan, Catherine/Yashar, Beverly/Fechner, Patricia/Shnorhavorian, Margarett/Vilain, Eric/Siminoff, Laura/Sandberg, David: Gender destinies: assigning gender in Disorders of Sex Development-Intersex clinics, Sociology of Health & Illness 2019, S. 1520–1534 (zit. *Timmermans et al.*, Sociology of Health & Illness 2019).

Tobler, Christa: Equality and Non-Discrimination under the ECHR and EU Law, A Comparison Focusing on Discrimination against LGBTI Persons, ZaöRV 2014, S. 521–561.

Tolmein, Oliver: Eintragung eines Frau-zu-Mann-Transsexuellen als Mutter im Geburtenregister, Anm. zum Beschl. des BGH v. 6.9.2017 – XII ZB 660/14, NJW 2017, S. 3383–3384.

–: Transsexualismus im Kontext des Antidiskriminierungsrechtes, Eine Frage des Geschlechts oder der sexuellen Orientierung, in: Dominik Groß, Christiane Neuschaefer-Rube, Jan Steinmetzer (Hrsg.), Transsexualität und Intersexualität, Medizinische, ethische, soziale und juristische Aspekte, Berlin 2008, S. 111–116.

Troge, Thorsten: Europarecht und das Staatsangehörigkeitsprinzip im Internationalen Privatrecht, Baden-Baden 2009 (zit. *Troge*, Europarecht und das Staatsangehörigkeitsprinzip, 2009).

Tryfonidou, Alina: The ECJ recognises the right of rainbow families to move freely between EU Member States: the VMA ruling, E.L. Rev. 2022, S. 534–549.

Ulrich, Silvia: Kein „unschuldiges Außerhalb" in der Dogmatik der Gleichheits- und Freiheitsrechte, in: Susanne Baer, Ute Sacksofsky (Hrsg.), Autonomie im Recht – geschlechtertheoretisch vermessen, Baden-Baden 2018, S. 71–82.

Vaigė, Laima: Cross-Border Recognition of Formalized Same-Sex Relationships, The Role of Ordre Public, Cambridge, Antwerpen, Chicago 2022.

Valentiner, Dana-Sophia, Geschlecht und Recht, Aktuelle Debatten, Perspektiven und Methoden der Legal Gender Studies, JuS 2022, S. 1094–1098.

–: Das Grundrecht auf sexuelle Selbstbestimmung, Baden-Baden 2021.

–: Geschlechtsidentität und Verfassungsrecht, Das Grundrecht auf Finden und Anerkennung der geschlechtlichen Identität, die Entscheidung des Bundesverfassungsgerichts zur „Dritten Option" und ihre Folgefragen, in: Magdalena Januszkiewicz, Alina Post, Alexander Riegel et al. (Hrsg.), Geschlechterfragen im Recht, Interdisziplinäre Überlegungen, Berlin, Heidelberg 2021, S. 129–150.

–: Sexualität in der Rechtsprechung des Europäischen Gerichtshofs für Menschenrechte – ein Menschenrecht auf sexuelle Autonomie?, in: Katrin Kappler, Vinzent Vogt (Hrsg.), Gender im Völkerrecht, Konfliktlagen und Errungenschaften, Baden-Baden 2019, S. 15–39.

van den Brink, Marjolein: The Legal Status of Intersex Persons in the Netherlands, in: Jens M. Scherpe, Anatol Dutta, Tobias Helms (Hrsg.), The Legal Status of Intersex Persons, Cambridge, Antwerpen, Chicago 2018, S. 293–303.

–: 'The Legitimate Aim of Harmonising Body and Soul', Changing Legal Gender: Family Life and Human Rights, in: Angelika Fuchs, Katharina Boele-Woelki (Hrsg.), Same-Sex Relationships and Beyond, Gender matters in the EU, 3. Aufl., Cambridge 2017, S. 231–248.

van den Brink, Marjolein/Dunne, Peter: Trans and intersex equality rights in Europe, A comparative analysis, Luxemburg 2018.

van den Brink, Marjolein/Reuß, Philipp/Tigchelaar, Jet: Out of the Box? Domestic and Private International Law Aspects of Gender Registration, EJLR 2015, S. 282–293.

van den Brink, Marjolein/Tigchelaar, Jet: Afwegingskader sekseregistratie Eindrapport, 2019, abrufbar unter: <https://www.eerstekamer.nl/bijlage/20200703/afwegingskader_s ekseregistratie_2/document3/f=/vla1n32hh6gt.pdf> (abgerufen am 1.3.2023) (zit. *van den Brink/Tigchelaar*, Afwegingskader sekseregistratie Eindrapport, 2019).

Vanja: Ein Prozess um Anerkennung, Die Geschichte von der Klage auf die dritte Option beim Geschlechtseintrag, in: Melanie Groß, Katrin Niedenthal (Hrsg.), Geschlecht: divers, Die „Dritte Option" im Personenstandsgesetz – Perspektiven für die soziale Arbeit, Bielefeld 2021, S. 17–25.

Villa Braslavsky, Paula-Irene: „Frauen", in: Hannah Fitsch, Inka Greusing, Ina Kerner et al. (Hrsg.), Der Welt eine neue Wirklichkeit geben, Feministische und queertheoretische Interventionen, Bielefeld 2022, S. 251–263.

–: Geschlecht: Die Magie der Anisogamie, ZfSf 2019, S. 157–162.

–: Sex-Gender: Ko-Konstitution statt Entgegensetzung, in: Beate Kortendiek, Birgit Riegraf, Katja Sabisch (Hrsg.), Handbuch Interdisziplinäre Geschlechterforschung, Wiesbaden 2019, S. 23–33.

–: Judith Butler, Eine Einführung, 2. Aufl., Frankfurt a.M., New York 2012.

–: Sexy Bodies, Eine soziologische Reise durch den Geschlechtskörper, 4. Aufl., Wiesbaden 2011.

–: (De)Konstruktion und Diskurs-Genealogie: Zur Position und Rezeption von Judith Butler, in: Ruth Becker, Beate Kortendiek (Hrsg.), Handbuch Frauen- und Geschlechterforschung, Wiesbaden 2010, S. 146–157.

–: Poststrukturalismus: Postmoderne + Poststrukturalismus = Postfeminismus?, in: Ruth Becker, Beate Kortendiek (Hrsg.), Handbuch Frauen- und Geschlechterforschung, Wiesbaden 2010, S. 269–273.

–: Soziale Konstruktion: Wie Geschlecht gemacht wird, in: Sabine Hark (Hrsg.), Dis/Kontinuitäten: Feministische Theorie, Opladen 2001, S. 17–23.

Visser, Cornelius/Picarra, Elizabeth: Victor, Victoria or V? A Constitutional Perspective on Transsexuality and Transgenderism, SAJHR 2012, S. 506–531.

Volk, Laura: Paritätisches Wahlrecht, Verfassungsrechtliche Zulässigkeit und demokratietheoretische Bezüge, Tübingen 2022.

Voltz, Markus: Menschenrechte und ordre public im Internationalen Privatrecht, Frankfurt a.M. 2002.

Völzmann, Berit: Gleiche Freiheit für alle! – Zur freiheitsrechtlichen Begründung des BVerfG in der Entscheidung zur Dritten Option, in: Elisabeth Greif (Hrsg.), No Lessons from the Intersexed?, Anerkennung und Schutz intergeschlechtlicher Menschen durch Recht, Universität, Linz 2019, S. 50–54 (zit. *Völzmann*, in: Greif (Hrsg.), No Lessons from the Intersexed, 2019).

–: Postgender im Recht? Zur Kategorie „Geschlecht" im Personenstandsrecht, JZ 2019, S. 381–390.

Voß, Heinz-Jürgen: Kommentar zu „Wie viele Geschlechter gibt es und kann man sie wechseln?" aus biologischer Perspektive, ZfSf 2019, S. 153–156.

–: Geschlecht, Wider die Natürlichkeit, 4. Aufl., Stuttgart 2018 (zit. *Voß*, Geschlecht, 2018).

–: Von der Präformation zur Epigenese: Theorien zur Geschlechtsentwicklung in der Biologie, in: Mechthild Koreuber, Birthe Aßmann (Hrsg.), Das Geschlecht in der Biologie,

Aufforderung zu einem Perspektivwechsel, Schriften zur interdisziplinären Frauen- und Geschlechterforschung v. 12, Baden-Baden 2018, S. 151–169.

–: Making sex revisited, Dekonstruktion des Geschlechts aus biologisch-medizinischer Perspektive, Bielefeld 2010.

–: Angeboren oder entwickelt? Zur Biologie der Geschlechtsbestimmung, GID 2009, S. 13–20.

Wagner, Rolf: Recht am Eheschließungsort als generelles Eheschließungsstatut?, FamRZ 2022, S 245–255.

–: Aktuelle Entwicklungen in der justiziellen Zusammenarbeit in Zivilsachen, NJW 2021, S. 1926–1932.

–: EU-Kompetenz in der justiziellen Zusammenarbeit in Zivilsachen, Résumé und Ausblick nach mehr als fünfzehn Jahren, RabelsZ 79 (2015), S. 521– 545.

–: Anerkennung von Personenstandsurkunden in Europa, NZFam 2014, S. 121–123.

–: Ausländische Entscheidungen, Rechtsgeschäfte und Rechtslagen im Familienrecht aus der Sicht des autonomen deutschen Rechts, FamRZ 2013, S. 1620–1630.

–: Anerkennung und Wirksamkeit ausländischer familienrechtlicher Rechtsakte nach autonomem deutschem Recht, FamRZ 2006, S. 744–753.

Wall, Fabian: Themenschwerpunkt: Auswirkungen des EuGH-Urt. v. 14.12.2021 – Rs. C-490/20 „Pancharevo" auf die Tätigkeit des Standesbeamten, StAZ 2022, S. 118–121.

–: Abstammungsrecht, Transsexualität und IPR, Besprechung zu Beschl. des OLG Schleswig v. 4.6.2019 – 2Wx 45/19, StAZ 2020, S. 201–211.

–: Abstammung eines Kindes, welches von einem mit einem Deutschen verheirateten transsexuellen Österreicher in Deutschland geboren wurde, StAZ 2020, S. 120–125.

–: Tondern-Ehe und Co-Mutterschaft im Lichte des Freizügigkeitsrechts – ein Beitrag zur „Anerkennung" von Statusverhältnissen in der EU, StAZ 2020, S. 2–10.

–: Die „Anerkennung" von Statusverhältnissen in der EU – Auswirkungen des Urt. des EuGH v. 5.6.2018 „Coman" auf die standesamtliche Praxis, StAZ 2019, S. 225–239.

–: Anerkennung rechtswidriger Namensregistrierungen in der EU?, Hinkende Namensverhältnisse aufgrund rechtswidriger Erstregistrierung und Wege zu ihrer Vermeidung in der EU, StAZ 2010, S. 225–234.

–: Die Vermeidung hinkender Namensverhältnisse in der EU, StAZ 2009, S. 261–268.

Wank, Rolf: Juristische Methodenlehre, Eine Anleitung für Wissenschaft und Praxis, München 2020.

Wapler, Friederike: „Drittes Geschlecht" muss personenstandsrechtlich anerkannt werden, jM 2018, S. 115–118.

–: §§ 1591 BGB, 11 TSG: Eintragung eines Frau-zu-Mann-Transsexuellen als Mutter des Kindes, Anm. zum Beschl. des BGH v. 6.9.2017 – XII ZB 660/14, FamRZ 2017, S. 1861–1862.

Weber, Martina: Soziale Konstruktion von Geschlecht, Entwicklung der Debatte, in: Hertha Richter-Appelt, Andreas Hill (Hrsg.), Geschlecht zwischen Spiel und Zwang, Gießen 2004, S. 41–52.

Weber, Philipp: Gleichgeschlechtliche Elternschaft im internationalen Privatrecht, Tübingen 2017.

Weller, Marc-Philippe: Das Personalstatut in Zeiten der Massenmigration, in: Nina Dethloff, Georg Nolte, August Reinisch (Hrsg.), Rückblick nach 100 Jahren und Ausblick, Migrationsbewegungen, Heidelberg 2018, S. 247–269.

–: Vom Staat zum Menschen: Die Methodentrias des Internationalen Privatrechts unserer Zeit, RabelsZ 81 (2017), S. 747–780.

–: Anknüpfungsprinzipien im Europäischen Kollisionsrecht – eine neue „kopernikanische Wende"?, in: Stefan Arnold (Hrsg.), Grundfragen des Europäischen Kollisionsrechts, Tübingen 2016, S. 133–162.

–: Zukunftsperspektiven der Rechtsvergleichung im IPR und Unternehmensrecht, in: Reinhard Zimmermann (Hrsg.), Zukunftsperspektiven der Rechtsvergleichung, 2016, S. 191–221.

–: Die lex personalis im 21. Jahrhundert: Paradigmenwechsel von der lex patriae zur lex fori, in: Katharina Lugani, Dominique Jakob, Gerald Mäsch et al. (Hrsg.), Zwischenbilanz, Festschrift für Dagmar Coester-Waltjen zum 70. Geburtstag am 11. Juli 2015, Bielefeld 2015, S. 897–912 (zit. *Weller*, in: Lugani/Jakob/Mäsch et al. (Hrsg.), Festschrift Coester-Waltjen, 2015).

–: Die neue Mobilitätsanknüpfung im Internationalen Familienrecht – Abfederung des Personalstatutenwechsels über die Datumtheorie, IPRax 2014, S. 225–233.

–: Der „gewöhnliche Aufenthalt" – Plädoyer für einen willenszentrierten Aufenthaltsbegriff, in: Stefan Leible, Hannes Unberath (Hrsg.), Brauchen wir eine Rom-0-Verordnung?, Überlegungen zu einem Allgemeinen Teil des europäischen IPR, Jena 2013, S. 293–323.

–: Anknüpfungsprinzipien im Europäischen Kollisionsrecht: Abschied von der „klassischen" IPR-Dogmatik?, IPRax 2011, S. 429–437.

Weller, Marc-Philippe/Benz, Nina/Thomale, Chris: Rechtsgeschäftsähnliche Parteiautonomie, ZEuP 2017, S. 250–282.

Weller, Marc-Philippe/Göbel, Greta: Das politische IPR unserer Zeit: Gesellschaftsentwicklung durch Internationales Privatrecht?, in: Martin Gebauer, Stefan Huber (Hrsg.), Politisches Kollisionsrecht, Sachnormzwecke, Hoheitsinteressen, Kultur. Symposium zum 85. Geburtstag von Erik Jayme, Tübingen 2021, S. 75–89.

Weller, Marc-Philippe/Schulz, Alix: Unterhaltsklage nach Kindesentführung: Zuständigkeit am „unrechtmäßigen" gewöhnlichen Aufenthalt des Kindes?, IPRax 2015, S. 176–180.

–: Die Anwendung des § 64 GmbHG auf Auslandsgesellschaften, IPRax 2014, S. 336–340.

Wendehorst, Christiane: Denkschulen im Internationalen Privatrecht, in: Bardo Fassbender, Christiane Wendehorst, Erika de Wet et al. (Hrsg.), Paradigmen im internationalen Recht, Implikationen der Weltfinanzkrise für das internationale Recht, Heidelberg u.a. 2012, S. 33–61.

Wendel, Mattias: Nationale Identität als Narrativ der europäischen Integration?, in: Claudio Franzius, Franz C. Mayer, Jürgen Neyer (Hrsg.), Die Neuerfindung Europas, Bedeutung und Gehalte von Narrativen für die europäische Integration, Baden-Baden 2019, S. 51–66.

Wendelstein, Christoph: Eigenes und Fremdes im Kollisionsrecht, ZVglRWiss 2021, S. 349–387.

Werner, Jan Lukas: Das Coman-Urteil des EuGH – Art. 21 Abs. 1 AEUV als Grundlage eines ordre public européen, ZEuP 2019, S. 810–822.

Werthmüller, Christian: Staatliche Eingriffe in die Aufsichtsratsbesetzung und die Geschlechterquote, Baden-Baden 2017.

West, Candace/Zimmerman, Don H.: Doing Gender, Gender and Society 1987, S. 125–151.

Wetterer, Angelika: Konstruktion von Geschlecht: Reproduktionsweisen der Zweigeschlechtlichkeit, in: Ruth Becker, Beate Kortendiek (Hrsg.), Handbuch Frauen- und Geschlechterforschung, Wiesbaden 2010, S. 126–136.

Wetz, Kassandra: Funktionen von Verfassungsidentität als gerichtliches Konzept in der Europäischen Union, Tübingen 2021.

Whittle, Stephen/Simkiss, Fiona: A perfect storm: the UK government's failed consultation on the Gender Recognition Act 2004, in: Chris Ashford, Alexander Maine (Hrsg.), Research Handbook on Gender, Sexuality and the Law, Cheltenham, Northampton 2020, S. 211–231.

Wiegelmann, Andreas: (Vor-)Namensrecht des homosexuell orientierten Transsexuellen, Anm. zum Beschl. des BVerfG v. 6.12.2005 – 1 BvL 3/03, FamRB 2006, S. 82–83.

Wielpütz, Saskia: Über das Recht, ein anderer zu werden und zu sein, Verfassungsrechtliche Probleme des Transsexuellengesetzes, Baden-Baden 2012.

–: Die neue große Lösung ist vor allem eins: klein – Die Reform des TSG durch das BVerfG, NVwZ 2011, S. 474–478.

Wiesemann, Claudia/Ude-Koeller, Susanne: Richtlinien für medizinische Interventionen bei Kindern und Jugendlichen mit besonderer Geschlechtsentwicklung (Intersexualität): Was nützt der best-interest standard?, in: Dominik Groß, Christiane Neuschaefer-Rube, Jan Steinmetzer (Hrsg.), Transsexualität und Intersexualität, Medizinische, ethische, soziale und juristische Aspekte, Berlin 2008, S. 13–21.

Wiggerich, Sandro: Rechtsvergleichende Impulse zur Reform des Transsexuellengesetzes, Zugleich Besprechung von Scherpe (Hrsg.), The Legal Status of Transsexual and Transgender Persons, StAZ 2017, S. 8–12.

Windel, Peter: Transidentität und Recht – ein Überblick, in: Dominik Groß, Christiane Neuschaefer-Rube, Jan Steinmetzer (Hrsg.), Transsexualität und Intersexualität, Medizinische, ethische, soziale und juristische Aspekte, Berlin 2008, S. 67–79.

Wischmeyer, Thomas: Nationale Identität und Verfassungsidentität, Schutzgehalte, Instrumente, Perspektiven, AöR 140 (2015), S. 415–460.

Wojewoda, Michal: Gender Modification in Poland: A Case Law Phenomenon in a Civil Law Country, in: Isabel C. Jaramillo, Laura Carlson (Hrsg.), Trans Rights and Wrongs, A Comparative Study of Legal Reform Concerning Trans Persons, Cham 2021, S. 97–117.

Wollenschläger, Ferdinand: Grundfreiheit ohne Markt, Die Herausbildung der Unionsbürgerschaft im unionsrechtlichen Freizügigkeitsregime, Verfassungsentwicklung in Europa, Tübingen 2007.

Woweries, Jörg: Haben intersexuelle Kinder ein Geschlecht?, Wer entscheidet, wer ich bin?, in: Maximilian Schochow, Saskia Gehrmann, Florian Steger (Hrsg.), Inter*- und Trans*identitäten, Ethische, soziale und juristische Aspekte, Originalausgabe, Beiträge zur Sexualforschung Band 102, Gießen 2016, S. 189–212.

Wunder, Michael: Intersexualität: Leben zwischen den Geschlechtern, APuZ 2012, S. 34–40.

Wurmnest, Wolfgang: Ordre public, in: Stefan Leible, Hannes Unberath (Hrsg.), Brauchen wir eine Rom-0-Verordnung?, Überlegungen zu einem Allgemeinen Teil des europäischen IPR, Jena 2013, S. 446–478.

Ziegler, Andreas R.: The European Union as a Protector and Promoter of Equality: Discrimination on Grounds of Sexual Orientation and Gender Identity, in: Thomas Giegerich (Hrsg.), The European Union as Protector and Promoter of Equality, European Union and its neighbours in a globalized world, Cham 2020, S. 283–296.

Zippelius, Reinhold: Juristische Methodenlehre, 12. Aufl., München 2021.

Zweigert, Konrad/Kötz, Hein: Einführung in die Rechtsvergleichung, Auf dem Gebiete des Privatrechts, 3. Aufl., Tübingen 1996.

Sachregister

Studien zum ausländischen und internationalen Privatrecht

Herausgegeben vom
Max-Planck-Institut für ausländisches
und internationales Privatrecht

Direktoren:
Holger Fleischer und Ralf Michaels

Die Schriftenreihe *Studien zum ausländischen und internationalen Privatrecht (StudIPR)* wurde 1980 gegründet. Als Äquivalent zur Reihe *Beiträge zum ausländischen und internationalen Privatrecht (BtrIPR)* befasst sich die Reihe *StudIPR* mit allen Themen aus den Aufgabengebieten des *Max-Planck-Instituts für ausländisches und internationales Privatrecht* und versammelt vor allem herausragende Dissertationen, aber auch Sammelbände verschiedenster Art, so zum Beispiel die Ergebnisse von Symposien, etwa zur Reform des Internationalen Privatrechts oder zur empirischen Rechtsforschung.

ISSN: 0720-1141
Zitiervorschlag: StudIPR

Alle lieferbaren Bände finden Sie unter *www.mohrsiebeck.com/studipr*

Mohr Siebeck
www.mohrsiebeck.com